风险社会中的刑法
(第二版)
CRIMINAL LAW IN RISK SOCIETY
Second Edition

劳东燕 著

北京大学出版社
PEKING UNIVERSITY PRESS

序　言

《风险社会中的刑法》自2015年出版至今已有八年,在获得刑法学界关注的同时,也遭到一些批评。这些关注和批评于我而言,是莫大的鼓励。无论是赞誉还是批评,都表明本书的相关研究及其结论被认真对待,有助于我对书中相应内容进行省视与反思。

值此再版之际,有必要对三个方面的问题作出说明。

首先,本书关注的核心命题是随着风险社会的到来,刑法理论如何根据外部环境的变化而作出适应性的调整。在相当程度上,本书更为关心刑法理论如何变化,尽管在有些部分对应当如何变化也表达了初步的立场。这意味着,本书对实然与应然之间是作明确界分的。从书中对刑法基本原理与基础概念所经历变化的描述或勾勒,并不能想当然地推导得出我对于这样的变化是全盘赞同的。在当初出版本书时,由于对其中很多理论应当如何发展缺乏成熟的见解,故而论述的重心更多地放在变化如何发生以及为什么会发生的问题上,而对相关刑法理论应当如何选择发展的方向做了留白式的处理。这样的留白处理可能容易引起误解,且在事实上成为引发诸多对我所主张的风险刑法理论的批评的肇因。

从早期的相关研究开始,我便意识到,刑法理论朝政策化、预防化方向的发展,一方面因其具有现实的社会基础而表现出必然性的面向,另一方面,这样的发展所蕴含的内在危险也一直是令人担忧的。我在2007年发表的《公共政策与风险社会的刑法》(《中国社会科学》2007年第3期)一文中对此有过明确的表达。只是由于精力所限,在此后相当长的时间里,我对于如何控制预防主义刑法的危险未作进一步的探究。

其次,本书与我后续有关刑事政策与功能主义的研究之间存在紧密的内在关联。可以说,本书与我后续的研究始终贯彻这样一条主线,即刑法作为法律系统的组成部分如何合理地发挥其社会功能。这也使我的相应研究,即便涉及的是具体个罪的教义学构建,也往往立足于社会治理的角度来进行考虑。

如果承认刑法理论需要根据外部环境的变化而做出适应性调整,则如何为刑法教义学体系与相关领域的理论发展锚定方向,并为这样的调整提供方法论上的加工与支持,便是需要进一步探究的命题。基于此,在完成本书的研究之后,我花了颇多的时间与精力,思考在刑法教义学体系内部如何构筑能够实现自我演变的发展机制。此方面的相关研究大体可分为两个部分,即刑法解释论层面如何完成方法论转型与犯罪论体系层面如何实现理论性重构,以期为整个刑法体系的适应性调整提供必要的支持。有关刑法解释的部分,相应研究成果已汇集在《功能主义的刑法解释》(中国人民大学出版社2020年版)一书之中。在该书中,我力图在推进刑法解释论完成适应性调整的同时,就如何控制刑法解释的功能化与实质化所蕴含的危险提供基本的框架。这也是对预防主义刑法的危险所作的回应。有关犯罪论体系的部分,目前尚有部分章节未完成,预计在未来两年内可结集出版,初步考虑的书名是《功能主义的刑法体系》(或《功能主义的刑法理论》)。

最后,本书的新版相对于旧版所作的修改主要在于增加了四章内容,调整了个别章节的顺序安排,同时对一些具体的论述做了相应的处理。旧版的不足之处在于,内容的完整度不够,同时体系性上也有明显的欠缺。这次修订主要做了三个方面的工作:一是增加了四章内容,分别是第三章"刑法体系应变性机制之构建"、第五章"风险刑法理论的检视与省思"、第十一章"过失犯中预见可能性理论的反思与重构",以及第十二章"过失犯理论重构的正当性论证与适用"。二是对个别章节的顺序安排做了调整。将旧版中的第五章"事实因果与客观的结果归责"拆分为两章,即新版中的第七章"事实因果与结果归责的类型"与第八章"结果归责理论的类型学展开";同时,将旧版中涉及不法论主客观之争的章节与涉及未遂犯中着手理论的章节更换了前后顺序。三是对一些章节的标题进行重新拟定,具体论述上也做了相应的处理,包括但不限于因立法或司法解释有修改而做的调整。

修订本书的想法始于2020年。疫情三年改变了很多,包括个人的心境,也延误了对本书的修订。好在疫情终于结束,修订工作也终于告一段落。在此,要感谢我指导的博士生陶秋林与李昱在修订过程中所提供的帮助。《漫长的季节》的主人公王响,对着经过的火车大喊"往前看,别回头"。在某种意义上,这可能表达了时代的某种情绪。究我心底,却并不喜欢这样的人生态度。的确,回首过去,直面曾经的黑暗与创伤,不免让人觉得痛苦。然而,遗忘或者尘封过去的苦难,当作从未发生一样,虽在一定程度上有助于恢复元气,却也由于从不吸取教训而容易重陷苦难。在同一个地方,一而再再而三地摔倒,无论是对于个人还是社会,都是莫大的悲剧。尤其是对于一个社会而言,缺乏必要的反省,或迟或早终究会因缺乏直面黑暗的勇气而遭到反噬。社会中的黑暗之处,不会因为人们选择不听不看不说而自动地消失不见。这原是很简单的一个道理。任何时候,直面黑暗都是走出黑暗的必要前提。有勇气直面黑暗,同时在看清现实之后仍然心怀希望,并愿意为之做出努力,这是我对未来自己的一份期待。

劳东燕
2023 年 6 月 26 日

目　录

导　论 / 001

上篇　风险社会中刑法理论的宏观思考

第一章　风险社会与预防型刑法体系 / 015
　　第一节　风险社会中的风险性景观 / 015
　　第二节　社会转型与风险社会理论 / 018
　　第三节　风险社会理论中的"风险" / 021
　　第四节　预防主义刑法体系之兴起 / 025
　　第五节　本章小结 / 029

第二章　刑法体系的演变概貌之勾勒 / 031
　　第一节　风险社会中的刑法理论危机 / 031
　　第二节　法益论在当代的流变与困境 / 033
　　第三节　刑事责任根据的结构性嬗变 / 039
　　第四节　遭遇隐蔽重构的教义学理论 / 045
　　第五节　本章小结 / 053

第三章　刑法体系应变性机制之构建 / 054
　　第一节　政策作为刑法体系的构造性因素 / 055
　　第二节　政策的基本功能与刑法的政治化 / 057
　　第三节　借助制度技术锻造刑法的适应性 / 061

第四节　通过刑法解释构筑体系的应变性 / 071
第五节　本章小结 / 090

第四章　风险刑法理论的立场与选择 / 091

第一节　预防刑法对自由刑法的全面侵蚀 / 091
第二节　风险刑法理论的研究进路与立场 / 096
第三节　借助原则实现对预防刑法的制约 / 100
第四节　本章小结 / 110

第五章　风险刑法理论的检视与省思 / 111

第一节　风险刑法理论对刑法体系的意义 / 112
第二节　风险刑法理论的研究范式之反思 / 115
第三节　实现社会理论与刑法理论的沟通 / 122
第四节　风险刑法理论的体系化如何可能 / 128
第五节　本章小结 / 132

下篇　风险社会中刑法理论的具体展开

第六章　风险分配与刑法的因果关系 / 137

第一节　风险分配与刑法的归责判断 / 138
第二节　刑法中因果关系的规范反思 / 144
第三节　刑法因果关系中的三对范畴 / 146
第四节　本章小结 / 159

第七章　事实因果与结果归责的类型 / 160

第一节　"归因—归责"二分说框架的问题 / 162
第二节　传统刑法理论中结果归责的类型 / 168
第三节　概率提升型结果归责理论的兴起 / 180
第四节　本章小结 / 187

第八章　结果归责理论的类型学展开 / 189

第一节　归责理论的范式转变与类型思维 / 190
第二节　不同结果归责类型的规范性解读 / 196
第三节　各归责类型在实务案件中的适用 / 204
第四节　探求刑法中事实因果的判断标准 / 213
第五节　本章小结 / 216

第九章　犯罪故意论的反思与展望 / 219

第一节　意志因素是否具有独立的价值 / 219
第二节　故意是否等同于有认识的罪过 / 228
第三节　从结果本位到行为本位的转变 / 234
第四节　本章小结 / 239

第十章　犯罪故意的要素分析模式 / 240

第一节　当前四种主要理论的评析 / 241
第二节　故意认定标准的公式表达 / 253
第三节　犯罪故意谱系表及其说明 / 259
第四节　故意的要素分析及其适用 / 267
第五节　本章小结 / 280

第十一章　过失犯中预见可能性理论的反思与重构 / 281

第一节　为什么重视对结果的具体预见可能性 / 284
第二节　传统过失理论的归责机制之功能缺陷 / 292
第三节　预见可能性在过失犯构造中的新定位 / 305
第四节　本章小结 / 316

第十二章　过失犯理论重构的正当性论证与适用 / 318

第一节　重构后的预见可能性与刑法中的自我答责 / 319
第二节　重构后的预见可能性合乎责任主义的要求 / 327
第三节　预见可能性与过失犯罪案件的区别化处理 / 336
第四节　本章小结 / 348

第十三章　危害性原则的功能转型与现实困境 / 349

第一节　风险控制与刑法的危害评价 / 351
第二节　刑法中危害概念的内涵裂变 / 356
第三节　危害性原则基本功能的转变 / 366
第四节　危害性原则背后的刑法困境 / 371
第五节　本章小结 / 376

第十四章　不法论的主客观之争与类型化解读 / 378

第一节　刑法中不法论的前期演变 / 382
第二节　刑法中不法论的当代发展 / 388
第三节　刑法中不法论的类型解读 / 397
第四节　不法论主客观之争的中国语境考察 / 408
第五节　本章小结 / 414

第十五章　着手理论与刑法中不法的成立根据 / 416

第一节　刑罚的目的与未遂犯中的着手理论 / 417
第二节　未遂犯着手理论在当代的发展走向 / 424
第三节　刑法中危害结果与不法的成立根据 / 438
第四节　对未遂犯中着手理论的反思与总结 / 444
第五节　主观未遂论兴盛的社会背景与危险 / 452
第六节　本章小结 / 455

第十六章　罪责论的意义裂变与规范重构 / 457
- 第一节　规范责任论与期待可能性理论之间 / 457
- 第二节　罪责的客观化与期待可能性的命运 / 465
- 第三节　罪责的社会化与规范责任论的重构 / 473
- 第四节　本章小结 / 482

第十七章　违法性认识问题的根源之探究 / 484
- 第一节　大陆法语境中的"不知法不免责" / 485
- 第二节　普通法语境中的"不知法不免责" / 488
- 第三节　知法的推定与治理方式的理性化 / 492
- 第四节　"不知法不免责"的诸理论根据评析 / 495
- 第五节　违法性认识问题凸现的原因探寻 / 503
- 第六节　本章小结 / 506

第十八章　责任主义与违法性认识问题 / 508
- 第一节　违法性认识问题的责任主义性质 / 508
- 第二节　违法性认识背后的责任主义困境 / 515
- 第三节　刑法的风险规制与责任主义之间 / 521
- 第四节　我国实务的违法性认识问题反思 / 532
- 第五节　本章小结 / 534

主要参考文献 / 537

后记：十年回想 / 553

导　论

　　似乎只是在一激灵间,有关风险社会的话语在中国就变得铺天盖地,风险刑法的话题也顺理成章地成为我国刑法学界热门的研究主题。这无疑端赖于近十余年来频频曝光的各类产品责任事故(尤其是食品与药品领域)、环境污染事故与恐怖主义事件。2008年的三鹿奶粉事件与2013年新西兰奶粉涉毒(肉毒杆菌)事件清楚地揭示,人为的新型风险具有怎样迥异于传统风险的特性,其波及范围与引起恐慌的程度为传统社会所无法想象。2020年新冠疫情的全球性蔓延,更是表征了这一点。尽管中国社会仍然局部性地面临物质短缺的分配冲突,即财富分配的逻辑并未为风险分配的逻辑所取代,发展仍构成社会的主旋律,但它无疑正以不可遏制的态势加速度地滑向风险社会。可以说,今天的我们已然身不由己地置身于全球性的风险社会之中。

　　在快速的工业化进程中,随着越来越多的破坏性力量释放出来,并暴露于公众的视野之下,一直被忽略的有关现代化副作用的知识开始走向前台,促成对现代性的反思与批判。作为一个后发现代型国家,中国何以在短短数十年之内迅速地变成一个准风险社会,贝克(Ulrich Beck)曾给出颇具说服力的解释:说到底,在一个物质短缺的社会里,在可见的因饥饿而死亡的威胁与不可见的因有毒化学物质而死亡的威胁的争论中,前者总会是胜利的一方,否认风险存在的观念随之会支配全社会。然而,这样的胜利是损失巨大的胜利;否认风险存在的观点在哪里流行,就在哪里产生它所否认的风险社会。同时,贫困国家的司法混乱与利益纷争,也为制定抹杀和混淆的政策提供了很好的机会,通过有选择地界定问题以限制灾难性后果;从法律的束缚中脱离出来的生产的经济条件,像磁石一样吸引工业康采恩,并且和克服物质贫困、争取民族自决的国家利益结合成一种爆炸性的混合物。[1] 可以肯定的是,中国社会向风险社会的迅速转型,迫使我们不得不直面西方社会已然或正在面临的诸多同质性或同源性的问题。

正是在这样的背景之下,风险刑法理论高调地出现在我国的刑法学界,并方兴未艾地展开,相关的论者也迅速分化为支持与反对两大阵营。然而,总体说来,有关风险刑法理论的争论基本局限于概念之争或是意气之争,论战双方都过于关注与热衷自身立场的表白,流于对论战对手贴上标签,而很少真正深入思考风险社会中刑法理论的建构必须直面的重大命题。如批评者所言,"这场看似激烈的争论其实并未深入本质,不管论战的结局如何,都有可能导致负面的结果:支持者的胜利可能让一种错误的、激进的刑法理论主导刑事立法和司法,反对者的胜利则可能剥夺刑法在应对风险社会危机中原本存在的机会"。[2]

一、以风险社会为背景的刑法理论研究

本书着意关注的是 20 世纪中期以来刑法体系所经历的变化,以及此种变化所具有的意义与所带来的影响。确切地说,这是一种以风险社会为背景的刑法基础理论研究,涉及对犯罪论体系中几乎所有的重要领域,不同于刑法学界狭义理解上的风险刑法理论,主要局限于以抽象危险犯为主要标志的研究领域。

风险社会代表的是对社会特定发展阶段与形态的全称性概括,这也是社会学上的风险社会理论基本意义之所指。即使放弃风险社会的概念,而采用"晚期现代社会""晚期工业社会""后工业社会"甚或"后现代社会"等概念来指代,也完全不影响对刑法理论所做的相关分析。也因此,本书的相应研究,不是通常意义上有关风险刑法理论的研究(尽管为指称方便,本书也使用"风险刑法理论"这一概念),更不是一种为风险刑法理论大唱赞歌的研究。本书的关注有着更大的理论抱负与雄心,意在全面呈现刑法观与犯罪论的根基如何进行自我调适,以应对社会的结构性变迁所带来的挑战。

当代刑法体系从惩罚向预防导向的转换,揭示了预防模型对古典惩罚模型的取代。生成这种新模型的现实基础便是对刑法作为风险控制工

---

[1] 参见[德]乌尔里希·贝克:《风险社会:新的现代性之路》,张文杰、何博闻译,译林出版社 2018 年版,第 31—37 页。
[2] 南连伟:《风险刑法理论的批判与反思》,载《法学研究》2012 年第 4 期,第 139 页。

具的客观需要。为实现对风险的有效控制,刑法不断地调整自身以适应风险社会的生态。可以说,刑法在控制风险的过程中反过来也为风险所控制。后者不仅改变了刑事立法及其理论,也从根本上改变了现代刑法体系的基本特征。无论如何,刑法并非自我封闭的体系,它会随政治与社会语境的变化而变化。相应地,刑法研究必须将语境视为变量,在关注概念本身的内涵经历流变的同时,重新审视相关制度或原则所具有的功能与意义。在此种意义上,谨记马库斯·德克·达博(Markus Dirk Dubber)教授的提醒可谓相当必要:"刑法学者既不要在一种愈来愈独立的学理中迷失自己,也不能否认这个事实,刑法是行使国家权力的一种形式,因而也就是一种政治。"[1]在刑法的政治与社会语境发生重大变化的背景之下,研究者必须在对当下的现实知识具有真切认知的基础上,去直面与探讨刑法领域出现的新现象与新问题。

康德哲学让我们意识到,不可能从"什么是"中得出什么是富有价值的,什么是正确的,什么是应该是怎样的。从未有什么东西因为"它是"或者"它曾经是"中——或者即使"它将要是",就能说明"它是正确的"。不可避免的事并非因此就值得追求,不可能的事也并非因此就不正确。[2]事实与规范本是二元分离的世界。事实与规范之间的二元性表明,由既有的事实或秩序之中无法推断得出应然的价值判断。因而,以风险社会为背景考察刑法体系,只意味着尝试运用风险社会的理论来描述与解读刑法体系在实然层面经历的变动,并不意味着在应然层面对这种变动的肯定或支持。诚然,描述本身并非价值无涉,如何描述在一定程度上代表了作者的学术立场,很难完全摆脱评价的色彩;此外,描述性研究的最终落脚点,的确也在于解决刑法理论应当往何处走的问题。毕竟,刑法是一门规范性的学科,"实然"与"应然"之间的距离永远是推进刑法发展的动力。对于法律人而言,目光在事实与规范之间往返既是一种诫命,更是一种皈依。但是,这充其量只能表明,所有关于社会科学或人文科学的研究,都无法做到真正的价值中立,而并不等于否定围绕事实而展开的描述性研究的意义。对现实语境的无视,不仅会加剧理论与实践之间的鸿

---

[1] [美]马库斯·德克·达博:《积极的一般预防与法益理论——一个美国人眼里的德国刑法学的两个重要成就》,杨萌译,载陈兴良主编:《刑事法评论》(第21卷),北京大学出版社2007年版,第466页。

[2] 参见[德]古斯塔夫·拉德布鲁赫:《法哲学》,王朴译,法律出版社2013年版,第9页。

沟,理论本身容易蜕变为学者之间围绕概念演绎而展开的智力游戏,而且也会使对刑法问题的探讨,最终陷于刻舟求剑式的自以为是之中,根本无助于问题的真正解决。

无论如何,刑法理论应当根据社会发展的需要因时因势地予以构建。在风险社会的背景之下,必须考虑刑法理论的合目的性与有效性的问题,而不能仅仅追求体系内在的逻辑自洽。换言之,有必要在变动的语境之下来审视与评价刑法理论发展的合理性与应然走向,不能抛开变动的语境去随意表达对刑法具体问题的立场。

二、在描述与批判之间保持必要的平衡

笔者是国内较早关注风险社会与刑法体系之间关系的学界中人,也因此被想当然地归入支持风险刑法理论的阵营。对于此种归类,笔者本人并不认同。至少在当前阶段,就风险社会理论与刑法体系的关系问题而言,重要的不是一头扎进立场之争,而是了解与正视刑法体系已然经历与正在遭遇的重大变化及其原因。在没有真正知悉刑法体系究竟已经发生什么变化、也许正在发生一些什么变化,为什么会发生这些变化,变化想要应对的是什么样的社会问题,以及这些变化带来怎样的冲击与影响等问题的情况之下,轻言支持或反对某种价值立场至少是不严谨的。

这是因为,在没有诊断清楚病理与病因之前,所进行的任何批判都可能是隔靴搔痒或者开错药方,"法律和社会实践并不一定会因为学术批判而停止脚步,它们在很多时候是脱离甚至反对理论的。因此,如果理论确实已经发生于实践之后,现代学者可能要做的更多的是先争取辨清事态,然后理性分析,最后才形成结论。多元化的现代格局瓦解了宏大体系,学术上认识和分析'知'的意义也许已超过了批判和变革'欲'的意义,这也是为什么目前的思想理论界和社会都呈现得如此破碎的原因。执着于抽象的、假定的原则,乃是在启蒙以来的现代道路上继续前进,可是当危机毕现时,我们若不停下来认真看清危机,那么我们可能面对着更多更大的危机,这时,实践做法也许已经和抽象原则脱离,前者成为现代特征,后者成为古典原则了"。[1]

强调学术上"知"的重要性,不是要否认规范性研究的意义,而只是说,价值立场的选择应当放在洞悉刑法体系所经历的变化之后。在此基

---

[1] 蔡桂生:《敌人刑法的思与辨》,载《中外法学》2010年第4期,第611页。

础上,对刑法体系发展走向的反思与批判才是有意义的,也才可能具有针对性。泛泛地反对或者支持风险刑法理论或风险社会理论,只会遮蔽真正有价值的命题:在预防性刑法不断扩张的背景之下,如何重新审视自由与安全之间的关系。

对"知"的重要性的强调,使本书中的很多内容都是分析性的而不是评价性的,是描述性的而不是判断性的,亦即以在实然层面诠释现象揭示成因为主要目的,而不是进行应然层面或对策法学意义上的研究。这也可谓是对白建军教授所倡导的"少一点'我认为',多一点'我发现'"[1]的主张的一种呼应。具体来说,是试图客观地描述与勾勒风险社会的背景之下刑法理论所经历的变迁,以及支持或驱动这种变迁的社会原因。因而,相关的研究有超越刑法教义学的一面,它并非全然以将刑法条文的制定、改进、实施作为研究目的与归宿。与边沁以来的法律实证主义一样,单纯的法教义学研究,其缺陷在于"把法学研究局限于法律制度和规则体系的阐释与分析。解释性传统越来越变得与历史割裂、与环境脱离且无批判力"。[2]它满足于把法律条文本身当作研究对象,孤立地去研究条文,而忽略法律作为一种社会现象的复杂性,无视法律条文背后起着支配作用的社会政治因素。也正是基于此,国内有学者呼吁在刑事法学中引入社会科学的研究方法,认为"我们应当注重对问题成因的发现和解释,因为找到问题发生的真正原因,就可以解释更多的现象;找到普适化的原因,可以发现问题发生的规律"。[3]

对于刑法理论的发展而言,"我认为"式的评价自然重要,但它显然不是唯一重要的,"我发现"式的对现实的描述同样不可或缺。任何一种理论,如果无条件地迁就现实而使理论获得实证意义上的精确性,固然是存在问题;因为这样一来,理论就会丧失其作为批判标准所具有的功能。另外,一味地无视现实,过分紧缩学术的概念,导致既有的理论框架根本无法对普遍存在的现实给出有效的解释与回应,恐怕也并不妥当。强调基于当下的语境来思考刑法中的问题,并不意味着对启蒙话语与自由主义的否定与拒绝,而只是期望刑法理论能够在描述与批判之间保持必要的平衡。

---

[1] 白建军:《法律实证研究方法》(第二版),北京大学出版社 2014 年版,第 1 页。
[2] [英]威廉·退宁:《全球化与法律理论》,钱向阳译,中国大百科全书出版社 2009 年版,第 62 页。
[3] 陈瑞华:《论法学研究方法》,北京大学出版社 2009 年版,第 97 页。

在风险社会的背景之下,古典刑法理论几乎遭遇全方位的改造。这样的改造基本上是在维持原有面貌的前提下进行的,并未声称要放弃原有的理论。但是,隐秘的改造最终表明,其效果是极为惊人的。在达博看来,努力将自身伪装成传统刑法是现代管控型体制(police regime)的重要组成部分;这层伪装对于其成功是关键的,因为不容忽视的公众抵制,将干扰国家尽可能有效且持久地消除威胁方面的努力。因而,保留传统刑法的痕迹,并通过操纵既定准则对传统刑法予以渗透,而是不完全废除它,符合管控型体制的利益。[1] 笔者并不认同对刑法体系的这种隐秘的改造,相反,对当代的这种发展趋势一直表示深切的担忧,认为其中潜含着对个体自由保障的重大威胁。在此,有必要强调的是,笔者从来没有在任何场合提倡,刑法应当以保护社会为主、保障人权为辅,刑法的价值取向应当侧重于秩序而非自由,更从未主张罪责刑法应当为安全刑法所替代。如果偶尔出现类似的表达,那也只代表笔者实然层面对刑法发展的认识论判断,认为当代刑法出现向这一方向发展的趋势,而并不代表赞同刑法理论应当向相应的方向全力迈进。

三、本书的基本立场与具体各章的内容

本书并未在风险刑法的问题上预设立场,自然也不会以支持或者批判风险刑法理论作为自身的任务。但这并不意味着本书是没有价值立场的。本书认为,就风险社会中的刑法规制而言,单纯地回归古典并不现实,也无益于问题的根本解决;应当在正视刑法理论应时所需而经历演变的基础上,去思考刑法体系的应变性与自主性之间关系的基本命题,为如何在应变与自主之间保持适当的平衡,建构一个可行的理论框架。

基于前述立场,本书试图全面清理与探讨,现代社会的风险社会性质对刑事立法与刑法理论构建的重大影响及其后果。在某种意义上,本书中相关论述具有类似法律史研究的性质。法律史研究的目标不仅是要按照时间的脉络准确地记录法律的发展过程,而且要揭示法律发展及法律思想演进的背后原因,正是后一点让法律史的研究与社会学的研究紧密结合在一起。[2] 对刑法中特定理论或原则的演变历程展开历史维度的

---

[1] See Markus Dirk Dubber, Policing Possession: the War on Crime and the End of Criminal Law, in 91 Journal of Criminal Law and Criminology (2001), p.834.

[2] 参见许德风:《论法教义学与价值判断:以民法方法为重点》,载《中外法学》2008年第2期,第179页。

梳理,有助于动态地把握相关理论或原则的真实面貌,并清醒地意识到这样的一个事实:所有的理论或原则都具有历史性或非恒定性,随着社会与政治语境的变化,其意义与功能也会发生相应的流变。

需要说明的是,本书特别关注刑法中相关理论与原则的流变,除了缘于对刑法发展走向的关心,也是基于当前国内刑法学的研究中,人们对基础概念的解读存在诸多的混乱,无视语境乱用概念的现象相当常见。作为我国刑法学知识论渊源的德日等国的刑法学理论,本身就不是铁板一块,而是存在一个历史的发展过程,是由不同时期的不同学者按自身价值偏好而提出的诸多学说的混合体。理论总是要根据现实的社会需求做出调整,同一概念(比如危害、法益、罪责、故意、过失等)在不同的社会与政治语境下可能具有相异的内涵与功能。说到底,学说与理论对于刑法的影响力,永远难以与社会需要对后者的塑造力相比;是社会需要催生了相应的学说与理论,而不是相反。

本书上篇旨在从宏观层面全面勾勒与描绘刑法体系所经历的重要变动,分析这些变动所具有的共同本质,并力图揭示促成这些变动的社会根源。

第一章对风险社会理论与刑法体系之间的关系做出梳理。在厘清风险社会理论本质上是关于社会转型的现代性理论这一前提的基础之上,本章对风险社会中的风险景观进行了概述,并提出风险社会理论与刑法体系之间的关联点不是风险概念,而是安全问题。在风险社会中,政治层面与政策上对安全问题的高度关注,导致预防成为刑法体系的首要目的;而刑法体系向预防主义的转变,深刻地影响与改变了传统的刑法理论。

第二章旨在全面勾勒与描绘刑法体系的各个主要部分所经历的重要变动。本章在指出传统的刑法体系无法有效承担风险规制任务的基础之上,提出对安全问题的关注与对预防目的的强调,促成既有刑法体系各主要部分的内在演变。这种影响不仅体现在法益论的流变及困境上,体现在刑事责任根据的结构性嬗变上,也体现在教义学中其他理论(包括不法论、罪责论、实质化、因果关系与归责论、故意理论以及被害人学)的调整与重构上。

第三章论述风险社会背景下刑法理论的方法论所经历的转型。传统刑法理论采取的是一种"内在视角"的研究范式,这使刑法体系成为一个全然封闭的系统,无法与外部世界形成有效的沟通与互动,也无法将社会的现实需求传递到刑法体系的内部,促使体系内部的相应部分做出必要的应对。在风险社会中,政策日益成为刑法领域不容忽视的存在,成为沟通刑法教义学体系与外部环境之间的媒介。政策在促成刑法政治化的同时,也有助于锻造刑法体系的应变性。刑法中诸多制度技术的出现,本身是受政策因素影响的结果;刑事政策具有指导刑法解释的功能,在刑法解释中发挥重要的作用。

第四章对我国当前有关风险刑法理论的各种立场进行评述,并就我国刑法理论该何去何从的问题表达了基本的看法。在风险社会的背景之下,刑法体系始终面临如何在权利保障与风险控制之间保持平衡的问题。风险刑法本质上是一种预防刑法。刑法的预防走向对传统的自由主义与形式法治国构成重大的威胁。有必要在正视预防的前提之下,从现有的体系中发展出合适的控制标准,包括强化刑法内部的保障机制与宪法上基本权利的制约作用。

第五章对风险刑法理论展开反思性的检视,认为风险刑法理论之于刑法体系的意义,主要在于引入社会结构变迁的视角,凸显刑法体系的应变性的要求,提出刑法体系需要实现与社会外部环境的同构性发展的命题。全盘否定风险刑法理论的立场并不可行,但该理论的确存在未能实现社会理论与刑法理论的有效沟通,也未能进行起码的体系化工作的缺陷。风险刑法理论应将自身定位为作为规范法学的刑法体系的组成部分,注意实现刑法理论与社会理论之间的有效沟通。就风险刑法理论的体系化方向而言,贝克的风险社会理论与回应型法的理论均难以成为可供借鉴的框架;有必要从卢曼的系统理论中汲取灵感,采取功能主义的思考进路,并运用到刑法理论的体系化构建中。

本书的下篇做的是专题性的探讨,按"构成要件论(客观要件→主观要件)—不法论—罪责论"顺序进行编排。通过由因果关系与结果归责、故意、过失、危害、不法、罪责与违法性认识等基本概念或制度切入,单线梳理其所经历的演变及其带来的影响后果。

第六章从风险分配的角度入手,对刑法因果关系理论的发展进行全面的审视与反思。本章提出,归责判断与风险分配存在紧密的关联,刑法中归责判断的复杂化源于规范问题的复杂化,由规范成为归责判断中的施力点而引起。为推进我国刑法因果关系理论的重构,有必要认真处理好三对范畴之间的关系,即归因与归责、客观与主观以及一般与个别的关系。对刑法中的结果归责而言,不可能存在可以适用于所有个案的一般化标准,但提供一个统一的处理框架是可能的,它必须具备规范性、动态性与可操作性的特点。

第七章围绕事实因果与结果归责的类型之间的关系展开探讨。由归因层面存在论基础的差异入手,本章对刑法中结果归责的类型进行系统的梳理与分析,认为需要从支配与义务两大维度去把握刑法中的结果归责类型。支配维度的结果归责类型,按行为对结果的作用程度又可分为两种,即"造成型"类型与"引起型"类型。义务维度的结果归责类型主要是不作为犯,身份犯也可归入此种归责类型。由疫学因果学说与风险升高理论所代表的"概率提升"型因果,难以被既有的归责类型所涵盖。"概率提升"类型与前三种归责类型不是并列关系。"造成"型因果、"引起"型因果与义务型因果,是根据行为对结果的作用力大小来区分,三者呈梯度排列,彼此之间并不重合或交叉;"概率提升"型因果则类似于基本系数,具有修正既有类型的功能。

第八章承接前章内容对结果归责理论做类型学思考的展开。结果归责理论的发展,表明刑法中归责理论的范式完成相应的转变:以关系论为基础的刑法因果关系理论,为着眼于规范目的的归责逻辑所取代。本章提出,有必要引入类型思维,对刑法中的结果归责类型展开考察。区分不同的结果归责类型在规范层面具有重要的意义,因存在论基础的不同会影响归责论的构建与归责规则的具体适用;它对实务中疑难案件的处理也大有助益。归因层面的事实因果判断中,有必要引入 NESS(即充分原因中的必要要素)标准,以弥补条件公式的不足。

第九章对犯罪故意理论的发展做了初步的审视,认为强调意志因素的传统故意理论难以满足刑法控制风险的需要,有必要以对危害结果是否存在认识或预见作为区分故意与过失的标准,并在故意与过失之外引入轻率的罪过形式。随着刑事立法受行为本位思想的影响,结果要素在刑法体系中的重要性有所下降。这对以结果作为认识内容核心的传统故意理论构成重大挑战,使得后者无法对某些犯罪的罪过形式做出合理的解读。

第十章结合我国刑法中特定犯罪的罪过认定问题,对故意理论的发展提出新的思路。特定犯罪的罪过认定所引发的难题,与刑事立法由结果本位到行为本位的转变有关。从现有的诸种理论方案来看,其所主张的故意标准迥异于传统的故意标准。这预示着犯罪故意的认定,呈现从整罪分析模式到要素分析模式转变的趋势。要素分析模式的出现,是刑法的任务观与规制技术转变导致的结果。它有助于解决特定犯罪的罪过认定与正确理解严格责任的概念,为司法者在刑法解释中考虑政策因素提供自由裁量的空间,也有助于对法律错误与事实错误在处理规则上的不同给出解释,并为区别对待不同的客观构成要素提供理论依据。

第十一章通过反思预见可能性的体系位置来审视过失犯的构造问题,认为当前我国通行的以结果的具体预见可能性为中心的过失犯理论,是按故意犯的模式来理解过失犯的产物。过失犯在归责类型上需要区别于故意犯,二者在归责结构上存在重大差异;因而,以故意与故意犯为模本来理解过失与过失犯的构造,在体系逻辑上存在缺陷。以预见可能性为重心的归责机制违反以管辖思想为基础的归责原理,它无法有效地回应风险社会对刑法归责的功能期待。过失犯的归责结构有必要实现两大转变:从主观归责为重心到客观归责为重心;从结果本位到行为本位。在过失犯的构造中,预见可能性因素应定位于行为归责环节;预见的内容仅限于行为的注意义务违反性及行为所蕴含的不容许风险;在判断能否预见时,应当采取立足于行为时的相对具体化的一般人标准。

第十二章论述对预见可能性的重新定位与责任主义之间的关系问题,认为预见可能性在过失犯构造中体系位置的混乱,根源于传统理论未区分过失的认定与过失的归责。作为经验事实范畴的预见可能性,仅对过失归责的判断产生影响。预见可能性具有超越于过失犯的一般意义,它构成刑法中自我答责的正当性门槛。立足于法律中个体的形象从道德主体向社会主体的转变,需要引入社会的维度,倡导责任的社会化理论,以行为是否背离社会的规范性期待作为罪责的基本内容。责任的社会化理论,努力将罪责的概念与一般预防的目的相协调。一种既能发挥刑罚限制机能又能兼具预防有效性的责任理论,具有相对的合理性。依托此种理论框架,对预见可能性因素的重新定位,合乎责任主义的要求。直面我国实务中的乱象,在处理过失案件时,有必要将涉及预见可能性问题的案件与其他类型的案件作区别化处理。

第十三章讨论与刑事不法理论相关的危害性原则所经历的功能转型与现实困境。现代风险的复杂特点与危害评价机制的演变,使刑法中的危害评价呈现主观化的趋势,并由此导致危害定义的规范维度的丧失与危害内涵的扩张与模糊化。变动的语境与变化的危害内涵,重构了危害性原则的政治意义,使其逐渐丧失规范的批判功能。古典的危害性原则的崩溃,揭示了当代刑法所面临的困境。这不仅意味着传统自由保障工具的失落,也助长了权利的工具化与刑事司法的政治化。

第十四章由故意的体系地位的变化入手,对不法论的发展走向做了全面的考察与评析。故意在犯罪构造体系中地位的变化,与不法论上的主、客观之争相关。当故意作为罪责要素时,对应的是客观不法论;当故意成为构成要件要素时,则表征着主观不法论的兴起。客观归责理论的出现,为客观不法论的复兴提供了契机,但它并未触动主观不法论的核心范围。目的主义代表的主观不法论与客观归责理论代表的客观不法论之间,不是对立关系而是并列关系。有必要摆脱概念式思维,从类型思维的角度对刑法中的不法论展开解读。目的主义与客观归责理论各自跟意志归责与规范归责相呼应;故意作为犯属于主观不法的类型,过失犯与不作为犯则应归入客观不法的类型。刑法中不法论的类型化发展,是刑法体系日益变得以一般预防为主导的产物。

第十五章由未遂犯中的着手的认定切入,来探讨刑事不法的成立根据问题。未遂犯中实行的着手旨在解决故意犯不法的可罚起点问题,它受刑罚目的与其他多个变量的影响。从各国未遂犯理论的发展来看,着手问题上出现从客观论向主观论转变的共同趋势。对此,合理的解读是,主观可责性因素已然超越危害结果,而成为刑事不法成立的首要根据。就实行的着手与危害结果的关系而言,二者之间并非必然存在内在关联;同时,结果之于不法的成立有无意义与结果对于刑事责任的程度应否产生影响是两个独立的问题,不应将二者混为一谈。基于着手解决的问题与因果关系或正犯中所涉及的实行行为概念存在本质的不同,故有必要区分实行的着手与实行行为。此外,有必要在立法论上废除形式预备犯的规定,由此造成的处罚漏洞可通过设置实质预备犯或将着手的时点适当前移来解决。

第十六章讨论罪责论所经历的意义演变,以及如何进行规范重构的问题。当代刑法对风险控制与危害预防的强调,使得罪责概念的内容经历重要的意义裂变。随着对行为人的控制能力的强调,以选择自由为基础的传统规范责任论被废弃。期待可能性被从责任论中剥离出来,其重要性也日益呈下降的趋势。期待可能性理论在当代遭遇的命运,不仅折射出罪责领域所经历的变革,也折射出刑法的整个基本运作框架发生重大转型的事实,表明刑法任务观的重新定位对刑法体系中具体制度与理论的深刻影响。罪责的客观化与社会化意味着责任基础的改变,它最终引起规范责任论的重构。

第十七章旨在探究刑法中违法性认识问题产生的根源,即违法性认识问题是在怎样的语境中成为理论与实务必须直面处理的命题。通过对"不知法不免责"的格言进行知识考古学上的探究,本章将揭示事实错误与法律错误分类的现代界定与罗马法无关,而是绝对主义国家权力兴起后的产物。作为处理法律错误的基本准则,"不知法不免责"建立在知法推定的基础之上,而知法的推定与近代以来国家权威的扩张与治理方式的理性化存在紧密关联。随着法律的复杂化与预防主义刑法观的出现,刑法日益地走向法定犯的时代,难再简单依赖"不知法不免责"准则来解决人们对复杂法律的无知或认识错误。违法性认识问题的提出,根源于新的语境下知法推定的动摇,相应理论由此不得不经历重构的过程。

第十八章从违法性认识的角度,来论述法律错误处理规则与责任主义之间的关系演变。知法的推定动摇后,传统的法律错误处理规则与责任主义的冲突随之而来。围绕违法性认识所引发的纷争,折射的是责任主义刑法在风险社会所遭遇的困境。人们通过对各类法律技术或制度的选择性运用,来尽力求取刑法规制与责任主义之间的平衡。此类技术或制度本质上都是与实现个案公正相关的裁量性机制。就我国的违法性认识问题而言,关键不在于违法性认识在犯罪论体系中的位置,而是构建或完善能够维护个体正义的制度技术。

总的说来,本书试图在法教义学与社科法学两种研究范式之间保持适度的平衡。上篇中社科法学的色彩较浓,下篇则主要以法教义学的范式为导向。本书的研究特点在于:其一,注意运用动态的视角来探究刑法规范与制度的演变及其实质。其二,在注重探析具体制度或原则的基础上,兼顾刑法理论的宏大构建。其三,超越单纯的比较法研究,尝试对中国刑法中的现实问题做出深度诠释。其四,躬行刑事一体化的研究思路,力图将社科法学的知识纳入刑法研究的视野。

最后,有必要指出本书的几点不足之处。其一,由于本书各章基本上是以已发表的论文为基础调整改动而成,这样做的优点是能保证各章内容的理论深度与学术高度,弊端则在于会在一定程度上有损于全书的体系性。其二,一些章节明显受社科法学范式的影响,另一些章节则采取的是法教义学的进路,不同方法论的交杂使用,不可避免地影响全书的整体感。其三,本书相关章节写于不同的时期,前后时间跨度长达十余年,期间笔者在一些具体问题上的观点有所改变,表述与写作风格也有所调整,由此导致前后可能存在不相协调或风格相异之处。其四,本书的下篇尽管对犯罪论中的构成要件论、不法论与罪责论均有所论及,内容结构上仍不够完整,例如对实行行为、法人犯罪与共同犯罪等重要论题,均未做专门的探讨。

上 篇

风险社会中刑法理论的宏观思考

第一章 风险社会与预防型刑法体系

当前我国有关风险刑法理论的探讨,表征着学界对风险社会问题开始有所察觉。然而,无论是支持者还是反对者,大都将风险社会理论对于刑法的影响局限在较为狭小的领域,而没有意识到风险社会背景之下刑法体系所经历的乃是结构性的变化。这样的变化不仅发生在西方国家的刑法体系,它们也日益渗透到我国的刑事实践与刑法理论之中。本章梳理风险社会理论与刑法体系之间的关系,不是赞成所谓的风险刑法理论,而是反对不经反思的、盲目的批判。如果安全问题构成风险社会面临的首要问题,如果刑法体系的预防走向代表着实然的发展趋势,则只有在正视社会需求与刑法变迁的前提下,去考虑如何控制风险刑法的内在危险问题,才是一种理性的研究态度。

在对风险社会与刑法体系的关系展开探讨之前,有必要对风险社会中的风险景观做一个描述,并对风险社会理论进行准确的定位。若是仅着眼于自己的认知,望文生义地解读风险社会理论,则势必造成误读或不必要的误会。本章将还原风险社会理论的真实面目:风险社会理论乃是一种以风险现象作为切入点,来展开对 20 世纪中期以来人类社会(尤其是西方社会)所经历的社会转型的解读的普遍理论;它是一种关于后工业时代的现代性的理论,而不是单纯的关于风险的理论。在此基础上,将进一步考察风险社会理论如何与刑法体系的发展之间建立起勾连。

第一节 风险社会中的风险性景观

当代社会学的研究表明,工业社会经由其本身系统制造的危险而身不由己地突变为风险社会。[1] 在晚期的现代性中,财富的社会生产系统地伴随着风险的社会生产,短缺社会中的财富分配逻辑完成了向发达现代性中的风险分配逻辑的转变。[2] 这种转变无疑与近代以来的工业革命与现代科技有莫大的关联。工业革命与现代科技深刻地改变了人类的生活秩序与方式。一方面,它们为人们提供了传统社会所无法想象的物质便利,将人类从自然力的奴役状态中解放出来;另一方面,它们也创造了众多新生的危险源,导致技术性风险的日益扩散。现代社会越来越多地面临各种类型的人为风险,从电子病毒、核辐射到交通事故,从转基因食品、环境污染到恐怖主义等。

不止如此,人们用来应对风险的现代治理机制和各种治理手段,本身也是滋生新型风险的罪魁祸首。"风险是理性化的产物。现代社会越实现理性化,同样地也带来更多的'危机',人们面临越来越多的各种新危险事物的威胁。"[3]这是由现代治理机制的抽象性特征所决定的。对社会系统的复杂性和偶然性的高度抽象综合,必将引发制度化风险。无论是冒险取向还是安全取向的制度,都可能蕴含着运转失灵或者由于相对无知所导致的决策失误的风险。此外,现代社会专业化和分工的进一步发展,使未来日益地依赖于现在的决策。[4] 而一旦未来依赖于现在的决策,未来本身就会陷于更大的不确定性之中。决策者必定只拥有有限的知识,无法对无限的因果链有完整的认知;相应地,其决策或选择也只能以对因果链中的一小段的认识为基础。这就使现时的决策在指向未来时,其在未来的效果充满了不确定。

不难发现,除技术性风险之外,政治社会风险与经济风险等制度化风险也是风险社会中的风险的重要组成部分。因而,所谓的风险社会,并非仅限于环境与健康风险,而是包括当代社会生活中一系列相互交织的变革:职业模式的转换、工作危险度的提高、传统与习俗对自我认同影响的

---

〔1〕 参见〔德〕乌尔里希·贝克:《世界风险社会》,吴英姿、孙淑敏译,南京大学出版社2004年版,第102页。

〔2〕 Vgl. Ulrich Beck, Risikogesellschaft: Auf dem Weg in eine andere Moderne, Suhrkamp Verlag, 2003, S.25.

〔3〕 高宣扬:《鲁曼社会系统理论与现代性》(第2版),中国人民大学出版社2015年版,第257页。

〔4〕 See Niklas Luhmann, Risk: A Sociological Theory, New York: Aldine de Gruyter, 1993, p.118.

不断减弱、传统家庭模式的衰落和个人关系的民主化。[1] 风险社会不是某个具体社会和国家发展的历史阶段,而是对目前人类所处时代特征的形象描绘。[2] 它是社会存在的一种客观的事实状态,并非政治商议过程中可以随意加以接受或拒绝的一个抉择。无论是技术性风险还是制度化风险,都内在于工业社会本身,是现代性的必然伴生物。

与传统的风险相比,现代意义的风险表现出独特的性质。这主要表现为:一是风险的人为化。随着人类活动能力的加强与活动范围的扩大,其决策与行为成为风险的主要来源,人为风险超过自然风险成为现代风险结构中的主导内容。二是风险兼具积极与消极意义。现代的风险是一个中性的概念,它固然可能带来不确定性与危险,同时也蕴含着自由发展的可能性,具有开辟更多选择自由可能性的效果。[3] 三是风险影响后果的延展性。在空间维度上,现代的风险超越了地理边界与文化边界的限制,呈现全球化的趋势;在时间维度上,它的影响具有持续性,不仅及于当代,还可能影响到后代。四是风险影响途径的不确定。现代的风险形成有害影响的途径不稳定且不可预测,它们往往超出人类自然感知的范围,在人类认知能力之外运作。五是风险的建构性。现代的风险既是受概率和后果严重程度影响的一种客观实在,也是社会建构的产物,与文化感知和定义密切相关。它不仅通过技术应用被生产出来,而且在赋予意义的过程中由对潜在损害、危险或威胁的技术敏感所制造。[4]

从风险的角度审视,现代社会的发展可以分成两个阶段。[5] 第一阶段从十七八世纪工业现代化开始,一直持续到二十世纪早期。在这一阶段,对工业和技术发展的益处的认同占据主导地位,它强化了既有决策所带来的危险并使之合法化。尽管风险被系统地制造出来,但它们并非公共讨论的主题或政治冲突的中心。因而,在这一时期,促进工业发展成为

---

[1] 参见〔英〕安东尼·吉登斯、〔英〕菲利普·萨顿:《社会学(上)》(第七版),赵旭东等译,北京大学出版社 2015 年版,第 180 页。

[2] 参见杨雪冬等:《风险社会与秩序重建》,社会科学文献出版社 2006 年版,第 39 页。

[3] 参见高宣扬:《鲁曼社会系统理论与现代性》(第 2 版),中国人民大学出版社 2015 年版,第 266 页。

[4] See Barbara Adam, Ulrich Beck & Joost van Loon, The Risk Society and Beyond, London: Sage Publications Ltd, 2000, Introduction, p.2.

[5] See Ulrich Beck, Risk Society Revisited: Theory, Politics and Research Programmes, in edited by Barbara Adam, Ulrich Beck & Joost van Loon, The Risk Society and Beyond, London: Sage Publications Ltd, 2000, p.223.

社会主导的政策。第二阶段大致起源于20世纪中叶,工业社会的危险开始全面支配公共、政治和私人的讨论。社会依旧按照老工业社会的模式进行决策和行动,不过,源于风险社会动力中的争论与冲突日益摆在利益集团、法律制度与政治面前。

第二节 社会转型与风险社会理论

伴随工业化而来的现代化,到20世纪中期以后明显进入不同于以往的发展阶段。它虽然仍属于工业时代的继续,但呈现出迥异于早期工业社会的一些重要特征。当代不少具有影响力的社会理论,包括吉登斯(Giddens Anthony)提出的反思现代性与利奥塔(Jean-Francois Lyotard)的后现代理论等,都着眼于揭示这一阶段的现代性所具有的特质。贝克提出风险社会理论,其主旨也在于此,是要就其中发生的社会转型给出自己的解读。与后现代主义者一样,贝克认同这样的前提判断,即"当下的时代构成了一个新奇的历史阶段和一种崭新的社会文化形式,需要用新的概念和理论去阐述"。[1]他只是不同意后现代主义者相对主义的、视角化的、解构一切的解读,认为仍然能够发展出关于社会世界的全面理论。如吉登斯所评价的那样,包括贝克在内的社会理论家,都主张我们像过去一样需要发展有关社会世界的普遍理论,并且这样的理论能够帮助我们积极正面地介入以塑造社会世界。[2]

在贝克这里,工业社会与风险社会分别对应的是第一现代性与第二现代性。他用"第一现代性"来描述以民族国家为基础的现代性,其中的社会关系、网络和社区主要是从地域意义上去进行理解,集体的生活方式、进步和控制能力、充分就业和对自然的开发都属于典型的第一现代性的东西。所谓的第二现代性,则以全球化、个体化、性别革命、不充分就业和全球风险等五个相互关联的过程为突出的表征。在第一现代性中最基本的关于可控制性、确定性或者安全性的想法土崩瓦解之后,一种与社会发展的早期阶段有所区别的新的资本主义、新的经济、新的全球秩序、新的社会和新的个人生活正在形成。贝克认为,从社会学和政治意义上

---

[1] [美]道格拉斯·凯尔纳、[美]斯蒂文·贝斯特:《后现代理论:批判性的质疑》,张志斌译,中央编译出版社2011年版,第3页。

[2] 参见[英]安东尼·吉登斯、[英]菲利普·萨顿:《社会学(上)》(第七版),赵旭东等译,北京大学出版社2015年版,第67页。

说,人们需要一个新的词汇,一个新的参照标准,它不是"后现代性",而是一种第二现代性。面对20世纪中后期所经历的重大社会转型,贝克认为有必要修正古典的社会学理论,以便它能为社会和政治的重新创造提供一个新的框架。[1]

透过风险问题,贝克敏锐地发现,工业社会通过风险的成倍增长和对风险的经济开发,系统地产生了它自己的危境和对它自身的质问。按他的说法,发达工业社会从自己产生的危险中得到"滋养",并因而创造了社会风险地位和政治潜能,这种潜能唤起了对现代化基础的质疑。[2] 贝克并没有否认风险社会上本质上仍是一个工业化的社会。他只是强调,工业社会时代无论在政治与公共领域,都是将关注的焦点放在解决物质短缺与发展生产力上,至于工业化所带来的消极后果一直被掩隐于幕后。风险社会则不同,随着工业化所带来的副作用日益显现,"风险已经成为政治动员的主要力量,常常取代如与阶级、种族和性别相联系的不平等之类的变量"。[3] 因而,他的所谓的风险社会,重心不在于风险本身与工业社会时代相比在性质上有所变化,也不在于风险在客观意义上有绝对的数量上的增加,而在于风险分配逻辑对财富分配逻辑的日益取代,即究竟是风险分配服从于财富分配,还是财富分配服从于风险分配。对此,贝克有过明确的论述:"风险社会与工业社会的区别不仅在于与财富生产和风险生产的生产与分配'逻辑'间的区别相一致,而且源于以下事实:首要的关系被颠倒了。工业社会的概念假定了'财富逻辑'的主宰地位,并且断言了风险分配同它的相容性,而风险社会的概念则断言了风险分配和财富分配的不相容性以及二者的'逻辑'冲突。"[4]

在贝克的理论框架中,风险概念不过是一个媒介:风险的概念就像一根使我们可以不断去探究整个建构方案,以及整个文明结构上的每一块使文明自陷危境的水泥斑点的探针。[5] 他对风险问题的关注其实

---

[1] 参见〔德〕乌尔里希·贝克:《世界风险社会》,吴英姿、孙淑敏译,南京大学出版社2004年版,第2—3页。

[2] 参见〔德〕乌尔里希·贝克:《风险社会:新的现代性之路》,张文杰、何博闻译,译林出版社2018年版,第58页。

[3] 〔德〕乌尔里希·贝克:《世界风险社会》,吴英姿、孙淑敏译,南京大学出版社2004年版,第5页。

[4] 〔德〕乌尔里希·贝克:《风险社会:新的现代性之路》,张文杰、何博闻译,译林出版社2018年版,第190页。

[5] 参见〔德〕乌尔里希·贝克:《风险社会:新的现代性之路》,张文杰、何博闻译,译林出版社2018年版,第223页。

是醉翁之意不在酒,关心的并非风险本身,而是透过风险的视角来解读当代社会的基本特质。或者说,关心的是现代的进程如何削弱了自身的根基,从而出现向第二现代性的转变。他的风险概念直接与反思性现代化的概念相关,风险被界定为系统处理现代化自身引致危险和不安全感的方式,它是与现代化的威胁力量以及现代化引致的怀疑的全球化相关的一些后果。[1] 按贝克的诊断,这是一个以新型风险与不确定性为标志的世界;后现代主义者视为混沌或缺乏模式的东西,在贝克看来则是风险或不确定性。[2] 借助于对风险的分析,贝克深刻地揭示了现代性的内在悖论:现代性本身强调对不确定性的理性控制,而理性化的发展却反而滋生与促成了更多的不确定性,甚至于旨在预防不确定性的技术与知识本身便是制造风险的来源。换言之,恰恰是现代性本身将不确定性带至我们生活的各个层面。通过科学化、技术化、官僚化和法律化所实现的理性的增长,最终导致了"不确定性重回社会"的自相矛盾的结果。[3]

综上,风险社会理论的关注核心始终是现代性,它是一种着眼于工业化后果的、关于现代性的宏大叙事。与吉登斯一样,贝克敏锐地意识到,我们正生活在一个全球变迁的时期,而这也许与早先的变迁一样深远,但更广泛地被全世界所感受到。我们需要发展新的理论,来理解今天正在转变我们的社会的这些新发展。[4] 他提出的风险社会理论,代表的正是这样的一种努力。如贝克自己所言,现代性的手稿仍需重新撰写、重新定义、重新发现,而这正是世界风险社会理论所要讨论的。[5] 将风险社会理论仅仅理解为一种单纯的关于风险的理论,显然忽视了贝克提出风险社会理论时的雄心,并且也难以解释,为什么这一理论会在短短二三十年的时间里迅速获得跨学科的巨大影响力。需要特别指出的是,尽管风险社会理论是因贝克而闻名,但不应将之完全视为是贝克一人的贡

---

[1] 参见〔德〕乌尔里希·贝克:《风险社会:新的现代性之路》,张文杰、何博闻译,译林出版社2018年版,第7页。

[2] 参见〔英〕安东尼·吉登斯、〔英〕菲利普·萨顿:《社会学(上)》(第七版),赵旭东等译,北京大学出版社2015年版,第95—96页。

[3] 参见〔德〕莱纳·沃尔夫:《风险法的风险》,陈霄译,载刘刚编译:《风险规制:德国的理论与实践》,法律出版社2012年版,第92—93页。

[4] 参见〔英〕安东尼·吉登斯、〔英〕菲利普·萨顿:《社会学(上)》(第七版),赵旭东等译,北京大学出版社2015年版,第96—97页。

[5] 参见〔德〕乌尔里希·贝克:《再谈风险社会:理论、政治与研究计划》,载〔英〕芭芭拉·亚当等编著:《风险社会及其超越:社会理论的关键议题》,赵延东等译,北京出版社2005年版,第321页。

献,包括卢曼在内的很多学者的努力进一步丰富与深化了这一理论。此外,贝克对于这场社会变迁的描述与分析,总体上流于片断性的、零散性的层面,他敏锐地觉察与捕捉到了当下社会的一些新的特质,但尚未能将之体系化。因而,他的风险社会理论充其量是一种粗线条的理论,虽自成一家之言,但在其体系性与深刻性方面,与卢曼的系统论相比存在不小的差距。

第三节 风险社会理论中的"风险"

我国刑法学界所热衷讨论的风险社会理论,直接继受自贝克的学说。然而,与社会学中的讨论不同,在我国刑法学界,对风险社会理论,人们基本上流于形式的、狭隘的甚或是望文生义的理解,并未从现代性的角度加以展开。无论是支持者还是反对者,都没有将它当作解读社会转型的一种普遍的社会理论。对此,卢建平教授也提出过类似的批评,认为目前我国刑法理论界对风险社会理论的解读不尽准确且片面,有先入为主之嫌,往往是从自己熟悉的刑法专业出发,深陷刑法学的知识话语结构之间不能自拔。[1] 这样的误读,不仅在相当程度上扭曲了风险社会理论本来的面目,也直接影响到人们对风险概念的准确理解。

由于仅仅将风险社会理论视为一种关于风险的理论,我国刑法学界在对风险概念进行把握时存在较大的偏差。具体表现为:一是将风险完全当作是实在意义的概念。比如,张明楷教授在对风险社会理论进行批驳时,便是从风险并没有客观增多的论证入手,而得出风险社会并非真实的社会状态的结论。[2] 又如,夏勇教授提出,在贝克的理论中,"风险社会"的特定"风险"之来源是工业生产带来的污染。[3] 二是在承认风险的建构性的一面同时,将风险仅仅限定为那些导致古典工业社会的风

---

[1] 卢建平教授进一步指出,误读的突出表现为:一是无视风险社会理论的宏观性,将其简单地理解为风险个人化、个别化,与个人行为的危害可能性、人身危险性或者危险状态相连接;二是忽视风险的遍在性、互动性,无视在社会组织、结构、制度等更重要层次的社会风险,而单纯依据行为——行为人的思路,强调个人风险、行为风险。参见卢建平:《风险社会的刑事政策与刑法》,载《法学论坛》2011年第4期,第22页。

[2] 参见张明楷:《"风险社会"若干刑法理论问题反思》,载《法商研究》2011年第5期,第83—85页。

[3] 参见夏勇:《"风险社会"中的"风险"辨析刑法学研究中"风险"误区之澄清》,载《中外法学》2012年第2期,第252页。

险控制逻辑失效的、具有毁灭性的全球风险,主要包括核爆炸与核泄漏、有毒物质、基因技术、生态污染、金融危机、恐怖主义。[1] 三是将风险社会中的风险,直接与刑法中的风险概念相混淆。比如,有学者将客观归责理论中所谓的"风险"与风险社会理论中的风险相等同,据此认为客观归责理论是德国刑法面对风险社会的现实所做出的积极回应。[2]

前述关于风险概念的理解,明显偏离了风险社会理论的本意。在贝克这里,风险并非完全实在意义上的概念,[3]而是既具有实在性,又具有建构性的一面。所谓的实在性,是指工业社会以来的风险是由不断发展的工业化与科学生产所引起,是人类运用知识与技术改造而引发的结果。它可能指的是不确定性本身,也可能指的是消极的后果。这种风险客观存在,并具有迥异于传统风险的特性;在传统社会中,威胁人类的一向是如旱灾、地震、饥荒等外部风险。所谓的建构性,意味着对风险的定义会受政治、社会、文化等因素的影响。贝克明确指出,有关风险的知识,与其历史及文化符号、知识的社会结构紧密相联,"正是文化感知和定义构成了风险。'风险'与'(公众)定义的风险'就是一回事"。[4]

由于风险兼具实在性与建构性,风险感知与实在的风险之间就并非简单的对应关系。举例来说,人们死于恐怖主义的风险客观上要远小于死于机动车交通事故的风险,但公众对恐怖主义威胁的感知却更为强烈。政府对公共问题的决策和有限资源的配置,主要不取决于实在的风险本身,而更多地受到公众关于风险的感知与判断的影响。这意味着风险的评估与接受风险的意愿不仅是心理学上的问题,而且首先是社会问题;谁或者什么决定某一风险是否予以考虑,是一个至关重要的问题,有关风险预测、风险感知、风险评估与风险接受的讨论,都与是考虑还是无视风险的选择紧密相关,而这一选择的过程明显为社会因素所控制。[5]

---

[1] 参见南连伟:《风险刑法理论的批判与反思》,载《法学研究》2012年第4期,第143—144页。

[2] 参见王振:《坚守与超越:风险社会中的刑法理论之流变》,载《法学论坛》2010年第4期,第74页。

[3] 当然,贝克在其早期的理论中,的确是较为偏重风险的实在性的一面,所以,他所举的例子几乎无一例外是生态风险方面的。之后,贝克显然意识到这一问题,所以在之后的理论中做出了明确的调整。

[4] [英]芭芭拉·亚当等编著:《风险社会及其超越:社会理论的关键议题》,赵延东等译,北京出版社2005年版,第323—333页。

[5] See Niklas Luhmann, Risk: A Sociological Theory, translated by Rhodes Barrett, New Brunswick: Aldine Transaction, 2005, pp.3-4.

因而，尽管早期工业社会的风险与风险社会的风险在客观性质上很难说存在不同，并且似乎也难以在实证的意义上精确地证明，风险社会阶段的风险有绝对的量上的增加或程度上的加剧；但这并不意味着，可以将早期工业社会中的"风险"完全等同于风险社会中的"风险"。在风险社会中，对风险威胁的感知不仅塑造了人们的思想与行动，也直接决定着制度的建构。承认风险的存在，势必影响公共讨论与政治的关注重心，由此而影响政策与法律制度的走向，这种当下的决策会使未来变得不确定；否定或者无视风险的存在，只会使风险的发展更加不可收拾且难以控制。正是基于此，贝克才援引吉登斯的"人为制造的不确定性"的概念，来诠释风险的内涵，并提出"人为制造的不确定性"这一概念有着双重的含义：首先，更多和更好的知识正在成为新风险的发源地；其次，相反的论断也同样真实，即风险来自"无意识"（没有知识），同时也是由"无意识"构成的。[1]

可见，若要为风险社会理论中的风险概念提炼关键词，则这个词非人为的不确定性莫属。所谓人为的不确定性，指的是不确定性源于人为的决策。贝克明确指出，瘟疫、饥荒和自然灾害等传统风险，与现代的"风险"的本质区别便在于，前者不是建立在决策基础上，或者说不是建立在关注技术经济优势和机会，仅仅把灾难视为发展的阴暗面的决策基础上。[2] 也只有从人为的不确定性的角度去理解风险，才能够明白贝克为什么同时关注个体化的进程，并声称个体化正在变成第二现代性社会自身的社会结构。[3] 风险社会中，面对个人生活中所面临的不确定性，以社会道德环境、家庭、婚姻和男女角色来应对焦虑和不安全感的传统方式不断遭到失败，需要个体自身来应对焦虑和不安全感，[4] 由此而启动个体作为社会再生产的基本单元的进程。

有关风险与人为决策的不确定性问题，卢曼做过更为深刻的剖析。卢曼指出，根本不存在无风险的决策，只要人们做出决策，风险便无法避

---

[1] 参见〔英〕芭芭拉·亚当等编著：《风险社会及其超越：社会理论的关键议题》，赵延东等译，北京出版社2005年版，第329页。

[2] 参见〔德〕乌尔里希·贝克：《世界风险社会》，吴英姿、孙淑敏译，南京大学出版社2004年版，第67页。

[3] 参见〔德〕乌尔里希·贝克、〔德〕伊丽莎白·贝克—格恩斯海姆：《个体化》，李荣山等译，北京大学出版社2011年版，第31页。

[4] 参见〔德〕乌尔里希·贝克：《风险社会：新的现代性之路》，张文杰、何博闻译，译林出版社2018年版，第189—190页。

免。人们知道得越多,所不知道的也越多,其风险意识也就越复杂;人们算计得越理性,此类算计变得越复杂,进入视野的涉及将来的不确定性因而也就是风险的方面也便越多。因而,现代的风险社会不仅是对科技成就的后果的感知,它的种子就包含于研究可能性的扩张与知识本身的扩张之中。除决策带来的风险之外,针对风险所提出的预防措施本身也构成风险的重要来源。[1] 由于未来依赖于当下的决策与选择,人类最终面临理性化的悖论,用以控制风险的知识、制度与技术,最终反而成为造成更多不确定性的风险的来源:"知识、法制和科技越发展,越自由创造,人们越是更多地知道那些不可预测的未知事物,人们越陷于更大的不确定性,越面临更多的可能性,因而也越面临更多的风险。"[2]

只要承认风险概念是以人为的不确定性作为其意义的内核,则前述三种有关风险概念的理解便有失妥当,由此所展开的有关风险社会理论或风险刑法理论的批评也缺乏相应的针对性。

其一,仅仅在实在的意义上理解风险,以风险自古以来便处处存在,且法律一直致力于处理事故或灾难事件所带来的风险为由,来批评风险社会理论的观点并不成立。所谓的风险社会,界定的重心本来就不是人为风险客观上增多或加剧,而是说这种风险的日益显露,在整个社会中造成的不安感,而这种不安感又如何支配了公共讨论与政治层面的决策,影响包括刑法在内的制度与理论的走向。另外,此类批评观点明显是建立在对风险社会理论的误解之上的。社会学中的风险社会理论关注的核心并不在于现代社会的生活对于个体而言是否变得更加危险,"它感兴趣的只是共同制造的风险及其集体效应。对于风险的社会学而言,破坏环境不仅意味着共同侵犯生态系统的结果,而且是以危害生物物理的生存基础为方式的共同的自我损害。社会学认为,应对此负责的因素不在于功能失灵,而是在于结构,正是结构造成了现代的成就。风险社会的理论其实是把社会对未来的预防能力作为研究的问题"。[3] 因而,将风险概念限定于实在的技术风险本身,显然是将作为一种解读现代性的普遍

---

[1] See Niklas Luhmann, Risk: A Sociological Theory, translated by Rhodes Barrett, New Brunswick: Aldine Transaction, 2005, pp.28-31.

[2] 高宣扬:《鲁曼社会系统理论与现代性》(第2版),中国人民大学出版社2015年版,第257页。

[3] [德]莱纳·沃尔夫:《风险法的风险》,陈霄译,载刘刚编译:《风险规制:德国的理论与实践》,法律出版社2012年版,第81页。

理论而存在的风险社会理论,误视为单纯的关于技术风险的理论。

其二,认为只有现有制度完全无法解决的、具有毁灭性的全球性风险,才是风险社会理论中的"风险"的观点,犯了倒果为因的错误,且很难与贝克的其他论述相协调。按照论者的界定,当机动车作为一种污染源或存在产品质量缺陷时,它是风险的来源,而当它作为普通的交通工具发生事故时,则不属于风险的来源。如此界定风险的范围,未免太过任意。并且,也难以解释贝克为何要在《风险社会:新的现代性之路》一书中花大量的篇幅,去论述社会阶级、家庭模式、性别身份、婚姻、亲子关系、职业与政治等方面经历的变化的问题,因为它们根本无法归入论者所列举的有限的、特定类型的风险范围内。对"风险"概念的这种狭隘理解,部分是源于对贝克所谓的系统性与全球性的误解。贝克所谓的系统性,指的是应当从是否为工业化的后果的角度去理解与界定风险,但凡是随工业化而来的长期的、系统产生的,需要代之以政治去解决的问题,都可归入风险的范畴。[1] 而所谓风险的全球化,显然不仅是指风险所造成的结果的全球化,也包括其原因的全球化。据此,机动车无论是作为污染源还是作为交通工具,都构成风险的来源,因为从生产过程与流通环节来看,它本身就是全球化的产物。

其三,将风险社会理论中的风险与刑法中的风险相提并论,甚至将二者相等同的观点,更是有乱点鸳鸯谱之嫌。风险社会理论中的风险,其重心在于人为决策所带来的不确定性,它涉及的范围极广,覆盖社会生活与个人生活的方方面面,且往往更多是指系统性的、制度化的风险。刑法中允许的风险理论或制造法所不容许的风险中所谓的风险,则专门指源自第三人的行为对法益构成的威胁,它更接近于危险的概念;风险允许或不允许,仅仅意在标示对法益的威胁是否为法秩序所许可。诚然,刑法所规制的风险中有部分确是源于风险社会中的风险,但这充其量只能表明,两种风险概念在外延上存在一些交叉,而并不意味着二者是相同的。将两种具有不同意义的风险概念张冠李戴地混在一起,其谬误之处一目了然。

第四节　预防主义刑法体系之兴起

在我国刑法学界,未能准确把握风险社会理论作为一种现代性理论

---

[1] 参见〔德〕乌尔里希·贝克:《风险社会:新的现代性之路》,张文杰、何博闻译,译林出版社2018年版,第20—21页。

的本质,不仅导致对风险概念的狭隘界定,也使人们在寻找风险社会理论与刑法体系之间的连接点时做出错误的判断。既有的关于风险刑法理论的研究,无论是支持者还是反对者,大多将风险当作是风险社会理论与刑法体系之间的关联点或连接枢纽。将社会学理论与刑法理论做这样简单的嫁接,无疑并不妥当。因为风险社会理论中的"风险",根本就不同于刑法理论中所谈的风险。借助于一个形式上相同而意义重心迥异的风险概念,不可能彰显与维系风险刑法理论与刑法体系之间的关联。那么,这是否意味着风险社会理论与刑法体系之间根本不存在内在关联呢？答案是否定的。

的确,风险社会理论作为一种社会学理论,与刑法理论构成两个相互独立的体系。因而,不应将风险概念当作勾连二者的枢纽。否则,风险社会理论就会像文化概念一样,变成什么都可以装的筐。而如果刑法中的什么问题都可以用风险社会的理论去解释,就等于说它什么也不能解释,泛化的关联性解释很难具有令人信服的解释力。当务之急需要对风险社会理论如何影响刑法理论的变迁的脉络,做一个清晰的梳理。

第一,风险社会理论所揭示的社会现实,构成我们展开刑法理论研究时必须注意的前提事实与基本语境。对于法律研究来说,"社会的性质不应不加质疑地断定。法律可以界定社会,正如它可以调控社会,但它只能根据社会本身提供的条件来界定社会。法律以社会的概念作为前提条件,这种社会概念不仅界定了法律在技术方面的管辖范围,而且界定了法律干预所需要合理整合的领域,以及包含了法律合法化及其文化意蕴的一般渊源。随之而来的,是诸如社会同一性、一致性以及一般模型之类的观念受到了质疑,关于法律性质和功效的预设也都成了疑问的对象。"[1]

第二,社会整合机制的重大变化,在政治层面直接影响了主导性的政策基调。从工业社会到风险社会的转型,代表着从需求型团结到焦虑促动型团结的转变。按贝克的说法,阶级社会的驱动力可以概括为"我饿！"风险社会的驱动力则可以表达为"我害怕！"焦虑的共同性代替了需求的共同性。在此种意义上,风险社会的形成标示着这样一个时代,在其中产

---

[1] 〔美〕奥斯汀·萨拉特编：《布莱克维尔法律与社会指南》,高鸿均等译,北京大学出版社2011年版,第20页。

生了由焦虑得来的团结并且这种团结形成了一种政治力量。[1] 所谓的风险社会同时也是"焦虑社会",甚至如学者所言,"焦虑社会"的标签可能更为适当一些。[2] 与社会整合机制上的这种变化相呼应,工业社会时代的"发展"导向的政策基调,到了风险社会为"安全"导向的政策基调所取代。安全问题开始主导公共讨论与政治决策,取代发展问题而成为全社会关注的重心。安全既构成风险社会的基础,同时又构成政治上的动力。因为"现代社会的社会成员对于安全的欲求极为强烈,对于暴露的危险非常敏感。社会成员热切希望除去、减少这种高度广泛的危险,热切希望在这种危险现实化之前,国家介入社会成员的生活来除去、减少这种危险"。[3]

正是在这样的背景下,对犯罪问题的看法也发生了根本性的改变。在工业社会时代,犯罪现象被认为是社会资源分配不公或者社会的相对剥夺所造成的结果,因而,促进社会公平与加强贫困人口的福利救济,被认为是解决犯罪问题的基本方案。然而,从二十世纪六七十年代起,至少在英美社会,矫正与复归的构想最终衰落,主流的犯罪学思想日渐用控制理论来解释犯罪产生的原因,各式各样的控制理论不再将犯罪当作相对剥夺所造成的问题,而认为是控制不足(包括社会控制、情境控制与自我控制)所致。受控制理论的影响,犯罪开始单纯地被视为是对社会安全的一种正常的、常规的威胁来源,这样的观念不仅强化了报复性的、威慑性的政策,而且直接导致预防对治疗的取代,并促成犯罪预防与社区安全的基础设施的全面扩张。[4]

第三,安全问题构成风险社会理论与刑法体系之间的连接点,由此而

---

[1] 参见〔德〕乌尔里希·贝克:《风险社会:新的现代性之路》,张文杰、何博闻译,译林出版社2018年版,第48页。

[2] 参见〔英〕阿兰·斯科特:《风险社会还是焦虑社会?有关风险、意识与共同体的两种观点》,载〔英〕芭芭拉·亚当等编著:《风险社会及其超越:社会理论的关键议题》,赵延东等译,北京出版社2005年版,第58页。

[3] 〔日〕关哲夫:《现代社会中法益论的课题》,王充译,载赵秉志主编:《刑法论丛》(第12卷),法律出版社2008年版,第338页。

[4] 对于英美社会刑事领域所呈现的这种巨大变化,David Garland 教授做过全面的归纳与总结。See David Garland, The Culture of Control: Crime and Social Order in Contemporary Society, Chicago: The University of Chicago Press, 2001, pp.8-15. 英国的另一学者也提到了现代性语境上的变化对犯罪问题产生的影响,他甚至因此将自己的专著视为是对控制理论的长篇回应,参见〔英〕韦恩·莫里森:《理论犯罪学——从现代到后现代》,刘仁文等译,法律出版社2004年版。

使预防成为刑法的首要目的。风险意识的核心不在于现在,而在于未来;在风险社会中,过去失去了它决定现在的权力,它的位置被未来所取代。[1] 随着安全问题的日益凸显,在风险社会里弥漫着一种普遍的不安全的情绪,人们更加关心的是如何预防未来可能出现的坏的东西。这种坏的东西既可能是技术发展带来的污染或不安全的食品、药品,也可能是遭遇犯罪攻击的风险。不安成为社会生活结构和国家安全的决定性因素。[2] 大体上,对风险的应对可以分为两个层面:一是集体层面,通过群体决策或制度性的措施来解决风险分配与控制的问题;二是个体层面,个人会针对所感知到的风险采取个体化的处理方案。诉求国家的干预便属于集体层面的应对范围,一个为焦虑所笼罩的风险社会势必要求国家全方位地介入,包括利用法律制度来解决对风险问题做出回应。

由于数量化的风险概念并不适合作为法律概念,"所以其让位于更能提供法律规范性诊断的概念,如排除危险或者预防。通过运用这两个概念,法律试图以双重的方式来获得与未知性和不可权衡性相对的安全性:一是法益的安全,即为所涉法益提供安全保障;二是法律的安全,即保证法律作为一个决定体系本身的可靠性和可预见性"。[3] 在刑法领域,公众对于安全的现实需求会汇聚成刑事政策上的压力,最终通过目的的管道传递至刑法体系的内部,驱使刑法体系向预防目的的方向一路狂奔。进入20世纪中期,报应刑法的没落与特殊预防之矫治构想的失败已成为不争的事实,一般预防则脱颖而出成为各国刑法的首要目的。不管在美国的讨论还是斯堪的那维亚或是德国,都可以察觉到积极的一般预防、间接的或是整合的一般预防占了上风。[4] 刑事政策基本信念上的这种快速趋同,使各国(至少在西方社会之间)刑法体系在发展走向上表现出惊人的共同性。

第四,基本目的的变化意味着刑法价值取向的重大调整,预防走向

---

[1] 参见〔德〕乌尔里希·贝克:《风险社会:新的现代性之路》,张文杰、何博闻译,译林出版社2018年版,第24页。

[2] 参见薛晓源、刘国良:《法治时代的危险、风险与和谐——德国著名法学家、波恩大学法学院院长乌·金德霍伊泽尔教授访谈录》,载《马克思主义与现实》2005年第3期,第26页。

[3] 〔德〕莱纳·沃尔夫:《风险法的风险》,陈霄译,载刘刚编译:《风险规制:德国的理论与实践》,法律出版社2012年版,第82页。

[4] 参见〔德〕许迺曼:《刑法体系与刑事政策》,载许玉秀、陈志辉合编:《不移不惑献身法与正义——许迺曼教授刑事法论文选辑》,新学林出版股份有限公司2006年版,第59页。

的刑法体系强调刑法的社会保护,这样的价值选择最终深刻地塑造了刑事实践与刑法理论的发展。由于认为只有国家才能迅速有效地应对风险,社会成员容忍了国家介入社会生活的倾向;国家于是以"维持安全的社会生活""维持国家、社会秩序""维持平稳的社会生活环境"等为根据,推行"有危险就有刑罚"的扩张性的入罪化原则。[1] 刑事立法中的这种实践,刺激着刑法理论朝相同的方向迈进,由此而促成预防刑法或者说安全刑法的出现。敌人刑法本质上也应归入安全刑法的范畴,与风险社会有着内在的关联。[2] 不管是安全刑法或敌人刑法,它们都源于现代频发的危险。[3] 有论者明确指出,雅科布斯(Günther Jakobs)的敌人刑法理论映照着风险社会的影子,体现了风险社会对刑法学的深刻影响。[4] 基于此,严格说来,用风险刑法理论来指称风险社会中刑法体系所经历的变化并不准确,预防刑法或安全刑法是更为到位的称法。

综上,风险社会理论与刑法体系之间的连接点并非风险,而是安全。前者对后者施加影响的基本路径为:随着风险为人们所日益感知,不安全感在全社会蔓延→安全问题成为政策关注的核心→影响刑法体系基本目的的设定,对刑法的功能主义的定位变得盛行→因基本目的的调整,而影响刑法体系的各个主要组成部分;由目的传递的需求经由这些主要部分的变动,进一步将影响力传递到体系的各个角落,从而使刑法体系呈现结构化变动的态势。

第五节 本章小结

(1)风险社会中的风险类型不仅包括技术性风险,也包括各类制度性风险。用于应对风险的治理机制与相应举措,本身也成为滋生风险的重要来源。现代的风险具有独特的性质,主要表现为风险的人为化、风险兼

---

[1] 参见〔日〕关哲夫:《现代社会中法益论的课题》,王充译,载赵秉志主编:《刑法论丛》(第12卷),法律出版社2008年版,第339页。
[2] 有学者敏锐地觉察到了风险社会与风险刑法、安全刑法、敌人刑法之间的内在关联,参见卢建平:《风险社会的刑事政策与刑法》,载《法学论坛》2011年第4期,第23—24页。认为敌人刑法、安全刑法与风险社会理论之间没有关联的论者,显然是没有意识到风险社会理论与刑法体系之间的内在关联。参见夏勇:《"风险社会"中的"风险"辨析刑法学研究中"风险"误区之澄清》,载《中外法学》2012年第2期,第255—257页。
[3] 参见蔡桂生:《敌人刑法的思与辨》,载《中外法学》2010年第4期,第609页。
[4] 参见姜涛:《风险社会之下经济刑法的基本转型》,载《现代法学》2010年第4期,第91页。

具积极与消极意义、风险影响后果的延展性,以及风险影响途径的不确定。

(2)当代社会表现出风险社会的特性,与早期的工业社会存在结构性的不同。风险社会理论的关注核心是现代性,它是一种着眼于工业化后果的、关于现代性的宏大叙事,不应仅仅理解为是单纯的关于风险的理论的观点。随着风险社会的全面到来,财富分配的逻辑日益为风险分配逻辑所取代,这对刑法的发展走向产生深远的影响。

(3)风险社会中的风险概念,以人为的不确定性作为意义内核;风险并非完全实在意义上的概念,而是兼具实在性与建构性。不应在实在意义上来理解风险,也不应将之限定于局部领域的风险类型,更不宜将风险社会理论中的风险与刑法中的风险概念相提并论。

(4)风险社会理论与刑法体系之间的关联点不是风险概念,而是安全问题。政治层面对安全问题的高度关注,促使预防成为整个刑法体系的首要目的,由此导致预防主义刑法体系的兴起。风险刑法本质上是一种预防刑法。外在社会环境的变化,经由对刑法目的重新设定,而将影响力传递至刑法体系的各个角落,使刑法体系呈现结构化变动的态势。

第二章　刑法体系的演变概貌之勾勒

　　风险社会中的风险究竟能否以及在多大程度上为刑法所化解，或者刑法是否真的能够有效应对风险社会中凸显的安全危机，这是一个既无法证实也无法证伪的问题。按照卢曼的观点，"当全社会本身就已经将自己的未来理解成独立于决定之外的风险时，法律就不再能够为安定性提供保障"。[1] 然而，在政治的压力之下，刑法不得不对风险问题作出回应，即使某些回应举措客观上起到的只是单纯的表态作用。无论如何，对安全问题的关注与对预防目的的强调，的确是深刻地改变了刑法体系。这种改变伴随着政策成为刑法体系的构造性因素而发生。本章意在全面勾勒与描绘刑法体系所经历的重要变动，并分析这些变动所共有的性质。

第一节　风险社会中的刑法理论危机

　　现代风险复杂而矛盾的特性决定了风险社会中的政策基调：不是要根除风险或被动地防止风险，也不是简单地考虑风险的最小化，而是设法控制不可欲的风险，并尽量公平而合理地分配风险。全面根除或者被动防止风险的极端立场不仅不可能，也不可欲，因为这必定严重削减现代性发展中所潜藏的自由可能性。风险的最小化也并不符合社会生活的宗旨，在人们感到风险是合理的或有助于其他目标时，人们会选择容忍风险。这意味着刑法的风险控制需要以对风险做出分类为前提，刑法并不规制一切风险，它只规制不可欲的、会导致不合理的类型化危险的风险。
　　然而，在接受这项规制任务时，传统的刑法理论显然面临着巨大的困

---

[1]〔德〕尼可拉斯·鲁曼：《社会中的法》，李君韬译，台湾五南图书出版股份有限公司2009年版，第618页。

境。现代刑法形成于绝对主义国家的背景之下,以国家与个体之间的二元对立为逻辑基础。在价值取向上,现代刑法偏向于对个体权利的保障,法益概念也主要围绕个体权利而加以构建。相应地,在不法论上,强调不法的成立以对法益的侵害结果出现为必要,采取的是结果导向的立场。在责任形式上,强调规范意义上的主观责任与个人责任,认为责任的本质在于行为人基于自由意思而选择违法行为所表现出来的应受谴责性。不难想象,这种以个体权利保障为导向的刑法在解决风险问题时,极易遭遇挫败,它的格式化程式无法识别和容纳工业社会的风险。

第一,传统刑法体系中个人化的、物质性的、静态的法益范畴,[1]无法涵盖新的权益类型。风险社会中,遭受威胁或损害的对象不限于特定的个人,也不限于传统意义上的不特定多数,还包括未出生的后代的权益与自然的利益。第二,危害无法认定。传统刑法强调犯罪的本质在于法益侵害,这种侵害一般要求是现实的物质性侵害后果。然而,在风险社会中,侵害后果往往很难被估测和认定,诸如化学污染、核辐射和转基因生物等可能引发的危害,远远超越目前人类的认识能力。第三,传统归责原则的失效。[2] 风险社会中,危险或损害往往由众多因素造成,而非源于个人的特定的罪行。原因逐渐变成一种总体的行动者和境况、作用与反作用的变幻物。[3] 因而,按照传统的因果关系准则很难证明其间的因果性。第四,个人责任的责任形式导致对集体责任的无法追究。传统的刑法体系内,责任的主体只限于个人,但风险社会中生产风险的主要不是个人,而是各种组织。

由此,风险社会面临着一个悖论,由人为风险造成的显性的和潜在的破坏日趋严重,但却没有任何人或组织需要对此负责。可以说,既有法律体系合理性的崩溃,是导致"有组织的不负责任"产生的重要因素。正如贝克所言,解释这一现象的关键在于在风险社会中,那些由晚期工业社会产生的危险或人为制造的不确定性,与那些由内容和形式都植根于早

---

[1] Vgl. Stratenwerth, Das Strafrecht in der Krise der Industriegesellschaft, Verlag Helbing & Lichtenhahn Basel 1993, S.17.

[2] Vgl. Stratenwerth, Das Strafrecht in der Krise der Industriegesellschaft, Verlag Helbing & Lichtenhahn Basel 1993, S.13.

[3] Vgl. Ulrich Beck, Risikogesellschaft: Auf dem Weg in eine andere Moderne, Suhrkamp Verlag, 2003, S.43.

期工业社会之中的定义关系之间存在着错误匹配。[1]

在风险摧毁常规安全计算体系的基石之后,建立在该计算体系之上的传统刑法也面临严峻的危机。在这样的背景下,对风险社会的后果的正视,其实意味着"对曾经达成的(责任、安全、控制、危害限制和损害后果的分配)标准设定了重新定义的任务"。[2] 很显然,刑法体系只有两种选择:要么索性放弃对风险的控制,彻底向核心刑法领域回归;要么不断根据社会的现实需求来调整自身,以适应风险时代的要求。刑法体系在当代所经历的演变,表明其做出的是后一种选择,实务的需要最终压过了学理上向核心刑法领域回归的呼声。这一点从法益论的流变中便可以看出来。

第二节　法益论在当代的流变与困境

作为刑法中最为基本的概念,法益在整个教义学体系中处于核心地位。在教义学层面,法益论的意义主要指向两个维度:一是犯罪本质所指向的法益;二是刑法目的所指向的法益。这两个意义维度之间存在一定的内在紧张。犯罪本质所指向的法益跟刑罚的正当根据问题相关联,往往强调对法益的侵害只有达到一定的严重程度才足以使刑事制裁正当化。这一维度的法益概念关注行为本身应否惩罚的问题,采取的是事后审查的视角,由法益本身的固有属性去推导犯罪的本质,法益是否已然受侵害构成启动刑罚权的最终根据。刑法目的指向的法益则涉及刑法的机能问题,倾向于在法益侵害实际发生之前刑法便要进行干预。这一维度的法益概念涉及的是需罚与否的思考,着眼于未然之罪,法益论不过是实现刑法目的的工具,法益的具体内容以及如何构建法益论最终都受制于刑法所要实现的目的。

法益论两个维度之间的内在紧张关系,为法益范畴此后的意义裂变埋下了潜在的祸根:一方面,从约束国家刑罚权的发动而言,有必要对法益概念作限缩性的界定,因为法益的内涵越明确、越具象化便越能有效地

---

[1] See Ulrich Beck, Risk Society Revisited: Theory, Politics and Research Programmes, in edited by Barbara Adam, Ulrich Beck & Joost van Loon, The Risk Society and Beyond, London: Sage Publications Ltd, 2000, p.224.

[2] [德]乌尔里希·贝克:《世界风险社会》,吴英姿、孙淑敏译,南京大学出版社2004年版,第97—98页。

约束国家刑罚权;另一方面,从刑法预防犯罪的目的的角度,为使刑法更好地承担起保护社会的任务,便要尽可能地扩张法益概念的外延,其内涵也是越模糊、越抽象便越合乎预防的需要,只有这样才能轻易地满足入罪的门槛,不至于因欠缺法益关联性而遭受惩罚无法正当化的质疑。

一、法益论的流变

在古典自由主义的语境之下,法益概念主要在前一意义维度上被使用。相应地,法益乃是作为具有实体性指向的客观之物而存在。国内学者明确指出,由法益之"益"的语源学解释及历史发展脉络来看,所谓"益"应是可受实际侵害的某种具有良性价值的实体,它既不是纯概念,也不是权利本身,更不是与"价值"全然脱离之物;而且这种实体并不如其在汉语或日语中字面所暗示的那样,完全等同于"利益"。[1]

法益概念的精神化与抽象化,始于李斯特(Franz von List)。经过李斯特的演绎,法益中的"益"被改造为生活利益,它是一种先于实证法的存在,实证法则赋予其法的特性。李斯特明确指出,所有的法益都是生活利益,这些利益的存在是社会本身的产物,而法律的保护将生活利益上升为法益。[2] 李斯特对法益概念的改造,深刻地影响了后世法益论的发展走向。他严格区分保护客体与行为客体的做法,导致了法益的精神化。自李斯特以后,法益论逐渐表现出去实体的倾向,它无法再建立在实然世界的实体(Substanz)的理念之上,而仅能于应然世界的价值体系中寻求其特定内涵;以价值理解法益的方式,伴随而来的是法益的功能化(Funktionalisierung),立法目的或是立法者的价值判断成为填充法益内涵的主要元素。[3] 李斯特对法益概念的改造,无疑应视为需罚性思考支配之下的产物。在李斯特这里,法益主要作为刑罚所保护的对象而存在,凸显的是作为目的的法益的意义维度:"李斯特的法益概念不是为了整理刑法理论的特定领域的需要而提出的,而是伴随着目的思想引入刑法学的;而目的思想的具体化所首先追问的是刑罚目的,所以,法益概念是从刑罚论中出

---

[1] 参见熊琦:《论法益之"益"》,载赵秉志主编:《刑法论丛》第15卷,法律出版社2008年版,第272页。

[2] 参见〔德〕弗兰茨·冯·李斯特著:《李斯特德国刑法教科书》,〔德〕埃贝哈德·施密特修订,徐久生译,北京大学出版社2021年版,第5—6页。

[3] 参见舒洪水、张晶:《近现代法益理论的发展及其功能化解读》,载《中国刑事法杂志》2010年第9期,第17页。

现的。"[1]

梳理法益论的学术发展史可发现,"二战"之后出现一股反对法益概念精神化的强大呼声:法益概念的精神化被认为既可能导致法益概念丧失应有的机能,又可能导致处罚范围的不当扩大。基于此,人们主张物质的法益概念,认为它有利于发挥法益概念的机能,使违法性成为可以客观认定的现象,从而保障公民的自由。[2] 不过,学界的批判总体上未能有效地遏制实然层面法益的精神化与抽象化的趋势。如学者所言,随着社会的变迁与日益复杂,法律所涉范围日益扩大,仅将法益限制在财(物)上,无法解释不断出现的非物质化的法律保护客体,尤其是在法益与行为客体并非同一时,如何从物质角度把握法益就陷入了窘境。事实上,进入风险社会后,刑法不断出现的立法或解释都已经远远突破了法益的物质化的限制。[3]

从当代的发展情况来看,法益论其实从来没有真正脱离李斯特所设定的轨道。它呈现出三个鲜明的特点。

其一,法益概念的实体内容日趋模糊与单薄。法益概念实体内容的模糊化与单薄化,显然缘起于"益"被理解为利益。国内学者敏锐地指出,"利益的抽象性与虚拟概念的特点十分明显,尤其是当必须引入'超个人利益'这样的概念之后,利益甚至与主体也脱钩,成为一个纯观念化的产物,虽然利益说一直强调自身在价值上的应然属性和批判作用,但如果在实体上如此的空虚,还会成为一个可以任意填充的'框',而这样的'框'又很容易沦为实定法的解释工具"。[4] 实体内容上的空虚,造成法益概念缺乏必要的意义限定。如日本学者伊东研祐所言,法益概念的"稀薄化"情形,已使"法益"一语成为犯罪概念中可以自由变换其内涵的"magic word"。[5]

其二,刑法对距离实际法益侵害相当遥远的行为的处罚,导致法益关联性要求的弱化甚至丧失。当代刑法中,未完成模式的犯罪(包括实质的

---

[1] 张明楷:《法益初论》(增订本),商务印书馆2021年版,第40页。
[2] 参见张明楷:《法益初论》(增订本),商务印书馆2021年版,第171页。
[3] 参见舒洪水、张晶:《近现代法益理论的发展及其功能化解读》,载《中国刑事法杂志》2010年第9期。
[4] 熊琦:《论法益之"益"》,载赵秉志主编:《刑法论丛》第15卷,法律出版社2008年版,第288页。
[5] 转引自舒洪水、张晶:《近现代法益理论的发展及其功能化解读》,载《中国刑事法杂志》2010年第9期。

预备犯与未遂犯)正日益成为常态性的犯罪类型。这显然与预防主义的倾向有关,危险控制与及早干预的压力,驱使犯罪成立的临界点从实害提前至危险出现的阶段。[1] 日本学者关哲夫也从处罚预备行为的原则化,抽象的危险犯类型的多用化,管理、统制的刑罚法规的多用,以及象征性刑事立法的存在等现象中得出结论,现代社会中的刑事立法仅仅以行为为根据来发动刑事制裁,它是一种以事前处理方式为基本原则的刑事立法;尤其是对那些只具有抽象危险的预备行为的犯罪化,意味着作为刑事立法特征的犯罪行为"法益关联性"的丧失被充分表现出来。[2]

其三,法益的外延日益扩张,其包摄能力大大提高。法益外延的扩张,不仅表现为对法益的物质化限制的突破,使许多的精神化、抽象化的利益也归入其中,比如公共安宁、社会善良风俗等;还进一步表现为承认超个人结构的法益类型的存在,使二元论的法益论大行其道。此外,法益的基点也扩展至非人本思维,未出生的后代的权益与自然的利益,都开始被认为可纳入法益的范围。

二、法益论的困境

法益概念由德国学者比恩鲍姆(Birnbaum)在1843年所提出,到19世纪晚期为以宾丁(Binding)为首的实证主义者重新发现。从权利侵害说向法益侵害说的转变,通常被后世刑法学认为是一个重大的理论进步。然而,很少有人意识到,与费尔巴哈(Feuerbach)的权利侵害说相比,比恩鲍姆的犯罪定义虽然获得了实证意义上的精确性,却丧失了批判的落脚点;因而,在宾丁等人手中,法益概念被用来使刑法保护的范围由个体权利扩张至社区利益(communal goods)、社会利益乃至于国家本身的做法变得正当,通过将法律从手段改造为目的本身,法益变成了"法的利益"。[3]

这意味着法益概念在刑法体系内的正式引入,不仅没有起到限制国家犯罪化的权力的功能,还反过来服务于国家刑罚权的扩张。如果说刑

---

[1] 参见劳东燕:《危害性原则的当代命运》,载《中外法学》2008年第3期,第399—418页。
[2] 参见[日]关哲夫:《现代社会中法益论的课题》,王充译,载赵秉志主编:《刑法论丛》(第12卷),法律出版社2008年版,第341—345页。
[3] See Markus Dirk Dubber, Theories of Crime and Punishment in German Criminal Law, in 53 American Journal of Comparative Law (2005), pp.687—688.

法曾经被认为应当限于对侵犯个体权利的惩罚(至少在理论上是如此),那么,自宾丁之后,它已经被扩张至所有国家认为值得刑法保护的利益。罗克辛(Claus Roxin)试图赋予法益概念规范性的意味,认为法益概念本身应当告诉立法机构"它可以惩罚什么不应该惩罚什么",以使法益概念不至于软弱无力。然而,即使是罗克辛,其充其量也只是坚持批判的姿态,因为德国刑事制定法中所有的犯罪都是通过他的法益标准来检验,没有哪个条款因为未保护法益而被认为不正当,不符合罗克辛法益标准的制定法或者政策,要么就是虚构的,要么就是已经废除的。[1]

法益的日趋精神化与抽象化,在提升概念本身的包摄能力的同时,也使法益被期望履行的批判功能趋于崩坍。如学者所言,现代刑法赋予法益越来越宽泛的内容,法益不断地膨胀,使它限制刑罚发动的功能日渐萎缩,并逐渐成为刑事政策的工具。[2] 实体法益的消失,使法益概念本身难以为刑法提供清晰而稳定的可罚性界限。此外,以刑事政策的考量取代刑法体系自身的判断基准,也难以划定一个合理而明确的刑法干预界限。[3] 最终,人们不得不降低对法益概念的功能期待,认为法益理论虽非无用,但也不能高估其功能。比如,达博指出,法益最重要的作用或许不在于进行规范的批判,而是在形式上使这种批判成为可能——或者至少使之更加容易。法益论象征着这么一种信念,如果刑法希望被认为是合法的,希望得到服从,而且希望是合乎目的的,那么刑法就要受到限制。[4] 有学者干脆主张,法益理论只能作为犯罪化的根据之一,而无法承担起作为犯罪化的全部根据的任务。比如,赫尔希(Andrew von Hirsch)明确指出,仅仅一个法益概念不可能担当起恰当犯罪化的理论任务,还须进一步讨论是否可能还有法益概念之外的犯罪化的根据,包括法律温情主义、骚扰原则与保护所谓的自我目的的自然资源等。[5]

20世纪以来大陆法国家刑法处罚范围的不断扩张,正是随着对法益

---

[1] See Markus Dirk Dubber, Theories of Crime and Punishment in German Criminal Law, in 53 American Journal of Comparative Law (2005), pp.689-690.

[2] 参见舒洪水、张晶:《法益在现代刑法中的困境与发展:以德、日刑法的立法动态为视角》,载《政治与法律》2009年第7期,第105页。

[3] 参见陈晓明:《风险社会之刑法应对》,载《法学研究》2009年第6期。

[4] 参见[美]马库斯·德克·达博:《积极的一般预防与法益理论——一个美国人眼里的德国刑法学的两个重要成就》,杨萌译,载陈兴良主编:《刑事法评论》(第21卷),北京大学出版社2007年版。

[5] 参见[英]安德鲁·冯·赫尔希:《法益概念与"损害原则"》,樊文译,载陈兴良主编:《刑事法评论》(第24卷),北京大学出版社2009年版,第197—201页。

概念的日益宽泛的界定而实现的。以致在今天的刑法体系内,法益只是意味着为刑法所保护的利益,这种利益甚至不需要与人相关。如此宽泛地界定法益,最终的结果是该概念彻底丧失规范的意味,而成为纯粹的实证法上的术语。于是,不仅经济秩序、资本市场与公共安宁等抽象的存在成为刑法的保护客体,甚至于生物物种的多样性本身也被认为构成刑法上的法益。对法益进行宽泛界定的做法,遮蔽了很多重要的东西,包括实体刑法的持续膨胀,及以往所谓的风险刑法方向发展的趋势。之所以为风险刑法,是因为立法者试图通过刑法的手段对新兴的风险作出反应,尤其是由于科技的和经济体制日益增长的复杂性与脆弱性(Anfälligkeit)的急剧发展所导致的风险。[1]

应当承认,法益概念内涵上的模糊化与外延上的不断扩张,有其必然的一面,它是刑法为应对风险社会所做出的调适之举。人为风险的日常化、公众对安全问题的日益关注,使刑法将控制与预防风险当作自身的首要使命。这在导致刑事可罚范围扩张的同时,也迫使法益论进行自我调整,使一种精神化的、价值化的、功能化的法益成为发展的主流。然而,"主张功能取向的法益模式,无形中就会取消法益限于法规范的前提,而以规范运作的功能取代法益的地位"。[2]法益论在当代所经历的演变,使其面临深重的危机。此种危机直指法益概念存在的意义本身,因为这样的一种法益论根本不可能发挥节制或明确可罚性范围的功能。法益论的发展由此陷入两难的困境之中:一方面,如果坚持严格的、实体的法益概念,发挥法益概念的体系批判机能的同时发挥其体系内在的机能,就无法在法益的框架内来把握,而必须准备更大的框架(例如,加之以规范妥当性,行为伦理等),并且承认在犯罪的认定上是以规范违反原理为基础,允许法益关联性的丧失;另一方面,如果彻底放弃严格的、实体的法益概念,则法益的内容就会非常的一般化、抽象化,并且对犯罪的认定而言,虽然维持了以法益保护思想为基础的法益侵害原理,但也必须承认法益关联性的极为稀薄化。[3]

---

〔1〕 参见〔德〕Lothar Kuhlen:《刑事政策的原则》,陈毅坚译,载谢望原、肖中华、吴大华主编:《中国刑事政策报告》(第三辑),中国法制出版社2008年版,第712—713页。

〔2〕 舒洪水、张晶:《近现代法益理论的发展及其功能化解读》,载《中国刑事法杂志》2010年第9期,第20页。

〔3〕 参见〔日〕关哲夫:《现代社会中法益论的课题》,王充译,载赵秉志主编:《刑法论丛》(第12卷),法律出版社2008年版,第358—359页。

法益论在当代的演变意味着其后一意义维度（即刑法目的指向的法益）相比于前一意义维度（犯罪本质指向的法益）取得了优先的地位。表面看来，关于犯罪本质的思考仍是在应罚性的逻辑之下展开，实际上，犯罪化的问题早已为需罚性的思考所支配，正是需罚与否考量的权重的日益增加，导致法益关联性的稀薄化甚至丧失。作为刑法目的的法益的优位性，导致一种方法论的、目的论的法益论在刑法教义学中大行其道。方法论的、目的论的法益论认为，对所有犯罪设定妥当的、有内容的法益概念是不可能的，所以，仅仅寻求其解释刑罚法规的方法论上的机能，法益概念只是作为各个刑罚法规的"规范目的""立法目的"或"意义、目的思想的简略语"而被把握。[1] 可见，当代法益论对构成要件解释的指导机能的强调，凸显的是法益不再具有超脱于实证法性质的事实。在此种意义上，对作为构成要件解释工具的法益论的浓墨重彩的张扬，或许只是为了掩饰其失落批判机能之后的不堪而已。

第三节　刑事责任根据的结构性嬗变

刑法体系基本目的的调整，引发了法益论的重大流变。在预防目的的作用之下，经由对法益保护的强调，此种作用力直接传递到刑事责任的基本模式问题上。基于罪刑法定的要求，刑法中包含哪些责任模式、各类责任模式中又分别包含哪些根据，都是由立法者规定的。相应地，刑事责任根据方面的变化，往往由立法的修正所启动。经常是在立法进行修正之后，教义学理论才会有所跟进，而对立法上的变化做出理论上的回应。

哈特（Hart）认为，根据行为、因果关系（包括结果因素）与过错这三个标准，可以对迄今在法律体系内起着重要作用的那些责任根据加以分类：（1）必须证明行为、因果关系与过错；（2）必须证明行为与因果关系；（3）必须证明行为引起了损害并有过错；（4）必须证明行为引起了损害；（5）必须证明行为与过错；（6）只需证明有行为；（7）过错和行为造成或引起损害都不需要证明。[2] 在前述七种责任根据类型中，第七类仅存在于民事领域，被告的责任建立在保险或担保的基础之上；其他六类责任形式

---

[1]　参见〔日〕关哲夫：《现代社会中法益论的课题》，王充译，载赵秉志主编：《刑法论丛》（第12卷），法律出版社2008年版，第355—356页。

[2]　参见〔美〕H.L.A.哈特、〔美〕托尼·奥诺尔：《法律中的因果关系（第二版）》，张绍谦、孙战国译，中国政法大学出版社2005年版，第11—13页。

在刑事领域均有所体现,构成刑法中的责任根据类型。其中,第一类代表的是传统的刑事责任根据模式,成立犯罪要求不仅证明行为人的行为造成相应的危害结果,而且必须证明行为人对行为的实施与危害结果的出现具有主观上的罪过。第二至六类所指涉的刑事责任类型,都是对第一类所包含的责任根据进行修正的结果:第二、四、六类取消了罪过方面的要求,属于严格责任的范畴;第三至六类则降低或去除了因果关系的要求。

严格责任主要出现在英美国家的公共福利犯罪中,它代表的是罪过(或犯意)要求的边缘化趋势,即罪过之于犯罪定义的构建与犯罪的认定正逐渐丧失决定力和影响力。[1] 严格责任的兴起,自然是表征刑事责任根据经历结构性嬗变的重要证据。不过,鉴于我国刑法并不承认严格责任犯罪,故此部分只将考察的重心放在因果关系这一参数上,希冀透过因果关系作为责任根据的地位的变迁,来透视刑事责任根据的结构所经历的变迁。

一、从因果责任到原因责任

梅因(Maine)曾经指出,古代社会的刑法不是关于"犯罪"的法,而是关于"不法行为"的法,或者用英语的术语来说,是关于"侵权"的法。[2] 彼时,犯罪被置于侵权行为的范畴之内,因果关系对于刑事责任(或侵权责任)并无任何意义。只要结果出现,行为人便需要承担法律责任,既不问其主观上有无过错,也不问结果是否与行为人的行为存在因果上的关联。在这一阶段,甚至不存在独立的因果关系概念,后者往往与过错、谴责等问题混杂在一起。如学者所言,在早期侵权领域的表达中,原因与谴责、过错、不法以及可责性在内涵上相当;它们是富有弹性的术语,每一个都能吸收其他术语的意义,并经常可互换使用。[3]

到19世纪前后,基于对古典自由主义意义上的危害性原则的遵循,行为与危害结果之间的关联被认为是刑法归责的基本前提。由此,因果关系成为刑事责任的基本根据,对刑事责任的成立具有重要的意义。

---

[1] 参见李立丰:《美国刑法犯意研究》,中国政法大学出版社2009年版,第132页。

[2] See Henry Sumner Maine, Ancient Law, reprinted edition, Beijing: China Social Sciences Publishing House,1999, p.358.

[3] See Leon Green, Duties, Risks ,Causation Doctrines, in 41 Texas Law Review (1962), p.42.

受当时实证主义与自然主义思潮的影响,因果关系完全被当作一个事实问题,满足于考察行为与结果之间是否存在客观的、自然科学意义上的联系,仅此便被认为足以完成因果关系的判断。由于彼时侵害犯是刑法中的犯罪原型,其他类型的犯罪尽管也存在,但并不占据重要地位,因而,因果关系之于刑事责任的重要性受到特别强调。对于绝大多数犯罪而言,因果关系都是认定刑事责任不可或缺的要件。这一阶段不妨称为因果责任时期。

因果关系作为责任根据的地位,在进入20世纪以后开始面临冲击。尤其是20世纪中叶以来,随着侵害犯在刑法中地位的下降与危险犯重要性的相应上升,在相当比例的犯罪中,因果关系成为与刑事责任的认定无关的因素。只要行为人实施违反义务的行为,而该行为对于侵害后果的出现而言又具有危险性,即足以引发刑事责任。由于刑法日益成为旨在控制危险的管理体系,而不再是进行道义谴责的惩罚系统;相应地,其关注重心也逐渐从危害结果转移到作为危险来源的原因行为之上。对于刑事责任的成立而言,关键在于行为本身是否被认为具有威胁法益的属性。至于侵害结果及相应的因果关系,在很多情况下它都不再是刑法归责的必要条件,而成为单纯的刑罚加重事由。这一阶段或可称为原因责任时期。

在因果责任时期,因果关系虽非刑事责任的充分条件,但属于绝大多数犯罪成立的必要条件。在今天的刑法体系中,因果关系仍然不是刑事责任的充分条件,同时,在很多时候它也不再是必要条件。这意味着,侵害结果及因果关系之于刑事责任成立的意义正不断弱化。从立法的角度考察,这种弱化主要表现在两个方面。

其一,在不少犯罪中,刑事责任的成立,完全不必考虑侵害结果及因果关系的要求,即排除其在刑事责任认定中的意义。这一变化与危险犯的兴起紧密相关。随着危险犯成为立法者在解决安全问题时所倚重的工具,侵害结果及相应的因果关系逐渐丧失其作为责任根据的地位,由此而深刻地改变了刑事责任根据的基本结构。对于抽象危险犯而言,只要行为存在便推定危险存在,且此种推定是不可推翻的。因而,在构成要件层面完全无须考虑危险是否存在的问题,自然更不必顾及行为与危险之间的因果关系。对于具体危险犯而言,表面看来构成要件层面并未放弃外在危害结果的要求,只不过结果是以具体的危险的形式而出现。然而,具体危险犯实际上同样无须考虑因果关系的要求。与侵害犯中危害结果已然现实存在不同,具体危险犯中,作为结果的危险是否存在,在很大程度上取决于主体的评价与判断。一旦危险被认为存在,行为与危险结果之间的因果关系便成为不言而喻的事。因果关系的判断完全为危险是否存在的评价所包含,或者准确地说,是完全从属于危险有无的判断。

其二,在有些犯罪中,立法在维持侵害结果及因果关系作为责任根据的地位的同时,通过降低因果关联性的要求,而放松因果关系作为责任根据的制约作用。传统刑法理论借助对实行犯与共犯的形式上的区分,而将因果关系限定为实行行为与侵害结果之间的关联。据此,实行行为本身必须具有导致结果出现的特质,并且只有在行为对侵害结果的出现具有现实的、支配性的作用力的情况下,才能认定行为与结果之间具有因果关系。正是基于此,溯及禁止的规则被用于刑法因果关系的判断,即只要介入第三人自愿实施的故意犯罪,则前行为与结果之间的因果关联便被切断。然而,现代的刑事立法正在改变这一点。在侵害犯中,除直接造成侵害的行为之外,为侵害结果的出现制造条件或提供机会的行为也可能成立实行犯。由此,即使介入第三人的故意犯罪,溯及禁止的规则也可能变得不具适用力。

二、关联现象的梳理与解读

在刑法领域,侵害结果及因果关系作为责任根据的地位的下降,与刑事立法上的革新紧密联系在一起。因而,要探究其地位下降的原因,必须结合法益论的变化,对当代刑事立法中出现的新动向展开考察。

首先,侵害结果及因果关系地位的下降,与刑事立法从结果本位向行为本位的转变相关。

根据启蒙以来的古典政治哲学,国家刑罚权的介入以对他人造成危害结果为必要条件,除此之外,对个体自由施加限制将缺乏基本的正当性。这便是密尔(John Stuart Mill)所谓的危害性原则的要旨所在。费尔巴哈的权利侵害说,尽管是具有浓重的国家主义色彩,是出于促进国家目的的企图而非基于契约论,[1]但在注重外在结果的问题上,可谓与危害性原则一脉相承。受这种政治自由主义思想——尽管它从未真正被贯彻到底——的影响,近代以来的刑事立法乃至整个刑法体系,总体上是结果

---

〔1〕 参见许恒达:《刑罚理论的政治意涵——论刑事政策的诞生》,载《月旦法学杂志》2006年第137期,第199—200页。

本位主义的,行为造成的危害结果是构建罪刑规范与刑法理论的逻辑起点。因而,侵害犯成为犯罪的基本原型;即使是未遂理论,也偏重于强调与结果的客观关联,要求存在导致危害结果出现的具体危险。

20世纪中叶以后,刑法的结果本位主义日益受到质疑,立法者在设置法定犯的法条时大都转而采用行为本位的模式,以突出刑法的预防功能和主动性;结果本位到行为本位的转变是随着西方国家行政刑法的大量出现而完成的。[1] 刑事立法由结果本位向行为本位的转变,不仅意味着对传统政治自由主义哲学的重大偏离,也表征着结果本身在刑法体系内的重要性的下降。[2] 既然外在的侵害结果之于刑事责任的成立在意义上大打折扣,因果关系的地位也就可想而知。在结果对于刑事责任的成立与否并无影响的场合,因果关系自然不可能构成刑事责任的根据。即使在要求因果关系的场合,因果关系对于刑事责任的意义也有所降低:人们或者是通过改变结果的外延而将危险也视为结果,由此消解因果关系的证明要求;或者干脆放松行为与结果之间的关联性要求本身,认为较低的关联程度即足以成立刑法上的因果关系。如此一来,即使在表面上维持因果关系作为责任根据的地位,其对于后者的意义早已无法与先前同日而语。

其次,侵害结果及因果关系地位的下降,与超个人法益的大量引入有关。

法益侵害说取代权利侵害说,本意就是要将超个人法益引入刑法的保护范围。在当代的刑法体系中,个体法益的犯罪甚至已经成为星星点点的岛屿,淹没在公共法益犯罪的汪洋大海之中。刑法体系从以个体法益为主导转变为以公共法益为主导,对侵害结果及因果关系作为责任根据的地位的影响是巨大的。一则,在侵犯个体法益的犯罪中,被害人是否受到人身或财产方面的侵害往往一目了然,危害结果是有形的、具体的、可感知的,不以人的主观评价为转移。在侵犯公共法益的犯罪中,危害结果则大多是无形的、抽象的(除非受害者是具体的个人,而此时其实已涉及个体法益的问题)、模糊的,无论是存在与否还是程度大小的问题都无法做直观的判断,而需要进行规范意义上的评价。二则,牵涉个体法益的场合,行为与危害结果之间是否存在作用与被作用的关系,往往受自然因果律的支配,具有自然科学意义上的客观性。相反,公共法益中所谓的资

---

[1] 参见储槐植:《刑事一体化论要》,北京大学出版社2007年版,第165页。
[2] 参见劳东燕:《犯罪故意理论的反思与重构》,载《政法论坛》2009年第1期,第82—85页。

本市场、管理秩序或公共卫生等，本是众多从业者、管理者与参与者综合作用下的抽象的机制或秩序，特定行为是否以及在何种程度上侵犯这样的机制或秩序，显然难以进行客观的鉴定。

因而，一旦刑法将大量的公共法益纳入保护的范围，危害结果的抽象化与主观化便不可避免。无论是结果的认定，还是行为与结果之间关联性的判断，都将主要取决于主体的主观评价。对于丧失具体性与客观性的危害结果而言，讨论因果关系与归责的问题自然没有什么意义。人们往往从特定行为人违反规范的事实本身，来推定危害结果的存在，推定行为与结果之间存在作用与被作用的关系。换言之，在侵犯公共法益的犯罪中，因果关系与归责的判断，完全为是否存在法益侵害的判断所取代，或者更确切地说，为是否违反禁止性规范或命令性规范的判断所取代。相应地，此类犯罪自然不必再费心考虑因果关系的问题。

最后，侵害结果及因果关系地位的下降，与刑法对法益保护的提前化有关。

刑法对超个人法益保护的强调，使危险犯在刑法中的重要性日益提升。以保护个人的生命、身体、自由与财产的法益为中心的传统刑法，在认定与处罚犯罪时都十分注重实害，只有在侵害结果出现时，才允许刑法介入。当前的刑法体系则表现出将刑法保护不断前置的趋势，各国的立法者日益常见地利用危险犯（尤其是抽象危险犯）的构成要件，将对相关利益或权利的保护扩张至欠缺现实侵犯后果的阶段。在德国，"对法益，以及经常是对公众的少数的特定利益的单纯的抽象危险，已经被视为是可罚的。这不仅存在于书面上，而且还延伸到实践中非常重要的领域"。[1] 英美国家对危险犯的使用更是有过之而无不及。刑法理论上，有力的见解认为，刑事责任应当取决于风险创设（risk-creation）而不是导致危害结果出现的因果关系（harm-causation）。因而，关注点被认为应当放在所创造的风险的严重性上而不是放在实际发生的危害的偶然性上。[2] 也正是在这样的语境下，美国的《模范刑法典》规定，未遂犯、教唆犯及共谋犯在等级与程度上是与相对应的既遂犯相同的犯罪。[3] 尽管这一规定未为美国多数州接受，但其蕴含的对侵害结果的意义的贬抑无疑具有某种普遍性。

---

〔1〕〔德〕Lothar Kuhlen：《刑事政策的原则》，陈毅坚译，载谢望原、肖中华、吴大华主编：《中国刑事政策报告》（第三辑），中国法制出版社2008年版，第711页。

〔2〕 See Paul H. Robinson, Criminal Law, New York: Aspen Law & Business, 1997, p.167.

〔3〕 See Model Penal Code Section 5.05 (1).

第四节　遭遇隐蔽重构的教义学理论

从概念法学向利益法学的转变，标志着法教义学中所称的体系，不再是或者主要不是指合乎形式逻辑，而是合乎目的。在目的导向的体系之中，体系性便等于合目的性，指的是在最高目的支配之下的功能指向上的共同性。目的构成教义学体系向外部开放的管道，经由这一管道，来自体系之外的政策需求方面的信息得以反馈至体系的内部，为体系的要素所知悉，并按目的指向的功能调整自身的结构。可想而知，一旦刑法体系回应安全的需求而在整体目的上转向一般预防，除影响法益论与立法层面的刑事责任模式的变革之外，这样的信息势必还会通过目的的管道传递至教义学体系的各个角落，驱使体系之内的各个组成部分做出相应构造上的调整。本节将就其中的主要方面做一些粗线条的勾勒。

一、实质化的思潮

刑法中的实质化思潮，本质上是刑法刑事政策化的产物，是教义学体系日益受刑事政策上的预防目标指引的结果。[1] 刑法体系中的实质化，最初表现为实质违法论的出现。跳脱实证主义的约束而将违法理解为实质意义上的法益侵害，源自于李斯特的推动，与其所提出的法益论密切相关。李斯特的法益概念是伴随目的思想引入刑法学的；目的思想的具体化所首先追问的是刑罚目的，所以，他的法益概念是从刑罚论中出现的。[2] 李斯特关于目的刑的思想，明显是受耶林(Rudolph von Jhering)目的法学影响的结果。因而，如果承认刑法中实质化的思潮缘起于李斯特的实质违法观，而后者又根源于耶林的目的论思想，则实质化与目的论之间的关联可谓一目了然。

预防目的支配下的刑法体系，在违法论趋于实质化之后，其余部分也开始或早或晚地受到实质化思潮的波及。首先，是构成要件的判断日趋实质化，无论是构成要件行为(或实行行为)理论还是因果关系理论，都出现向实质化方向发展的趋势。也正是基于此，许玉秀教授指出，客观归责理论和实质违法性理论，同属于20世纪以来刑法学思潮，乃至法学思潮

---

〔1〕　参见劳东燕：《刑法解释中的形式论与实质论之争》，载《法学研究》2013年第3期，第125页。
〔2〕　参见张明楷：《法益初论》(增订本)，商务印书馆2021年版，第40页。

实质化运动的一环。[1] 其次,正犯的判断标准日趋实质化,离原初的建立在本体主义基础上的理论立场越来越远。以正犯意志作为区分正犯与共犯的标准的做法,已然被抛弃。当前的刑法理论接受犯罪事实支配理论。在作为犯中,关键不在于有无正犯的意志,或者是否实施构成要件行为,而是实质上在整个犯罪过程中是否处于核心的角色。再次,不作为犯中作为义务的判断日趋实质化。在作为义务来源的判断中,传统的形式性的作为义务理论,正日益被根据是否处于阻止危险的支配地位来决定作为义务有无的实质说所取代。实质化的作为义务理论不仅旨在为作为义务的判断提供统一的根据,更重要的是要摆脱形式性的作为义务的束缚,重新分配对法益的保护义务。最后,对罪刑规范的解释也日趋实质化。实质解释论要求在对罪刑规范进行解释时,必须考虑处罚的必要性问题,强调以值得刑罚惩罚的法益侵害性来指导对构成要件的解释。为了堵住刑法中的"处罚漏洞",织就一张严密的惩罚之网,实质解释论习惯于实质判断在先,喜欢探究法规范的客观目的与精神,偏爱灵活解释,并经常表现出摆脱常规的文义性约束的强烈欲望。

二、因果关系与归责理论

随着风险(包括技术性风险与制度性风险)的日常化,如何分配风险与相应的责任才能起到更好的预防效果,成为刑法必须直面的问题。风险如何分配,本质上涉及的是注意义务如何分配的问题,违背注意义务构成归责的前提。由于注意义务的分配是由注意规范来决定的,规范于是成为归责判断中的施力点。[2] 基于此,行为与结果之间就不再是单纯的客观关联性的事实认定,而涉及规范意义上的归责的评价,亦即结果在规范上是否可视为是行为人行为的作品。因果关系问题性质上的这种转变,直接动摇了传统自然因果论的根基,也使条件说无法满足归责判断的基本要求。刑事立法上转向行为本位并据此设置大量的危险犯,并未触及这个问题,至少是没有完全解决结果犯中的结果归责问题。因而,这个棘手的问题留给了教义学,刑法理论不得不对此做出回应。德国的客观归责理论与日本的疫学因果关系说,都是在这样的背景之下出台的。

---

[1] 参见许玉秀:《当代刑法思潮》,中国民主法制出版社2005年版,第275页。
[2] 参见劳东燕:《风险分配与刑法归责:因果关系理论的反思》,载《政法论坛》2010年第6期,第96—98页。

严格说来,客观归责理论不只是因果关系理论,同时还包含行为归责与结果归责两个层面的内容。它本身便是合目的性考虑之下的产物。此前的各类因果论,本质上均属于关系论,热衷于讨论行为与结果之间的关联性本身。即便是被认为已经具有浓重归责色彩的相当因果关系说,也始终将关注的重心放在行为与结果之间是否存在社会经验法则意义的联系的问题上,没有完全摆脱因果律的局限。客观归责论认为,因果关系本质上涉及的是归责的评价,而评价不可能从实然的存在中引申出来,只能从法秩序的目的中予以推导。因而,结果归责的判断应当着眼于法秩序所追求的目的,并合乎于此种目的。如果刑法体系乃是以预防为目的,则预防上的考虑自然也需要被整合入结果归责的判断之中,并用以指导个案中对归责的具体判断。这也是为什么许迺曼(Schünemann)要将规范保护目的提升为客观归责理论的上位原则,并认为所谓规范保护目的就是一般预防的观念。[1]

疫学因果关系的特殊之处在于,它是行为与结果之间连自然科学意义上的条件关系都无法确凿进行证明的因果关系。人们充其量只能得出若A(行为)存在则B(危害结果)的发生机率会升高的结论。倘若认为这也成立条件因果关系,从逻辑上讲,它表明的也只是行为与危害结果发生的机率的提升之间存在条件关系,而不是行为与危害结果的发生本身存在条件关系。因而,肯定疫学因果关系所带来的归责结论,其实等于承认连条件关联性都不存在的结果仍可归责于行为人的行为。在此种意义上,疫学因果关系与风险升高理论并无实质的不同,二者都属于概率升高型的归责模式。这样的归责模式出现于刑法领域,立足于传统刑法理论的角度,可能缺乏正当性。然而,从预防与合理分配风险的角度来看,这样的归责模式较之于传统模式更为有效。在一个高风险的社会,导致危害结果出现的原因与作用机理往往比较复杂,行为与结果之间的因果关联变得日益难以确定与证明。对此,除非任由集体的不负责任的现象恣意蔓延,不然,决策者很难抵制其中的诱惑,而一概地做有利于被告人的认定。

三、客观的故意理论

传统的故意理论认为,意欲是不可或缺的故意要素。坚持意欲要

---

[1] Vgl.Schünemann, Über die Objektive Zurechnung, GA 1999, S.215.

素,所坚持的正是"人为自己意志的创作负责"这个现代的罪责原则。[1]然而,晚近以来间接故意理论的发展过程中,出现了弱化甚至否定意欲要素的趋势。传统的意欲论已经鲜有追随者,人们要么干脆主张意欲要素无用论,认为间接故意认定的关键取决于认知因素;要么通过对意欲的内容重新进行界定,认为意欲的内容应该由行为决定来体现而不是针对结果,从而架空意欲要素的意义。无论是意欲要素无用论者还是意欲要素必要论者,其实都解构了意欲要素作为判断故意的独立元素的地位。[2]据此,对于故意的成立而言,重要的不是行为人是否真的在心理上"容认"了结果的发生,而是其心态在规范上是否有必要评价为故意。正是基于规范性的理由,"对于那些明知而招致'直接且显然会招致结果发生之危险'的行为人,人们论断他容忍该结果发生,而不去追问他是否果然如此,也不去管他是否把结果的发生从意识中排除"。[3]

故意理论中的这种客观化趋势,表面上是随着客观归责理论的出现而出现,是要求故意的判断决定于客观构成要件的结果。实际上,它的根源要复杂得多,应当视为是回应风险社会的预防需要的产物。从预防的角度而言,故意的成立,除认知的因素之外,添加意欲因素属于多此一举,不仅无益反而有害。因为这实际上是在变相地鼓励,行为人可以利用他人的法益作为赌注来追求自己所要的东西。如黄荣坚教授所言,在行为人事先不确定法益侵害结果是否真的发生的情况下,如果将其行为当作故意行为来处理,在刑事政策上表达的是这样的诉求:在行为人事先不确定侵害结果是否发生时,就等于已经确定侵害结果会发生,所以行为人应该放弃其行为。反之,如果将行为人的行为当作过失行为来处理,则在刑事政策上表达的是另一种诉求:在行为人不确定侵害结果是否果真会发生的情况下,行为人还是可以用他人的法益做赌注去试试运气,即使赌输了,法律上还是赋予轻度的责任,就好像其根本没有想到侵害结果可能会发生一样。正是基于此,黄荣坚教授提出,在故意的观念里加上"意"的要素是反而侵害了被害人,也侵害了一般社会大众的基本人权。因为这

---

〔1〕 参见许玉秀:《主观与客观之间:故意理论与客观归责》,法律出版社2008年版,第132页。

〔2〕 参见劳东燕:《犯罪故意理论的反思与重构》,载《政法论坛》2009年第1期,第83—86页。

〔3〕 〔德〕英格博格·普珀:《法学思维小学堂——法律人的6堂思维训练课》,蔡圣伟译,北京大学出版社2011年版,第21页。

种严格的定义降低了"故意"这个观念对于一般人生命、身体、自由和财产等法益的保障功能,而这种使"故意"贬值的做法没有宪法上或刑法上其他基本原则的依据。[1]

四、不法的类型化

作为犯罪构造体系的两大支柱之一,不法的领域历来是刑法学派之争中的兵家必争之地。无论是客观主义与主观主义之争,还是结果无价值论与行为无价值论之争,都是围绕不法的本质所展开的争论。在古典犯罪论体系中,不法的评价对象仅限于行为的客观侧面,而决定不法成立与否的唯一因素,是行为客观上显现的外在状态(尤其是客观上所引发的危害结果)。这种彻底的客观主义、结果导向的不法论立场,在进入20世纪(尤其是中叶)之后,逐渐难以为继。在未遂犯领域,主观不法论很快取得突破,并占据主导性地位。[2] 目的主义与人的不法理论的兴起,更是为主观不法与行为不法的立场提供了系统化的理论根据。由此,不仅不法的评价对象变成包含主观侧面的整体的行为,故意成为构成要件要素,主观意思甚至超越客观要件而成为决定不法成立的首要因素。同时,与构成要件结果相对的、造成结果的举止与方法本身,也开始被认为具有独立于结果的意义,甚至比结果本身更为重要,对不法的成立具有决定性的作用。如此一来,古典客观主义所坚持的统一的不法论立场,已然无法对刑法中的所有不法类型做出解释。

除传统的结果导向的不法类型之外,刑法中至少又出现了其他两种不法类型,即主观导向的不法类型与行为导向的不法类型,前者以未遂犯为典型,过失犯则属于后一种不法模式。这三种不法模式之间是并列关系,而非从属关系。结果导向的不法模式通常被误认为是整个刑法中的不法的范例,但它根本无法用以解释未遂犯与过失犯。同时,主观导向的不法模式可以很好地解释未遂犯,却难以对过失犯做出令人信服的解释;行为导向的不法模式也是如此,只是对于某些不法类型具有解释力。拒绝承认刑法的多中心性,经常导致不必要的争论,如弗莱彻(Fletcher)所言,德国争论中的缺陷便在于,主张一种不法理论必须解释所有的刑事责

---

[1] 参见黄荣坚:《刑法问题与利益思考》,中国人民大学出版社2009年版,第9页。
[2] 参见劳东燕:《论实行的着手与不法的成立根据》,载《中外法学》2011年第6期,第1251—1253页。

任模式。[1]

刑法中不法论的类型化发展,是刑法体系的目的转换的产物。当代刑法体系在预防目的的支配之下,越来越倾向于强调需罚性,甚至将需罚性当作指引犯罪论发展的基本准则。正是在这种语境之下,主观导向的不法模式与行为导向的不法模式得以在结果导向的不法模式之外发展起来,三者并行不悖地迎合了一般预防的需要,意在为法益的安全提供更高程度的保护。

五、罪责的客观化

犯罪构造体系中的罪责阶层,是责任主义原则的产物。根据责任主义的要求,所有犯罪的成立都应当以行为人存在罪过为前提。因而,责任主义之于国家是一项义务,之于个体则是一项权利,它为国家发动刑罚权设置了重要的障碍。然而,当刑法的目的出现重大调整而日益地强调对危险的控制与预防时,罪责便成为需要重新锻造的对象。既然责任主义的要求无法公然地放弃,那就索性通过重构罪责的内涵,做到既保留责任主义这面大旗又实现扩张刑法处罚范围的意图。罪责的客观化与社会化正是在这样的背景之下出现的。

为突出社会的要求与利益,罪责概念中被加入目的刑的思想,强调从预防未然之罪的角度来把握罪责的本质,而不再着眼于已然之行为的可谴责性本身。罪责的考察重心,也从行为人是不是在具有选择自由的情况下做出不当的行为决意,转移至其有没有按法规范所期待的那样运用自身的认识能力与控制能力。[2] 在当代的刑法体系中,责任主义所谓的可非难性,已不在于行为人对主观意思自由的滥用,而在于其未依国家法规范之要求而实施违法行为。在功能罪责论中,罪责本身的本体性内涵(行为的可谴责性)甚至完全被架空,而为预防的需要完全取代。功能性的罪责概念,强调的是目的对于罪责的主导性,认为只有目的才能给责任概念提供内容;而这里的目的,就是指一般预防的需要。[3] 因而,雅科布

---

〔1〕 参见〔美〕乔治·弗莱彻:《反思刑法》,邓子滨译,华夏出版社2008年版,第286、352页。

〔2〕 参见劳东燕:《罪责的客观化与期待可能性理论的命运》,载《现代法学》2008年第5期,第50—59页;劳东燕:《罪责的社会化与规范责任论的重构——期待可能性理论命运之反思》,载《南京师范大学学报》2009年第2期,第19页。

〔3〕 参见〔德〕格吕恩特·雅科布斯:《行为 责任 刑法——机能性描述》,冯军译,中国政法大学出版社1997年版,第14页。

斯明确将罪责等同于一般预防的需要,在他看来,罪责的确定在于为确证秩序与法信赖之间的联系而惩罚公民的需要提供根据;罪责由一般预防所构建,并根据一般预防来衡量。[1]

由此,罪责的前提不是非难可能性,而是现实的或可能的预防需要;行为人本来是否可以不这样做的问题,被另外一种完全不同的考虑所替代,即只要看一看可能的刑法目的,让行为人为某种违法行为承担罪责是必要的还是多余的。[2] 罪责不再是影响应否惩罚的因素,而成为判断是否需要惩罚的因素。罪责要求之于行为人已然不是一项权利,它与惩罚的公正性不再相关,相反,它变得仅仅涉及社会利益的考量:基于一般预防的考虑,是否需要对已经实施不法的行为人进行处罚。可以说,从一般预防目的入手来着手构建刑法的归责结构,是导致罪责逐渐丧失独立功能的根本缘由所在。如此一来,即使责任主义的大旗仍旧高扬,它也显然早已偏离主观责任论与道义责任论的立场。

六、被害人教义学的兴起

"被害人"的正式崛起,始自20世纪70年代,它以被害人权利运动与恢复性司法的兴起为主要标志。尽管出现的时间非常接近,但刑法教义学中被害人学的源起,与被害人权利运动与恢复性司法的兴起并无内在的关联。被害人教义学关注的重心,主要不是对被害人权利的保护,而是考虑如何有效分配风险,以及何者处于防卫风险最有利的位置的问题。教义学理论上所做的相应调整,总体而言是从预防有效性的角度重新进行风险分配的结果,亦即从刑事政策上展开考察,是否值得给予被害人刑法保护,值得给予多大程度的刑法保护。

这意味着被害人教义学其实是犯罪论向功能主义方向发展的产物。如许迺曼所言,"绝非偶然地,在德国仅仅开始讨论功能性刑法教义学体系几年之后便流行起所谓之被害者释义学(Viktimo-Dogmatik),其将被理解为理性地限制可罚性的最后手段原则当作解释以下案例的准则而具体化,该种案例之特征即系潜在之被害人毫无疑问具有充分之自我保护力量"。他因

---

[1] Vgl. Jakobs, Schuld und Prävention, 1976, S.8-9.
[2] 参见〔德〕冈特·施特拉腾韦特、〔德〕洛塔尔·库伦:《刑法总论I——犯罪论》,杨萌译,法律出版社2006年版,第205页。

此认为,被害人教义学毫无疑问是功能性刑法体系成熟的成果之一。[1]

正是在风险社会的背景之下,传统的"加害—被害"关系被重新予以审视。被害人被认为需要进行自我保护,如果他自愿选择陷于危险之中,则他应当自我负责,刑法没有必要对这样的被害人进行保护。据此,按传统刑法理论中的被害人承诺无法否定对行为人归责的情形,比如被害人明知行为人醉酒而仍搭乘其驾驶的汽车,结果发生车祸而受伤或死亡,依照被害人学中发展出来的自我答责原理,则会得出阻却对行为人的归责的结论,行为人无须对被害人的伤亡结果负责。被害人学的理论,对于分则中具体罪名的解释也产生了重要的影响。比如,诈骗罪中,如果被害人已然认识到欺诈的可能性,但怠于对自己的保护而受到欺诈,学理上开始倾向于认为行为人不构成诈骗罪。

综上,教义学层面诸多理论所经历的重构或变化,并不是相互孤立的。实际上,它们是刑法体系的目的整体上转向一般预防的产物,彼此之间存在着千丝万缕的内在关联。教义学理论经历的调整,深刻地改变了犯罪论的面貌。古典体系关于犯罪论的构想关注只是应罚不应罚的问题,合目的性的考量则放在刑罚论中进行;因而,预防只是刑罚的目的,而并非刑法体系的目的。根据这种立场,应罚性是架构犯罪论体系的指导原则,需罚性的考虑则归于刑罚论,亦即应罚性是犯罪成立与否的判断依据,需罚性则是处罚与否的判断根据;应罚性是法教义学上的探讨对象,需罚性则是刑事政策上应思考的课题。[2]

这种对应罚性与需罚性作二元分流的处理范式,对之后的新古典体系、目的主义体系与新古典暨目的主义的综合体系也具有重要的影响。由于仅仅或主要关注应罚性本身,这几种犯罪构造体系因而都带有浓重的本体论色彩。随着预防因素通过目的的管道而日益渗入体系之内,犯罪论体系逐渐表现出向功能主义方向发展的趋势。无论是罗克辛的目的理性体系还是雅科布斯的规范论体系,都是将预防因素整合入犯罪论的构造中而使体系日趋功能化的结果。值得注意的是,在犯罪构造体系明白地宣称向功能主义的方向迈进之前,为回应风险社会中的安全需求,预防导向的刑法体系其实已对自身的其他部分做了大刀阔斧的调整。

---

[1] 参见〔德〕许逎曼:《刑法体系与刑事政策》,载许玉秀、陈志辉合编:《不移不惑献身法与正义——许逎曼教授刑事法论文选辑》,新学林出版股份有限公司2006年版,第49,51页。

[2] 参见许玉秀:《当代刑法思潮》,中国民主法制出版社2005年版,第89页。

第五节　本章小结

（1）风险社会中，刑法面临如何有效控制与分配风险的任务，个人依赖于国家所给予的保护；而传统刑法理论由于建立在国家与个人二元对立的基础上，难以对风险规制做出有效的应对。传统刑法理论的危机不仅体现在法益范畴无法涵盖新的权益类型和危害无法认定上，也体现在传统归责原则的失效问题上，由此导致"有组织的不负责任"的现象。

（2）法益论在刑法体系内的意义指向两个维度：一是犯罪本质所指向的法益，二是刑法目的所指向的法益。这两个维度之间存在内在的紧张。法益在当代的日趋精神化、抽象化与法益关联性的稀薄化，意味着后一意义维度（刑法目的指向的法益）相比于前一意义维度（犯罪本质指向的法益）取得了优先的地位。作为刑法目的的法益的优位性，导致一种方法论的、目的论的法益论在刑法教义学中大行其道，同时也使法益的批判功能趋于崩坍。

（3）在预防目的的作用之下，经由对法益保护的强调，直接或间接地影响到立法层面刑事责任的基本模式。通过取消或放松罪过方面的要求，以及去除或降低结果和因果关系的要求，刑事责任模式呈现多元化的发展趋势。前者表现为严格责任犯罪在刑法中的兴起，后者表现为侵害结果及因果关系之于刑事责任成立的意义的不断弱化。侵害结果及因果关系地位的下降，与刑事立法从结果本位向行为本位的转变相关，也与超个人法益的大量引入以及刑法对法益保护的提前化有关。

（4）刑法体系在整体目的上转向一般预防，相应影响除了体现在法益论与立法层面刑事责任模式的演变之外，还体现在教义学理论的各个方面，包括以刑法的刑事政策化为基础的实质化思潮的兴起、归责思维及相应理论对自然因果论的取代、意欲要素在故意理论中地位的下降、不法类型的多元化、罪责的客观化与社会化，以及被害人教义学的出现等。教义学层面诸多理论所经历的重构，折射出犯罪论体系中应罚性与需罚性之间关系的重要变化。随着预防因素通过目的的管道进入体系之内，犯罪论表现出向功能主义方向发展的趋势。

第三章　刑法体系应变性机制之构建

随着风险成为现代社会的固有特征,为应对风险所带来的问题,刑法自身也经历了重大的变迁。传统刑法理论及其研究范式面临来自刑事实践的严峻挑战。迄今为止,尽管存在对法人犯罪、持有型犯罪、抽象危险犯与严格责任犯罪等问题的具体研究,但现有的刑法理论研究不仅就总体上显得零散而不够系统,并且无法对诸多相互联系的重要现象给出满意的解释:为什么此类犯罪会日益普遍化?为什么实行行为范围的扩张、危险犯、责任形式的变更等成为各国刑法发展中的共同现象?它们彼此之间又存在怎样的联系?当代刑法中的这种发展趋势究竟说明了什么?应该如何评价这种发展趋势?等等。这些对当代刑法理论发展具有重大意义的话题,都没有得到应有的关注与研究。

刑法领域现有的研究状况,是由其所采纳的"内在视角"的研究范式所致。这种研究范式过于注重对规范体系中危害与罪过等内在参数的探讨,而忽视了社会性的外在参数对刑事立法与刑法理论的构造性影响。诚然,内在视角的研究对于提升刑法理论的层次不可或缺,然而,其所固有的"只见树木不见森林"的特性,却也极易使刑法学的发展与社会发展相脱节,从而导致"理论变成纯粹的空谈,而实践则退化成单纯的手工作坊"。[1]

在风险社会中,刑法既已变成管理不安全性的危险控制工具,相关理论的构建便不能只考虑危害与罪过这样的传统内在变量,而须将政策等外在参数纳入视野,关注此类构造性因素对刑法规范的塑造与解释所产生的重大影响。以政策作为论述的切入点,本章意在"从规范之外"为研究刑法寻找一条新的路径,由外在视角来审视刑法规范演变的实质,以弥

---

[1] Vgl. Erb, Strafrechtswissenschaft, höchstrichterliche Rechtsprechung und tatrichterliche Praxis des Strafrechts, in ZStW 113 (2001), Heft 1, S. 2.

补传统研究范式之不足。从这一视角出发,人们将会真正理解20世纪以来刑法所经历的重要发展,并对当代社会中刑法的角色问题,即刑法作为国家控制风险的工具,做出正确的定位与评价。基于此,本章的关注重心在于:在风险社会的背景之下,政策怎样成为刑法领域不容忽视的存在?它如何铸造和重塑刑法规范,并对刑法理论构建及实务操作造成深刻的影响。

第一节 政策作为刑法体系的构造性因素

最高人民法院于2003年1月发布的《关于行为人不明知是不满十四周岁的幼女双方自愿发生性关系是否构成强奸罪问题的批复》(已失效)曾经一石激起千层浪,苏力教授的《司法解释、政策和最高法院》[1]一文无疑是其中最为耀眼的浪花。事实上,也正是这朵浪花随之引发了刑法学界罕见的全面"围剿"。[2] 多年以后再来回顾这场争论,可以确定的一点是:刑法学界惊人的众口一词背后,蕴含着某些需要反思的东西。诚如苏力所言,这个法律共同体发出的声音是如此的一致,对主流犯罪构成理论显示了如此的自信,如此的确定,令人深思。[3]

针对苏力的公共政策的论证进路,刑法学者的辩驳无一例外地围绕究竟是过错责任还是严格责任展开,并往往诉诸主客观相一致原则来求证自身立场的正当性。刑法学界对于政策论证进路的这种集体无意识或有意识的拒绝,一方面固然可以说是专业划分的结果,表明为刑法学者所分享的专业知识具有高度的认同性。但另一方面,它又何尝不是知识上封闭与狭隘的见证?在概念性思维的支配之下,刑法学者习惯于从既有的概念与原则展开演绎,去构建刑法学体系。因而,在这样的体系中,为寻求学理上的概念与逻辑上博弈自由制度的设立所做的努力常常要多于

---

[1] 参见苏力:《司法解释、公共政策和最高法院——从最高法院有关奸淫幼女的司法解释切入》,载陈兴良主编:《中国刑法司法解释检讨——以奸淫幼女司法解释为视角》,中国检察出版社2003年版,第303—354页;该文的修正版以《最高法院、公共政策和知识需求》为名,收录于苏力:《道路通向城市:转型中国的法治》,法律出版社2004年版,第109—163页。

[2] 参见陈兴良主编:《中国刑法司法解释检讨——以奸淫幼女司法解释为视角》,中国检察出版社2003年版。

[3] 参见苏力:《道路通向城市:转型中国的法治》,法律出版社2004年版,第139页。

其寻求与社会现实的联系。[1]

传统的刑法理论中,行为的社会危害性与行为人的主观罪过通常被认为是构建刑事责任理论的全部根据,政治上的权宜性、社会中的权力结构、可操作性等外在因素则往往被忽略不计。问题在于,刑法学是一门自给自足的学科吗?无视真实的生活世界而一味沉溺于逻辑的疆域中的刑法理论,其合理性显然值得质疑。哈耶克曾将人类相对的无知称为"构造性无知",他的有关"知识问题"(knowledge Problem)的研究表明,在构建一种关于复杂现实的理论时,虽然必须做出一些公认的简化设定,但在此过程中不允许抽掉构造性因素,否则将导致理论的无意义。[2] 在刑法理论中,危害与罪过等内生变量固然属于构造性要素,作为外在参数的政策因素同样是构造性的。可以说,当前刑法理论缺乏实践解释力,至少部分的是由于抽离了作为构造性要素的政策因素之故。

政策成为刑法体系的构造性因素,与法学方法论上由概念法学向利益法学的转变紧密相关。从法学方法论发展的历史来看,由概念法学到利益法学的转向,代表着一种典范的变迁,具有"哥白尼式的革命"的意义;从利益法学发展到价值法学(也称为评价法学),则并不是价值法学"代替"了利益法学,而只是对利益法学的"直接延续"(direkte Fortsetzung)。[3] 利益法学彻底改变了法的适用,它对方法论变革的根本贡献在于,使法律适用的重心由形式逻辑的单纯演绎转变为根据法秩序的评价标准而展开的实质性利益权衡,"使法学彻底扬弃'逻辑优位',而成为'生活研究与生活价值的优位'。让整个法律适用的思维从'公理式的—演绎式的'(aximatisch-deduktiv)转向'价值式的—归纳式的'(axiologisch-induktiv)思考"。[4]

在概念法学的时代,受法学实证主义思潮的影响,刑法体系被认为是一种规则型的体系。这种规则型的体系建立在形式逻辑的基础之上,在其中,不可能有政策因素的生存空间;因为概念逻辑涉及的是形式性的演

---

[1] 参见〔德〕茨威格特,〔德〕克茨:《比较法总论》,潘汉典等译,中国法制出版社2017年版,第258页。
[2] 参见〔英〕哈耶克:《个人主义与经济秩序》,邓正来译,生活·读书·新知三联书店2003年版,第二章"经济学与知识"与第四章"知识在社会中的运用"。
[3] 参见吴从周:《民事法学与法学方法:概念法学、利益法学与价值法学:探索一部民法方法论的演变史》,中国法制出版社2011年版,第417页。
[4] 吴从周:《民事法学与法学方法:概念法学、利益法学与价值法学:探索一部民法方法论的演变史》,中国法制出版社2011年版,第432页。

绎,而政策则涉及实质导向的利益权衡与价值评价,二者之间并不相容。目的论思维及利益法学的兴起,则为政策进入刑法体系提供了现实的可能。随着体系从以逻辑为中心转变为以目的为中心,刑法中目的因素成为刑法体系与外部环境互动的桥梁。经由这一桥梁,来自体系之外的政策需求方面的信息得以反馈至体系的内部,为体系所知悉。目的论思维折射的其实是彼时法学思想所经历的重大变化:"把重点放在需要上而不放在意志上,把寻求最大限度的满足需要作为重点,而不是寻求最大限度的意志自由。"[1]可见,只有在允许做实质性利益考量的目的论导向的法学体系之内,政策因素才能透过目的的管道而进入,并成为其有机的组成部分。

可以说,随着刑罚的施加与否及施加程度日益地考虑现实的社会政治需要,政策已然成为影响刑法体系构建的重要因素。这标志着封闭的刑法学体系走向终结。只注重概念演绎与逻辑自恰的刑法理论,无论在思维方式还是在研究范式上都开始面临重大的挑战。古典的刑法客观主义之所以在19世纪后半期遭受刑事实证学派的围攻,归根结底,乃是由于太过关注理论逻辑的应然展开而无视政策这一沟通现实世界的外在参数。古典的刑法客观主义带有浓重的报应主义色彩,它主张道义责任论与报应刑论,而很少考虑具体的政治需要。20世纪中期以后,尽管刑法理论表面看来有回归客观主义的倾向,但这种回归绝不是古典客观主义的单纯重现,更不是报应模式的复活。相反,它预示着一种全新的、功能主义走向的理论的生成。生成这种新的理论的现实基础,便是风险社会对刑法作为风险控制工具的迫切需要。

第二节 政策的基本功能与刑法的政治化

政策因素的引入,一举改变了以规则为中心的法律体系的面目。以规则为中心的法律体系是形式理性的产物,它受19世纪法学实证主义思潮的影响,将法律理解为是建立在形式逻辑基础之上的规则的集合。由于完全依照自身的逻辑来发展,这样一种以规则为中心的体系不仅无法确切地感知外部世界的变化,更无法对现实的社会需要做出有效的回应。简言之,它封闭运行,缺乏与外部世界相沟通的管道。在变动频频的风险

---

[1] [美]罗斯科·庞德:《通过法律的社会控制》,沈宗灵译,楼邦彦校,商务印书馆2010年版,第74页。

社会中,规则之法不可避免地遭遇重大的冲击。为摆脱这样的处境,在既有的规则之外,法律体系不得不将政策因素也纳入其中,以保持必要的开放性。不可否认,当政策成为法律体系的必要组成部分,它引发了一系列的深刻的、不容忽视的变化。

20世纪中后期以来整个法律世界的发展,呈现出复杂的双维度特征。一方面,基于对以纳粹为代表的极权体制的反思,普世性的人权话语与相应的实践在全球铺开,个体权利意识日益地增长,由此而深刻地影响了很多国家(尤其是西方国家)的国内法律体系。另一方面,随着风险社会的全面来临,法律成为对付风险、管理不安全性的重要工具。在这样的语境中,就刑法体系而言,需要关注的问题显然并非刑法如何向谴责性的制裁体系回归,而是"在何种程度上,刑法能够以其传统法治国的自由的工具来对付现代生活的风险"。[1] 如果说作为刑事责任传统根据的社会危害性与可谴责性要求体现的是对权利的声援,那么,政策便是对通过法律的风险控制的积极回应。缺失政策的外在视角,将无法解释刑法体系在当代所经历的重大变化。

风险社会中,与风险的无所不在相伴随的,是人们对诸多影响自身生活际遇的事件的无力控制感的蔓延。随着健康和安全决策的公共属性变得明显,风险问题不再被视为单纯的技术或专业问题,而成为与政治攸关的重要公共问题。正如贝克所言,对风险的社会性认识包含着某种固有的政治导火索:那些迄今为止曾被认为是非政治性的东西,变得具有政治性。政治与公众接管了企业管理的内部领域,接管了产品计划与技术设施等事务。[2] 可以说,公众对风险所带来的健康与环境问题的担忧及其社会、经济和政治后果的关切,直接促成风险问题在当代社会的政治化。

风险意识加剧了公众的焦虑感与不安全感,如何为个人存在提供制度上的安全保障开始支配政策的走向。面对周遭世界如此多的挑战与不确定性,不仅个人需要不断地进行风险管理,现代国家的政策也必须更多地以"管理"不安全性为目标。[3] 针对人们日益不安的情绪,控制风险以安

---

[1] Claus Roxin, Strafrecht Allgemeiner Teil: Grundlagen Aufbau der Verbrechenslehre, Band I, 3. Aufl., C. H. Beck Verlag, S.20-21.

[2] See Ulrich Beck, Risikogesellschaft: Auf dem Weg in eine andere Moderne, Suhrkamp Verlag, 2003, S.31.

[3] 参见[英]安东尼·吉登斯、[英]菲利普·萨顿:《社会学(上)》(第七版),赵旭东等译,北京大学出版社2015年版,第201—202页。

抚公众于是成为现代社会压倒性的政治需要。"利维坦"式的现代国家则自觉地承担起了这一任务。各类政策的出台,便是国家对现实政治需要的积极回应。

政策涉及的是共同体的集体的福利和生活方式等,如经济、政治、社会或环境的改善,为了以取得总体的效益而对不同利益进行协调,改进集体福利;政策之法主要在于实现集体目标,多与应对时局的策略有关,它可以根据政治、经济和社会等变化,及时调整,而无需保持前后一致。[1]毫无疑问,作为国家实现社会控制的一种政治策略和表达方式,政策往往旨在支持与加强社会秩序,以增加人们对秩序与安全的预期。这意味着政策必定会着眼于政府眼中的公共利益或国家利益,也就是所谓的最大多数人的最大福利。政策的社会秩序功能决定其必然是功利主义导向的,而刑法固有的政治性[2]与工具性恰好与这种导向需要相吻合。无论人们对现代刑法的权利保障功能寄予多大的期望,在风险无所不在的社会中,刑法的秩序保护功能不可避免地成为主导性的。现代国家当然不可能放弃刑法这一秩序之利器,相反,它更需要通过有目的地系统使用刑法来达到控制风险的政治目标。刑法由此成为现代国家对付风险的重要工具,而政策借此大举入侵刑事领域也成为必然现象。它表征的恰恰就是风险社会的安全需要。

在风险成为现代社会的基本特征之后,刑法逐渐蜕变成一项规制性的管理事务。卡迪什(Sanford Kadish)在审视美国刑法20世纪后50年的发展历史时所观察到的现象,即"用刑法制裁道德过错的做法已经衰微,将刑法用作规制性工具的做法则大为增多",[3]也佐证了这一点。作为风险控制机制中的组成部分,刑法不再为报应与谴责而惩罚,而主要是为控制风险而进行威慑。当代刑事司法体系从惩罚向预防导向的转换,[4]无疑揭示了此种发展的态势。事实上,在风险社会,威慑已经成为

---

[1] 参见高鸿钧:《德沃金法律理论评析》,载《清华法学》2015年第2期,第96—138页。

[2] 我国有学者将政治性界定为刑法的性质之一,认为基于固有的强制性与工具性,刑法易被滥用作达成政治目的的或推行政令的强制手段,从而沦为政治工具或统治工具。很显然,既然政治性属于刑法本身的性质,那么,刑法的政治化便属不可避免,正如光之于点燃的火把一样,问题仅在于如何将这种政治化控制在合理的范围之内。

[3] Sanford H. Kadish, Fifty Years of Criminal law: An Opinionated Review, in 87 California Law Review (1999), p.969.

[4] See Paul H. Robinson, Punishing Dangerousness: Cloaking Preventive Detention as Criminal Justice, in 114 Harvard Law Review (2001), p.1429.

施加刑事制裁的首要理由。[1] 并且,也正是威慑促成行为主义进路对现代刑法的掌控,最终使精神状态在刑法中的作用日渐减少。[2]

在一种规制性的刑法框架中,政策无疑发挥着独树一帜的作用。它经常是社会压力(如城市化、生态学、平均分配财富、保护弱势群体等)侵入法律意识与决定法律后果的重要方式。借助于政策,刑法得以自我调整而与变动不居的社会现实相呼应,并由此对理论的构建不断提出新的挑战,使对既有理论框架的游离或修正显得必要。可以说,政策之侵入刑法领域是受了实用目的的本能指引,它是立法者、法院与法学家寻求实用的调整与调和方式的结果,或者说是对相互冲突与重叠的利益进行折中与妥协的结果。在庞德看来,既有的法律体系只有这样"与时俱进",方能完成"通过法律的社会控制"。从此种意义上而言,人们对于古典刑法所构建的精美象牙塔的沉湎其实近似于田园牧歌式的冥想,它在背离生活世界的同时也为生活世界所拒绝。

综上,当代社会的风险社会性质使得刑法变成管理不安全性的风险控制工具,风险成为塑造刑法规范与刑法理论的最重要的社会性力量。这种塑造往往以政策为中介,后者由此成为刑法体系的构造性因素。可以说,风险社会的存在,决定了抽离政策的分析范式将无法真正认识现代刑法。相应地,刑法制度的建构除了考虑规范性的内在变量,还必须把政策作为刑法制度结构中的一个重要的参数来考虑。政策与制度变革之间存在某种互动关系:政策通常在既定的制度约束中展开,但它也可以靠努力改变制度的方式来实施;而制度变革则既可通过明确的方式来实现,也可表现为政策行为的一种副效应。[3] 一般而言,制度可以分为"硬核"与"硬核"周围的保护带两部分。[4] 基于政策的影响,制度变迁通常表现为保护带的调整,制度内核则处于相对稳定的状态,后者反过来会对政策导向的诸种决策实行规制。

---

〔1〕 See Stephen A. Radin, Corporate Criminal Liability for Employee-endangering Activities, in 18 Columbia Journal of Law and Social Problems (1983), p.55.

〔2〕 参见〔美〕理查德·A·波斯纳:《法理学问题》,苏力译,中国政法大学出版社2002年版,第210—224页。

〔3〕 参见〔澳〕柯武刚、〔德〕史漫飞、〔美〕贝彼得:《制度经济学:财产、竞争、政策》,柏克、韩朝华译,商务印书馆2018年版,第43页。

〔4〕 李汉林、渠敬东等:《组织和制度变迁的社会过程:一种拟议的综合分析》,载《中国社会科学》2005年第1期,第95页。

第三节　借助制度技术锻造刑法的适应性

政策意味着通过政治的和集体的手段系统地追求某些目标,[1]它是当局者针对社会中多数人所关注的政策问题,[2]综合考虑现实政治利益与社会利益之后所做的政治抉择。政策往往与时下的政治需要与公众的价值取向有着密切的关联,表现为在追求某些目标时对包括法律在内的政治手段的系统应用。通过具体的制度技术来使规范适应变动的社会,这是现代社会的法律传统。在实现国家政策意志的过程中,刑法作为控制风险或威胁的重要政治手段,在现代"通过法律的社会治理"之基本框架下不断演绎与拓展自身。毫无疑问,政策在侵入刑法领域的同时,也深刻地影响了现代刑法的规范结构。凭借诸种具体的制度性技术,刑法不断地铸造与重塑自身的规范,以求完美地表达与维护国家的政策意志。就起源而言,这些制度技术未必萌生于当代,但只是在风险社会的刑事立法语境中,它们才成为立法者与司法者所倚重的技艺,服务于刑法的预防目的与社会功能。

一、立法拟制

立法拟制是有意地将明知不同者,等同视之,其目标通常在于将针对一构成要件(T1)所作的规定,适用于另一构成要件(T2),从而赋予二者相同的法律后果。立法拟制是一种表达工具,它时而具有指示参照的作用,时而履行限制或说明的功能。[3] 刑事立法中,最典型的拟制例子便是对法人、社团、单位作为犯罪主体的法律人格拟制。法人被按照自然人的特性构建,通过模拟的技艺,无生命的"法人"被改造成能够实施刑事不法行为与具有犯意的"人"。自此,刑法中所谓的"人"不再限于自然人。法人成为与自然人并列的犯罪主体,它大量出现在经济犯罪、环境犯罪等

---

[1] 参见〔澳〕柯武刚、〔德〕史漫飞、〔美〕贝彼得:《制度经济学:财产、竞争、政策》,柏克、韩朝华译,商务印书馆2018年版,第44页。

[2] 所谓政策问题,是指一个社会中,大多数人察觉到或关心到一种情况,与他们所持有的价值、规范或利益相互冲突时,便产生一种需要、受剥夺或不满足的感觉,于是透过团体的活动,向权威当局提出,而当局者认为所提出者属其权限范围内的事务,且有采取行动,加以解决的必要者。林水波、张世贤:《公共政策》(第三版),五南图书出版公司2001年版,第72页。

[3] Vgl. Karl Larenz, Methodenlehre der Rechtswissenschaft, 6. Aufl., Berlin: Spring-Verlag, 1991, S.262-263;或可参见〔德〕卡尔·拉伦茨:《法学方法论》,黄家镇译,商务印书馆2020年版,第336页,引文在参考该书的基础上有所改动。

新型犯罪中。

作为一种立法技术工具,拟制经常在维持法律表面不变的情况下改变法律规范,或者在无法确定 T2 是否属于 T1 的一个事例时用于彻底排除疑义。[1] 在刑事实体法领域,拟制一般具有两种法律效果:一是入罪的效果,即将原本不符合犯罪构成要件的要素视为符合。比如,刑法中承担刑事责任的主体要求具备意思自由的条件,单位(或法人)并不具备意思自由,原本难以作为犯罪主体被追究刑事责任,但很多国家的刑法(包括我国刑法在内)都借助拟制的技术而承认单位(或法人)犯罪。二是加重刑事责任的效果,即将原本符合轻罪构成要件的行为纳入重罪的范畴。比如,我国《刑法》第 269 条有关携带凶器抢夺适用抢劫罪的规定,就是将原本符合抢夺罪的行为按抢劫罪来处理。又如,我国《刑法》中有关转化犯的规定,都涉及将原本不符合故意杀人罪或故意伤害罪的行为按故意杀人罪或故意伤害罪来定罪处罚。

二、推定(Presumption)

推定一般依据以下逻辑方式运作:只要存在基础事实 A,就必须或者可以直接推定事实 B 成立。建立推定的经验依据是概率的估算。推定可分为强制性推定(Mandatory Presumption)与允许的推定(Permissive Presumption)。允许的推定大多存在于司法领域,也称为司法性推定。它是指如果基础事实 A 成立,则可以但并不是必须推定事实 B 成立,它当然是可推翻的。强制性推定则是立法性推定,又可分为可推翻的强制性推定与不可推翻的强制性推定。可推翻的强制性推定意味着只要基础事实 A 得到证明,就必须推定事实 B 成立,除非相对方能证明事实 B 不成立。不可推翻的强制性推定则是指只要基础事实 A 得到证明,则无论如何必须推定事实 B 成立。

(1)实体性推定。不可推翻的强制性推定属于实体法上的规则。比如,人人知法这一推定的效果,便是将不知法排除在抗辩事由之外。抽象危险犯同样涉及不可推翻的强制性推定,典型的如《德国刑法》第 306 条第 2 项所规定的情节特别严重的纵火罪。德国联邦最高法院认为,放火点着一座"不能一眼看清的"大房子,"一般来说是危险的",因而,"这名

---

[1] Vgl. Karl Larenz, Methodenlehre der Rechtswissenschaft, 6. Aufl., Berlin: Spring-Verlag, 1991, S.263.

被告人曾经努力避免给人造成具体的危险",在法律上是无关紧要的。[1]又如,我国《刑法》第144条的生产、销售有毒、有害食品罪,某种可能导致损害结果的具体危险并非此类犯罪的构成要件要素,被告对于食品事实上无毒无害的举证不能推翻对于危险的立法推定。此外,英美刑法中绝对的严格责任犯罪与其说是无过错责任,不如说是一种不可推翻的过错推定责任。立法者在肯定处罚无辜者的危险远小于每个案件中要求证明犯意而给公众带来的危险之基础上,强制性地推定行为人具有过错,由此而使被告人没有犯意的主张无法成立去罪性事由。实体性推定往往是效率导向的,通过改变构成要件要素的配置,它不仅直接影响到证明对象的范围与内容,同时也限制了去罪性事由的成立范围。

(2)程序性推定。允许的推定与可推翻的强制性推定充当着"法律减轻控方证明某一事实之说服责任的程序性工具"[2],它们主要涉及程序性事项尤其是证明责任问题。根据推定原理,在基础事实得到证明之后,没有相反的证据时推定事实便确立。此时,提出证据的责任就归于推定事实的反对者,并且,除非推定事实的反对者能够证明到法定程度从而说服裁判者,否则,推定就不能被推翻。[3] 很显然,刑事诉讼中的程序性推定将直接引发举证责任(即提出证据的责任)的转移,它改变了控辩双方在证明过程中的责任结构,最终导致证明责任在控辩双方之间重新进行分配。允许的推定之对象通常是主观构成要素,比如,诈骗犯罪中行为人的非法占有目的与持有型犯罪中行为人主观上的明知均通过允许的推定而得以确立。

可推翻的强制性推定的适用,一般表现为三种情况:①涉及主观构成要素。相对意义上的严格责任犯罪究其实质是一种推定过错责任:被告人一旦实施相应的行为,立法即推定其具有过错,控方无须对此加以证明;如果被告方要推翻这种推定,则需证明自己没有过错(已经采取合理的注意与合理的措施),此时便产生举证责任的转移问题。②牵涉客观构成要素。如根据我国《刑法》第395条第1款的规定,国家工作人员的财产或支出明显超过合法收入,差额部分即被推定为来源非法。③涉及主

---

[1] Vgl. Claus Roxin, Strafrecht Allgemeiner Teil: Grundlagen Aufbau der Verbrechenslehre, Band I, 3. Aufl., C. H. Beck Verlag, S.280.

[2] Joshua Dressler, Understanding Criminal Law, New York: Matthew Bender & Co., Inc., 1987, p.57.

[3] See Colin Tapper, Cross & Tapper on Evidence, 8th Edition, London: Butterworths, 1995, p.137.

体/责任要素,如刑事被告人总是被推定为知法。欲以法律错误作为抗辩事由的被告人,须就错误之存在及其合理性承担举证责任。

当然,实体性推定与程序性推定的界分只具有相对的意义。实际上,推定的影响总是同时贯穿程序法与实体法,它是联系实体法与程序法的桥梁:[1]尽管不可推翻的强制性推定被视为实体法规则,但通过变更构成要件的配置,它直接影响到证明问题;而经由改变证明责任的配置,可推翻的强制性推定与允许的推定使实体法中的构成要件也间接受到影响。不难发现,推定往往导致主观构成要素客观化。通过降低控方的证明责任或减少需要证明的构成要件要素,推定具有使控方的指控与定罪变得容易的功能。

三、行为范畴的拓展

刑法中的行为乃以作为为原型,例外地包括一些不作为的情况。现代刑法中,不仅不作为有扩大的趋势,还出现持有这种溢出行为概念外延的特殊"行为"。

传统的不作为就其法律上的作为义务而言,通常限于行为人与被害人之间有身份关系或其他特殊关系的场合,但现在,作为义务有不断扩张的趋势:"……因工业化而形成之社会一体观,以及个人与社会安全与秩序之共同防卫观之影响,赋予个人一般作为义务之刑法诫命规范,乃又逐渐增多。"为防止危害,人们赞成扩大而不是收缩不作为刑事责任的范围。作为义务开始扩大至普通人之间,制定法本身也成为作为义务的直接来源。《德国刑法》第323条c款规定,对在意外事故、公共危险或紧急危难现场不参加救助工作之人进行处罚;法国、意大利与西班牙等欧陆国家均有类似的见危不救的罪刑规范;英美刑法中也有交通事故后无过错的一方应该为受害者寻求救助否则即构成犯罪的规定。可以说,一般意义上的见危不救行为,只有在高风险的社会中才会被犯罪化。

就持有而言,尽管人们对其是作为独立的第三种行为形式还是隶属于作为或不作为范畴之内存在重大分歧,但对持有可构成刑法上的行为则已基本认同。持有类犯罪的对象通常是与犯罪具有高概率联系的物品,如犯罪工具、毒品、枪支弹药、赃物等。它已经取代流浪

---

[1] 参见邓子滨:《刑事法中的推定》,中国人民公安大学出版社2003年版,第21、154—155页。

罪而成为现代社会控制犯罪的选择。[1] 尽管持有可能由作为引发或者导致作为,[2]但倘若没有证据证明作为的存在或者作为本身不具有刑法上的意义,从而无法构成相应的作为犯罪,则应该说,持有类犯罪本质上惩罚的便是某种状态,属于状态型犯罪。当然,状态型犯罪还有其他的表现形式,比如传统的流浪罪,还有公共场合醉酒[3]、成为恐怖组织成员等。1972 年的 Papachristou 诉 City of Jacksonville 案终结了旧式流浪法的命运。[4] 不过,流浪法并没有被彻底废除,《模范刑法典》只是在旧式流浪法的基础上作了修正,要求行为者有异常举动,并且警察在逮捕之前给赋予行为人说明身份并给出相应解释的机会。[5] 不难发现,状态型犯罪的立法目的是要把侵害法益的风险扼杀在摇篮里。故而,正如帕克教授所言,它"最好被理解为在刑法没有提供它选之时预防观念的具体化"[6]。

现代刑法中"行为"范畴的不断拓展,表征的是越来越多的人类活动形式被纳入刑法调整范围,从而大大提升了公民为刑法之网所攫获的可能性。可以说,"行为"范畴的遭遇见证的是风险社会中刑法自身所发生的巨大变迁。尽管行为要件作为刑事责任的基本前提并未受到严重的挑战,在正统的刑法学理论中,它一直受到非同寻常的敬重;然而,古典时期的行为要件原则在经历了漫长的侵蚀过程之后早已处于崩塌的边缘。人

---

[1] See Robert Elias, The Law of Personhood: A Review of Markus Dirk Dubber's Victims in the War on Crime: The Use and Abuse of Victims' Rights, in 52 Buffalo Law Review (2004), p.224.

[2] 按梁根林教授的界定,此处所谓的"作为"包括刑法意义上的作为与非刑法意义上的作为。关于持有的具体情形分析,参见梁根林:《刑事法网:扩张与限缩》,法律出版社2005 年版,第 82—85 页。

[3] 美国联邦最高法院在 1968 年 Powell 诉 Texas 案认定,在公共场合醉酒(即使该人是习惯性醉酒者)可以成立犯罪而并不违宪。See Powell v. Texas, 392 U. S. 514 (1968).

[4] 在该案中,美国联邦最高法院认为,依据《宪法第十四修正案》,Jacksonville 是一个关于流浪的规章基于模糊而无效,因为它不能在行为的违法性方面给予具有普通理性的人以公正的提醒,还鼓励恣意的、有确定的逮捕与定罪。See Papachristou v. City of Jacksonville, 405 U.S. 156 (1972).

[5]《模范刑法典》所提供的立法模式究竟是否合宪? 在 1983 年的 Kolender 诉 Lawson 案[Kolender v. Lawson, 461 U.S. 352 (19830)]中,美国最高法院认为,加州一个要求徘徊或流浪街头者提供"可信且可靠"身份证件并在受警察盘问时解释其出现于该处之理由的立法无效,理由是在决定由嫌疑人所提供的身份是否可信或可靠方面,给予警察的裁量权太大。各州则解释不一,威斯康星州最高法院在 city of Milwaukee 诉 Nelson 案中认定类似的规章合宪,而 Illinois 最高法院在 1999 年的判例中则认为该类规章并没有将无辜的行为与引起损害或恐慌的行为相区分,因而无效。

[6] Herbert Packer, The Limits of the Criminal Sanction, Stanford: Stanford University Press, 1968, p.79.

们不断地对"行为"进行膨胀性的建构。最终,充塞其中的内容是如此庞杂与丰富,以致它撑破了这一范畴的意义边界,失去了概念应有的限定性指涉。正是基于此,胡萨克(Douglas N. Husak)索性放弃犯罪的行为要件,旗帜鲜明地提出以"控制原则"取代前者,即只要某人对某事态应该控制且能够控制,却没有控制而令其发生,即应承担刑事责任。[1] 胡萨克的主张与正统的刑法学理论之间表现出来的差异,其实只是一个硬币的两面:胡萨克基于"行为"概念本身的限定性,力图在"行为"之外找出名副其实的新范畴来容纳不断拓展的内涵;正统刑法学理论使的则是挂羊头卖狗肉的勾当,名义上保留"行为"范畴,实质上却通过不断突破"行为"的边界而置换其原初的意义。

四、入罪标准的前移。

它意味着将犯罪成立的标准提前,处罚尚未导致实害结果的行为,甚至是预备或预备前行为。古典刑法所处罚的犯罪原型是实害犯,以对法益造成现实侵害后果作为既遂的标准。而在当代,基于对威胁公众生命与健康的危险的防预需要,结果被扩张解释为对法益的侵害或侵害的危险。危险犯日益成为重要的犯罪形式,它大量地出现在涉及环境、食品、道路交通等的公害性犯罪之中。现实的法益侵害结果已经不再是构成犯罪的必备要件。在具体危险犯的场合中,危险尚需司法者作具体的判断,即根据具体案件的特定关系,确定行为对一种通过相关构成要件加以保护的客体创设了容易发生的、现实的结果性危险。抽象的危险性犯罪则本质上属于过失性未遂,司法者甚至无须关注个案的特定情形,也无须由此去判断具体的结果性危险存在与否。因为所谓的抽象危险,实际上是以一般的社会生活经验为根据,通过类型化技术构建起来的类型化的危险,故而只需作一般的判断即足矣。在此,防止具体的危险与侵害只是立法的动机,它们的存在并不成为构成要件的前提条件。[2] 可以说,毒品、枪支弹药之类的持有型犯罪本质上都是抽象危险犯。它们是立法者

---

[1] See Douglas N. Husak, Philosophy of Criminal Law, Totowa: Rowman & Littlefield Publishers, 1987, Chapter 4.
[2] 抽象危险犯与具体危险犯的界分是一个复杂的理论问题。在这个问题上,德日刑法学界存在多种不同观点,对此可参见张明楷:《危险犯初探》,载马俊驹主编:《清华法律评论》(第一辑),清华大学出版社 1998 年版。本章采纳的是当前德日比较通行的观点,vgl. Claus Roxin, Strafrecht Allgemeiner Teil: Grundlagen Aufbau der Verbrechenslehre, Band I, 3. Aufl., C. H. Beck Verlag, S.275-281。就这一问题,笔者曾专门向张明楷教授请教过,特此致谢。

在权衡引发非法行为的可能性与可能之危害的严重性后,认定存在法益侵害之危险而予以类型化的结果。

危险犯将犯罪的成立从实害结果提前至危险形成阶段,只是将犯罪成立的标准降低了一格,而立法者显然想在这一方向走得更远。于是,不仅未遂标准有不断放宽的趋势,通常不予处罚的预备行为也有选择地被单独定罪。《日本刑法》规定的伪造货币预备罪,处罚的便是预备行为。持有特定犯罪工具或凶器的犯罪,本质上也属于预备犯。实际上,持有型犯罪构成的设置已经成为国家追究实质预备犯的刑事责任而运用的一种立法技术。[1] 基于有组织犯罪对社会与国家管理活动的严重威胁,甚至单纯的犯意表达或者预备前行为都可能构成犯罪。

与"行为"范畴在空间上的横向拓展相对应,犯罪成立的界点在时间维度上不断前移的事实,彰显的是现代刑法容忍度的全面降低,及由此而导致的刑法之网的急剧扩张。刑法的触角当然并非在一夜之间疯长,实际上它蓄谋已久,在一个多世纪的时间里悄然地渐行渐长。

五、责任范围的扩张与责任形式的多样化

古典刑法理论中的责任本质上属于个人责任,即只能就行为人自身所实施的行为对行为人进行非难。这意味着三点:一是责任的根据只能是行为人自身的行为;二是承担责任的主体是个人;三是行为人对他人之不法行为的事后容忍不足以成为追究刑事责任的根据。然而,随着商业代理的普通化,随着法人组织成为形塑现代生活秩序的主导性角色,一种偏离古典刑法因果法则与个人责任的全新责任形式——代理责任,逐渐突破侵权法的桎梏与责任主义的制约而正式登上现代刑法的舞台。

第一,行为人可能由于他人的行为而承担刑事责任,这就是作为个人责任之例外的代理责任。普通法中的主人负责准则(the doctrine of repondeat superior)是处理代理责任的重要准则,它源自侵权法。[2] 19 世纪以

---

[1] 参见梁根林:《刑事法网:扩张与限缩》,法律出版社 2005 年版,第 87 页。
[2] 这一准则在 19 世纪获得其现代意义:委托人要为其代理人在业务过程中或者在雇用范围内所实施的侵权行为负责;即使证明侵权行为的实施明显违背委托人的命令,委托人也不能逃避责任。但同样的发展趋势并没有出现在刑法领域。自 1730 年的 Rex 诉 Huggins 案直至 20 世纪初,众多的判例与教科书一再确认主人负责准则并不构成刑事责任的根据,即委托人在没有认知或同意的情况下不能为代理人的行为承担刑事责任。See Francis B. Sayre, Criminal Responsibility for the Acts of Another, in 43 Harvard Law Review (1930), p.700-704.

前,主人负责准则只适用于公共妨害(Public nuisance)与刑事诽谤(Libel)这两类普通法犯罪案件。但在 20 世纪以后,它开始大量适用于明确或暗示规定代理责任的制定法犯罪,如出售酒类饮料,使用虚假的度量衡,生产出售变质食品、雇用童工等。这一准则在 20 世纪 60 年代为美国《模范刑法典》所吸收,成为法人责任规定中适用最广泛的规则。法典所做的唯一变革,是该准则的适用受到一种积极辩护事由的限制,即如果能证明负有监管之责的高层管理人员已尽合理努力防止不法行为的发生,则可使法人免予承担刑事责任。代理责任一般根据两种方法加以认定:一是委托原则;二是代理人的行为在法律上被视为被代理人的行为。[1] 应当指出,代理责任区别于监督过失。在行为人具有监督过失时,其承担的并非代理责任,而是因自身过失而承担的个人责任。

第二,承担刑事责任的主体不再限于个人,也包括法人或单位在内的组织体。早在 1909 年,美国联邦最高法院就断然宣称:"法律……不可能对以下事实视而不见,即在现代,绝大多数商业交易由法人来实施,特别是洲际贸易几乎掌控在它们手里,基于法人不能实施犯罪这一陈旧之准则而赋予其免受惩罚权,实际上剥夺了仅有的有效控制这一主体事务与矫正其滥权行为的手段……"[2] 尽管法人本身不可能具有犯意,也无法承受自由刑之类的刑事惩罚,但法人所带来的公共危险不容许其享有刑事责任上的豁免权,理论上所遭遇的诸多困难因而被弃之一旁。鉴于所存在的理论冲突,个别大陆法国家对这一趋势予以抵制。这样的抵制恐怕持续不了多久,在现实需要与理论相抗争的场合,最终俯首称臣的必定是后者。不难发现,"在既定的刑法准则之外,(法人刑事责任准则)已经慢慢赢得正当性……并在一种急于为日益扩张的社会与经济病征确定责任的规制性氛围中兴旺发展"。[3]

第三,根据责任主义与共犯理论,对他人不法行为的事后认可并不成立共同犯罪,因而不能以教唆犯或帮助犯追究其刑事责任。但在法人犯罪的场合,法人的高层管理人员对下级雇员所实施的不法行为的事后授权、批准或者容认,由于足以表征法人或/和高层管理人员的犯意,因而可

---

[1] 参见〔英〕J·C·史密斯、〔英〕B·霍根:《英国刑法》,李贵方等译,法律出版社 2000 年版,第 198—202 页。

[2] New York Central & Hudson River Railroad Co. v. United States, 212 U. S. 481(1909).

[3] Kathleen F. Brickey, Rethinking Corporate Liability under the Model Penal Code, in 19 Rutgers Law Journal (1988), p. 596.

以构成追究其刑事责任的依据。这种超越共犯一般理论的归责原则,也被适用于犯罪集团中的首要分子与主犯。

如果说法人责任在个人责任之外开辟了团体责任的先河,那么在恐怖主义活动与有组织犯罪成为威胁国际社会安宁主要来源的今天,一种全新的责任形式——以犯罪组织这一人群集合作为责任基础的"行为人群责任"[1]——值得特别关注。这种"行为人群责任"使没有直接参与或支持具体恐怖罪行的成员也要为此承担刑事责任。

六、犯罪构成要件要素的减少或增加

犯罪的构成要件要素分为主观与客观两个层面。客观构成要素包括行为主体、行为、行为对象、结果、因果关系,有时还包含行为情状与客观的可罚条件。主观构成要素主要指故意或过失,有时则包含如目的、倾向之类的特别要素。构成要素的减少或增加大多涉及主观层面。比如,严格责任犯罪不要求行为人具备犯意,实质上是将主观构成要素排除在犯罪的构成要件要素之外。我国刑法中的行贿罪,涉及的则是主观构成要素增加的问题,它的构成要求行为人具备"为谋取不正当利益"的目的。行贿罪与受贿罪属于对合性犯罪,但二者在构成要件上却并不对应。行为人为谋取正当利益而给予国家工作人员以财物的,并不构成行贿罪;但对国家工作人员而言,利用职务之便为他人谋取利益,非法收受他人财物的行为则成立受贿罪。增加或减少客观构成要素的现象也并不罕见。比如,在抽象危险犯的情形下,实害结果(或者作为结果的具体危险)不仅不属于犯罪构成要素,甚至不影响犯罪的既未遂形态。

犯罪构成要件要素的减少或增加,有时会借助其他制度性技术来实现,但这并没有影响其作为制度技术的独立性地位,而只是表明,实践中诸种制度技术的运用经常相互胶合不可分割。犯罪构成要件要素的减少

---

[1] 储槐植先生认为,从逻辑上讲,《德国刑法典》第129条之组建犯罪团体罪与第129条A之建立恐怖团体罪、《意大利刑法典》第416条之为犯罪而结成集团罪、《韩国刑法典》第114条之组织犯罪集团罪、《俄罗斯刑法典》第210条之组建犯罪组织罪,以及我国《刑法》第120条之组织、领导和积极参加恐怖活动组织罪与第294条之组织、领导参加黑社会性质的犯罪组织罪,就是20世纪末期刑事立法因严重犯罪态势而突破刑事古典学派的行为责任与实证学派的行为人责任,而以犯罪组织这一人群集合为责任基础的特殊犯罪构成,体现了不同于行为责任与行为人责任的"行为人群责任"。储槐植:《解读黑社会性质组织罪》,载赵秉志主编:《刑事法判解研究》(第1期),人民法院出版社2002年版,第104—105页。

或增加实质上调整的是犯罪化的边界,它直接影响到刑法的介入与否。一般而言,增加构成要素能够限缩入罪的范围,而减少构成要素则具有扩大犯罪圈的功能。

七、法定量刑情节的设置

法定量刑情节是立法者在刑罚层面经常动用的制度性技术之一。从规范的层面来讲,法定刑的配置完全由罪质与罪量决定,这乃是基于罪刑相适应原则与平等适用刑法原则的要求。但实际上,不仅罪质与罪量的评估经常需要考虑规范外因素,法定刑的配置本身更是为政策、社会政治形势、立法者的一时偏好以及诸种权宜之计所渗透。具体而言,为了突出对未成年人的保护,各国刑法对作为犯罪人的未成年人一般都有从轻、减轻乃至免除处罚规定,而以未成年人作为被害人或被支配的一方的行为人则往往会被从重处罚。比如,我国《刑法》明文规定,教唆未成年人实施犯罪,或者向未成年人传播淫秽物品的,从重处罚。此外,基于某些犯罪对公共健康所具有的巨大危险性,立法者又在普通的累犯之外规定了特殊的再犯形式,如我国《刑法》第356条规定,因走私、运输、制造、非法持有毒品罪被判过刑,又犯毒品类犯罪的,从重处罚。

除此之外,立法者常用的技术还有不少。比如,取消犯罪的定量因素。走私、贩卖、运输、制造毒品罪的成立只要求行为人实施相应行为,毒品数量的多少不影响本罪的成立。又如,将共犯单独定罪。协助组织卖淫行为属于组织卖淫行为的帮助行为,原本可以根据共同犯罪原理以组织卖淫罪定处,但立法者为避免对协助组织卖淫者的处罚过轻,单独设立协助组织卖淫罪,因而不再适用总则中对从犯应当从轻、减轻或者免除处罚的规定。

不难发现,政策在刑事立法中所烙下的印痕,依托于诸多的制度技术。就其性质而言,这些制度技术大体可分为两类:一是实体性技术;二是程序性技术。本章的论述显然偏重于前者,但这并不意味着程序性技术处于次要地位。实际上,这两类制度性技术往往是相互渗透相互影响的:程序性技术通过改变程序性事项作用于犯罪构成要件等实体性内容;实体性技术则借助对犯罪圈与构成要件要素范围的调整而反过来对证明责任的配置、证明对象的确定等程序性问题施加影响。借助这些制度技术,政策的触角得以扩张至刑事立法的各个角落。也正是在政策的作用之下,刑法越来越趋于以预防与威慑为核心。可以说,政策从根本上影响了犯罪圈的划定,它已经成为现代刑法体系挥之不去的浓重背景。

第四节 通过刑法解释构筑体系的应变性

借助立法层面的制度技术来锻造刑法的适应性,只是刑法体系应变机制的一个面向。可以肯定的是,随着风险社会的到来,外部环境的急剧变迁与不断的复杂化,使刑法体系不可能仅仅依靠立法变革来实现自身的与时俱进。在司法适用层面,通过对现有法条进行重新解读并赋予其新的意义与内涵,成为刑法体系应变机制的重要组成部分。在某种意义上,通过刑法解释来构筑刑法体系的应变性,甚至比立法变革的途径更为重要。立法的中心化决策机制与不可避免的滞后性,导致立法机关即便开足马力,也很难完全跟上情势的需要;并且,在方向不明时,立法的过早出手与介入,也容易犯盲动主义的错误。与之相对,司法的决策主要通过对法条的解释来体现,它在一个个判决中经受检验,代表的是去中心化的、渐进式的决策方式;同时,司法的决策具有试错性,容错成本相对较低,因为只影响个案的处理。尤其是在方向不明时,司法的决策允许多个不同的解决方案同时并存,直至最后涌现出众所接受的更具适应性的解决方案。

苏力的研究表明,司法中所谓的"解释",就其根本来看不是一个解释的问题,而是一个判断问题。司法的根本目的并不在于搞清楚文字的含义是什么,而在于判断什么样的决定是比较好的,是社会可以接受的。[1] 这意味着法律解释就其本质而言,并非智识性的或逻辑性的。何时采取形式主义解释,何时采取实质性解释,取决于解释者的判断;而"解释"的任务,便是要以某种方式使解释的结果(或者说决定)与制定法这一权威性的文本取得联系,正是这种联系,充当着使个体化的解释结果最终为制度所认可的枢纽,并使解释结果显得客观。诸多的解释方法,其实只是为解释者的判断提供事后正当化的技术包装而已。

在风险社会中,不仅作为权威性文本的刑事制定法已为各类政策所渗透,解释者关于刑事处罚必要性的判断也日益地受政策因素的影响。作为主体、文本与语境互动之产物的刑法解释,不可避免地成为政策引导

---

[1] 参见苏力:《解释的难题:对几种法律文本解释方法的追问》,载梁治平编:《法律解释问题》,法律出版社1998年版,第58页。

之下的能动解释。可以说,规则型的解释只是常规,甚至于只是司法过程中的一种预设,只要提出足够的证据,只要有强有力的公共政策的支持,这些规则所指向的"解释"就会被推翻。[1]

一、政策因素与目的导向的解释范式

在法解释领域,人们曾经对文本主义解释情有独钟。一则只有立法语言才具有民主的血缘,为三权分立与维护民主价值的考虑有必要求诸文本主义;二则文本主义与法治/规则之治之间存在着必然的内在关联。[2] 文本主义解释要求,不能超越文词义的可能范围去解释。可能的词义标准之所以不可或缺,乃是因为它提供了在客观上唯一可检验的特征,而该特征可从能达到的可靠性上来加以认识,由此使法官对自己创造之法律开始负责任。[3] 然而,就刑法解释而言,文义可能说充其量只是人们基于罪刑法定所构筑的一道最外围的防线。从能否被可能文义所容纳的角度去界分扩大解释与类推解释的主张,之所以不具有可操作性,是因为语言本身具有开放性,它的意义边界并不存在警示的标志;语言本身无法实现自我界定,其确定性是由社会实践所赋予。

庞德曾断言,"在现代法律科学中,最重要的推进也许就是从分析性态度转向以功能性的态度对待法律"。[4] 当代刑法解释中的政策导向,正是这种功能性态度的产物与见证。自此,不仅刑事立法领域为一种功能主义的进路所主导,刑事司法解释也受这种进路的支配。由于深受功能主义进路的影响,在刑法解释的过程中,尽管三段论推理与逻辑没有被放逐,但它们已然丧失支配性的地位;相反,倒三段论的思考方式,即先考虑怎样的解释结论具有合目的性与社会可接受性,进而决定对案件事实如何剪裁,以及如何理解与构建相应规范的内涵与外延,成为主导性的做法。功能主义的解释论进路,既着眼于当下又着眼于未来,它"把制定

---

[1] 参见苏力:《解释的难题:对几种法律文本解释方法的追问》,载梁治平编:《法律解释问题》,法律出版社1998年版,第56页。

[2] See Cass R. Sunstein, After the Rights Revolution: Reconceiving the Regulatory State, Massachusetts, Cambridge: Harvard University Press, 1993, p.113-114.

[3] 参见〔德〕汉斯·海因里希·耶赛克、〔德〕托马斯·魏根特:《德国刑法教科书》(上),徐久生译,中国法制出版社2017年版,第220页。

[4] Pound, "Administrative Application of Legal Standards," Proceedings American Bar Association,1919, 441、449.转引自〔美〕本杰明·卡多佐:《司法过程的性质》,苏力译,商务印书馆2011年版,第40页。

法看作一种用来对付当下问题的资源,也就是为了该制定法的未来着想"。[1]

功能主义的进路与目的理性具有内在的亲缘性,由此使解释者会倾向于采取目的论导向的解释范式。具体而言,政策会影响处罚必要性的考虑,而处罚必要性的考虑会影响对规范目的的解读。所谓的立法目的或者立法原意,其实只是解释者的构建而已。因而,有意义的并非当初通过该制定法的立法者的原初意图,而是解释主体所认定的立法者具有或应该具有的意图。于是乎,法律解释成为解释者在目的指引下,采取一定的解释方法以使解释结果与制定法相联系的活动。目的解释成为法律解释中的皇冠,成为最终起作用的解释方法,无疑也与此有关。日本学者町野朔明确指出,刑法解释必须考虑刑法是实现何种目的,必须进行适合其目的的合理解释;当文理解释、体系解释或主观解释不能给予单义的解释或者即使暗示了某种解释时,必须由"目的论解释"来最终决定。[2]

无论如何,制定法文本只构成解释之弦的一个支点,其另一端的支点需要目的来提供。解释者的目光只有不断地往返于制定法文本与目的之间,才能奏响法律解释的生命之弦。通过对解释者的判断施加作用,目的影响解释目标(也即解释结果)的设定,并进而影响解释方法的选择。如卡多佐所言,"逻辑、历史和习惯都有它们的地位,当我们可能时,我们会影响法律使之符合它们,但只是在一定的限度之内。法律所服务的目的将支配所有这些方法"。[3] 实务中所谓的"解释",实际上是在锁定解释目标之后,通过对司法技术与解释技术进行选择性运用的逆向推理过程。因而,严格而言,目的论解释并非解释方法,而是对现代法律解释实践的一种事实性判断。它揭示的是现代法律解释中的实质主义倾向。解释的边界太富于弹性,它的"变色龙"[4]性质使解释的正当性通常更多地取决于解释所导致的结果之社会可接受性。

刑事政策能够为确定解释的目的提供合理的支持,从而在很大程度

---

[1] [美]理查德·A·波斯纳:《法理学问题》,苏力译,中国政法大学出版社2002年版,第340页。
[2] 参见[日]町野朔:《刑法总论讲义案I》,信山社1995年版,第68页,转引自张明楷:《法益初论》(增订本),商务印书馆2021年版,第263页。
[3] [美]本杰明·卡多佐:《司法过程的性质》,苏力译,商务印书馆2011年版,第35—36页。
[4] 波斯纳断言,解释是一个变色龙。关于解释之变色龙性质的论述,参见[美]理查德·A·波斯纳:《法理学问题》,苏力译,中国政法大学出版社2002年版,第341页。

上解决解释学上的恶循环问题。就解释而言,"只有在可以确定目的的情况下,我们才可能有把握地说哪个语词更精确,而我们现在的问题恰恰是难以确定其目的。这是一个解释学上所谓的恶循环。"[1] 每个罪刑规范(本条)的产生都源于某种目的,构成要件与法定刑的设计便是在这样的目的支配之下完成的。相应地,对构成要件的解释自然也不能脱离罪刑规范的目的,所有的解释方法最终都服务于为获得适合其目的的合理解释。然而,究竟如何确定具体某个罪刑规范的目的呢?作为客观构成要件要素与主观构成要件要素所描述的中心概念,法益能够在相当程度上为构成要件的解释提供目的性的指导,如学者所言,"既然条文是在保护某种法益的目的下制定的,既然犯罪构成要件是在保护特定法益的目的下设计的,那么,对构成要件的解释理所当然必须以法益内容为指导"。[2]

与此同时,刑事政策也具有作为犯罪构成要件解释目标的机能,即对构成要件的解释结论,必须贯彻与体现相应条文背后的刑事政策的意旨与价值取向,从而使刑法规定相应条文的目的得以全面实现。这是因为,保护法益诚然是刑法的目的,但它不见得是刑法的唯一目的或者全部目的;对于具体的罪刑规范来说,情况也是如此。如果某些罪刑条文在制定或修正时便已然考虑了刑事政策的因素,并且犯罪构成要件的设计同样受到刑事政策的支配,那么,对构成要件的解释当然也必须以刑事政策作为指导。在对这样的条文进行解释时,只考虑法益因素是不足够的,同时还必须关注刑事政策的构造性影响。

实务中,是否遵从文本与立法意图的约束,究竟采取何种解释方法,最终取决于法官对处罚必要性的实质性判断,而法官对处罚必要性的判断,又深受预防方面的政策因素的影响。在一起被告人 X 携带盐酸泼洒于女会计脸上并抢走其钱包的案件中,德国联邦最高法院肯定盐酸是武器,进而认定 X 构成加重盗窃罪。[3] 法院之所以断言盐酸属于武器,不是因为盐酸正好处于"武器"的可能语义范围内,而是法官们认定,为社会安全计,有必要对这类危害严重的暴力性行为予以加重处

---

〔1〕 苏力:《解释的难题:对几种法律文本解释方法的追问》,梁治平编:《法律解释问题》,法律出版社1998年版,第45页。

〔2〕 张明楷:《法益初论》(增订本),商务印书馆2021年版,第264页。

〔3〕 参见〔德〕阿图尔·考夫曼:《法律哲学(第二版)》,刘幸义等译,法律出版社2011年版,第86—88页。

罚,由是之故,就必须将盐酸置入"武器"的语义之内。又如美国的 Groff 案。根据制定法,"任何个人、公司、社团"提供变质食品出卖均是非法行为,被告人因店员在其不在场且没有获得其授权、没有认知或同意的情况下的违法行为而被定罪,依据是这样的制定法语言必然包含由其店员所实施的买卖行为。法院的判决明确指出,"我们并不认为所有者通过表明由其店员所实施的非法买卖未经授权而逃脱刑事制裁是立法的目的。我们必须对整个立法采取一种实际的、常识的观点,以给予立法目的以效果。"[1]无疑,基于变质食品对公众健康所构成的重大威胁,法院认为惩罚无过错的所有者有利于实现维护公众健康的公共政策,也并不违背立法目的,故而,店员的出卖行为被认定包含于制定法的语言之中,而无过错的所有者则须为前者的行为承担责任。

对法人犯罪中雇佣范围(Scope of Employment)的解释,也体现了政策性因素的重大影响。英美刑法中,根据主人负责准则,成立法人犯罪一般需要具备三个要件:一是具有特定的意图,实施行为的代理人的意图可直接归诸法人;二是非法行为在代理人的雇佣范围之内实施;三是代理人实施犯罪具有促进法人利益的意图。这些要件旨在解决究竟代理人的何种行为与意图该被视为是法人实体的行为与意图。在其中,雇佣范围是个关键的要素。它直接影响行为性质的认定,不仅是控方需要证明的要件之一,还关涉第一、第三要件的认定。普通法上传统的委托定义将雇佣范围限于经由委托人明示或默示授权的行为,但法院却经常背离这一立场而认为,即使行为与公司的一般政策与对代理人的明白指示相违背,或者为上级所特别禁止且在法人一方存在防止犯罪之真诚努力的情况下发生,它们也属于雇佣范围之内。因而,雇佣范围实际上几乎就只意味着行为在直接责任人(即实施不法行为的雇员)执行与工作相关的活动时发生。[2] 换言之,只要雇员是在业务过程中或者在雇佣范围内实施相应的行为,即使法人对雇员的不法行为并不明知甚至明确予以禁止,也不影响法人刑事责任的成立。很显然,正是基于法人实体给现代生活秩序所带来的巨大风险,法院基于政策性的考虑,才会倾向于对雇佣范围作扩

---

[1] Groff v. State, 171 Ind. 547, 85 N. E. (1909).
[2] See Developments in the Law—Corporate Crime: Regulating Corporate Behavior Through Criminal Sanction, 92 Harvard Law Review, 1249-1250(1979).Kaplan, Criminal Law: Cases and Materials, p.979, 981-982; also see United States v. Hilton Hotels Corp., 467 F. 2d 1000 (1972).

张性解释,以使法人无从逃避刑事责任。

综上可见,政策不仅对刑法规范的塑造产生重要的影响,作为刑法解释的重要工具,它还促成目的论解释大行其道,并对构成要件解释具有指导作用。政策因素的引入,有助于刑法体系的开放性的锻造。借助于政策,刑法体系得以与外部世界的需求之间形成有效的沟通,由此使刑法应需而变或应时而变地作出调整成为可能。

二、刑事政策对刑法解释过程的影响

如前所述,法律解释不只是要弄清楚法条的字面意思,也并不太关心立法者原初制定法条时主观上的所思所想。立法意图当然是重要的,它往往能够有效地表明法律条文的规范保护目的与范围,有助于对如何解释相关概念的问题给予有益的指示。但所谓的立法意图,经常需要结合社会发展的客观需求而做出与时俱进的解读。只有这样,才可能在纷繁复杂的现代社会合理地解决成文法所固有的滞后性与不周延性问题,在避免频繁立法修正的同时推动法的自我发展。作为官方意志的系统表达,刑事政策往往与时下的公共需求与政治需要存在密切关联。这意味着既有的刑法条文如果要适应社会发展的需要,便不得不在解释中考虑刑事政策的要求及走向问题。因而,就刑事政策与刑法解释的关系而言,一方面,刑事政策对刑法解释具有价值上的指导作用;另一方面,刑法解释将刑事政策予以具体化,成为刑事政策得以实现的重要途径。[1]

刑事政策对刑法解释的影响是全方位多层面的。作为一种解释论工具,它对罪刑规范的解释具有重要的指导功能。刑事政策不仅能为确定解释的目的提供有力的支持,而且时常给予价值判断上的指导,承担作为衡量某个解释结论是否较好或合理的判断标准的功能。

(一)刑事政策可能影响特定犯罪所侵害的法益的选择与认定

刑法中某一罪刑规范究竟保护什么法益,本身就是个需要解释的问题。"经常是经过解释之后,我们才知道个别刑法规定是要保护什么,而不是我们先知道个别刑法规定是要保护什么,然后据以解释个别刑法规定的处罚范围";因而,所谓刑法保护法益的说法,就法益概念具体指导刑

---

[1] 参见赵秉志:《宽严相济的刑事政策与刑法解释关系论》,载《河南省政法管理干部学院学报》2008年第2期,第2页。

法解释的功能而言,效益亦属有限。[1] 分则中的某些罪刑条文,在创设时便受到刑事政策目的的支配。这种支配有时会影响到该条所涉犯罪的法益选择与认定,从而使法益的内容受制于刑事政策的价值取向。在此种情形下,对特定犯罪所侵犯的法益,就必须结合刑事政策的内容才能合理进行界定。比如,受贿罪侵犯的法益究竟是什么,学理上一直存在争论。从刑事政策的角度考虑,采取公共职位不可谋私利说,明显更有利于对腐败问题的治理,体现从严治吏的精神。也只有采取公共职位不可谋私利说,而非职务行为的不可收买性说与职务行为的公正性说,才有可能合理解读包括"为他人谋取利益"在内的构成要件,将事后受财与单纯收受礼金的行为都作入罪化的处理,从而达到适度扩张受贿罪成立范围的效果。[2]

此外,以争议颇大的"婚内强奸"为例。当身为丈夫的行为人使用暴力、胁迫等手段,在未经妻子同意的情况下强行与之发生性行为时,他无疑侵犯了后者的性的自主权。毕竟,婚姻关系的存在并不意味着妻子将自己的身体卖给丈夫,她既有接受丈夫性交要求的权利,也有拒绝的权利。因而,婚内强制性交行为是入罪还是出罪,无法从是否侵害法益的角度去界定,而更多是考虑刑事政策的结果。在这一问题上,由于我国的刑事政策偏重保护家庭关系的稳定,故基本采取的是出罪的立场。只有在婚姻关系非正常存续期间,即"因感情不和而分居期间"和"提起离婚诉讼以后",[3] 丈夫实施的强制性交行为才被认为构成强奸罪。相反,一旦刑事政策上更为强调对妇女个体权利的关注,则此类行为必将被入罪化。英国在1994年《刑事司法与治安法》便删除了有关非法性交的要求,从而使有"合法性交"身份的丈夫,也可以成为强奸罪的主体,2003年的《性犯罪法》继续维护这样的立场。

或许有观点会认为,通过法益的进路完全可以合理地解释我国对"婚内强奸"出罪化的立场:相对于丈夫而言,作为其妻子的妇女并不享有受刑法保护的性的自主权。换言之,此种情形不入罪还是因为不存

---

[1] 参见黄荣坚:《基础刑法学(上)》(第三版),中国人民大学出版社2008年版,第19页。
[2] 参见劳东燕:《受贿犯罪的保护法益:公职的不可谋私利性》,载《法学研究》2019年第5期。
[3] 陈兴良:《婚内强奸犯罪化:能与不能——一种法解释学的分析》,载《法学》2006年第2期,第60页。

在需要保护的法益。然而,问题在于妇女的性的自主权为什么在涉及丈夫的场合便不再是刑法所保护的法益呢,立法者或解释者在做出这一决定时其所依据的标准是什么? 对这一点,法益论者显然很难自圆其说,从法益出发进行诠释难免陷入循环论证的境地。此外,从法益论的进路也无法解释下列问题:被害妇女的丈夫教唆或帮助第三人对自己的妻子进行强奸,或者与第三人一起共同对自己的妻子实施强奸,按法益论的进路,便会得出第三人构成强奸罪而丈夫则无罪的结论。这样的结论显然并不合理,且实际上也不为刑法理论与实务所接受。可见,最终只有从刑事政策的角度,才能较好地对"婚内强奸"是否应入罪的问题做出说明。

(二)刑事政策可以为相关要件是做扩大解释还是做缩小解释提供指示

基于罪刑法定的约束,对刑法条文中相关概念的解释不允许超出文义可能性的范围。然而,语言本身并无确定的意义边界,人们能判断的充其量只是解释结论与概念核心内涵之间距离上的大体远近。这意味着文义可能性无法告诉人们相关概念具体应当如何解释:是遵从语言本身的日常含义还是另行构建意义? 是进行扩大解释而还是作限制解释? 是否需要查阅立法资料以确定立法者原初所指涉的意义? 应当与刑法规定中的其他相同用语区别对待吗? 等等。这些问题很难抽象地回答,其在很大程度上取决于解释主体对特定犯罪处罚范围的合理性的判断。人们一般依据犯罪所侵犯的法益来完成这样的判断。法益具有使刑法的处罚范围趋于合理的机能,通过为社会危害性的判断提供相对具体的标准(将社会危害性具体化便是法益的侵害与威胁),法益概念具有将刑法处罚范围限定在侵犯法益的行为的效果。[1] 换言之,没有侵害值得用刑法来保护的生活利益的行为,不应当予以犯罪化。为了能够完成这项重要的批判性任务,[2]法益的概念就必须足够清晰,同时具有规范的基础。

问题在于法益本身并不一定具有清晰的内涵与外延,尤其是在涉及超个人法益的场合。比如,我国《刑法》分则第六章第一节规定了诸多扰

---

[1] 参见张明楷:《法益初论》(增订本),商务印书馆2021年版,第232—233页。

[2] 对于让法益概念承担此种批判任务的见解,达博曾提出过批评,参见[美]马库斯·德克·达博:《积极的一般预防与法益理论——一个美国人眼里的德国刑法学的两个重要成就》,杨萌译,载陈兴良主编:《刑事法评论》(第21卷),北京大学出版社2007年版,第455页。

乱公共秩序的犯罪,但公共秩序的具体内涵实际上很难界定,从某种意义上讲,每个犯罪都可以说是扰乱了公共秩序。类似的情况在德国刑法中也存在。比如,德国刑法中那些针对色情物品的禁止性规范,被法院与学者说成是保护集体的法益,也即"公共的和平"(public peace)。然而,"公共的和平"究竟意味着什么,这一点并不清楚。根据一般定义,它指的是"共同安全的条件以及国民对促进生存的安全条件与安全感的共同信任",而围绕所谓的"共同安全",人们始终没有给出令人满意的解释。对此,德国学者曾提出尖锐的批评,将"公共和平"构建为法益,形式上满足了法益准则的要求,但却是以一种没有意义的方式达成的。[1]

在法益本身内容较为模糊或者理论上存在争议而无法履行解释论指导机能的场合,刑事政策可以发挥重要的指示作用,从而使相关犯罪的处罚范围趋于合理。刑事政策能够清楚地告诉解释主体,为什么对某一要件应当这样解释而不是那样解释,为什么需要做扩张解释而不是做限缩解释,或者相反。

一般而言,如果刑事政策要求从严打击某种类型的犯罪,它便会要求对相应的构成要件或量刑因素做扩张解释。比如,刑法规定渎职罪的主体是国家机关工作人员,对于国家机关工作人员的界定,理论上有的认为应以存在相应编制或身份为条件,有的则认为应强调职责性。从从严治吏的刑事政策来看,有必要对其做扩张解释,即认为渎职罪主体的本质特征是职责性,以是否从事公务、是否在履行国家机关的管理职能来进行界定,而不管其是否具有正式的编制或身份。全国人大常委会关于渎职罪主体的解释采纳的便是此种立场,故而虽未列入国家机关工作人员编制但在国家机关中从事公务并代表国家机关行使职权的人员,也被视为渎职罪的主体。再如,对于《刑法》第133条中的"交通运输肇事后逃逸"一般的理解是为逃避法律追究而逃离事故现场,司法解释也持这样的立场。依此种理解,交通肇事后行为人将被害人送至医院后再逃离,仍构成"交通运输肇事后逃逸"。反之,报警并在肇事现场等候处理但对能够救治的被害人置之不理的行为,不能按"交通运输肇事后逃逸"处理;在此种情况下,行为人既不具备逃避法律追究的目的,也不存在逃离事故现场的行为,并不符合解释所限定的两个条件。两相对照,做这样的限制解释,从刑事政策的角度

---

[1] See Tatjana Hoernle, Offensive Behavior and German Penal Law, in 5 Buffalo Criminal Law Review (2001), pp.256-260.

来看并不明智,且与刑法有关自首的规定也相矛盾。

以上是扩张解释的例子。在不法行为本身与既有的体制缺陷存在关联时,刑事政策也可能要求对构成要件做限制解释,以收缩特定犯罪的处罚范围。比如,《刑法修正案(十一)》新设的袭警罪,对于"暴力袭击"中的"暴力",有必要限制解释为具有类型性地导致轻伤以上危险的暴力,不宜将任何推搡、触碰、纠缠甚或是语言暴力,也统统纳入袭警罪"暴力"的范畴;同时,对于罪状中的"依法执行职务",应当限制理解为是符合实体法要求与程序法要求的执行职务行为,不能将警察违法执行职务的行为也纳入该罪的保护范围。对袭警罪处罚范围的限制性解释,不仅在刑事政策上有助于避免警民矛盾趋于尖锐化,敦促警察严格依法履行职责,也是基于与故意伤害罪、妨害公务罪等法条相协调的考虑。不难发现,如果将轻微程度的暴力也归入袭警罪中的"暴力",势必导致袭警罪与故意伤害罪、妨害公务罪之间的不相协调。毕竟,在故意伤害的情形中,对于导致轻伤侵害结果的伤害行为,也不过是适用3年以下有期徒刑、拘役或者管制。

(三)刑事政策可能影响对某一要素的地位与性质的界定,从而改变相关犯罪的构成要件内容或范围

从立法技术来看,要在《刑法》分则的罪刑规范中完整并清楚地列明各罪的所有构成要件,即使不是不可能,也是极为困难的。况且,基于种种因素考虑,立法者也不见得愿意这么做。这样的刑法明确归明确,但很可能是以扼杀体系的应变性为代价的。因而,实际上犯罪的构成要件内容与范围,几乎都需要刑法理论与司法实务来解读与补充。这也是为什么刑法理论上会出现成文的犯罪构成要素与不成文的犯罪构成要素的分类概念。不成文的犯罪构成要素的存在,表明罪状中没有出现的要素不见得不属于犯罪构成要件的范围。反之,罪状描述中出现的因素,也不见得一定会被解读为是犯罪构成要件要素,或者虽然解读为是构成要件要素,但不一定赋予其作为构成要件要素的地位。这意味着对特定犯罪的构成要件的解读,尽管需要以分则中的罪状作为脚本,却不可避免地会带有主观化的色彩。究竟如何解读,在相当程度上取决于解释者的判断。作为影响解释者判断的重要因素之一,刑事政策在其中发挥的作用无疑不容忽视。在很多时候,正是刑事政策在指示解释者,为什么要将罪状中根本未予提及的因素解读为不成文的构成要件要素,或者认为罪状中出现的某一因素不能界定为犯罪构成要素或需要特殊地对待。

1. 添加不成文的构成要件要素：以非法吸收公众存款罪为例

根据《刑法》第176条的规定，非法吸收公众存款罪的构成，只要满足未经主管机关批准、以承诺还本付息的方式向社会公众吸收资金或变相吸收资金的条件便可。然而，如此一来，便难以防止将一般的民间融资行为也纳入本罪的范围，无法在民间融资需求与保护金融安全及信用之间达成适度的平衡。从促进公平、诚信、安全的经济环境而言，有必要限制本罪的成立范围，以区分真正扰乱金融管理秩序的非法融资行为与合法的民间借贷活动。采取何种措施来限制本罪的成立范围呢？人们大多在"公众"一词上做文章，认为向特定人群借款的构成民间借贷，向不特定人群借款的构成非法吸收公众存款。然而，所谓的特定与不特定具有相对性，实务中难以准确界定。比如，行为人将借款对象限定为"具有北京市户口的年龄为25—30周岁的男青年"，是否就是向特定人群吸收存款，恐怕很难断言。此外，正如学者所言，本罪来自《商业银行法》的相关规定，[1]追究的是未经批准从事吸收公众存款这类商业银行业务的行为；因而，"关键并不在于对象范围是否确定，而在于划分该特定人群的标准和立法目的之间是否有关联……就《商业银行法》第11条第2款的立法目的而言，界定商业银行的本质业务与界定'公众'之间并无关联。商业银行的特殊性在于其脆弱的资产负债结构，这和其从事的吸收活期存款并发放贷款的业务相关，和其从何处吸收活期存款无关。无论是从特定人群吸收存款，还是从社会公众吸收存款，只要该存款性质为活期并运用这些存款去发放贷款，一定会造成资产负债的不匹配，从而需要政府的特殊监管"。[2]可见，从"公众"的概念入手去限定非法吸收公存款罪的处罚范围并不具有可操作性。合理的解决方案是，把本罪解读为间接目的犯（短缩的二行为犯），即认为本罪的成立要求行为人具有将吸收的公众存款用于货币资本经营（如发放贷款）的目的，该目的系主观的超过要素。同时，从刑法是否有明文规定的角度而言，它又是非法吸收公众存款罪的不成文的构成要件要素。这样的解读，既能达到限制本罪成立范围的目

---

〔1〕《商业银行法》第81条第1款规定："未经国务院银行业监督管理机构批准，擅自设立商业银行，或者非法吸收公众存款、变相吸收公众存款，构成犯罪的，依法追究刑事责任；并由国务院银行业监督管理机构予以取缔。"该条是《商业银行法》第11条第2款的法律责任之一。《商业银行法》第11条第2款规定："未经国务院银行业监督管理机构批准，任何单位和个人不得从事吸收公众存款等商业银行业务，任何单位不得在名称中使用'银行'字样。"

〔2〕彭冰：《非法集资活动的刑法规制》，载《清华法学》2009年第3期，第125页。

的,保护正常的民间融资活动,同时也有利于打击那些试图规避商业银行特许设立制度的非法行为。

2. 贬抑为非构成要件要素:以巨额财产来源不明罪为例

围绕巨额财产来源不明罪,刑法理论争议的焦点除行为方式是持有还是不作为之外,还涉及《刑法》第 395 条第 1 款中出现的"不能说明来源"如何定位的问题。有的学者认为,它是如亲告罪中的举告那样的程序性条件,[1]有的将之界定为客观处罚条件。应该说,此类解释能够注意到"不能说明来源"因素的特殊性,即它并非一般意义上的犯罪构成要件要素,这是值得肯定的。但是,将"不能说明来源"理解为程序性条件或客观处罚条件,在刑法理论上无疑值得商榷。首先,"不能说明来源"要素明显直接影响行为的违法性,并非与违法性无关的单纯的刑事政策内容。即使认为客观处罚条件由于在判断行为是否具有应受刑罚处罚程度的违法性或者责任方面具有重要意义而应当归类到构成要件内容中,[2]这也只能代表德日刑法理论发展的趋势。在我国现有的犯罪构成体系中,不可能有客观处罚条件或类似因素的存在空间。其次,"不能说明来源"因素的特殊之处不在于不要求行为人对此存在主观认识,而在于控方无须对此进行证明,相应的证明责任须由行为人来承担,即行为人必须对财产来源合法的问题进行证明。将之理解为程序性条件或客观处罚条件的观点,显然没有考虑到该因素在证明问题上的特点。

作为一个堵截性的罪名,巨额财产来源不明罪是应惩治腐败的刑事政策而生。从其构成要件的设计中,就不难体味立法者的良苦用心。审视《刑法》第 395 条第 1 款可以发现,与通常的"实施……(行为情状),处……(法律后果)"的立法表述模式不同,立法者对该条采用比较特殊的表述方式:实施……(行为情状),且没有……(相应的犯罪阻却事由或抗辩事由),处……(法律后果)。这种立法表述方式的特点是,先对行为情状进行描述,再从消极方面排除相应的正当性事由,最后才规定刑罚后果。[3] 据此,对"不能说明来源"的更为合理的解读应当是,该条特别规

---

[1] 参见李宝岳、吴光升:《巨额财产来源不明罪及其证明责任研究》,载《政法论坛》1999 年第 6 期,第 65—66 页。

[2] 参见黎宏:《刑法总论问题思考(第二版)》,中国人民大学出版社 2016 年版,第 169 页。

[3] 劳东燕:《揭开巨额财产来源不明罪的面纱——兼论持有与推定的适用规制》,载《中国刑事法杂志》2005 年第 6 期,第 54 页。

定了仅适用于本罪的抗辩事由,即允许行为人就财产来源合法提出抗辩。结合"可以责令国家工作人员说明来源"的规定可知,控方无须对财产来源非法的问题进行证明,相反,行为人必须承担相应的证明责任。刑法上区分构成要件要素与积极抗辩事由(或犯罪阻却事由)的根本意义,就在于这种区分直接关涉证明责任的分配:所有的构成要件要素必须由控方进行证明,而积极抗辩事由的证明责任则允许放在被告人身上。既然控方在指控巨额财产来源不明罪时并不需要就"不能说明来源"进行证明,它自然难以被认为具有构成要件要素的地位。

3. 虚化构成要件要素:以生产、销售假药罪与受贿罪为例

在 2011 年《刑法修正案(八)》颁布之前,《刑法》第 141 条规定的生产、销售假药罪,刑法理论上一般认为属于具体危险犯,即该罪的成立必须以出现"足以严重危害人体健康"的具体危险为条件。由此,是否属于假药与假药是否足以严重危害人体健康构成两个不同的问题,需要分别进行判断。然而,根据当时的司法解释,[1]在很多情况下,是否足以严重危害人体健康的问题实际上为是否属于假药的问题所包含。换言之,只要认定是假药,即可得出具有足以严重危害人体健康的具体危险的结论。不难发现,是否缺乏有效成分,所标明的适应证或者功能主治是否超出规定范围等,本身就是在判断是否属于假药的问题时必须考虑的因素。如果是否足以严重危害人体健康的判断也完全以此为标准,则只要认定属于缺乏有效成分或标明的适应证或者功能主治超出规定范围的假药,便能够成立生产、销售假药罪。如此一来,"足以严重危害人体健康"的要件就在很大程度上被虚化,丧失其作为犯罪构成要件要素所具有的限定作用。相应地,该罪也就在一定范围内由具体危险犯变成了抽象危险犯。对"足以严重危害人体健康"要件的虚化,只能从刑事政策的角度去寻找相应的根据。考虑到假药对公众生命与健康所构成的重大威胁,通过虚化相关构成要件而适度扩张生产、销售假药罪的处罚范围,有其必要

---

[1]《中华人民共和国药品管理法》(2019 修订)第 98 条规定:"有下列情形之一的,为假药:(一)药品所含成份与国家药品标准规定的成份不符;(二)以非药品冒充药品或者以他种药品冒充此种药品;(三)变质的药品;(四)药品所标明的适应症或者功能主治超出规定范围。"2001 年 4 月 5 日最高人民法院、最高人民检察院《关于办理生产、销售伪劣商品刑事案件具体应用法律若干问题的解释》第 3 条规定:"生产、销售的假药具有下列情形之一的,即应认定为《刑法》第 141 条规定的'足以严重危害人体健康':(一)含有超标准的有毒有害物质的;(二)不含所标明的有效成分可能贻误诊治的;(三)所标明的适应症或者功能主治超出规定范围,可能造成贻误诊治的;(四)缺乏所标明的急救必需的有效成分的。"

性,只是这样的做法未免有司法造法的倾向,可能在正当性上存在疑问。也正是基于此,2011年的《刑法修正案(八)》中,立法者将生产、销售假药罪直接改成了抽象危险犯。

受贿罪构成要件的界定中也存在类似的现象。对于"为他人谋取利益"的要件,传统的客观说认为它是指客观上有为他人谋取利益的行为(但不要求实际上实现利益),主观说则将之理解为是主观上有为他人谋取利益的目的。这两种解释的共同后果都严重地限制了受贿罪的成立范围。在腐败治理日益严峻的情势下,这很难说是一种明智的选择。基于惩治腐败的刑事政策的考虑,便需要尽量淡化该要件的限制作用。妥当的做法是将"为他人谋取利益"解读为许诺为他人谋取利益,许诺无论真假,也不管是以明示还是暗示的方式给出。[1] 换言之,只要行为人收受贿赂,便不容反驳地推定存在谋利的许诺,既不要求客观上有为他人谋取利益的行为与结果,也不要求行为人主观上具有为他人谋取利益的目的。与前两种解释相比,许诺说将使受贿罪的成立范围大大扩张。据此,那些已收受财物但客观上并未着手实施谋利行为或者主观上并不具有为他人谋利目的的行为人,也将毫无疑问地构成受贿罪。如此一来,"为他人谋取利益"尽管仍然属于受贿罪的客观构成要件要素,但通过改造为一种许诺,其作为构成要件要素的地位实质上已完全被消解。

(四)刑事政策可能影响犯罪阻却事由的成立与认定

警察陷阱,通常也称为侦查陷阱或特情引诱,是指由警察(或政府代理人)基于指控的目的,促成并引起本无犯意的行为人实施由其安排的犯罪。我国《刑法》中并没有关于警察陷阱的规定,不过,刑法理论上一般承认它构成犯罪阻却事由。理论根据主要有两个:一是立法机关在制定实体刑法时并不想要涵盖由政府代理人所导致的犯罪;二是作为公共政策事务,法院不应当鼓励警察"制造"案件或实施其他不当行为。[2] 在警察陷阱之中,行为人实施相关犯罪的犯意实际上是由警察植入的,追究行为人的刑事责任显然有失公平。因而,在绝大多数犯罪中,行为人可以据此提出无罪的抗辩。然而,在特定类型的犯罪(如毒品犯罪)中,基于刑事政策的考虑,警察陷阱的存在将并不阻却犯罪的成立。比如,2004年最高

---

〔1〕 参见张明楷:《刑法学》(下)(第六版),法律出版社2021年版,第1592—1593页。

〔2〕 参见〔美〕史蒂文·L.伊曼纽尔:《刑法》(英文影印本),中信出版社2003年版,第133页。

人民法院《关于全国部分法院审理毒品犯罪案件工作座谈会纪要》明确规定,对于本没有实施毒品犯罪的主观意图,而是在特情诱惑和促成下形成犯意,进而实施毒品犯罪("犯意引诱")的被告人,仍要追究刑事责任,只是"根据罪刑相适应原则,应当依法从轻处罚"。

除了会对某一事由是否构成犯罪阻却事由的问题产生决定性作用之外,刑事政策还可能影响特定犯罪阻却事由的具体成立范围。比如,1997年《刑法》修订中增加规定无过当防卫的内容,并将1979年《刑法》关于正当防卫规定中的"超过必要限度"改为"明显超过必要限度"。此种修订无疑是在遏制犯罪与鼓励公民同不法侵害做斗争的刑事政策的指导之下进行的,它大大扩张了正当防卫的成立范围。与之相应,在对现行《刑法》第20条做解释时,也必须考虑前述刑事政策,不能将正当防卫的成立范围界定得过窄。

(五)刑事政策可能构成对行为人进行特别豁免的正当根据

依照刑法理论的通说,只要行为符合特定的罪刑规范与相应的犯罪构成,行为人便构成犯罪。然而,事实上,无论是在立法规定还是司法解释中,都存在不少已然符合犯罪构成但却可以不按犯罪处理的例子。比如,修订后的《刑法》第201条规定的逃税罪就是如此。依据该条第4款规定,纳税人或扣缴义务人即使已经采取欺骗、隐瞒手段进行虚假纳税申报或者不申报,并且逃避缴纳的数额达到规定的额度,也可能不追究刑事责任,只要其在税务机关依法下达追缴通知后,补缴应纳税款,缴纳滞纳金并接受行政处罚。再如,1984年"两高"与公安部《关于当前办理强奸案件中具体应用法律的若干问题的解答》规定,第一次性行为违背妇女的意志,但事后并未告发,后来女方又多次自愿与该男子发生性行为的,一般不宜以强奸罪论处。

就前述几个规定而言,去罪化的根据不可能在传统刑事理论中找到:根据既遂犯的理论,在犯罪既遂之后,即使行为人事后努力采取补救措施设法恢复原状,也不可能影响犯罪的成立,充其量是作为酌定的量刑情节。相反,只有考虑刑事政策的因素,才能理解为什么可以将相关行为做无罪处理。在特定情况下,刑事政策具有赋予特别豁免权而宣告行为无罪的功能。这种豁免权有些类似于普通法国家的陪审团所享有的否决特权,即可以置既有法律不顾而法外开恩,径直宣告被告人无罪。二者之间的区别,仅在于刑事政策所赋予的豁免权通常是针对某一类行为而设,凡是涉及同种情况的行为人都应予以适用,而普通法国家陪审团的否决特权则仅针对具体个案中的特定被告人而言。

(六)刑事政策可能影响竞合犯处理规则的选择

刑法理论一般认为,想象竞合犯的处理规则是从一重罪处罚(或从一重罪从重处罚)。但在某些情况下,从刑事政策的角度考虑,选择这样的处理规则不见得合适。比如,行为人以非法拘禁的方式干涉他人婚姻自由时,其行为同时触犯非法拘禁罪与暴力干涉婚姻自由罪。从两罪的法定刑来判断,非法拘禁罪属于更严重的犯罪:暴力干涉婚姻自由罪只有两档法定刑,分别是2年以下有期徒刑或者拘役与2年以7年以下有期徒刑(致使被害人死亡的);非法拘禁罪则有三档法定刑,分别是3年以下有期徒刑、拘役、管制或者剥夺政治权利、3年以上10年以下有期徒刑(致人重伤的)与10年以上有期徒刑(致人死亡的)。在非法拘禁的过程中使用暴力致人伤残、死亡的,还可能转化为故意伤害罪与故意杀人罪,而后两罪的最高法定刑均为死刑。

按照想象竞合犯的一般原理,对以非法拘禁的方式干涉他人婚姻自由的行为,便须以非法拘禁罪来进行处罚。然而,如果考虑保护家庭关系的刑事政策,可能会质疑前述结论。相对于其他针对人身权利的犯罪,暴力干涉婚姻罪的法定刑之所以较低,无疑是因为立法者考虑到这样的事实,即暴力干涉婚姻自由的行为经常发生在家庭成员或亲友之间,考虑到加害人与被害人之间身份上的特殊性,有必要设置较低的法定刑,以维护家庭及相关社会关系的稳定。因而,对以非法拘禁的方式干涉他人婚姻自由的行为,若一律依照非法拘禁罪来处理,显然违背了立法的这种精神。[1] 这意味着对于前述行为,根据加害人与被害人之间是否具有亲友关系来区别对待更为合理:如果存在亲友关系,便应优先考虑适用暴力干涉婚姻自由罪;如果不存在亲友关系,则理当选择从一重罪处理的规则,无须考虑是否告诉的问题而直接按非法拘禁罪来处罚。

(七)刑事政策还可能影响犯罪的既未遂标准

传统刑法理论公认,未遂犯以具有发生结果的危险为前提,而此处所谓的结果,既可能是实际的侵害后果(侵害犯),也可能是一种侵害的危险

---

〔1〕 当然,这样的立法精神由于体现保护上的不平等,在正当性上是否存疑,可能有讨论的空间。

（危险犯）。如果结果没有出现，则无论如何不能认为构成犯罪既遂，只能从行为人是否已经着手实施实行行为的角度，来判断究竟属于犯罪预备还是犯罪未遂。不过，刑事政策的需要有时会改变传统的既未遂标准，常见的做法是将既遂的标准提前，对未遂行为甚至预备行为做既遂化处理。这样做带来的结果是，相关犯罪成立未遂犯的空间被大大地压缩了。

以强奸罪为例。通说认为，普通强奸时，只有双方生殖器结合才构成既遂；奸淫幼女时，只要行为人的性器官与幼女的性器官接触即为既遂。同一犯罪因对象相异而采取不同的既、未遂标准，应该说是极为罕见的。只有考虑保护未成年人的政策需要，才能理解在奸淫幼女既遂标准上采取接触说的合理性与必要性。除此之外，毒品犯罪中的既、未遂标准也只能从相应的刑事政策处寻找正当根据。比如，从《刑法》分则的用语习惯来看，贩卖毒品罪中的"贩卖"应当区别于"买卖"，指的只是出售行为而不包括购买行为；基于贩卖目的而实施的购买行为，充其量只能视为是贩卖的预备行为。然而，在贩卖毒品罪中，刑法理论与司法实务几乎一致认定，基于贩卖的目的而购买毒品的行为也构成贩卖毒品，且属于贩卖毒品既遂。对于贩卖过程中交易未成功的行为，更是被理所当然地认为成立既遂。又如，特情引诱、侦查陷阱的毒品案件中，行为人的行为实质上并没有侵害到相应的法益，也很难说存在侵害法益的客观危险。因而，即使在未遂标准上采取传统的主观危险说，行为人也只能成立未遂。[1] 然而，依照相应的司法解释，对在特情引诱下实施毒品犯罪行为的（无论是"犯意引诱"还是"数量引诱"），仍然构成犯罪既遂，只是应当从轻处罚。这都是刑事政策影响犯罪既未遂判断的例子，尽管这样的理解可能在教义学上面临突破刑法解释容许之边界的质疑。

邪教组织犯罪中的既、未遂标准也显得极为特殊。2017年最高人民法院、最高人民检察院《关于办理组织、利用邪教组织破坏法律实施等刑事案件适用法律若干问题的解释》（以下简称《关于邪教组织的解释》）第5条规定，对制作、传播邪教宣传品的行为按《刑法》第300条第1款的利用邪教组织破坏法律实施罪进行处罚。根据前述司法解释，只要邪教宣

---

[1] 客观的危险说或修正的客观危险说则可能认为，此类行为连未遂也不能构成，而属于不可罚的不能犯。对未遂犯传统标准（即主观的危险说，也称为抽象的危险说）的分析与批判，参见张明楷：《刑法学（上）》（第六版），法律出版社2021年版，第437—438页。

传品系行为人所制作,就构成犯罪既遂。[1] 依据传统的刑法理论,单纯制作邪教宣传品的行为至多只能构成未遂,而这还须以将利用邪教组织破坏法律实施罪理解为是危险犯为前提。倘若认为该罪属于侵害犯,则此种行为甚至连未遂都不能构成,而只是预备行为。司法中这种对未遂行为乃至预备行为的既遂化处理,其实质根据无疑只能从刑事政策上去寻找。

三、将刑事政策引入刑法体系的后果

无论如何,构建刑法体系时,不可能不考虑刑事政策的目标设定;不然,刑法体系难以对刑法现实有真切的把握,只会使理论与实践之间趋于脱节。风险刑法的出现有它的必要性,它是立法者试图通过刑法的手段对新兴的风险做出反应的产物。相应地,刑事政策进入刑法体系,并作为一个构造性因素对后者展开大刀阔斧的改造,正是其作为政治与刑法之间的桥梁而发挥作用的结果。刑事政策的存在,有助于将现实的政治与社会需要的信息有效传达给刑法体系,使后者始终作为得心应手的社会控制工具。既然如此,将刑事政策的考量引入规范刑法学的研究之中,便是无从回避也不应回避的任务。

与此同时,也必须正视刑事政策进入刑法体系所可能带来的消极后果。刑事政策具有强大的侵略性与渗透性,尽管偶然也会做出有利于个体自由保障的决策,但它的着力之处一直是扩张刑事责任的范围或加重刑事责任的程度。在某种意义上,刑事政策与刑罚一样,也具有"双刃剑"的效果,用之不得其当,则国家与个体两受伤害。这是因为刑事政策(正如任何的政策一样)本身是政治的产物,它往往会将刑法作为最后手段所理应具备的谨慎与克制抛之脑后,而倾向于在存有疑问的场合也选择积极的行动,认为即使是冒进的行动也总比无所作为要好。尤其是政策的需要遵奉的是一种纯粹功利主义的逻辑,它总是想方设法摆脱一切可能构成束缚的东西,包括突破旨在保障个体自由的传统法治国原则与具体的刑事责任基本原则。

---

[1] 2017年《最高人民法院、最高人民检察法关于办理组织、利用邪教组织破坏法律实施等刑事案件适用法律若干问题的解释》第5条规定:"为了传播而持有、携带,或者传播过程中被当场查获,邪教宣传品数量达到本解释第二条至第四条规定的有关标准的,按照下列情形分别处理:(一)邪教宣传品是行为人制作的,以犯罪既遂处理;(二)邪教宣传品不是行为人制作,尚未传播的,以犯罪预备处理;(三)邪教宣传品不是行为人制作,传播过程中被查获的,以犯罪未遂处理;(四)邪教宣传品不是行为人制作,部分已经传播出去的,以犯罪既遂处理,对于没有传播的部分,可以在量刑时酌情考虑。"

由于刑事政策到处攻城略地的侵略,往往是在打着维护社会利益或国家利益的旗帜来进行,这就使其所带来的危害或危险具有极大的隐蔽性。在刑事政策的构造之下,刑法的发展很容易偏离自由主义的刑法模式,由此而至少面临两个重大的命题:一是对古典自由主义刑法理念的偏离,究竟在何种程度上是必要且合理的?二是在风险刑法隐秘地侵蚀乃至摧毁传统法治国原则的背景之下,个体自由的保障如何成为可能?此类理论命题的提出,恰恰是在提醒我们:认为刑法的发展总是与进步相联系的观念,掩盖了刑法所面临的危机;无论是整个地取消刑法的反应,还是认为现代的"目的刑法"是刑法历史上的堕落的观点,都不免过于偏激。[1]

本章对前述两大命题并未做出回应。这并不意味着本书对于在刑事政策驱动之下入罪标准的不断放松与刑事责任范围的持续扩张,秉持无保留的肯定态度。在风险刑法的问题上,笔者的观点一直是,它的出现有其必然性与必要性,同时也必须警惕风险刑法本身的内在危险。德国学者洛塔尔·库伦(Lothar Kuhlen)曾论及德国刑事政策与刑法的新发展在不少方面偏离崇尚自由的刑法模式的问题,他认为问题在于如何评价现实和理想之间的这种矛盾。在他看来,一方面,崇尚自由的刑法理念并不是超越历史的,而绝对具有现实的意义,因而,"现代的"刑事政策也应当以此理念为导向,并为其所限制。另一方面,并非现代德国刑法对自由主义刑法模式的所有偏离都能以这个理念来批判。现代刑法应当抵制的新兴问题事实上是存在的,并且没有刑法的帮助,对它们的解决往往是不可能的。[2] 本书赞同这种务实的立场。

无论如何,在当代社会中,刑法所面临的危机与社会分配给其越来越多的新任务有关。如果认为刑法必须承担相应的任务,期望重现古典主义的理想图景便根本不可能;同样地,只要认为个体的自由保障仍是法治社会的必然蕴含之义,就不应当任个体自由不断萎缩而无条件地屈从于社会利益的保护。

---

[1] Vgl.Cornelius Prittwitz, Strafrecht und Risiko: Untersuchung zur Krise von Strafrecht und Kriminalpolitik in der Risikogesellschaft, Frankfurt am Mein: Klostermann GmbH, 1993, S.38-39.

[2] Kuhlen 据此认为,对公共法益(Gemeingüter)的刑法保护在自由主义上的质疑,以及对抽象危险犯的普遍批判,都缺乏根据,是 19 世纪的意识形态的残余。参见〔德〕Lothar Kuhlen:《刑事政策的原则》,陈毅坚译,载谢望原、肖中华、吴大华主编:《中国刑事政策报告》(第三辑),中国法制出版社 2008 年版,第 715—717 页。

第五节　本章小结

（1）传统刑法理论的构建由于采取的是"内在视角"的研究范式，只关注不法/危害与罪过等内在变量的探讨，而忽视外在参数对刑法体系的构造性影响。这样一种封闭式的刑法体系，难以对外部环境的变动做出有效应对。政策成为刑法体系的构造性因素，与法学方法论上由概念法学向利益法学的转变紧密相关。随着刑罚的施加与否及施加程度日益地考虑现实的社会政治需要，政策已然成为影响刑法体系构建的重要因素。

（2）单纯规则导向的法律体系，缺乏与外部世界相沟通的管道。法律体系将政策纳入其中，旨在使体系保持必要的开放，故而政策的基本功能是要实现法律体系的应变性。当代社会的风险社会性质使刑法变成管理不安全性的手段，风险成为塑造刑法规范与刑法理论的最重要的社会性力量，这种塑造往往以刑事政策为中介。风险社会的到来势必导致外部环境的日益复杂化，这决定了抽离政策的分析范式将无法真正认识现代刑法。

（3）法律系统所处外部环境的复杂化，使刑法体系面临如何适应或者说如何与外部环境共同进化的问题。在现代"通过法律的社会治理"的基本框架下，刑法作为控制风险或威胁的重要手段，借助立法层面诸多的制度技术，包括拟制与推定的引入、行为范畴的拓展、入罪标准的前移、责任形式的扩张、构成要件要素的增减以及量刑情节的设置等，来努力使自身的规范适应变动的外部环境。

（4）外部环境的日益复杂化，使刑法体系难以仅仅依靠立法变革来实现自身的与时俱进；在司法适用层面，通过对现有法条进行重新解读并赋予其新的意义与内涵，成为刑法体系应变机制的重要组成部分。随着从分析性态度转向以功能性的态度对待法律，政策在刑法解释中发挥越来越重要的作用。功能主义的进路与目的理性具有内在的亲缘性，由此使目的论的解释成为一种主导的解释范式。作为一种解释论工具，刑事政策对罪刑规范的解释具有重要的指导功能。它不仅为确定解释的目的提供有力的支持，而且时常给予价值判断上的指导，承担作为衡量某个解释结论是否较好或合理的判断标准的功能。

第四章　风险刑法理论的立场与选择

前述三章论述的是在风险社会的背景下,刑法体系所经历的变化与方法论层面所经历的转型。相关内容主要是描述性的,而非评判性的。这些相对客观的白描是必要的,毕竟,"越是了解我们社会的整体运行,我们就越有可能影响我们自己的未来"。[1] 本章将对我国当前有关风险刑法理论的研究进路与立场进行评述,并就如何制约预防刑法之内在危险表达看法,进而试图勾勒一种制度性的基本框架。

这代表的是基本立场的表达。风险刑法本质上是一种预防刑法。应当说,在风险社会的背景下,刑法向预防主义的发展有其必然性。但这并不意味着对预防刑法与风险刑法理论可以不加审视地全盘接纳。实然不等于应然,一味地否定刑法理论所经历的变化的合理性固然偏于僵化,完全无视刑法的预防走向所可能蕴含的危险也有失妥当。总的说来,应当在新的语境中思考个人自由如何可能,以及如何对预防刑法的危险进行有效制约的问题。

第一节　预防刑法对自由刑法的全面侵蚀

古典刑法理论强调惩罚只限于侵犯他人自由的场合,除非给他人的权利造成侵害,不然,个体的自由便不应当受到限制。借助于普遍而抽象的规则,刑法为个体的自由划定了边界,只有在个体逾越了自由的界限而对他人的权利造成侵害或侵害的威胁时,刑罚权才允许介入。这倒不是说古典刑法体系不关注预防的目的,而是说"预防并非一种独立的国家策略,借以调控社会运作,国家所使用的其实只是个案实施的制裁,以杜绝

---

〔1〕〔英〕安东尼·吉登斯、〔英〕菲利普·萨顿:《社会学(上)》(第 7 版),赵旭东等译,北京大学出版社 2015 年版,第 24 页。

违法之侵害。除此之外,国家所能仰仗的,就只有从制裁措施的存在当中所衍生的那种预防性效果了"。[1]

对古典刑法理论而言,立法层面罪与刑之间的对称或适应,构成法威慑论的基础,也是其借以实现预防效果的基本手段;具体个案中的制裁,只不过是确认与佐证刑的实在性而已。到李斯特时期,借助立法文本所登载的罪刑价目表被认为并不足够,李斯特期望在执行层面通过策略性地运用刑罚的手段来追求预防效果。他倚重的是处遇分流的方法,即针对不同类型犯罪人的反社会特性选择不同的抗制手段,而刑罚只是作为其中的抗制手段之一存在。[2] 在犯罪论的构造上,预防从来不是需要考虑的因素。如此一来,"古典的犯罪体系呈现独特的双面形象:一方面通过刑罚处罚条件上的客观主义与形式主义来最大限度地保障法安全,另一方面又借助行为人导向的制裁体系最大限度地实现合目的性"。[3] 在罗克辛看来代表相互疏离的两股趋势的"李斯特鸿沟",即李斯特将作为体系整体社会意义之目的的、与犯罪作斗争的方法,也就是刑法的任务,归于刑事政策,而法律的平等适用和保障个体自由免受"利维坦"干涉的法治国—自由的机能则归于刑法,[4] 对于古典刑法体系而言不仅在逻辑上不矛盾,而且根本就是其构架中不可偏废的两个有机组成部分。

然而,随着风险社会的来临,国家的任务被认为主要不是在侵害实际发生时进行制裁,而是在危险初露端倪时就能发现并通过预防措施加以遏制或去除,事后的制裁反而成为预防无效时才会动用的补充手段。个人不能再以自治为由禁止国家的介入,国家对个体行为的控制由此得以扩张与加强。贝克因而认为,实际的或潜在的灾难不会对民主制有所助益,它产生了一种逐渐发展起来的充满"控制""官方认可"和"官方监督"之类语句的语言。[5]

---

[1] [德]迪特儿·格林:《宪法视野下的预防问题》,刘刚译,载刘刚编译:《风险规制:德国的理论与实践》,法律出版社2012年版,第112页。

[2] 参见劳东燕:《刑事政策与刑法体系关系之考察》,载《比较法研究》2012年第2期,第83—85页。

[3] Jescheck/Weigend, Lehrbuch des Strafrechts AT, 5. Aufl., 1996, S.203.

[4] 参见[德]克劳斯·罗克辛:《刑事政策与刑法体系》,蔡桂生译,中国人民大学出版社2011年版,第4页。

[5] 参见[德]乌尔里希·贝克:《风险社会:新的现代性之路》,张文杰、何博闻译,译林出版社2018年版,第90页。

相比于制裁性国家行为,对预防性国家行为往往更难以在事前规定明确具体的法律规范进行严格约束,这使预防性国家行为更容易逃脱传统机制对国家权力的控制。由此,"预防性国家行为陷入一种两难境地。在其防范自由所遭遇的个别危险的过程中,它也在整体上削弱了社会秩序的自由品质,同时,也在部分程度上侵蚀了民主和法治性的保障机制,而这些机制正是为了限制国家权力,保护个人自由而发展出来的"。[1] 对此,贝克有过类似的表述。风险社会包含了一种使预防危险的极权主义合法化的倾向,这就不可避免地使现代的民主体制陷入难堪的困境:"是因系统出现的危险而承认民主的失败,还是借威权主义的、秩序国家的'支持力量'抛弃基本民主原则。"[2] 正是在此种意义上,风险社会理论触及了对现代社会具有建构意义的自由和安全的基本关系问题。[3] 被设计用来预防风险的制度与理论,本身可能就蕴含着重大的内在危险,而后一种危险也同样是需要严加防范的东西。

由于个体自由的张扬与控制的加强本身就构成悖论,因而,这两种叙述结构之间的内在紧张无法消解而又不容回避。在刑法领域,这种内在紧张,表现在现代刑法体系"在坚守个人的可谴责性作为责任条件之要求的同时,又将一套兼具谴责与惩罚的体系制度化为社会控制的手段,即实现刑法体系的多重预防目的"。[4] 权利仍然构成现代法律的一个基点,但在整个法律体系从分析性态度向功能性态度转型的大背景下,挣扎在"权利"与"控制"之间的现代法律,往往容易屈从于后一种叙述结构。现代刑法日趋加剧的预防与威慑导向,愈来愈浓重的政策化色彩,便是这种屈从的见证。可以说,当代社会的刑法不仅是风险刑法,也是政策刑法。

作为一种规制性工具,现代刑法以对抗风险为己任,其保护之触角日益由法益侵害阶段前移至危险形成阶段。与此同时,在立法决策上,它也越来越受政治与政策因素的影响。决策者偏好于创设新罪名所带来的政

---

[1] [德]迪特儿·格林:《宪法视野下的预防问题》,刘刚译,载刘刚编译:《风险规制:德国的理论与实践》,法律出版社 2012 年版,第 114 页。
[2] [德]乌尔里希·贝克:《风险社会:新的现代性之路》,张文杰、何博闻译,译林出版社 2018 年版,第 91 页。
[3] 参见[德]莱纳·沃尔夫:《风险法的风险》,陈霄译,载刘刚编译:《风险规制:德国的理论与实践》,法律出版社 2012 年版,第 82 页。
[4] Sanford H. Kadish, Fifty Years of Criminal Law: An Opinionated Review, in 87 California Law Review (1999), p.953.

治上的象征性后果,以给人问题已被认真对待且业经适当处理的印象。实践中,对由不当行为而激发的公众怒气的最常见之政治反应,便是应急性或报复性的刑事立法。这样的立法,其目的通常只在于舒缓公众怒气、安抚公众和恢复刑事司法体系的可信度,[1]而与所要解决的问题无关。

　　由于偏重于预防与管理,现代刑法本身就蕴含着摧毁自由事业的巨大危险。德国刑法学者 Herzog 所谓的"危险刑法对刑法形成的危险",[2]加州伯克利大学的 Meir Dan-Cohen 教授声称的"过度威慑的危险"(the danger of overdeterrence),[3]英国牛津大学 Andrew Ashworth 教授在评述犯罪界定的未完成模式(the inchoate mode of defining offences)时所提及的过早谴责之危险与国家权力无节制之危险,[4]都属于此类危险的范畴之内。具体则言,这种危险首先表现在刑法适用的泛滥上。为了管理由风险所造成的不安全性,大量的新罪名被创设,以对付日益扩张的社会经济病症。比如,英国现在大约有 8000 个罪名,其中大多数罪名则创制于最近 150 年之内。[5] 对于此种现象,菲利(Enrico Ferri)曾尖锐地做过嘲讽:"由于对统计学、生物学、人种学、人类学资料印象模糊,并且仍然抱着社会和政治可以人为地创造的旧偏见,今天的立法者一开始就急于成为十足的立法癖,似乎每一个新发现的社会现象都需要一部专门的法律、规则或一个刑法条文。"[6]这样的危险还表现在所创制的新罪名大

---

　　[1] See David Garland, The Culture of Control: Crime and Social Order in Contemporary Society, Chicago: The University of Chicago Press, 2001, p.173.

　　[2] 这是 Herzog 在"危险领域中刑法保护前移之研究"一文中提出的概念。Vgl. Claus Roxin, Strafrecht Allgemeiner Teil: Grundlagen Aufbau der Verbrechenslehre, Band I, 3. Aufl., C. H. Beck Verlag, S.20.

　　[3] See Meir Dan-Cohen, Decision Rules and Conduct Rules: On Acoustic Separation in Criminal Law, in 97 Harvard Law Review (1984), p.638, note 29.

　　[4] Andrew Ashworth 指出,界定犯罪时不要求实际损害的做法,即犯罪界定的未完成模式(the inchoate mode of defining offences),潜含着两大公认的危险:一是过早谴责的危险,被告人将没有机会后悔或实行中止。这种危险存在于各种威胁性犯罪、持有型犯罪或者以未完成模式所界定的犯罪之中。二是国家权力的无节制。要求证明结果或证明行为有害本身依赖于公开客观的事实,未遂的法律则可能在没有客观之犯罪事实支持的情况下,为在自白、供认或先前同类不当行为之基础上提起刑事指控留出空间。See Andrew Ashworth, Defining Criminal Offences Without Harm, in Peter Smith (edited), Criminal Law: Essays In Honour of J. C. Smith, London: Butterworth, 1987, p.16.

　　[5] See Andrew Ashworth, Is the Criminal Law a Last Cause, in Law Quarterly Review 2000, 116(APR), p.226.

　　[6] [意]恩里科·菲利:《犯罪社会学》,郭建安译,中国人民公安大学出版社 1990 年版,第 100 页。

多是规制性的,经常任意突破刑事责任的基本原则,而以严格责任、危险犯、不作为责任或举证责任的倒置等作为其特征。可以说,正是对刑法不受原则指导的、杂乱的建构,最终引发了刑法是否为一种失败之事业的追问。[1]

当代的刑法似乎在懵懵懂懂地朝着这样一个方向发展:刑法本来是被限制在保护个人化法益以免受侵害这样的任务上的,人们也将这种刑法称为服从于法治国家这一导向的刑法,可是,当前刑法的发展趋势正越来越偏离这种"法治国家导向"。[2] 刑法体系向预防目的的调整,乃至安全刑法的日益崛起,其本质在于用自由换安全,即社会成员用牺牲部分权利与自由为代价,来换取安全的社会生活。为了实现将危险扼杀在萌芽状态的目的,刑事立法与教义学共同作用不断地将可罚性的标准往前推移,在个人法益尚未受到实际侵害的场合,刑法就被认为应当提前予以保护。

预防本身具有无止境扩展的本能,总是倾向于将国家介入的界点不断地推前。如学者所言,以预防为名的体制的成功,取决于一旦危险的越轨行为被诊断出来,它能够多迅速地进行干预。由于急于根除威胁,这个体制总是感到存在尽可能早地进行干预的压力,而不是等着威胁以犯罪行为的形式呈现时才介入。压力将随着每一次隔离的失败而加剧。将潜在的威胁扼杀于萌芽状态的目标,与其实现的不可能性一起,促使预防性措施的持续扩张,沿着威胁起源的因果链无限制地后退。[3] 与这种刑法性预防伴随而来的,不仅是所欲追求的安全保障,还有对旨在保障自由的传统刑法观念的根本性挑战:原本处罚已经发生了的不法的刑法越发地致力于防止将来的损害。因此,向预防的转化导致刑法远离了其传统的目标和界限,致使刑法变成了普通安保法(Sicherheitsrecht)中的一部分,并且可能使刑法与警察法之间的界限在这一范围内变得模糊不清。[4]

---

[1] See Andrew Ashworth, Is the Criminal Law a Last Cause, in Law Quarterly Review 2000, 116(APR), p.225.

[2] 参见[德]沃斯·金德豪伊泽尔:《适应与自主之间的德国刑法教义学——用教义学来控制刑事政策的边界?》,蔡桂生译,载《国家检察官学院学报》2010年第5期,第149页。

[3] See Markus Dirk Dubber, Policing Possession: the War on Crime and the End of Criminal Law, in 91 Journal of Criminal Law and Criminology (2001), pp.841-842.

[4] 参见[德]乌尔里希·齐白:《全球风险社会与信息社会中的刑法:二十一世纪刑法模式的转换》,周遵友、江溯等译,中国法制出版社2012年版,第201页。

因可罚性的前移而带来的实体刑法的膨胀趋势,或者说"刑法防卫线的重大扩张",[1]无疑对启蒙以来的自由主义构成严峻的挑战。也因此,它深深地困扰着刑法学者。对现代刑法的批判首先指向它持续扩大的适用范围,同时也指向公共法益和抽象危险犯日益提高的重要性。[2]针对刑法中日益增多的预防性入罪的现象,有德国学者曾发出这样的疑问:法益保护原则是否正在为前置的行为控制模式所取代?[3]最终,人们不得不面临这样一种终极的追问:风险社会中,自由是否会因为对安全的追求而不断萎缩?

第二节　风险刑法理论的研究进路与立场

我国晚近以来有关风险刑法理论的讨论,呈现出意见纷呈的局面。在相关研究中,既有否认社会基础的变化从而全盘拒绝风险社会理论的,[4]也有将风险刑法理论当作时代潮流而积极予以支持的,[5]还有的是持兼顾论的立场,肯定刑法体系面对风险问题应做出必要的回应,同时

---

〔1〕　我国台湾地区学者林东茂指出,按照传统自由主义的观点,行为之所以应受处罚,是因其具体侵害了某些人的法益,而不是因其可能破坏一种抽象的机制,或人们想象出来的价值。把一种机制或价值当作法益来保护,可能会让刑法变成"嫌疑刑法"。之所以产生这种疑虑,是因为保护超个人法益,在刑法构成要件的安排上,常常要借用抽象危险构成要件。被处罚的行为,都没有造成任何结果;刑法所做的否定的价值判断,是针对行为方式本身,而不是针对结果。这是对于刑法防卫线的重大扩张。参见林东茂:《危险犯与经济刑法》,台湾五南图书出版公司1996年版,第75—76页。

〔2〕　这是德国学者 Kuhlen 对现代德国刑法所做的断言,笔者以为它可以扩张适用至一般意义上的现代刑法。参见〔德〕Lothar Kuhlen:《刑事政策的原则》,陈毅坚译,载谢望原、肖中华、吴大华主编:《中国刑事政策报告》(第三辑),中国法制出版社2008年版,第712页。

〔3〕　参见〔德〕贝恩德·许迺曼:《敌人刑法?——对刑事司法现实中令人无法忍受的侵蚀趋向及其理论上的过分膨胀的批判》,杨萌译,载冯军主编:《比较刑法研究》,中国人民大学出版社2007年版,第258—259页。

〔4〕　参见张明楷:《"风险社会"若干刑法理论问题反思》,载《法商研究》2011年第5期;刘艳红:《"风险刑法"理论不能动摇刑法谦抑主义》,载《法商研究》2011年第4期。

〔5〕　参见郝艳兵:《风险社会下的刑法价值观念及其立法实践》,载《中国刑事法杂志》2009年第7期;王立志:《风险社会中刑法范式之转换——以隐私权刑法保护切入》,载《政法论坛》2010年第2期;姜涛:《风险社会之下经济刑法的基本转型》,载《现代法学》2010年第4期;高铭暄:《风险社会中刑事立法正当性理论研究》,载《法学论坛》2011年第4期。

强调基于"风险刑法"所蕴含的重大危险,应将其限定在适当的范围之内。[1] 当然,在兼顾论的阵营中,各个学者的立场也不尽一致,主要是对风险刑法理论的适用范围存在不同看法。此外,还有一部分研究涉及的是如何适用风险刑法理论中的某些具体制度或技术,以及如何进行适用上的限定与规制。这些研究基本上覆盖了刑法理论与刑法政策上的诸多问题,并且对风险刑法理论的内在危险表现出相当的警惕态度。这是值得肯定的一面。

然而,由于仅仅将风险社会理论解读为关于技术风险的理论,既有的研究大多将风险刑法理论的影响局限在刑法体系的一隅,更多的是关注显在的、局部的现象变化,而没有觉察到刑法体系本身所经历的结构性重组。在这种相对狭隘的研究视角之下,支持者忽视了风险社会的语境给刑法理论的根基所带来的冲击与消极影响,而反对者则要么暗度陈仓,要么使刑法理论的发展日益地与社会的发展相脱节。与此相应,对于风险刑法理论所蕴含的侵蚀自由、腐化形式法治国的内在危险,人们采取的往往是非此即彼的思考方式:要么无视其中的危险而对风险刑法理论的走向一味地表示支持,要么因其存在危险的一面而表示坚决的排斥。即使是兼顾论者,也是明显希望将风险刑法理论当作既有刑法体系中的例外,试图通过限缩其适用范围来遏制其侵蚀自由的危险。这样的思考方式未免过于简单与绝对,也严重偏离了问题的重心。刑法中出现的局部的变化症状当然值得关注,但真正重大的命题应当是如何看待与处理刑法体系整体上的预防走向问题。失去对这一命题的本质性的把握,必然使相关论者在刑法理论的研究中表现出自我矛盾的立场:一方面,对所谓的风险刑法理论的兴起表示强烈的反对与愤慨;另一方面,却又无所不用其极地试图摆脱法治国所要求的形式性约束,强调刑法的法益保护功能,积极推进刑法理论的实质化。

当代刑事立法与刑法理论所经历的变迁,早已溢出了古典刑法体系所构建的理论框架的边界。这种变迁是在一般的法律分析中观察到的,是从既有的立法与理论的发展中发现与过滤得出的,在实然层面作为

---

[1] 参见陈晓明:《风险社会之刑法应对》,载《法学研究》2009 年第 6 期;南连伟:《风险刑法理论的批判与反思》,载《法学研究》2012 年第 4 期;陈兴良:《"风险刑法"与刑法风险:双重视角的考察》,载《法商研究》2011 年第 4 期;夏勇:《"风险社会"中的"风险"辨析刑法学研究中"风险"误区之澄清》,载《中外法学》2012 年第 2 期;齐文远:《刑法应对社会风险之有所为与有所不为》,载《法商研究》2011 年第 4 期。

刑法体系的一部分存在着,而不是风险刑法(或安全刑法)理论的支持者自己创造或者臆想出来的。包括敌人刑法理论,也根本算不上是雅科布斯个人的产品,其专利权只能归之于当代的立法者。雅科布斯的本意是揭示现代社会中反对基本原则的敌人,同时充分暴露立法者的敌人思维;借此,他希望区分假定的理想的法律和现实化的法律。[1]

把敌人刑法的账算在雅科布斯头上,在某种意义上,就像是《皇帝的新装》中将皇帝赤裸的责任归咎于指出其没有穿衣服的孩子一样。无怪乎雅科布斯会觉得委屈,他只是分析性地指出了一种现实,这种现实并不是他造成的;他指出现实本身,也并不代表他在法政策上支持这样的现实。风险刑法理论或安全刑法也是这样,一味地指责指出刑法体系变化的学者,甚至认为后者需要对自由刑法或法治国受到侵蚀的现实负责,是不公平的,也是荒谬的。指出变化的现实本身,并不代表对其的支持或者赞成,而只是要求在正视这种变化的前提下考虑问题。仅仅是因为反对这种变化,便无视并否认其存在的现实性,无异于自欺欺人。这样的做法不仅不利于问题的解决,还会有养虎遗患的风险,结局很可能是自由刑法被迫完全让出现实的地盘,而最终仅存于人们一厢情愿的构想之中。

风险社会理论表明,刑法体系向安全刑法的转移有其现实的社会基础,预防的走向代表着刑法对社会需求所做出的一种自我调整。"预防性国家行为的扩张和全新定位,不应被看作风行一时的潮流。相反,它们是对社会变迁的政治反应,就此而言,尤其是从这些预防行为的核心内容来看,它们乃是结构性的现象,因此,支撑性的底层结构若不发生改变,预防行为也就不会消失。"[2]这意味着只要风险社会的社会基础没有变化,刑法体系的预防走向恐怕很难全盘拒绝。并且,如果预防是因技术的进步与由此而来的不确定性而引起,则技术进步不停息,在可预期的将来,预防必定是只会增加而不可能减少。对于刑法体系的预防走向,盲目反对的立场与一味追捧的态度一样,都有失明智。预防的走向本身并非洪水猛兽,由于预防型刑法本身将很多危险扼杀在萌芽状态,在风险社会的背景之下,应当承认它具有积极地保障个体自由的作用的一面。

应当在正视预防的前提之下,来思考如何解决其中的侵蚀自由的危险问题。明智的态度理应是从现有的体系中努力发展出合适的控制标

---

[1] 参见蔡桂生:《敌人刑法的思与辨》,载《中外法学》2010年第4期,第610页。
[2] 〔德〕迪特儿·格林:《宪法视野下的预防问题》,刘刚译,载刘刚编译:《风险规制:德国的理论与实践》,法律出版社2012年版,第122页。

准。一方面,要强化刑法内部的保障机制。这些保障机制不仅是指刑法只适用于存在有责地实施了不法的场合,而且还包括行为刑法的基本原则、构成要件的确定性、禁止溯及既往、无罪推定、存疑有利于被告、由中立的检察院领导诉讼、严格的法官保留以及其他诸多刑事诉讼法的保障;单纯将以风险预防为目标的法律标记为刑法,并不能成为刑罚规定的基础。[1]刑法内部的保障机制自然也包括法益保护原则,有必要恢复与重建法益概念的批判性功能。如罗克辛所言,在运用刑法来对抗风险时,必须捍卫法益关联性与法治国的其他归责原则;在无法做到这一点的时候,刑法的干预就必须停止。[2] 另一方面,要强化宪法对于刑法的合宪性控制。必须结合宪法所设定的目标与预防本身的逻辑,重新理解宪法中的基本权利,强调基本权利对刑法乃至整个国家行为的预防走向的制约作用。[3]

应当承认,风险社会的背景之下,国家行为的预防走向对整个公法体系造成重大的冲击。不管是刑法、行政法还是宪法,都遇到了自身无法应对的问题。但无论如何,只有将预防现象纳入教义学体系之内,对其进行适当的规制才存有可能。如果在教义学的框架之内根本不考虑预防,则它也就根本不可能解决预防的问题。本节对如何制约刑法体系的预防走向问题,只是提供了一个大致的框架。[4] 这不是因为它不重要,而恰恰因为它太重大,不仅跨越刑法学,也跨越整个法学,是当代哲学、政治学、社会学、法学、管理学等诸多学科共同面临与需要解决的重大时代命题。可以肯定的是,刑法中既有的保障措施对于约束预防走向的问题会起到一定的作用,但它不是刑法本身能够完全解决的。如果宪法中不发展出相应的制约机制,则预防性的国家行为基本上是一个无解的困局。

---

[1] 参见〔德〕乌尔里希·齐白:《全球风险社会与信息社会中的刑法:二十一世纪刑法模式的转换》,周遵友、江溯等译,中国法制出版社2012年版,第206页。

[2] Vgl. Roxin, Strafrecht Allgemeiner Teil, Band I, 4. Aufl., 2006, § 2 Rn. 71.

[3] 参见〔德〕迪特尔·格林:《宪法视野下的预防问题》,刘刚译,载刘刚编译:《风险规制:德国的理论与实践》,法律出版社2012年版,第122—129页。

[4] 对相关制约框架的进一步的论述,参见劳东燕:《刑事政策与功能主义的刑法体系》,载《中国法学》2020年第1期;劳东燕:《功能主义刑法解释的体系性控制》,载《清华法学》2020年第2期。

第三节　借助原则实现对预防刑法的制约

当代刑法所蕴含的巨大危险表明,这一体系的发展存在着重大的不合理之处。这是一种运作上的不合理。对存在不合理与运作不合理必须予以区分;存在与运作属于不同层面的问题,运作不合理与存在不合理并无必然联系。[1] 如前所述,既然风险是现代刑法所在的结构性环境的有机构成因素,既然刑法中的政策对应于风险而生,则只要风险存在,刑法决策者做出政策导向的功利选择便属不可避免。风险社会中的风险因素决定了预防导向的政策型刑法存在的合理性。因而,尽管推定、持有、危险犯、法人责任等现象可能看起来是对传统刑事责任基本原则的偏离,但这种偏离未必说明这些制度技术本身不妥当,而只是揭示一个事实:刑法的实际运作已经发生重大变化,理论的叙述方式却没有做出相应调整。需要警惕的并非这些制度技术本身,而应当是刑法立法或司法中对它们的滥用。

这便涉及如何为预防刑法的制约构建一种可行的、合理的制度框架的问题。如果说预防刑法是风险社会中刑法为保持自身的开放性而做出的调适之举,其出现具有相当的必然性,则如何控制预防刑法所蕴含的内在危险,便是为维护法治国的基础价值所必需。在风险社会的背景下,刑法体系发展的当务之急,是如何在确保有效的应变性的同时,不至于危及公正的价值,对个体自由构成严重的威胁。对于刑法体系而言,这样一种既要确保开放性又要顾及公正性的任务,为当代的风险社会所特有。因而,希冀单纯地回归古典来解决刑法体系在当代所面临的问题,未免过于乐观,且不可避免地有用旧瓶装新酒的嫌疑。语境变了,问题变了,解决方案自然也需要做相应的调整。自然,这并不意味着古典的刑法理论在当代不再具有任何适用的价值,而只是说照搬古典理论解决不了当代的问题。就刑法体系内部而言,古典理论中围绕个体权利保障所发展出来的各种机制,尤其是以原则形式表现出来的部分,对于制约预防刑法的内在危险具有重要启示与借鉴意义。

一、从政策到原则:功利与权利之间

一直以来,受奥斯丁(Austin)理论的影响,法律实证主义将法律理解

---

[1] 参见储槐植等主编:《理性与秩序——中国劳动教养制度研究》,法律出版社2002年版,第49—52页。

为单纯的规则的集合。其基本信条之一认为,一个社会的法律就是由该社会直接或间接地、为了决定某些行为将受到公共权力惩罚或强制的目的而使用的一套特殊规则。[1] 与法律实证主义的见解不同,在当代法律体系之内,原则不同于规则的特性逐渐得到承认,被认为也是法律的重要组成部分。德沃金(Ronald Dworkin)这样来定义"原则":"它应当得到遵守,并不是因为它将促进或者保证被认为合乎需要的经济、政治或者社会形势,而是因为它是公平、正义的要求,或者是其他道德层面的要求。"[2] 原则与正义之间的内在关联,使得原则不仅区别于规则,也区别于政策:"原则的论据意在确立个人权利;政策的论据意在确立集体目标。原则是描述权利的陈述;政策是描述目标的陈述。"[3]

在德沃金的理论框架中,原则不仅属于法律的内容,而且是确保与维持法律一致性或整体性的重要基准:只有诉诸原则,法律解释才能够确保整体性,从而不至于陷入"棋盘式"的法律分割局面;只有诉诸原则,才能把分散的和彼此冲突的规则协调起来;只有诉诸原则,才能在缺乏规则的情况下,对法律进行补充,从而对案件做出正确的判决。同时,原则是权利的抽象表述,在承认权利具有优先性的社会,必须承认原则的优先性。[4] 德沃金进一步认为,就规则、政策与原则之间的关系而言,为确保法律的整体性,首先,规则必须符合政策或原则,否则无效。其次,政策必须符合原则,否则无效。如果规则违背政策,却符合原则,该规则的有效性应得到确认;如果政策和原则对规则的限制或禁止不合理,则应请求法院重新解释政策和原则。[5] 此外,原则的内涵并非固定不变,它虽具有稳定的内涵,但始终处于发展之中,会随着时代的变化而具有新的意涵。

德沃金对规则、政策与原则之间的关系的处理富于启发性。政策与原则的关系,实际上就是功利与权利之间的关系,也就是法律体系的开放性与公正性之间的关系。由于原则关注个人的权利,以原则来制约政策因而意味着,以权利的王牌来克制功利主义的整体性考察方式的消极的

---

[1] 参见[美]罗纳德·德沃金:《认真对待权利》,信春鹰、吴玉章译,上海三联书店2008年版,第34页。

[2] [美]罗纳德·德沃金:《认真对待权利》,信春鹰、吴玉章译,上海三联书店2008年版,第42页。

[3] [美]罗纳德·德沃金:《认真对待权利》,信春鹰、吴玉章译,上海三联书店2008年版,第129页。

[4] 参见高鸿钧:《德沃金法律理论评析》,载《清华法学》2015年第2期,第103页。

[5] 参见高鸿钧:《德沃金法律理论评析》,载《清华法学》2015年第2期,第105页。

一面。功利主义具有强调社会整体的福利总量,而无视福利在不同个体之间如何分配以及个体的特殊性问题。对于各式各样的功利主义而言,"尽管它们计算政治决定对不同的个人的影响,并从这个角度关心个人的福利,但它们把这些影响淹没在整体或者普遍之中了,并且把整体和普遍的改善看作理想,完全不考虑任何个人对于理想的选择"。[1]

这种以整体图景和整体理解为前提的假设的决策模式(独立的观察者),对功利主义思想来讲至关重要:独立观察者的意象使用了亚当·斯密创造的"公正旁观者"中所使用的概念,这种意象提供了判断社会幸福总量的机制。由于这个人体验了世界上现有的一切痛苦和快乐,必定会以一种使他/她体验的幸福总量最大化的方式从事其行为。并且,由于所有事情都被集合起来了,所以,快乐与痛苦的分配无关紧要,分配模式的总量才说明问题。这个人总是偏爱导致最大快乐总量的分配模式;不管是什么模式。[2] 尤其是功利主义否认个体自由具有独立的价值。一旦发现可以促进社会整体性的集体福利,功利主义往往允许强迫个人牺牲情况的存在。依照这种看法,人是没有其内在价值的,而仅仅是一些增加或减少其单一的内在价值(即集体福利)的体验的被动接受者。[3] 功利主义的前述缺陷,必须诉诸以自然权利或道德权利为基础的权利理论来予以纠正。

无论是从关注重心还是思考路径来看,权利理论都表现出不同于功利主义的特点。如哈特所言,功利主义是一种最大化的以及集体化的原则,它要求政府将所有人民的整体福利或者幸福的净余额最大化,而自然权利是一种分散性及个人化的原则,它的根据在于每一个单个个体的基本利益的优先性。作为最后的手段,在纯粹的功利主义,也即总体的集体公共福利或幸福的最大化作为价值的最终标准,与一种关于基本人权的哲学,这种哲学为了每一个人而坚持认为,优先保护个体特定方面的福利以及将此作为对功利主义集体利益最大化原则的限制,两者之间存在不

---

[1] [美]罗纳德·德沃金:《认真对待权利》,信春鹰、吴玉章译,上海三联书店2008年版,第232页。
[2] 参见[英]韦恩·莫里森:《法理学:从古希腊到后现代》,李桂林等译,武汉大学出版社2003年版,第108—207页。
[3] 参见[英]哈特:《功利主义与自然权利》,载英国牛津大学出版社编:《法理学与哲学论文集》,支振锋译,法律出版社2005年版,第208页。

可逾越的鸿沟。[1] 哈特因而认为,密尔的自由原则与功利思想之间存在内在的冲突,并且这种冲突不可能在功利的框架之内予以解决。

应当说,自由本身能否被纳入功利的范畴之内来理解或许存在争议,但无论如何,关注集体福利总量的功利与关注个体利益的自由之间,的确存在着相当程度的内在紧张。"任何以权利为基础的理论都必然认为权利不仅仅是有目的的立法产物,或者明确的社会习俗的产物,而是判断立法和习俗的独立根据。"[2] 就此而言,以涉及个体权利的原则来约束旨在实现集体目标的政策,有助于在追求福利最大化的同时切实保障个体的自由。在刑法体系越来越趋于政策化与功利化的背景之下,强调原则的重要性可谓正当其时并且是当务之急。忽视原则势必带来极为不利的后果。正如德沃金所言,"假如我们对原则如此漠不关心,以至于每当政策符合我们的意愿时,我们便给政策涂脂抹粉,那么,我们既欺骗了原则,也消解了原则的权威"。[3]

就刑法领域而言,刑事责任的基本原则一直被认为属于"传统法治国的自由的工具"之范畴,其对于个体自由的维护可谓至关重要。胡萨克明确指出,刑事责任基本原则反映了正义的要求;违反这些原则属于对个人权利的侵犯,而这种个人权利不仅是法律上的权利,也是一种道德权利。[4] 为抑制预防刑法所固有的危险,在风险社会中,这些"传统法治国的自由的工具"又承担起制约刑法的政策导向的全新使命。霍尔教授(Jerome Hall)曾经归纳了八项基本原则,[5] 即危害性原则、法定性(即罪刑法定)原则、犯罪行为原则、犯意原则、犯意与行为同时发生原则、危害结果与行为间的因果关系原则、辩护原则与证明原则,这些原则中的每

---

[1] 参见英国牛津大学出版社编:《法理学与哲学论文集》,支振锋译,法律出版社2005年版,第197、202页。

[2] [美]罗纳德·德沃金:《认真对待权利》,信春鹰、吴玉章译,上海三联书店2008年版,第238页。

[3] [美]罗纳德·德沃金:《原则问题》,张国清译,江苏人民出版社2012年版,英文版作者序,第7页。

[4] See Douglas N. Husak, Philosophy of Criminal Law, Totowa: Rowman & Littlefield Publishers, 1987, pp.30-31.

[5] 在1947年的《刑法的一般原理》一书中,霍尔教授主张有七项原则构成刑法的根基,它们包括:危害性原则;法定性原则;犯罪行为原则;犯意原则;犯意与行为同时发生原则;危害结果与行为间的因果关系原则;惩罚法定原则。See Jerome Hall, General Principles of Criminal Law, Indianapolis: The Bobbs-Merrill Company Publishers, 1947, p.11. 霍尔教授后来对这些原则又作了修改补充,去掉了惩罚法定原则,增加了辩护原则与证明原则。

一个至今仍在英美刑法界占据主流观点的地位。大陆法国家则多将罪刑法定、罪刑相适应(或合比例原则)、责任主义、行为要求、法益侵害、无罪推定等界定为刑事责任的基本原则。两大法系关于刑事责任的基本原则尽管表述上存在不同,但究其实质内容并没有本质性的差别:除了重合之处,英美刑法中的犯意原则体现在大陆刑法的责任主义之中,前者的危害性要求也为后者的法益侵害理论所涵盖等等。刑事责任基本原则的有效性及其智慧已为长时段内的各种经验所佐证,它们构成刑法领域的一般处理方式,贸然的偏离必将损害自由,侵犯个体的道德权利。

仔细分析,前述刑事责任基本原则实际上可分为两大类:第一类是具有宪法意义的或者构成法治国基础的原则,包括罪刑法定原则、法益保护原则、责任主义原则、无罪推定原则与合比例原则等;第二类是效力仅局限于刑法内部的原则,如行为要求原则、犯意与行为同在原则、因果关系原则等。

罪刑法定原则与无罪推定原则是法治原理在刑法领域的具体体现,它普遍为各国的宪法所纳入(在美国,这两项原则的内容乃是通过宪法中的正当程序条款与禁止制定溯及既往的立法等规定来体现),也为很多国际公约所公开承认。我国虽未将罪刑法定与无罪推定明文规定在宪法之中,但从法治原则中能够推出,个人享有非经法律明文规定不被法外定罪,以及非经依法审判不被恣意定罪的基本权利。就法益保护原则而言,由于现代国家的根本目的是要保障国民的自由与福利,法益概念理应以之为基础来进行界定;[1]故而,但凡无益于对个体自由发展与基本权利实现的保障的,相应的行为便不应纳入刑事制裁的范围。这意味着法益保护原则虽难以被认为是宪法性原则,却可以从构成宪政基础的国家目的之中引申得出。

至于责任主义原则,在大陆法体系内,它通常是被纳入宪法的范畴来理解的。比如,在德国,责任主义原则不仅被宪法化,而且是以非常引人注目的形式被宪法化:它被认为扎根于德国宪法首要的、至高的规范,即

---

[1] 这也是为什么Roxin教授这样定义法益的概念:法益是指所有对于个人的自由发展、其基本权利的实现和建立在这种目标观念基础上的国家制度的功能运转所必要的现实存在或者目的设定。参见〔德〕克劳斯·罗克信:《刑法的任务不是法益保护吗?》,樊文译,载陈兴良主编:《刑事法评论》(第19卷),北京大学出版社2007年版,第152页。在法益的概念上,即使采取二元论,也不能否认对集体法益的保护最终也服务于国民的自由与福利这一点,而国民乃是由每一个个体集合而成。

《德国基本法》第 1 条第 1 款所规定的人性尊严不容侵犯的规定之中;同时,它也被认为与宪法上法治国的基本原则相关联。[1] 英美法系的加拿大,自从 1982 年通过《权利与自由宪章》之后,其最高法院开始积极探索实体刑法的宪法基础。在 1985 年的判例中,加拿大最高法院明确提出,犯意要求之于可施加监禁的犯罪而言,具有宪法性的地位;绝对责任(或称严格责任)不能与监禁刑相结合,对可施加监禁刑的犯罪适用绝对责任,违反《加拿大权利与自由宪章》第 7 条的规定,即任何人享有生命、自由与个人安全的权利,该项权利除根据基本正义原则之外不允许被剥夺。[2] 就我国而言,由于宪法学理上认同人性尊严是作为基本权利与相应制度的核心基础,因而,责任主义原则的宪法意蕴应不容否认。

此外,比例原则是通过平衡目的与手段来体现法的正义。一般认为,广义的比例原则包括三项子原则,即适合性原则、必要性原则与狭义上的比例原则。适合性原则要求公权力所选择的手段与所要达到的目的有关,且前者有助于该目的的推进或达成;必要性原则要求对于目的的达成来说,无法通过采取其他给个人造成更少侵害或负担的、更为轻缓的手段同样好地实现;狭义的比例原则主要衡量手段所欲达成的目标和手段对公民权利限制之间是否保持一种适度关系,考察此手段实现的目标价值是否过分高于因实现此目标所使用的手段对公民的人身财产等基本权利的损害。[3] 在如何制约立法机构的入罪化权力方面,德国宪法法院主要适用比例原则的标准。[4] 比例原则表明了对基本权利主体的立场:个人自由不能被强烈侵犯,除非所追求的目的是必要的,并且侵犯影响与所追求的目的是均衡的。比例原则阐明了包含于最终的法治国分配原则(Verteilungsprinzip)中的举证规则:人类自由具有初显性,国家对人类自

---

[1] See Markus D. Dubber & Tatjana Hörnle, Criminal Law: A Comparative Approach, New York: Oxford University Press, 2014, p.24.

[2] See Markus D. Dubber & Tatjana Hörnle, Criminal Law: A Comparative Approach, New York: Oxford University Press, 2014, pp.102-106.

[3] 有关比例原则的基本内容,参见白斌:《刑法的困境与宪法的解答——规范宪法学视野中的许霆案》,载《法学研究》2009 年第 4 期,第 118 页;蒋红珍:《比例原则阶层秩序理论之重构——以"牛肉制品进销禁令"为验证适例》,载《上海交通大学学报(哲学社会科学版)》2010 年第 4 期,第 14—15 页;范剑虹:《欧盟与德国的比例原则——内涵、渊源、适用与在中国的借鉴》,载《浙江大学学报(人文社会科学版)》2000 年第 5 期,第 98—99 页。

[4] See Markus D. Dubber & Tatjana Hörnle, Criminal Law: A Comparative Approach, New York: Oxford University Press, 2014, p.139.

由的限制必须证明"在自由民主社会是必要的"。[1] 比例原则不仅在德国的法律体系内享有不容置疑的地位,它也已经对欧洲人权法院与欧洲法院的判决产生影响,并以不同的方式为包括英国、法国、葡萄牙、意大利、奥地利、希腊等在内的欧盟成员国所接纳。[2] 在当前,将比例原则引入我国法律体系之内,基本上成为国内学界的共识。同时,借助比例原则来审视与反思刑法中的相关问题的研究,也已较为多见。[3]

不难发现,包括罪刑法定等原则在内的第一类原则,基于其之于法治与宪政的基础性地位,故无论如何都不应被突破,它具有如其他涉及基本权利的宪法条款相同的地位。以此类原则与其他宪法上的基本权利条款来制约刑法体系中的政策化与功利化的走向,体现的正是宪法对刑法立法与司法的合宪性控制。比如,在 1962 年的 Robinson 诉 California 案[4]中,美国联邦最高法院的多数意见认定,麻醉剂成瘾属于一种病,加州关于使用麻醉剂成瘾构成犯罪的规定,违反了宪法第八修正案有关残酷的、不同寻常的刑罚的规定与第十四修正案有关正当程序的规定。在判决理由的论证中,人们不难发现刑事责任基本原则的实质性支配力:既然麻醉剂成瘾属于一种病,它是被告人所无法控制的一种"状态",当然就不应对其进行谴责;一旦将这样的状态纳入犯罪,便属于施加残酷的、不同寻常的惩罚。这显然是遵循罪刑法定与责任主义原则的结果。

效力仅局限于刑法内部的第二类原则,虽也涉及个体的权利,但由于并未牵涉宪法上的基本权利或法治国的基础价值,故可考虑做区别性的处理。这一类原则所涉及的权利,比较接近于德沃金所谓的"相对权利"。"相对权利是指受到特定条件限制的权利,通常有两种情况:一是当一项权利与另一项权利相冲突时,不得不通过权衡而进行协调;二是在十分特殊的情况下,如在紧急状态下,权利不得不对集体目标做出让步。但

---

[1] [德]安德烈亚斯·冯·阿尔诺:《欧洲基本权利保护的理论与方法——以比例原则为例》,刘权译,载《比较法研究》2014 年第 1 期,第 184 页。

[2] 参见[德]安德烈亚斯·冯·阿尔诺:《欧洲基本权利保护的理论与方法——以比例原则为例》,刘权译,载《比较法研究》2014 年第 1 期,第 182—199 页。

[3] 参见白斌:《刑法的困境与宪法的解答——规范宪法学视野中的许霆案》,载《法学研究》2009 年第 4 期,第 108—121 页;姜涛:《追寻理性的罪刑模式:把比例原则植入刑法理论》,载《法律科学(西北政法大学学报)》2013 年第 1 期,第 100—109 页;尹培培:《"诽谤信息转发 500 次入刑"的合宪性评析》,载《华东政法大学学报》2014 年第 4 期,第 154—160 页。

[4] See Robinson v. California, 370 U.S. 660 (1962).

是,权利'只服从紧急状态的目标,而不能被政治管理的任何目标所击败'。"[1]据此,在紧急状态下,或者原则与原则之间发生冲突的场合,应允许设立原则的例外。当然,这并不意味着否定这类原则的约束力,下文将就如何处理此类原则与相应例外的问题做进一步的阐述。

二、"原则—例外"处理方案之构建

效力仅局限于刑法内部的原则,包括行为要求原则、犯意与行为同在原则等,对于保障个体权利,制约刑法体系过度的政策化与功利化也具有重要的功能。不过,它们本身是普遍化与抽象化的产物,在变动不居的社会中,将之贯彻到底有时会产生不可欲的后果,人们又该如何处理此类原则与特殊情形(可称为"例外")之间关系呢?

关于原则与例外关系的处理,一般有两种应对模式:一是扩张包含在原则中的概念的意义范围,从而容纳这些例外情况。很显然,现行刑法体系经常采用这种技术,比如,拓展行为范畴从而将持有、不作为纳入其中,将法益侵害解释为包含对法益的实际侵害与对法益的侵害危险两种情况等。二是构建"原则—例外"的关系模型。在这种模型中,原则的内涵基本保持稳定,例外被置于原则之外解决。胡萨克指出,原则与例外之间的关系有三种解释方式:[2](1)刑事责任的基本原则乃是基于正义的绝对且不容侵犯之要求,因而违反原则或者原则的例外将一律受到谴责A;(2)基本原则被构建为表见性要求(prima facie requirements),只要不太经常,违反原则或者例外情况的发生被认为没有威胁原则的资格,不会产生道德性的疑虑,也无须为偏离提供特别的正当性根据B;(3)基本原则可以为更为紧迫的道德性考虑所突破,但在任何情形下都有理由不侵犯原则所保障的表面性权利,偏离原则需要具备特别的正当性理由C。

上述第一种应对模式通过扩张意义而消解例外,将使原则的内涵与边界趋于不稳定,易于为人任意解释而从根本上丧失约束力,这对原则所保障的权利将是致命的。第二种应对模式在原则之外处理例外,能够让原则保持约束力,又兼顾一定的灵活性,因而比第一种模式显得合理。在第二种应对模式的三种解释方式中,A将原则过于绝对化,不但无法阻止

---

[1] 高鸿钧:《德沃金法律理论评析》,载《清华法学》2015年第2期,第108页。
[2] See Douglas N. Husak, Philosophy of Criminal Law, Totowa: Rowman & Littlefield Publishers, 1987, pp.35-39.

不可欲的结果,还会使原则丧失生命力。原则之所以对行为的指导有价值,不是由于例外总是遭到否弃,而"恰恰是因为例外随时间流逝而受到认可,且其表述也根据延续的经验而得以精致化"。[1] B 与 C 均将例外的存在视为正常,并认为例外并不影响原则的资格与价值,二者的区别在于,原则的约束力范围如何,以及偏离原则是否需要提供正当化根据。由于 B 认为原则的约束力只及于多数场合,且无须为偏离提供正当性根据,这就为规避原则提供了可能的空间,从而使例外或违反原则的情形无法得到有效的规制,导致权利被肆意地践踏。C 中的原则,其约束力覆盖所有情形,具有作为批判工具的功能,例外与违反原则的情形因此受到原则与正当化根据的制约。相对来说,C 是处理原则与例外之间关系的最为可取的构建方式。

依据这种构建方式,预防刑法首先须受刑事责任基本原则的规制,任意地突破和偏离原则所设定界限的做法将不被容许。正如罗克辛所言,在借助刑法与风险作斗争时,必须捍卫法益关系与其他法治国的归责原则;在不可能这样做的地方,刑法的介入就必须停止,"刑法的空间只存在于风险决定能够公平地归咎于个人的场合"。[2] 这意味着,刑事责任的基本原则对基于政策的任何立法与司法决策都具有直接的约束力。与此同时,在"原则—例外"应对模型中的 C 类解释方式之下,背离刑事责任基本原则而将某种状态(包括持有)、思想与意图、不作为、危险犯等予以犯罪化的做法,则需要提供特别的理由。立法机构、法院或者控方必须承担说明正当根据的责任:为什么某些特定的犯罪不应以一般方式来进行处理。在基于政策的立法与司法决策中,仅仅宣称存在一定的公共利益,并没有达到要对个体自由施加此种枷锁的程度,不足以突破刑事责任的基本原则。

要建构"例外",超越为第二类刑事责任基本原则所保障的个体权利,所提供的理由应符合以下标准:(1)存在压倒性的、紧迫的公共利益;(2)没有合理的其他替代手段,并且建构"例外"与惩罚的目的并非不一致;(3)非如此不足以保护公共利益,或者成本太大为刑事司法系统所不能承受;(4)建构"例外"不会压制社会可欲的行为;(5)存在提出积极

---

[1] Randy E. Barnett, Bad Trip: Drug Prohibition and the Weakness of Public Policy, in 103 The Yale Law Journal (1994), p.2620.
[2] Claus Roxin, Strafrecht Allgemeiner Teil: Grundlagen Aufbau der Verbrechenslehre, Band I, 3. Aufl., C. H. Beck Verlag, S.20.

性抗辩的机会,证明程度只要达到优势证据或合理的怀疑程度即可;(6)有明确的适用范围限制;(7)可以无偏私地、非歧视地得到处理,且具有操作上的可行性。在此基础上,必须进一步考察,这样的例外是否背离第一类刑事责任原则,是否违背涉及宪法基本权利的其他条款,以确保例外的设立满足合宪性的条件。

试举一例予以说明:2000年英国《恐怖法》(the Terrorism Act 2000)第11.1条规定,成为如I.R.A之类遭禁止组织的成员即构成犯罪,该规定不仅旨在禁止加入I.R.A的"行为",同样适用于对在法令实施之前加入的那些人。很显然,该条惩罚的是成为恐怖组织成员的状态,因此,它有违刑事责任基本原则中的行为要求。那么,它是否有特别的理由构成一种例外呢?综合对照上述7个标准,基于"9·11"事件以来恐怖活动的发展态势已经对平民的生命与健康构成严重威胁,存在压倒性的紧迫的公共利益当属毫无疑问,兼之该法又提供了积极性的抗辩事由,[1]此处惩罚的实际上是可控制的(也即是有行为加以证明的)一种状态。同时,这一规定并没有违背第一类刑事责任基本原则与其他涉及宪法基本权利的条款。因而,在本书看来,这样的例外是合理的刑法体系所能够接受的。

就第二类刑事责任的基本原则而言,确立例外的必要性意味着承认,在对相关立法或司法决策的正当性进行论证时,除传统的原则型论证进路外还存在政策型论证进路;而对例外的严格规制,又表明这两种进路并非独立而平行的关系。政策的论证与功利逻辑相呼应,它是目的导向的,通常只考虑共同体的利益;原则的论证则以公正为基础,强调本身的妥当性,往往以守护个体权利为宗旨。这两种进路所代表的价值之间,是正与正的较量而非真与伪的对抗。这意味着两点:一是对立价值之间必须妥协,不能为提升一方价值而牺牲另一方价值;二是对立价值之间具有限制功能,即一方价值对于另一方价值的消极面有限制作用。[2] 很显然,不计任何社会成本而守护个体权利或者完全无视个体正义而维护共同体利益的立场都显得过于极端。因而,问题不在于是否应该在两个极端之间求取中间立场,而在于如何求取其间的平衡。

归结而言,就第二类刑事责任的基本原则而言,由于并不属于法治国

───────

〔1〕 该法第11.2条规定,如果某人在其组织被禁止之前已成为成员,并且在该组织被禁止之时没有参与任何它的活动,则可成立辩护事由。

〔2〕 See Dean Spader, Megatrends in Criminal Justice Theory, in 13 American Journal of Criminal Law (1986).

的基础性设定的范畴,它们只构成法律运作中的决策基点。如果需要、可行并且结果好,此类原则是可以突破的,也可以存在例外。当然,设立相应的例外不允许突破第一类刑事责任的基本原则与其他的宪法性规定。对这一类原则与相应的例外之间的关系作这样的处理,相信是风险社会中刑法发展的必然的、合理的选择。

第四节 本章小结

(1)古典刑法理论借助事后的制裁来实现预防效果,在犯罪论的构建中根本不考虑预防因素。预防刑法的出现则意味着,在危险初露端倪时国家就要通过预防措施加以遏制或去除,事后的制裁成为预防无效时才会动用的补充手段。预防性的国家行为更易逃脱传统机制对国家权力的控制,它在防范自由所遭遇的个别危险的过程中,也在整体上削弱了社会秩序的自由品质。因刑事可罚性的前移而带来的刑法膨胀的趋势,或者说"刑法防卫线的重大扩张",对启蒙以来的自由主义构成严峻挑战。

(2)有关风险刑法理论的争论,由于现有的研究大多采取的是狭隘的研究视角,支持者忽视了风险社会的语境给刑法理论的根基所带来的冲击与消极影响,反对者则要么暗度陈仓,要么使刑法理论的发展日益地与社会的发展相脱节。这两种立场都不可取。风险刑法理论的真正命题在于,应当如何看待与处理刑法体系的预防走向。明智的态度理应是,在正视预防走向的前提下,从现有体系中发展出合适的控制标准。一方面,要强化刑法内部的保障机制;另一方面,要强化宪法对于刑法的合宪性控制。

(3)立足于刑法体系内部,古典理论中围绕权利保障所发展的各种原则,对于制约预防刑法的内在危险具有重要作用。有必要借鉴德沃金有关规则、政策与原则的关系界定,借助原则来制约政策,即要求政策必须符合原则。政策与原则的关系,其实就是功利与权利之间的关系。根据所涉权利的重要程度,可以将刑事责任基本原则分为两类:第一类是具有宪法意义或构成法治国基础的原则,包括罪刑法定原则、法益保护原则、责任主义原则、无罪推定原则与合比例原则等,该类原则无论如何不允许被突破。第二类是效力仅限于刑法内部的原则,如行为要求原则、犯意与行为同在原则等,该类原则容许设立例外,但设立者应承担说明必要性与正当根据的责任。

第五章　风险刑法理论的检视与省思

观察我国晚近十余年刑法理论的发展,可以发现两道学术干流:一是在推进对刑法知识去苏俄化的同时,初步构建起一套具有古典主义色彩的阶层性犯罪论体系。这一发展走向被称为刑法知识论的转型,[1]主要以传统四要件论向阶层论的转变为标志,它代表主流学术领域中法教义学范式的形成。二是以风险社会或社会转型为背景,试图发展出一套旨在回应社会需要尤其是风险控制的刑法理论,此类理论一般笼统地被归入风险刑法理论的范畴。

与在刑法知识论转型上达成基本共识不同,有关风险刑法理论的命题,无论是在范畴的使用上还是基本立场的偏好上,都存在着重大的分歧。尽管分歧颇大,风险刑法理论的强势崛起仍是不争的事实。随着网络时代的来临,这一学术干流的内容不断扩充,甚至还有渐成洪流之势。当前与网络犯罪、人工智能或是与大数据相关的研究,基本上可归入风险刑法理论涵盖的范围。在经历十余年的发展之后,我国的风险刑法理论究竟应当何去何从,正日益变得具有紧迫性。它不仅关涉风险刑法理论本身的命运,也涉及我国刑法理论的基本方向问题。就此而言,对风险刑法理论做必要的审视与反思正当其时。

本章首先论述风险刑法理论对于刑法体系之构建的意义所在,其意义在于提出刑法体系必须实现与社会外部环境的同构性发展的命题。在此基础上,继而检讨既有的风险刑法理论在研究范式上存在的缺陷,这种缺陷主要表现为,对社会外部环境与刑法体系的关系做过于简单的解读,导致社会理论与刑法理论之间难以实现有效的沟通,从而无法促进刑法体系本身的反思性调整。最后,就如何实现社会理论与刑法理论的沟

---

〔1〕 参见陈兴良:《刑法的知识转型(方法论)》(第2版),中国人民大学出版社2017年版;周光权:《价值判断与中国刑法学知识转型》,载《中国社会科学》2013年第4期。

通表达基本看法,并尝试在卢曼系统论的框架中,重新理解与定位社会环境与刑法体系的关系。

第一节　风险刑法理论对刑法体系的意义

国内较早对风险社会与刑法理论的关系命题进行探讨的论作,应当是笔者于 2007 年发表的《公共政策与风险社会的刑法》[1]一文与方泉教授于 2008 年出版的《犯罪论体系的演变》[2]一书。鉴于方泉教授的著作是在其 2004 年提交的博士论文的基础上修改而成,她对这一关系命题的关注,应该比笔者还要早两到三年。

在当时的这篇论文中,笔者以贝克的风险社会理论为基础,提出风险社会中的刑法的性质与角色发生重大变化,不再作为惩罚法,而成为管理不安全性的风险控制工具,政策性因素因而成为影响刑法体系构造的参数,对刑法规范的塑造与刑法解释产生重大的影响,由此而生成政策型刑法,这种偏重于预防的刑法蕴含着摧毁自由的巨大危险。方泉教授在她的著作中,则主要由科学技术社会到风险技术社会的社会转型入手,来探讨德国犯罪论体系及相应的成立要件理论(包括行为论、因果关系论、违法性论与责任能力论)所经历的演变,认为认识论上的技术理性的统辖导致犯罪论体系的功能化,而这种功能化存在导致人被进一步工具化的危险。方泉教授在其著作中,并未援引贝克的理论,不过,书中对于技术风险的强调与贝克的理论可谓有相合之处。贝克在其成名作《风险社会》中,的确更为偏重与关注技术风险所带来的问题;[3]虽然从一开始,在他的理论中,风险就是一个兼具实在性与建构性的概念,并不限于技术风险。[4]更为重要的是,尽管方泉教授与笔者对于风险概念的理解并不一致,[5]但均意在透过风险的视角,来解读与把握当代社会的基本特质。

---

[1]　参见劳东燕:《公共政策与风险社会的刑法》,载《中国社会科学》2007 年第 3 期。
[2]　参见方泉:《犯罪论体系的演变——自"科学技术世纪"至"风险技术社会"的一种叙述和解读》,中国人民公安大学出版社 2008 年版。
[3]　参见[德]乌尔里希·贝克:《风险社会:新的现代性之路》,张文杰、何博闻译,译林出版社 2018 年版。
[4]　关于风险社会理论中的风险概念的分析,参见劳东燕:《风险社会与变动中的刑法理论》,载《中外法学》2014 年第 1 期,第 76—79 页。
[5]　笔者在当时曾提出,除技术风险外,政治社会风险与经济风险等制度风险也是风险结构的组成部分。参见劳东燕:《公共政策与风险社会的刑法》,载《中国社会科学》2007 年第 3 期,第 128 页。

就此而言,可以说,从一开始,国内有关风险刑法理论的研究,就是以风险社会作为背景,注重基础理论与基本范式转型的研究。此后有关风险社会与刑法理论之关系命题的进一步探讨,大多也遵循的是相同的进路与逻辑。[1]

也有学者虽然认为风险社会的风险刑法概念或风险刑法理论并不具有刑法理论体系的建构基础,但仍然肯定刑法的民生导向、安全导向已然成为全球风险社会的刑法必须直面的现实。[2] 另有研究尽管不认同风险社会理论,也不赞成由风险社会理论证成风险刑法的逻辑,但从其所探讨的内容,以及将社会转型所带来的社会风险增加视为刑法变革的社会力量来看,[3]很难说与既有的风险刑法理论之间,存在什么实质性的区别。此类研究,本质上也可归入以风险社会为背景的注重基础理论与基本范式转型的研究。

值得注意的是,在支持风险刑法理论的阵营中,逐渐出现了将该理论局限于刑法特定领域的研究,相关论者尤为关注抽象危险犯所引发的问题。[4] 就此而言,目前有关风险刑法理论的研究,其实可分为两种进路:一是以风险社会为背景的刑法基础理论研究,关注的是整个刑法体系经历的演变;二是将之定位为刑法体系的局部领域的变迁,作为体系的特殊或例外部分来进行处理。这两类研究的相异之处显而易见:前者着眼于整个体系的结构问题,认为其间涉及刑法教义学理论范式的转型,所以,相应的研究试图辨明并找出体系的发展方向;后者则聚焦于刑法体系之内局部领域的具体问题,要么对刑法体系本身是否需要做出重构不置一词,要么认为刑法体系仍可维持原样仅在局部做出相应调整即可。

---

[1] 类似的研究,参见陈晓明:《风险社会之刑法应对》,载《法学研究》2009 年第 6 期;郝艳兵:《风险社会下的刑法价值观念及其立法实践》,载《中国刑事法杂志》2009 年第 7 期;程岩:《风险规制的刑法理性重构——以风险社会理论为基础》,载《中外法学》2011 年第 1 期;劳东燕:《风险社会与变动中的刑法理论》,载《中外法学》2014 年第 1 期;刘仁文、焦旭鹏:《风险刑法的社会基础》,载《政法论坛》2014 年第 3 期;焦旭鹏:《自反性现代化的刑法意义——风险刑法研究的宏观知识路径探索》,载《政治与法律》2014 年第 4 期。

[2] 参见梁根林:《刑法修正:维度、策略、评价与反思》,载《法学研究》2017 年第1 期。

[3] 参见姜涛:《社会风险的刑法调控及其模式改造》,载《中国社会科学》2019 年第 7 期。

[4] 类似的研究,参见苏彩霞:《"风险社会"下抽象危险犯的扩张与限缩》,载《法商研究》2011 年第 4 期;吕英杰:《风险社会中的产品刑事责任》,载《法律科学》2011 年第 6 期;吕英杰:《风险刑法下的法益保护》,载《吉林大学社会科学学报》2013 年第 4 期;姜涛:《风险刑法的理论逻辑——兼及转型中国的路径选择》,载《当代法学》2014 年第 1 期。

风险刑法理论的两种进路之间,在细节内容或具体主张上存在诸多的分歧,共同之处则在于,认识到刑法体系并非自在自为的体系,而是受到外部社会环境的巨大压力,需要处理体系与环境之间的关系问题。因而,二者对刑法理论的发展与社会变迁之间的关系表现出自觉的关注。这样的关注使相关的研究者有意识地引入社会理论的知识,并力图将社会结构变迁的维度整合于刑法理论的研究之中。可以说,这也正是风险刑法理论的相关研究之于刑法体系的积极意义所在。

总的说来,刑法知识的转型命题,更多关注的是刑法体系的自主性的面向。这种自主性的面向,有时也称为法教义学的科学面向,或是法学的科学性问题。[1] 以四要件论为基础的传统刑法理论,不仅具有浓重的政治性与意识形态的色彩,而且基本上是零散性的知识的堆集,学术含量较低。这也导致刑法理论不仅难以体系化,也缺乏必要的自主性,无法防止政治或是社会因素的随意干预。因而,知识转型命题之于刑法体系的重要价值,在于努力构筑与确保刑法体系的自主性。这样一种自主的教义学体系,为法律系统在全社会系统中承担相应的功能所必需。法律系统基本功能的实现,必须以遵循同案同判的原则为前提。相比于司法中的个案裁判,以法教义学为基础的法学研究,更多地受到同案同判原理的辐射与约束,需要遵循可普遍化的要求;由是之故,就法学研究而言,任何新知识或者新概念的创造,都必须能够融合进既有的法学知识体系之中,从而使类似的案件能够得到一致的解决。[2]

刑法体系的自主性主要涉及法律系统的内部运作。然而,对于法律系统而言,必定同时面临如何处理外部环境与系统之间的关系问题。这本质上指向的是法律系统的演化问题。法律系统若是无法对外部环境保持认知上的开放,对外部环境所产生的压力传递回体系内部,对体系做出相应的自我调整与演进,必然会导致其功能失调的问题,从而影响全社会系统的正常运行。由此可见,风险刑法理论之于刑法体系的意义,主要在于它凸显了刑法体系的应变性的面向,即刑法体系必须对外部环境给出的压力做出必要的应对,实现自身的与时俱进,确保自身与全社会系统的协调性发展。可以说,正是基于此,风险刑法理论对于刑法本身的变动极

---

〔1〕 参见陈辉:《德国法教义学的结构与演变》,载《环球法律评论》2017年第1期,第150—154页。

〔2〕 参见泮伟江:《法教义学与法学研究的本土化》,载《江汉论坛》2019年第1期,第139—140页。

为敏感，其在学术上的努力，主要在于揭示整个体系或是体系中的相关部分所经历的变动。风险刑法理论对这种变动基本上持肯定的态度，并不回避外部社会环境经历变迁给刑法体系所带来的冲击，强调在变动的语境中来思考刑法体系与相关理论的发展问题。

在更为普遍的意义上，风险刑法理论其实涉及法学理论中两个极为重要的命题：一是法律与社会之间的关系；二是法学如何适应生活。就前者而言，对于社会的关注，使风险刑法理论与社会法学之间存在内在的逻辑关联。这可以解释为什么风险刑法理论经常采取外在观察者的视角，习惯于从社会的角度来考察、描述与分析刑法体系所经历的演变。就后者而言，风险刑法理论归根到底关心的是刑法教义学应当如何应时应势而变的问题。这不可避免地导致其同时具有法教义学的特质。正是由于嵌合在法学如何适应生活这一命题中，发展方向问题才会成为风险刑法理论首要关注的内容。对风险刑法理论而言，必须在变动的生活语境之下来考虑刑法理论的变迁，成为毋庸置疑的论证前提。正是基于此，"要解决科学与生活的鸿沟，就要使概念适应于生活"，[1]成为风险刑法理论支持者的共同立场。

与自主性的面向一样，应变性的面向对于刑法体系而言也不可或缺。在外部社会环境所经历的变迁剧烈的时期，就更是如此。不然，刑法教义学就会面临老化的问题。风险刑法理论的生命力，正在于其对生活实践与法学的科学性之间的疏离表现出应有的关注，力图根据社会环境的变化来重新把握法教义学预设为真理的基础。正是由于切中法教义学发展中至关重要应变性的面向，风险刑法理论本身虽然还存在这样那样的问题，也尚未实现基本的体系化，但这并不妨碍其日益为人关注，并成为晚近十几年刑法学中特别令人瞩目的研究主题。

第二节　风险刑法理论的研究范式之反思

在我国，刑法知识转型的出现与风险刑法理论的崛起差不多同期发生。如前所述，前者偏重刑法体系在自主性面向上的建设，而后者则更为关注刑法体系的应变性的一面。由于维护的是刑法体系的不同面向，且彼此的诉求相异，故二者无论在思想基础、价值关注还是方法论上均有所

---

[1]　陈辉：《德国法教义学的结构与演变》，载《环球法律评论》2017年第1期，第158页。

不同。在此,有必要先对二者之间的不同之处进行梳理与归纳。

首先,刑法知识转型的思想基础是古典政治自由主义,风险刑法理论的思想基础则是以风险社会理论为代表的社会理论。

我国有关刑法知识转型的研究,大体上是以19世纪古典政治自由主义作为其思想基础。政治自由主义代表的是一种思想试验,它在规范层面,为如何处理个人与国家之间的关系问题,勾勒了基本的框架。因而,古典政治自由主义不仅作为现代公法体系的思想地基而存在,也是古典法律范式的背景墙。正如论者所言,任何融贯的法律体系的背后,都有一套成熟的政治理论与道德信念作为自己的支撑,后者往往以一种"高级法"的姿态扮演着法律体系背景墙的作用。[1] 政治自由主义便起着类似"高级法"的作用。在其所设计的框架中,只有国家与个人之间的二元关系,社会则被抽象化地予以处理。相应地,对于古典法律范式而言,"社会"只是公民个体展开竞争的自由进出的场所,仅具有抽象的时空含义,即指由一系列法律主体与法律行为所构成的时间之流与空洞的法律空间。[2] 就刑法领域而言,无论是对法益原则的批判性功能的坚持,还是对刑法谦抑性原则的守护,都无不体现的是政治自由主义的基本立场。也因此,诸如法益概念的精神化与抽象化的现象,以及任何背离刑法作为最后制裁手段的做法,基本上都会引发相关论者的批评。在四要件论与阶层论之间的论战中,古典体系与新古典体系能够脱颖而出成为更受青睐的选择项,[3] 无疑也与此有关。

与之相对,风险社会理论则是以20世纪中后期所产生的社会理论作为思想基础,尤其是其中关于风险社会的理论。无论是按照贝克还是其他社会学家的理解,风险社会理论的关注核心始终是现代性,是一种着眼于工业化后果的、关于现代性的宏大叙事。风险社会理论本质上是关于社会转型的理论,而不是关于风险的理论,它是从风险的角度来观察与描述新的社会发展阶段的特质。作为一种社会理论,风险社会理论更多的是关注社会的实然,力图揭示20世纪中后期以来社会所经历的结构性变

---

〔1〕 参见雷磊:《融贯性与法律体系的建构——兼论当代中国法律体系的融贯化》,载《法学家》2012年第2期,第4—7页。

〔2〕 参见高鸿钧、赵晓力主编:《新编西方法律思想史(现代、当代部分)》,清华大学出版社2015年版,第37页。

〔3〕 参见劳东燕:《结果无价值论与行为无价值论之争的中国展开》,载《清华法学》2015年第3期,第60页。

迁。社会理论一般是以理解与把握社会现实作为自身的首要诉求,关心的是社会秩序如何可能的命题。

风险社会中由于风险的泛化而引发的安全问题,无疑会对既有的社会秩序形成相当的冲击,这使相应的社会理论必然会关注安全问题。由于安全问题本身与刑法存在千丝万缕的联系,故而,安全成为风险社会理论与刑法体系之间的连接点。前者对后者施加影响的基本路径为:随着风险为人们所日益感知,不安全感在全社会蔓延→安全问题成为政策关注的核心→影响刑法体系基本目的的设定,对刑法的功能主义的定位变得流行,由此促成预防导向的刑法→因基本目的的调整,从而影响刑法体系的各个主要组成部分;由目的传递的需求经由这些主要部分的变动,进一步将影响力传递到体系的各个角落,从而使刑法体系呈现结构化变动的态势。[1] 可以说,风险刑法与安全刑法或是预防刑法之间,基本上只是概念用法上的差别,其指向的内容实质并无不同。

其次,刑法的知识转型将法的确定性当作至高无上的价值,风险刑法理论的价值关注则主要放在法的适当性上。

有关刑法知识转型的研究,其内部显然并非铁板一块,无论是结果无价值论与行为无价值论之争还是形式解释论与实质解释论之争,都表明在这一领域,自始便存在价值追求上的分歧。不过,由于主要是从政治自由主义那里汲取思想的营养,相关研究大多还是会宣称应当将追求法的确定性与客观性放在首要位置;尽管不可否认其中的实质论阵营,正与所宣称的古典主义立场渐行渐远。也因此,我国刑法中的实质论者,在不法论上却往往持的是古典意义上的结果无价值论,也就变得可以理解了。总的来说,虽然有关刑法知识转型的研究中混杂了不同立场、不同时代的刑法理论,内在的紧张与冲突之处颇多,但从其基本底色来看,仍是想要以韦伯意义上的形式理性作为基础,来完成对刑法体系的构建任务。从类型归属来看,刑法知识转型的相关理论属于自治型法的范畴。自治型法的主要属性包括:强调法律与政治的分离;强调法律秩序应当采纳"规则模型",以限制法律机构的创造性;主张法律秩序的首要目的和主我效能是规则性和公平,而非实质正义;"忠于法律"被理解为严格服从实在法的规则。[2]

---

〔1〕 参见劳东燕:《风险社会与变动中的刑法理论》,载《中外法学》2014 年第 1 期,第 82 页。
〔2〕 参见〔美〕诺内特、〔美〕塞尔兹尼克:《转变中的法律与社会:迈向回应型法》,张志铭译,中国政法大学出版社 1994 年版,第 60 页。

风险刑法理论尽管没有宣称放弃对法的确定性与客观性的追求,但的确是更为强调法的适应性,认为无论是法律还是法学,都应当应时应势而做出必要调整,应当对社会的现实需要做出积极的回应。也基于此,风险刑法理论的支持者往往同时也是回应型法的信奉者。回应型法认为,法律机构应当放弃自治型法通过与外在隔绝而获得的安全性,而成为社会调整和社会变化的更为能动的工具;在这种重建的过程中,能动主义、开放性和认知能力将作为基本特色而相互结合。回应型法表达的是对一种能够有效应变的法律秩序的向往。因而,它强调对于规则和政策的内在实质价值的探求,由此而确立目的在法律秩序中的中心地位;同时,伴随目的型法而存在的,是法律分析和政策分析的聚合,以及法律判断和道德判断、法律参与和政治参与的重新统一。此外,由于强调能动,回应型法不可避免地扩大自由裁量权在法律判断中的权威,也因此放松了司法者与执法者对于法律的服从义务。[1]

最后,刑法的知识转型基本上仅依据单一学科的知识,在方法论上主要仍采取概念法学的进路,风险刑法理论则期望以综合的多学科知识作为基础,其方法论受到社科法学的强烈影响。

与刑法的知识转型相关的研究,乃是以德日的刑法教义学作为主要甚至是唯一的知识来源。因而,此方面的研究与德日刑法理论往往一脉相承,基本上是拿来主义的结果;无论是概念的用法、体系的构造还是具体的内容,均具有高度的趋同性。同时,以政治自由主义作为思想基础,以及对古典法律范式的青睐,使从事知识转型研究的学者,往往下意识地接受概念法学的思维,认同公理性的体系构造方式,偏好于使用逻辑演绎的方法。这样的方法论基础,导致人们往往认为,法律中的概念具有固定不变的内涵,解释者的任务便是去发现相应概念的客观含义,应当尽量限制解释者的自由裁量空间。与此相应,刑法适用在相当程度上被理解为三段论的涵摄的过程,司法者被认为并不承担纠偏的功能。如果法条本身存在漏洞或是内容上不尽合理,人们往往认为,应当通过推动立法变革对相关法条做出修正。

与之不同,风险刑法理论尽管对德日的刑法教义学也有颇多的借鉴,在其建构的过程中,其他学科的知识(尤其是社会理论),共同构成其

---

[1] 关于回应型法的特点,参见〔美〕诺内特、〔美〕塞尔兹尼克:《转变中的法律与社会:迈向回应型法》,张志铭译,中国政法大学出版社1994年版,第81—128页。

知识论的基础。由于同时混杂了教义学的知识与社会理论的知识,风险刑法理论在试图对二者做整合的同时,在方法论层面往往深受社会理论的影响。风险刑法理论的研究者往往习惯于站在外部观察者的角度,将刑法理论或某种法律现象当作观察的对象,采用描述性、分析性的方法,力图向人们呈现相关理论或法律现象的实然的面貌。总体而言,与规范性的教义学建构相比,风险刑法理论往往更为关注,刑法领域内什么变化已然或是正在发生,以及为什么会发生这样的变化之类的问题。这意味着涉及风险刑法理论的很多研究,其实都不属于法教义学的研究,而归属于社科法学的研究,因为其所使用的方法明显是经验性的,不是规范性的。

综上,由于刑法知识转型与风险刑法理论在思想基础、价值关注与方法论上均存在较大的差异,二者之间难以实现有效的整合。再加上刑法体系的自主性与应变性之间本身就存在一定的内在紧张,而研究者又往往习惯于将二者放在同一层面来理解与把握,使自主性与应变性之间变成此消彼长的关系,这就不可避免地引发彼此之间的激烈冲撞。这种冲撞不仅表现在有关解释论的立场之争上,[1]也表现在对风险刑法理论的激烈批判上。

大概从 2011 年开始,风险刑法理论作为一种刑法思潮,开始遭到国内学界全方位的批判。[2]尽管也存在一些有节制的肯定意见,[3]批判的声音基本上代表的是学界主流的立场。应当说,不少批评者来自致力于刑法知识转型的学者阵营,这并非偶然。不过,尽管面临火力十足的批评,风险刑法理论实际上并未销声匿迹;相反,它继续以其他的形式,包括

---

〔1〕 参见刘艳红:《实质刑法观》(第 2 版),中国人民大学出版社 2019 年版;邓子滨:《中国实质刑法观批判》(第 2 版),法律出版社 2017 年版;陈兴良:《形式解释论的再宣示》,载《中国法学》2010 年第 4 期;张明楷:《实质解释论的再提倡》,载《中国法学》2010 年第 4 期。

〔2〕 参见于志刚:《"风险刑法"不可行》,载《法商研究》2011 年第 4 期;刘艳红:《"风险刑法"理论不能动摇刑法谦抑主义》,载《法商研究》2011 年第 4 期;刘明祥:《"风险刑法"的风险及其控制》,载《法商研究》2011 年第 4 期;田宏杰:《"风险社会"的刑法立场》,载《法商研究》2011 年第 4 期;张明楷:《"风险社会"若干刑法理论问题反思》,载《法商研究》2011 年第 5 期;董泽史:《风险刑法行为错位论》,载《国家检察官学院学报》2011 年第 6 期;南连伟:《风险刑法理论的批判与反思》,载《法学研究》2012 年第 4 期;孙万怀:《风险刑法的现实风险与控制》,载《法律科学》2013 年第 6 期;陈兴良:《风险刑法理论的法教义学批判》,载《中外法学》2014 年第 1 期;胡彦涛:《风险刑法的理论错位》,载《环球法律评论》2016 年第 5 期。

〔3〕 参见陈兴良:《"风险刑法"与刑法风险:双重视角的考察》,载《法商研究》2011 年第 4 期;齐文远:《刑法应对社会风险之有所为与有所不为》,载《法商研究》2011 年第 4 期。

预防刑法、[1]安全刑法、功能主义刑法[2]抑或积极的刑法立法观[3]等,不断地拓展自己的地盘。这主要是因为,风险刑法理论虽有建构的成分在内,但基本上还是对现实立法与刑法理论观察所得出的推断。换言之,无论愿不愿意承认,风险刑法都是一种客观的存在。它不过是对现实的一种提炼与概括,并非支持者一厢情愿凭空想象出来的东西。

对于风险刑法理论的批判,主要的理由可分为五种:一是以风险社会中的风险概念不同于刑法中的危险概念为由,否定风险社会理论适用于刑法领域的可能性。二是认为从风险社会理论来论证风险刑法理论的进路难以成立。三是认为风险刑法理论过度关注安全而存在巨大的危险,故而在价值取向上并不可取。四是从根本上否定风险社会的存在,认为风险刑法理论根本就不存在相应的社会基础。五是主张中国的国情有其特殊性,不应引入西方的风险刑法理论。

前述五种理由中,后两种都涉及社会所处阶段或形态的判断,其作为反对风险刑法理论的理由并不具有足够的说服力。无论是否认同以风险社会的概念来命名我们所处的社会,不可否认的是,系统性的社会风险的确是给当前中国的社会治理带来重大的挑战。在此种意义上,是否认同风险社会的概念并非问题的关键,关键在于作为社会治理机制的组成部分,刑法是否需要以及应当如何对风险治理与规制的问题做出回应。至于第三种理由,风险刑法理论阵营中的不少论者其实也承认危险的存在,看法上的分歧仅在于究竟是通过回归古典的法律模式而回避危险的问题,还是在正视安全需要的情况下再考虑其中的危险如何解决。支持风险刑法理论的论者会认为,回归古典模式是一种刻舟求剑的方案。

同时,必须承认,前两种批评理由有其合理的一面。风险刑法理论遭受诸多的批评的确有自身的原因。总的来说,风险刑法理论长于观察,长于对问题进行经验性的分析,却不善于进行积极的教义学构建。因而,所谓的风险刑法理论,很多研究只是将社会理论粗暴地嫁接过来,将分属不同知识领域的理论简单地进行糅合,不仅细部的处理与论证相当粗糙,生

---

[1] 参见何荣功:《预防刑法的扩张及其限度》,载《法学研究》2017年第4期;何荣功:《"预防性"反恐刑事立法思考》,载《中国法学》2016年第3期;高铭暄、孙道萃:《预防性刑法观及其教义学思考》,载《中国法学》2018年第1期。

[2] 参见劳东燕:《风险社会与功能主义的刑法立法观》,载《法学评论》2017年第6期。

[3] 参见周光权:《积极刑法立法观在中国的确立》,载《法学研究》2016年第4期。

搬硬套甚至是张冠李戴之类的疏漏与谬误之处也甚多,根本未形成一套体系化的知识。归结而言,风险刑法理论的用意在于从社会理论中汲取养分,但其在相当程度上为社会理论所同化,并未能在教义学层面对刑法体系的反思性重构做出真正的贡献。之所以如此,自然与从事风险刑法理论研究的学者学术功力不足有关。在更大程度上,则是因为想要实现社会理论与刑法理论的有效沟通,本来就是一件难度颇高的任务,需要研究者自己进行不同领域的知识整合,自行摸索理论的发展方向,并完成体系化的架构工作。尤其是这样一项艰巨的任务,又并无现成的方案可供模仿或是参照,其难度就更可想而知。

风险刑法理论在我国的勃兴,主要是受到德国社会学家贝克有关风险社会理论的影响。贝克有关风险社会的观察与论断,不仅构成风险刑法理论对社会背景的基本预设,而且是作为其思想基础而存在的。但是,对于风险刑法理论的教义学构建而言,这样的理论借鉴,从一开始就存在先天不足的问题。

首先,风险社会理论属于社会学的理论,对于很多只具有刑法知识背景的学者来说,要准确把握这样一种关于现代性的宏大理论,存在相当的难度,因而也就不可避免地存在误读的可能。其次,贝克的风险社会理论本身,更多的是观察性的描述与相对零散化的论断,它并未能够构成一套体系化的理论,也没有太多可供深挖的东西。贝克无疑是一位敏锐的观察者,却不是一位能够完成体系性构建的社会理论大家。以他的理论为思想基础的风险刑法理论,想要完成自身的体系化构建的工作,自然是难上加难。再次,风险刑法的研究者大多并未在贝克的理论之外,花费精力进一步了解与开发其他的社会理论资源,这就不可避免地导致其思想基础的贫瘠。最后,贝克的理论并未探讨法律系统如何应对风险社会带来的挑战的问题,更未就此提供相应的富有建设性的思路。风险刑法的研究者必须自行根据其所勾勒的社会事实进行规范性的构建,这样的创造性工作显然也非风险刑法理论的研究者所擅长。

更为要命的,社会理论是立足于外在观察者的视角所提炼的经验性知识,而刑法体系则是基于内在参与者的视角所构建的规范性知识,两种视角想要融合,两类知识想要沟通,不仅涉及如何从社会理论提炼与汲取洞见的问题,也涉及方法论上的重大转换问题。社会理论关注社会秩序或社会行动如何可能的问题,对国家应当如何进行社会治理的命题则通常不予关注,也无意于寻求证立法律体系的价值基础。说到底,它是一套关于社会的科学系统的知识,而并非关于应当如何治理社会的知识,即不属于治理技术的范畴;尽管关于社会的科学知识,一般而言构成良好治理技术的认知性前提。相反,法教义学作为法律系统中法律论证环节的内容,属于治理技术知识的范围。社会理论学家虽然也承认,社会结构最具包容性的单位是民族国家,选择以国族社会结构作为通用的研究单位比较适宜;[1]但由于将目光聚焦于社会,很多社会理论都容易低估国家的作用与角色。这就不可避免地导致在大多数社会理论中,国家常常是缺位的。风险社会理论与其他社会理论一样,并未就如何处理个人、社会与国家之间的关系提供现成的规范性框架;因而,相比于以政治自由主义作为思想基础的刑法知识转型,风险社会理论的研究者想要完成体系化的建构,势必面临极大的困难。

归根结底,现有关于风险刑法理论的研究,其根本的缺陷在于始终未能实现社会理论与刑法理论之间的有效沟通。这种缺乏沟通的状态,不仅表现为风险刑法的研究者难以顺利完成由外在观察者的视角到内在参与者的视角的转换,也表现为经常混淆实然与应然,将社会理论观察得出的经验性结论简单地搬到刑法体系之中,当作规范上的应然来追求,至于实然与应然之间究竟如何完成跳跃,则往往不做任何的交代。可想而知,这样的一套刑法理论,因其科学性的一面存在诸多的问题,遭受批评自然在所难免。

第三节　实现社会理论与刑法理论的沟通

迄今为止,风险刑法理论主要的学术贡献,在于将社会变迁的维度整合入刑法理论的研究之中,开放知识视野,努力从社会理论中汲取养分,不断探索刑法体系在当代的发展方向,以便确保刑法体系具备适度的应变能力。风险刑法理论所关注的问题显然是一个真问题。这个问题涉及法律创新,而法律及相应理论的创新要求研究者必须具备多学科的知识;仅仅局限于刑法教义学内部,不可能完成推进刑法体系自我更新的任务。正如社会学家米尔斯指出的,要陈述并解答任何一个我们时代的重大问题,都要求从各门学科中选取不止一门的材料、观念和方法;应当专

---

[1] 参见[美]C. 赖特·米尔斯:《社会学的想象力》,李康译,北京师范大学出版社2017年版,第187—188页。

业化的是这类重点关注的"问题",而不是恪守学院边界。[1]

在相当程度上,法律承担着塑造社会的任务。为此,法学需要对下述两个问题先行做出回答:一是规范塑造的(新的)社会领域应该是怎样的?二是哪些规范适合于实现法政策的既定目标,亦即适合于将现有状态转变为所希望的状态?按照计划的立法将产生什么结果以及副作用?[2] 对于上述两个问题的回答,要求法学家必须对经验性的社会科学的研究成果有所知晓。让法律承担塑造社会的任务,等于承认社会的可引导性与可改变性,其间势必涉及决策的问题,而决策伴随着风险,决策错误不可避免地会带来严重的消极后果。可以肯定的是,只有具备多学科的综合性基础学科知识,才有助于人们在法律创新时做出正确的方向性判断。

鉴于德国式法教义学存在的固有缺陷,对经验性社会科学的知识需求就更不能受到忽视。德国式的法教义学"会轻易诱发一种系统上的故步自封。这表现为一种基础性的缺陷,因为德国这种精密的系统需要不断地对基本规则和基本原理进行反馈,而这种必要的调整并非随时随地都能得以实现,而且并未得到必要的重视。这一弊端在政治和思想波澜不惊的年代里不会产生太多影响,但在社会处于思潮涌动之时,和那些始终与其基本规则和基本原理紧密联系的系统相比,这一故步自封的体系将不能及时适应社会主导思想的变化"。[3] 毫无疑问,无论是当代的中国还是当代的世界,都处于思潮涌动的时代。一味地捍卫先前的法律框架与相应的教义,其实质在于固守老旧的基础科学知识;因为先前的法律框架与相应的教义,本身就是在当时基础科学的发展中结晶而生。如果承认基础科学在20世纪中后期以来已然经历重大的知识更新,凭什么刑法体系就无须进行版本上的更新呢?哪有可能存在一套放之四海皆准又能历万世而不变的法教义学体系呢?

就此而言,风险刑法理论的研究者所表现出来的对社会理论与其他学科知识的关注与重视,努力地了解、吸收与借鉴社会学中的风险社会理

---

[1] 参见[美]C.赖特·米尔斯:《社会学的想象力》,李康译,北京师范大学出版社2017年版,第198页。
[2] 参见[德]伯恩·魏德士:《法理学》,丁晓春、吴越译,法律出版社2013年版,第133页。
[3] [德]罗尔夫·施蒂尔纳:《德国民法学及方法论——对中国法学的一剂良药?》,黎立译,载方小敏主编:《中德法学论坛》(第12辑),法律出版社2015年版,第37页。

论,这本身值得肯定,这样的学术努力有其重要的意义,在方向上并没有大的问题。只要坚持认为社会科学的方向在于社会结构中交织的相关问题,就很容易想到社会科学的全局性问题,它要求我们避免囿于学科之间任意武断的专业化,而是根据话题,来灵活调整工作的专业化定位。[1] 因而,对风险刑法理论全盘进行否定,并不是理性与科学的态度,而更可能是守旧的思维惯性使然。无论如何,法教义学不应被当作一种固守成规的教条主义,其思维方式包含对规则的遵从以及创新因素这二者的结合体。[2]

与此同时,风险刑法理论的确也面临需要努力提升自身学术品质的问题。风险刑法理论本质上应当归入规范性的法学理论,不能主要作为解构性的、描述性的法社会学理论而存在,所以,不能只满足于对法律现实展开事实性的分析,而游离于法教义学之外。法教义学在元方法论层面乃是一种"规范法学",它坚持对法律事业的内在态度,这种态度集中体现在对"规范"与"规范性"的强调:其一,在裁判理论上,主张"认真对待法律规范",即以法律规范为司法裁判的依据、框架和基础。其二,在法概念论上,法教义学主张"法律是一种规范",作为具有规范性的事物,法律既不同于行为(经验事实)也不同于价值。其三,在法学理论上,法教义学主张"法学应持规范性研究的立场",因为它本质上是以建构性活动为中心的实践科学。[3] 风险社会理论倘若想使自身成为刑法体系的内在组成部分,促成对刑法体系自身的反思性调整,势必需要认真思索如何实现社会理论与刑法理论的沟通的问题。可以预见的是,如果无法按法教义学的进路与逻辑对自身展开建构,无法与现有的刑法体系相融合,风险刑法理论的学术贡献就较为有限,也难以确保理论的生命力。在此种意义上,实现社会理论与刑法理论的沟通可谓兹事体大,直接关涉风险刑法理论的前途与命运。

值得注意的是,晚近以来刑法理论对当代社会理论的借鉴,已不限于贝克的风险社会理论,卢曼的社会系统理论也越来越多地被引入刑法领

---

[1] 参见[美]C.赖特·米尔斯:《社会学的想象力》,李康译,北京师范大学出版社2017年版,第185—186页。

[2] 参见[德]罗尔夫·施蒂尔纳:《德国民法学及方法论——对中国法学的一剂良药?》,黎立译,载方小敏主编:《中德法学论坛》(第12辑),法律出版社2015年版,第35页。

[3] 参见雷磊:《法教义学的基本立场》,载《中外法学》2015年第1期,第222页。

域,并且不限于以风险刑法的名义而展开研究。[1] 由于系统理论同属于社会理论,故而同样需要处理社会理论与刑法理论之间的沟通问题。这种意义上的沟通,不仅能够使刑法教义学的发展获得源头活水,不至于陷入盲目飞行的状态,也有助于解决整个社科法学所面临的学术困境。社科法学与法教义学相疏离,当然有损于法教义学的发展,同时更使自身陷入相当尴尬的处境。正因为清醒地看到社科法学的真实处境,季卫东教授才要苦口婆心地建议:关于法律的社会科学研究,还是应该与法律解释学形成某种相辅相成(以加强规范的功能实效),或者相反相成(以加强制度的反思理性)的关系;否则,脱离法律规范本身而片面强调经验科学和实证研究技术的社科法学将有可能会发生蜕变、流于精巧的素材—数据游戏,或者在法学界被边缘化。[2]

围绕风险刑法理论的教义学建构而言,在如何实现刑法理论与社会理论之间的沟通上,应当注意以下四个方面的要求:

首先,准确理解与把握风险社会的理论。除贝克的理论之外,有必要进一步拓展对其他社会理论的了解,尽可能地对当代社会具有真切的认知。风险社会理论属于社会学理论,为避免产生误读,刑法学者需要暂时悬置自身的专业视角,按社会学的进路来准确理解与把握风险社会理论的内容实质。考虑到贝克的理论毕竟只代表一家之言,并且缺乏基本的体系性,有必要进一步接触与学习当代的其他社会理论,包括但不限于卢曼的社会系统理论及其关于风险社会的论断,以便对我们所处社会的结构与运作有较为全面与真切的认知。关于社会的知识之所以重要,是因为一方面,法律本身居于社会之中,社会构成法律系统运作的外部环境;另一方面,法律试图对社会做出规制,社会于是又作为法律的作用对象而存在。无论在何种意义上,只有了解作为环境的社会,才可能对法律有真正的了解。不然,不仅难以判断法律在社会中所承担的功能,以及为确保相应功能的实现,包括刑法在内有法律应当如何以及朝什么方向发展的问题,也更不可能回答刑法体系应当如何建构的问题。

---

〔1〕 参见刘涛:《法教义学危机?——系统理论的解读》,载《法学家》2016年第5期;刘涛:《社会宪治:刑法合宪性控制的一种思路》,载《法学家》2017年第5期;劳东燕:《正当防卫的异化与刑法系统的功能》,载《法学家》2018年第5期;刘涛、蔡道通:《风险的决策与决策的风险:社会系统论下的风险刑法》,载《江海学刊》2019年第4期。

〔2〕 参见季卫东:《法律议论的社会科学研究新范式》,载《中国法学》2015年第6期,第26页。

其次,对社会理论知识进行准确的定位,合理界定其与风险刑法理论之间的位置关系。从系统与环境的区分来看,社会属于法律系统的外部环境,而法教义学属于法律系统的内部因素。由于社会理论涉及的是社会的结构及其运作的知识,因而,它必然处于法律系统之外,也处于刑法体系之外;相反,作为一种教义学理论的风险刑法理论,它处在法律系统的内部,属于刑法体系的组成部分。如论者所言,"一方面,法教义学虽然从裁判系统中分化出来,成为一种相对独立的功能子系统;另一方面,它本身仍然内在于法律系统之中,法教义学自身理论生产的成熟仍然高度依赖于裁判系统为它准备的各种条件"。[1] 这意味着社会理论的知识涉及的是对法律系统所在的外部环境的认知,而法教义学属于法律系统本身的知识,二者之间无法直接进行沟通;相应地,也就当然不能简单采取拿来主义的态度,将关于外部环境的知识直接套用到刑法理论之上。又由于法教义学自身构成一个子系统,社会理论想要影响刑法教义学理论的构建,只能作为系统的外在刺激因素,在促使刑法体系对其有所认知的情况下,按刑法体系自身运作的逻辑来做出反应。换言之,任何外在的知识想要对刑法体系的内部构建产生影响,必然需要经历转译的过程;只有转译为体系能够识别的要素,才可能为体系所吸纳,从而对自身做出相应的调整。

再次,实现由外在观察者的视角到内在参与者的视角的转换。社会理论不仅是作为关于法律系统外部环境的知识而存在,而且,相关的知识是站在外在观察者的视角提炼总结所得,属于描述性的理论。基于外在观察者的视角所获得的知识,对于刑法体系而言自然有着重要的意义。其意义在于社会理论作为对外部环境的认知基础,有可能成为刑法体系的外在刺激因素,从而促成刑法体系的自我反思与自我调整。但无论如何,社会理论本身无法直接进入刑法体系,不可能成为体系的内在组成部分。相应地,外在观察者的视角与其相应的方法论,都难以照搬到对刑法教义学理论的建构之中。因为法教义学属于规范性的理论,所采取的视角也有所不同,它与社会理论难以进行点对点的对接。如论者所言,法教义学秉持一种参与者的立场,要求身处某个法律体系之中的人,对于"此情此景中法律应该要求如何行动""正确的法律标准是什么"这类实践问

---

[1] 泮伟江:《中国本土化法教义学理论发展的反思与展望》,载《法商研究》2018年第6期,第34页。

题提出自己的主张。在法律体系中,处于参与者立场中心位置的是法官。在裁判过程中始终有一种"正确性宣称"(claim to correctness)在引导着法官,它告诉法官法律裁判有合理与不合理、有效与无效、正确与不正确、公正与不公正的区分,并迫使法官努力做出合理、有效、正确、公正的判决。因而,法教义学主张:法学家应将自己想象为负有法律义务来对法律问题做出合理回答的法官,或为法官解决法律问题提供一套理性化的标准。[1]

以风险的概念为例。风险社会理论中的风险与刑法教义学中的风险,由于是处于不同的系统,故其各自所认知与理解的风险并不相同,二者必定会根据各自系统的逻辑,在不同的意义面向上来定义风险。对社会理论而言,风险指的是不确定性,它是现代功能分化条件下社会系统沟通的普遍特征,是系统决策过程中的固有属性,风险依赖于系统的社会建构,并非本体论意义上外在于观察者的客观实在;危险则处于系统/环境区分之外,在系统环境外部发生的事件被当成危险,这些事件超出系统所能处理与观察的范畴,从而成为系统本身无法预防的对象。[2] 换言之,对于法律系统来说,风险主要指的是其他子系统对外部环境产生作用的可能性后果。由于相应的社会子系统无法处理此类外部事件,故而需要交由包括刑法在内的法律系统来处理。按法律系统的法与不法的运作符码,这样的风险经过规范性评价之后将被区分为容许与不容许两大类,不容许的风险便是刑法中所谓的危险。由此可见,刑法体系中的风险与社会理论中的风险均是各子系统基于自身的运作逻辑而做的建构,并不是可相互置换的概念。当风险刑法理论的研究者将风险概念当作风险社会理论与风险刑法理论之间的连接点,从而将社会理论中的风险的含义直接引入刑法体系之中时,的确多少有乱点鸳鸯谱之嫌,也无怪乎会引来激烈的批评。

最后,合理处理经验性的实然与规范性的应然之间的关系。社会理论是作为对刑法体系的外部环境的认知性基础而存在,其相应的结论属于经验性的实然。经验事实如此,自然并不能推导出它在规范上就应当如此,即从实然中推不出应然来。但这并不意味着经验性的实然与规范性的应然之间,就完全没有关联。在法律领域的任何问题上,就规范性的

---

〔1〕 参见雷磊:《法教义学的基本立场》,载《中外法学》2015年第1期,第221页。
〔2〕 参见刘涛、蔡道通:《风险的决策与决策的风险:社会系统论下的风险刑法》,载《江海学刊》2019年第4期,第157—158页。

应然选择而言,无疑有必要先行弄清事实层面的信息;在没有弄清事实如何而缺乏认知的情况下,任何倡导应当怎样的做法都是轻率的。就此而言,经验性的实然乃是作为规范性的应然的前提事实而存在。同时,从经验性的实然,诚然难以推导出规范上应当如此的结论,却有可能推导出有必要如此或是必须如此的结论。这并不代表着价值上的赞同,而只表达的是不得不如此的意思。可以说,刑法体系中有关功能主义理论的研究,基本上都是在这个意义上来展开规范性的构建。如果以社会作为分析单位来审视与考察法律系统,则法律系统显然有必要在全社会系统中承担起相应的功能;在一个日益复杂的社会中,若是法律系统的功能失灵,很可能导致全社会系统的崩溃。从刑法的社会功能出发来考虑刑法教义学必须如何建构的思路,便是基于功能主义的立场。可见,如果将规范性的应然也理解为包含有必要如此的意思,则立足于功能主义而对刑法体系进行教义学的重构完全是可能的。

第四节　风险刑法理论的体系化如何可能

伊斯顿认为,"所有科学的历史都指明,知识是以这样凌乱的方式发展的,有时它反映时代的需要,而有时反映理论和逻辑的内在需要"。[1] 对于风险刑法理论而言,基于反映时代的需要,相应的研究中需要整合社会结构性变迁的维度,作为认知开放所指向的对象;同时,基于理论和逻辑的内在需要,风险刑法理论本身需要进一步展开体系的构建,增强自身作为法学的科学性的一面。问题在于,如何才能完成风险刑法理论的体系化工作呢?

在风险刑法理论的体系化问题上,贝克的理论无疑难以成为可供借鉴的框架,这不仅因为他的理论本身就缺乏体系化的构建,也是因为其中基本未论及法律与法学的问题。那么,风险刑法理论是否可能以回应型法的理论为依据,来展开自身的体系化构建呢?答案也是否定的。与回应型法的进路不同,有关风险刑法理论的研究更为强调社会力量对于刑法及其教义学体系的影响,将法律系统演变的首要动力定位为外部社会的变量。受社会理论影响的法学研究,往往更为注重外部社会变量对于

---

[1]〔美〕戴维·伊斯顿:《政治生活的系统分析》,王浦劬主译,人民出版社2012年版,第6页。

法律系统演进的影响。无论是卢曼、哈贝马斯抑或按贝克的风险社会理论的内在逻辑,在此点上可谓殊途同归,分享的是相同的立场。相比而言,回应型法的理论则主要论述的是法律系统的"内在动力",它并没有回答法律究竟如何与何种外在的社会结构兼容的问题;也正是基于此,托依布纳认为,诺内特/塞尔兹尼克的进路最好被称为一种内部增长模式,回应型法展现给人们的是没有社会的法的图景。这种法的增长模式只与社会的演化有微不足道的联系,它并没有回答如下问题:究竟何种机制促成法律中发展潜力的社会实现,以及对此人们应该使用哪些分析工具,是因果分析、目的—手段分析还是功能的分析?[1] 这意味着尽管回应型法中的不少论点对于风险刑法理论的发展可能提供有益的启示,但从体系建构的逻辑而言,不可能按照回应型法的基本框架来构建风险刑法理论的体系。

从近年来的理论发展来看,风险刑法理论或许可以考虑从卢曼的社会系统理论中汲取灵感,放弃以目的—手段的分析为主的方法,转而运用功能分析的方法来思考如何实现自身的体系化的问题。法的系统理论使我们得以从功能的角度对法律进行观察,从而使观察作为一种社会结构而存在的"法律"成为可能;此种现象学视野下的法律,并非某个特定的法律规范或者条文,而是某种现象学意义的人类经验结构,我们因此而获得从整体上考察法律与社会关系的可能性。[2]

按照卢曼的社会系统理论,社会复杂性程度的演变构成社会演化的主要动力,所有的社会系统都存在于多维度的社会环境之中,因此必须应对社会环境的各种复杂性压力。在现代功能分化的社会中,法律作为其中的一个子系统,其拥有对于社会系统的运作自主性,这种相对自主的封闭化运作,使法律系统能够承担起确保规范性预期的功能;而此种功能对于现代社会的运作、对于人际交往和系统间交往而言,均具有基础性的意义。法律系统拥有运作上的自主性,并不意味着对社会的变迁无动于衷,而只是说其系统内部的结构与作为其环境的社会系统并不存在一种点对点的直接对应的反应机制。相反,它通过内部的程序性运作发展出

---

〔1〕 参见〔德〕贡塔·托依布纳:《反思性的法——比较视角中法律的发展模式》,祁春轶译,载〔德〕贡塔·托依布纳《魔阵·剥削·异化:托依布纳法律社会学文集》,泮伟江、高鸿钧等译,清华大学出版社 2012 年版,第 271、285 页。

〔2〕 参见泮伟江:《超越"错误法社会学" 卢曼法社会学理论的贡献与启示》,载《中外法学》2019 年第 1 期,第 50 页。

一种认知的开放性,从而对外部社会环境的变迁保持足够的敏感性和适应性。这意味着只有当社会的变迁能够被法律系统的触角所感知,并且法律系统通过内部的程序化运作对外在环境的变迁进行内部消化与处理之后,法律系统才能够通过内部结构的改变对外部环境的变迁做出反应。也就是说,法律系统的任何改变,都必须要将外部环境变迁产生的刺激,转化成法律系统能够"听得懂"的法言法语,才能够通过法治机制内部的运作进行处理,直到最后被转化成法律系统内部运作机制的调整,从而促进法治机制内部运作线路的改变,最终促进法律系统的整体的变迁。[1]

如此一来,对于法律系统而言,封闭性与开放性之间就并非此消彼长的关系,而是完全能够共存;实际上,认知上的开放性必须以运作上的封闭性为前提。这种对于封闭性与开放性之间关系的重新理解,可能给包括刑法体系在内的法教义学体系的构建提供相应的灵感,避免在体系的自主性面向与应变性面向中各执一端。认知上的开放性意味着要对外部环境因素的刺激表现出必要的敏感;同时,这种外部因素的影响必须经过教义学体系的转译,按体系自身的逻辑来做出反应。外部环境因素与体系之间,不能简单理解为输入与输出的关系。外部因素只是刺激体系展开自我反思的前提,是否做出调整以及如何做出调整,仍然取决于体系自身,取决于其运作过程。按系统论的术语,"系统只有通过编码才能够感受外界环境的刺激,并且通过编码的改变来引起系统内在结构的改变,从而对外界环境的刺激进行反应,同时却不必改变符码运作的方式和统一性"。[2]

与此同时,根据系统论的解读,法律系统之视野中的社会,并非社会的客观再现,而只是基于法律视角的一种构建,也即它只是从法律的视野中所看到的社会。实际上,在包括政治系统与经济系统在内的各个子系统之中,社会所呈现出来的形象都会有所不同。因而,对法律系统产生影响的社会现实,并不是客观的社会现实,而是法律系统经过观察而自行构建的社会现实。因而,法律系统并不是对客观的社会现实做出反应,而只是对自身所构建的社会现实做出反应。其中的原理与社会心理学上的观

---

〔1〕 有关对卢曼系统理论的概括与分析,参见泮伟江:《当代中国法治的分析与建构》(修订版),中国法制出版社2017年版,第5—6、239页。

〔2〕 泮伟江:《当代中国法治的分析与建构》(修订版),中国法制出版社2017年版,第217页。

点可谓一脉相承,"我们并非如实地对现实进行反应,而是根据我们对现实的建构做出反应"。[1]

由于卢曼关于法的系统理论是对处于正常运作状态的法律是什么的观察和描述,它从正面描述和说明,法社会学视野中的法律究竟是什么,它的内部运作结构是什么,它与社会之间的关系又是什么,并在此基础上提出了一整套具有针对性的法社会学概念、体系与方法。[2] 相比于对出错和扭曲时候之法律是什么的观察和描述,这样的法社会学研究对于法教义学的构建而言,无疑具有更为重要的启示性意义,也更可能运用到风险刑法理论之中,从而为刑法体系的重构打开全新的思路。

法的系统理论所代表的法社会学研究,实际上帮我们指明了法教义学构建的正确方向,即为了配合法律在现代社会中的正常运作,需要一套怎样的法教义学体系(当然也包括刑法体系);同时,卢曼关于系统的封闭性与开放性的关系的一般观点,也为法教义学体系如何处理自身的自主性与外部环境的关系提供了清晰的思路与方法。这样一种反思性的功能主义的进路,完全可以用来解决一直困扰风险刑法理论的体系化问题,推进风险刑法理论的自我更新。有必要指出的是,这种意义上的功能主义与日本刑法理论中的机能主义学说存在根本的不同。所谓的机能主义学说,充其量是功能论的老旧版本,由于放弃体系的自主性而一头倒向问题型思考,它必然危及法律系统在现代社会的基本功能。因而,传统的机能主义学说不可能确保刑法体系的自主性与应变性的有机统一。

即便确定了可供借鉴的理论模型,风险社会理论的体系化乃至整个刑法体系的重构,仍有很多的细节性工作要做。在有关功能主义刑法理论的研究中,[3] 笔者对此已做了一些努力。由于整个研究工程量浩大,只能在以后做继续的推进。功能主义进路的研究将表明,将社会理论之法的视角整合入刑法教义学的研究之中,不仅是可能的,也是有意义的,并且可以用以解决我国实务所面临的诸多问题。

---

〔1〕 〔美〕戴维·迈尔斯:《社会心理学》(第11版),侯玉波、乐国安、张智勇等译,人民邮电出版社2016年版,第78页。

〔2〕 参见泮伟江:《超越"错误法社会学"——卢曼法社会学理论的贡献与启示》,载《中外法学》2019年第1期,第38、52页。

〔3〕 参见劳东燕:《功能主义的刑法解释》,中国人民大学出版社2020年版;劳东燕:《刑事政策与功能主义的刑法体系》,载《中国法学》2020年第1期;劳东燕:《正当防卫的异化与刑法系统的功能》,载《法学家》2018年第5期;劳东燕:《风险社会与功能主义的刑法立法观》,载《法学评论》2017年第6期。

第五节　本章小结

（1）观察晚近我国刑法理论的发展，可发现两道学术干流：一是在推进对刑法知识去苏俄化的同时，初步构建起一套具有古典主义色彩的阶层性犯罪论体系；二是以风险社会或社会转型为背景，试图发展出一套旨在回应社会需要尤其是风险控制的刑法理论。刑法知识的转型命题，更多关注的是刑法体系的自主性的面向。风险刑法理论之于刑法体系的意义，主要在于它凸显了刑法体系的应变性的面向，即刑法体系必须对外部环境给出的压力做出必要的应对，实现自身的与时俱进，确保自身与全社会系统的协调性发展。

（2）当前有关风险刑法理论的研究，可分为两种进路：一是以风险社会为背景的刑法基础理论研究，关注的是整个刑法体系经历的演变；二是将之定位为刑法体系的局部领域的变迁，作为体系的特殊或例外部分来进行处理。二者之间的相异之处在于：前者着眼于整个体系的结构问题，认为其间涉及刑法教义学理论范式的转型，故相应的研究试图辨明并找出体系的发展方向；后者则聚焦于刑法体系之内局部领域的具体问题处理。其共同之处则在于，认识到刑法体系并非自在自为，而力图将社会结构变迁的维度整合于刑法理论的研究之中。

（3）刑法知识转型的出现与风险刑法理论的崛起，二者在思想基础、价值关注与方法论上均有所不同。前者的思想基础是古典政治自由主义，后者的思想基础则是以风险社会理论为代表的社会理论；前者将法的确定性当作至高无上的价值，后者的价值关注则主要放在法的适当性上；前者基本上仅依据单一学科的知识，在方法论上主要仍采取概念法学的进路，后者则期望以综合的多学科知识作为基础，其方法论受到社科法学的强烈影响。

（4）风险刑法理论的学术贡献在于，将社会变迁的维度整合入刑法理论的研究之中，努力从社会理论中汲取养分，不断探索刑法体系在当代的发展方向，以便确保其具备适度的应变能力。同时，现有的相关研究，其根本缺陷在于，始终未能实现社会理论与刑法理论之间的有效沟通。这种缺乏沟通的状态，不仅表现为风险刑法的研究者难以顺利完成由外在观察者的视角到内在参与者的视角的转换，也表现为经常混淆实然与应然，将社会理论观察得出的经验性结论简单地照搬到刑法体系之中，当作规范上的应然来追求,至于实然与应然之间究竟如何完成跳跃,则往往不作任何的交代。

(5)风险社会理论若想使自身成为刑法体系的内在组成部分,促成对刑法体系自身的反思性调整,势必需要认真思索如何实现社会理论与刑法理论的沟通的问题。就风险刑法的教义学建构而言,在如何实现刑法理论与社会理论之间的沟通上,应当注意以下四个方面的要求:①准确理解与把握风险社会的理论;②对社会理论的知识进行准确的定位,合理界定其与风险刑法理论之间的位置关系;③实现由外在观察者的视角到内在参与者的视角的转换;④合理处理经验性的实然与规范性的应然之间的关系。

(6)就风险刑法理论的体系化方向而言,贝克的风险社会理论与回应型法的理论均难以成为可供借鉴的框架。法的系统理论所代表的法社会学研究,为我们指明法教义学构建的正确方向,即为了配合法律在现代社会中的正常运作,需要一套怎样的法教义学(包括刑法教义学体系);同时,卢曼关于系统的封闭性与开放性的关系的一般观点,也为法教义学体系如何处理自身的自主性与外部环境的关系提供了清晰的思路与方法。这样一种反思性的功能主义的进路,可以用来解决一直困扰风险刑法理论的体系化问题,推进该理论的自我更新。

下 篇

风险社会中刑法理论的具体展开

第六章　风险分配与刑法的因果关系

在风险社会的背景下，随着当代刑法日益地由结果本位转向行为本位，如何根据刑法的发展需要而进行行为归责与结果归责，成为刑法体系首当其冲需要解决的问题。所谓的行为归责，主要与实行行为的界定相关，而狭义的结果归责则大致与刑法因果关系所讨论的主题相对应。本章与第七章、第八章讨论的重心都是刑法因果关系。不过，由于结果归责的判断不可避免地会涉及行为归责的环节，尤其是在客观归责理论的框架中，行为归责是作为判断结果归责时不可或缺的环节而存在，因而，这三章的论述实际上是在处理客观构成要件层面的问题。

刑法中因果关系的判断，并非意在弄清行为与结果之间有无自然科学意义上的因果关联，而最终是为了解决归责问题，这一点当无疑问。因而，国内刑法界通常所谓的因果关系，其实指的是归责意义上的因果关联。晚近的德日刑法理论发展中，归因与归责出现分离的趋势，尤其是在客观归责理论的框架之下，归因问题与归责问题被区分开来；它们放在不同的阶段，并根据不同的规则来进行处理。归因层面意在解决行为是否是造成结果的事实上或者具有条件关系的原因；归责层面则进一步探讨结果是否可以当作行为人的作品而让其负责的问题。对此，有学者这样认为，"从理论发展的进程来看，大陆法系经历了从条件说、原因说到相当因果关系，再到客观归责这样一个学说的演进过程。其基本进程是将归因与归责加以区别，在归因的基础上再考虑归责"。[1]

客观归责能否放在因果关系理论之中来论述，并视为后者的下位范畴，当然是个有争议的话题。在德国当前的刑法理论中，它们一般被视为客观构成要件中两个相互独立的构成要素：因果关系以条件说作为判断

---

[1] 陈兴良：《从归因到归责：客观归责理论研究》，载《法学研究》2006年第2期，第81页。

准则,客观归责则另有一套处理规则,意在使结果犯摆脱因果律的限制。不过,考虑到客观归责理论本是自因果关系理论发展而来,而且,尽管在局部的发展中,它已跳出因果关系理论的范围,但整体而言,客观归责理论并没有摆脱因果律的限制;它其实是取代了诸多补充的因果理论的地位与功能,是针对由条件说所筛检留下的因果关联进行的二次筛检。[1] 基于此,将之纳入广义的因果关系范畴来理解,也不能算错。毕竟,"客观归责要素只在客观的构成要件中运作……对它在客观构成要件中的具体功能有意义的,只有'制造危险'和'危险实现结果'这个部分(当然这是主要部分)。就这个部分而言,它们所描述的正是'因果关系',此外其他部分,毫无用处";由此而论,客观归责理论"只是用'客观归责判断'的名称取代'因果判断'的名称,实际上进行的仍然是因果判断"。[2]

令人费解的问题在于既然客观归责本质上进行的仍然是因果判断,为什么当代的刑法理论却要发展出全新的分析框架来解决因果判断的问题。莫不成它只是德国学者为锻炼自己思维而发明出来的智力游戏,或者代表的是后者一厢情愿的努力,而跟现实的生活世界与刑事实践毫无关联?这显然是个值得思量的问题。倘若事实真是如此,则客观归责理论对于我国刑法学体系的意义将极为有限;反之,如果客观归责理论以社会发展的需要作为基础,它的出现代表理论对现实生活的积极回应,则当然就有必要对之进行认真关注,尤其是倘若中国社会也存在此种需要的话。鉴于目前国内关于客观归责理论的研究已经较为丰富,本章无意再为引介客观归责理论本身花费笔墨。与此同时,本章主旨也不在于单纯为其进行辩护(尽管行文中可能表现出对其的价值偏好),而是试图以此为切入口,去思考与探讨这样的问题:风险社会是否对刑法归责的发展提出新的要求,这种变化又如何影响刑法因果关系理论的走向?

第一节　风险分配与刑法的归责判断

不管是否赞成客观归责理论,人们都不得不承认,在当代社会,刑法中因果关系的判断正在日益地复杂化,而这种复杂化基本上是由归责的

---

[1] 参见许玉秀:《主观与客观之间:故意理论与客观归责》,法律出版社2008年版,第242页。

[2] 许玉秀:《主观与客观之间:故意理论与客观归责》,法律出版社2008年版,第210、243页。

复杂化所引起的。归责的复杂化尤其出现在过失犯的情形之中。这也是为什么归责问题在当代的刑法语境中会突显出来,并日益成为关注焦点的原因所在。它甚至试图摆脱因果关系范畴的束缚而自立门户。那么,归责的复杂化又是在怎样的背景与语境之下出现的呢?笔者认为,这个问题需要从风险的日常化与风险时代的来临说起。

作为理性化的产物,风险本身应当被视为是现代社会发展中的正常现象。它蕴含着自由发展的可能性,具有开辟更多选择自由可能性的效果;[1]与此同时,它也可能带来不确定性与危险。因而,随着工业化风险(包括技术性风险与制度性风险)的日常化,如何分配风险所带来的危险成为包括刑法在内的现代法律制度必须直面的问题。需要指出的是,风险与危险属于两个不同的范畴。风险是一个中性的概念;危险本质上是一种不可欲的风险,烙上了主体的价值评价,呈现出消极的色彩。对于现代社会而言,法律的目标不可能是消灭风险,而只能是控制不可欲的风险(即危险),并设法将风险进行公平的分配。至于风险的具体分配方式,则既取决于客观情境,也取决于主体的主观认识与价值偏好:客观情境的变化或不同会影响对风险分配方式的选择;同时,由于评价主体的认识与价值取向会有差异,即使客观情况相同的社会,也不一定采用同样的风险分配方式。

以交通为例。现代交通本身蕴含着危及他人生命、健康以及财产安全的危险,由于不可能通过取消现代交通来达到根除其存在的危险的目的,人们只能选择借助对风险的合理分配来实现对危险的控制与管理。于是,交通法规与相应的民、刑事法律便需要考虑这样的问题:如何分配交通领域的风险才能最佳地控制交通领域的危险。现代交通工具出现之初,法律曾选择交通领域的风险完全让驾驶人来承担。但随着机动车的普遍化,这种风险分配方式很快被认为不合时宜,法律转而要求行人也需要分担风险。这意味着驾驶人之间、驾驶人与行人之间具体如何分配危险,首先取决于交通的发达程度、法秩序的良好与否,以及公众对交通法规的信守程度等客观因素。此外,它也取决于立法者的公平观念,对客观情况的认识程度以及预防必要性的判断等。这可以很好地用来解释为什么在同质性很强的交通领域,不同的国家与地区会选择不同的风险分配

---

[1] 参见高宣扬:《鲁曼社会系统理论与现代性》(第2版),中国人民大学出版社2015年版,第266页。

方式。

　　风险如何分配,本质上涉及的是注意义务如何分配的问题。它往往与风险是否容许的判断联系在一起。承认某种风险是容许的,便意味着对一定范围内的侵害结果予以容忍。这是为享受工业化便利所不得不付出的必要代价。当立法者对风险的性质做出界定时,便已然对注意义务如何分配的问题给出了指示:如果风险被容许,则相应的行为人并未被科以具有刑法意义的注意义务;倘若风险不被容许,则行为人势必需要谨慎履行其注意义务,不然就可能要承担相应的刑法后果。当然,风险是否容许的判断或界定本身带有很大的主观性,并非纯然是客观的,它往往取决于政治上的决策。比如,德国高速公路上并无最高时速的限制,因而,高速驾驶所具有的风险在德国被认为是容许的。相应地,在高速公路上行驶的驾车人自然也就无须承担不超速的注意义务。而在包括我国在内的其他国家与地区,高速公路上高速驾驶(超过最高时速)的风险是不被容许的,由此,驾车人便须承担保持合理时速的义务。

　　既然风险容许与否的判断其实说的就是注意义务,而行为是否违背注意义务又构成归责的前提,相应地,可容许风险的问题自然会影响刑法归责的认定,尤其是对过失犯的归责。许逎曼指出,传统过失概念经由可容许风险学说的改造之后,并不是只要具备可预见性,而且还必须在安全防护措施没有遵守的情况下,才需要对于引起危害的结果负起刑事责任。由此对刑事责任体系产生的影响是,在不法的时候就已经需要依照注意义务的违反来判断。经由将"不得引起危害结果"之原始禁止规范,限缩为"不得因为对于社会必要注意义务的漠视而引起危害结果"之现代禁止规范,将产生四种对行为与结果间因果关系加以限制的结论:其一,并非所有条件说意义上的行为因果性对于结果归责而言都足够,只有含纳与生活经验相符的因果关联性的相当因果关系,才具有归责性。其二,只有属于注意义务规范保护范围内所要防止的结果,才能当作是行为人活动的结果,因为只有这种结果才是遵守注意义务规范所预先规划要避免的。其三,在即使履行注意义务也无法避免结果发生的情形中,虽然结果由行为人未尽注意义务引起,也不一定归责于行为人。[1] 其四,刑罚的科处

---

[1] 对这一问题,德国通说与风险升高理论的回答不尽相同。通说认为,未尽注意义务的行为人无须承担刑事责任,因为未尽注意并没有发挥任何作用;风险升高理论则认为,当未尽注意的行为与注意的行为相比,更有可能使结果发生时,就已经具备结果的可归责性。

对象并非任何过失行为,而只是针对特定程度以上的注意义务违反行为。[1]

通过影响注意义务的分配,既有的风险分配方式会从根本上影响客观层面的归责。它不仅表明由谁承担相应的注意义务,而且表明谁需要对最终的危害结果负责。仍以交通为例。现代各国通常选择由驾驶人与行人共同分担危险的危险分配模式(当然,具体的分配比例各国可能会有所不同),相应地,交通法规除设定驾驶人安全行车的义务之外,也往往同时会规定行人的注意义务。如果驾驶人违反安全行车的义务,则由此产生的危害结果通常会归责于他。反之,如果行人单方面违反交通法规引发交通事故,便不仅可能需要承担"撞了白撞"的后果(当其自身作为交通事故的受害方时),而且由此产生的其他危害结果也会让他来负责。而在驾驶人遵守安全行车而行人也适当履行其注意义务的情况下,如果出现交通事故与相应的危害结果,则在刑法上,该结果既不归责于驾驶人也不归责于行人。相反,假定某一地区的交通法规选择交通领域的事故风险全部由驾驶人来承担,那么,在任何情况下,因交通事故所导致的危害结果都会被归责于驾驶人。由此可见,交通事故中出现的危害结果,是否需要在刑法上进行归责,具体归责给哪一方当事人,取决于交通法规在风险分配问题上如何选择,又如何设置注意规范。

由前述可知,事前的规范设定,会直接影响归责问题的认定与判断。此处所谓的规范,首先当然指的是法律意义上的规范,其次它也可能包含为社会经验或大众正义观所接纳或要求的一般规范。后者在相当程度上能够弥补规范密度不足的现象。毕竟,立法者并非全知全能,在规范的设立问题上,立法上的不足在任何社会中都可能存在。由于事前存在的注意规范将影响归责问题,而此种规范不仅限于法律规范,也包括一般的社会规范。此外,每个具体案件所牵涉的规范又可能各不相同,这就必然使归责的认定变得复杂化。因为它意味着在每一次具体的归责判断过程中,都必须考虑与之相关的注意规范。倘若再遇到人们对规范的目的、内容或适用范围理解不一致的情况,归责认定更是会复杂得无以复加。问题在于对规范的目的、内容或适用范围理解不一致的情况偏偏又经常

---

[1] 参见〔德〕许迺曼:《过失犯在现代工业社会的捉襟见肘》,载许玉秀、陈志辉合编:《不移不惑献身法与正义——许迺曼教授刑事法论文选辑》,台北,新学林出版股份有限公司2006年版,第517—518页。

发生。

以德国著名的楼梯纵火案为例。该案的事实是:被告人甲系斯图加特市旧城区一栋公寓楼的出租人,因整修公寓而将装修垃圾用的塑胶袋、纸箱与木箱包装,暂时堆放在一楼楼梯间入口,逐次清运。该楼梯间极其狭窄,且楼梯皆为木制。在案发前最后一次清运(1994年3月8日)的一周后(即同月16日凌晨3点),精神异常的乙经过该楼并发现楼梯间的大门打开,乙遂进入并以打火机点燃纸箱,后因大火蔓延且逃生无门,造成7名住户死亡及14名住户严重受伤的结果。最后,公寓楼梯间本来有门有锁,当夜何人打开公寓大门未锁致乙得以进入公寓楼纵火,无证可查。

该案涉及对《巴登符腾堡州建筑法》第28条第1项规定,即楼梯、出入口和走廊必须可供良好通行和确保往来安全,如何理解的问题。检方认为被告人将装修垃圾打包堆放在狭窄的木制楼梯入口处的行为,违反该规定。斯图加等高等法院则认为,被告人对装修垃圾的堆放,并未使入口处受堵;既然入口处仍可供通行,看不出往来安全受损的情形,其便已尽到防止堆放垃圾所产生的典型危险的往来安全义务,并未违反前述规定。对于《巴登符腾堡州建筑法》第28条第1项的规定,不仅实务部门之间理解不一致,学者之间也存在意见分歧,尽管其在否定归责的结论上可能相一致。

比如,德国学者Gössel倾向于对所争议规定的规范保护目的做较为狭义的理解,认为被告人已经违反建筑法注意义务,但由于后者的目的并不在于排除纵火所制造的危险,因而,排除对被告人归责的根本理由在于风险并未实现(即欠缺保护目的的关联性)。许玉秀教授认为,不应像Gössel那样狭隘地理解往来安全义务,即它不仅限于让住户不摔倒的义务,也应当包括火灾时便于住户逃出的安全义务。基于此,许教授认为被告人违反《巴登符腾堡州建筑法》第28条第1项的规定,并且风险也已实现,之所以排除对被告人的归责,根本原因在于符合构成要件的放火行为系第三人所为,被告人的行为只是无过失的帮助,故可依非构成要件效力范围中第三人责任范围的事由排除归责。[1] 林钰雄教授则既不支持Gössel的观点,也反对许教授的见解。他提出,构成要件行为由第三人实

---

[1] 参见许玉秀:《客观归责与因果关系》,载许玉秀:《当代刑法思潮》,中国民主法制出版社2005年版,第412—433页。

施,并不是被告人归责与否的理由或标准,因为第三人实施的是纵火罪的构成要件,而对被告人的归责涉及的是过失致死伤的罪名,不会只因为纵火行为系第三人所为就否定被告人的实施行为。被告人因于楼梯间堆放装修垃圾而违反维护往来安全的注意规范,这一点足堪确认,如果逃生出路受阻而造成法益侵害是因堆放行为本身所致,将其理解为维护楼梯往来安全的注意规范之保护目的也还成立。但是,就本案而言,导致住户逃生来不及并不是直接来自堆放行为,而是因为起火点就落在楼梯口,火势蔓延阻断了住户从一楼楼梯逃生的可能性。应该说,维护楼梯间往来安全及良好通行的注意义务,以及据此而禁止楼梯间任意堆放垃圾的诫命,并没有"防止起火点落在楼梯口"的规范内涵在内,因而,该案中被告人所制造的风险与最后实现的死伤风险,因超出规范保护目的而不具同一性。[1]

应该说,如德国楼梯纵火案中的规范理解争论,在刑法实践中并不罕见(不同之处仅在于,其他案件中对规范的理解分歧很少有机会被表述得这么明确)。如此之多的变量引入进来,刑法归责的认定不可能变得不复杂。期望再继续依靠直觉或者单纯的条件公式来完成归责的判断,基本上是一厢情愿的幻想。当然,这不是说在风险社会来临之前,归责领域的疑难情形就完全不存在,而只是说彼时影响归责的注意规范相对简单,因而较少发生涉及归责问题的争议案件。即使有这样的案件,也基本是作为可以忽视的例外而存在。

综上可见,刑法中归责的复杂化其实源于规范问题的复杂化,更确切地说,是由规范成为归责判断中的施力点而引起。对此,有学者这样论述道,"法所容许风险及规范保护目的作为归责标准,固然结合了传统的法律解释方法(在此指义解释、历史解释、体系解释、目的性解释及合宪性解释等)而使其产生了实务上的可操作性,但也无可避免地使'法律'本身成为运作杠杆的施力点"。[2] 规范的这种复杂化,不仅表现为注意规范在立法密度上可能存在严重不足,即出现"无法可依"的情况,因而可能

---

[1] 参见林钰雄:《刑法与刑诉之交错适用》,中国人民大学出版社2009年版,第33—34页。
[2] 林钰雄:《刑法与刑诉之交错适用》,中国人民大学出版社2009年版,第35页。

需要援引保证人机制作为创设注意义务的基础,[1]也表现为即使确定了应当适用的具体规范,人们还可能对该规范的目的、内容与适用范围存在重大的认识分歧。至于规范为什么会日趋复杂化,从根本上说是取决于主流社会对风险分配与危险控制的态度与观念的转变,取决于风险社会背景之下刑法机能的调整:首先,在出现危害结果的场合,必须有主体来对之负责,不能如早先那样,偏重对于行为主体个人自由的保障,让遭受损害的人自认倒霉。其次,为有效地防止危险成为现实,有效地保护社会,刑法有必要在行为具有危险性时就进行介入与干预,惩罚不再是刑法的主要目的,其主要目的是预防或威慑。

第二节　刑法中因果关系的规范反思

刑法中对因果关系的研究,无疑必须与刑事责任问题相联系。因果关系的探讨,乃是服务于追究刑事责任的目的,后者直接支配因果关系的判断框架。穆勒(Muller)率先提出,对因果关系问题的讨论必须与讨论的直接目的联系起来,这样的转换具有深远的意义。他的研究被认为"揭示了因果关系的一个新的方面,而且还使用了一种值得注意的方式试图对这个新的方面加以阐明。他没有对'什么是原因'或者'什么是因果关系'这一问题作正面切入,而是采取一种变换的并且富有成效的方式展开调查。他所提出的问题实际上是,在什么条件下,并且从什么目的上说,一个单一的事件会被称为原因"。[2]这意味着目的将支配对原因的界定,影响因果关系有无的判断。不以刑事责任为依归,刑法因果关系的研究必然迷失方向,为庸俗的哲学观念所束缚而无法自拔。以必然因果关系与偶然因果关系为特征的传统因果关系理论,以及我国目前因果关系研究领域的混乱,便是脱离刑事责任目的而孤立地讨论因果关系的结果。

从苏联引入的传统理论对必然因果关系与偶然因果关系、内因与外因等命题的探讨,已经被证明走的是一条死胡同,根本无助于刑法中归责

---

〔1〕　在分析1994年发生在德国巴登符腾堡州斯图加特市的楼梯纵火案时,许玉秀教授曾指出,"台湾地区的'建筑法'的规定不若上述德国巴登腾堡邦建筑法的规定详细,也无类似的规定可供援用。如果相同的案例在我们这里发生,仍可依保证人地位的法理,认定行为人违反保证人的义务"。许玉秀:《当代刑法思潮》,中国民主法制出版社2005年版,第432页。

〔2〕　[美]H. L. A. 哈特、[美]托尼·奥诺尔:《法律中的因果关系(第二版)》,张绍谦、孙战国译,中国政法大学出版社2005年版,第17页。

问题的解决。因而,我国正面临重构刑法因果关系理论的任务。抛开哲学观念的束缚而另起炉灶,看来已是大势所趋。无论如何,刑法上的"原因性"(Ursächlichkeit)概念,是一个法律—社会影响上的关系概念(rechtlich-sozialer Beziehungsbegriff),具有本体论和规范性的含义,既不同于自然科学上的因果概念,也不同于哲学上的因果概念。[1]

然而,究竟是引入英美式的双层次因果关系(即事实因果关系+法律因果关系)理论,或者以条件说为基础附加诸多的补充规则,还是套用大陆法国家的相当因果关系理论,抑或是借鉴德国晚近以来勃兴的客观归责理论,国内学界的意见并不统一,唯一的共识是开始承认刑法因果关系具有规范评价的一面。比如,陈兴良教授指出,因果关系是行为事实与价值评判的统一,作为行为事实的因果关系只有经过价值评判才能转化为犯罪的因果关系。因此,对于刑法中的因果关系,仅仅当作一个事实问题来把握难以完成因果关系在犯罪构成中所担当的使命。[2] 黎宏教授也认为,刑法因果关系是需要从刑法规范的角度加以判断的犯罪构成要件的内容,其有无和表现形式,不纯粹是从物理的、自然科学角度出发的事实判断,而应当是从"应当如何或不应当如何"的规范角度出发的法律判断,具有价值判断的特征。[3] 此外,张绍谦教授关于刑法因果关系是事实因果关系与法律因果关系的统一,法律因果关系是刑法因果关系的本质的表述,也是意在强调刑法因果关系的规范性的侧面。[4]

如果说风险分配上的观念变化与刑法机能的调整会导致规范的复杂化,那么,规范的复杂化必然引发刑事不法行为类型的日益多元化,从而使其包含的因果关系问题远远超出人类直觉与常识所能把握的范围,最终造成刑法归责的难题。刑法理论倘要满足风险时代的归责需要,在因果关系领域便面临如何调适的要求。有鉴于此,随之而来的疑问便是:既有的因果关系理论能否解决刑法的归责难题?客观归责理论乃是为呼应归责问题的复杂化而产生吗?它是否足以应对伴随规范复杂化而来的归责复杂化趋势?

---

[1] 参见〔德〕约翰内斯·韦塞尔斯:《德国刑法总论:犯罪行为及其构造》,李昌珂译,法律出版社2008年版,第94页。

[2] 参见陈兴良:《规范刑法学(上册)》(第4版),中国人民大学出版社2017年版,第130页。

[3] 参见黎宏:《刑法总论问题思考》(第二版),中国人民大学出版社2016年版,第136页。

[4] 参见张绍谦:《刑法因果关系研究》,中国检察出版社2003年版,第116—136页。

承认刑法因果关系的规范性的一面,是完成重构因果关系理论任务中重要的一步。只有正视这一点,才可能摆脱一直以来哲学思维与自然主义观念的桎梏而另辟蹊径,并为应对因果关系领域归责问题的复杂化趋势做好心理准备。如果承认刑法因果关系的规范性,则显而易见的推论是,一旦规范本身或者评价主体的价值取向发生变化,比如对处罚必要性的认识或对风险分配的安排等进行调整,刑法因果关系的要求(或者说归责标准)自然也会相应地有所改变。认识这一点,无疑有助于推进对国内刑法因果关系理论的重构。从当前的研究来看,人们对刑法因果关系理论的反思似乎也仅止于此,并没有进一步去思考这样的问题:刑法因果关系的规范性的一面,对刑事领域归责标准的设定究竟意味着什么?

由于刑法中因果关系的判断深受事前的与风险分配相关的规范的影响,而规范已经变得日益复杂,并对刑法归责的认定产生重要的影响。在此种背景下,试图只通过对传统因果关系理论进行微调而实现重构的目的,明显低估了这项任务的艰巨程度及其重要意义。对刑法因果关系的规范性一面所具有的丰富意蕴,实有必要做进一步的深入挖掘。基于此,笔者认为,无论采取何种因果关系理论,在宏观层面至少需要认真处理好三对范畴的关系,即归因与归责之间的关系、客观与主观之间的关系,以及一般与个别之间的关系。以此作为反思的起点,相信能够为重构我国因果关系理论提供一些有用的启示。否则,对刑法因果关系理论的引介与论证将缺乏根基,不仅其正当性难以获得确证,而且更可能由于背离刑法归责发展的客观需要而在实践层面缺乏生命力。

第三节　刑法因果关系中的三对范畴

一、归因与归责之间

在刑法因果关系中,归因与归责是否有必要分开且能够分开,是一个值得探讨的问题。一般认为,条件公式的适用代表归因的判断,而归责的判断则须在此基础上借助其他标准进一步展开,后者是整个刑法因果关系判断的重心所在。当然,归责的判断标准会因采取相异的理论框架而有所不同。以德国为例,主流的刑法理论倾向以条件说来判断是否存在事实上的因果关联,而以客观归责理论来处理归责问题。日本的相当因果关系理论同样以条件说作为归因的基础,尔后再以相当性标准来完成归责的判断。英美的双层次因果关系理论所遵循的逻辑也与此相似,事实因果关系的判断采纳 but-for 公式(即"若非—则不"公式),法律因果关系则进一步适用所谓的近因标准。就此而言,归因与归责之间的确具有可分性。实际上,区分二者也是一种相当普遍的做法。

毕竟,归因阶段的标准相对统一与简单,是一种事实导向的、静态的逻辑判断。归责阶段则是规范导向的,其标准的设定具有动态性,也复杂得多,它不仅与规范本身的发展变化相关,也与社会现实经验的演进有关。比如,火灾发生后,因行为人违规占用狭窄通道致使消防车无法进入,从而导致危害结果(死伤人数与财产损失)扩大,在现实生活中时有发生,媒体也有广泛报道。司法实务中一般并不将危害结果归责于违规停车者。然而,如果此类事件不断发生,则不能说就不会出现将所扩大的死伤后果在刑法上归责于违规停车者的趋势。正如我国台湾地区学者在分析芦洲大火案时指出的,行政法规有无作为刑法注意规范的品质,与时俱进,而社会事件的演变与经验的累积,也直接影响刑法个人归责基础的判断。本来只是交通不法的违规停车,也有可能具有直接保护生命身体法益的规范作用,"在此,不是因为纯粹的逻辑演绎,而是因为这块土地上所有相关事件的经验与发展,补充了刑法注意规范的规范目的内涵,让禁止窄巷停车的交通法规具有刑法注意规范的品质。"[1] 前些年国内屡屡发生的果冻噎死幼童事件也是如此。设若生产果冻的某厂家明知这一点而继续我行我素,未在果冻的外包装上印制警示标志,再次出现幼童食用后噎死的结果,则印制警示标志的规定很可能被认为构成刑法上的注意规范。即使之前的果冻生产厂家并未因此而在刑法上被归责,也不影响本案中将幼童的死亡归责于该生产果冻的厂家及相关责任人员的认定。

归因与归责之间的划分,是基于一种必须对事实上的或自然科学上的因果关系与法律上的可归责性进行区分的固有信念而得出的结论。这样的出发点多少有些问题。实际上,刑法中归因与归责之间的区分是相对的,它们并非二元对立的关系。因为刑法因果关系涉及的始终是归责问题,所谓事实上的或自然科学上的因果关系,其实是法律上的因果关系的组成部分,它"无时无刻不在为归责的目标服务,也需要运用一定程度的政策衡量"。[2] 因而,不应将归因视为纯事实或纯粹自然主义的原因

---

[1] 林钰雄:《刑法与刑诉之交错适用》,中国人民大学出版社 2009 年版,第 37—38 页。

[2] 韩强:《法律因果关系理论研究》,北京大学出版社 2008 年版,第 97 页。

性判断。诚如疫学上的因果关系与危险升高理论所表明的,由条件说所代表的归因(或者说事实因果关系),有时也可能受刑事政策的影响,而表现出规范性的特征。此外,不作为被认为同样能够满足条件说的标准而构成条件,也具有规范构建的色彩,不是纯事实的经验判断。不作为并没有使因果规律发挥作用,它只是没有避免结果的发生。因而,说不作为是危害结果出现的条件,充其量只是一种逻辑上的建构。人们之所以更愿意在归责层面上做文章,是因为这一层面的规范主导特征使其具有较大的弹性与可塑性。在特定情况下,如果归因层面的标准被认为太过严格,人们当然也可能选择对归因标准动手。由此可见,就刑法因果关系的判断而言,归因并无独立的意义,它从根本上服务于归责。换言之,归因是归责的有机组成部分,而不是与归责相并列的独立因素。

对于以区分必然因果关系与偶然因果关系为特征的传统因果关系理论的弊端,乃至因果关系领域的理论混乱,国内有学者认为,症结所在,就是归因与归责没有严格区分。[1] 这样的断言具有相当的洞见性。目前我国刑法因果关系理论上的混乱,的确与没有很好地正视归因与归责之间的关系相关。条件说的谬误之处也在于此,它涉及的其实只是整个归责过程的一个部分,却错将只是归因当作归责的全部。不过,就传统因果关系理论而言,其问题绝不仅仅在于没有区分归因与归责,抑或是将作为归责组成部分的归因本身等同于刑法上的整个归责,而根本上在于判断标准的设定本身即有误入歧途之嫌。无论是必然因果关系与偶然因果关系,还是内因与外因等命题,都既不适合充当归因的判断标准,也不适合作为归责的判断标准:并非只有必然因果关系或内因才构成事实意义上的原因,也并非只有必然因果关系或内因才构成刑法上可归责的原因。可见,所谓的必然因果关系与偶然因果关系或内因与外因,均无法解决归因的问题,更不要说是完成对归责的判断。

二、客观与主观之间

在我国刑法理论中,因果关系历来被认为具有客观性,这一点甚至得到过分强调,以致任何敢于认为主体性的评价因素会影响因果关系判断的观点,都会受到严厉的批判。晚近以来,随着对刑法因果关系的规范性

---

[1] 参见陈兴良:《从归因到归责:客观归责理论研究》,载《法学研究》2006年第2期,第86页。

的广泛承认,因果关系的主观性的一面逐渐被正视。人们终于认识到,刑法中因果关系的判断,既然是为在规范层面解决是否应当对结果负责的问题,必定会受评价者的主观认识与价值观念的影响。对此,有学者这样论述:"刑法的选择当然具有主观性,但并不违反因果关系的客观性,恰恰是刑法因果关系区别于哲学因果关系的法律特征的体现。"[1]

如果事物之间的客观意义上的原因关联性程度,可以用 0—100 之间的数字来表示(指数越大代表关联性程度越高),则可以发现,在这中间,并不存在任何外在的客观标志来表明哪一部分或何种程度的原因关联为刑法所关心。这完全取决于评价者(包括立法者、司法者与其他解释主体)的主观判断。在一般情况下,评价者可能认为只有超过 90 的指数的关联性,才可以将结果归责于行为人的行为。在特定情形中,为了不让更为无辜的主体承担结果或基于其他考虑,评价者可能认为关联性指数低于 50 的或者更微弱的原因关联,便具有刑法上的可归责性。由此可见,刑法中的因果关系具有浓重的主观色彩,它甚至超越客观性的一面而有成为主色的态势。

也正是基于此,国外有学者明确主张,作为刑事责任根据之一的所谓因果关系,并不是对因果性联系的要求,而是对因果解释的要求。当人们将因果关系界定为具体事件之间的物理性联系时,需要区分因果关系与因果性的解释,后者是指那些告诉人们某事为什么发生以及如何发生的陈述。因果性的解释应该向我们提供有关被解释事件的因果历史的信息,它可能包含(通常是如此)对原因事件的描述,但不需要必然包含它。有效的描述挑选的只是对所描述事件的无数特征中的一些。因而,通过关注该事件的不同特征,我们可能对同一事件给出不同的描述,包含原因描述的陈述的解释性质,取决于描述所选出的原因的特征,以及我们赖以推理因果关系而作为基础的一般因果观念(如法律或一般性规范)之间存在某种逻辑上的契合。[2]

将刑法中的因果关系理解为是对因果性的解释,触及了问题的本质。由此,也就不难解释,为什么不同法律领域的因果关系所要求的关联性程度可能会有所不同,它从根本上取决于规范层面的价值判断,而不是客观

---

[1] 陈兴良:《规范刑法学(上册)》(第 4 版),中国人民大学出版社 2017 年版,第 133 页。
[2] See Marcelo Ferrante, Causation in Criminal Responsibility, 11 New Criminal Law Review (2008), p.493.

的原因关联性本身。正如黄荣坚教授所言,作为确立因果关系之基础的统计上的强度需求,会因为刑事责任领域、民事责任领域或是行政责任领域而有不同。因此,多少百分比的统计关系可以用来支持特定个案中的"非 P 则非 Q"的因果关系,是一个关键性问题。就因果关系的概念本身,对于这一问题并没有答案。在利害关系上的思考则是,如果统计上100%的概率关系作为确认自然律的标准,那么这个世界上没有任何因果关系可能被确认出来,从而也没有办法建构任何刑事责任、民事责任与行政责任。但是,如果认为统计上 60%、50%、40% 或甚至 30% 的概率关系就可以作为确认自然律的标准,那么,相对地,受损害的将是所有社会生活参与者的自由。因此,有关作为确立因果关系之基础的自然律必须具备的可靠度的问题,是一个价值判断的问题,而不是一个固定的数字。[1]

片面强调因果关系客观性的观点,从根本上忽视了刑法中的因果关系本身在更大程度上是一个规范的存在的事实:评价主体会基于自身的价值取向或需要来重新构建或解释这种关系。一旦引入刑法体系,因果关系经历了一个对象化或者说客体主体化的过程。刑法中的因果关系并不是自然因果律的映射,也不是对后者的单纯描摹,而是人们对各种原本裸的因果关系进行主体化(指通过有目的的活动,主体将自身的某种属性植入或者凝结到对象身上)活动的结果。通过这种主体化活动,评价主体将因果关联的意义、属性以及主体本身的好恶标准、利害取向、是非观念等粘贴到客体上,使其可以被称为刑法上的因果关系。

就此而言,与犯罪定义一样,刑法中的因果关系理论可以分为两种倾向:一种是主体本位的因果关系观;另一种是客体本位的因果关系观。[2] 主体本位的因果关系观认为,刑法因果关系理论并非因果关系(即两个具体事件之间的物理性联系)本身固有属性的翻版,而是评价主体赋予某些因果关系以刑法上的意义和属性的结果。所以,有意义的问题是:谁,根据何种标准,出于何种利益驱动,将何种因果关系界说为是刑法上的因果关系。因而,关键不在于什么因果关系实际上是刑法上的因果关系,而在于什么因果关系应当或者需要

---

[1] 参见黄荣坚:《基础刑法学(上)》(第三版),中国人民大学出版社 2008 年版,第192 页。

[2] 笔者以为,犯罪定义学中主体本位的犯罪定义观与客体本位的犯罪定义观的区分,也适用于对刑法中的因果关系理论。下文中有关主体本位的因果关系观与客体本位的因果关系观的特征的分析,套用了白建军教授对犯罪定义学所做的相关论述。参见白建军:《关系犯罪学》(第三版),中国人民大学出版社 2014 年版,第 199—215 页。

被纳入刑法因果关系的范畴。应当不应当,需要不需要,并不取决于所选定的因果关系本身,而取决于操作符号体系与规范准则的评价主体。客体本位的因果关系观则强调,刑法因果关系理论是因果关系的客观反映,不以人的不同"认为"或"需要"为转移,因果关系与评价者之间的关系是认识与被认识、反映与被反映的真理关系、认知关系。

李斯特时代自然主义的因果关系理论与我国传统的因果关系理论,无疑属于客体本位的因果关系观。当前为某些学者所主张的条件说(兼附诸多补充规则),[1]大体也可以纳入客体本位的因果关系观的范畴。客体本位的因果关系观,容易掩盖刑法因果关系判断中主观性的一面,掩盖评价主体自身的局限或利害,不利于约束评价者的主体性。主体本位的因果关系观则有助于人们发现与反思评价者在刑法归责问题上对主体性的滥用,不过,它也具有使因果关系的客观性变得无足轻重的缺点,以致行为人可能需要对极为遥远的危害结果负责,从而使归责的判断成为完全独立于客观因果关联的纯粹的主观臆造。

就此而言,无论是客体本位的因果关系观还是主体本位的因果关系观,都不见得是最好的选择。或许应当提倡一种中介本位的因果关系观。因为刑法因果关系"是主、客体之间的一个中介物,只有在主、客体之间的共同影响下不断调整自己,既服从来自主体方面的能动要求,又接受来自客体方面的规定和制约",[2]相应的标准才可能在体现评价者价值偏好,并呼应刑法归责的客观发展需要的同时,有效避免主体性的恣意放大。严格来说,相当因果关系说、客观归责理论与双层次的因果关系理论等,均应归入中介本位的因果关系观的范围,因为这些理论均是以事实导向的条件说作为客观前提,在此基础上再引入体现主体性的规范导向的判断标准。客观本位的因果关系观接近人们的常识性理解,所以,它长期以来占据支配性的地位,主体本位的因果关系观则一直受到忽视,其意义有待进一步挖掘。对主体本位的因果关系观的深入研究,相信将有助于完善中介本位的因果关系观。

三、一般与个别之间

如本章第一节所述,与风险分配相关的既定规范,对于个案中归责问

---

[1] 参见张明楷:《刑法学(上)》(第六版),法律出版社 2021 年版,第 235 页。
[2] 白建军:《关系犯罪学》(第三版),中国人民大学出版社 2014 年版,第 216 页。

题的判断具有举足轻重的作用。在进行归责判断时,必须考察规范的内容与目的,考虑相应的风险是否为法所容许。换言之,风险的容许与否以及规范的目的通常会成为决定是否归责的标准。这意味着有关归责问题的争论容易演变为对规范本身的争论,最终,矛头会直接指向规范的内容(通常涉及注意义务)与目的。如果规范本身成为刑法归责判断的施力点,则由此而来的疑问是:由于个案中涉及的规范都可能互不相同,相应地,具体的归责标准也会有所不同,这是否意味着不可能找到一个统一的解决刑法因果关系问题的处理规则?

(一)条件说

在刑法因果关系理论的发展历程中,寻找统一的一般化标准始终是一个挥之不去的心结。人们渴望找到统一的适用规则,以便一劳永逸地解决刑法中因果关系的判断问题。条件说便属于一般化的因果关系理论,它试图用"若非 A 而非 B,则 A 是 B 的原因"这样一个统一的规则,来完成刑法因果关系存在与否的认定。然而,条件说的这种努力显然并没有成功。即使是主张条件说的学者,也总是不得不借助诸多的补充规则,包括因果关系的中断、假定的因果关系、二重的因果关系、重叠的因果关系与可替代的充分条件等,来处理具体个案中的刑法因果关系问题。不难发现,条件说完全误解了刑法中因果关系问题的本质:不在于弄清行为与结果之间的自然科学意义上的因果关联性,而是要解决结果需要由谁来负责的问题。因而,它将只适用于判断自然性的事实因果关联的规则,扩张适用于归责层面的问题。此外,条件说的标准明显是一种具有固定内涵的静态存在,它并非动态性的,并且基本不包含规范的内容。这意味着条件说难以容纳规范本身的改变,更不会随着评价者的好恶标准、利害取向与是非观念的变化而有所变化。如果承认刑法归责的标准会因时因势而有必要进行调整的话,则显而易见的一个事实是,条件说无法适应刑法归责发展的客观需要。

(二)相当因果关系说

相当因果关系理论提供的也是统一的处理规则,并且这个规则看来有可能容纳规范标准的变化,而往往被认为是一个具有归责性质的理论。[1]

---

[1] 也有个别学者持不同的观点。比如,日本学者曾根威彦认为,"相当因果关系论,虽具有预见可能性、相当性之评价性质,却依然维持着事实的、存在论的性质"。转引自陈子平:《刑法总论》,台北元照出版公司2008年版,第172页。

问题在于相当因果关系理论所谓的相当性标准,实际上是一个模糊的存在。它究竟指的是行为导致结果发生的客观的概然性或可能性,还是一般人观念中行为与结果之间的经验性联系? 这一点并不清楚。从早期来看,它应当指的是行为导致结果发生的客观的概然性。[1] 只是,如果相当性指的是结果发生的客观的概然性,则在多大程度上提升危害结果发生的概然性就成为必须考虑的问题;究竟是显著地提升才能满足相当性的标准,还是任何轻微地增加即足以使一个条件成为相当的原因? 倘若答案是后者,则几乎没有什么条件会不相当;而倘若答案是前者,则又该如何界定"显著地提升"的含义? 即使能够对"显著地提升"做出界定,也仍然没有解决问题。比如,D 在很远的地方开枪,意图杀死 V,根据当时的距离,击中 V 的概率只有几万分之一,但不巧 V 正好子弹被击中而死亡。就此案而言,人们会将 V 死亡的结果归责于 D。但是,根据以客观概然性为中心的相当性标准,则不能说 D 的开枪行为是 V 死亡的相当原因。由此可见,至少的某些案件中,将结果归责于行为人的行为,与该行为本身的客观概然性并无干系。此外,这样的相当性标准,由于不具备随规范变化而调整的灵活性,与前述条件说的缺陷一样,不可能呼应刑法归责发展的需要。

那么,如果将相当性界定为一般人观念中行为与结果之间的经验性联系,是否就能成为有效解决刑法因果关系问题的一般化标准呢? 从当前刑法理论来看,人们往往将相当性与一般人观念(或日常生活经验)联系起来,而不是与客观的概然性。比如,认为相当性,"即在一般情况,有同一条件,均可发生相同结果者,方为结果的原因。反之,如依一般人客观的考虑,认为不必皆发生如此结果者,则该条件与结果并不相当,不过为偶然结合之事实而已"。[2] 或者认为,所谓的"相当""是指该行为产生该结果在日常生活中是一般的、正常的,而不是特殊的、异常的"。[3] 可以肯定的是,引入一般人观念,具有使相当性的标准能够容纳规范变化的优点。与客观概然性不同,社会生活中的一般人观念,总是会因时因地

---

〔1〕 相当因果关系理论由德国学者 von Kries 在 19 世纪晚期提出。按 von Kries 的观点,当且仅当满足以下两个条件时,一个既定的偶然事件才是危害结果的相当原因:(1)它必须是危害结果的一个必要条件;(2)它必须显著地"提升"危害结果发生的"客观概然性"。H.L.A. Hart & Tony Honoré, Causation in the Law, Oxford: Clarendon Press, 1985, p.469.

〔2〕 韩忠谟:《刑法原理》,中国政法大学出版社 2002 年版,第 89 页。

〔3〕 张明楷:《刑法学(上)》(第六版),法律出版社 2021 年版,第 226 页。

因势而变化,况且它并非一个实然的存在,而只是评价者眼中的"一般人观念",因而具有极强的可塑性与灵活性。通过锻造"一般人观念",评价者能够很便利地将自身的价值偏好与利害取向等植入相当性的标准之中,使之适应刑法归责发展的需要。

然而,一般人观念在使相当性标准具有极大的可塑性的同时,也使其从根本上丧失了实在的内容,而成为一个空洞的公式,因为这样的相当性,无非说"应当从一般人的立场出发,以该结果能否说是由实行行为所引起的"。[1] 提出相当性标准的本意,是要为结果能否说是由实行行为引起提供判断的准则,而实际上,它除了表明应当考虑一般人的立场,并没有提供任何可供适用的规则。很显然,人们不可能使用这样空洞的标准来完成对刑法因果关系的判断,而只能转而借用其他规则预先回答因果关系的有无问题,然后再根据相应的答案倒过去设定"一般情形"的具体所指,据此论证是否满足相当性的标准。有学者曾一针见血地指出,"相当因果关系根据条件因果关系理论以及过失概念判断出对于行为人归责与否的答案之后,再配合此一预设答案决定所必须存在的前提,亦即所谓'一般情形'的内容,结果是,相当因果关系的认定是纯粹的循环论证。并且,如果把此一思考过程背后隐藏的条件因果关系概念以及过失概念抽离,相当因果关系理论本身所谓的'一般情形'之认定是完全出于恣意性,也难怪会出现对于'一般情形'认定的本身有矛盾的情形"。

综上可知,无论相当性的内涵具体为何,它在刑法因果关系的判断中都可能只是一个幌子。就此而言,尽管相当因果关系理论属于一般化的理论,但是它所提供的一般化的标准,其意义不应高估。如何把相当性的判断具体化,始终是相当因果关系理论亟待解决的难题。

(三)英美的双层次因果关系理论

虽然英美刑法理论总体上对我国刑法理论的发展影响较小,但双层次的因果关系理论或许是一个例外,它在我国具有相当大的影响。因而,有必要在此考察,双层次的因果关系理论是否可能为刑法因果关系的判断提供一般化的规则。

双层次的因果关系理论将整个判断过程分为两个步骤,先是进行事

---

[1] [日]大谷实:《刑法讲义总论》(新版第2版),黎宏译,中国人民大学出版社2008年,第197页。

实层面的条件关系判断,在此基础上进一步进行法律层面的原因性判断。换言之,在确定行为构成危害结果的事实上的原因后,控方还需要证明行为与危害结果之间的联系足够紧密,以致该行为构成危害结果的法律上的原因。前一层面通常称为事实因果关系或 but-for 因果关系,一般适用的是"若非 A 而非 B,则 B 是 A 的事实原因"的判断公式(but-for 公式)。[1] 后一个层面称为法律因果关系,有时则称为近因(proximate cause)或直接称为可归责的因果关系(imputable causation)。在双层次因果关系理论中,法律原因被认为本质上是一个涉及价值判断的政策问题,即结果能否公平地被说成是可以归责于被告人,或者说行为与危害结果之间的联系是否弱到让被告人负责就显得不公正的程度。

英美刑法理论从未将只适用于判断自然性因果关联的 but-for 公式,扩张适用至整个归责过程,这是双层次因果关系理论比条件说高明的地方。此外,双层次因果关系理论并没有像相当因果关系理论那样,试图为法律因果关系的判断提供统一的标准。从英美通用的教科书的编排与论述来看,理论上习惯于根据具体的案件性质分门别类地探讨法律因果关系的成立与否。虽然也有学者归纳出一些常用的规则,但这些规则并不具备普遍的适用效力。比如,对当代英美刑法理论的发展曾经产生重大影响的 Glanville Williams,曾归纳五项适用于法律因果关系判断的规则,包括过失的相关性规则(危害结果的发生必须与过失本身在原因上相关,才可将结果归责于行为人)、微弱因果关系原则(若行为对结果的贡献只起到微小的作用,则不可将结果归责于行为人)、日常危险原则(如果结果的发生乃是由日常的危险所导致,则不应将结果归责于行为人)、合理的预见性原则与新介入行为的原则。[2]

当然,如果勉强要为法律因果关系的判断提炼一个较具普遍适用性的规则,则非可预见性规则莫属。在美国的很多司法区,可预见性规则具有重大的影响力,它实际上构成近因理论的核心。那么,构建一个以可预见性为统一标准的刑法因果关系理论是否可能呢?

---

[1] 在并列充分原因(concurrent sufficient causes)的场合,美国的一些法院曾援引侵权法上的"实质要素"标准("substantial factor" test)作为事实因果关系层面的补充规则。See Joshua Dressler, Understanding Criminal Law, 3rd edition, New York: Matthew Bender & Company, 2001, p.186.

[2] See Glanville Williams, Textbook of Criminal Law, 2nd edition, London: Stevens & Sons, 1983, p.384.

可预见性规则本身是普通法国家常识因果关系理论的产物,它与相当性因果关系理论中的一般人观念有异曲同工之处,同样是借助人们的日常认识来排除行为与结果之间的偶然联系。基于此,它也存在与相当性标准类似的缺陷,即缺乏实在的内容而只是一个空洞的公式。并且,由于偏重于强调认识方面的因素,它还具有混淆客观层面的归责与主观层面的归责的嫌疑。可预见性分明是主观层面的内容,如果危害结果的出现不具有可预见性,则完全可以留待主观层面的归责时进行解决。一个偶然性的事件,并不是非得在客观不法层面排除在归责范围之外不可,它并非唯一的选择。正如学者所言,"在刑法犯罪结构上已经有主观不法之过滤功能的情况下,又要在客观不法上把所谓偶然的事实排除归责范围之外,并无意义"。

由此可见,双层次因果关系理论同样没有能力为归责意义上的因果关系判断提供统一的标准。严格来说,它不应纳入一般化的因果关系理论的范畴,而属于个别化的因果关系理论。

(四)客观归责理论

晚近德国刑法理论的发展中,最引人注目的莫过于客观归责理论。尽管人们对该理论本身的内在体系以及具体的内容方面,尚存在一些争议,但不可否认的是,在客观层面的归责问题的判断上,它已经取得通说的地位。

与其他因果关系理论相比,客观归责理论至少在三个方面表现出不同:其一,客观归责理论大大限缩了因果关系概念的外延,它将后者限定为事实意义上的因果关联。在罗克辛的体系中,因果关系与客观归责是并列的两个部分,作为整个客观要件归责的两大步骤。[1] 这样一来,因果关系便只需处理自然意义上的因果关联,不再涉及归责意义上的问题。在雅科布斯的体系中,因果关系是客观归责理论的下位概念,作为归责的积极条件。[2] 由此,因果关系反过来被客观归责理论所包含,成为后者的组成部分。其二,不像其他的因果关系理论容易遮蔽价值判断的一面,客观归责理论以是否制造法所不容许的风险作为命题,并且在判断风险是否实现时,要求考虑规范的保护目的与构成要件的效力范围等,明显

---

〔1〕 Vgl. Claus Roxin, Strafrecht Allgemiener Teil, Band I, 4. Auflage, Verlag C.H.Beck, 2006, §11, Rn.2.

〔2〕 Vgl. Jakobs, Strafrecht Allgemiener Teil, 2. Auflage, Walter de Gruyter, 1993, §7, Rn.5 ff.

地表现出规范论的色彩。其三,其他因果关系理论大致仍局限于因果关系领域,而客观归责理论则超越因果关系的范围,其影响还及于实行行为论与构成要件论,以及违法性论与过失犯论等。实际上,在很多时候,它甚至根本不是作为因果关系理论而被评价,而是作为构成要件实质化的方法被赋予意义。比如,我国台湾地区学者曾这样评论道:"客观归责理论企图从法秩序的目的定出确定构成要件行为的范围,是想替构成要件行为找出实质的判断依据,罗克辛所提出来的规范保护目的、被容许的风险、构成要件的效力范围等原则,都是尝试将法秩序的要求具体化,而它们本身都是实质的标准,所以客观归责理论和实质的违法性理论,同属于20世纪以来刑法学思潮,乃至法学思潮实质化的一环。"[1]

客观归责理论比既有的任何因果关系理论都要复杂,这是它最遭人诟病的地方。在它的三个核心规则(制造法所不容许的风险、实现不法风险与构成要件的效力范围)之下,又包含着诸多细化的规则,包括降低风险、替代性风险、可容许风险、假定因果流程、结果与行为之常态关联、规范的保护目的、结果之可避免性、第三人专属负责领域,以及被害人自我负责等。这些规则都不具有普通的适用效力,而需要在个案中具体地进行考量:先是甄别与选择合适的规则,再围绕该规则展开探讨。可以发现,无论是规范的目的,还是重大的因果差异,或者构成要件的效力范围等,都意味着归责判断的具体化与个案化。

客观归责理论的提出,表明人们已经公然放弃为结果的可归责问题寻求统一标准的尝试。它的规则的庞杂与多元,恰恰表明,没有办法用一个统一的标准解决所有的归责问题。正是基于此,客观归责理论将努力的方向放在基本处理框架的提出与构建上,并致力于将判断的规则具体化。客观归责理论其实只是规则的集合体。正如学者所言,"德国客观归责学说以风险实现为概念之核心,但是所谓风险实现并不具有实证意义的定义。因此,'客观归责'只能被当作是某一些判断不法之不成文事由的集合名词,本身并无特殊意义"。[2]

这或许是客观归责理论的高明之处。在归责问题日益复杂化的今天,寻找统一标准的雄心壮志未免不合时宜,提出一个合适的处理框架,并分门别类地将规则具体化,才是更加稳健的选择。可以说,正是众

---

[1] 许玉秀:《当代刑法思潮》,中国民主法制出版社2005年版,第408页。
[2] 黄荣坚:《基础刑法学(上)》(第三版),中国人民大学出版社2008年版,第234页。

多下位规则的存在,使客观归责理论比相当性标准更具有可操作性。此外,由于这些规则并非静态的、固化的存在,而具有随评价主体的价值偏好与利害取向的变化而变化的特性,能够容纳规范本身的变化,这就使呼应刑法归责发展的需要成为可能。对于客观归责理论的此种优点,有学者曾这样论述:"客观归责是从动态即从可归责性的角度来考察刑法因果关系,这是它较之相当因果关系的创新之处。更为重要的是,客观归责论以禁止的危险作为归责基础,并由此展开其观点,使相当性的判断具有实体根据。在这个意义上,可以说客观归责论在一定程度上超越了社会经验法则的这种过于抽象的标准,而是结合构成要件加以判断,从而使相当性的判断在构成要件层面上得以实现。"[1]

值得指出的是,尽管客观归责理论与双层次的因果关系理论都不以追求统一标准作为自身的目标,而更偏好于进行个案性的判断,但这不意味着对二者可等同视之。

客观归责理论是大陆法学者理性构建的产物,深受分类学方法的影响。此种分类学方法类似于植物学和动物学中对动植物的分类,每个个体或要素都必须分门别类地被纳入整个分类体系,并被安排合适的位置。分类学的方法对德国刑法学的影响,不仅表现在很多刑法理论都是围绕分类问题展开,而且表现在对以内在一致性与完备性为特征的体系目标的追求之上。就客观归责理论而言,它一直面临在犯罪论体系中处于何种地位的问题。同时,由于其自身又构成一个子系统,因而,不仅如何分配下位规则的位置是一个必须解决的问题,体系本身的完备性(必须适用于所有类型的归责案件)也是努力的方向。有学者曾这样论述德国学者的思维特性:普通法的刑事法律人将时间花在悉心为具体个案寻找适当解决方案之上;相反,德国刑事法律人则致力于一个旨在解决所有案件的体系的正确构造,认为对这种司法工具的构建与质量控制投入的努力越多,需要进行产品控制花的精力便越少。[2]

与客观归责理论不同,双层次因果关系理论是经验实践的产物。英美的法律人永远习惯于将大量的精力花在后期的产品控制上,而从不试图通过体系的构建提出一种处理框架,由此一劳永逸地解决所有的案件。

---

[1] 陈兴良:《刑法因果关系:从哲学回归刑法学:一个学说史的考察》,载《法学》2009年第7期,第41页。

[2] See Markus Dubber, The Promise of German Criminal Law: A Science of Crime and Punishment, in 6 German Law Journal (2005), p.1068.

相应地,涉及近因判断的各个规则,往往受个案事实的驱动,既零散又细碎,甚至显得有些凌乱,彼此之间的关系也往往交代得不清不楚。尤其是既有规则的总和永远都不会被认为构成一个完备或相对完备的整体,足以据此处理所有类型的归责判断。

第四节 本章小结

(1)刑法因果关系的认定本质上涉及归责的判断。归责判断与风险分配存在紧密的内在关联,风险如何分配涉及的是注意义务如何分配的问题,而归责的首要前提便是判断行为是否具有义务违反性。由于风险容许与否的判断其实说的就是注意义务,而行为是否违背注意义务又构成归责的前提,相应地,可容许风险的问题自然会影响刑法归责的认定,尤其是对过失犯的归责。通过影响注意义务的分配,既有的风险分配方式从根本上影响客观层面的归责,它不仅表明由谁承担相应的注意义务,而且表明谁需要对最终的危害结果负责。

(2)刑法中归责判断的复杂化源于规范问题的复杂化,是由规范成为归责判断中的施力点而引起。承认刑法因果关系的规范性,是完成重构因果关系理论任务中重要环节。只有这样,才可能摆脱一直以来哲学思维与自然主义观念的桎梏,从而实现从因果论到归责论的范式转变。不可能存在能够一劳永逸地解决刑法因果关系认定问题的统一的一般化标准;此类标准要么无视刑法因果关系的规范属性,要么太过空洞而不具有可操作性。

(3)为推进我国刑法因果关系理论的重构,有必要认真处理好三对范畴之间的关系:①就归因与归责的关系而言,归因其实是归责的有机组成部分,并非与归责并列的独立因素;②就客观与主观的关系来说,行为与结果之间的事实因果关联具有客观性,同时何种程度的因果关联能够充足归责的必要条件则明显受主体主观评价的影响;③至于一般与个别的关系,构建一般化的刑法因果关系理论并不可行,客观归责学说的提出代表的是理论发展的新方向。对于刑法因果关系的认定,尽管提供统一的一般化标准不可能,但统一的处理框架则是可能的也是必要的,它应当同时具备规范性、动态性与可操作性的特征。

第七章　事实因果与结果归责的类型

结果犯中,在确定存在实行行为与构成要件结果之后,还需要进一步审查构成要件结果是否是实行行为所创设的风险而实现,这便是所谓的结果归责问题。传统的刑法因果关系理论与晚近兴起的客观归责理论(主要是"实现风险"部分)主要围绕这一问题而展开。客观归责理论乃是以"制造风险"与"实现风险"作为两大支柱构建起来。"制造风险"部分涉及构成要件行为的界定,属于行为归责的范畴,而"实现风险"部分则对应于狭义的或真正的结果归责问题。我国学界所接受的客观归责理论主要是德国学者罗克辛的版本。按他的见解,客观归责理论分为三大原则:一是制造不被容许的风险;二是实现法不被容许的风险;三是构成要件的效力范围。[1] 不过,构成要件的效力范围显然不足以成为客观归责的支柱之一,它与前二者是交叉关系。正是基于此,有批评意见认为,没有必要将"构成要件的效力范围"构建为单独的归责原则。[2]

就我国而言,在结果归责领域,早先的必然与偶然因果关系说基本已被放弃,但尚未形成新的理论通说。一方面,刑法理论上日趋公认,刑法因果关系的判断涉及规范层面的归责问题,所以,无论是哲学的视角还是自然主义的视角,都偏离了问题的本质而应予放弃。[3] 另一方面,除"事

---

[1] Vgl. Roxin, Strafrecht Allgemeiner Teil, Band I, 4. Aufl., 2006, 375-401.

[2] Vgl. Schönke/Schröder, Strafgesetzbuch, Kommentar, 28. Aufl. 2010, vor §§13 Rn. 92a.

[3] 参见陈兴良:《刑法因果关系:从哲学回归刑法学:一个学说史的考察》,载《法学》2009年第7期;周光权:《客观归责理论的方法论意义兼与刘艳红教授商榷》,载《中外法学》2012年第2期;劳东燕:《风险分配与刑法归责:因果关系理论的反思》,载《政法论坛》2010年第6期;许永安:《客观归责理论研究》,中国人民公安大学出版社2008年版,第195页;杨彩霞:《刑法因果关系论之危机、反思与出路》,载《国家检察官学院学报》2004年第4期;孙运梁:《客观归责理论的引入与因果关系的功能回归》,载《现代法学》2013年第1期。

实—法律"双层次因果关系说与相当因果关系说之外,客观归责学说成为第三种颇有影响力的理论,由此形成三足鼎立的局面。[1]

不可否认,"事实—法律"双层次因果关系说、相当因果关系说与客观归责学说之间存在重大的差异,前二者本质上仍属于关系论的范畴,而后者乃是以规范为支点的归责论。"规范"基准强调了创设刑法条文背后的特定目的对客观归责论的影响,因此构成现代客观归责理论的"核心要素"以及其区别于其他理论的根本点。[2] 不过,抛开前述差异不论,"事实—法律"双层次因果关系说、相当因果关系说与客观归责学说其实不乏共同之处:三者都期望发展出一套形式上统一的标准来解决结果归责的问题。在这种统一标准的框架之下,结果归责的判断被分为两个基本步骤:先利用条件公式(也称排除公式)进行事实归因,在此基础上再展开规范归责的判断。[3] 换言之,它们都建立在归因与归责二分的基础之上,归因等同于事实因果的判断,归责则解决的是在具备事实因果的情况下,进一步从规范上考察其结果是否可归责于行为主体。[4]

在这种"归因—归责"二分的框架中,就归因而言,行为与构成要件结果之间的必要条件关联,往往被认为是归责判断的不可或缺的事实基础,同时其意义也仅限于此。归因本身不被认为具有归责的色彩,故并不涉及任何价值判断或规范评价的问题,而只涉及纯粹本体事实的探寻。对归因的这种理解,在我国刑法学界具有相当的普遍性。尤其是受客观归责学说引入的影响,学界近年来对结果归责领域的研究重心压倒性地放在归责层面,对归因则基本不予关注,以为归因是一个简单的、早已有定论的问题;至于归因与归责之间内在的作用关系,更是被普遍忽视。然而,归因是否真的单纯是无涉评价的事实问题?这一前提本身值得质疑。同时,借由条件公式得出的对归因基础的统一性假定,恐怕也难以成立。

---

[1] 合法则的条件说的思想基础在于,刑法上的因果关系只是一种事实关系(要么存在,要么不存在),不应加入规范性判断。不过,在西田看来,只要是在盖然性法则的名义之下探究因果关系的通常性这一问题,实质上仍然会吸收相当性说的思想。参见[日]西田典之:《日本刑法总论》(第2版),王昭武、刘明祥译,法律出版社2013年版,第84页。

[2] 参见熊琦:《从"戏言逼死人命"案看客观归责的"规范之维"》,载陈兴良主编:《刑事法判解》(第11卷),人民法院出版社2012年版,第17页。

[3] 参见储槐植、汪永乐:《刑法因果关系研究》,载《中国法学》2001年第2期,第153页;陈兴良:《客观归责的体系性地位》,载《法学研究》2009年第6期,第41页;刘艳红:《客观归责理论:质疑与反思》,载《中外法学》2011年第6期,第1236页。

[4] 归因与归责这对概念乃是借鉴陈兴良教授的概括,参见陈兴良:《从归因到归责:客观归责理论研究》,载《法学研究》2006年第2期,第70—86页。

本章的主旨由归因层面的事实因果入手,去揭示归因层面存在论基础的差异,对结果归责的规范判断及其理论构建产生的影响,进而表明归因与归责之间存在相互作用的关系。第一节对"归因—归责"二分说框架存在的问题做了基本的分析;第二节着眼于归因层面存在论基础的差异,归纳并梳理了传统刑法理论中存在的两种结果归责类型;第三节重点讨论疫学因果关系学说与风险升高理论,认为其无法为既有类型所涵盖,而代表的是新兴结果归责类型。

需要特别指出,因一般所谓的刑法因果关系同时包含了归因与归责的内容,为防产生混淆,对于此种广义的因果关系,[1]本章一般使用"刑法因果关系"的表述。与之相对,对归因层面的因果关系(即狭义的因果关系)原则上采用"事实因果"的术语,在援引他人论述时则间或以"因果关系"的概念来进行表达。

第一节 "归因—归责"二分说框架的问题

就结果归责的判断而言,本书并不否认归因与归责二分说在基本框架上的合理性,并且也赞同判断构造中有必要按先归因再归责的步骤进行。但是,迄今为止,学理上对这一框架的勾勒过于粗枝大叶,尤其是对归因的简单化定位,严重扭曲了归因与归责之间的内在关系。基于此,有必要先行检视这一分析框架所存在的问题。

首先,既然归因始终受归责目的的制约,将归因视为单纯的事实探寻就并不妥当。

在现行的"归因—归责"二分的框架之下,由于归因层面的事实因果被完全置于归责的范畴之外,这使归因的判断往往被认为是单纯的认识论问题,只涉及事实而无关评价。实际上,讨论归因层面的事实因果,终究是为了解决归责与相应的刑事责任的问题。某一条件之于结果而言是否构成原因,取决于是从什么目的上来说,或者说取决于原因被适用的目的。基于某一目的而构成原因的事物,对于另一目的而言可能并不构成原因。据此,对法官而言是原因不需要对医生而言也是原因。正是通过这样的选择过程,即基于解决法律争端的目的需要选择什么作为原因,政

---

[1] 有关因果关系概念的广义与狭义用法,以及它与客观归责概念之间的关系,参见张明楷:《也谈客观归责理论:兼与周光权、刘艳红教授商榷》,载《中外法学》2013年第2期,第308—309页。

策性的考虑在决定事实原因问题时发挥着其影响。[1]

在目的有所不同的场合,因果关系的实际含义也有所不同,由是之故,有美国学者明确断言,在法律中,事实原因与近因(法律原因——笔者注)一样,最终都是用来实现人类目的的功能性概念。与事实因果相关的概念之所以经常看来几乎是绝对的、与目的相中立的,仅仅是因为在其被适用的场合,各类相称的目的基本上都要求以近乎普遍化的形式构建它们。[2] 可见,只要承认目的对归因的制约性,就不得不承认,在结果归责的判断构造中,归因并无独立的意义,它从根本上服务于归责;归因应当是归责的有机组成部分,而不是与归责相并列的独立因素。[3] 这意味着归因层面的事实探寻,不可避免地带有规范评价的色彩。Malone 在早年的一篇著名的论文中之所以特别强调政策问题与事实问题之间紧密联系无法分割,缘由也在于此。因而,他才会认为,在事实原因与近因之间的区别基本上只是程度的区别,而不是性质的区别。[4]

无论是条件公式的适用本身,还是对条件公式的各式修正,无不渗透着规范与政策因素的影响。

一方面,条件公式"无 P 则无 Q"的运用中,对 P 与 Q 的选择与界定,深受规范评价的影响。但凡涉及因果关系争议的案件,第一步便是要解释相关法条,以便确定究竟是什么样的行为因素与结果才是刑法上具有意义的。不仅如此,对 P 与 Q 具体如何描述,也并非直截了当的过程,更不是只存在一种版本。如学者所言,"事件陈述的意义取决于事件的脉络,一旦将因果简化为条件式的符号(例如 P→Q),好像 P 所代表的是唯一而确定的事件陈述,实是颇有疑问"。[5] 比如,德国著名的"山羊

---

[1] See Wex S. Malone, Ruminations on Cause-In-Fact, in 9 Stanford Law Review (1956), p.64.
[2] See Guido Calabresi, Concerning Cause and the Law of Torts, in 43 The University of Chicago Law Review(1975), p.106.
[3] 参见劳东燕:《风险分配与刑法归责:因果关系理论的反思》,载《政法论坛》2010 年第 6 期,第 100 页。
[4] See Wex S. Malone, Ruminations on Cause-In-Fact, in 9 Stanford Law Review (1956), p.97.
[5] 黄维新:《因果理论与实务的困境及突破》,载《月旦法学杂志》2010 年第 6 期,第 88—89 页。

胡毛案"中,[1]被告人的行为(P)究竟描述为"没有对山羊胡毛消毒"还是"将没有消毒的山羊胡毛交给女工",在运用条件公式进行检讨时将影响其结论。假若将其中的P描述为"没有对山羊胡毛消毒",需要检讨的问题便是,如果被告人对山羊胡毛履行消毒程序,女工因感染杆菌死亡的结果是否会出现?由于依照事后鉴定结果,纵使被告人履行消毒程序,亦几近确定地无法避免该死亡结果,故二者之间并无必要条件关系。反之,如果P被设定为"将没有消毒的山羊胡毛交给女工",则相关的问题便转化为,如果被告人对山羊胡毛履行消毒程序且未将之交给女工(或被告人未将没有消毒的山羊胡毛交给女工),女工因感染杆菌死亡的结果是否会出现?结论显然是肯定的,于是二者之间便又存在必要条件关系。

对Q的界定同样如此。以双重因果关系为例,此类情形下能否肯定必要条件关系,经常取决于对其中的Q如何界定。有论者便通过对结果的重新界定,而认为完全可以适用条件公式。比如,D1与D2分别同时向被害人开枪,一枪击其心脏,另一枪击其中头部,两处均为致命伤,致被害人死亡。对此,只要将结果具体界定为"基于两处致命伤而死亡",则前案中无论是D1的行为还是D2的行为,便均与死亡结果存在必要条件的关系。[2]在假定因果关系流程的案件中,也可通过采取此种方式予以解释。比如,A给B一包致命剂量的毒药,但在毒药被服之前,C开枪把B打死;A燃起一场火,快要烧毁B的房屋,这时由于C实施决水,导致从水库中泄下的洪水把大火淹灭并将房屋冲毁。在前述情形中,只要将产生相应结果的因果过程作为对这一结果进行描述的一部分时("被枪打死""被洪水冲毁"),便能正确地把行为人的行为说成是这些损害发生的一个必要条件。[3]

另一方面,对条件公式的各式修正,也只能从规范评价反制的角度给出合理的解释。条件公式所面临的主要批评,便是在有些场合,适用这

---

〔1〕 该案的具体事实为:工厂厂主甲从中国购进一批制作画笔的原料山羊胡毛。依照规定,甲应当先对原料进行消毒,但甲未按规定履行消毒程序便将山羊胡毛交付加工,致使4名女工因感染细菌而死亡。事后查明,造成女工死亡的细菌是欧洲当时尚未出现的炭疽杆菌,即使甲依规定进行消毒,由于当时的消毒技术不足以完全杀灭病菌,女工仍可能染病死亡。

〔2〕 See Dressler, Understanding Criminal Law, New York: Matthew Bender & Co., 1987, pp.161-162。

〔3〕 参见[美]H. L. A. 哈特、[美]托尼·奥诺尔:《法律中的因果关系(第二版)》,张绍谦、孙战国译,中国政法大学出版社2005年版,第108—109页。

一公式会得出有悖于一般人正义感的结论。因而,学理上一直试图通过公式的修正,来弥补条件公式存在的缺陷。除对其中的 P 或 Q 要求进行更为具体的界定或描述之外,此类修正还包括改用"若 P 则 Q"的充分条件公式,通过排除假想事实的考虑,或者干脆辅之以其他独立的标准等。比如,英美刑法中,实质因素(substantial factor)或实质原因(significant / substantial cause)标准,往往作为条件公式之外的补充标准而存在。更有甚者,人们索性否定条件公式的基础地位,而另行引入新的综合标准。比如,德国学理上,对归因层面事实因果的判断,往往更青睐于采用合法则的条件说,而不是以排除公式为基础的传统条件说。[1] 前述对条件公式所做的各种修正,难以由存在事实本身进行解释。只有着眼于归责的目的,才能够说明为什么在某一情形中不能常规性地适用条件公式,而有必要做出这样或那样的修正。既然规范性的考虑充斥在因果分析之中,纯粹的条件事实分析便不可能单独存在。这足以说明,什么样的事实基础满足归因所要求的关联,受到规范评价的反制。比如,是否只有在行为对结果具有现实作用力的情形下才被认为达到归责的事实基础要求,取决于刑法是否处罚不纯正的不作为。

其次,对条件公式的倚重与运用,直接导致对归因层面存在论基础的差异性的忽视。

适用条件说"无 P 则无 Q"的排除公式的后果,是所有导致 Q(结果)出现的因素都具有等价性。条件理论基本出发点便是一视同仁,亦即所有造成结果的条件都是等价值的,不需要区别造成结果的原因是"远因"或"近因",是"典型的"或"纯属意外"的原因。[2] 然而,这种等价性的假定,不仅有违普通人的常识,也严重歪曲了事物的本来性质。

条件公式抹杀了不同因素在原因力上的本体性差异。据此,一个拿刀直接砍杀被害人致其死亡的行为、一个将刀出售给加害人或向加害人透露被害人行踪的行为,以及一个在对被害人有救助义务的场合任加害人将被害人砍死而不予救助的行为,在条件说的考察之下,三者之于危害结果的出现被认为具有同样的意义。然而,谁能否认这三者对于死亡结果的贡献的原因力差异?毕竟,前者直接操控了因果流程的发展,中者是

---

[1] Vgl. Schönke/Schröder, Strafgesetzbuch, Kommentar, 28. Aufl. 2010, vor §§ 13 Rn. 75ff; Roxin, Strafrecht Allgemeiner Teil, Band I, 4. Aufl., 2006, § 11, Rn.15f.; Stratenwerth/Kuhlen, Strafrecht Allgemeiner Teil, 6. Aufl., 2011, § 2, Rn.19f.

[2] 参见林钰雄:《新刑法总则》,台湾元照出版有限公司 2011 年第 3 版,第 156 页。

为他人实施危害提供了帮助,而后者则只是消极地不予介入,很难说对死亡结果的出现做出了现实的贡献。如果三者之间不存在本体性的差异,便难以理解为什么各国刑法普遍对于前者设置了最广泛的刑事责任范围,对于中者只是在共同犯罪或某些特殊的场合中才予以处罚,而对于后者则严格限定于具有保证人地位的情形。

在极端的意义上,条件说甚至可能导致因果虚无主义。因为条件理论的逻辑扩展总会产生对谁侵犯谁的怀疑主义:在工厂污染空气与庄稼因铁道擦出火花而被点燃的场合,污染者与呼吸者、铁路与庄稼,都是危害发生的必要条件,因此无法确定谁"导致"了什么。如果被害人选择到别的地方呼吸或者农人移走庄稼,就不会有危害发生。因此,工人、铁路待在那里与主动释放污染物、擦出火花一样导致了危害。[1] 这样的批评也适用于合法则的条件说。尽管合法则的条件说相较于传统条件说在适用上具有更大的弹性与涵摄能力,但它同样以承认各条件的等价性为前提。

最后,条件公式也并非刑法中认定行为与危害结果之间存在事实因果关联的唯一标准。

条件公式只是人们用来获知行为与结果之间事实关联的逻辑公式,它只能"适用于已实际存在的因果法则,而并不能借此发现因果法则。也就是说,'虽是因果法则的适用公式,但并不是因果法则的发现公式'"。[2] 在行为的具体作用方式不为人们所知时,便无从回答若无相应行为是否结果仍会出现的问题。因而,当条件公式被当作独立的因果公式,而不只是为确定合法则关联的方法论上的帮助手段时,往往会遭遇激烈的批评;即使是作为发现因果关联的方法论上的帮助手段,条件公式也只有有限的价值。[3] 在作为决定是否最低的因果关联要求已被满足的一种手段时,条件公式经常是失败的;在许多情形中,需要引入其他更低的关联要求的事实表明,条件公式并不总是满足法政策的要求。[4] 德国学理上对合法则的条件说的青睐,足以表明条件公式的不足。疫学因果

---

[1] 参见〔美〕乔治·弗莱彻:《反思刑法》,邓子滨译,华夏出版社2008年版,第433页。
[2] 〔日〕西田典之:《日本刑法总论》(第2版),王昭武、刘明祥译,法律出版社2013年版,第79页。
[3] Vgl. Schönke/Schröder, Strafgesetzbuch, Kommentar, 28. Aufl. 2010, vor §§13 Rn. 74f.
[4] See Wex S. Malone, Ruminations on Cause-In-Fact, in 9 Stanford Law Review (1956), p.88.

关系也只能作为条件公式的例外来处理,因为它既无法满足"无 P 则无 Q"的公式,也无法满足修正后的"有 P 则有 Q"的要求。说到底,疫学因果关系中涉及的事实因果,根本不同于条件公式认定的关联类型。无视疫学因果关系说的独特性而假定它与条件说相符合或只是对条件说的发展,不免偏于盲目。

对条件公式的各种修正也已然表明,条件公式并未穷尽刑法领域全部的事实因果关联的类型。刑法所认可的事实因果关联具有类型上的多样性,正是这种多样性,使条件公式难以成为认定行为与危害结果之间存在事实关联的唯一标准。即便改而采用合法则的条件说,也无法否认这一事实。就合法则的条件说而言,由于"合法则"往往被抽象地界定为自然法则意义上的关联性,[1]而这种关联性的具体内容从未得到明确的说明;故而,所谓的"合法则",不过是一个随便什么都可以往里装的框。用内涵不明外延不清的"合法则"这一概念大帽,掩盖不了存在不同类型的因果关联的现实。

综上可知,刑法中结果归责领域的理论纷争,至少部分是缘于对归因问题的认识不清。由于将归因等同于条件公式的运用,抹杀其本体基础的多样性以及这种多样性之于归责判断的意义,同时归因又仅被视为单纯的事实问题,现有的二分说框架掩盖了刑法中的结果归责存在多种类型的现实,并由此导致刑法理论偏好于运用统一的概念性命题来叙说结果归责的问题。这样的概念性命题不仅无助于为理论的发展寻求更好的方向,也不利于对立法与司法现状做出合理的说明。

举例来说,我国《刑法》规定的非法出租、出借枪支罪(第 128 条第 3 款)、违规发放贷款罪(第 186 条)、滥用职权罪(第 397 条)等故意犯罪,其在因果关联的要求上明显不同于一般的结果犯。在作为的场合,此类犯罪虽也以具体结果的出现作为成立要件,但其中的结果通常由与其并无犯意联络的第三人行为直接导致,因果流程的发展超出行为人操控的范围。在现有的理论语境下,此类犯罪在因果问题上的特殊性,要么完全受到忽视,要么成为理论无力企及的角落。这样的困境也出现在一些实务案件的处理之中,如环境污染案件在我国很难定罪,主要是缘于事实因果关联的认定困难。既有的理论范式对立法现状的无力解说与在实务

---

[1] Vgl. Roxin, Strafrecht Allgemeiner Teil, Band I, 4. Aufl., 2006, §11 Rn.15; Stratenwerth/Kuhlen, Strafrecht Allgemeiner Teil, 6. Aufl., 2011, §2 Rn.19.

案件中的捉襟见肘,表明从归因层面入手对整个结果归责理论展开考察与反思,不仅具有学术层面的意义,也具有实务上的必要性。

第二节 传统刑法理论中结果归责的类型

在我国,无论是传统刑法因果关系理论的支持者还是客观归责学说的拥护者,往往试图用一种统一的标准去诠释刑法中所有的结果归责类型。这样的努力只获得了表面的成功。仔细辨别,主流理论大致上采用了两种策略来维护结果归责标准在形式上的统一性:一是分而论之,即严格区分实行犯的结果归责与共犯的结果归责,对前者适用传统因果关系理论或客观归责学说来处理,后者则通过共犯原理予以解决。二是大而化之,即混同作为犯的结果归责与不作为犯的结果归责,利用条件说与不作为犯中的等置性要求有意无意地掩盖二者之间的内在差异,给人以作为犯与不作为犯的结果归责标准并无不同的印象。[1]

这样的处理方式在混淆视听的同时,并不能改变刑法中结果归责的标准具有多元性的事实。哈特与奥诺尔早就指出,唯一的因果关系概念并不存在,存在的是一个概念组或者一个概念族;这些概念的联合不是基于一系列共同的特征,而是基于某些相似之处,其中一些只具有细微的相似性。[2] 在现代刑法体系中,人们不仅需要为自身行为所直接支配的危害结果负责,还经常由于为介入者实施危害提供条件或制造机会而需要为他人造成的危害结果负责,并且有时也必须为单纯没有避免危害结果的出现而承担责任。

---

[1] 当前我国具有代表性的刑法教科书,总论部分都是按统一的犯罪构造体系去介绍犯罪的一般成立要件,这样的体系安排往往倾向于无视或至少是低估作为犯与不作为犯在构造及其归责原理上的差异。参见高铭暄、马克昌主编:《刑法学》(第九版),北京大学出版社、高等教育出版社 2019 年版;张明楷:《刑法学(上)》(第六版),法律出版社 2021 年版;陈兴良:《规范刑法学(上册)》(第四版),中国人民大学出版社 2017 年版;陈兴良主编:《刑法学》(第三版),复旦大学出版社 2016 年版;周光权:《刑法总论》(第四版),中国人民大学出版社 2021 年版;黎宏:《刑法学》,法律出版社 2012 年版;曲新久:《刑法学》,中国政法大学出版社 2009 年版。

[2] 参见〔美〕H. L. A. 哈特、〔美〕托尼·奥诺尔:《法律中的因果关系(第二版)》,张绍谦、孙战国译,中国政法大学出版社 2005 年版,第 25 页。(此处所引译文有改动,H. L. A Hart & Tony Honore, Causation in the Law, second edition, Oxford: the Clarendon Press, 1985, p.28.)

一、支配维度的结果归责类型

在古典客观主义的时代,基于危害性原则的制约,危害结果的出现构成刑法介入的必要前提。在此种背景下,侵害犯成为犯罪的基本原型。刑法一般只有在行为发生实际的侵害后果的场合才允许进行干预,因果关系是作为不法成立的必要根据而存在。受当时自然科学思维的影响,因果关系被完全当作认识论意义上的事实问题来把握。按李斯特的说法,"应当绝对坚持这样的观点,'因果律'(Kausalsatz)只涉及事件前的时空,不涉及概念的逻辑关系或对行为的社会伦理评价。此外,我们还应当特别引起注意的是,因果关系涉及一个思维方式问题,借助这个思维方式,我们将实际存在的情况联系在一起,而不对导致事件过程的力量作出任何评价"。[1] 自然主义的因果观将刑法中的因果关系等同于发生在客观世界中的、涉及现实物理对象的物理性过程,迄今为止,它在英语世界的刑法学者之中,仍是一种广受支持的理论。[2] 在德日刑法理论中,其影响也始终没有完全消除,甚至及于结果归责之外的领域。由于结果归责的规范性问题被化约为因果关系的经验问题,甚至变成一种因果一元论,这种因果一元论以一种一致但却荒谬之方式,将所有在客观层面上无法解决之问题转移至主观层面并导致许多主观理论的提出,包括主观未遂论、主观的正犯理论以及不纯正不作为犯中的干扰理论等。[3]

(一)"造成"型因果的归责类型

以自然行为论为基础,自然意义的因果观强调物理性的或身体性的动作对外部世界的现实的作用力。据此,当人们断言行为 P 造成结果 Q 时,P 与 Q 必须是客观世界中现实存在并且通常涉及物理对象的事物或事件,并且 P 对 Q 的出现必须具备现实的作用力。这种作用力具体表现为行为人对事物的发展进程所做的支配:行为(作为)直接开启或者操纵了导致危害结果出现的自然的进程。形象地说,行为人的行为譬如杠杆

---

[1] 〔德〕弗兰茨·冯·李斯特著:《李斯特德国刑法教科书》,〔德〕埃贝哈德·施密特修订,徐久生译,北京大学出版社2021年版,第150页。

[2] See Marcelo Ferrante, Causation in Criminal Responsibility, 11 New Criminal Law Review (2008), p.474.

[3] 参见〔德〕许迺曼:《刑法体系与刑事政策》,王效文译,载许玉秀、陈志辉合编:《不移不惑献身法与正义——许迺曼教授刑事法论文选辑》,春风煦日学术基金2006年版,第42—43页。

的一端,而危害结果则代表着杠杆的另外一端,行为对支点所施加的力量,经由杠杆直接作用于另一端的结果,也即行为本身便具有在自然意义上导致结果出现的特质,而结果则作为其合乎逻辑的产出物。比如,行为人拿刀砍死被害人,或者将被害人推下悬崖等,体现的都是行为人对因果流程的有意识的直接操控。不妨将此种因果观念称为"造成"型因果,以此为基础的归责类型便是"造成"型因果的归责类型。

"造成"型因果代表的是因果概念的中心内容,它意味着作为主体的行为人使用积极力量去干预或者介入一个本来能够正常发展的事件过程。[1] 用大陆法系刑法的术语便是直接创设针对法益的风险。这种归责类型重在探寻现实作用意义上行为与结果之间的支配性关联,应归入存在论的范畴。如学者所言,"由于自然主义的行为概念基础之上的因果关系理论,是从存在主义的角度来看待行为与结果的归属,因此所得出的行为与结果的归属判断仅仅是存在论意义上,或者说是本体论意义上的行为判断,而不是行为价值的判断"。[2] 它的本体论性主要表现为归因判断与归责判断的同一。肯定归因便意味着肯定归责,行为与结果在事实层面的因果关联构成归责与否的唯一根据。此后,随着刑法归责理论的发展,"造成"型因果逐渐被纳入归因与归责的二分说框架之下来进行分析。不过,它浓重的本体论色彩并未受到根本的影响,行为与结果之间的支配性关联始终是归责判断的重心与基础所在。

当然,支配概念本身的内涵经历了一些变化,早期的支配更偏重身体性的有形支配,以后逐渐也包含心理性的意思支配的在内。但无论是身体性的有形支配还是主观的意思支配,都以存在论上的具体事实为基础,因而,此种意义上的支配指的是现实的支配,而非潜在的支配或支配可能性。支配的有无,不仅要考虑身体性的、物理性的因素,也要考虑心理性的因素,特殊认知或积极的意志因素,往往也会对支配有无的判断产生重要的影响。英美刑法中所谓的意欲结果规则(rule of intended conse-

---

[1] "造成"(causing)型因果的概念乃是源自哈特与奥诺尔的归纳。不过,本章所谓的"造成"型因果,虽建立在对事物正常发展过程的干预或介入的意义的基础之上,但同时强调对积极力量的使用,故不作为并不包含于其中。这一点区别于哈特与奥诺尔所指涉的"造成"概念,后者并不看重积极力量的因素,不作为因而也被放在"造成"型因果中予以处理。参见[美]H. L. A. 哈特、[美]托尼·奥诺尔:《法律中的因果关系(第二版)》,张绍谦、孙战国译,中国政法大学出版社2005年版,第25—36页。

[2] 吴玉梅:《德国刑法中的客观归责研究》,中国人民公安大学出版社2007年版,第14页。

quence),凸显的便是意志因素对支配有无的影响。根据这一规则,如果被告人意欲实现其作为或不作为的事实结果,且其作为或不作为是该结果的必要条件,法律会无视本来具有替代性的(superseding)事件,被告人的有意的作为或不作为将被认为是该结果的法律原因。因而,最终的危害结果可能以不同于被告人预期的怪异的或完全不同的方式发生的事实,对意欲结果规则的适用而言并无影响。[1] 在行为人追求危害结果的场合,因果流程的重大偏异之所以不能排除结果归责,根本理由便在于,行为人主观上的意志因素表明其对因果流程存在现实的支配。

"造成"型因果的归责类型要求行为与结果之间必须具备物理(或心理)意义上的支配性关联,但凡行为缺乏对因果流程的直接操控,便难以据此将结果归责于相应的行为。这意味着"造成"型因果既无法包容实行犯之外的狭义共犯行为,也无法解释不作为:共犯行为虽对因果流程的发展有一定的现实作用,但并不具备支配性的操控;而不作为本身被认为是一种"无",不可能对客体施加现实的作用力,就更谈不上对因果流程的操控问题。共犯行为与不作为都无法达到"造成"型因果所要求的支配性标准,除非承认在造成型因果的归责类型之外,刑法中还存在其他的结果归责类型,不然,对共犯行为与不作为的处罚就缺乏基本的正当性。

(二)"引起"型因果的归责类型

除了要对自己的行为造成的结果负责,现代刑法中,人们有时还必须为他人(或他物)造成的危害结果负责。在后一种情况下,结果被归责于行为人的行为,不是因为其行为直接操控了因果流程,而是因为它为介入者实施危害提供了行动理由或制造了机会。这一因果类型不同于前述以操控因果流程为核心特征的因果概念,应归入"引起"(occasioning)型因果的范畴。[2] 相应地,以此为基础的归责类型可称为"引起"型因果的归责类型。在论述侵权法中的因果关系时,哈特与奥诺尔曾经指出:"被常识区别为'造成损害'和'使他人(或者他物)造成损害'的那些现象,都是责任的适当根据。通常它们并不被区别为行为与损害之间存在的不同

---

〔1〕 Kenneth J. Arenson, Thabo Meli Revisited: The Pernicious Effects of Result-driven Decisions, in 77 The Journal of Criminal Law (2013), No.1, p.41.

〔2〕 "引起"型因果的概念同样来自哈特与奥诺尔。根据其所做的分析,"引起"型因果进一步可区分为两种亚类型:一是通过言语或举止为他人提供行动理由;二是为他人实施危害制造机会或提供手段。参见〔美〕H. L. A. 哈特、〔美〕托尼·奥诺尔:《法律中的因果关系(第二版)》,张绍谦、孙战国译,中国政法大学出版社2005年版,第45—53页、62页。

关系,而是在'近因''结果',或者'当然的和概然的结果'这种相同的术语下面被提及……责任从造成损害这个基础扩展到包括提供损害机会的案件,这很可能代表了对所感觉到的各种需要的一种反应。"[1]这样的判断同样适用于刑法领域。在刑法中,人们也几乎从不区分这两种因果关联。不过,从存在论的角度来看,二者之间的差异不容忽视:前者直接操控因果流程,后者只不过为他人操控因果流程提供理由或机会。

相比于"造成"型因果的归责类型,"引起"型因果的归责类型实质性地降低了行为与危害结果之间的事实关联的程度要求。当事实因果关联的要求从"造成危害"放宽到"引起危害"即可满足时,刑事责任的范围也相应得以扩张。在刑法体系中,"引起"型因果的归责类型主要包括三种情形:

一是教唆行为与帮助行为所产生的共犯责任。实施教唆或帮助的共犯为实行犯提供了行动理由或便利机会,从而使后者造成危害成为可能或者变得更为容易。不难发现,共犯理论不过是一种改头换面的归责理论。这也是为什么一个本来属于因果关系领域的问题,可能会转而运用共同犯罪原理予以解决。比如《日本刑法》第207条规定,二人以上实施暴行伤害他人的,在不能辨别各人暴行所造成的伤害的轻重或者不能辨认何人造成伤害时,即使不是共同实行的,也依照共犯的规定处断。这一法条将本来不属于共同犯罪、应当分别讨论各行为与结果之间因果关系的问题,通过立法拟制而得以借助共同犯罪原理来完成对结果归责的判断。

过失共同犯罪理论的兴起,也可从这个角度进行解释。由于刑法解释中不允许采取拟制等技术来规避因果关系的要求,学理上于是试图通过利用共同犯罪原理来达到同样的目的。比如,过失共同犯罪理论的提出,[2]在很大程度上便是为了消解因果关系的证明要求。无论是过失正犯还是过失共犯的理论,都旨在回避因果问题上的证明困境,期望借助共同犯罪的原理来回避因果关系的要求,为扩张过失刑事责任的范围提供

---

[1] 〔美〕H. L. A. 哈特、〔美〕托尼·奥诺尔:《法律中的因果关系(第二版)》,张绍谦、孙战国译,中国政法大学出版社2005年版,第120页。

[2] 当然,此类主张在我国面临立法上的障碍。我国《刑法》第25条第2款规定:二人以上共同过失犯罪,不以共同犯罪论处;应当负刑事责任的,按照他们所犯的罪分别处罚。这一规定基本否决了以共同犯罪原理来解决过失犯中的结果归责的可能性。

正当性根据。[1] 只要承认共同犯罪原理本质上也是一种归责理论,便无法否认其与"造成"型因果的归责类型在存在论基础上的差异。英美刑法普遍将共犯责任归入派生责任的范围,也正是在于意识到其间的不同。如学者所言,"共犯责任不同于实行犯责任者,恰恰在于其较弱的因果联系。共犯对结果有所贡献,但它们并未控制导向犯罪完成的进程。他们'帮助'了'犯罪的实施',但它们既未'实施'该罪,也不决定犯罪的作为"。[2]

二是某些特殊的故意犯罪。此类犯罪虽仍以具体结果的出现作为犯罪成立的要件,但并不要求行为人直接操控因果流程,即使结果是由第三人行为(或其他因素)介入造成的,行为人也需要对结果负责。值得注意的是,此类犯罪成立所要求的往往是相当严重的危害结果,而刑法规定的法定刑则一般较低。滥用职权罪、违规发放贷款罪与非法出租、出借枪支罪等,[3] 均属于这样的犯罪。以滥用职权罪为例,其中的结果归责明显不属于"造成"型因果的归责类型,因为导致危害结果出现的因果流程往往并非由行为人本人直接操控,其滥用职权的行为只是为第三人造成"公共财产、国家和人民利益遭受重大损失"的结果提供机会或便利。

学理上有一种有力的见解认为,滥用职权罪中的"重大损失"并非犯罪结果,而应理解为罪量要素,罪量要素则等同于德日刑法理论中的客观处罚条件。[4] 由于德日刑法理论传统上承认的客观处罚条件,与行为本身没有直接关系,通常是第三者行为的结果。[5] 照此推理,只要出现"重大损失",即使行为人的行为与"重大损失"之间没有刑法上的因果关系,也能满足滥用职权罪的客观要件,根本不需要讨论结果归责的问题。

---

[1] 对过失共同正犯理论的类似批评,参见陈姗姗:《过失共同正犯理论的重新审视》,载刘明祥主编:《过失犯研究:以交通过失和医疗过失为中心》,北京大学出版社2010年版,第155—167页。

[2] [美]乔治·弗莱彻:《反思刑法》,邓子滨译,华夏出版社2008年版,第484页。

[3] 类似的犯罪还有:《刑法》第168条的国有公司、企业人员滥用职权罪,第189条的对违法票据承兑、付款、保证罪,第304条的故意延误邮件投递罪,第331条的传染病菌种、毒种扩散罪,第337条的逃避动植物检疫罪,第339条第2款的擅自进口固体废物罪,第403条的滥用管理公司、证券职权罪,第405条的徇私舞弊发售发票、抵扣税款、出口退税罪与违法提供出口退税凭证罪,以及第407条的违法发放林木采伐许可证罪等。

[4] 参见陈兴良:《口授刑法学(上册)》(第二版),中国人民大学出版社2017年版,第259—260页。

[5] 参见张明楷:《"客观的超过要素"概念之提倡》,载《法学研究》1999年第3期,第24页。

本书不认同这样的见解。一则,它与立法条文的规定相违背。此类犯罪的立法规定中,均存在明显表征因果关系要求的"致使""造成""引起"等表述,从解释论的角度而言,不能无视这些表述所蕴含的意义。二则,如批评者所言,将犯罪结果看作客观处罚条件,不仅看轻了犯罪结果在确定违法中的地位与作用,且在责任认定上存在漏洞,在方法论上也有循环论证之嫌疑。[1] 三则,哪些结果因素属于一般意义上的结果,哪些则可被界定为客观处罚条件,缺乏确定的标准。尤其是滥用职权罪与玩忽职守罪乃是规定在同一法条之中,有关结果因素的表述在立法条文中完全同一。究竟依据什么而将滥用职权罪中的"重大损失"界定为客观处罚条件,而玩忽职守罪中的"重大损失"则仍理解为构成要件结果?这样的解释不免过于任意,也缺乏方法论上的依据。

三是过失的作为犯罪中,危害结果由介入因素直接造成的一些场合。过失行为具有缺乏定型性的特征。从与结果的事实关联角度考察,除直接操控因果流程的过失作为之外,还存在另一类过失行为,即行为人违反注意规范的作为,仅仅为第三方(或自然因素)造成危害结果提供机会或便利。哈特与奥诺尔便曾推测,过失法律不是建立在唯一的,而是数个责任原则的基础之上,与此相应,过失侵权中就不会存在一个统一的因果关系"理论",因为在某些语境中,有必要证明被告的行为从严格意义上说造成了这种损害;而在其他语境中,则是引起了它。[2] 与侵权法相比,过失犯罪领域中引起型因果的结果归责在范围上自然要小得多,但它在当代刑法中也并不罕见。比如,医生 A 在给机动车驾驶人 B 进行体检时,因有熟人托请,明知 B 系色盲而为 B 出具视力合格的证明,B 由此获得驾驶执照。不久,B 在驾驶过程中因视力障碍未能及时刹车而发生重大交通事故,致数人死亡。此案中,A 的行为虽并未直接操控导致被害人死亡的因果流程,但死亡结果仍可能要归责于 A(同时也会归责于 B)。又如,D 在建造房屋时偷工减料,致使房屋未达到规定的安全抗震标准,突发地震时房屋因未达标准而倒塌致多人伤亡。在此,尽管多人伤亡的结果是由地震直接造成,但 D 仍会因其过失行为而需对该结果负责。

除此类过失案件之外,狭义的监督过失责任也可归入此种情形。监

---

[1] 参见黎宏:《刑法总论问题思考》(第二版),中国人民大学出版社 2016 年版,第165页。

[2] 参见〔美〕H. L. A. 哈特、〔美〕托尼·奥诺尔:《法律中的因果关系(第二版)》,张绍谦、孙战国译,中国政法大学出版社 2005 年版,第 183 页。

督过失中,监督者没有合理地履行对被监督者的监督义务,以致未能有效防止后者实施危险行为。监督者的行为具有间接性,其行为与危害结果之间介入了被监督者的行为,后者才是直接操控因果流程的主体。

综上,"造成"型因果与"引起"型因果属于刑法中不同的结果归责类型。二者虽均要求行为对危害结果的出现贡献积极的、现实的作用力,因而可从支配的维度来对其进行解说,但其对具体因果流程的支配程度存在本体性的差异。意识到这种差异,是正确理解两种不同结果归责类型的关键所在。

二、义务维度的结果归责类型

早期本体论的范式足以为支配维度的结果归责类型提供逻辑自洽的说明,但在不作为(主要是不纯正不作为)的因果问题上却面临很大的障碍。不作为犯中,导致结果发生的因果流程并非不作为本身所开启,而是由独立于不作为或被期待的作为之外的情状所引发。不作为的行为人并没有操纵因果的发展流程,而只是对既有的因果发展历程不予干预,任由潜在的危险转变为现实的危害。[1] 无论是"造成"型因果还是"引起"型因果,都无法涵盖这样的因果概念,因为二者均以行为对结果具有现实的作用力为前提,而单纯的不作为不可能具有这样的性质。刑法理论于是不免陷入尴尬:它既不能索性放弃不作为犯中的刑法因果关系要求,也不能掩耳盗铃地声称不作为犯中存在与作为犯相同的事实因果关联。既要坚持现实的作用关系是因果概念的必要之义,又要让不作为犯中的不作为与结果之间的事实因果关联达到其所要求的程度,根本是一个不可攻克的难题。刑法理论上不得不么否认不作为犯中(事实)因果关联的存在,要么对因果概念的内涵进行规范性地重构以便能得出肯定的结论。[2] 当然,无论是否定论者还是肯定论者,都不否认不作为犯中探讨结果归责的必要性。

受自然主义观念的影响,早期的大陆法系刑法理论中,为表明不作为中存在现实作用力,人们力图从危险前行为中寻找促使行为人从事救助

---

[1] 有关作为犯与不作为犯因果流程之间差异的分析,详见曾文科:《不作为犯的归因与归责》,载陈兴良主编:《刑事法评论》(第28卷),北京大学出版社2011年版,第393页。

[2] 在此点上,我国的做法与德日刑法理论基本上是一致的。参见黎宏:《不作为犯研究》,武汉大学出版社1997年版,第72—83页;许成磊:《不纯正不作为犯理论》,人民出版社2009年版,第192—217页。

行为的动机,并将该动机理解为是出于行为人内在心理的压力。[1] 这样的努力并不成功。归根结底,这缘于作为犯与不作为犯在存在论构造上的差异。作为的因果性,除行为人的行为与结果之间的合法则性关系之外,还以一种主动"积极的"能量投入为条件,而不作为的因果性就仅仅限制在不作为与结果之间的合法则关系上。[2] 因而,如果要求因果概念以积极的能量投入或者说现实的作用力作为其观念基础,则不作为中并不存在因果关联;相应地,结果归责并不需要与这种因果性相联系。这也是德国今天的主流理论所承认的立场。[3]

无论采取何种因果概念,一个对既有因果流程消极地不予干预的行为,难以认定为支配。正如罗克辛所言,行为人本来能够通过自己的干预给事件带来决定性转折本身,不足以构成行为支配的根据;通过这种方式,仅仅只是标示出了阻止结果的可能性,而这种阻止结果的可能性是每个不作为的概念特征。[4] 因而,尽管在不作为理论中由支配的角度来解释不作为的见解(包括许迺曼教授提出的"对造成结果的原因有支配"的观点[5]与源自日本刑法理论的排他性支配学说[6])具有相当的影响力,但两种支配概念的含义其实大相径庭。对此,国内学者曾做过精到的论述:前一意义上的支配是指以因果自然力为核心的现实性支配,而不作为理论中的支配实际上是一种保护性支配,二者虽都以存在论意义上的事实因素为据,站在存在论立场上却无法将二者等同视之。根据存在论

---

[1] 参见〔德〕许迺曼:《作为学术的刑法释义学》,吕理翔译,载许玉秀、陈志辉合编:《不移不惑献身法与正义——许迺曼教授刑事法论文选辑》,春风煦日学术基金2006年版,第139—140页。

[2] 参见〔德〕克劳斯·罗克辛:《德国刑法学总论》(第2卷),王世洲主译与校订,法律出版社2013年版,第483页(译文根据德文版有改动,Roxin, Strafrecht Allgemeiner Teil, Band II, 2003, § 31 Rn.43)。

[3] 不作为究竟是否具有因果性,取决于采取什么样的因果观念。如果以积极的能量投入为基础,不作为必然没有因果性;而若是在合法则的条件意义上使用,则自然可以肯定不作为的因果性。这并非问题的关键所在。参见〔德〕克劳斯·罗克辛:《德国刑法学总论》(第2卷),王世洲主译与校订,法律出版社2013年版,第482页。

[4] 参见〔德〕克劳斯·罗克辛:《德国刑法学总论》(第2卷),王世洲主译与校订,法律出版社2013年版,第504页(译文根据德文版有改动,Roxin, Strafrecht Allgemeiner Teil, Band II, 2003, § 31 Rn.133)。

[5] 参见〔德〕许迺曼:《德国不作为犯法理的现况》,陈志辉译,载许玉秀、陈志辉合编:《不移不惑献身法与正义——许迺曼教授刑事法论文选辑》,春风煦日学术基金2006年版,第629—668页。

[6] 参见〔日〕西田典之:《日本刑法总论》(第2版),王昭武、刘明祥译,法律出版社2013年版,第106页。

的视角,犯罪支配是行为人切切实实地支配着自己的身体去作为,而保护性支配只是一种假设性,往往指的是单纯的避免可能性。因而,从存在论的立场而言,犯罪支配与保护性支配是异质的概念,根本不能同一化。[1]可见,除非对支配概念的内涵进行规范性的重构,而不是基于其存在论上的意义,不然,便难以用支配的维度来统摄刑法中所有的结果归责类型。试图用支配理论为作为犯与不作为犯提供统一根据的观点,必然难以使支配概念的含义保持内在的统一。无怪乎批评者发难许逎曼教授在构建一元论的正犯概念体系时任意地使用支配概念,他的支配概念一会儿是事实性的,一会儿是规范性的,同时也混淆了现实的支配与潜在的、可能的支配。[2]

如果承认维持支配概念意义的内在统一性有其必要,则势必只能转换维度来解说不作为犯中的结果归责。为不作为的因果概念奠定规范性基础的是李斯特。"正是李斯特首先没有把身体举动的方式看作不作为的本质,而是从精神层面看到其社会意义,即特定行为为法秩序所期待。由此,自然主义行为概念的基础被放弃。"[3]结果归责理论从本体论向规范论方向的发展,也是由此发端。据此,归因层面的事实因果判断乃是以作为义务的存在为基础,只有处于保证人地位的行为人的不作为才会被认定与结果之间存在合法则的因果关联。这多少意味着不作为犯中,作为义务的概念提供了因果联系的替代,违背分配救助的义务,便足以将危害归因于行为人。[4]

这样的规范构建使不作为犯中的结果归责构造表现出明显的特殊性。首先,归因层面事实因果的判断往往与行为归责的判断合二为一。只要肯定存在作为义务,便不仅满足了归因(即事实因果)的标准,同时也可径行认定行为的危险创造关联,即是否制造危险的判断通过甄别作为义务的有无来完成。这意味着作为义务不仅在行为归责的判断中处于核心地位,在归因判断中也起着举足轻重的作用。正是作为义务的存在,将行为人的不作为从众多主体的不予行动中挑选出来,并由此与最终的危

---

[1] 参见何庆仁:《义务犯研究》,中国人民大学出版社2010年版,第67页。

[2] 关于德国学者对许逎曼教授的支配概念的批评,参见何庆仁:《义务犯研究》,中国人民大学出版社2010年版,第55页。

[3] Jescheck Weigend, Lehrbuch des Strafrechts, Allgemeiner Teil, 5 Auflage, Duncker & Humblot, 1996, S.202.

[4] 参见[美]乔治·弗莱彻:《反思刑法》,邓子滨译,华夏出版社2008年版,第442页。

害结果建立起事实层面的关联。其次,条件公式乃被用于归责层面的判断,用来解决结果可避免性的问题。一旦确定如果行为人履行作为义务,危害结果即不会发生(结果可得以避免),便完成了不作为犯的结果归责的判断。

不作为犯中特殊的结果归责构造表明,其与作为犯在存在论构造上的间隙,是通过作为义务这一规范因素得以补足的。不作为犯中等置性(或称等价性)要件的使命,便是要使不纯正不作为犯在规范层面的可罚性上与作为犯等值。如学者所言,"等置"的契机不在于事实,而在于价值,即以不作为方式构成的犯罪事实与通过作为方式构成的犯罪事实在违法价值上相等,以弥补不作为与作为两种行为形态在事实结构上的差异。[1] 而等置性的核心内容,便是以保证人地位为基础的作为义务。[2] 在不作为中,从身体上的"无"转化为规范上的"有",是由作为义务来实现。[3] 鉴于不作为犯中归因层面的事实因果判断与行为归责判断几乎合二为一,有必要将不作为的结果归责归入义务维度的归责类型,以义务为核心来展开理解。就不作为的行为人而言,不是他的不予行动,而是其因违反保证人地位所产生的作为义务,使最终的危害结果在规范上被归责于他。简言之,不作为人是因义务违反而受结果归责,而非因其不作为对结果有现实的作用力被归责。

对不作为犯的结果归责的肯定,是传统因果关系理论走向规范化的重要一步。自此,刑法中结果的可归责性,无须再以行为对结果施加现实的作用力为基础。除了对结果具有事实上的支配而需要对结果负责之外,行为人还可能因义务而受到归责。义务的存在构成整个结果归责判断结构的重心。这意味着刑法中除支配维度的结果归责类型之外,同时存在着以义务为核心的结果归责类型。在前一类型下,对因果流程的操纵或作用是对行为人进行结果归责的重要依据;在后一类型之下,义务的违反是决定对行为人进行结果归责的基本要件,至于行为对因果流程的发展是否有现实的作用力则无关紧要。除不纯正不作为犯之外,某些以危害结果的出现作为成立要件的纯正不作为犯,如我国《刑法》第129条

---

[1] 参见刘士心:《不纯正不作为犯的等价性问题研究》,载《法商研究》2004年第3期,第109、111页。

[2] 参见〔德〕克劳斯·罗克辛:《德国刑法学总论》(第2卷),王世洲主译与校订,法律出版社2013年版,第535、590—591页。

[3] 陈兴良:《不作为犯论的生成》,载《中外法学》2012年第4期,第666页。

的丢失枪支不报罪与第187条的吸收客户资金不入账罪等,也属于以义务为核心的结果归责类型。以丢失枪支不报罪为例,"严重后果"是否应当归责于行为人,关键不在于不报告行为是否在客观上为"严重后果"的出现贡献了原因力,而在于行为人违反及时报告的义务。

在我国,受日本刑法理论的影响,作为的因果性与不作为的因果性在本体意义上的差异较少受到重视。这首先是缘于条件公式的干扰,条件公式在逻辑上易使所有的条件看来都等价。不作为中的因果判断,虽同样是运用条件公式,但二者之间存在重大差别。作为犯中,条件说采用假设公式,检讨的是行为与结果在事实上的作用性关联;不作为犯中,条件说则在检讨假定的因果关系流程,即如果履行作为义务的话,危害结果便不会发生。在危害结果已实际出现的情况下,讨论具备何种条件,危害结果就不会发生,是对事实本身进行的假设。由于履行作为义务只是一种假设,因而,与作为犯中没有 P 就没有 Q 的确定性不同,不作为犯中,至多只能要求几近确定的可能性(履行作为义务几近确定能够避免结果的发生),却不能确定结果必然不会发生。简言之,作为犯中讨论的是现实中的因果关系,而不作为犯中则涉及的是假想的因果流程。[1]

除条件公式之外,等置性要件是另一个重要的干扰因素。不作为犯中等置性要求的提出,本身是以承认作为与不作为在本体结构上存在空隙为前提。然而,规范上对等置性的过于强调,在深刻影响学者对不纯正不作为犯理论构建的同时,[2]也在相当程度上淡化乃至抹杀了不作为的归因基础有别于作为犯的事实。二者之间在存在论上的差异往往被认为是不重要的。比如,山口厚就认为,"确实,可以说不能无视作为犯与不作为犯的'因果关系'的构造上的不同,但既然不真正不作为犯也是和作为犯用同样的条文处罚(而且这也被认为是正当的),那么过分强调不作为

---

[1] 正是基于此,刑法理论上才会产生这种假定的关系能否与现实的因果关系等同看待的疑问。参见〔日〕松宫孝明:《刑法总论讲义》(第4版补正版),钱叶六译,中国人民大学出版社2013年版,第53页。

[2] 比如,日高义博将等价性理解为要求不作为人在其不作为以前,自己就设定了向侵害法益方向发展的因果关系,许迺曼则通过说明不作为与作为都是对结果原因的支配行为来肯定不作为与作为的等价性,西田典之则将不作为仅限于行为人具体地、现实地支配了因果流程的场合。参见张明楷:《不作为犯中的先前行为》,载《法学研究》2011年第6期,第138—140页。

犯和作为犯在'因果关系'上的差异,想来就是不妥当的"。[1]

在某种意义上,正是条件公式与等置性要件的干扰,为刑法理论维护归责类型统一性的假定提供了可能,但它们终究无法否定不作为构成一种独立的结果归责类型的事实。也是基于此,许玉秀教授才提出不作为不可能也不应该与作为等价的主张,认为不作为侵害法益的强度比不上作为侵害法益的强度,法规范不该无视这个现实:不作为犯是因为违反刑法上的作为义务导致法益受害而被处罚,不需要依附作为才能被处罚,借用作为犯的构成要件,不过是立法政策上的权宜之计。[2] 国内也有学者提出类似的主张,认为对于不纯正不作为犯,根本无须另行判断它是否与作为犯的构成要件等价的问题,正好同我们无须另行判断间接故意犯罪的构成要件与直接故意犯罪的构成要件、疏忽大意过失犯罪的构成要件与过于自信的构成要件是否等价是一个道理。[3]

第三节　概率提升型结果归责理论的兴起

从归因层面的本体基础来考察,传统刑法理论中主要存在三种结果归责类型:一是"造成"型因果的归责类型,二是"引起"型因果的归责类型,三是义务型因果的归责类型。然而,晚近以来出现的疫学因果关系说与风险升高理论,却无法归入前面三种之中的任何一种。从事实因果的角度而言,它们仍建立在现实作用力的基础之上,故可纳入支配维度的结果归责的范畴,但其既不属于"造成"型因果,也不属于"引起"型因果。在需要适用疫学因果关系说与风险升高理论的场合,根本无法证明行为人直接操控了导致结果发生的因果流程,也并不涉及为他人实施危害提供理由或机会的问题。此外,行为的不法部分与结果之间无法证明存在"非 P 则非 Q"的必要条件关系,也不存在"若 P 则 Q"的充分条件关系。

---

[1]　[日]山口厚:《刑法总论》(第2版),付立庆译,中国人民大学出版社2011年版,第77页。在该书的第3版中,山口厚教授的观点略有调整,提出"姑且认为,由于不作为这一行为形态的特性,不作为与结果之间的因果性必然地有所不同,但即便如此,与作为和结果之间同样,也能够肯定不作为和结果之间的因果关系,而且也必须肯定这种因果关系"。[日]山口厚:《刑法总论》(第3版),付立庆译,中国人民大学出版社2018年版,第77—78页。

[2]　参见许玉秀:《当代刑法思潮》,中国民主法治出版社2005年版,第747—748页。

[3]　陈荣飞:《不纯正不作为犯的基本问题研究》,法律出版社2010年版,136页。

一、疫学因果说与风险升高理论

一般认为,疫学因果关系(或称流行病学的因果关系)理论并不是主张和通常因果关系理论不同的特殊的因果关系概念,而只是对于那些详细的科学机理尚不清楚、其事态的发展因果过程目前还无法逐一进行说明的特别现象,为证明该种现象中存在刑法上的因果关系而使用的一个概念而已。[1] 换言之,学理上的通常见解是,疫学因果关系涉及的只是证明问题,它本身仍应纳入一般的条件因果关系的范畴之中。然而,这样的辩解并无足够的说服力。如果所谓的疫学因果关系概念,所要阐述的只是透过统计关系作为确认因果关系的实证基础,那么这一概念并没有任何特殊之处,因为刑法上条件因果关系的认定,本来也就是如此。[2] 疫学因果关系的特殊之处,恰恰在于它是行为与结果之间连条件关系都无法确凿进行证明的因果关系。在人类经验知识不足以清楚判别某种因素是否造成或影响结果发生时,不存在适用条件公式的余地。此种情况下,"法律上所能及所应处理的,一来是如何将经验科学知识引进法律程序,此即鉴定制度问题;二来是正视专业鉴定也无能为力时,法律上到底如何处理,此即风险升高与罪疑惟轻的重点所在"。[3]

就疫学因果关系而言,充其量只能得出若 P(行为)存在则 Q(危害结果)的发生概率会升高的结论。倘若认为这也成立条件因果关系,从逻辑上讲,它表明的也只是行为与危害结果发生的概率的提升之间存在条件关系,而不是行为与危害结果的发生本身存在条件关系。这意味着除非采取偷换概念的手段,将危害结果偷换为危害结果发生概率的提升,不然,疫学因果关系不可能被纳入条件因果的范畴之内来加以理解。正是基于此,有批评意见指出,在原因与结果之间引起关系的详细机理并不明确的场合,如果仍然要认可条件关系,岂不是违反在允许的场合下尽量保护被告人利益的"罪疑从轻"的刑法原则?[4] 西田典之也指责流行病学的因果关系出于防疫的必要,采取的是"存疑则罚"这一考虑,鉴于刑法上的因果关系必须是"存疑则不罚",因此,不能因为存在流行病学的因果关

---

[1] 参见黎宏:《日本刑法精义》(第 2 版),法律出版社 2008 年版,第 109—110 页。
[2] 参见黄荣坚:《基础刑法学(上)》(第三版),中国人民大学出版社 2008 年版,第 191 页。
[3] 林钰雄:《新刑法总则》,中国人民大学出版社 2009 年版,第 121 页。
[4] 参见黎宏:《日本刑法精义》(第 2 版),法律出版社 2008 年版,第 109 页。

系便肯定存在刑法上的条件关系,也即不允许将流行病学的因果关系的证明用于证明刑法上的条件关系。[1]

刑法中承认疫学因果关系是否意味着违反罪疑惟轻(或罪疑有利被告人)的原则,尚值得探讨。但可以肯定,"若非 P,则 Q 的发生概率不会升高",要比"非 P 则非 Q"在证明上更为容易,前者设定的标准较后者要低。因而,如果将二者相等同,则此间涉及的绝非单纯的证明法则上逻辑严谨性的放松,更牵涉实体法上因果关系认定标准降低的问题。需要指出,疫学因果关系是否在实体上降低了因果关系的认定标准,与刑事领域应否容许降低因果关系的认定标准,是两个不同的问题。前者涉及实然层面的判断,后者则是在应然意义上所做的评价。黄荣坚教授便以建构刑事责任的自然律相对严格为由,而否定疫学因果关系的概念适用于刑事法领域。[2] 人们尽可以从自身的价值立场出发否定疫学因果关系在刑事领域的适用性,但不能否认该概念的提出本质上代表着降低因果关联认定标准的事实。

与疫学因果的适用不同,风险升高理论在实践中往往被用于解决过失犯的结果归责,但在理论上对故意犯也同样适用。[3] 根据风险升高理论,在合义务的替代行为虽无法几近确定地避免危害结果的发生,但能够实质性地降低危害结果出现风险的场合,便应肯定结果归责。换言之,如果从事后判断的角度来讲,违反注意规范的行为实质性地升高了危害结果出现的风险,即使无法证明行为的不法部分与危害结果之间存在"非 P 则非 Q"的关系,也应将结果归责于行为人。在"归因—归责"二分说的框架中,风险升高理论一般被认为是归责层面的判断规则,与归因层面的事实因果问题无关。不过,这样的体系定位不无疑问。

风险升高理论究竟是作为归责层面的判断规则还是归因层面的判断规则,取决于对其中的"P"如何界定。以国内学界经常援引的德国判例"卡车超车案"来说,[4]卡车司机在超车时未按规定保持 1.5 米的安全距

---

[1] 参见〔日〕西田典之:《日本刑法总论》(第 2 版),王昭武、刘明祥译,法律出版社 2013 年版,第 79 页。

[2] 参见黄荣坚:《基础刑法学(上)》(第三版),中国人民大学出版社 2008 年版,第 192 页。

[3] Roxin, Strafrecht Allgemeiner Teil, Band I, 4. Aufl., 2006, §11 Rn. 99.

[4] 该案的具体事实为:卡车司机甲在驾车超越骑自行车的乙时,未遵守交通规则的要求保持 1.5 米以上的安全车距,而以 0.75 米的间距违规超车。当甲违规超车时,醉酒的乙突然向左倾倒,跌入货车下方遭货车后轮碾压而死。事后查明,即使甲保持 1.5 米的安全车距,仍可能发生车祸而造成乙的死亡。

离,而与高度醉酒的骑自行车者只保持了 0.75 米的距离,事后查明,鉴于被害人当时的醉酒状态,即便卡车司机保持合法的安全距离,事故也仍很可能会发生。此案中,如果将 P 界定为"未保持安全距离的超车"(同时包含"未保持安全距离"与"超车"两个因素),则在事实因果的检讨中,"非 P"便是假定"未保持安全距离"与"超车"都不存在,自然可肯定归因层面存在条件关系,而风险升高便成为归责层面的判断规则。问题在于,"超车"因素并非刑法所关心的,刑法关心的毋宁是"未保持安全距离"。一旦将 P 界定为"未保持安全距离",在前案中,便难以认定其与被害人的死亡结果之间存在条件因果关联,合法则的条件说对此也无法给出具有说服力的结论。如此一来,在前案中如若适用风险升高,便分明是在解决归因层面的事实关联疑问。

可见,只要承认刑法中结果归责的判断,是要解决行为中的不法部分与结果之间的关联问题,则风险升高理论恐怕更适合作为归因层面的判断规则,或者至少可以说,风险升高理论与归因层面的事实关联判断也密切相关。实际上,这一点在晚近以来的德国刑法理论中也已获承认,统计与概率上的事实因果被认为是风险升高理论的新的适用领域。[1]

就归因层面而言,适用风险升高理论的实质是以概率提升取代条件公式的"若无—则不"的要求,即只要不法行为实质性地提高了危害结果出现的概率,即可肯定存在归因层面的事实因果关联。因而,当反对者声称,风险升高理论必然使损害法益的结果归责转化为"不降低风险"的行为归责,[2]其的确切中了问题的要害:在风险升高的场合,能够证明条件关系成立的只是行为与升高的危险之间的条件关系,而不是行为与最终的危害结果之间的条件关系。坦率地讲,无论怎么辩驳,风险升高理论的支持者都无法否认其通过放宽归因要求而降低结果归责标准的事实。如批评者所言,与回避可能性理论相较,风险升高理论根本不是"限缩"可归责的注意义务范围,而是大幅地扩张其范围。[3]

---

[1] Vgl. Roxin, Strafrecht Allgemeiner Teil, Band I, 4. Aufl., 2006, § 11 Rn. 98.
[2] 参见许恒达:《合法替代行为与过失犯的结果归责:假设容许风险实现理论的提出与应用》,载《台大法学论丛》2011 年第 6 期,第 742 页;黄荣坚:《刑罚的极限》,元照出版公司 1998 年版,第 165 页。
[3] 参见许恒达:《合法替代行为与过失犯的结果归责:假设容许风险实现理论的提出与应用》,载《台大法学论丛》2011 年第 6 期,第 742 页,脚注 97。

二、概率提升型的结果归责类型

与民法基于赔偿的目的而可能承认比例因果关系不同,[1]刑法因果关系的判断,需要遵守全有或全无的原则,也即刑法因果关系的判断,只有"有"或"无"的问题,而不允许存在"一定比例"因果关系的问题。人们不能说,A 的行为与 B 的死亡结果之间存在 60% 的比例因果关系,以此表明前者与后者之间存在因果关系的可能性为 60%。疫学因果与风险升高和民法中的比例因果关系有异曲同工之处,只不过通过放宽事实因果关联认定标准,放宽对因果关系举证责任的证明程度,它将达到一定比例标准的因果关系直接擢升为"全有",从而至少在形式上仍遵守因果关系的全有或全无原则。如学者所言,所谓风险升高理论不过是用百分比上某程度的作用,来取代因果关系的概念。[2] 鉴于疫学因果与风险升高均建立在概率的基础上,不妨将之称为"概率提升"型因果。以此基础的归责类型由于无法为既有的归责理论所涵盖,故即使应否将之引入刑法领域尚存在争议,它也更适宜被理解为一种新的结果归责类型。

严格来说,"概率提升"型因果与前文论及的三种归责类型不是并列关系。"造成"型因果、"引起"型因果与义务型因果,是根据行为对结果的作用力大小来区分的,三者呈梯度排列,彼此之间并不重合或交叉。"概率提升"型因果则类似于一个基本系数,具有修正既有类型的功能。如果以 A、B、C 来指代前述三种归责类型,引入"概率提升"型因果后,理论上便会出现 A1、B1 与 C1 三种修正的类型。因而,与其他归责类型不同,"概率提升"型因果的归责,即使肯定其在刑法中有存在的必要,还将进一步面临是否允许它在三种情形下都予适用的问题。从目前的理论发展来看,"概率提升"型因果的归责主要适用于行为人直接对法益创设风险的场合。只不过由于无法确定行为人是否操控了导致结果出现的因果流程,而只能证明其行为提升了结果发生的概率,根据"造成"型因果的归责原理将得出否定归责的结论,于是引入"概率提升"型的类型来弥补前

---

 [1] 比例因果关系说关注的并非因果关系是否存在,而是因果关系存在的"可能性如何"。据此,因果关系应依据行为发生损害的可能性认定,即仅依据因果关系可能性比例来判断因果关系,并相应于该比例而计算应赔偿之数额。参见陈聪富:《因果关系与损害赔偿》,北京大学出版社 2006 年版,第 195—198 页。
 [2] 参见黄荣坚:《基础刑法学(上)》(第三版),中国人民大学出版社 2008 年版,第 233 页。

者留下的归责空隙。此种意义上的"概率提升"型因果,可谓是对"造成"型因果之类型的修正,其适用场合也因此表现出相当程度的重合性;尤其是在过失犯罪中,相比于故意犯罪,过失犯罪的场合总是更容易产生究竟有无支配因果流程的疑问。

归入"概率提升"型因果范畴的疫学因果与风险升高,不约而同地遭遇违反罪疑惟轻的批评,并非偶然。此类批评乃是以承认归因基础的统一性为前提。倘若以为归因层面的基础是统一的,归因判断中事实因果的关联必须满足条件公式所确立的标准,则疫学因果与风险升高的确可归为"存疑则罚"的情形。因为在适用它们的场合,充其量只能证明行为与危害结果出现的概率升高之间具有条件关系,却无法证明行为与危害结果的出现本身之间存在条件关系。要是坦诚地承认刑法归责中归因层面的事实关联本来就存在不同的类型,并进而明确主张单纯的概率提升即足以满足归因所需的因果要求,则疫学因果与风险升高本来能够化解有关违反罪疑惟轻的批评,并由此而为事实因果乃至整个结果归责理论的革新创造可能的契机。问题在于,疫学因果与风险升高的支持者仍然试图维持归因基础的统一性,不愿承认其采用的是不同的事实因果标准。由于无法在传统刑法理论中找到支撑其立场的论据,这就不免使疫学因果与风险升高陷于尴尬的境地:尽管客观上可能具有呼应当代社会发展所需之潜质,但它们实际上连自身存在的正当性都无法予以保证。

只要承认疫学因果与风险升高重构了事实因果的概念,有关违反罪疑惟轻的批评便可予以消解。违反义务与危害结果之间的关联性问题,当然需要以二者之间存在客观的事实关联为必要前提。不然,刑法中的结果归责便会沦为一场攸关运气好坏的事件,不仅归责的判断过程会陷于恣意,也严重违背现代社会个人的意思自治的原则。因而,义务关联问题肯定牵涉客观的事实因素。然而,在肯定违反义务的行为与结果之间存在一定的客观事实关联的同时,这种事实关联应当达到什么程度才能被认为满足结果归责的归因基准,则显然是一个规范判断的问题。换言之,有关义务关联的判断其实包含两部分的内容:一是违反义务的行为与结果出现之间存在确定的客观关联;二是何种关联程度能够满足归责判断构造中的归因基准。前者属于事实问题,而后者涉及实体法上的规范评价问题。在适用疫学因果与风险升高的场合,由于在证据上能够证明行为在客观上提高了结果出现的概率,这足以说明相关行为与结果之间存在客观的事实关联。支持者在此种场合肯定结果归责,不过是在主张较低的关联程度便可满足规范上的归责要求;而反对者无疑想要坚持更为严格的关联性标准,认为单纯的提升结果出现的概率并未达到刑法归责所需的事实关联。在采取何种关联程度的问题上采取严格的或者较为宽松的标准,只涉及教义学上的不同见解。人们可以批评疫学因果与风险升高在法体系的视角下可能存在不当,但这只涉及甲说、乙说何者在规范判断上更为合理的问题,绝不能据此而认为,采用较为宽松标准的见解,便会违反罪疑惟轻原则。[1]

如果承认执着传统的事实因果观念并不具有天然的正当性,承认事实因果概念的意义可以被重构,承认刑法中结果归责所要求的归因基础存在不同的类型,则疫学因果与风险升高不见得仅仅因为无法为传统刑法理论认可的归责类型所涵盖,便自然而然地丧失存在的正当性。说到底,刑法体系中又有什么概念,其意义与内容是始终保持不变的呢?不法、罪责、故意、过失等,哪个概念的意义没有被重构过,或者仅仅由于其意义被重构便一股脑地遭到否定呢?概念的意义取决于人们使用它的目的,这也是概念演进的动力或生命力所在。"一旦忽略了法律概念在形成过程中所具有之被负荷以价值的过程与要求,这种经过抽象化之法律概念,便常常因为自当初所以设计该法律概念之'价值'或'规范目的'剥离,而使其适用的结果,不仅偶尔或经常导致背离其原应促其实现之价值或规范目的之现象,而且丧失向前演进、以更圆满地实现其与自出之规范意旨或价值的动力。"[2]

根据"概率提升"型因果的要求,只要行为增加危害结果发生的概率,便可肯定存在归因层面的事实因果关联。与"造成"型因果相比,"概率提升"型因果突出的优势在于,可以普遍地适用于行为人的行为因素与其他的作用因素无法相分离,科学上无法证明行为与结果之间存在条件性关联的场合。比如,令条件公式束手无策的累积性因果案件,若按"概率提升"型因果的原理来处理,其归责难题便应迎刃而解。由于"概率提升"型因果设定的是较低的事实关联标准,归责门槛较既有的归责类型为

---

[1] 对风险升高与罪疑惟轻原则之间关系的界定,参见许恒达:《合法替代行为与过失犯的结果归责:假设容许风险实现理论的提出与应用》,载《台大法学论丛》2011年第6期,第741页;〔德〕沃尔夫冈·弗里希:《客观之结果归责:结果归责理论的发展基本路线与未决之问题》,蔡圣伟译,载陈兴良主编:《刑事法评论》(第30卷),北京大学出版社2012年版,第248页;陈璇:《论过失犯的注意义务违反与结果之间的规范关联》,载《中外法学》2012年第4期,第697页。

[2] 黄茂荣:《法学方法与现代民法》(第五版),法律出版社2007年版,第68页。

低,故危害结果更容易被归责于行为人。因而,如果"概率提升"型因果被接纳为刑法中新的结果归责类型,则人们所面临的限定归责边界的挑战,将比"引起"型因果与义务型因果所引发的问题要严峻得多。

对于固守传统因果观念的人而言,刑法归责的归因基础从"造成"型因果扩张至"引起"型因果与义务型因果,尚具有可接受性。毕竟,后二者在刑法中的适用受到严格的限定,无法随意扩张适用范围。"概率提升"型因果则全然不同,一旦引入刑事领域,不仅对作为刑法中结果归责之核心类型的"造成"型因果形成重大冲击,而且还极易被进而扩张适用于"引起"型因果与义务型因果的归责类型,由此导致归责范围的双重扩张:相对于"造成"型因果的归责,"引起"型因果与义务型因果已经是对归责范围的一种扩张;若是允许对后二者在仅有概率提升的情况下便肯定结果归责,则无异于双重地扩张归责的范围。因而,当归因基础降低为单纯的"概率提升",且可能全面铺开适用时,在反对者看来,其发出的根本就是无法容忍的刺耳噪声。甚至哈特与奥诺尔都认为,将提高概然性的那种关系描述为"因果联系"肯定是错误的。[1]

第四节 本章小结

(1)"事实—法律"双层次因果关系说、相当因果关系说与客观归责学说都建立在归因与归责二分的基础之上。"归因—归责"二分说的基本框架本身没有问题,但是对这一框架的勾勒过于粗枝大叶;尤其是对归因的简单化定位,扭曲了归因与归责之间的内在关系。在理解该分析框架时存在的问题包括:①无视归因始终受归责目的制约的前提,而将归因视为单纯的事实探寻;②对条件公式的倚重与运用,导致对归因层面存在论基础的差异性的忽视;③将条件公式当作刑法中认定行为与危害结果之间存在事实因果关联的唯一标准。归因与归责之间是相互作用的关系,对归因的判断应当着眼于归责的视角。归因涉及的是规范性事实的确定,它不仅为归责的判断提供必要的存在论基础,而且本身受归责层面规范因素的反制。

(2)正统理论用统一的标准诠释刑法中所有的结果归责类型并不可

---

〔1〕 参见〔美〕H. L. A. 哈特〔美〕哈特、托尼·奥诺尔:《法律中的因果关系(第二版)》,张绍谦、孙战国译,中国政法大学出版社2005年版,前言部分,第35页。

行。实际上，刑法中结果归责的标准具有多元性，依据行为对结果的作用有无，可分为支配维度的结果归责类型与义务维度的结果归责类型。支配维度的结果归责类型又可依据现实作用程度的大小，而区分为"造成型"因果的归责类型与"引起型"因果的归责类型。由此可见，立足于归因层面的本体基础，传统刑法理论中主要存在三种结果归责类型。

(3) 晚近以来出现的疫学因果关系说与风险升高理论，均建立在概率的基础上，可称为"概率提升"型因果，以此基础的归责类型由于无法为既有的归责理论所涵盖，而更适宜被理解为一种新的结果归责类型。不过，"概率提升"型因果与前述三种归责类型不是并列关系。"造成"型因果、"引起"型因果与义务型因果，依据行为对结果的作用力大小来区分，三者呈梯度排列，彼此之间并不重合或交叉；"概率提升"型因果则类似于一个基本系数，具有修正既有归责类型的效果。

(4) 将"概率提升"型因果引入刑事领域，不仅对作为刑法中结果归责之核心类型的"造成"型因果形成重大冲击，还极易被扩张适用于"引起"型因果与义务型因果的归责类型，由此导致归责范围的双重扩张：相对于"造成"型因果的归责，"引起"型因果与义务型因果已是对归责范围的一种扩张；如果允许对后二者在仅有概率提升的情况下肯定结果归责，无异于双重地扩张归责的范围。

第八章　结果归责理论的类型学展开

在结果归责的判断构造中,区分归因与归责两个步骤有其必要性。因而,如果将本书的立场解读为是反对归因与归责的二分,这是一种误解。前章的论述只是试图指出,目前的刑法理论对这一框架的认识,尤其是对归因的过于简单的定位,存在明显的问题。这种认识上的偏差产生了至为深远的消极影响,它不仅使僵化对待事实因果概念的做法变得流行,由此导致对刑法中结果归责的把握流于狭隘与片面,也会因切断理论与现实需求之间的功能性关联而妨碍结果归责理论的创新。

过于僵化地界定与适用因果关系概念,或者甚至认为事实因果涉及绝对意义上的自然律,是不管基于什么样的人类需求都不允许法律触碰的东西,必然剥夺这一概念的有用性;这样的僵化最终将扼杀因果关系概念的生命力,导致其不仅无法服务于主体所追求的目的,也由此丧失回应目的之变动的能力。[1] 如果认为因果关系概念在刑法中仍有存在的价值,不应为其他概念所取代,则采取一种功能主义的、规范化的理解势在必行。

从前章的相应分析可知,当代刑法体系中分明存在多种结果归责的类型。这些归责类型之间的区别,首先体现在归因层面行为与结果之间的事实因果关联程度的不同。当然,其区别并不局限于此,本章对此将做进一步的交代。第一节对刑法中结果归责理论的流变做了初步的总结,同时借助类型思维,对刑法中的结果归责类型展开体系性的解读。刑法中结果归责类型多元化的发展趋势,不仅揭示出不同归责类型之间归因本体基础上存在重大差异的事实,也折射出刑法整个归责框架在当代社会所经历的或正在经历的重大变化。第二节至第三节则进一步论述区

---

[1] See Guido Calabresi, Concerning Cause and the Law of Torts: An Essay for Harry Kalven, Jr., in 43 The University of Chicago Law Review (1975), pp.107-108.

分不同归责类型所具有的规范意义,并结合实务中的争议案件展开相应的探讨。"造成"型因果对事实因果关联的要求最为严格,"引起"型因果与"概率提升"型因果虽仍要求行为对结果具有现实的作用力,但实质性地降低了这种关联性的程度,义务型因果则干脆不要求行为与结果之间存在现实作用意义上的因果关联。第四节对刑法中事实因果的判断标准做了必要的论述,认为条件公式难以承担作为判断事实因果之统一标准的重任。

第一节　归责理论的范式转变与类型思维

受概念法学惯性思维的影响,刑法中结果归责类型的多元性的现实一直未受到应有的关注,既有研究对不同归责类型在归因基础上存在的重大差异也未给予重视。问题在于,统一性的概念命题在维持自身纯粹形象的同时,不仅使精致的理论与刑法的现实渐行渐远,且难以避免以偏概全的问题。对于日益沉迷于大陆法概念思维的我国学界而言,谨记弗莱彻的提醒有其必要:刑法是一个多中心的思想体系,任何单一的思考模式都不足以解释所有的犯罪;为消解不必要的错误纷争,有必要注意通常被名义上的统一性所掩盖的多样性。[1]

一、刑法中归责理论的范式转变

晚近以来刑法归责领域的发展动向中,有两个现象值得关注:一是作为刑法中结果归责的原型,"造成"型因果的地位已受到严重的削弱,它再也不是刑法中唯一重要的结果归责类型。二是"引起"型因果、义务型因果与"概率提升"型因果这三种归责类型在刑法中的重要性日渐递增。"引起"型因果与义务型因果的适用范围不断扩张,以及"概率提升"型因果的观念的兴起,对"造成"型因果形成联合夹攻的态势,传统的刑法因果关系理论因而遭受重大的冲击。在支配犯与义务犯两大领域,均可清晰地看到结果归责范围的扩张趋势。在支配犯领域,主要是通过降低现实作用力的要求程度而实现;在义务犯领域,则是借助义务范围的膨胀而实现。刑法中结果归责理论的变化,本质上涉及的是在责任爆炸与集体的

---

[1] 参见〔美〕乔治·弗莱彻:《反思刑法》,邓子滨译,华夏出版社2008年版,第266页。

不负责任之间如何平衡的问题。

传统的刑法因果关系理论要求将行为人的行为从引发结果的多个原因中分离出来,以便在危害后果与个人因素之间建立起必要条件意义上的联系。这样的归责机制在风险社会很难成功。风险社会中的风险大多是工业化系统的产物。风险的这一特性使最终出现的破坏性后果与个人因素之间往往难以建立起联系,因为后者很少能够从工业生产模式的复杂体系中被分离出来。面对极为复杂的因果现象与单个原因无法分离的现实,如果仍然坚持传统的刑法因果关系理论,势必纵容集体不负责任的现象的滋生与蔓延。

现实需求的倒逼,最终促成刑法中结果归责理论的基本范式的转变:以关系论为基础的刑法因果关系理论,逐渐被一种着眼于规范目的的归责原理所取代。由于以关系论为基础,传统的因果关系理论将检讨的重心放在结果的发生方式上,但凡介入第三人的自愿行为或其他异常的、不可预见的因素,便被认为有中断因果的效果。当前的归责理论则不再看重结果的具体发生方式,而更为关注结果是否处于为规范所禁止的危险的范围之内。这样的范式转变导致一种更为宽泛的归责判断,使责任有可能扩张至旧的因果关系规则所限定的范围之外。

在当代刑法体系中,为系统地解决集体不负责任的问题,除了在立法层面借助危险犯的独立构成之外,教义学上将努力的重心放在对归责标准的重塑上。具体而言,这些举措包括:(1)引入以"概率提升"型因果为代表的新的归责类型。(2)扩张既有归责类型的适用范围。"引起"型因果的归责原本仅对共犯责任适用,如今则日益地扩张适用至过失犯罪与一些特殊的故意犯罪之中。尤其是在过失犯罪中,"引起"型因果的归责的适用正日益变得普遍。哈特与奥诺尔这样预测,"尽管难以令人相信然而确属可能的情况是,法律最终会达到这样一个点,给他人实施损害提供条件将会像现在造成损害这样成为一个普遍的责任根据。"[1]随着义务范围的膨胀,义务型结果归责在刑法体系中的地位也全面提升。(3)隐蔽重构既有的归责类型。比如,将共犯原理与主观不法论相结合,导致帮助行为即使对结果的出现没有做出现实的贡献,也可能被归责。

---

[1] 参见〔美〕H. L. A. 哈特、〔美〕托尼·奥诺尔:《法律中的因果关系(第二版)》,张绍谦、孙战国译,中国政法大学出版社2005年版,第178页。

主观不法论的兴起,为帮助犯中客观要求的降低提供了正当根据。"法院没有将帮助的客观要件太当事,理由之一是它已然信奉了主观未遂论。如果未遂的客观范畴不那么重要,那么法院的推理自然是:帮助的客观标准不应成为起诉共犯的障碍,既然这个共犯故意帮助犯罪的实行。"[1]共犯原理与主观不法论的结合,导致对"引起"型因果的归责类型的实质性重构,进一步扩张了结果归责的范围。据此,未遂的帮助将具有可罚性,即只要提供帮助,即使该帮助对结果的出现没有现实的助益,也要进行处罚。1981年《英国刑事未遂法》便做了这样的明文规定;德国司法实务在帮助犯中放弃因果要求而坚持所谓的"促进公式",即不要求帮助行为对于结果来说是原因,仅仅必须促进该结果的出现就可以,[2]也具有类似的效果。

二、类型思维与刑法的结果归责

刑法中归责类型的多元化,使结果归责的理论变得日益复杂。复杂的归责理论正是为了应对外部环境的复杂性。理论的简单扼要当然不能说没有价值,但现代社会本质上是一个复杂社会,要观察这样一个日益复杂的社会,便不得不相应发展出一套复杂的理论。"社会系统理论的一个主导性区分(guiding difference)是系统与环境的区分,而环境总是比系统更为复杂。也就是说,环境拥有比系统更多的可能性,面对如此众多的可能性,系统被强迫着去化减环境的复杂性。系统可以化减环境的复杂性,但这是经由系统的复杂性来化减环境的复杂性。如果系统变得更为复杂,其化减环境之复杂性的能力也会增强。"[3]刑法学理论作为法学理论这一系统的子系统,也应作如是观。理论的复杂性正是对社会之复杂性的回应,也是社会之复杂性的折射。简单的理论虽容易为人所理解与掌握,但过分的化繁为简也恰恰使其对现实丧失必要的诠释能力。传统刑法因果关系理论中的条件说或相当因果关系说,简单归简单,但只要遇到稍微复杂一些的案件便总是力不从心。面对日益复杂的社会,寄希望于一套简单的归责理论一劳永逸地予以解决,终究不过是一种自欺欺人

---

[1] [美]乔治·弗莱彻:《反思刑法》,邓子滨译,华夏出版社2008年版,第492页。
[2] 参见[德]克劳斯·罗克辛:《德国刑法学总论》(第2卷),王世洲主译,法律出版社2013年版,第146—147页。
[3] 肖文明:《观察现代性:卢曼社会系统理论的新视野》,载《社会学研究》2008年第5期,第59页。

的鸵鸟策略。

类型思维的兴起,正是人们为应对环境之复杂性而在方法论层面做出的一种回应。传统理论对刑法结果归责标准的统一性假定,明显是受概念法学以来的概念思维的影响。这种统一标准的构想认定刑法中的结果归责有且仅有一种类型,并试图据此而对行为与结果之间的关联做出内容统一的界定。在复杂社会中,概念思维不足以全面把握生活世界中的各种表现形态,这使类型学的思考在20世纪中期以后的法学方法论中日益受到重视。"在类型中,要素与要素之间乃是一种弹性的组合关系,存在或多或少的变化可能。类型虽然由要素组成,但是类型并不等于要素的'简单相加',并非由'特征的堆砌'所形成,而是一种基于'要素间的相互协作'所形成的弹性整体。"[1]

在类型学的建构之下,各个类型之间不仅在要素组合方式上有所不同,甚至作为基本成分的要素构成都可能存在差别。类型正是借助于其要素的可变性,借着若干要素的加入或居于重要地位,使一种类型可以交错地过渡到另一种类型,并据此形成"类型系列"(Typenreihe)。[2] 由于关注各要素之间的作用关系及其背后的意义脉络,类型思维总是能够整体性、结构性地把握生活事实,在维持"整体图像"的同时又使体系具有相当的开放性。相比于概念,类型更容易灵活、妥当地处理生活素材,消解概念所带来的僵化与封闭;[3]同时,通过类型的运用,能够较为妥当地处理生活中各处的流动过渡阶段。[4]

对刑法中的结果归责而言,有两个基本参数会影响其判断:一是支配力(或支配可能性),二是归责的有效性。这两个参数不仅存在有无的问题,还涉及程度的问题。

从法治国的要求来看,支配力或支配可能性的存在构成归责的必要前提与公正性基础所在。所有的人类责任都与"支配"(Herrschaft)这个要素相联结,"支配状态"(Herrschaftslage)应该与"利益状态"(Interessen-

---

[1] 杜宇:《类型思维与刑法方法》,载北京大学法学院刑事法学科群编:《刑法体系与刑事政策:储槐植教授八十华诞贺岁集》,北京大学出版社2013年版,第111页。

[2] 参见顾祝轩:《制造"拉伦茨"神话:德国法学方法论史》,法律出版社2011年版,第184页。

[3] 参见杜宇:《类型思维与刑法方法》,载北京大学法学院刑事法学科群编:《刑法体系与刑事政策:储槐植教授八十华诞贺岁集》,北京大学出版社2013年版,第119页。

[4] 参见〔德〕英格博格·普珀:《法律思维小学堂——法律人的6堂思维训练课》,蔡圣伟译,北京大学出版社2011年版,第28页。

lage)并列为重要的法律形成的(或者所谓具有法律形成力的)生活因素。[1] 我国台湾地区学者也指出,"刑法上的结果非价,也就是归责判断,是奠基于'支配'(或支配可能性)的观点上。依照这个刑法上理性处罚的根本思维,每个人都只需要对其所能够支配的事物负担刑法上的责任。所谓的归责判断,就是从众多的因果事实中,找出能够算是行为主体之'作品'的事物。透过'可支配性'这样的概念,表明行为人在事件流程中所具有的优势地位。"[2] 因而,即便是义务维度的结果归责,也仍须以支配可能性的存在为条件。刑法中结果归责的成立,之所以须以归因层面行为与结果之间存在客观的事实因果关联为前提,也是基于支配力或支配可能性的要求使然。

与此同时,归责的有效性涉及评价主体所追求的好处或价值,包括规范的目的与政策方面的考虑,它为归责的成立提供功利性的基础。归责判断只能从刑法规范的含义与目的出发才能获得。[3] 倘若无法满足评价主体所认可的需要或追求的目的,则这样的归责在规范上便没有意义。归责有效性大小的判断,主要考虑以下因素,即行为所影响的法益主体的范围与法益的重要程度、一般预防与特殊预防的效果,以及对个体自由带来的限制与妨碍等。

刑法中归责类型的构建,要求同时具备支配力(或支配可能性)与归责的有效性;在二者缺一的场合,归责要么有失公正,要么根本无益。不过,由于支配力(或支配可能性)与归责的有效性都是作为可层升的因素,存在程度大小的问题,这使归责类型的构建,始终面临相关参数微弱到何种程度方足以排除归责的疑问。依照类型学的构建逻辑,如果支配力因素极强,则在归责有效性相对微弱的情况下也可考虑归责;反之,如果支配力(或支配可能性)极弱,则只有在归责有效性极强之场合才应允许归责。

从类型学的角度来考察,"造成"型因果、"引起"型因果、义务型因果这三种结果归责类型,乃是以支配力(或支配可能性)作为红线串在一起,按由强到弱的顺序排列:"造成"型因果中行为对结果的支配力最

---

[1] 这是德国学者 Mueller-Erzbach 的观点。参见吴从周:《概念法学、利益法学与价值法学:探索一部民法方法论的演变史》,中国法制出版社 2011 年版,第 355—356 页。
[2] 蔡圣伟:《重新检视因果关系偏离之难题》,载《东吴法律学报》2008 年第 20 卷第 1 期,第 139—140 页。
[3] Vgl. Schönke/Schröder, Strafgesetzbuch, Kommentar, 28. Aufl. 2010, vor §§13 Rn.92.

强,直接操控了导致结果出现的因果流程;"引起"型因果中行为对结果的支配力次之,行为通过间接地作用于第三人(或其他因素)所操控的因果流程,而对结果贡献现实的作用力;义务型因果中,行为(不作为)本身对于结果的出现没有贡献现实的作用力,只是从预期的作为具有阻断既有因果流程的可能的角度,断言行为人对结果的防止具有支配可能性。"概率提升"型因果则有其特殊性,取决于对其适用范围的界定。一方面,如果认为"概率提升"型因果只允许适用于直接创设针对法益风险的场合,则它基本上是对"造成"型因果的修正;从支配力的角度而言,行为对结果的支配力程度处于"造成"型因果与"引起"型因果之间。另一方面,若是允许全面扩张"概率提升"型因果在刑法中的适用,其与"造成"型因果、"引起"型因果与义务型因果的各自结合,等于是在既有的三种之外又增加了与之相对应的三种准类型。

根据类型的构建原理,对于前述四种结果归责的类型,原则上可得出这样的推论:(1)"造成"型因果中,现实的支配力最高,故归责有效性因素较弱时也足以肯定归责。对结果的强大的支配力,使"造成"型因果成为受制约最少的一种归责类型。一旦肯定行为"造成"结果的发生,行为人原则上便需要对结果负责,且往往要被处以相对较重的处罚。(2)"引起"型因果中,现实的支配力大为减弱,故有必要以相对强大的归责有效性因素进行补强。在肯定归责所带来的益处并不明显的场合,应当得出排除归责的结论,由此来限定其适用范围。主流理论为什么不愿放弃对共犯从属性原理的坚持,基本上可从这个角度得到解释。(3)义务型因果中,现实的支配力归于零(只是具有支配可能性),距离作为刑法归责核心类型的"造成"型因果的形象最远,故需要最为强大的归责有效性因素来填补。相应地,其适用范围也应当受到最为严格的限定,仅限处于保证人地位或负有特殊义务的行为人。(4)"概率提升"型因果的归责不宜全面铺开适用,尤其是不应考虑在不作为犯中予以适用。"概率提升"型因果的归责类型作为对"造成"型因果留下的归责空隙的填补,有其合理性。毕竟,如果行为通过对导致结果的因果流程的直接作用,实质性提高了结果出现的概率,则就其支配力程度而言;如果辅之以强大的归责有效性因素,应能肯定对行为的结果归责。对"引起"型因果来说,若是让其与"概率提升"型因果相结合,考虑到行为对结果毕竟还是存在现实的作用力,承认存在归责的余地勉强也算合理。但是,在不作为犯中,不作为对结果的现实支配力为零,允许在概率提升的情况下进行归责,无异于是说微弱的支配可能性即足以满足归责的本体基础。这一步未免跨得太远,即使从类型学的角度审视,如此拓展结果归责的范围也难说正当。

鉴于风险升高与疫学因果所代表的"概率提升"型因果的归责类型在刑法理论上面临严重的质疑,在此有必要做简单的补充说明。从类型学的原理来看,单是归因层面事实关联程度要求的降低,并不足以否定"概率提升"型因果作为一种归责类型的正当性。如果肯定在行为对结果缺乏任何现实作用力的情况下,仍可能满足结果归责所要求的归因基准,则没有理由全盘排斥"概率提升"型因果在刑法中适用的可能性。在归责有效性因素很强的情况下,应当肯定"概率提升"型因果的结果归责有适用的余地。当然,在适用上如何实现对其的制约,这是理论上需要进一步探讨的问题。

第二节 不同结果归责类型的规范性解读

刑法中区分不同的结果归责类型,不仅在规范层面具有重要意义,也有助于合理处理实务中的疑难案件。归因基础的差异,实质性地决定对不同的归责类型需要构建与适用不同的归责原理及标准。从抽象层面来看,不同的归责类型之间是相互分离的,各类型之间不会产生内在的冲突。但不可否认,特定案件中行为与结果之间的事实关联究竟应归入何种类型可能会存在争议;尤其是对同一行为,将之纳入不同的归责类型完全可能得出不同的结论,此时便会产生采纳何种归责结论的疑问。

就具体某一犯罪而言,是否所有的结果归责类型都可予以适用,势必需要做个别性、具体的探讨。这一方面涉及对分则具体罪名的构成要件的解释;另一方面也与对刑事责任合理范围的判断有关。本章只是初步尝试按类型学的进路来思考结果归责原理的构建与适用,以求较为全面地揭示,存在论上的事实因果差异究竟如何对规范理论的构建形成反制。基于此,此部分的论述重心在于,从体系学的角度来勾勒出一个基本的轮廓。至于在个案适用中不同归责类型之间可能的内在冲突及其责任上的具体差异,需要留待以后的研究做进一步的深入与细化。

一、区分不同归责类型的规范性意义

首先,存在论基础的不同会影响归责论的构建,并最终影响对刑事责任的判定。

行为对结果的作用力的有无或程度,是构建归责论时必须考虑的重要因素。原则上,对结果的作用力程度越大,归责所受的制约或阻碍便越少,相应地,行为人越可能被要求对结果负责。"造成"型因果在适用上受到的限制很少,而其他归责类型的适用往往受到特别的限定,这样的区别只有着眼于其存在论基础的差异才能得到合理的解释。德国主流理论区分参与自我危害与同意他人危害,并对二者适用不同的归责原理,认为前者原则上排除构成要件符合性,而后者无法切断归责关联,至多只能考虑运用违法性层面的被害人同意予以正当化,[1]正是着眼于二者存在论基础之差异的缘故。毕竟,在参与被害人自我危害的场合,被害人才对导致结果出现的因果流程存在支配,而在同意他人危害的情形下,对因果流程的操控分明掌握在行为人手中。也正基于此,张明楷教授提出以行为支配标准来区分二者,即根据是被害人还是行为人支配了事件的因果流程来区分自我负责的自我危害与同意他人的危害,并强调这种区分在规范上的重要意义,它们会导致原则上无罪还是原则上有罪的结论。[2]

同时,由于结果归责是不法的重要组成部分,行为与结果之间的因果关联在存在论层面的差异,因而还可能进一步影响不法的程度,并最终影响行为人的刑事责任与对其的处罚。以故意杀人罪为例,帮助自杀或不作为的故意杀人,其不法程度往往被认为要远低于一般的作为杀人。这一点也得到实务数据的支持。以直接操控因果流程的方式造成被害人死亡,在我国实务中适用的基准刑一般是死刑,而归入"引起"型因果与义务型因果的帮助他人自杀与不作为的故意杀人,则往往被认为属于"情节较轻"的故意杀人,而仅被判处不到 10 年有期徒刑。[3] 这意味着行为与结果之间的事实关联程度,不仅可能影响刑事责任的有无,还可能影响刑事责任的程度。因而,除在定罪的阶段必须考虑事实因果关联之外,在量刑

---

〔1〕 Vgl. Kindhäuse, Strafrecht Allgemeiner Teil, 5 Aufl., 2011, § 11 Rn.25, § 12 Rn. 61ff; Roxin, Strafrecht AT, Band I, 4 Aufl. 4, 2006, § 11 Rn.107, 121; Jescheck/Weigend, Lehrbuch des Strafrecht Allgemeiner Teil, 5. Aufl., 1996, S.288, 373.

〔2〕 参见张明楷:《刑法学中危险接受的法理》,载《法学研究》2012 年第 5 期。

〔3〕 这是对《人民法院刑事指导案例裁判要旨通纂》所收集的 63 起故意杀人案进行统计的结果,这 63 起案件均来自于最高人民法院主办的刊物,具有较大的权威性与代表性。其中两起帮助自杀的案件(夏锡仁故意杀人案与刘祖枝故意杀人案),被告人分别被判处 5 年有期徒刑与 7 年有期徒刑,一起不作为的故意杀人案(颜克于等故意杀人案),首犯也仅被判处 7 年有期徒刑。参见陈兴良、张军、胡云腾主编:《人民法院刑事指导案例裁判要旨通纂(上卷)》,北京大学出版社 2013 年版,第 311 页、403 页、338 页。

的阶段也要顾及相关的因素。一般说来,就同一罪名而言,行为对结果的现实作用程度越大,不法的程度便越高,相应的,在刑事责任的判定与量刑上也应有所体现。

其次,支配维度的结果归责与义务维度的结果归责,在哲学根基上存在重要的不同。

支配维度的归责类型中,行为人是因为对法益的积极侵害而受到归责;义务维度的归责类型之中,行为人则是基于对法益的保护义务而受到归责。基础观念上的这种差异,根源于哲学根基上的不同。弗莱彻指出,罗尔斯第一正义原则中的"干预"概念,支持西方法学对导致危险与任由危害发生之间的严格区别。[1] 支配维度的归责类型与传统政治自由主义所主张的危害性原则一脉相承,行为人是因为违反消极义务,干预了他人的自由领域而被归责。义务维度的归责类型则更多地与社会连带主义相关联,行为人是因为违反积极义务,没有向他人提供积极的帮助而被归责。在刑法领域,单一地采用支配维度或义务维度,无法对刑法中的结果归责进行全面的把握。任何试图以二者之一作为统摄性的上位概念的做法,都不可避免地有以偏概全之嫌,并因此扭曲了结果归责理论的真实面目。

最后,尤为重要的是,不同的归责类型,在据以判断归责的原理上存在重大差别。

无论是传统因果关系理论还是客观归责理论,都面临如何将众多涉及归责判断的具体规则体系化的问题。对此,既有的理论做得并不算成功。客观归责理论虽将各具体规则分门别类地归入三大原则之下,但也只是做了粗疏的整理。此类规则数目不少,包括回溯禁止、因果流程重大偏异、被害人自我负责、不可预见性与异常性、信赖原则等。这些规则的适用范围如何,在何种情形下方能产生排除归责的效力,刑法理论上缺乏系统的梳理与分析,基本上是一笔糊涂账。这根源于对结果归责理论的概念式思维的理解。由于主流理论没有区分不同的结果归责类型,更未从类型学的角度检视这些规则,才使人们或者误以为相关规则具有普遍的适用性,或者虽认为仅适用于某些特定的场合,但无法给出具有说服力的解释。

---

[1] 根据罗尔斯的界定,正义的首要原则是,每个人都有资格获得最大限度的自由,随之而来的结论是,可容忍的限制只针对那些干预他人自由的行为。参见〔美〕乔治·弗莱彻:《反思刑法》,邓子滨译,华夏出版社2008年版,第440—441页。

以回溯禁止为例,根据该规则,除教唆与帮助的共犯情形之外,只要结果是由他人故意行为介入所导致,该结果便不能归责于前行为。回溯禁止的原理在我国刑法理论中也被广为接受,只不过它往往是以因果关系中断的面目出现。然而,回溯禁止只是一个结论,而并未给出任何理由或根据。"从回溯禁止的字面含义来看,只表示最后的构成要件结果不能回溯归责于最初的行为人,但看不出来为什么不能回溯归责,就这一点而言,回溯禁止作为下位规则显然不够具体,或许因为如此,罗克辛并没有使用回溯禁止作为下位规则,对于传统因果理论中的因果中断情形……罗克辛皆以'未实现风险'来排除归责。"[1]疑问还在于,介入第三方的自愿行为并非在任何情况下都会产生排除归责的效果。"当情况十分清楚,将行为视为过失的根据或者对其进行法律禁止的理由,正是因为它提供了通常会被他人可以用于实施故意不当行为的机会这一事实时,那么,用这些自愿介入行为来免除为这种行为提供机会的那些人对于所造成的损害应承担的责任,这显然是难以理解的。"[2]

再以不可预见性与异常性规则为例。传统理论认为,如果介入因素具有异常性或不可预见性,便会产生中断因果而排除归责的效果。为客观归责理论所吸纳的结果与行为之常态关联(即排除重大偏异之因果)规则,也是以前述原理作为构建之基础。但实际上,只要一项法律规则遭到违反,发生了被认为"处于危险范围内"的那种损害结果,而它也正是这一法律旨在预防的那种类型时,无论是理论上还是实务中,都会让行为人对损害承担责任,而不论这一损害是如何产生,即便是由于某种非常异常的介入或者偶然的巧合也不例外。[3] 换言之,即使是重大偏异之因果,也可能无法排除归责。其他的具体规则,也都面临类似的问题。

二、判断规则在各归责类型中的适用

前述与归责判断相关的细部规则,其排除归责的实质根据是什么?

---

[1] 许玉秀:《客观归责理论的回顾与前瞻:记一段我国刑法理论的继受里程》,载《刑事思潮之奔腾:韩忠谟教授纪念论文集》,财团法人韩忠谟教授法学基金2000年版,第116页。

[2] [美]H. L. A. 哈特、[美]托尼·奥诺尔:《法律中的因果关系(第二版)》,张绍谦、孙战国译,中国政法大学出版社2005年版,第7页。

[3] 参见[美]H. L. A. 哈特、[美]托尼·奥诺尔:《法律中的因果关系(第二版)》,张绍谦、孙战国译,中国政法大学出版社2005年版,第7页。

适用边界在哪里？对其适用上的各种限制又该如何进行解释？这是刑法理论无法回避的问题。只有采取类型学的视角，着眼于具体的归责类型，才能对这些细部规则的适用及其局限给出令人信服的说明。

（一）在"造成"型因果的归责类型中的适用

"造成"型因果的归责类型是以行为对因果流程的支配为基础，相应地，如果支配被阻断，便可排除结果归责。回溯禁止、因果流程重大偏异、异常性与不可预见性等规则，本质上都是在处理支配有无的问题。在介入第三人自愿行为或出现异常的、不可预见的介入因素，或者因果流程存在重大偏异的场合，实质上是表明，行为人对于导致结果发生的因果流程丧失了支配。既然丧失支配，自然会产生排除结果归责的效果。并且，也只有在"造成"型因果的归责类型中，前述情形才产生排除结果归责的效果。在"造成"型因果的归责判断中，介入行为是否自愿的讨论之所以重要，便是因为自愿与否的讨论本质上是在确定，究竟是前行为支配了造成结果的因果流程，还是后面介入的第三人或被害人的行为支配因果流程。由此，也可进一步解释，为什么但凡出现第三方受强制、欺诈、处于信息劣势或精神状态有问题等场合，便无法排除对前行为的结果归责。理由无它，不过是说行为人仍然掌控整个因果流程。可见，前述相关规则，只有在"造成"型因果的归责类型中才有适用的余地。

被害人自我答责的规则较为特殊，其适用与否取决于采取什么标准来界定自我答责的范围。如果是从支配的角度进行界定，即被害人是否自我答责，关键在于造成结果的因果流程是掌控在行为人手中还是掌握在被害人手中，那么，声称被害人自我答责，不过是说行为人缺乏对因果流程的支配。与之相应，只要是采取支配的标准来界定被害人自我答责的范围，这一规则便只能适用于"造成"型因果的归责类型；也只有在"造成"型因果的归责类型中，才会产生排除结果归责的效果。在其他的归责类型中，仅仅由于被害人对因果流程存在支配，不一定能顺理成章地得出排除对行为人的结果归责的结论。

可以说，正是由于人们下意识地认定"造成"型因果的归责是刑法中唯一的结果归责类型，才会错误地以为前述细部规则在结果归责的判断中具有普遍的适用效力。这样的错误造成理论上的混乱。实际上，一旦肯定前述规则均是在处理支配有无的问题，则在不以支配的存在作为归责条件的其他结果归责类型中，它们便不可能有适用的余地。理由很简单,对于"引起"型因果、"概率提升"型因果与义务型因果的归责判断而言,仅仅阻断支配本身不足以排除结果归责。

(二)在"引起"型因果的归责类型中的适用

"引起"型因果的归责以对结果存在现实作用力为条件,相应地,若要排除结果归责,便必须使行为之于结果的作用效果归于终结。在"引起"型因果的归责中,由于不以支配的获得作为归责条件,介入他人的自愿行为或其他异常的、不可预见的因素,或者因果流程出现重大偏异,对归责的判断往往并无影响。这是因为在前述情形下,充其量只能否定支配,但未必能消除行为之于结果的作用效果。相应地,包括回溯禁止、因果流程重大偏异、异常性与不可预见性在内的规则均无从适用。德国判例一直拒绝回溯禁止的理论,无疑也是因为意识到这样的事实,即介入他人的故意行为未必能够排除对前行为的结果归责;在结果由过失行为间接导致的场合,结论也是同样。德国帝国法院时期的两个判例,明确表明了这一点。一个判例确认,未经许可建造有火灾隐患房屋,在火灾是由第三人故意放火引起时,建造者对于住户的死亡结果仍要负责。另一个判例是,某人将上膛的左轮手枪放在大衣口袋中,而在去剧院时将大衣脱下放在剧院的衣帽间,左轮手枪从衣袋中掉出,剧院的包厢侍者出于玩笑而朝他人扣动扳机,该人与包厢侍者一样需对结果负责。德国实务界的这种立场也为学理所认可。[1]

至于被害人自我答责的规则在"引起"型因果的归责类型中能否适用,取决于是否坚持支配的标准,是否认为存在论层面由谁操控因果流程的事实在规范上具有重要的意义。如果认为参与自我危害与同意他人危害在规范评价上没有差别,均属于被害人自我答责的范围,[2]那么,该规则在"引起"型因果中便会有适用的余地,可据此否定对行为人的结果归责。

在"引起"型因果的归责判断中,信赖原则有其适用的价值。"引起"型因果属于德国学理上所指的间接创设风险的范畴,与直接创设风险的情形不同,间接创设风险的场合涉及答责原则(Verantwortungsprinzip)的运用。根据答责原则,每个人原则上只需安排好自身的行为,自己不去危及法益即可,无须照管他人不去危及法益,因为这属于他人的管辖

---

[1] Vgl. Roxin, Strafrecht Allgemeiner Teil, Band I, 4. Aufl., 2006, § 11, Rn.28-29.
[2] 参见冯军:《刑法中的自我答责》,载《中国法学》2006年第3期,第93—99页。

(Zuständigkeit)范围。[1] 很显然,如果刑法要求每个人除自己不危及法益之外,还要在任何情况下都避免为他人实施危害提供机会或便利,则这对个体自由而言将是一种无法承受之重。比如,卖刀具的人要防止自己出售的刀具成为他人犯罪之凶器、酒类制造商或销售商要防止他人喝酒后驾车而导致伤亡事故等。此类情形中,行为人一般可诉诸信赖原则来排除对自己的结果归责。可见,在"引起"型因果的归责判断中,信赖原则具有限定归责范围的效果;相反,在"造成"型因果的归责类型中,适用信赖原则几乎没有意义:既然涉及的是自己的管辖领域,又何须谈论信赖呢?

此外,注意规范的保护目的思想,在"引起"型因果的归责类型中也往往具有更为重要的意义。由于"引起"型因果的归责要求行为人对他人管辖范围之内的事务负责,它与答责原则之间存在一定的内在紧张。为不至于过度干预个体自由,"引起"型因果的归责因此在适用上必须受严格的限制,注意规范保护目的思想便成为其中关键性的理论工具。具体而言,在判断为他人实施危害提供机会所制造的风险是否属于不容许之风险时,主要取决于注意规范保护目的的考量:只有在所违反的注意规范,其保护目的中包含禁止为他人实施危害提供机会或便利的内容,或者说为他人实施危害提供机会或便利的风险属于相关注意规范所禁止的风险的范围时,行为人才可能因其所制造的这种风险被实现而受到结果归责。相对而言,注意规范保护目的的这种限定功能,在"造成"型因果的归责类型中,其意义就小得多,因为直接创设针对法益的风险并操控相应的因果流程,几乎总是受到规范的禁止。

(三)在义务型因果的归责类型中的适用

在义务型因果的归责类型中,对行为人的结果归责,乃是基于行为人对结果的保护义务。义务型因果的归责判断中,单是否定支配的存在或是消除行为之于结果的现实作用效果,本身都不足以否定结果归责。要排除结果归责,只有在行为人对法益不再负有保护义务,或者导致结果产生的危险本身并不处于保护义务的范围的场合才有可能。换言之,就义务型因果的归责而言,在存在保护义务的前提下,只要能够肯定实际因果流程中导致结果出现的危险处于保护义务管辖的范围,则即便结果的发

---

[1] Vgl. Schönke/Schröder, Strafgesetzbuch, Kommentar, 28. Aufl. 2010, vor §§13 Rn.101.

生是介入他人的故意行为或异常的因果流程导致,也不能产生排除归责的效果。

在这一归责类型中,结果的具体产生方式并不重要,关键是保护义务的性质与范围,包括禁止溯及、因果流程重大偏异、异常性与不可预见性在内的规则,其适用都必须结合保护义务的管辖范围来进行。在介入他人的故意行为或其他异常的、不可预见的因素,或者因果流程出现重大偏异时,虽偶尔也可能导致否定结果归责的结论,但否定归责的实质根据不在于行为人对因果流程丧失支配,而是由于导致结果出现的危险并不处于保护义务的管辖范围。被害人自我答责这一规则在义务型因果的归责类型中一般没有适用的余地。被害人是否自愿处置自身的法益,对于对相关法益具有保护义务的行为人的结果归责而言,并无重要的意义。除非来自被害人的自愿行为,免除了行为人对相关法益的保护义务或者处于后者的保护义务范围之外,不然,对其的结果归责不太可能据此而被排除。

(四)在"概率提升"型因果的归责类型中的适用

"概率提升"型因果的归责,以行为是否实质性地提升了结果出现的风险为基础。因而,要排除结果归责,仅否定支配的存在并不足够,从事后审查的角度而言,还必须要进一步消除提升风险的效果才可以。换言之,只有在结果的出现并非源自行为人所提升的风险的实现,而是源于另一种独立的风险,才能产生排除对行为人的结果归责的效果。

"概率提升"型因果的归责原理,需要根据其结合的究竟是"造成"型因果、"引起"型因果还是义务型因果来相应确定,以下主要以与"造成"型因果的结合为例进行说明。假如将"概率提升"型因果限定适用于行为人直接创设风险的场合,则包括回溯禁止、因果流程重大偏异、异常性与不可预见性、被害人自我答责在内的规则,理论上均有其适用的可能。在介入他人故意行为或其他异常的、不可预见的因素的场合,往往意味着他人对结果创设了另一种风险,而结果的出现是后一种风险的实现。既然从事后判断而言,行为人提升结果出现的风险实际上已由于他人对因果流程的支配而被消除,对行为人的结果归责自然便丧失必要的基础。以德国的卡车超车案为例,卡车司机没有保持安全距离的行为客观上提升了骑自行车者死亡的风险,但假设事后有证据表明,骑自行车者是自己想要自杀(或第三人借机实施杀害)才向左倾倒而遭卡车碾压,则由于导致结果实现的风险是自杀,这一风险独立于卡车司机所制造的风险,结果应不可归责于卡车司机。

当然,与在"造成"型因果中的适用不同,前述细部规则在"概率提升"型因果的归责中会遭遇例外的情形。如果介入因素以及随后发生的因果流程虽显得异常,但其所涉及的风险相对于行为人所提升的风险而言并不具有独立性,则此种情形下,仍可能要求行为人对最终的结果负责。值得指出的是,在这样的判断过程中,往往需要借助规范保护目的这一理论工具,即通过规范保护目的的思想来准确界定风险的类型,并据此判断最终的结果是否是行为人所制造的风险而实现。这意味着与在"引起"型因果的归责类型中一样,规范保护目的的思想在"概率提升"型因果的归责中也发挥着限制归责范围的功能。

第三节　各归责类型在实务案件中的适用

区分不同的结果归责类型,有针对性地适用相应的归责原理,对于实务中疑难案件的处理大有裨益。由于不同的归责类型所适用的归责标准并不相同,这就要求在遇到疑难案件时,首先需对归因层面的事实因果关联做出基本的判断,确定相关案件是归入"造成"型因果、"引起"型因果、义务型因果还是"概率提升"型因果的类型。在此基础上,再按不同的案件类型适用不同的结果归责标准。

一、对于"造成"型因果的案件而言,关键是考察对因果流程的支配是否掌控在行为人手中

在"造成"型因果的案件中,判断介入因素是否阻断行为人对因果流程的支配时,需要综合考虑如下因素:(1)先前行为导致结果发生的盖然性程度。先前行为本身导致结果发生的盖然性程度越高,表明其对结果所起的作用越大,介入因素阻断这种支配越难;反之,则表明先前行为对结果所起的作用较小,越可能阻断支配。(2)介入因素是否独立。如果介入因素的出现是由先前行为所引发,表明介入因素缺乏独立性,则阻断支配的可能性会降低;反之,如果介入因素的出现与先前行为无关,在来源上完全独立,则阻断支配的可能性会大大增加。(3)介入因素的异常性大小。介入因素的发生越难以预见,越会被认为具有异常性,相应地,越可能阻断先前行为对因果流程的支配;反之,如果介入因素属于一般人合理的、可预见的范围,则通常难以阻断这种支配。(4)介入因素本身对结果的作用大小。介入因素对结果发生的作用力越小,越难以阻断先前行为对因果流程的支配;反之,则越可能阻断这种支配。(5)在介入因素出现后,先前行为所产生的作用效果是否仍在持续。假如先前行为所产生的效果直至最终结果出现时仍在继续发挥作用,则一般难以认为行为人对整个因果流程丧失支配;反之,假如在介入因素出现后,先前行为所产生的作用效果归于终结,则对其的结果归责更易被否定。

原则上,只要先前行为本身存在导致结果出现的具体危险,其又在实际的因果流程中贡献了主导性的作用力,且此种作用效果直至结果出现时仍在继续存在,即使结果是由先前行为与介入因素共同作用所造成,也不影响支配的成立。换言之,对于支配有无的判断而言,并不要求先前行为必须是导致结果出现的唯一原因,而只要是主要原因即可。

以日本的大阪南港案为例。被害人因被告人的暴力而陷于昏厥,第三人再次施加暴力致其死亡。在该案中,第一暴力(被告人的暴力)已造成被害人颅内出血,这属于致命伤,第二暴力(第三人的暴力)也许加剧了颅内出血而稍微提前了被害人的死亡时点(但这只是一种假定,判决书未认定该事实)。日本最高裁判所认为,"在犯人的暴力已造成属于被害人死因的伤害之时,即便其后第三者的暴力提早了被害人死亡的死期,仍可肯定犯人的暴力与被害人的死亡之间存在因果关系,因此,原判判定本案构成伤害致死罪是正确的"。对此,西田典之提出异议,认为第三人暴力的因果性已凌驾于被告人行为的因果性之上,应认定因果关系已被切断。[1] 此案的关键在于支配有无的判断,西田否定结果归责源于其对支配采取过于严格的标准,即要求行为必须是实际导致死亡结果的唯一原因。日本最高裁判所的判决,则强调被告人暴力本身的致命性。大体上,判决的结论值得支持,但其理由论证存在不足。单是被告人的暴力造成致命的伤害,并不足以肯定结果归责。本案的关键在于后一暴力的介入并未消除前一暴力对结果的作用效果,即被告人的暴力造成的效果,在实际导致危害结果发生的过程中自始至终在发挥着作用。试想,在被告人的暴力已造成致命伤的情况下,倘若被害人的提前死亡是由第三人的暴力独立造成(如直接朝被害人心脏开枪),而非基于两种暴力并合作用

---

[1] 参见〔日〕西田典之:《日本刑法总论》(第2版),王昭武、刘明祥译,法律出版社2013年版,第90—91页。

的效果,则结论只怕会有所不同。这意味着在先前行为造成致命伤害的场合,对介入第三者暴力而使被害人死期提前的情况应区别对待,不能像日本裁判所的判决结论那样做"一刀切"的处理。

德国最高法院曾处理过这样的案件。A 在没有杀人故意的情况下,在 B 的住所使用硬橡皮锤朝 B 的头部击打,致 B 遭受致命伤。A 误以为 B 已死亡而离开,并带走 B 住所的钥匙。在路上 A 遇到亲戚 C,A 告诉 C 他将 B 打死了,C 不相信而拿了钥匙去 B 的住所,他同样误以为 B 已死亡,于是将 B 吊在门把手上伪装成自杀。B 被勒死,同时证据表明,B 因头部遭受锤打本来数小时后也将死亡。德国最高法院认为 B 的死亡结果应当归责于 A 的伤害行为,理由在于:(1)C 是基于 A 的利益考虑而实施相应行为;(2)B 无论如何都已无可挽救;(3)因果流程也具有可预见性。对此,罗克辛表示明确的反对,他提出,首先,C 并没有与 A 商定他的行为,C 擅自决定的利益代理不能归责于 A。其次,B 无论如何将于数小时后死亡,作为假设的现象不能导致将实际完全不同的因果流程归责于 A。最后,A 在路上遇到亲戚,并向其说明所发生之事,C 的不相信与拿到钥匙,以及将 B 悬吊,属于异常的因果结合,以致死亡结果不能再视为是 A 原初设定的风险的实现。[1] 笔者认同罗克辛的分析。既然 B 的实际死因是勒颈,而勒颈的行为独立于 A 的行为,且本身对健康人也具有致命性,这表明导致 B 死亡的实际风险并非来自 A 的伤害,A 设定的风险并未实现,故 B 的死亡结果不应归责于 A,A 只承担普通伤害罪的刑事责任。

从支配的角度切入,有助于把握相关案件的关键所在,对其适用逻辑一致的归责原理。

其一,支配的标准有助于解决介入医疗过失的案件的结果归责。以陈美娟投放危险物质案为例。该案中,被告人将甲胺磷农药注射入被害人家门前瓜藤上的多条丝瓜中,致使被害人食用丝瓜后中毒,引发糖尿病高渗性昏迷低钾血症。送至医院抢救中,医院诊断不当而仅以糖尿病和高血压症进行救治,导致被害人抢救无效死亡。[2] 本案中,被告人的行为直接创设引发死亡的风险,应归入"造成"型因果的范畴。相应,结果是否可归责于被告人,取决于医院的诊断不当是否能够阻断被告人对因果流程的支配。介入因素本身的异常与否或可预见与否,对于是否阻断支

---

[1] Vgl. Roxin, Strafrecht Allgemeiner Teil, Band I, 4. Aufl., 2006, § 11 Rn.79ff.
[2] 参见中华人民共和国最高人民法院刑事审判第一庭、第二庭编:《刑事审判参考》(总第 36 集),法律出版社 2004 年版,第 1—10 页。

配的判断具有重要的影响,由于诊断不当本身属于可预见的因素,并未因此而导致因果流程的重大偏异,故死亡结果仍应归责于被告人。此外,从支配的角度也可解释为什么刑法理论上倾向于认为,作为介入行为的医疗过失行为,如果是不作为(即使出于重大过失)往往不能阻却对前行为的结果归责;反之,如果是积极的作为,则可能阻断归责,要求医护人员对结果负责。[1] 理由毋宁是,在缺乏积极的意志因素的情况下,只有介入的是积极的作为的场合,对因果流程的支配才可能转而为医护人员所获得;反之,倘若后者只是单纯的不作为,由于不作为本身对结果缺乏现实的作用力,更谈不上达到支配因果流程的程度,所以支配根本不可能从行为人转移到医护人员。相应地,也便不可能排除对前行为的结果归责。

其二,支配的标准有助于解决涉及被害人反应的案件。在行为人直接针对被害人法益而创设不容许之风险的场合,如果介入被害人的反应,则这种反应是否合理往往成为归责判断中的关注焦点。人们通过关注被害人反应的合理与否,来完成有关自愿性的判断。说到底,合理与否或自愿与否的判断,本质上便是在解决被害人的反应是否阻断了行为人对整个因果流程的支配。以陈智勇故意伤害案为例,被告人陈智勇因之前在争执中遭被害人殴打,为图谋报复而纠集他人持刀破门闯入被害人居所的卧室,意图对被害人实施伤害,后者为避免被打而从三楼窗户跳下摔死。[2] 此案中,被害人的死亡是自己跳楼所致,在被告人持刀破门而入且扬言要砍死被害人的情况下,被害人选择跳楼属于合理的反应,系被迫所致,难以认定其行为具有自愿性。既然如此,便不能认为被害人的行为阻断了被告人对因果流程的支配,死亡结果理应归责于被告人。

其三,支配的标准有助于解决因果关系错误中结果延迟出现的案件。比如,A 计划将 B 勒死后再抛尸湖中,在 A 勒 B 颈部致 B 昏迷时,A 误以为 B 已死亡而基于处理尸体的意思将 B 抛入水中,导致 B 被淹死。对此,刑法理论上大多认为 A 应负故意杀人既遂之责,但具体理由不一。从支配的角度展开分析,能较好地避免犯意与行为不同在的质疑。A 既有杀人的犯意扼颈行为,又具有导致他人死亡的风险,自可评价为杀人行

---

[1] 参见〔德〕沃尔夫冈·弗里希:《客观之结果归责:结果归责理论的发展、基本路线与未决之问题》,蔡圣伟译,载陈兴良主编:《刑事法评论》(第 30 卷),北京大学出版社 2012 年版,第 250 页。

[2] 参见最高人民法院中国应用法学研究所:《人民法院案例选》(2005 年第 4 辑),人民法院出版社 2006 年版,第 19 页以下。

为,故杀人犯意与杀人行为同在;同时,由于 A 意欲实现 B 死亡之结果,之后介入的由 A 自己实施的将 B 抛于湖中的行为,不足以阻断对导致结果出现的因果流程的支配,故 B 之死亡仍应归责于 A 先前的杀人行为,A 构成故意杀人罪既遂。

二、对于"引起"型因果的案件而言,关键是考察行为所贡献的作用效果是否完全被消除

"引起"型因果的归责,要求行为之于结果必须具有现实的作用效果。因而,如果在实际发生的因果流程中,这种作用效果并未实现,便会产生排除结果归责的效果。据此,帮助犯中,倘若帮助行为没有对侵害结果产生实际的作用,便不应受到结果归责。比如,M 为 N 入室盗窃提供万能钥匙,但 N 实际未用上钥匙而是由窗户进入室内盗窃。此案中,M 只能论以未遂的帮助而不可罚,最终的结果不应归责于他。共犯关系的脱离原理,也是以此为基础。这也是为什么成立共犯关系的脱离,要求消除已实施的共犯行为与结果之间的因果关联。

在"引起"型因果的案件中,如果出现介入因素,则考察重心不应放在介入行为是否自愿、是否可预见或异常,或者因果流程是否重大偏异上,而应放在前行为之于结果的贡献力是否被切断上。以上海胶州路大火系列案[1]为例。该案中,被追究刑事责任的被告人众多,可分为四类:(1)负责失火大楼的节能改造工程并将之发包的政府部门的 4 名责任人员;(2)承接失火大楼节能改造工程的建筑公司的 11 名责任人员;(3)具体承包与负责前述工程中的脚手架搭建项目的 5 名责任人员;(4)在现场实施电焊作业而直接引起大火的 2 名责任人员。法院在判决中将伤亡结果同时归责给前述四类被告人,认定第一类责任人员构成滥用职权罪,第二类至第四类责任人员构成重大责任事故罪。该案的特殊之处在于,介入多重的行为之后,法院仍肯定对前行为人的结果归责。在此,问题的关键显然不在于介入行为系过失行为,而过失行为通常不能阻断归责关联。因为即使介入的是故意的犯罪行为,也不见得就会产生排除结果归责的效果。假定第四类责任人员是挟私报复,故意使大楼着火,前三类责任人员的结果归责是否因此就会被阻却?答案恐怕仍是否定的。理由很简

---

[1] 参见上海市第二中级人民法院(2011)沪二中刑初字第 77 号刑事判决书;上海市第二中级人民法院(2011)沪二中刑初字第 81 号刑事判决书;上海市第二中级人民法院(2011)沪二中刑初字第 82 号刑事判决书。

单,前三类责任人员实施的相关作为,只是为他人实施危害提供了机会或便利,它们属于"引起"型因果的范畴,故根本就不应适用支配的标准。即使第四类责任人员对导致火灾结果的因果流程存在支配,但只要能够肯定前三类责任人员实施的作为对结果的出现存在作用效果,则结果理应同时归责于前三类责任人员。

德国著名的楼梯纵火案[1]也应按类似的思路进行归责判断。正如林钰雄教授在反驳许玉秀教授的分析时指出的,对于在楼梯口堆放装修垃圾的被告人而言,介入精神病人的故意放火行为,无法通过直接适用第三人专属责任原理而否定对被告人的结果归责。[2] 将装修垃圾堆放于楼梯口的被告人,对法益只是创设了间接的风险,应归入"引起"型因果的归责类型。第三人故意纵火只是表明被告人对导致结果发生的因果流程缺少支配,但并不意味着阻断其行为对于结果的作用效果。由于起火点正好落在堆放装修垃圾的楼梯口,并因此而妨碍到被害人的逃生,被告人的行为对于结果的贡献力一目了然。基于此,该案中对被告人的结果归责,分析的重心不应当放在是否介入第三人的自愿行为或异常因素上,而应当着眼于注意规范的保护目的,考虑被告人所违反的注意规范,其保护范围中是否包含禁止火灾时妨碍住户逃生的风险。只有从这个点切入讨论,才算是抓住了该案归责判断的关键所在。

再以日本的轿车后备箱案为例。被告人将被害人监禁在轿车后备箱里,深夜停靠马路上,后面的车辆因没有注视前方情况而撞上该轿车,致后备箱内的被害人死亡。对此,日本最高裁判所肯定存在因果关系。西田典之也认为,这种情形并非不可能发生,因而可以肯定存在因果关系。[3] 笔者认同西田的结论,同时认为其分析并未抓住要害。西田分明仍是从介入因素是否可预见或异常的角度入手的,但在为他人实施危害提供机会的"引起"型因果的案件中,介入因素的可预见与否或异常与否并不重要。况且,就本案这样的情形而言,说被告人对此有预见或此类情形不异常也太过勉强。按西田的逻辑,如果并非不可能发生都视为不异常或可预见,则几乎没有介入因素能具备这样的性质:相应的因果流程已

---

[1] 该案事实参见本书第六章第一节。
[2] 参见林钰雄:《刑法与刑诉之交错适用》,中国人民大学出版社2009年版,第33—34页。
[3] 参见[日]西田典之:《日本刑法总论》(第2版),王昭武、刘明祥译,法律出版社2013年版,第93—94页。

确实发生的事实,本身便说明此类情形并非不可能发生。

三、对于义务型因果的案件而言,关键是考察导致结果产生的危险是否处于行为人的保护义务的管辖范围之内

在义务型因果的归责判断中,当介入他人的自愿行为或其他异常的、不可预见的因素,或者因果流程出现重大偏异时,要特别注意考察导致结果产生的危险是否处于行为人的保护义务的管辖范围。夫妻吵架后,丈夫眼见妻子自杀而不予救助,致妻子死亡。丈夫的不予阻止,涉及的是义务型因果的归责,其对因果流程是否存在支配或者是否施加现实的作用力无关紧要。因而,只要承认制止妻子的自杀属于丈夫的作为义务的范围,即使妻子的自杀出于自愿,也不能据此否定对丈夫的结果归责。又如,警察A在晚上巡逻时,遇被害人B遭遇第三人C持刀抢劫而置之不理,B被C砍死。此案中,B的死亡结果是否归责于A,取决于A对B是否具有作为义务,同时制止导致B死亡的他人犯罪的危险是否属于A作为义务的范围,而并不取决于有无他人的故意行为介入。由于巡逻的警察本身有制止犯罪的义务,导致B死亡结果的危险处于A的作为义务范围内,故死亡结果应归责于A。

2007年媒体广泛报道的肖志军事件,也涉及义务型因果的归责问题。肖志军拒绝为生命垂危的妻子在剖宫产手术通知单上签字,由此导致孕妇与胎儿双双死亡。虽然肖志军并未受到刑事指控,但从理论上讲,死亡结果有归责于肖志军的余地。因为基于夫妻之间的扶助义务,肖志军具有通过签字而救助妻子的义务。换言之,导致其妻因延误治疗而死亡的危险处于肖志军救助义务的管辖范围。因而,如果能够进一步确定其妻接受手术能够避免死亡结果的发生,则结果理应归责于肖的不作为。

四、对"概率提升"型因果的案件而言,关键是考察行为是否实际上提升了结果出现的危险

"概率提升"型因果的归责判断中,须以事后查明的资料为基础,具体判断行为是否实际上提升了结果出现的危险。这种判断区别于围绕构成要件行为展开的事前的、抽象的、类型化的危险判断。如果承认这一归责类型在作为犯中有存在的必要,则在行为人直接创设风险的场合,仅仅否定支配尚不能排除结果归责,而在间接创设风险的场合,单是确定行为与结果之间不存在"非P则非Q"的条件关系,也无法就此得出否定结果归

责的结论。在此基础上,需要进一步考察行为在实际发生的因果流程中的作用力是否一并得以消除。"概率提升"型因果相较于与之相对应的"造成"型因果与"引起"型因果,在结果的支配力(或支配可能性)上有所减弱,这会对不法的判断产生影响。此种情形下,结果不法的程度往往被认为要较"造成"型因果与"引起"型因果更低。基于此,涉及"概率提升"型归责的案件,行为人所受到的处罚通常会轻一些。

"概率提升"型因果的归责,具有两个明显的特性:一是与条件公式通过假设事实而从反面审查入手不同,它是从正面直接检验行为与结果之间的事实因果关联;二是不要求相关行为从共同起作用的诸因素中分离出来。这两个特性使"概率提升"型因果能够处理条件公式无力解决的案件,特别是累积性因果案件。累积的因果关系类型,是聚合各个条件才集体产生足够导致构成要件结果的力量,个别条件单独来看都无法完全操纵因果流程。涉及环境污染与产品责任犯罪的累积性因果案件,如果从事后判断的角度,能够肯定被告人的行为对结果的发生贡献了现实的作用力,实质性地提升了结果出现的概率,则即使相关行为并非结果的必要条件或充分条件,也仍可肯定结果归责。比如,A企业生产某种药品需三种药材,该三种药材分别由B、C、D供应。B、C、D各自供应的药材均为重金属指标超标的产品,而A企业在生产、销售过程中疏于质检,导致该批药品被推入市场,导致患者因重金属严重超标而死亡。证据表明,B、C、D各自供应的药材,就单独来看,其重金属的超标量均不足以导致服用药品的病患死亡;同时,即使其中之一的供应商提供的是合格产品,其中残留的重金属含量与另两种不合格药材中的超标重金属相结合,也难以避免死亡结果的出现。此案中,A企业应对患者死亡的结果负责并无疑问,问题在于死亡结果是否同时归责于B、C、D。根据传统的结果归责原理,因无法肯定B、C、D各自的行为与死亡结果之间存在必要的义务关联,患者的死亡结果无法归责于B、C、D。若是采用"概率提升"型的归责,则由于能肯定B、C、D各自提供的药材中的重金属超标,都对死亡结果的发生具有作用,提升了结果出现的危险,故可肯定对B、C、D的结果归责。

当然,在环境污染与产品责任领域,"概率提升"型因果的归责原理也并非解决累积性因果案件的灵丹妙药。如果证据上不能证明相关行为在实际导致死亡结果出现的因果流程中发挥作用,便无法运用概率提升的原理得出肯定结果归责的结论。比如,三鹿奶粉系列案中,[1]婴幼儿伤亡的结果即使依据概率提升的原理,也难以归责给生产、销售三聚氰胺混合物(俗称"蛋白粉")的张玉军等人与向原奶中掺加三聚氰胺混合物并出售至三鹿公司等处的耿金平等人。因为"蛋白粉"并非张玉军等垄断生产,现有证据无法证明导致婴幼儿死亡的奶粉中含有的三聚氰胺,恰好来自其所生产、销售的产品。与此同时,耿金平并非唯一在所收购原奶中添加"蛋白粉"的人,而三鹿公司原奶的收购来源也绝不限于耿金平,故现有证据也无法证明,导致婴幼儿伤亡的奶粉正是利用耿金平出售的原奶所制造。据此,依照诉讼法上"存疑惟轻"的原则,只能得出实际导致婴幼儿伤亡的三聚氰胺不是来自前述被告人的结论。由于难以肯定张玉军等人的行为与耿金忠等人的行为,在导致婴幼儿伤亡的实际因果流程中起到现实的作用,如此一来,也就根本没有适用概率提升原理来肯定结果归责的可能。

"概率提升"型因果不要求分离诸作用因素的特性,也有助于解决过失竞合案件的结果归责问题。过失竞合涉及两种以上风险的竞合,它同样可归入累积性因果的范畴。刑法学理上探讨风险升高理论时加以援引的案件(如德国的卡车超车案),不少便属于过失竞合的案件。以赵达文交通肇事案为例。被告人赵达文驾驶汽车行至某路口时,因超速(该路段限速60公里/小时,被告人的车速高于77公里/小时)采取措施不及,其所驾车辆轧在散落于路面上的雨水井盖后失控,致其冲过隔离带进入辅路,与正常行驶的杨某所驾驶的汽车和骑自行车正常行驶的刘某等人相撞,造成3人死亡、2人受伤。经交管部门认定,被告人负事故全部责任。该案虽未追究负责道路井盖安全的人员的刑事责任,但应当认为存在过失行为的竞合,即赵达文的超速行为与相关人员未依职责维护井盖的行为的竞合。正是两种行为各自所创设的风险的竞合,才导致事故的发生。由于无法将前述两种风险相分离,不能确定若被告人在限速之内驾驶,是否可避免事故的发生,适用传统结果可避免性理论将得出缺乏义务关联

---

[1] 根据河北省石家庄市人民法院的系列判决,张玉军等被告人构成以危险方法危害公共安全罪,存在"致人重伤、死亡或者使公私财产遭受重大损失的加重结果"的情节,适用《刑法》第115条第1款的规定;耿金平等被告人构成生产、销售有毒有害食品罪,并存在"致人死亡或者有其他特别严重情节";以田文华等被告人则仅构成生产、销售伪劣产品罪。婴幼儿伤亡结果被归责于张玉军、耿金平等人,却没有归责给田文华等人,这样的判决结论存在疑问。鉴于本章并非专门讨论本案,故此处不便做进一步的展开。

而否定归责的结论。但如果适用"概率提升"型因果的归责原理,结论可能有所不同。关键在于从事后判断来看,被告人的超速行为是否实际升高了结果出现的风险。倘若能肯定这一点,便表明超速行为与结果的发生之间存在事实因果关联。以此为基础展开归责的判断,既然能肯定被告人限速驾驶将有效降低结果发生的风险,这便表明限速义务仍是有效的义务,结果应可归责于被告人。

第四节 探求刑法中事实因果的判断标准

无论怎样构建结果归责理论,都要求行为与结果之间存在一定的事实关联。不然,相应的归责结论不仅缺乏公正的基础,也达不到预防的目的。缺乏与结果的事实关联,意味着行为人对导致结果发生的因果流程根本就不具有支配可能性,要求其对一个缺乏支配可能的结果负责,既不正义也没有效益。问题在于行为与结果之间的事实关联,并非条件公式所能涵盖与统摄。一方面,满足条件公式的举动,从归责的视角考察可能根本没有探讨的意义;另一方面,没有满足条件公式的行为,也未必就不能成为结果归责的对象。条件公式既存在使刑事责任范围的边界过于宽泛的缺陷,又存在过分收缩刑事责任范围的弊端。在累积性因果关系、假定因果关系与择一因果关系(也称双重因果关系)等案件中,条件公式的后一弊端呈现得一览无余,它将一些明显值得刑罚处罚的行为也予以排除。

条件公式存在的缺陷使其不适合作为归因判断中唯一的标准。我国学界或有人支持在条件公式的基础上辅以各式补充性修正的做法,包括改用充分条件公式、通过排除假想事实,以及改变描述危害结果或其发生方式等措施,也都不可取。总体上,这些修正措施过于零打碎敲,属于头痛医头、脚痛医脚的江湖郎中的做法;它们或者只能解决某类案件,或者与条件公式中的假设方式难以区分,或者运用起来太过任意。同时,笔者也不赞同如合法则的条件说那样,用一个内涵极为模糊的"合法则"概念来应付了事。即使承认合法则的条件说有其合理之处,也至少应该为其适用提供具有可操作性的判断公式。

不可否认,在能够将相关的行为因素与其他的作用因素相分离的场合,条件公式仍是检验是否存在事实因果关联的首要标准。然而,至少在如下几种情形中,并不适合采用条件公式:(1)在不能确定一般因果法则的场合,如科学上无法确定某种药物能导致婴儿畸形,无法运用条件公式来认定事实因果关联,因为它"虽是因果法则的适用公式,但并不是因果法则的发现公式'"。[1](2)在无法将相关行为因素与其他的作用因素相分离的场合,如择一的因果关系、累积因果关系与经集体表决的产品责任案件等,不可能运用条件公式来判断事实因果关联的有无。(3)在不能证明相关因素确定地对结果的出现产生作用,但能肯定它会导致结果发生的概率提升的场合,也无适用条件公式的余地。由于第一种场合属于待证事实无法证明的情形,根据诉讼法上存疑有利于被告人的原则,势必只能得出否定归因的结论。关键是第二种、第三种的场合,必须考虑运用什么标准来判断事实因果关联有无的问题。

就二种场合而言,鉴于无法将相关行为因素与其他作用因素相分离的事实,有必要借鉴美国侵权法学者 Wright 倡导的 NESS 标准,即充分原因中的必要要素标准(Necessary Element of a Sufficient Set)。NESS 标准的哲学基础来自休谟的理论。根据休谟有关因果律的观点,每个结果的出现总是由一组与结果相关的先在条件所共同组成的原因导致,这组条件对于结果而言构成充分原因。所谓的 NESS 标准,是指当且仅当其是一组足以导致结果发生的先在条件的必要要素时,特定条件是特定结果的原因。[2] NESS 标准并不要求先在条件就单独来看,独立地对结果的发生具有充分性,而只要对该组合的充分性而言系属必要的因素即可。判断事实因果时,相对于条件公式,NESS 标准是更为本质性的标准。Wright 曾做过类比,认为犹如牛顿力学是更为准确全面的相对论与量子力学的替补一样,条件公式在通常的因果情形中作为 NESS 标准的替补而存在,当情况较为微妙与复杂时,替补理应让位于更为准确与全面的概念。[3] 据此,只要相关行为满足 NESS 标准,即使不能通过条件公式的审查,也足以表明其与结果之间存在事实因果关联。

就三种场合而言,由于不能确定相关因素构成充分原因中的必要组成部分,故也无法适用 NESS 标准,唯一可能的选择是适用建立在盖然性因果法则基础上的风险升高理论。因而,只要能确定待检验的行为提升

---

[1] [日]西田典之:《日本刑法总论》(第2版),王昭武、刘明祥译,法律出版社2013年版,第79页。

[2] See Richard W. Wright, Causation in Tort Law, in 73California Law Review (1985), pp.1788-1790.

[3] See Richard W. Wright, Causation in Tort Law, in 73California Law Review (1985), p.1792.

了结果发生的概率,便可肯定归因层面的事实因果关联。就此而言,适用风险升高的实质是以概率提升取代条件公式的要求。罗克辛指出,在事实因果领域,可以看到一种统一的发展趋势,至少是在适用条件理论会导致无法克服的困难的场合,以概率性的表述来进行补充;而几乎赞成概率构想的支持者都需要使用风险升高理论作为概率性论证的证据,并使之成为其因果解释或决定论解释中的有机组成部分。[1]

将 NESS 标准与风险升高理论引入刑法后,归因层面的判断便存在三种标准,即条件公式、NESS 标准与概率提升。那么,如何处理这三种标准之间的关系?对此,有必要界定三者适用的位序:首先,基于条件公式的简便性,归因层面的判断中仍优先考虑适用条件公式。其次,在无法适用条件公式的场合,进一步考虑 NESS 标准。最后,若是 NESS 标准也无法适用,再考虑采取概率提升的标准。在这样的判断构造之下,单是否定条件关系本身,尚不能断然得出缺乏事实因果关联的结论。只有在根据 NESS 标准与概率提升标准也无法肯定行为与结果之间存在事实关联的场合,才能否定归因。

在适用条件公式、NESS 标准与概率提升标准时,为准确界定其中的"P"(行为),首先需要解释相关法律,以确定刑法中需要检讨的是什么样的不法内容与结果之间的因果关系。刑法中的结果归责,要求必须是行为中的不法部分与危害结果存在因果关系,故适用前述三个标准时,对 P 应围绕行为中的不法部分来界定。具体而言,条件公式中 P 的假定,应当用法规范期待的行为来取代,不能用不存在相关行为来取代。比如,超速驾驶致人死亡的案件中,在运用条件公式时,不能以不存在驾驶行为来进行"非 P 则非 Q"的检验。P 理应描述为超速行为,"非 P"则是合乎限速要求的行为,以审查如果行为人驾驶时合乎限速要求的话,结果是否仍然会发生。不然,相关的检验便会丧失目的性,因为刑法关心的并非行为人的驾驶行为,而是其超速行为;相应地,结果归责的判断也不是在死亡结果与驾驶行为之间展开,而是在死亡结果与超速行为之间进行。

在 NESS 标准的适用中,对 P 也应按类似的原则来界定,其与条件公式的区别仅在于,NESS 标准中是要检讨,如果没有 P,既有的先在条件是否仍然构成结果发生的充分条件。仍以超速驾驶致人死亡为例,适用 NESS 标准时探讨的是,如果行为人以合乎限速的要求驾驶,而其他条件

---

[1] Vgl. Roxin, Strafrecht Allgemeiner Teil, Band I, 4. Aufl., 2006, § 11 Rn. 37-38.

不变,是否仍足以导致结果的出现。与条件公式和 NESS 标准从反面入手不同,概率提升标准是从正面切入来检讨 P 与 Q 之间的关系,故"非 P"如何界定对其而言并无太大的意义。

第五节 本章小结

(1)晚近以来的刑法归责领域,"造成"型因果的地位已遭到严重削弱,"引起"型因果、义务型因果与"概率提升"型因果的重要性日渐提升。"引起"型因果与义务型因果的适用范围不断扩张,以及"概率提升"型因果观念的兴起,使传统刑法因果关系理论遭受重大冲击,并由此促成基本范式的转变:以关系论为基础的刑法因果关系理论,为一种着眼于规范目的的归责原理所取代。由于以关系论为基础,传统的因果关系理论将检讨的重心放在结果的发生方式上;当前的归责理论则更为关注结果是否处于为规范所禁止的危险的范围之内。这样的范式转变导致一种更为宽泛的归责判断。

(2)由于结果归责的归因基础具有多样性,有必要借助类型思维来理解刑法中的结果归责。归责类型的构建不仅取决于行为对结果的作用力的有无及其程度(支配力或支配可能性),也取决于归责有效性的考虑。若是有强大的归责有效性的因素作为弥补,即便归因层面事实因果的关联程度较低,也仍可能存在肯定结果归责的余地。因此,单是归因层面事实关联程度要求的降低,不足以全盘否定"概率提升"型因果作为归责类型的正当性。

(3)将结果归责的判断等同于单纯探寻行为与结果之间的事实关联的观念不可取,无视存在论基础之于规范评价具有的制约意义的立场也失之偏颇。应当关注归因层面存在论基础的差异对归责论的构建带来的影响。区分不同的归类类型具有重要的规范性意义:①存在论基础的不同会影响归责论的构建,并最终影响对刑事责任的判定;②支配维度的结果归责与义务维度的结果归责,在哲学根基上存在重要的不同;③不同的归责类型,在据以判断归责的原理上存在重大差别。

(4)不同的归责类型,需要适用不同的判断规则。①"造成"型因果的归责类型是以行为对因果流程的支配为基础,只要支配被阻断,便可排除结果归责。回溯禁止、因果流程重大偏异、异常性与不可预见性等规则,本质上都是在处理支配有无的问题。②"引起"型因果的归责以对结果存在现实作用力为条件,若要排除结果归责,便必须使行为之于结果的作用效果归于终结。由于不以支配的获得作为归责条件,介入他人的自愿行为或其他异常的、不可预见的因素,或者因果流程出现重大偏异,对归责的判断往往并无影响。③义务型因果的归责判断中,单是否定支配的存在或是消除行为之于结果的现实作用效果本身,都不足以否定结果归责。要排除结果归责,只有在行为人对法益不再负有保护义务,或者导致结果产生的危险本身并不处于保护义务的范围的场合才有可能。④"概率提升"型因果的归责,以行为是否实质性地提升了结果出现的风险为基础。因而,要排除结果归责,仅否定支配的存在并不足够,还必须要进一步消除提升风险的效果。

(5)由于不同的归责类型,所适用的归责标准并不相同,这就要求在遇到疑难案件时,需要对归因层面的事实因果关联先行做出判断,确定相关案件是归入"造成"型因果、"引起"型因果、义务型因果类型还是"概率提升"型因果的类型,在此基础上,再按不同的案件类型适用不同的结果归责标准:①对于"造成"型因果的案件而言,关键是考察对因果流程的支配是否掌控在行为人手中。②对于"引起"型因果的案件而言,关键是考察行为所贡献的作用效果是否完全被消除。③对于义务型因果的案件而言,关键是考察导致结果产生的危险是否处于行为人的保护义务的管辖范围之内。④对"概率提升"型因果的案件而言,关键是考察行为是否实际上提升了结果出现的危险。

(6)就刑法中事实因果的判断而言,条件公式存在的缺陷使其不适合作为归因判断中唯一的标准。未必只有满足条件公式所要求的事实因果关联程度,才能满足刑法中结果归责的归因基准。在条件公式之外,应辅之以 NESS 标准(充分原因中的必要要素标准)与概率提升标准。只有条件公式与后两个标准均不满足的情况下,才能否定行为与结果之间的事实因果关联。对于难以将相关行为因素与其他作用因素相分离的案件,可考虑适用 NESS 标准;在不能证明相关因素确定地对结果的出现产生作用,但能肯定它会导致结果发生的概率提升的场合,则可能需要适用概念提升的标准。

最后,有必要说明的是,事实因果与结果归责的关系问题远比预想得要复杂,并且牵涉面甚广。它不仅涉及因果关系与客观归责的问题,涉及不作为犯、正犯标准、共犯原理以及义务犯等理论领域,还与法哲学层面的存在论与规范论之争有关。本书仍然遗留了一些重要的问题没有处理。尤其是与义务犯理论如何协调的问题,包括身份犯是否应归入义务型因果的归责类型,义务型因果的归责与义务犯的范畴之间是什么关系等,都未做出交代。

采取回避的做法实在是情非得已。这是因为,一种强调本体事实之重要性的结果归责理论,势必偏离纯粹的规范论轨道,而不可避免地倒向存在论色彩浓厚的、折中的规范论立场。而在这样一种折中论的范式之下,既然强调作为与不作为的区分的重要性,便根本不可能与义务犯理论相容。义务犯理论要想在体系中实现协调,就必须放弃对作为与不作为的区分的重视,彻底从机能论的立场探求规范背后的义务来源,以"与他人建设一个共同的世界"的积极义务为基础进行构建,并据此区别于建立在"不得伤害他人"的消极义务基础上的支配犯。[1] 因本书总体上仍倾向于采纳传统的概念分类体系,反对彻底的机能论,只能不顾义务犯理论所引起的涟漪。考虑到义务犯理论是新生事物,它与传统犯罪论之间如何相容,迄今为止在德国刑法学中也没有解决,基于此,本书做眼下这样的处理也算是情有可原。

---

[1] 参见何庆仁:《义务犯研究》,中国人民大学出版社2010年版,第133—189页。

第九章 犯罪故意论的反思与展望

在阶层论的体系中,犯罪故意或被放在构成要件之中,或被置于罪责层面来处理。本书认为,故意属于主观的不法因素,会影响行为不法的判断,因而故意属于构成要件的范畴。相应地,在完成对客观要件层面的结果归责问题的探讨后,本章与下章进而论述主观构成要件中的故意问题。为行文方便,下文仍沿用传统的罪过概念作为故意与过失的统称。

犯罪故意是刑法总则理论中的重要内容。与总论中其他领域晚近以来在学术上取得的进展相比,罪过领域基本上是由传统刑法理论独霸天下,鲜有学术性的争鸣。大体而言,我国传统的罪过理论有三个特点:(1)区分故意与过失乃至直接故意与间接故意时,要求必须同时考虑认识因素与意志因素;(2)固守故意与过失的二分论;(3)就故意犯而言,原则上需要对属于构成要件事实的所有要素具有明知。本章对故意理论的反思将围绕与之相对应的三个问题,即故意与过失的区分标准、二分论的缺陷以及故意的认识内容展开。本章将论证强调意志因素的传统故意理论难以满足刑法控制风险与预防危害的需要,有必要以危害结果是否存在认识或预见作为区分故意与过失的标准,并在故意与过失之外引入轻率的罪过形式。此外,本章将进一步表明,随着刑事立法受行为本位思想的影响,结果要素在刑法体系中的重要性有所下降,这对以结果作为认识内容核心的传统故意理论构成重大挑战,后者开始无法对某些犯罪的罪过形式做出合理的解释。

第一节 意志因素是否具有独立的价值

我国刑法理论向来认为,对犯罪故意的界定需要同时借助认识因素与意志因素。不过,仔细分析意志因素无疑才是界定犯罪故意的关键。根据通说,在明知危害结果可能发生时,行为人究竟是出于故意还是过失,关键是要看行为人是否希望或者放任危害结果的发生。由于传统刑法理论将认定故意的重心建立在意志因素上,容认说(或称容允说)被认为是理论与司法实践中的通说。根据容认说,行为人的意欲通过其对结果的"认可""同意""容允""容忍"或"接受"表现出来。在行为人认识到危害结果必然会发生的情况下,通说认为只能成立直接故意,因为在危害结果必然发生时,行为人在意志上便没有放任的余地,自然也不可能构成建立在意志放任基础之上的间接故意。正是基于此,有学者明确断言,在认识与意志的对立统一的矛盾关系中,意志占主导地位,认识属辅助地位。[1]

毫无疑问,在典型的直接故意中,行为及其危害结果乃是行为人直接追求的目标;因而,意志因素之于直接故意的重要意义当属没有疑问。理论上所谓的容认说,完全是为解决间接故意的认定而提出。对于崇尚体系性与逻辑性的大陆刑法理论而言,突出间接故意中的意志因素,乃是基于与直接故意相协调的考虑,以实现故意理论体系的内在一致性。不过,轻视认识因素而以意志因素作来认定间接故意[2]之核心因素的做法,无疑有它的缺陷。

首先,它缺乏实际可操作性,使对故意的认定充满任意性。正如学者所言,"容允"是一种极为微妙的心理状态,包含非理性的情绪因素在内,将其作为故意的中心要素的话,会使故意的成立范围变得不确定。[3]过于自信的过失与间接故意的区分成为刑法理论上一直纠缠不清的难题,无疑与意志因素本身的不可捉摸直接相关。究竟根据什么来判断行为人对结果的发生是容认还是不容认,容认说本身无法解答这个问题。换言之,容认说无法表明行为人的哪些具体表现可认定为对构成要件结果存在容认。这意味着如何证明行为人存在"容认",才是问题的真正所在。

此外,所谓的容认,实际上包含两种心态:一是认为即便发生结果也没有关系,即积极的容认;二是对结果的发生并不关心或介意,即消极的容认。很显然,倘若认定"容认"同时包含积极的容认与消极的容认,则不

---

〔1〕 参见周光权:《刑法总论》(第四版),中国人民大学出版社 2021 年版,第 152 页。

〔2〕 与我国刑法中的间接故意相对应的概念,德国刑法理论中一般称为附条件的故意(bedingter Vorsatz),在日本则称为未必故意。

〔3〕 参见黎宏:《刑法总论问题思考》(第二版),中国人民大学出版社 2016 年版,第 240 页。

仅对故意的成立范围无法限定,该要素本身也失去存在之意义。无怪乎即使是容认说的支持者也认为,消极的容认,根本没有心理的实质,故难以认定为故意。[1] 反之,如果认为"容认"仅限于积极的容认,则无论在理论上还是实务中,将进一步面临如何区分这两种心态的棘手任务。

其次,将意志因素作为界定故意的标准,容易造成对犯罪嫌疑人或被告人口供的依赖。意志完全属于个人的内心活动,在行为人缺乏积极追求的明确心态时,其对危害结果究竟持什么心态,恐怕只有行为人本人才知晓,有时甚至行为人本人也不一定有清楚的认知。毕竟,放任是一种消极的心理状态而非积极的意志过程。究竟是(间接)故意还是(过于自信)过失,最终只能主要依据犯罪嫌疑人或被告人本人的供述。在刑讯逼供沉疴难治的今天,对口供的看重无疑与刑事法治的基本精神背道而驰。

最后,对间接故意的实际认定,主要依据的是认识因素而非意志因素。从抽象的理论角度,人们尽可以借助意志要素来定义间接故意。不过,既然放任是一种完全内在于人的心理的消极的接受或认可状态,从可操作的角度,认定行为人是否对结果存在容认,无疑需要借助其他外在因素。具体而言,行为人是否放任危害结果发生,通常主要考虑两个因素:一是行为导致危害结果发生的客观概率或可能性程度;二是行为人对危害结果的认识或预见程度。危害结果的发生概率越高,便越有可能认定被告人有认识或预见,由此也越可能被认为是故意。正如英国上议院大法官 Scarman 所言:结果发生的概率越大,该结果便越可能被预见到;如果该结果被预见到,对结果持故意的可能性也就越大。[2]

这一点同样为坚持意欲要素必要论的大陆法学者所认可。在我国台湾地区学者许玉秀看来,认定故意的认知依据是行为人对危险的相信程度,即认真程度,这会影响认知输送给意欲的动力强度(包括阻却意欲的压抑力量);而就判断认知程度而言,客观危险是一项重要依据。高认知程度足以提供意欲动力,只要认知要素输送意欲要素的动力的情形没有被排除,即可认定"并非完全没有意欲"。[3] 无独有偶,周光权教授在其教科书中也表达了类似的观点。他认为,对于间接故意中放任的含义需要结合三个层次进行递进式判断:其一,放任必须建立在对结果发生的

---

[1] 参见张明楷:《外国刑法纲要》(第三版),法律出版社 2020 年版,第 185 页。

[2] R v. Hancock & Shankland [1986] 1 All ER 641.

[3] 参见许玉秀:《主观与客观之间》,春风煦日论坛——刑事法丛书系列 1997 年版,第 157 页。

"盖然性认识"基础之上。其二,行为人必然对结果有过"认真的"估算,即真的认为结果有发生的可能性。其三,对结果采取"无所谓"的态度,即接受危害结果发生的危险。[1] 不难发现,在三个层次的判断中,前二者直接与认识相关,而只有第三个层次才涉及意志因素。问题在于究竟如何判断行为人是否接受危险结果发生的危险?从周光权教授给出的答案,即应该"以行为人所预见的结果是否是与行为人的具体行为相联系的具体结果"为标准来看,他再一次下意识地借助认识因素来认定放任这种意志。由此可见,虽然周光权教授强调意志因素在界定故意时的核心地位,但在具体判断间接故意的放任时,依赖的其实完全是认识因素。这种立场上的前后矛盾很难说是思虑欠周的结果,而只是表明一个事实:即使意志要素在故意的理论逻辑中不可或缺,它显然也不具有独立的意义,而完全取决于认知程度。

正是由于在认定故意与过失时意志因素缺乏独立的价值,普通法国家坚持完全以认识因素作为界分的基础。首先,以行为人是否对危害结果具有实际的认知为标准,而将过失(negligence)[2]区别于故意和轻率(recklessness)。故意和轻率都属于有认识的罪过形式,通常被统称为"恶意"(malice)。换言之,立法中出现"恶意"或"恶意地"(maliciously)之类的术语,一般被解释为可由故意或轻率构成。与此相对,过失则是一种无认识的罪过,指不注意地冒不正当的风险,即行为人没有预见到结果发生的风险,但其本来应该认识到。其次,依据对结果的预见或认识程度的不同来区分间接故意[3]与轻率。故争论的问题只在于间接故意与轻率对结果的预见或认识程度,存在什么样的差别。

就间接故意而言,行为人的认识程度无疑应该高于轻率中的认识程度,但究竟需要达到怎样的程度呢?在1985年的Moloney案中,英国上议院认为,对结果的预见只是认定故意的证据,而不等同于故意本身。在认定故意时,陪审团只需考虑两个问题:一是危害结果是否是被告人行为的自然后果;二是被告人是否预见到结果是其行为的自然后果。[4] 在

---

[1] 参见周光权:《刑法总论》(第四版),中国人民大学出版社2021年版,第157—158页。

[2] 更准确的译法应该是疏忽,因为它大体等同于大陆刑法理论中的无认识的过失,而不包括有认识的过失。

[3] 在英国刑法中,此种罪过形式称为间接故意(oblique intent);在美国刑法中,受《模范刑法典》的影响,它通常被称为"明知(knowingly)",但仍属于故意的行为类型之一。

[4] R v. Moloney [1985] 1 All ER 1025.

1986 年的 Hancock & Shankland 案中,上议院对 Moloney 案的意见予以部分修正,推翻了其中有关"自然后果"的检验标准,而认为危害结果的发生概率在认定故意时很重要,结果发生的概率、预见可能性与故意的推论之间成正相比关系。[1] 1998 年的 Woollin 案中,上议院对上诉法院在 Nedrick 案[2]中的意见表示明确支持,认为只有在死亡或重伤(即危害结果)是被告人行为的近乎确定的后果且被告人认识到这一事实的情况下,陪审团才能认定是故意。[3] 美国《模范刑法典》也依据相同的原理来界定间接故意(明知)这种罪过形式,规定如果行为人认识到行为引起结果具有现实的确定性,则其对结果便是持明知的心态。[4] 这意味着在普通法国家,只有行为人明知结果是其行为的近乎确定的后果或认识到结果确定会发生,才成立间接故意。

不难发现,英美刑法中所谓的间接故意,在大陆刑法理论语境中或被置于直接故意之中(如我国刑法理论),或者干脆被定义为直接故意(如德国刑法理论[5])。反倒是不冠以故意之名的轻率,才是与大陆刑法理论中的间接故意相对应的概念。是故,有必要在此对轻率的内涵做一些交待。

在 1957 年的 Cunningham 案[6]中,英国上议院采纳了肯尼教授在 1902 年的《肯尼刑法原理》一书中对轻率的界定,轻率被定义为已经预见到特定类型的危害可能发生,但继续冒危害结果出现的风险。[7] 因而,成立轻率不仅需要证明被告人冒不正当的风险,还要求证明其对风险具有实际的认知。换言之,轻率属于有认识的罪过形式,因而被称为主观的轻率。但在 1981 年的 Caldwell 案中,上议院认为存在两种类型的轻率:一是根本没有考虑危险结果的风险存在与否的轻率,二是认识到风险而置之不顾的轻率。[8] Caldwell 案被认为引入了客观轻率的观念,从而

---

[1] R v. Hancock & Shankland [1986] 1 All ER 641.
[2] R v. Nedrick [1986] 3 All ER 1.
[3] R v. Woollin [1998] 4 All ER103.
[4] Model Penal Code, § 2.02(2)(b)(ii).
[5] 德国刑法理论中故意存在三种形式,即意图故意(或称为蓄意)、直接故意与有条件故意(也称为间接故意)。意图故意指行为人将危害结果当作有意识追求的目标;直接故意则是指危害结果虽不是追求目标,但它的实现或存在是行为人肯定认识到并有意识地引起的。
[6] [1957] 2 All ER 412.
[7] See Andrew Halpin, Definition in the Criminal Law, Oxford: Hart Publishing, 2004, p.78.
[8] [1981] 1 All ER 961.

与 Cunningham 案的主观轻率的意见形成对立。由此，如果行为人未考虑其一旦考虑便能够认识到的风险，也可以成立轻率。对轻率的客观化界定造成的重要后果是，轻率与过失之间的区分界限被模糊化，从而导致对被告人的处遇不公。因而，在 2003 年的 R v. G 案[1]中，上议院最终推翻了 Caldwell 案的意见，而重新回归到 Cunningham 案的立场。与英国刑法所经历的曲折发展不同，美国《模范刑法典》始终坚持主观的轻率观念，因而明确将之定义为"有意识地置实质的、不正当的风险于不顾"。[2]

由此可见，在英美刑法中，轻率与间接故意的区别不在于对结果的发生是否具有认识，而主要在于行为人所认识的风险程度的不同。间接故意中行为人认识或预见到结果确定会发生，即认识到结果发生的高度盖然性，而轻率的行为人预见的只是结果发生的实质风险。对注重经验而非逻辑的英美法律人而言，在认定间接故意与轻率时，不去讨论捉摸不定的意志因素而将关注重心放在认识因素上，强调借助对结果的不同认知程度去区分二者，可谓尊重诉讼规律的当然选择。

在界定间接故意时，日益关注认识因素而非意志因素的作用，也是近几十年来德国刑法理论发展的趋势。自 19 世纪来，德国在故意问题上始终存在认识论(Verstellungstheorie)与意欲论(Willensthorie)之间的对立。20 世纪以后，意欲论长期占据支配地位。不过，随着客观归责理论的兴起，德国刑法理论中出现了一股故意客观化的强大思潮，由此而使认识论大有压倒意欲论的趋势。德国学者 v. Hipple 所持的传统的意欲论，即认为故意的关键不在于认识而在于行为人对结果的意欲的观点，已经鲜有追随者。与此同时，倡导从客观的危险去定义故意的阵营里，则赢得了大批在学界极有影响力的鼓吹认识论或认同意欲要素无用论的支持者，如主张从客观构成要件层面解释故意的弗里希(Frisch)教授，支持可能性说的 Schmidhäuser 教授，提出故意危险说的普珀(Puppe)教授，力主认知要素单独必要论的金德霍伊泽尔(Kinderhäuser)教授，以及倡导客观认真说的 Herzberg 教授，还有创立防果理论的 Armin Kaufman 等。[3] 雅科布斯的理论本质上也应归入客观说的范围。他强调将盖然性理论与认真对待理论结合起来，认为当行为人在行为时判断构成要件的实现作为行为的结果不是极不可能

---

[1] R v. G[2003] 4 All ER 765.
[2] Model Penal Code, §2.02(2)(c).
[3] Vgl. Roxin, Strafrecht Allgemeiner Teil, 4.Aufl., 2006, S.455-467.

时,便存在间接故意。[1] 根据雅科布斯的理论,影响间接故意成立的因素其实只有两个:一是结果发生的可能性,即构成要件的实现不是极不可能;二是行为人的判断,即判断构成要件的实现不是极不可能。不难发现,这两个因素本质上都与认识相关,而并不涉及意志方面的内容。

不愿被归入客观说阵营的罗克辛,尽管没有放弃意欲要素必要说的立场,但却通过对意欲的内容做出新的界定而偏离了传统意欲论的立场。根据罗克辛的决定说,认识到构成要件的实现具有可能并对此予以估算而仍没有放弃其计划的人,已经有意识地决定反对由相关的构成要件所保护的法益,便成立故意。[2] 仔细分析罗克辛的理论,可得出两点结论:其一,他同样强调认识因素在认定故意时的重要作用,要求行为人认识到行为的风险并真的认为风险可能实现;其二,意欲的内容不再涉及危害结果,而是由行为决定来体现。因而,危害结果的出现跟行为人的避免愿望相违背与否,不再影响故意的成立。在罗克辛看来,既然故意犯的本质在于对规范的敌视态度,在行为人认识到结果发生的危险且真的认为结果可能发生而仍然采取行动时,便表现了对法秩序的敌对意思,由此而成立故意。这样来解释意欲的内容,显然并非罗克辛的决定说所特有。耶塞克(Jescheck)同样认为,故意的意志要素存在于实现构成要件行为的决意与实施该决意之中。只有在蓄意的情况下,构成要件的结果才成为意欲的内容;而在直接故意与间接故意情况下,意欲被限制在实施符合构成要件的、对行为对象具有危害的行为上。[3]

将意欲的对象由结果转向行为本身,是新意欲论区别于传统意欲论的关键之处。借助行为决定这个中介,行为人被推定对法具有敌对意思,从而构成故意。应该说,新意欲论从根本上偏离了传统意欲论对认识因素与意志因素的处理方式,因而其间的差别无法用微调来解释。新的诠释的最重要的后果是,意志要素由此而在故意的认定中基本上处于被架空的状态。由于司法的规律使然,行为人是否存在故意的判断,总是在其实施构成要件行为并实现客观构成要件之后才进行。因而,如果故意中意欲的内容被解释为行为决定或实现构成要件行为的决意,则判断故意时意欲的存在与否便成为无须考虑的问题。这样一

---

[1] Vgl. Jakobs, Strafrecht Allgemeiner Teil, 2 Aufl., 1993, S.271, Rn. 23.
[2] Roxin, a.a.O., S.446, Rn. 23.
[3] 参见[德]汉斯·海因里希·耶赛克、[德]托马斯·魏根特:《德国刑法教科书(上)》,徐久生译,中国法制出版社2017年版,第396页。

来,认定故意的重心自然就完全落在了认识因素之上。也正是基于此,罗克辛的决定说被认为与属于客观说阵营的弗里希的"风险认知+行为决定=决定反对法益"的思考模式没有本质区别,[1]而罗克辛本人无疑也认同这一点。[2]

尽管被冠以认真的容认说[3]且使用的是完全不同的表述,德国司法自 20 世纪中期以来所遵循的发展路线与理论的变动轨迹也完全一致。法院经常采用的表达方式是,在行为人认识并同意构成要件结果的出现可能且并不遥远时,就存在间接故意。其中,"同意"不再被理解为符合行为人的期望,而是解释为"尽管存在特别的危险性且不能信赖运气,但行为人仍实施其计划,而将为其所认识的危险的实现与否交由偶然来支配时,即成立同意"。[4]换言之,"同意"仅仅说明行为人在行为的计划中算计了可能的结果,并且在这个范围内、在自己的意志中接受了这个结果。[5] 实际上,早在 1955 年著名的皮带案中,德国联邦最高法院就认为,并非结果合乎行为人心愿方才有故意。如果行为人为实现目标,在迫不得已或者除此没有其他方法可以达到目标的情况下,仍接受其行为造成的而行为人本不希望发生的结果,则其在"法律意义"上已认可结果发生。[6] 这意味着判决放宽了认定意欲的标准,对于行为人心理上的意念,并不完全以主观心态的描述作为认定依据,而且已明显显露出客观判断的迹象。[7] 可以说,从德国刑事实务中法院不断放宽意欲要素的认定标准的做法来看,同样具有否定其独立价值的趋势。

在细致梳理德国有关故意的诸多理论之后,许玉秀教授曾指出,在故意学说的发展中,可以发现两条互相交错的发展轴线:一条轴线是意欲要素是否为故意的必要元素;另一条轴线是故意究竟是主观构成要件还是

---

[1] 参见许玉秀:《主观与客观之间》,春风煦日论坛——刑事法丛书系列 1997 年版,第 133 页。

[2] Roxin, a.a.O., S.463, Rn.60.

[3] 在是否成立故意时,德国 20 世纪 60 年代以后的判决要求具备"认真看待危险"并"接受结果"这两个要素。参见许玉秀:《当代刑法思潮》,中国民主法制出版社 2005 年版,第 231—232 页。

[4] Roxin, a.a.O., S.472, Rn.78.

[5] Roxin, a.a.O., S. 454, Rn.39.

[6] 参见〔德〕冈特·施特拉滕韦特、〔德〕洛塔尔·库伦:《刑法总论 I——犯罪论》,杨萌译,法律出版社 2006 年版,第 131 页。

[7] 许玉秀:《主观与客观之间》,春风煦日论坛——刑事法丛书系列 1997 年版,第 82 页。

客观构成要件的问题。原则上,主张客观化的学说,都明显同时坚决反对意欲要素存在的价值;反过来,主张意欲要素必要论的学说,不见得反客观化。她认为,理论上其实并没有出现真正的客观说,即故意的存在与否完全取决于客观要素的主张,因为是不是声称是客观说,都无法放弃认知要素。学说上自认为客观的,其实指的是以客观要素取代意欲要素的意思,顶多是以客观要素推定意欲要素存在而已。因而,所谓的认识论与意欲论之间的分歧,实质上是主观意欲论与客观意欲论之间的对决。[1]

可以想见,如果将意欲理解为是行为的决意,则意欲要素的确没有被放弃,也不可能被放弃。在此种意义上,所有的认识论者都是意欲论者,分歧主要在于是否主张客观化的问题之上,因而许玉秀的见解是有道理的。不过,在笔者看来,她还是夸大了意欲论与认识论(或者说主观意欲论与客观意欲论)之间的差别。实际上,在当前德国刑法理论中,这两大立场之间的对决远没有表面看来那么激烈。因为即使是主观的意欲论者,也不得不选择将间接故意的定义重心放在认识因素上。只要行为人认识到危害结果的发生具有高度可能性,经过认真估算而仍决意行为,即认定故意的成立,不管行为人是否事实上具有避免结果的意愿。难怪罗克辛断言,人们过高地估计了客观要素与主观要素之间认识要素与意志要素之间的争论的意义。所有相互斗争的学说在具体结论上相互接近,这并非偶然。[2]

可以说,借助对意欲要素的宽泛认定或重新解释,意欲要素必要论者在成功坚守其立场的同时,也使这种坚守充其量只具有象征意义。这意味着问题的关键不在于意欲是否属于间接故意的要素,而在于它是不是一个判断故意的独立元素。仅从认识因素的角度去界定间接故意的做法,尽管在抽象意义上与偏重于意志的容认说差别甚大,不过,既然容认的判断需要借助认识因素去完成,其间的差异实际上远比人们想象得要小。由此而言,容认说的确只是一个空泛的公式,它所表示的只是故意的意欲要素是必备的,只要可以认为不是没有意欲即可。[3] 是故,即使人们肯定意欲的存在对于故意的认定存在现实意义,其意义也仅限于此。

将认识因素界定为认定故意的核心因素,可能会引发这样的批评,即

---

[1] 参见许玉秀:《主观与客观之间》,春风煦日论坛——刑事法丛书系列1997年版,第121—122、77—78页。

[2] Roxin, a.a.O., S.469, Rn.73.

[3] 许玉秀:《主观与客观之间》,春风煦日论坛——刑事法丛书系列1997年版,第150页。

这与我国《刑法》有关故意的规定相矛盾。现行《刑法》第 14 条明文规定,明知自己的行为会发生危害社会的结果,并且希望或者放任这种结果发生,因而构成犯罪的,是故意犯罪。在批评者看来,该规定明确表明故意的内容是指行为人对犯罪结果的发生要有所认识,并且具有希望或放任其发生的意志;倘若放弃对犯罪结果的意志要求,则必定违反《刑法》第 14 条的规定。

然而,稍加分析便可发现这种批评意见并不成立。《刑法》第 14 条规定中所谓的"结果",显然不是指具体的犯罪结果或者说是构成要件结果,而是指抽象意义上的法益侵害后果;否则,不以具体结果作为构成要件要素的行为犯便不可能成立故意犯了。这意味着只要承认存在故意类型的行为犯,《刑法》第 14 条规定中的"结果"便必然要做抽象化的理解。既然故意犯体现的是行为人对法益的积极侵犯,意志态度所针对的对象自然是抽象的法益侵害而非具体的危害结果。这样的意志态度在具体判断故意是否成立时无疑缺乏实际的意义;相反,它的认定完全依赖于认识因素。具体而言,行为人是否具有侵害法益的积极意志,完全取决于其是不是在对行为的危害结果有认识或预见的情况下而实施行为。在此种意义上,《刑法》第 14 条与其说是在规定故意的判断标准,不如说是在揭示故意犯的本质特征。

第二节 故意是否等同于有认识的罪过

论述至此,我们可能会面临一个疑问:认识因素日益成为界定故意的核心要素,是否只是认识论与意欲论二者之间的世纪拉锯战中短暂的一幕?如果只是短暂的一幕,那么,这种暂时的占据上风,就没有多大的社会意义?反之,倘若能够表明这与 20 世纪后半期以来现代社会所经历的变迁有关,则意味着必须认真对待故意理论的变化,需要将之纳入更为宏大的框架中进行诠释,且有必要关注这种变化对刑法体系中的其他部分所可能产生的影响。这是因为故意理论的变化很可能是牵一发而动全身的,它预示着刑法体系的转型或者本身就是转型过程的有机部分,而并非孤立的个别现象。

无论是从英美刑法对间接故意和轻率的定义方式来看,还是从德国故意理论中的客观化趋势来看,意志要素的地位的失落正日益或者已经成为不争的事实。表面看来,德国故意理论中意欲要素的客观化乃是受

20世纪70年代以来客观归责理论发展的影响的结果。根据客观归责理论,构成要件行为被理解为制造不被容许的风险。相应地,客观归责的判断取代了客观构成要件合致性的判断,它主要由三个规则组成,即制造不被容许的风险、实现不被容许的风险与构成要件的效力范围。由此前提出发,故意自然与对客观风险的认知、估算或判断有关。它或者被诠说为认识到自己制造了不被容许的风险径而行为(罗克辛的决定说与弗里希的风险论),或者被定义为认识客观上应该被认真对待的危险(Herzberg的客观认真说),或者被解释成行为时判断行为导致构成要件的实现不是没有盖然性(雅科布斯的非无盖然性说),或者被界定为认识到足以实现构成要件的适格(加重)的危险(普珀的故意危险说),等等。

可以说,正是借客观归责理论之东风,认识论得以重整旗鼓,并由此对自20世纪初以来一直占据支配地位的意欲论构成威胁。不过,放宽意欲要素要求的趋势显然有着更为复杂深刻的社会与政治背景。在很大程度上,它与现代社会中风险的日益扩大化与日常化有关。

晚期现代社会是一个典型的风险社会。风险已然成为现代性的组成部分,成为日常生活司空见惯而又无法避免的特质。由于风险兼具积极与消极意义,它既可能带来不确定性与危险,同时也具有开辟选择自由可能性的效果。因而,刑法只能设法去控制不可欲的风险或尽量公正地分配风险,而无法简单地以风险的最小化或根除风险作为追求目标。[1] 当日常行为本身就可能伴随对他人法益的侵害风险时,以国家与个体之间的二元对立作为逻辑基础且强调个体权利保障的刑法理论,便面临新的难题。

以交通运输行为为例,它对于现代人的生活不可或缺,但本身蕴含着侵害他人人身与财产安全的内在危险。刑法显然无法也不应禁止人们从事此类行为,因为这会极大地限制人们的自由,甚至使基本生活秩序陷入瘫痪状态。考虑到现代社会中人的行为的复杂而矛盾的特性,刑法已经无法再简单地模仿或利用传统的控制方式来实现对社会的控制,即根据行为在客观上的特殊属性(如强烈的反伦理反道德性或社会危害性)来界定刑法的禁止范围。相反,现代刑法面临一项新的难题:如何调整或管理——而不是绝对地禁止——具有法益侵害风险的日常行为,使之既不

---

[1] 参见劳东燕:《公共政策与风险社会的刑法》,载《中国社会科学》2007年第3期,第129页。

过多限制个人的自由,同时又不至于让他人承担不正当的风险。由此,管理不安全性成为风险社会中刑法的重要任务。由于刑法所规制的只是不正当的风险,而风险正当与否的判断本身又缺乏明确的客观标准,需要综合考虑诸多因素(如行为所涉及的活动的社会价值、风险发生的概率以及受威胁的危害的性质与严重程度等),这便使危害性的评价越来越依赖于评价主体的价值定位与政策选择。危害评价的主观化趋势,即是否存在需要刑法禁止的危害,越来越多地取决于评价主体的判断,使人们难以再根据单纯的客观危害性来界定犯罪。

这意味着传统的控制方式与技术已经难以适应风险社会的形势。为迎合风险控制之需要,刑法领域被迫启动一场重新洗牌的运动;而由刑法任务观的重新定位引起的洗牌,很快将其影响之触角蔓延至刑法体系的各个角落,引发一场类似多米诺骨牌效应的连锁反应。毫无疑问,犯罪故意就是这副骨牌中被掀倒的其中一张。

刑法理论一般公认,故意犯的本质在于对法规范的敌对意思,而此种敌对意思需要通过对法益的侵害决意表现出来。在传统刑法的范围内,由于行为人通常采取的是反社会、反伦理的手段,其实施行为的意欲与侵害法益的意欲完全重合,肯定前者即能认定行为人对法规范的敌对心态;故而,可以毫无障碍地将意欲的内容解释为是对法益侵害结果的意欲。相反,对于那些具有引起法益侵害风险的日常行为来说,行为人从事行为的意欲(行为决定或行为决意)并不等同于侵害法益的意欲。也就是说,从行为决定本身无法断定行为人对法益侵害结果所持的心态,也难以直接表明行为人对法规范的敌对意思。相应地,倘若仍然坚持意欲的内容是对法益侵害结果的意欲,则不仅认定故意会变得异常困难,而且难以有效地保护他人与社会的法益。

由是之故,在认定故意时,通过放弃或放宽意欲要素的要求而将关注重心放在认识因素之上,便成为理论为迎合风险社会之现实需要而被迫做出的应变之举。无怪乎我国台湾地区学者黄荣坚会断然声称:从法益保护的角度来看,对于"故意"的要素,除"知"以外,再加上其他任何要素都是有害的;在故意的观念里加上"意"的要素是反而侵害了被害人,也侵害了一般社会大众的基本人权,因为这种严格的定义降低了"故意"这个观念对于一般人生命、身体、自由和财产等法益的保障功能,而这种使"故意"贬值的做法没有宪法上或刑法上其他基本原则的依据。[1] 无论人们是否赞同这种见解,在强调危险管制的风险社会里,它显然正日益成为支配刑法理论与实务事实上的指导准则。因为它在刑事政策上表达的是这样一种诉求,即个人无权利用他人的法益做赌注去追求自己想要的东西。换言之,在认识到行为可能引起法益侵害结果时,行为人即应放弃行为,而不是去赌自己的运气。这也是为什么当代德国刑法理论中,尽管间接故意的学说与理论层出不穷,但大致都围绕两种基本立场:要么高举认识论(或意欲要素无用论)的大旗,从客观风险的角度去诠释故意;要么就只能重新解释意欲的内容,选择以行为决定来替代对法益侵害结果的意欲。如前所述,后一种立场只是在表面上维持了"故意=认识+意志"的认定模式,本质上与前者并无不同。

在界定间接故意时倚重认识因素,是刑法随风险控制之需要而改变控制方式及技术的表证与结果。问题在于,仅以对危害结果的认识或预见为标准是否足以认定故意。我国当前主流的刑法理论对此持否定的回答,认为必须根据行为人对危害结果的容认与否来区分(间接)故意与(过于自信的)过失。不过,对强调风险控制的刑法而言,既然意欲要素在认定故意时只具有象征意义而并无独立之价值,则根据意志态度来区分故意与过失的做法也便失去了基本依据。那么,这是否反过来意味着凡是有认识的罪过均属于故意的范畴呢?

有学者指出,犯罪故意与犯罪过失的差别在于故意的场合,行为人对行为可能会发生危害社会的结果这一点有认识,而过失的场合则是没有认识,而不是对结果有较低程度的预见;行为人在对危害结果没有预见的情况下,之所以仍然要受到谴责,是因为在当时情况下,行为人应当预见而没有预见。[2] 应当说,学者的此种见解已触及传统罪过理论的缺陷,只是它本身也并非没有问题。一方面,倚重认识因素来区分故意与过失,与风险社会中刑法的发展趋势暗合,符合管制危险与保护法益的需要;另一方面,仅以对危害结果的认识或预见为标准来定义故意,无疑也失之偏颇,因为这将极大地扩张故意犯的成立范围。比如,住在四楼的A看到楼下狭小的空地上有几名小孩在奔跑玩耍,而仍将废弃的瓷花盆从阳台往下扔,恰好击中其中一个小孩造成其重伤。此案中,很难说A对危

---

[1] 参见黄荣坚:《刑法问题与利益思考》,中国人民大学出版社2009年版,第9页。
[2] 参见黎宏:《刑法总论问题思考》(第二版),中国人民大学出版社2016年版,第242页。

害结果没有预见,但要认定 A 构成故意伤害恐怕无法让人接受。反过来,根据传统刑法理论,则可能得出构成过于自信的过失的结论。不过,既然行为人根本就不存在客观根据使其轻信能够避免危害结果的发生,凭什么说这是过于自信的过失?

这意味着将有认识的罪过分为故意与过于自信的过失的传统分类方式固然不可取,将之完全与故意相等同的观点也值得商榷。因为它们或者缺乏区分的基本依据,或者会引起故意犯成立范围的肆意扩张,严重违背罪刑均衡与责任主义的原则。由是之故,在刑法日益强调风险控制的今天,必须重新思考对有认识罪过的分类问题。

首先,有必要严格解释犯罪故意的内容,重新定义间接故意的概念。在现有理论体系中,人们虽然承认直接故意与间接故意在罪过程度上存在差别,但无论是理论界还是实务界对此均不予重视,而基本上将之等同对待。这意味着在界定间接故意时,应当特别关注其与直接故意之间的等价值性。从强调行为人必须认识到危害结果确定会发生或者说明知危害结果发生的必然性的角度来定义间接故意,无疑是一条合理的改造途径。就罪过程度而言,行为人在认识到危害结果确定会发生时仍执意实施行为的情形,并不比其将危害结果当作追求的目标的情形低。因而,将这两种情形等同视之,并不存在法律或理论上的障碍。

其次,引入轻率的罪过形式,取消有认识的过失类型。风险社会中,大量的日常行为都伴随对他人法益的侵害风险;相应地,鲁莽地对待法益或者说有意识地冒不正当风险的行为与心态也变得司空见惯。一般说来,对相应法益的侵害往往不是出于鲁莽心态的行为人所追求的目标,而只是其行为本身附随的风险。并且,在很多时候,行为人所追求的主行为结果也并不违法,他只是在认识到具有附随风险的情况下仍执意实现主行为结果而已。这种鲁莽对待法益的心态无疑有其特殊之处。它在罪过的严重程度上与通常意义上的故意形成较大落差,难以被认为构成对法益的积极敌视,将其与一般的故意犯等同对待过于严苛,有违罪刑均衡与责任主义原则。与此同时,由于行为人已经认识或预见到危害结果具有发生的危险,将其作为过失犯来处理也不免轻纵,不利于保护法益。

与对危害结果不具有认识的疏忽大意的行为人相比,有认识的行为人处于更为有利的可避免危害结果出现的地位,也更容易去遵守不创设风险的规范命令。他本可以通过放弃行为而避免危害结果的出现,但却为追求原目的的行为而有意识地冒不正当风险,任由作为附随结果的危害结果出现。这种心态在罪过程度上显然比疏忽大意的过失要严重得多,行为人的法敌对意思也远比后者要强,将二者等同对待不仅有违责任主义,在刑事政策上也是不明智的。这是因为将此类行为当作过失行为来处理,在刑事政策上其实表达的是这样的诉求:在行为人不确定法益结果是否果真会发生的情况下,行为人还是可以用他人的法益做赌注去试试运气,因为即使赌输了,法律上还是赋予轻度的责任,就好像行为人根本没有想到法益侵害后果可能会发生一样。[1]

可以说,正是身陷风险社会的事实,提醒人们认真处理这种鲁莽对待法益的心态。考虑到它的特殊性,从保护法益的需要与兼顾责任主义原则出发,有必要在我国刑法体系内构建一种较一般故意为轻而比过失要重的罪过形式。不过,究竟是如英美刑法那样将之构建为故意与过失之外的独立的罪过形式("轻率"),还是借鉴德国的经验,通过改造或重新解释间接故意的内涵而纳入故意的范围,值得进一步探讨。

将此类鲁莽心态构建为独立的罪过形式"轻率",使其成为故意与过失之间的过渡,涉及刑法理论的重大变动。它的引入,将从根本上改变故意与过失二分天下的基本格局。在三分式的结构中,故意与过失的区分将变得容易。此种方案的有利之处在于:(1)依据认识因素来区分故意与过失,具有可操作性;(2)区分间接故意与轻率,符合责任主义的要求。间接故意是几乎与直接故意等价值的一种故意形式,轻率则是可谴责程度比故意要轻的罪过形式。明确对二者进行区分,无论从责任主义还是罪刑均衡的角度都是有利的。此种方案的不利之处是,在我国刑法做出立法修正之前,轻率的罪过形式无法获得合法的地位。

此外,便是考虑通过刑法解释来解决这个问题,也就是学德国的模式。如前所述,德国主流理论通过倚重认识要素并放宽意欲要素要求,而用间接故意来容纳轻率对待法益的心态。应当说,当前德国刑法理论中的间接故意与英美刑法对于轻率的界定已无本质区别,只是定义方式有所不同而已。德国模式的有利之处在于,它只涉及刑法解释问题,在立法做出修正之前具有现实的可操作性。不利之处则是名不副实,即故意之名义难当轻率之实质。况且,任意拓展间接故意的定义边界而不顾其与直接故意之间的等价值性要求,容易使故意犯的成立范围过于宽泛,同时

---

[1] 参见黄荣坚:《刑法问题与利益思考》,中国人民大学出版社2009年版,第10页。

也无法避免认定上的任意性。

两相权衡,德国模式很难说是一种理想的方案。将有认识的罪过分为故意与轻率两种类型,意味着取消过于自信的过失的罪过形式。说到底,当行为人轻信危害结果可以避免时,实际上还是属于对结果的发生没有认识。由此而言,所谓的有认识的过失形式其实并不存在,至少是没有存在的实际意义。

第三节　从结果本位到行为本位的转变

风险社会的现实与刑法对风险控制的强调,在影响罪过形式的区分标准与分类的同时,是否也影响到故意理论的其他侧面,这是需要进一步思考的问题。对此,有必要从危害概念的意义转型说起。

在刑法体系内,危害概念的意义通常指向两个维度:一是作为刑罚之正当根据;二是作为刑法之目的,即要求预防危害或控制不正当的风险。这两个维度的意义无疑存在一定的内在紧张:作为刑罚之正当根据的危害,往往强调现实的、具体的侵害结果的发生,并且只有在其达到严重程度时才足以使刑事制裁正当化;作为刑法之目的的危害预防,则要求允许在危害实际发生之前,即存在结果出现的风险时,就进行干预。

在古典自由主义的政治语境中,人们强调通过限制公权力的行使来保障个体权利,刑法中的危害评价因而被认为必须优先服务于前一维度的意义。当时的社会语境显然也支持这样的立场。彼时,刑法仍处于自然犯占主导地位的时代。工业社会的风险尽管已然出现,但并非公共讨论的主题或政治冲突的中心,在制度层面上也尚未受到严肃关注。[1] 基于此,刑法体系在总体上是结果本位主义的,行为造成的危害结果而非行为才是构建刑法理论与罪刑规范的逻辑基点。因为正是危害结果的出现,为国家刑罚权的介入提供了正当根据。相应地,犯罪故意完全围绕危

---

[1] 德国社会学家贝克指出,从风险的角度审视现代社会的发展,其可以分成两个阶段:第一阶段从十七八世纪工业现代化开始,一直持续到20世纪早期。在这一阶段,对工业和技术发展的益处的认同占主导地位。尽管风险被系统地制造出来,但并非公共讨论的主题或政治冲突的中心。第二阶段大致起源于20世纪中叶,工业社会的风险开始全面支配公共、政治和私人的讨论,源于风险社会动力中的争论与冲突日益摆在利益集团、法律制度与政治面前。See Ulrich Beck, Risk Society Revisited: Theory, Politics and Research Programmes, in The Risk Society and Beyond, edited by Barbara Adam, Ulrich Beck & Joost van Loon, London: Sage Publications Ltd, 2000, p.223.

害结果而展开,理论与实务中压倒性的见解认为,判断是否构成故意,关键是看行为人是否将危害结果当作追求目标或者至少是持容认的态度。换言之,在故意中,危害结果是意志态度所针对的专有对象。可以说,结果本位主义的刑法体系与传统的意欲论之间有着割不断的内在亲缘关系。由此也就不难理解,为什么在很长时期内意欲论一直压过认识论而占据支配地位。

　　风险社会的生成改变了古典自由主义生存的政治与社会生态,危害评价的意义因此发生转型。它不再优先服务于危害作为刑罚之正当根据的意义,而主要转向对后一维度即作为刑法目的的危害预防的关注。[1] 随着风险的扩散化与日常化,结果本位主义的刑法在危害预防与法益保护方面日益显得力不从心。于是,作为结果的危害渐渐不再是刑法关注的重心,尤其是在法定犯中。惩罚的根据越来越不依赖于现实的侵害结果,而取决于具有风险的行为本身。对此,储槐植教授早有论断,刑事责任的基础主要是意志行为而不再是外在结果,这是当代刑法思想的一种新倾向。[2] 随着法定犯在刑法中所占比例的不断攀升,立法者越来越多地采用行为本位主义模式来设置罪刑规范,以突出刑法的预防功能与主动性。各国刑法中出现了大量不以具体危害结果的出现作为犯罪成立条件或既遂条件的犯罪。审视我国现行《刑法》,尤其是分则第二章危害公共安全罪、第三章破坏社会主义市场经济秩序罪、第六章妨害社会管理秩序罪与第九章渎职罪,也会得出相同的结论。

　　可以说,随着抽象危险犯、持有犯乃至一般的行为犯在刑法中的增多,结果要素[3]的缺失变得司空见惯。相应地,结果在刑法体系中的重要性有不断下降的趋势。即使是在以具体危害结果作为犯罪构成要素的犯罪中,结果的意义也经常变成只在于限制刑罚的处罚范围或者作为发动刑罚权的条件,而不再是刑事责任的根据与基础。

　　这一点在我国《刑法》中也有所体现。比如第 129 条的丢失枪支不报罪,立法者想要控制的无疑是丢失枪支不及时报告的行为,而并非由此可

---

〔1〕 参见劳东燕:《危害性原则的当代命运》,载《中外法学》2008 年第 3 期,第 399—418 页。

〔2〕 储槐植、杨书文:《再论复合罪过形式——兼谈模糊认识在刑法中的运用》,载陈兴良主编:《刑事法评论》(第 7 卷),中国政法大学出版社 2000 年版,第 423 页。

〔3〕 此处所谓的结果要素,指的是构成要件结果意义上的具体危害结果,而非抽象意义上的法益侵害结果。前一种意义上的结果只存在于结果犯中,而后一种意义上的结果则为一切犯罪所共有。

能造成的"严重结果",后者只是被用来限制本条的处罚范围。同样地,《刑法》第 339 条第 2 款的规范目的,明显是要管制未经国务院有关主管部门许可擅自进口固体废物用作原料的行为本身,而不是"致使公私财产遭受重大损失或者严重危害人体健康"的结果。类似的条款还有很多,如《刑法》第 128 条第 3 款非法出租、出借枪支罪,第 142 条生产、销售提供、劣药罪,第 146 条生产、销售不符合安全标准的产品罪,第 147 条的生产、销售伪劣农药、兽药、化肥、种子罪,第 148 条生产、销售不符合卫生标准的化妆品罪,第 168 条国有公司、企业人员滥用职权罪,第 186 条违规发放贷款罪,第 187 条吸收客户资金不入账罪,第 188 条非法出具金融票证罪,第 189 条对违法票据承兑、付款、保证罪,第 304 条故意延误邮件投递罪,第 330 条妨害传染病防治罪,第 331 条传染病菌种、毒种扩散罪,第 332 条妨害国境卫生检疫罪,第 334 条采集、供应血液、制作、供应血液制品事故罪,第 337 条逃避动植物检疫罪,第 397 条滥用职权罪,第 403 条滥用管理公司、证券职权罪,第 405 条的徇私舞弊发售发票、抵扣税款、出口退税罪与违法提供出口退税凭证罪和第 407 违法发放林木采伐许可证罪等。既然罪刑规范的逻辑基点已经日益从结果转向行为,故意理论中以结果为核心对象的传统意欲论就变得不那么合乎时宜,为认识论或新的以行为为核心对象的意欲论取代成为顺理成章的事。

在结果本位主义的刑法体系中,危害结果既然是意欲的对象,自然也是认识的对象,并且认识内容实际上需要以危害结果为核心。相应地,凡是指向结果或影响结果出现的因素都会被认为属于故意的认识内容或明知的范围。而在行为本位主义的刑法体系中,故意的认识对象则以行为为核心。据此,只有与行为相关且直接影响行为违法性的因素才属于认识的内容。

那么,在故意的认识内容问题上,我国刑法理论奉行的是哪种立场呢?

大体说来,主流学说倾向于将犯罪构成客观方面的事实归入故意认识的内容,具体包括主体、行为、行为对象、结果、行为与结果之间的因果关系与其他法定事实。[1] 根据其理论逻辑,倘若行为人对其中之一缺乏认识,则必将阻却故意的成立。值得注意的是,这种主流学说在近年来已

---

[1] 参见高铭暄、马克昌主编:《刑法学》(第九版),北京大学出版社、高等教育出版社 2019 年版,第 102—103 页;参见陈兴良:《本体刑法学》(第三版),中国人民大学出版社 2017 年版,第 183 页;参见何秉松主编:《刑法教程》,中国法制出版社 1998 年版,第 171 页。

受到冲击,有力的学说明确要求将因果关系与行为的违法性从故意的认识内容中分离出来。[1]另有学者主张,故意的成立只要求行为人对实际所发生的客观犯罪事实相符合的某一具体犯罪构成所规定的重要部分的认识,因而,不仅因果关系与行为的违法性,还有行为对象,均不是故意的认识内容。[2]

不难发现,就故意的认识内容而言,我国刑法理论所坚持的主流立场,即行为人对犯罪构成客观方面的事实必须有认识,否则将阻却故意,完全是结果本位主义影响之下的产物。晚近的理论发展尽管有限缩故意的认识范围的趋势,但并未从根本上改变其以结果作为认识内容之核心的本质。在结果本位主义的刑法体系中,奉行这样的理论自然顺理成章。然而,随着刑事立法受行为本位主义模式的影响,这种理论很快面临解释上的困境。最突出的问题便是,它无法合理地解释刑法中某些犯罪的罪过形式。

一旦坚持以结果作为认识内容核心的故意理论,如何认定如丢失枪支不报罪、擅自进口固体废物罪与滥用职权罪等犯罪的罪过形式,便成为不容回避的难题。此类犯罪的共同特点是均以具体危害结果的出现作为成立条件,各条所规定的"严重结果""致使公私财产遭受重大损失或者严重危害人体健康"与"致使公共财产、国家和人民利益遭受重大损失"等乃是客观的构成要素。根据现行理论,结果既然是客观构成事实的组成部分,它便是行为人必须认识的对象;而故意的成立与否,除考虑行为人对结果是否具备明知之外,还要看行为人对结果是否持希望或放任的意志态度。应当说,在这些犯罪中,虽然不排除行为人对具体的危害结果有认知而希望或放任其发生的情形,但在很多时候,行为人可能对结果的发生持坚决的反对态度,或者根本没有预见到结果会发生。比如,担任某镇党政领导的被告人,为扶持该镇企业的发展,以镇政府的名义将国家支

---

[1] 张明楷教授指出,故意的认识范围包括行为的内容、社会意义与结果的外部形式及危害性质;某些犯罪的故意要求认识到刑法规定的特定事实,如特定的行为时间、地点、方法、行为对象、特定的主体身份等。参见张明楷:《刑法学(上)》(第六版),法律出版社2021年版,第339页。

[2] 黎宏教授指出,对犯罪故意而言,重要的是与实际所发生的客观犯罪事实相符合的某一具体犯罪构成所规定的重要部分的认识,所谓犯罪构成的重要部分,无非就是危害结果、危害行为以及特定犯罪行为的附随情况,而行为对象、危害行为和危害结果之间的因果关系,则没有逐一详细认识的必要。参见黎宏:《刑法总论问题思考》(第二版),中国人民大学出版社2016年版,第243页。

农基金 500 万元借给某企业,后因该企业经营不善致 350 万余元的本息无力清偿。在此案中,被告人改变支农基金必须专款专用的规定,任意行使职权违反规定使用专项资金,存在滥用职权的行为当属没有疑问,但对 350 余万元的财产损失结果,很难说行为人已经有所预见,且对该结果持希望或放任的心理态度。根据结果本位主义的理论逻辑,便只能得出这样的结论:要么承认滥用职权罪在故意之外也可由过失构成,要么承认行为人不构成滥用职权罪。

敏锐的学者已经觉察到,当前的解释困境与故意的认识范围问题有关;不过,其不足之处也恰恰在于认为它只与故意的认识范围有关。限缩故意之认识范围的学术努力,本是为解决此种困境所做的尝试。可惜,这样的努力并不成功。认为故意的成立只要求对某一具体犯罪构成所规定的重要部分有认识的观点,至少面临两方面的质疑:其一,无法说明以什么为标准来决定哪些要素需要认识,而哪些无须认识。对所谓的"重要部分",究竟采用何种标准进行界定,始终是不容回避的问题。其二,一律将某些要素(如行为对象)排除于认识范围之外,可能与刑法中的其他原则或理论相矛盾。以行为对象为例。倘若认为行为对象不属于故意的认识内容,则行为人对之是否具有认识便与故意的成立无关。这意味着对行为对象产生认识错误——认识错误究其本质是对行为对象缺乏正确的认知,因而直接与故意理论中的明知问题相关,不管合理与否均不可能阻却故意的成立。这样的结论显然与通常所认同的认识错误的处理规则相冲突。在行为人误将人当作野兽而射死的案件中,刑法理论公认,对行为对象的这种认识错误无论合理与否,都将阻却故意杀人罪的成立,要么成立过失致人死亡,要么构成意外事件。况且,迄今为止,还没有学说敢于在一般意义上将结果要素完全从故意的认识范围中排除的。

可以肯定的是,当前某些犯罪罪过形式的认定难题,并非孤立出现的现象,而是结果本位主义对刑事立法的影响有所衰退的结果。随着刑法任务观的重新定位,刑法中结果本位主义一统天下的时代已经过去,服务于风险控制的行为本位的思想正不断渗透进来。因而,期望利用结果本位的传统刑法理论去诠释日益受行为本位思想影响的刑事立法,无异于刻舟求剑,终非长久之计。当前某些犯罪罪过形式的认定难题,并非孤立的现象,而正是结果本位主义对刑事立法的影响力有所衰退的后果。如何发展理论来解决此类难题,已成为当前刑法研究中亟待解决的重要课题。

第四节 本章小结

（1）在间接故意的认定中,轻视认识因素而以意志因素作为核心因素的做法存在重大缺陷。具体表现在:①缺乏实际可操作性,使对故意的认定充满任意性;②容易造成对犯罪嫌疑人或被告人口供的依赖;③与实际做法相背离,在实际认定间接故意时,主要依据的是认识因素。

（2）在故意的认定中,针对结果的意志因素不具有独立的价值。在英美当前的刑事实务中,完全依据认识因素来认定间接故意与轻率这两种有认识的罪过形式;日益关注认识因素而非意志因素的作用,也是近几十年来德国间接故意理论发展的趋势。将意欲的对象由结果转向行为本身,是新意欲论区别于传统意欲论的关键之处。但是,前者对意志因素的坚守只具有象征意义,实质上消解了意志因素在认定故意中的作用。

（3）应当将认识因素当作界定故意的核心要素。强调意志因素的传统故意理论难以满足刑法控制风险的需要,有必要以对危害结果是否存在认识或预见作为区分故意与过失的标准。同时,不能将有认识的罪过与故意相等同;鉴于认识因素有程度的区别,有必要考虑取消有认识的过失类型,而在故意与过失之外引入作为过渡罪过形式的轻率。

（4）当代的刑法体系经历了从结果本位到行为本位的转变。随着刑事立法受行为本位思想的影响,结果要素在刑法体系中的重要性有所下降,行为而非结果转而成为刑法规制的中心。正是基于此,以结果作为认识内容核心的传统故意理论面临重大挑战,其难以对某些犯罪的罪过形式做出合理的解读。

第十章 犯罪故意的要素分析模式

在风险社会的背景下,随着刑事立法从结果本位向行为本位的转变,如何界定我国《刑法》中特定犯罪的罪过形式,已然成为刑法理论上的难题而广受关注。除滥用职权罪(第397条)、丢失枪支不报罪(第129条)与违规发放贷款罪(第186条)之外,引发争议的犯罪还有第128条第3款的非法出租、出借枪支罪、第168条的国有公司、企业人员滥用职权罪、第187条的吸收客户资金不入账罪、第188条的违规出具金融票证罪、第189条的对违法票据承兑、付款、保证罪、第304条的故意延误投递邮件罪、第330条的妨害传染病防治罪、第331条的传染病菌种、毒种扩散罪、第332条的妨害国境卫生检疫罪、第334条的采集、供应血液、制作、供应血液制品事故罪、第337条的妨害动植物防疫检疫罪、第339条第2款的擅自进口固体废物罪、第403条的滥用管理公司、证券职权罪、第405条的徇私舞弊发售发票、抵扣税款、出口退税罪与违法提供出口退税凭证罪,以及第407条的违法发放林木采伐许可证罪等。这些犯罪具有三个明显的特点:一是基本上都是法定犯;二是均以具体危害结果的出现作为犯罪成立的客观要件;三是无法套用传统的故意理论,否则,便会不当地限缩刑法的处罚范围。

传统的故意理论包含两个关键内容,即意志本位与结果本位。具体而言,意志因素被认为是认定故意的决定性因素。[1] 在明知危害结果可能发生时,行为人究竟是出于故意还是过失,关键是看行为人是否希望或者放任危害结果的发生。此外,犯罪故意的成立并非由对行为的故意决

---

[1] 比如,有学者指出,意志因素是认识因素基础上的发展,是犯罪故意中具有决定性作用的因素。参见高铭暄、马克昌主编:《刑法学》(第九版),北京大学出版社、高等教育出版社2019年版,第105页。周光权教授也认为,在认识与意志的对立统一的矛盾关系中,意志占主导地位,认识属辅助地位。参见周光权:《刑法总论》(第四版),中国人民大学出版社2021年版,第152页。

定,而是取决于对危害结果的意志态度。危害结果被认为在行为诸要素中居于主要地位,这也是相关理论被称为"结果标准说"之原因所在。[1] 自然,此处所谓的"结果",指的是与行为相对而由行为所造成的具体犯罪结果,并非抽象意义上的法益侵害后果。在结果本位主义的理论体系中,危害结果既然是意欲的对象,自然也是认识的对象,并且认识内容实际上需要以危害结果为核心。所以,说到底,传统的故意理论是一种以结果为核心要素的意欲论。

本书对当前遭遇的罪过认定难题做过分析,认为主要症结在于传统故意理论的结果本位导向与当前影响刑事立法的行为本位思想存在抵牾之处。这个结论同样适用于本章,并且实际上构成本章论证的起点。它意味着罪过认定难题的出现并非孤立的现象,而与刑法体系本身在风险社会所经历的转型紧密相关。相应地,对这一问题的探讨,其意义也将超越具体个罪层面而带有一定的普遍性。这一点在方法论上给本章以重要启示:尽管当前的罪过认定难题表面上只牵涉某些特定的具体犯罪,但绝不应该就事论事,孤立、个别地进行研究,而应当通过探究现象背后的本质设法把握其中的一般规律。

正是基于此,本章对那些零散表达的有关特定个罪的罪过如何认定的论述没有过多关注,而选择从旨在整体上解决罪过认定难题的一般理论入手,通过分析较具学术影响力的学说与观点,来引出本章的主题。本章将首先评析当前的几种主要理论,在此基础上论述其所主张的故意标准与传统标准之间的相异之处,探究这些理论对后者所造成的冲击及其预示的从整罪分析向要素分析转换的发展走向。最后,本章具体考察了要素分析模式的适用前景,认为它有助于解决我国刑法中的很多理论难题。

第一节 当前四种主要理论的评析

从现有文献来看,对于如何认定如滥用职权罪、丢失枪支不报罪等犯罪的罪过形式的问题,理论上的解决方案大体可分为四类:一是主张这些犯罪既可由故意构成,也可由过失构成;二是通过将相关要素有条件地从

---

[1] 学者明确指出,尽管危害社会的结果是由危害社会的行为造成的,但唯有危害社会的结果才能决定行为的危害社会的性质。对社会来说,危害社会结果在行为诸要素中居于主要地位。参见姜伟:《犯罪故意与犯罪过失》,群众出版社1992年版,第7页。

故意的认识内容中予以排除而得出成立故意犯罪的结论;三是通过先计算事实上的罪过个数再区分主要罪过与次要罪过的方法,而认定此类犯罪是故意犯;四是改造传统的故意认定标准本身,认为此类犯罪属于故意犯罪。下面择其重要学说或观点分别进行评析。

一、复合罪过理论

在涉及有关滥用职权罪、丢失枪支不报罪等个罪的论述中,不少学者赞同这样的观点,即此类犯罪既可由故意也可由过失构成。不过,总体来看,学者在提出观点时缺乏系统的论证,且大多就个罪论而没有将之与一般的故意理论联系起来。只有储槐植教授的复合罪过理论是一种例外,它称得上是第一类解决方案中最为系统也最具影响力的理论。基于此,以下的评述主要围绕复合罪过理论展开。尽管如此,下文的分析结论同样适用于第一类解决方案中的其他学说或观点。

所谓的复合罪过形式,是指同一罪名的犯罪心态既有故意(限间接故意)也有过失的罪过形式。[1] 复合罪过理论试图通过取消间接故意与过于自信的过失(即轻信过失)之间的界限,来解决特定犯罪的罪过认定问题。论者认为,复合罪过形式只可能存在于那些以法定危害结果的实际发生或具体危险[2]的实际存在作为客观要件的犯罪中,但不能简单反推,认为刑法中所有以危害结果或危险状态为要件的犯罪的主观心态都是复合罪过形式。[3] 需要指出,尽管论者以复合罪过形式为名而展开论证,但其指称的其实是某一犯罪既可能成立故意犯也可能成立过失犯的特殊现象,而不是与故意、过失相并列的第三种罪过形式。换言之,复合罪过理论并不是一种有关具体罪过形式的理论,而是一种关于特殊罪过现象的理论。只是在具体的论述过程中,论者显然忘记这一点,而常常将之作为同时包含间接故意与过于自信的过失的具体罪过形式(大致相当于英美刑法中的轻率)来使用。

与传统的故意标准相比照,相关犯罪的罪过认定难题涉及两个具体问题:(1)是否要求行为人对作为客观构成要素的具体危害结果有认识;

---

[1] 参见储槐植、杨书文:《复合罪过形式探析——刑法理论对现行刑法内含的新法律现象之解读》,载《法学研究》1999年第1期,第53—54页。
[2] 在某种意义上,具体的危险状态也可视为是一种危害结果。
[3] 参见储槐植、杨书文:《再论复合罪过形式——兼谈模糊认识论在刑法中的运用》,载陈兴良主编:《刑事法评论》(第7卷),中国政法大学出版社2000年版,第418页。

(2)是否要求行为人对该结果持希望或放任的态度。对后一个问题,复合罪过理论的回答无疑是否定的。既然倡导对间接故意与轻信过失不予区分,言下之意自然是说其中的意志要素无关紧要。对前一个问题,复合罪过理论的态度则不太明朗。

倘若如通常理解的那样,认为复合罪过形式只覆盖间接故意与轻信过失,即相当于英美刑法中的轻率或大陆刑法中的中间类型,则说明论者对该问题的回答是肯定的。因为轻率(或者说间接故意与轻信过失)同样要求行为人对危害结果发生的实质风险具有认知,它与故意均属于有认识的罪过形式。问题在于在论者用复合罪过理论所希望解决的那些特定犯罪中,完全可能存在行为人根本没有认识到危害结果发生的情形。对此,与主流学说一样,复合罪过理论并没有予以解答。反过来,如果主张"我国的复合罪过形式不仅实际包括间接故意和轻信过失(如外国刑法中之'中间类型'与'轻率'),而且包括疏忽过失",[1] 则在是否要求行为人对具体的危害结果有认识的问题上,论者给出的其实是否定回答。既然疏忽过失足以构成罪过,行为人主观上便无须对结果具有认识,只要该结果对一般理性人具有预见可能性即可。这样一来,倒是解答了相关犯罪的罪过形式问题,得出此类犯罪既可由直接故意与轻率(间接故意与轻信过失的复合)也可由疏忽过失构成的结论。故意与轻率是比疏忽过失更为严重的罪过形式;从逻辑上讲,既然疏忽过失都能满足此类犯罪的主观要件,直接故意与轻率自然更能满足犯罪成立条件。

然而,对复合罪过形式做如此宽泛的解释,显然有其致命的缺陷。

首先,将过失与(间接)故意不予区分,从根本上违反刑法的基本原理。在现代刑法体系中,过失犯罪(尤其是疏忽过失)始终作为例外来处理。各国刑法大都明文规定,过失犯罪法律有规定的才负刑事责任。在我国,这一基本原理由《刑法》第15条规定来体现。在刑法没有明文规定的情况下,认为一个具体犯罪既可由故意构成也可由过失构成,明显违反罪刑法定原则。此外,故意犯罪与过失犯罪的法定刑相同,也有悖于罪刑相适应原则。[2] 与此同时,这种做法也缺乏经验的支持。即使是将轻率视为独立罪过形式的英美刑法,也要求将(疏忽)过失严格区别于轻率与

---

[1] 参见储槐植、杨书文:《复合罪过形式探析——刑法理论对现行刑法内含的新法律现象之解读》,载《法学研究》1999年第1期,第54页。

[2] 参见张明楷:《"客观的超过要素"概念之提倡》,载《法学研究》1999年第3期,第23页,注9。

故意。主张将间接故意与有认识过失统合为中间类型的大陆法学者,基于责任主义的考虑,更不可能认同这样的做法。

其次,将过失与(间接)故意不予区分,会使对罪过形式的认定变得混乱。尽管论者声明,复合罪过形式大多存在于法定犯中,且只存在于以法定危害结果的实际发生或危险的实际存在作为客观要件的犯罪中;但是,究竟哪些犯罪应当适用复合罪过理论而哪些犯罪不应适用,论者并没有提供明确的区分标准。这意味着复合罪过理论本身无法划定适用的边界。由于缺乏明确的适用标准,分则中众多的犯罪都可能被解释为可同时由间接故意、自信过失与疏忽过失构成。这就使罪过形式的认定变得任意,以致通常被认为是过失犯罪的事故类犯罪,如《刑法》第135条重大劳动安全事故罪、137条工程重大安全事故罪、第138条教育设施重大安全事故罪与第139条消防责任事故罪等,[1]皆被解释为复合罪过的犯罪;而一般认为属于故意犯罪的,如第336条的非法行医罪,[2]则被认为也可以由过失甚至是疏忽过失构成。

或许正是因为将疏忽过失纳入复合罪过的范畴容易引起质疑,在另一篇有关复合罪过的论文中,论者未作任何说明便把疏忽过失撇开,而将复合罪过的内容限定为间接故意与过于自信的过失的复合。很显然,只有在疏忽过失被理解为独立的罪过形式的情况下,才可能出现直接故意、复合罪过形式与疏忽过失的三分法;[3]否则,就某一具体犯罪而言,只可能存在两种主观心态,即直接故意与复合罪过形式。

二、客观构成要素例外论

通过改变故意的认识范围,将相关要素从故意的认识内容中排除出去,从而得出仍然成立故意犯罪的结论,是第二类解决方案的特点。隶属此类方案的各观点的共同之处在于,相关要素被认为是不同于一般客观构成要素的特殊例外因素,因而不适用主观认识应受客观要件规制的原理。不妨将之称为客观构成要素例外论。不过,在为什么可以将之从故

---

[1] 参见储槐植、杨书文:《复合罪过形式探析——刑法理论对现行刑法内含的新法律现象之解读》,载《法学研究》1999年第1期,第53—54页。

[2] 参见储槐植、杨书文:《再论复合罪过形式——兼谈模糊认识论在刑法中的运用》,载陈兴良主编:《刑事法评论》(第7卷),中国政法大学出版社2000年版,第420页。

[3] 参见储槐植、杨书文:《再论复合罪过形式——兼谈模糊认识论在刑法中的运用》,载陈兴良主编:《刑事法评论》(第7卷),中国政法大学出版社2000年版,第415页。

意的认识内容之中予以排除的问题上,学者之间存在观点分歧。根据论证理由的不同,这些观点具体还可分为两类:一是认为相关要素仍是客观构成要件要素,只是例外地不属于故意的认识内容。此类观点中,以张明楷教授的"客观的超过要素"理论最具代表性。二是认为相关要素是外在于犯罪构成的客观因素,即它虽是影响犯罪成立的客观条件,但例外地不属于客观构成要件的范围。既然相关要素并非客观方面的犯罪构成要素,自然不是行为人的认识内容。陈兴良教授便持这样的立场。

(一)"客观的超过要素"概念

对丢失枪支不报罪、擅自进口固体废物罪与滥用职权罪之类的犯罪的罪过认定难题,张明楷教授提倡通过创设客观的超过要素概念来进行解决。这个概念被用来描述这样的现象,即某些属于犯罪构成内容的客观要件不需要存在与之相应的主观内容。它是论者受德日犯罪论中的客观处罚条件概念与主观的超过要素概念的启示,并结合我国犯罪构成体系的特点而自创的理论概念。就如何确定客观的超过要素而言,论者提供了具体的限定标准:(1)该要素必须具有限制处罚范围的性质,而不是法定刑升格等加重处罚的条件;(2)该要素在犯罪构成中不是唯一的客观要件,而是诸多客观要件要素之一;(3)危害结果作为超过的客观要素时,只存在于双重危害结果的犯罪中,且不是行为必然发生的结果;(4)法定刑必须较低,明显轻于对结果持故意心理的犯罪;(5)该要素应具有预见可能性;(6)将该要素确定为客观的超过要素时,不影响主观故意的完整内容。[1]

与复合罪过理论的暧昧态度不同,对前述犯罪的成立是否要求行为人对具体危害结果具有认识的问题,"客观的超过要素"理论给出的是清晰的否定回答。当然,所谓"客观的超过要素"其实并不全然客观,因为在危害结果作为超过的客观要素时,论者仍要求该要素具有预见可能性。这意味着如果一般的理性人处于行为人的位置可能认识或预见到该危害结果,则行为人构成犯罪;反之,如果一般的理性人也不可能认识或预见,即缺乏认识可能性,则将阻却犯罪的成立。由此而论,就该结果要素而言,实际上是要求行为人至少应当具有疏忽过失。可以肯定的是,倘若认为该结果要素是完全超过主观的客观要素,即既不要求行为人具有认

---

[1] 参见张明楷:《"客观的超过要素"概念之提倡》,载《法学研究》1999年第3期,第28—31页。

识也不要求存在认识可能性,则刑法在此点上实行的便是绝对的严格责任了。这对奉行责任主义的刑法理论体系而言,显然是无法接受的。

客观的超过要素概念之所以引人注目,就在于它正式承认:在故意犯中,对某些作为客观构成要素的结果,行为人可以不必具有希望或放任的心态,甚至也不必具有明知,只要存在认识可能性即足矣。尽管论者强调要严格限定客观的超过要素概念的适用范围,其将作为客观构成要素的结果排除明知的范围的做法,无论如何也已在一定程度上背离传统故意理论中的结果本位立场。

借助于"原则—例外"的构建模式,客观的超过要素理论希望在维护以结果为核心的传统故意理论的基础上,有效解决当前某些犯罪所遭遇的罪过认定难题。只是,如何划定例外适用的标准与边界,始终是困扰该理论的问题。正如学者所批评的那样,哪些结果需要行为人认识,哪些不需要认识,客观的超过要素理论难以给出确定的答案,甚至出现循环论证的局面。[1] 比如,《刑法》第142条的生产、销售、提供劣药罪,第146条的生产、销售不符合安全标准的产品罪,第147条的生产、销售伪劣农药、兽药、化肥、种子罪,以及第148条生产、销售不符合卫生标准的化妆品罪,从立法的表述方式来看,与客观的超过要素理论的论者以该理论来解决的那些犯罪完全相同,为什么这些罪名被认为仍然应当适用传统的故意理论?此外,在以行为所造成的某种具体危险状态作为客观要件的犯罪(具体危险犯)中,比如《刑法》第143条的生产、销售不符合卫生标准的食品罪,是否也存在将具体危险解释为客观的超过要素的余地?[2] 毕竟,危险状态也是一种具体的犯罪结果,就此而言,某些具体危险犯与特定的以实际的侵害结果作为客观要件的犯罪并无本质区别。完全可能存在这样的情况,即行为人销售了不符合卫生标准的食品,这些食品客观上足以造成严重食物中毒事故或者其他严重食源性疾患,但行为人本人对此却缺乏认识,也不希望或放任这样的危险结果发生。在此种情况下,如果认为应当适用传统的故意理论,便会得出行为人不构成犯罪的结论;反

---

[1] 参见陈兴良、周光权:《刑法学的现代展开 I》(第2版),中国人民大学出版社2015年版,第578页。

[2] 这一问题有时可能以另一种形式出现,即作为一种具体结果的危险状态是否要求行为人具有认识,或者说究竟是主观的危险还是客观的危险。如果认为它是客观的危险,则不要求行为人主观上对此具有明知;倘若认为它是主观的危险,于明知的内容,那么在客观的危险未为行为人所认识时,便不构成相应的犯罪。

之,如果认定行为人构成犯罪,恐怕同样不得不借助客观的超过要素理论。

(二)罪量要素说

近年来,基于传统犯罪构成体系的缺陷,陈兴良教授大力倡导"罪体—罪责—罪量"的三阶层犯罪构成体系。在由他提出的这种犯罪构成体系中,除讨论通常意义上的构成要件层面与责任面的内容之外,还需要进一步考虑罪量问题。在其体系中,罪量要件是一个数量条件,主要由数额和情节这两个因素构成,它具有限制犯罪成立范围的功能。在他看来,罪量是犯罪成立的一个条件,而不是犯罪成立后的处罚问题。[1] 换言之,在相关犯罪中,不具备罪量要素便不成立犯罪,而不是构成犯罪但不值得处罚。值得指出的是,在他的犯罪构成体系中,此类因素显然极为特殊,它们是犯罪成立的必要条件,但又不同于一般的客观构成要素,因为成立犯罪时,这类因素并不适用主观认识应受客观要件规制的原理。按照他的分析,丢失枪支不报罪和滥用职权罪毫无疑问都是故意犯罪,两罪中所谓的"造成严重后果"与"致使公共财产、国家和人民利益遭受重大损失"均系构成犯罪的情节,即罪量要素,而并非犯罪结果。对此情节并不要求行为人主观上有认识,或者持一种故意或过失的心理状态,只要是行为故意就可以。主观罪过不是根据罪量来确定,而是根据行为本身来确定。[2]

陈光良教授显然不满足将其理论仅适用于本章在引言处所提及的特定类型的犯罪,事实上,它被认为适用于任何以数额或情节上的量的程度作为犯罪成立条件的犯罪。早在几年前,陈光良教授就明确主张,盗窃罪中的"数额较大"、滥用职权罪与玩忽职守罪中的"致使公共财产、国家和人民利益遭受重大损失"之类的要件是独立于犯罪构成的客观要件,不属于行为人主观认识的内容,和确定行为人的故意或者过失没有关系,而仅仅是表明行为对法益侵害程度的数量要件。[3] 两相对照,不难发现陈光良教授在这个问题上的观点经过变化:(1)关于数额与情节等因素在犯罪

---

[1] 参见陈兴良:《口授刑法学(上册)》(第二版),中国人民大学出版社2017年版,第279页。

[2] 参见陈兴良:《口授刑法学(上册)》(第二版),中国人民大学出版社2017年版,第264—265页。

[3] 参见陈兴良:《规范刑法学(上册)》(第四版),中国人民大学出版社2017年版,第193页。

构成体系中的位置。他先前认为此类因素是独立于犯罪构成之外的客观要件,如今则主张应当将罪量纳入到犯罪构成体系当中,作为一个构成要件。(2)区别看待滥用职权罪与玩忽职守罪中的"致使公共财产、国家和人民利益遭受重大损失"。在滥用职权罪中,"重大损失"被理解为罪量要素,而不是该罪的结果;在玩忽职守罪里则被解释为是一种结果。[1]当然,与之前的观点相比,陈光良教授的基本立场没有改变,即具体的危害结果被解释为罪量要素,它是成立犯罪的客观条件,但并非主观认识的内容。

毋庸讳言,陈兴良教授倡导的"罪体—罪责—罪量"体系里,罪量要素的地位实质上等同于德日刑法理论中的客观处罚条件概念。一旦相关的要素被认为是罪量要素,便与主观认识内容无关。所以,既不要求行为人对之具有明知或预见可能性,也不要求具备希望或放任的意志态度。也就是说,只要行为人实施相关行为,即使他对作为罪量要素的情节或数额缺乏认识并且实际上也缺乏预见可能(即没有任何过错),也不影响犯罪的成立。此种理论所遭遇的最直接批评是,它与我国的犯罪构成体系并不相容。至少,在目前仍占据主流地位的"四要件"犯罪构成体系中,不可能有客观处罚条件或类似因素的存在空间。此外,将犯罪结果看作客观处罚条件,也被认为容易引起非议:一是看轻了犯罪结果在确定违法中的地位与作用;二是在责任认定上存在漏洞。[2]

罪量要素说本质上使用的也是"原则—例外"模式,因而,与客观的超过要素理论一样,它也要面临类似的质疑,也即哪些结果要素属于一般意义上的客观构成要素,而哪些则可以例外地被理解为罪量要素,缺乏确定的标准。究其根源,这样的质疑不仅牵涉具体适用范围究竟如何确定的问题,也触及该类理论在方法论上的缺陷。诚如黎宏教授所批评的那样,这种为了说明某些内容不是故意的认识对象而提倡客观处罚条件的做法,在方法论上存在一方面为了证明客观处罚条件不是故意的认识内容而将其排除在构成要件之外;另一方面又为了证明其不是构成要件内

---

[1] 参见陈兴良:《口授刑法学(下册)》(第二版),中国人民大学出版社 2017 年版,第 656 页。

[2] 参见黎宏:《刑法总论问题思考》(第二版),中国人民大学出版社 2016 年版,第 165 页。

容而说其不是故意认识内容的循环论证的问题。[1]

三、主要罪过说

主要罪过说由周光权教授新近提出。针对特定犯罪的罪过认定问题,他的基本观点是,首先从"事实上"确定这些犯罪中的行为人究竟有多少个罪过,然后,从"规范意义上"确定这些罪过中哪个是次要罪过,哪个是主要罪过。最终确定的主要罪过就是这些犯罪的罪过形式。在他看来,滥用职权罪、丢失枪支不报罪、违规发放贷款罪等均属于有数个罪过的犯罪,其中的行为意思实质性地支配了结果的发生,即主要罪过是故意,次要罪过是过失,故可将其总体上定性为故意犯罪。[2]

主要罪过说承认一个犯罪可能存在两种罪过形式,但仍然坚持一个犯罪只有一种罪过的基本立场。与传统的故意标准相比,它的特殊之处在于,不再要求将故意的要求同时适用同一犯罪的所有客观构成要素,而是认为对其中的某些客观要素持非故意(或非明知)的心态不影响该罪的整体意义上的故意。就此而言,它与客观的超过要素理论有异曲同工之妙。不过,与后者相比,主要罪过说显然更为大胆,它明确承认这种非故意(或非明知)的心态即是过失。由此,它与客观的超过要素理论形成分野。主要罪过说承认存在双重罪过[3](或称为混合罪过)的现象,在此基础上,进一步要求在规范意义上根据具体罪过地位的不同而区分主要罪过与次要罪过。

与前几种理论不同,持主要罪过说者显然并不认为特定犯罪的罪过认定难题可以单纯地通过限缩故意的认识范围而予以解决;相反,却坦承有必要调整传统的故意标准,而将矛头直接指向后者的结果本位的特点:对于犯罪故意的"知"(认识因素)和"欲"(意志因素)中的"欲"部分,不应当完全限定在对结果的发生上。[4] 正是由于主要罪过说质疑的是传统故意标准本身,所以,在适用范围的限定上,它也不同于前几种理论。除了被论者用来解决刑法分则中的特殊犯罪(包括本章引言处所提及的

---

[1] 参见黎宏:《刑法总论问题思考》(第二版),中国人民大学出版社 2016 年版,第 162—163 页。

[2] 参见周光权:《论主要罪过》,载《现代法学》2007 年第 2 期,第 40 页。

[3] 本章暂且仍然使用该概念来指称此种现象。在下文中,笔者将对这样的做法提出批评。

[4] 参见周光权:《论主要罪过》,载《现代法学》2007 年第 2 期,第 38 页。

犯罪与交通肇事罪、重大环境污染罪等过失犯罪）的罪过认定之外，它还被用来解释结果加重犯与结合犯的罪过问题。

应当说，主要罪过说的论者对传统故意标准的结果本位的抨击是有节制的。他并没有在一般意义上主张意欲的对象应当由结果转向行为，而是要求根据个罪进行具体判断。就交通肇事罪而言，他得出的过失犯罪的结论，显然建立在承认意欲的对象指向的是具体的危害结果而不是违反交通规则的行为的前提之下。自然，抨击的节制与否不代表相关主张与传统故意理论的背离程度大小。主要罪过说所颠覆的其实并不只是传统故意标准的一个角落，而是整个故意理论的根基。这一点或许为主要罪过说的提出者所始料不及。

表面看来，主要罪过说所偏离的只是传统故意标准中的结果本位，而并未触及后者的意志本位的特性。论者甚至还特别强调，在认识与意志的对立统一的矛盾关系中，意志占主导地位，认识属辅助地位。[1] 但实际上，一旦结果本位的根基有所松动，意志因素在故意认定中的核心地位也必然受到影响。由司法的规律使然，行为人是否存在故意的判断，总是在其实施构成要件行为并实现客观构成要件之后才进行。如果故意中意欲的内容被解释为行为决定或实现构成要件行为的决意，则在判断故意时，意欲的存在与否便成为无须考虑的问题。这样一来，认定故意的重心自然就完全落在了认识因素之上。所以，将意欲的对象由结果转向行为本身，将使意志要素在故意的认定中处于被架空的状态，最终也改变传统故意标准的意志本位特性。

四、"明知故犯"论

与主要罪过说相同，对特定犯罪的罪过认定难题，第四类解决方案也试图通过改造故意的认定标准去解决。只不过，前者的矛头对准的是传统故意标准中的结果本位，而后者批评的是传统故意标准中的意志本位。此类观点的主张者较为罕见，这大概是由于容认说在我国刑法界影响力太过强大以致鲜有挑战者的缘故。前几类解决方案虽然也存在偏离传统故意理论之处，但并未对作为故意判断标准的容认说质疑，而恰恰是在承认容认说的前提之下展开论证的。

根据容认说，判断故意的标准在于行为人是否对危害结果具有明知

---

[1] 参见周光权：《刑法总论》（第四版），中国人民大学出版社2021年版，第152页。

并且希望或放任该结果发生。由于容认说本质上属于意欲论的一种,因而它主要依赖意志因素来区分故意与过失,存在轻视认识因素的一面。一旦故意的成立需要以行为人对行为所造成的结果具有预见并持希望或放任态度为条件,丢失枪支不报罪、滥用职权罪等犯罪的罪过形式就会变得难以认定。此类犯罪中,作为构成要件结果的"造成严重后果"或"致使公共财产、国家和人民利益遭受重大损失"通常并非由行为人的行为直接造成,因而很难说行为人对这样的结果具有希望或放任的心态。为解决此间的冲突,黎宏教授对以意志要素为核心的容认说提出了批评,而主张以认识因素作为判断故意的标准。具体而言,某种犯罪在主观上是要求故意还是过失,取决于行为人对行为以及可能发生的结果是否具有认识和预见,而不在于其是不是希望或放任这种结果发生。在他看来,故意犯的本质是行为人已经预见到自己行为会发生危害社会的结果,却明知故犯;在过失犯的场合,则是行为人应当并且也能够预见到自己的行为会发生危害社会的结果但却没有预见到,属于不意误犯。[1] 自然,在这样的理论逻辑中,没有轻信过失的罪过形式的存在空间。

根据此种以认识因素为核心的故意论(或可称为明知故犯论),故意的成立,只要求行为人对作为客观构成要素的结果存在预见,而不要求行为人同时具有希望或放任的态度。以丢失枪支不报罪为例,只要行为人认识到不及时报告可能会造成对不特定多数人的生命、健康的侵害,即使他并不追求或放任这样的侵害结果发生,也能满足本罪的故意要件。在明知故犯论的理论语境中,"造成严重后果"不是行为人的意志对象,但它也并非单纯限制本罪处罚范围的客观条件,而是"说明丢失枪支后不及时报告行为是否达到应当受到刑罚处罚程度,是否构成犯罪的重要标志"。[2] 基于此,论者既不承认故意犯中存在外在于犯罪构成但属于犯罪成立条件的客观因素,也不承认有所谓的客观的超过要素,即属于客观构成要件但独立于行为人主观认识范围的客观要素。

不难发现,明知故犯论坚守的是彻底的主客观相一致的立场。在论者看来,这种一致性由行为人的认识而非意志因素来体现。故而,确定行为人对相关要素是否存在明知,对于故意的成立至关重要。按照我国主流的刑法理论,明知包含两种:一是确定明知,即认识到危害结果必然会

---

[1] 参见黎宏:《刑法总论问题思考》(第二版),中国人民大学出版社2016年版,第255页。

[2] 黎宏:《刑法总论问题思考》(第二版),中国人民大学出版社2016年版,第172页。

发生;二是可能明知,即认识到危害结果可能会发生。由于无须顾及行为人对结果所持的意志态度,而只需考虑行为人对之是否具有明知,与传统的故意理论相比,明知故犯论易于对特定犯罪的罪过形式做出合乎自身逻辑的解释,典型的如丢失枪支不报罪。由于该罪的主体是依法配备公务用枪的人员,在丢失枪支后,一般说来难以认定行为人对枪落入他人之手可能造成的严重后果没有任何认识。因而,明知故犯论能理所当然地得出该罪属于故意犯罪的结论。只要行为人对结果存在明知,即使他对结果的出现持坚决的反对态度,也不影响故意的成立。比如,得知枪支丢失后,行为人立即发动所有亲友寻找,但在寻枪过程中拾枪者持枪去抢劫银行,造成重大人员伤亡后果。根据明知故犯论,丢失枪支的行为人对伤亡结果所持的反对态度并不影响故意的成立。相反,按照传统故意理论,既然行为人对伤亡结果的发生并不持希望或放任的态度,自然难以得出成立故意犯的结论。

　　明知故犯论反对"原则—例外"的构建模式,而试图通过改变故意的成立标准来解决罪过认定上的解释难题。在故意成立标准上高举认识论旗帜的结果是,不需要去探究行为人对具体危害结果的意志态度,而只要求确定行为人对它的发生或可能发生是否具有认识,便能完成是否成立故意犯的判断。这样一来,明知故犯论就能在回答特定犯罪所提出的罪过认定难题的同时,达成理论逻辑上的自洽。此外,在行为人对危害结果缺乏实际认识的情况下,不管其是否具有预见可能性,明知故犯论得出的一律是阻却故意的结论。在这一点上,它也不同于客观的超过要素理论。根据客观的超过要素理论,只有证明行为人不仅对危害结果没有认识,而且缺乏预见可能性,方阻却故意的成立。而依据明知故犯论,只要行为人对危害结果缺乏实际的认知,便不能构成相应的故意犯罪。所以,从逻辑上讲,就特定的犯罪而言,明知故犯论的理论语境中故意犯的成立范围比客观的超过要素理论要窄。

　　对于明知故犯论而言,最大的障碍当是如何说服人们接受对故意成立标准进行伤筋动骨的改变。在认定故意时,放弃当前仍占据绝对通说地位的容认说,乃至完全舍弃意志因素,想让学界接受阻力想必不小。与此同时,将行为人对具体危害结果缺乏认识的情形,一律排除在相关犯罪的成立范围之外,或许也易遭人质疑:这样的解释是否不当地限制了刑法的处罚范围。

第二节 故意认定标准的公式表达

前述四类解决方案均意在解决刑法中特定犯罪罪过形式的认定难题,采取的路径虽各有不同,但也不乏共同之处。其一,它们共享一个不言而喻的基本设定,即对本章引言部分提及的相关犯罪,适用传统的故意理论将不当地限缩犯罪的成立范围。因此,几种主要理论都不约而同地坚持,成立这些犯罪不应要求行为人对具体的危害结果具有希望或放任的态度。其二,它们所采取的进路迥异于传统的故意理论,易对整个故意理论乃至刑法的犯罪论体系构成重大冲击。其三,与传统的故意理论相比,它们均具有使故意犯(或者说非过失犯)的成立范围得以扩张的客观效果。

在这一部分中,笔者将着手分析相关理论所主张的故意标准与传统标准之间的相异之处,探究这些理论对后者所造成的冲击及其预示的理论走向。就复合罪过理论而言,如果认为复合罪过是间接故意与轻信过失的复合,则表明论者试图放弃意志因素的要求,在故意标准上持的是与明知故犯论相类似的认识论立场。如果认为它同时也包含疏忽过失,且论者想要表达只是某些犯罪既可由故意构成也可由过失构成的意见,则该理论实际上绕开了罪过认定难题所包含的两个具体问题,并没有触及故意的认定标准。这意味着在后一种情形下,复合罪过理论并未对传统故意标准构成任何冲击;而只有在前种情形下,它才与此处论述的主题相关。基于前一种情形的复合罪过理论在故意标准上的立场与明知故犯论相同,在下文中,笔者不再专门论述复合罪过理论,相应内容将直接被整合入对明知故犯论的分析之中。

无疑,要探究新的理论究竟对传统故意理论造成怎样的冲击,首先应当明白无误地了解后者的特点与实质。在引言部分,笔者已对传统故意理论的意志本位与结果本位的特点做过论述。所以,对这一问题就不再赘述。有必要进一步阐明的是,传统故意理论所采纳的分析模式究竟具有怎样的特性。

为便于分析,不妨将犯罪的客观构成要素分为三类:行为要素、情状要素与结果要素(结果犯)。其中,结果要素是指作为既遂条件或犯罪客观要件的具体危害结果;情状要素则是指行为要素与结果要素之外的其他客观构成要素,如行为对象、主体或时间、地点等其他法定事实。可以肯定,传统的故意理论采用的是整罪分析模式。具体来说,它主张对故意与过失作完整的理解,[1]故而同一犯罪不可能出现对行为出于故意而对结果出于过失的情况。根据这种整罪分析模式,故意犯的成立,不仅要求行为人认识到行为并存在相应的意志态度,在结果作为构成要件要素的情况下,也要求其对之具有明知并持希望或放任的心态。此外,对行为与结果之外的其他情状要素,至少从理论逻辑来看,该分析模式也应当提出同样的要求。用公式表示,便是:

公式1:犯罪故意=对行为的故意+对结果的故意+对情状要素的故意[2]

在有些犯罪中,公式1可能还需要加上一项"主观的超过要素"。比如,以盗窃罪为例套用公式1,便会得出:盗窃故意=取走的故意+财物属于他人之物的故意+对数额较大的故意+不法所有的意图(主观的超过要素)。所谓"取得的故意"指的是行为人认识到自己在拿取而实施拿取行为;"财物属于他人之物的故意"是指行为人认识到并且希望财物属于他人所有;而"对数额较大的故意"是指行为人认识到财物数额较大,并且对此持希望或放任心态。基于要求具备主观的超过要素的犯罪较少,且此处关注的主要是客观要件与主观认识之间的关系,所以在公式1及以下的其他公式中均不予注明。

根据公式1,成立犯罪故意,无论是对行为、结果还是对情状要素都必须同时具备明知与希望或放任的意志态度。这意味着,对任何客观要素一旦缺乏认识因素或意志因素,都将阻却故意的成立。如果严格遵照公式1来完成对犯罪故意的认定,则故意犯的成立范围将极为狭窄。实际上,传统故意理论只坚持要求对行为与结果必须同时具备明知与相应的意志态度,对于附随因素——至少是其中的一些——则没有那么严格,也即故意的成立,并没有要求行为人既认识到情状要素的存在,又对它的存在持希望或放任心态。所以,公式1的情形其实并不常见,公式2才是传统上惯用的故意认定样式:

---

[1] 参见张明楷:《犯罪论原理》,武汉大学出版社1991年版,第270页。
[2] 等式左边的犯罪故意是指我国《刑法》第14条所规定的规范意义上的故意,所谓的故意犯,即在此种意义上使用。等式右边所用的"故意"则是事实意义上的故意,只要求同时具备认识因素与意志因素,即故意=明知+希望/放任。

公式2：犯罪故意＝对行为的故意＋对结果的故意＋对情状要素的明知

与公式1相同，在公式2中，"对行为的故意"与"对结果的故意"的认定，仍要求同时具备认识因素与意志因素，即明知与希望或放任的心态。对情状要素的存在，则只要求具备认识因素，即行为人只要具有明知即可。不过，一旦行为人对之缺乏明知，传统故意理论便会得出阻却故意的结论。所以，如何尽量地对"明知"做宽泛的界定，以设法扩张故意犯的成立范围，有时会成为理论与实务共同关注的问题。作为一种程序技术，推定经常被用来达成这样的目的。

所谓的明知，从类型学上看一般只包含两种情况：一是实际认识到事实的存在；二是正确地相信或认为相关事实存在。不过，在法律的语境中，有意地不去探知事实真相有时也被认定为具有明知。这无疑是法律上的一种拟制，它成为"明知"的第三种类型。在英美刑法中，它被称为"有意的无视"（willful blindness）。[1] 行为人并不被要求对某一事实具有实际的认知或正确的认识，只要他对此有怀疑，但为了能够否定明知而蓄意地不去进行本来将导致其明知的询问，即构成"有意的无视"。在这种情况下，行为人仍可能被认定为具有明知。[2] 认定明知的方式通常是证明，即控方需要拿出充分确实的证据来证明行为人对相关要素事实具有明知，即属于前述三种情况之一。显然，如果明知只能以证明的方式来认定，则由于对主观认识因素的证明上的困难，故意犯的成立范围尽管在实体法的意义上不会受到影响，但在实践适用中它会大受限制。如果允许使用推定的方式，则由于控方的证明标准有所降低且被告人需要承担部分证明责任，控方的证明负担将大为降低，使明知的认定变得相对容

---

[1] See Richard Card, Card, Cross & Jones Criminal Law, 17th edition, Oxford: Oxford University Press, 2006, p. 107; also Stevan L. Emannuel, Criminal Law, Beijing: Critical Publishing House, 2003, p.17.

[2] 在一起走私大麻的案件中，被告人驾车从墨西哥到美国时，因为在其皮箱内一个秘密隔间里藏有110磅大麻而被逮捕。审判中证实，被告人接受车主的100美元驾车穿越边境，他知道皮箱中有某个空处，但不知道里面是什么。审判法官指示陪审团，如果控方已证明，被告人对皮箱内的东西缺乏明知"完全是他有意识地决定忽视其车内皮箱性质的结果，并带着避免知晓真相的明确目的"，则陪审团可以认定有罪。陪审团最终宣告被告人有罪。在随后的上诉中，上诉法院认为，对有关被告人有意地拒绝确证其对存在大麻的怀疑的陪审团指示，是对"有意的无视"准则的正确阐述。See U.S. v. Jewell, 532 F. 2d 697 (9th Cir. 1976).

易。相应地,认定明知的概率会增加,故意犯的成立范围在实践层面也将因此有所扩张。

通过调整明知的认定方式而设法拓宽故意犯的成立范围,可谓最不伤筋动骨的保守疗法。倘若保守疗法能奏效,人们自然没有理由去另辟新论。不过,推定毕竟只是一种程序性技术,它无法在实体上影响故意犯的成立范围。因而,如果认为故意犯的成立范围在实体层面上过窄,则必定只能借助实体上的改变来达成目标。基于行为的自愿性原则的限制,对行为的认识因素与意志因素的并存要求,很难去触动。这是因为,在没有认识或者缺乏意志的情形下所实施的行为,在刑法上通常被认为没有意义,甚至不被视为是行为人的行为。如此一来,便只剩下两个选择:要么向"对结果的故意"要求动刀,要么着手调整"对情状要素的明知"。如果选择修正"对结果的故意",将其中的意志因素要求去掉,则作为传统惯用模式的公式2就会变形为:

公式3:犯罪故意＝对行为的故意＋对结果的明知＋对情状要素的明知

应该说,犯罪故意的认定不可能绝对地放弃意志因素。所以,许玉秀教授将认识论与意欲论之间的分歧,直接归纳为是主观意欲论与客观意欲论之间的对决。[1] 这一点当属没有疑问,至少对行为要素而言是如此。倘若行为人只是认识到行为而没有相应的实施决意,便不可能存在刑法上有意义的客观行为,自然也不可能有成立故意犯的余地。就此而言,并不存在绝对意义上的认识论,即不要求具备任何意志因素(包括行为决意)而纯粹依赖认识因素来判断故意的认识论。尽管认识论的支持者通常高调宣布放弃意志因素,但其所放弃的最多只是对结果或情状要素的意志要求,而无法放弃行为要素中的意志因素。[2] 明知故犯论本质上属于认识论,自然也不可能彻底放弃意志因素。因而,包括它在内的认识论显然都应归入公式3的范围。

如前所述,"对行为的故意"部分中,无论是认识因素还是意志因素都

---

〔1〕 参见许玉秀:《主观与客观之间》,春风煦日论坛——刑事法丛书系列1997年版,第121—122页。

〔2〕 从德国在间接故意理论上的发展来看,越来越多的学者倾向于将故意中意欲的内容解释为行为决定或实现构成要件行为的决意。Vgl. Roxin, Strafrecht Allgemeiner Teil, Band I, 4.Aufl., 2006, S.455—467.

很难去触动,有选择余地的只能是对结果要素与对情状要素。在"对结果的故意"与"对情状要素的故意"被修正为"对结果的明知"与"对情状要素的明知"之后,如果还想要进一步放松犯罪故意的成立要求,以便在实体上扩张故意犯的成立范围,就只能针对其中的"明知"部分。通过放弃明知的要求,而降低为只要求预见可能性,公式 3 将产生相应的变化而形成公式 4:

公式 4A:
(1) 犯罪故意 = 对行为的故意 + 对结果的预见可能性 + 对情状要素的明知
(2) 犯罪故意 = 对行为的故意 + 对结果的明知 + 对情状要素的预见可能性
(3) 犯罪故意 = 对行为的故意 + 对结果的预见可能性 + 对情状要素的预见可能性

对公式 1、2、3 来说,每一次变形都只涉及一个变量,变化后自然同样只生成一种公式。公式 3 到公式 4 的变化中涉及两个变量,即"对结果的明知"与"对情状要素的明知"分别为"对结果的预见可能性"与"对情状要素的预见可能性"所取代,相应地,变化后的公式经排列组合就会出现三种可能的形式。客观的超过要素理论无疑属于公式 4 的范畴。预见可能性要求实际上意味着对相关要素行为人本来应当认识到,但由于疏忽大意没有预见。究其实质,它代表的其实就是(疏忽)过失的心态。据此,公式 4 可进一步改写为:

或公式 4B:
(1) 犯罪故意 = 对行为的故意 + 对结果的(疏忽)过失 + 对情状要素的明知
(2) 犯罪故意 = 对行为的故意 + 对结果的明知 + 对情状要素的(疏忽)过失
(3) 犯罪故意 = 对行为的故意 + 对结果的(疏忽)过失 + 对情状要素的(疏忽)过失

如此一来,客观的超过要素理论所适用的便是公式 4B。主要罪过说显然也应归入此类公式的范围。表面看来,后者所谓的过失既包含轻信过失也包含疏忽过失,似乎难以用公式 4B 来表示。然而,考虑到疏忽过失在罪过程度上较轻信过失为轻,倘若疏忽过失便足以达到所要求的罪过程度,轻信过失自然更能满足要求。这一推论遵循的是举轻以明重的逻辑,它也适用于另一推论:就某一犯罪而言,如果对结果要素或情状要素出于过失仍可成立故意犯,则对相关要素持故意的心态当然更不可能不成立故意犯。与公式 1-3 所代表的故意成立模式相比,公式 4 系列所代表的变化不可谓不重大:犯罪故意的成立,不一定要求对相关的客观构成要素具有明知,预见可能性或者说疏忽过失即足够。换言之,就同一犯罪而言,即使行为人对部分客观要素只具有过失,也不一定影响整个故意犯罪的成立。

倘若试图进一步放松故意成立的要求,便是允许对结果要素或对情状要素既不要求明知,也不要求具有预见可能性(不要求具有疏忽过失)。这意味着在具备"对行为的故意"的同时,行为人对结果要素或情状要素不具有任何过错心理,也可能成立故意。如此一来,公式 4B 系列中的三个公式便会演变成 5 个全新的公式。

公式 5:
(1) 犯罪故意 = 对行为的故意 + 对结果的明知 + 对情状要素的无过失
(2) 犯罪故意 = 对行为的故意 + 对结果的无过失 + 对情状要素的明知
(3) 犯罪故意 = 对行为的故意 + 对结果的过失 + 对情状要素的无过失
(4) 犯罪故意 = 对行为的故意 + 对结果的无过失 + 对情状要素的过失
(5) 犯罪故意 = 对行为的故意 + 对结果的无过失 + 对情状要素的无过失

在罪量要素说中,论者的主张实质上使罪量要素成为与主观内容并不相对应的客观条件。它与犯罪故意的成立完全无关,行为人既不需要主观上对之有认识,也不要求具有故意或过失的心理状态。根据其理论逻辑,至少是在罪量要素上,刑法被认为对行为人施加了无过错责任或者说是严格责任。所以,罪量要素说无疑应当归入公式 5 所代表的故意认定样式。具体来说,如果罪量要素涉及数额或情节,则适用公式 5 的第一个子公式;倘若罪量要素涉及某种结果,则属于其中的第二个子公式。

第三节　犯罪故意谱系表及其说明

前述部分列举了5组公式,旨在涵盖犯罪故意认定中存在的所有可能情形。为了使相关情形的内容显得清晰,同时也为了便于对彼此间的差异及其意义展开说明,有必要制作一份包含所有公式的犯罪故意谱系表见表9-1。

表9-1　犯罪故意谱系

公式	内容	罪过特性	成立范围指数
1	犯罪故意=对行为的故意+对结果的故意+对情状要素的故意	单一罪过	1
2	犯罪故意=对行为的故意+对结果的故意+对情状要素的明知	单一罪过	2
3	犯罪故意=对行为的故意+对结果的明知+对情状要素的明知	单一罪过	3
4A	(1)犯罪故意=对行为的故意+对结果的预见可能性+对情状要素的明知 (2)犯罪故意=对行为的故意+对结果的明知+对情状要素的预见可能性 (3)犯罪故意=对行为的故意+对结果的预见可能性+对情状要素的预见可能性	双重罪过	4
公式 4B	(1)犯罪故意=对行为的故意+对结果(疏忽)的过失+对情状要素的明知 (2)犯罪故意=对行为的故意+对结果的明知+对情状要素的(疏忽)过失 (3)犯罪故意=对行为的故意+对结果的(疏忽)过失+对情状要素的(疏忽)过失	双重罪过	4
5	(1)犯罪故意=对行为的故意+对结果的明知+对情状要素的无过失 (2)犯罪故意=对行为的故意+对结果的无过失+对情状要素的明知 (3)犯罪故意=对行为的故意+对结果的过失+对情状要素的无过失 (4)犯罪故意=对行为的故意+对结果的无过失+对情状要素的过失 (5)犯罪故意=对行为的故意+对结果的无过失+对情状要素的无过失	双重罪过	5

在对表格内容进行说明之前,先对相关术语做一下简单交代。表格中所谓的"罪过特性"乃是根据故意犯中所涉及的罪过形式(或心理状态类型)的个数来确定。其中,"单一罪过"指的是故意犯的成立只涉及故意这一罪过形式;双重罪过则说明故意犯的成立同时包含数种罪过形式,即对同一故意犯的不同客观要素分别适用不同的犯意要求,对有些要素要求必须出于故意,对有些则只要求具备过失。[1] "成立范围指数"则指的是在适用相关公式时故意犯的成立范围。该项之下的数字只是表示不同公式之下故意犯成立范围的大小,并不具体指涉彼此之间的比例或倍数。数字越大,代表故意犯在实体层面的成立范围越大;数字越小,则意味着相反的事实。

从上表9-1中,可以发现几点显而易见的事实或规律:(1)在判断故意是否成立时,行为的故意属于其中不变的恒量。成立故意犯,需要以对行为具备故意为必要条件。如果对行为本身没有故意,无论是欠缺认识因素还是意志因素,都将使故意犯的成立变得不可能。这一点为所有的故意理论所坚持。(2)对行为之外的结果要素或情状要素的主观内容属于其中的变量。对这些客观构成要素,主观内容根据过错程度要求的高低可分为四级:故意(明知+希望/放任)、明知、过失(或预见可能性)与无过失。对结果要素或情状要素持非故意的心态,不一定影响故意犯的成立。(3)随着对行为要素之外的其他客观构成要素的过错程度要求的逐渐降低,故意犯的成立范围呈不断扩张的态势。(4)公式1与公式5代表犯罪故意认定标准中的两个极端,公式1代表的标准最为严格,而公式5代表的标准则最为宽松。(5)对认定标准的公式选择与故意犯成立范围的大小紧密相关。选择采用何种公式,直接决定故意犯在实体意义上的成立范围;反过来,对故意犯成立范围指数的合理性判断,也将影响认定标准的公式的选择。比如,如果认为某个故意犯罪的成立范围指数应该是大于等于4,则必定只能选择公式4或公式5作为故意的认定标准,而不可能选择公式1-3。

以下将分析与代表传统故意认定样式的公式2相比,其他公式的内容变化所具有的意义及其实质。

---

[1] 严格而言,公式5并不具有双重罪过的特性。因为犯罪故意的成立只要求对行为存在故意,对结果或情状要素则不要求具有过错,所以,实际上只存在一种罪过形式。不过,考虑到该公式实际上同样要求具有两种主观心理类型,即故意与无过失,所以,暂时仍将其归入双重罪过的概念之下。

1. 公式 1→公式 2

在以结果为核心的传统故意理论中,公式 1 与公式 2 之间的差别并未引起关注。在认定故意时,只要行为人对情状要素具有明知,人们并不关注行为人对它的意志态度。比如在强奸幼女中,行为对象(不满 14 周岁的幼女)属于情状要素。只要行为人认识到对方是幼女或可能是幼女,则不管其是否希望对方是幼女,都不影响强奸(幼女)罪的成立。与公式 2 相比,公式 1 所代表的故意认定样式的整罪分析特性最为典型。在故意犯的认定中,整罪分析模式要求将作为罪过表现形式的故意同时适用于所有的客观构成要素,从整体上去贯彻故意要求。由于"明知"在我国刑法体系中不构成独立的罪过形式,就公式 2 而言,应该说它同样具有整罪分析的特性,只是并非那么典型。

2. 公式 2→公式 3

从公式 2 到公式 3,变动部分涉及的是对结果要素的主观心理。确切地说,是在保留认识因素的基础上取消对结果的意志要求。这一变动无疑具有牵一发而动全身的影响,它改变的其实是整个故意的判断标准,即从意欲论转向认识论。一旦转向认识论的立场,认定故意的关键便不在于行为人对结果的意志态度,而在于其是否对结果具有认识。不过。这样一来,如何与交通肇事之类的过失犯罪相区别,成为明知故犯论之类的认识论需要着重解决的难题。在交通肇事罪中,行为人对违反交通规则的行为通常是故意的,对结果的出现也可能具有抽象的认识或预见,但为什么该罪被认为是过失犯而非故意犯,明知故犯论必须解答这一问题。所以,与公式 2 的支持者有时会尽力拓宽"明知"的外延的做法不同,公式 3 的倡导者一般都要求对"明知"作限制性解释,以有效地限定故意犯的成立范围。常用的技术是将对结果的概括的、抽象的认识区别于对结果的具体认识。比如,有德国学者这样主张,只有当行为人不仅将客观事实的存在或发生作为抽象的危险加以考虑,还认为这是一种超过了允许的危险的现实可能,那么才具有了为故意所必不可少的认识。[1]

与公式 2 所代表的传统故意理论相同,公式 3 的倡导者始终坚持单一的故意标准,不赞成任何"原则—例外"式的处理方式,否认除公式 3 之外还可能存在其他的故意成立标准。此外,从表面看来,公式 3 所代表的

---

[1] 参见〔德〕冈特·施特拉腾韦特、〔德〕洛塔尔·库伦:《刑法总论 I——犯罪论》,杨萌译,法律出版社 2006 年版,第 117 页。

故意认定样式仍具有强烈的整罪分析的特性,即同样主张对故意作完整的理解。这是因为在认识论的理论语境中,"明知"乃是故意犯的专有用词,它被适用于同一犯罪的包括行为要素、结果要素与情状要素在内的所有客观构成要素。不过,考虑到公式3中对行为要素要求的是明知+希望/放任,而对结果要素与情状要素要求的都只是明知,应当说,与公式2相比,公式3所具有的"整罪分析"色彩实际上要更淡一些。

3. 公式2→公式4系列(公式4A、4B)

相对于公式2所代表的传统模式,公式4系列的修正之处在于同时放弃对结果要素的明知与意志要求,而只要求具有预见可能性或者说(疏忽)过失。这样的修正无疑构成质的变化,它开始在传统的故意认定标准之外引入新的故意标准,并且逐渐失去整罪分析的特性。下面,以客观的超过要素理论为例,分析公式4系列所代表的故意认定样式对传统故意理论所形成的重大冲击。

客观的超过要素理论的论者在提出相关概念时,在很多问题上都持谨慎的保留态度。比如,不赞成扩张该概念的适用范围,也不承认存在对行为出于故意而对结果出于过失的现象。不过,事实上,提出这个概念就如打开了潘多拉的魔盒,它的影响可能远远超出作者的预期。

其一,它促成对危害结果的抽象化理解,导致在判断故意成立的问题上出现双重标准。刑事立法中的行为本位与对危害结果的抽象化理解之间无疑是相互作用的关系。行为本位的采纳,必然促成对危害结果的抽象化理解;反过来,危害结果的抽象化,为行为本位思想对既有理论进行和平演变提供了契机,也可以视为是后者不断渗透导致的结果。由于论者在提出客观的超过要素理论的同时,希望尽量不触动传统的故意理论,这就迫使其不得不借用所谓的"双重危害结果"概念,得出"客观的超过要素"理论仅适用于存在双重危害结果的犯罪的主张。顾名思义,双重危害结果的犯罪是指同时存在具体危害结果与抽象危害结果的犯罪。其中,具体危害结果以构成要件结果的面目出现,而抽象危害结果则往往被等同于一般意义上的法益侵害。[1]

很显然,只有将对危害结果的认识要求转换为是对抽象的危害结果的认识,才能守住传统故意理论的结果本位主义的表象。如此一来,危害结果概念

---

[1] 前一种意义上的危害结果只存在于结果犯中,而后一种意义上的危害结果为一切犯罪所具有。

自然就不得不走向抽象化,而越来越多地在法益侵害的意义上被运用。与此相应,作为客观构成要素的具体危害结果,则无可避免地遭受贬抑,逐渐失去其早先的地位。然而,危害结果概念的抽象化已经被证明是成也萧何败也萧何式的举措,它在表面上维持以结果作为认识内容核心的立场的同时,也为行为本位主义对既有刑法理论的渗透扫除了主要障碍。既然故意的成立只要求对抽象的危害结果即法益侵害具有明知而无须认识作为客观构成要素的具体危害结果,则故意的认识内容自然也不应该再以具体结果为核心,而是须以行为为核心。换言之,对构成要件结果不存在明知与希望或放任的心态不影响故意的成立,后者只能根据行为人对行为的认识与意志态度来认定。这无疑已经改变以结果为核心的传统故意标准,而改采以行为为核心,无怪乎有学者明确将之称为"行为故意说"[1]。

由于客观超过要素理论的提出者希望维持传统的以结果为核心的故意标准,同时又将"行为故意说"视为例外适用于特定的犯罪,这就使在故意的判断上开始出现双重标准。在一般的结果犯(包括以具体的危害结果作为既遂条件的犯罪与以具体的危害结果作为客观要件的犯罪)中,故意的成立与否,取决于行为人对具体的构成要件结果是否明知并持希望或放任心态;而在某些特定的犯罪(主要限于以具体的危害结果作为客观要件的犯罪)中则依赖于行为人对行为的认识与意志态度。由此,故意的成立与否便需要根据犯罪的不同而使用不同的认定标准。严格说来,双重的故意标准并非客观的超过要素理论的原创,因为行为犯中故意成立与否的判断一直是由对行为的故意来认定的。不过,必须承认,早先的行为本位标准只适用于行为犯,而恰恰是客观的超过要素理论将这种标准推广适用至某些结果犯。这样的推广显然具有重大的意义,因为它明确表明,在故意理论中,结果要素的重要性开始让位于行为本身的重要性,至少在某些结果犯中是如此。这就为行为本位思想对既有故意理论的渗透扫除了基本障碍。结果要素已经不是一只顽固的拦路虎,无法再遏制行为本位势力的扩张。

其二,它标志着对要素分析的犯罪分析模式的承认。如前所述,传统的故意理论适用的是整罪分析的模式。相应地,在故意犯中,不可能出现对这一客观构成要素出于故意而对另一客观构成要素只要求过失,即所谓的双

---

[1] 参见陈兴良、周光权:《刑法学的现代展开Ⅰ》(第2版),中国人民大学出版社2015年版,第576—577页。

重罪过现象。客观的超过要素理论的论者无疑也试图坚守这一立场,因而,尽管认为此类要素并不全然超过主观,但论者只是以具有预见可能性进行限定,而不愿直接主张行为人只需对该要素存在过失。对此,学者的质问可谓正中要害:既然格外强调相关的结果要素是不在行为人认识范围之内的"超过的客观要素",何来要求行为人必须具有发生该结果的可能性的认识?[1] 由于预见可能性本质上表明的便是行为人对该要素所持的(疏忽)过失心态;就此而言,论者恐怕很难否认,客观的超过要素概念的提出,本身便是承认双重罪过现象的结果,即使它只是例外地承认。

有批评者认为,客观的超过要素理论违反责任主义,违反主客观相一致原则。[2] 这样的批评意见其实是对客观的超过要素的概念进行直观解读的结果。只要客观超过要素理论的提出者坦率承认双重罪过现象,径直要求对相关要素须具有过失,而不是冠之以容易引人误解的"客观的超过要素",则该理论完全可以避免此类不必要的批评。根据双重罪过的理论逻辑,在相关要素不可能为行为人认识或者说不具有预见可能性的情况下,行为人便不具有过失,自然无须承担刑事责任。所以,只要承认行为人对相关要素必须至少具有过失,就不可能违反责任主义,也不会因缺乏刑事违法性意识而影响犯罪故意的认定。

需要指出,以双重罪过概念来命名这种对同一犯罪中不同客观构成要素适用不同的犯意要求的现象其实并不确切。任何具体的犯罪,要么是故意犯要么是过失犯,不可能存在既是故意犯又是过失犯的情形。即使适用公式 4B 所代表的故意认定样式,即某个犯罪对不同的客观构成要素适用不同的犯意要求,也不能说明这是一个双重罪过的犯罪。事实上,它仍然要么是故意犯要么是过失犯。只不过在故意犯的情形中,刑法可能要求对某个客观要素只具备过失便可成立犯罪;而在过失犯中,刑法要求对某个客观要素必须具备故意。当然,后一种情形较为罕见,所谓的双重罪过主要是指前种情形。或许正是基于此,周光权教授干脆将之称为主要罪说,提出根据罪过的主要方面来确定某个犯罪的罪过。

或许,关键的问题不在于以何种概念来命名这样的现象,而是此种现象所蕴含的真实意义究竟应当如何理解和看待,以及它不同于传统理论

---

[1] 参见黎宏:《刑法总论问题思考》(第二版),中国人民大学出版社 2016 年版,第 174 页;王安艺、毛卉:《我国刑法中的复杂罪过研究》,载《法学评论》2005 年第 6 期。

[2] 参见黎宏:《刑法总论问题思考》(第二版),中国人民大学出版社 2016 年版,第 171—172 页。

之处。在笔者看来,整个公式4系列所代表的新的故意认定样式,意味着传统故意理论一贯适用的整罪分析模式已被突破,一种以要素分析为特征的犯罪分析模式正横空出世。这种要素分析模式的特殊之处就在于,它不要求对犯罪故意做完整的理解,而是要求针对不同的客观构成要素做各自的犯意分析。它正式承认,对同一故意犯中不同的客观构成要素,可能需要适用不同的罪过形式,即对行为要素要求是故意而对结果要素或其他情状要素则可能只要求具有过失。

值得指出的是,一旦故意的成立公式经历上述变化,而过失认定上仍适用旧有标准,将会引发相应的混乱。传统的故意标准要求行为人必须对危害结果具有明知并持希望或放任心态才能成立故意犯。言下之意是,如果对危害结果缺乏明知或虽然有明知但缺乏希望或放任的心态,即使对行为具有故意,也只能成立过失犯。这意味着只要没有全面否定传统故意标准的适用,在符合公式4B的情况下,行为人既可能构成过失犯罪(如交通肇事罪),也可能成立故意犯罪。如此一来,对相关犯罪的总体罪过形式的认定,便需依赖进一步的判断:在具体个罪中,行为要素与结果要素二者中何者更为重要,或者说立法者更为关注的究竟是行为还是结果。

4. 公式2→公式5

与公式2相比,公式5的变动主要体现在对结果要素或情状要素既不要求故意(明知+希望/放任)或明知,也不要求具有疏忽过失。考虑到疏忽过失是现有刑法体系中最低层级的罪过要求,倘若对结果要素或情状要素甚至不要求具有此种罪过程度,则其所表达的核心内容其实是:相关因素是完全超过主观的客观要素,对之不要求具备任何过错。

相对于公式4系列对传统故意认定样式的冲击,公式5所代表的主张对后者的冲击无疑更为巨大。两相对照,公式5所形成的冲击与前者既有共同之处,也有相异之处。共同之处表现在:(1)公式5同样促成双重故意标准的产生,包括罪量要素说在内的公式5的支持者,一样是在坚持公式2所代表的传统故意认定样式之外,引入新的以行为为核心的认定标准,并将之适用于结果犯。(2)公式5所采纳的也是要素分析模式。它同样承认,不需要将故意或明知的要求贯彻至所有的客观构成要素,对行为之外的某些客观要素持非故意或不明知的心态,不影响故意犯的成立。不同之处则主要在于:公式4系列所代表的故意认定样式要求,故意犯的成立必须以行为人对每个客观构成要素具有过错为前提。这种过错可能是故意（明知＋希望/放任），也可能是明知或预见可能性（疏忽过失），但不可能是连过失都没有的主观心态。而公式5所代表的故意认定样式则承认，故意犯的成立无须以对每个客观构成要素具有过错为条件；对某些结果要素或情状要素，即使连代表最低过错程度的疏忽过失心态都没有，也不至于影响故意犯的成立。这意味着尽管公式4系列与公式5都主张引入新的故意标准，但两种新标准的内容无疑大相径庭，后者的故意成立要求较前者更为宽松。

此外，具体就客观的超过要素理论与罪量要素说而言，二者对新标准的适用范围的意见也有所不同。客观的超过要素理论的论者只愿意将新标准适用于某些具有"双重危害结果"的特定犯罪，以解决对这些犯罪的罪过认定难题。罪量要素说的倡导者则不仅希望在此类特定的犯罪上适用新标准，还试图将之推广适用至所有以情节或数额作为犯罪成立条件的犯罪。

5. 综合分析

客观的超过要素理论、罪量要素说与明知故犯论所主张的故意标准均相异于传统的故意认定模式。并且，它们都偏离了以整罪分析为特征的故意犯的传统分析模式。其中，明知故犯论代表的是从整罪分析模式向要素分析模式过渡的中间形态，客观的超过要素理论与罪量要素说则已经具有典型的要素分析的特性，而主要罪过说则完全以要素分析作为理论成立的逻辑前提。实际上，如果明知被界定为一种独立的罪过形式，就像在美国《模范刑法典》中那样，[1]则明知故犯论所主张的故意认定样式同样应归入要素分析模式的范畴。

表面看来，四种理论涉及对究竟采用何种故意认定标准的争执，仅与刑法解释的方法与技术相关。究其根本，这样的争执乃是由不同学者对相关犯罪的成立范围的不同判断所决定。拿滥用职权罪来说，从刑法解释的角度，完全可以利用传统故意理论而认为该罪是故意犯：只有在行为人明知且希望或放任"严重损失"出现时，才成立犯罪；如果行为人对之不具有明知或缺乏相应的意志态度，则阻却犯罪的成立。不难发现，只要接受对滥用职权罪成立范围的这种限定，便没有任何理论上的困境需要面对，自然也不必大费周折去探究新的故意成立标准。没有采取这样的解释结论，显然不是因为传统的故意标准本身出了什么问题，而是因为人们

---

[1] Model Penal Code, §2.02(2)(b).

认为不应将滥用职权罪的成立范围限定得如此之窄。所以,故意标准之争说到底是对刑法的处罚范围的观念之争。传统的故意标准无法满足人们对相关犯罪的合理成立范围的判断所提出的要求,才最终引发这场故意标准的理论争议。

这意味着此间涉及的问题与刑法解释的方法与技术无涉,而与主体的价值判断密切相关。它本质上是一个对相关犯罪的刑法处罚范围如何设定才算合理的判断问题。苏力的研究早就表明,司法中所谓的"解释",就其根本来看不是一个解释的问题,而是一个判断问题。司法的根本目的并不在于搞清楚文字的含义是什么,而在于判断什么样的决定是比较好的,是社会可以接受的。[1] 之所以不接受根据传统故意标准对相关犯罪的成立范围的限定,必定是人们经过判断认为,这样的处罚范围对社会而言不可接受。就此而言,仅仅从刑法解释的技术层面去评论哪种理论更好或更为合理,何者方合乎立法本意,恐怕难有定论。

第四节　故意的要素分析及其适用

如前所述,迥异于传统整罪分析模式的要素分析模式的出现,需要与犯罪成立范围或者说刑法处罚范围的价值判断相联系才能予以解释。在本部分中,笔者将在论述要素分析模式的出现背景与原因的基础上,结合整罪分析模式的固有缺陷,来分析新模式所具有的相对优势,并重点探讨它的适用前景,考察其是否可能为我国刑法中的某些理论难题提供新的解决思路。

一、要素分析模式的出现背景与原因

就本章引言中所提及的特定犯罪而言,当人们不约而同地认为根据传统故意标准所划定的刑法处罚范围过于狭窄时,对此,合理的解释只能是有强有力的现实因素影响乃至支配了人们的判断。严格而言,结果要素在刑法体系中的重要性的下降,乃至行为本位思想在刑事立法中的蔓延本身都只是所造成的后果而并非原因。归根结底,刑法处罚范围的扩张与风险社会中刑法对危害预防与危险控制的强调紧密相关。

---

[1] 参见苏力:《解释的难题:对几种法律文本解释方法的追问》,载梁治平编:《法律解释问题》,法律出版社1998年版,第58页。

当代社会风险的日常化,在驱使刑法任务观重新定位的同时,也极大地影响了刑法的控制方式与技术。这种影响在法定犯中表现得尤为明显。这主要是因为与自然犯相比,法定犯与社会现实联系得更为紧密,相应地,对刑法任务观与控制技术方面的变化也表现得更为敏感。可以说,在刑法体系中,法定犯才是表征社会气候变化的晴雨表。不赞成在特定犯罪中适用传统的故意标准而另辟蹊径,以致偏离以整罪分析为特征的故意认定模式,说到底是因为其认定如此地限定刑法的处罚范围,不利于危害预防与风险控制。这意味着既有理论在解释力上的不足,是刑法任务观的转换与相应的控制方式及技术的变化而导致的结果,是由于传统的故意犯理论与刑法现实存在脱节所致。

至此,已经可以得出这样的结论:对于特定犯罪而言,只要认为适用传统故意标准不当地限制了其成立范围,人们便不得不借助要素分析模式来达成目的。换言之,不可能在希望扩张刑法处罚范围的同时,仍然完全坚持传统的整罪分析模式。这当然不是说,要素分析模式比整罪分析模式更为优越,而只是说明它比后者更符合风险控制与危害预防的功利需要。要素分析模式的出现,是刑法适应积极干预主义的治理模式的结果。所以,无论是美国的《模范刑法典》,还是英国的《刑法典草案》,采用的都是要素分析模式。[1] 这一点从《模范刑法典》第 2.02.2 条[2]与英

---

〔1〕 〔美〕保罗·H·罗宾逊:《刑法的结构与功能》,何秉松、王桂萍译,中国民主法制出版社 2005 年版,第 46—47 页。

〔2〕 Model Penal Code2.02 (2). 该条规定责任的类型有四种:(a)蓄意。在下列情况下,行为人对犯罪的某一实体要素具有蓄意:(i)若该要素涉及其行为或由此导致的结果的性质,实施具有该种性质的行为或引起该结果是行为人的有意识的目标;(ii)若该要素涉及附随情节,他认识到这样的附随情节存在或他相信或希望其存在。(b)明知。在下列情况下,行为人对犯罪的某一实体要素具有明知:(i)若该要素涉及行为或附随情节的性质,他认识到其行为是具有该种性质的行为或认识到这些附随情节存在;(ii)若该要素涉及其行为的结果,他认识到其行为引起这样的结果具有实际的确定性。(c)轻率。行为人对犯罪的某一实体要素具有轻率,当他有意地无视该实体要素存在的实质的不正当的风险或者有意地无视将由其行为导致的实质的、不正当的风险。该风险必须具有这样的性质与程度,即从行为人的行为性质、目的与为其所明知的情节考虑,这种对风险的无视大大偏离了守法公民处于行为人的位置将会遵守的行为标准。(d)疏忽过失。行为人对犯罪的某一实体要素具有疏忽过失,当他应该意识到该实体要素存在的实质的、不正当的风险或将由其行为导致的实质的、不正当的风险。该风险必须具有这样的性质与程度,即从行为人的行为性质、目的与为其所明知的情节考虑,行为人对该风险缺乏认知,大大偏离了理性人处于行为人的位置将会遵守的注意标准。

国《刑法典草案》第 18 条[1]对罪过术语的定义中得到清晰的反映。它们在罪过框架方面都承认一个基本原则:对同一犯罪的不同构成要素可能要求不同程度的罪过。换言之,法律可能要求对某一犯罪的一个或多个要素具有故意,而对其他要素可能只要求轻率或疏忽过失。一般而言,在严重犯罪中,对其中的核心要素要求具有故意或轻率,但对客观要件中的某些附带因素疏忽过失有时即足够。[2] 比如,根据英国 2003 年的《性犯罪法案》第 9 条规定,行为人对未满 16 周岁但不合理地误认为其已满 16 周岁的未成年人或者对未满 13 周岁的未成年人,故意地实施性接触,即构成犯罪。在该罪中,对作为核心要素的性接触行为,法律规定必须出于故意,但在未成年人的年龄(13-16 岁期间)方面,规定行为人不合理地认为对方已满 16 周岁不影响犯罪的成立,即只要求疏忽过失。

这意味英美刑法中的责任类型针对的都是具体的客观构成要素,而不是整个犯罪的性质。倘若将它们与我国刑法中所规定的罪过形式等同看待,以为它们与直接故意、间接故意、轻信过失与疏忽过失大体相对应,则大谬不然。因为在我国刑法中,四种责任类型代表的是四类不同性质的犯罪的整体罪过,并非针对行为要素、结果要素或情状要素而言。在这一点上,德日刑法理论体系的基本立场与中国相同。不过,从客观处罚条件的理论发展来看,由于德日刑法界日益要求对之至少具有过失的趋势,在这个意义上,其罪过领域的整罪分析模式无疑也不再是铁板一块,而多少暗示着要素分析模式的萌芽。

要素分析模式面临的可能质疑,是它违背责任主义原则(也称为罪责原则或罪过原则)。根据规范责任论,故意与过失并非罪过本身,而只是责任评价的对象,责任主义的本质就在于可谴责性。应该说,责任主义的确蕴含故意和过失必须及于所有构成要件要素的意思,[3]但它显然只是

---

[1] Law Commission, the draft Criminal Code Bill. 该条规定:(a)行为人对某一情状要素具有"明知",不仅在他意识到该要素存在或将存在时,而且在他避免采取可以使其确认对该要素存在或将存在的认识的措施时;(b)行为人对(i)某一情状要素具有"故意",当行为人希望或明知该要素存在或将存在时;(ii)对结果具有明知,当他为引起该结果发生或意识到它在事件发生的通常过程中将出现而实施行为时;(c)行为人对(i)某一情状要素具有"轻率",当他意识到该要素存在或将存在的风险时;(ii)对结果具有"轻率",当他意识到该结果将会出现的风险,并且从为为其所知的情节来考虑冒此风险是不合理的时候。

[2] See David Ormerod, Smith & Hogan Criminal Law, 11th edition, Oxford: Oxford University Press, 2005, pp.109, 131.

[3] 参见许玉秀:《当代刑法思潮》,中国民主法制出版社 2005 年版,第 196 页。

要求行为人对每一个客观构成要素都必须或具有过错,而并没有设定对不同的客观构成要素的罪过必须是相同的。所以,责任主义反对的充其量只是对某一或某些客观构成要素适用无过错责任或者说严格责任,而并不反对要素分析模式本身。

二、要素分析模式的适用前景

传统的整罪分析模式要求对故意犯罪的主观要件作同质性的理解,认为为某一犯罪所要求的罪过能够通过单一的罪过层级来表明。然而,正如一口坏掉的钟在一天里只有两次是正确的那样,整罪分析只有在相同的罪过层级偶然地属于某一犯罪的每个构成要素的适当形式时,才准确地描述了该犯罪的罪过要素;而在不同的罪过层级适合于不同客观构成要素的场合,整罪分析所支持的定义只是掩盖而并没有消除混乱。[1] 除了引言处提及的相关犯罪的罪过认定难题,刑法中不少理论难题的出现都与此种分析模式有莫大关联。比如,不得不构建独立的错误理论来解决认识错误问题,对法律错误与事实错误适用不同的处理规则,却无法对此提供合理的解释。又如,刑法理论上一般认为,结果加重犯的成立不要求行为人对加重结果具有明知,预见可能性(或者说疏忽过失)即足够,不过,在为什么故意或明知的要求不适用于加重结果,对加重结果的过失为什么不影响整体故意犯的成立等问题上始终语焉不详。再如国内很多学者不约而同地将严格责任犯罪概念理解为是主观上不要求具有罪过的犯罪等。

除此之外,整罪分析模式还有一个重大的缺陷,它要么根本没有为司法者留下解释空间,要么赋予后者本该由立法者享有的权力。在这种分析模式之下,故意犯的认定必须遵循严格而几乎没有任何弹性的准则。一旦认定某个犯罪是故意犯,故意要求便必须贯彻至每一个客观构成要素。这样一来,不仅故意犯的成立范围严格受到限制,而且不可能在罪过问题上为人们留下解释的空间,比如,基于政策的考虑而要求对特定的客观构成要素的具体罪过做出不同于总体罪过的解释;反之,倘若刑事立法没有明确该罪到底是故意犯罪还是过失犯罪,则司法者又被赋予决定其罪过形式的巨大权力,从而使原本应当由立法者享有的犯罪定义权实际

---

[1] See Paul H. Robinson & Jane A. Grall, Element Analysis in Defining Criminal Liability: The Model Penal Code and Beyond, in 35 Stanford Law Review (1983), p. 689.

上为司法者所享有。

那么,整罪分析模式所具有的缺陷以及造成的混乱,是否有可能通过引入要素分析模式而予以解决?这无疑是个需要认真对待的问题。如果后者能够解决现有理论体系无法圆满回答的一些难题,或者至少提供一种新的解释选择,则恐怕有必要正视它的存在与意义。毕竟,法律的生命在于经验而不在于逻辑,"对一项新的规则的最稳妥的检验标准不在于其是否满足一组逻辑规定,而在于它是否在真实世界中有效地运行"。[1]下文中,笔者将具体探讨要素分析模式的适用,以考察它所可能具有的功能。

第一,相关犯罪的罪过形式问题,可以通过引入要素分析模式得到妥善的解决。受整罪分析的思维影响,国内刑法学者大多坚持认为,故意犯中,不可能存在对某一或某些客观构成要素持过失心态的现象。基于此,即使在传统的故意标准之外另设标准,并在事实上使用要素分析模式时,人们仍不情愿坦承这一点。比如,客观的超过要素概念本身是论者秉承务实立场,基于问题解决的现实需要而提出的。如其所言,是刑法理论上关于许多新罪名的罪过形式的极不统一的解释,迫使其进行思考的结果。[2]论者显然已经多少注意到刑事立法受行为本位思想影响的现实,然而,他仍然宁愿让客观的超过要素概念名不副实而招来批评,也不愿直接主张,在某些情况下对结果持过失心态并不影响故意犯的成立。实际上,只要承认故意犯的成立不要求将故意(明知+希望/放任)适用于每个客观构成要素,对某些结果要素或情状要素具有明知或疏忽过失即足够,则引言中所提及的特定犯罪的罪过认定难题便不成其为问题,不可能引发其究竟是故意犯还是过失犯的争论。结果加重犯的情况也是如此,行为人对加重结果持(疏忽)过失的心态,并不影响作为整体罪过的故意的成立。

第二,要素分析模式可以为司法者考虑政策提供解释的空间。依据我国《刑法》第15条第2款的规定,过失犯罪,法律有规定的才负刑事责任。所以,原则上,如果分则中立法者没有明确规定某一具体犯罪的罪过,则应当推定为必须具有故意。当然,这不是说只有当《刑法》条文中出现"过失""疏忽""失火"等明确指示过失犯罪的用语,才属于"法律有规

---

[1] R v. G, [2003] 4 All ER 765.
[2] 参见张明楷:《"客观的超过要素"概念之提倡》,载《法学研究》1999年第3期。

定",而是应当理解为根据具体条文的文理,能够合理认为法律规定了过失犯的构成要件时,就属于"法律有规定"。[1] 据此,不能将确定具体犯罪的总体罪过的权力授予司法者,否则将违背罪刑法定的基本精神。然而,有些犯罪中,在确定总体罪过是故意的同时,也可能会出现这样的情况,即如果将故意的要求同时适用于所有的客观构成要素,将不当地限制刑法的处罚范围,从而违背政策的要求。在整罪分析模式下,司法者即使想要考虑政策,也会心有余而力不足。要素分析模式则完全不同,它为司法者考虑政策的需要提供弹性的解释空间。要素分析模式不要求将故意的要求贯彻至每一个客观构成要素,所以,在立法没有明文规定对某一要素的罪过要求时,司法者完全可以根据政策的需要来进行解释。

2003年最高人民法院《关于行为人不明知是不满14周岁的幼女,双方自愿发生性关系是否构成强奸罪问题的批复》[2]之所以引起轩然大波,就在于该司法解释是严格遵循整罪分析要求的产物,完全无视保护幼女的政策需要。苏力所批评的也正是这一点。[3]

受整罪分析思维的影响,当时的刑法学者大多借助所谓的主客观相一致原则得出奸淫幼女要求对幼女具有明知的结论。不难看出,此种立场并没有考虑保护幼女的政策,没有在公共利益与个人利益之间进行合理的权衡。因而,即使刑法学者从原则的角度证明奸淫幼女要求对幼女具有明知是过错责任的应有之义,也并没有推翻苏力从政策立场所做的法理分析和对司法解释的批评。一则,苏力从未质疑过错责任是刑事责任基本形式的理论前提;二则,他也并不否认在一般的意义上对行为人进行权利保障的必要性。他只是主张,在奸淫幼女的问题上,保护幼女的政策需要超越了责任主义的要求。因为在此,除男性行为人的权利之外,还

---

[1] 参见张明楷:《罪过形式的确定——刑法第15条第2款"法律有规定"的含义》,载《法学研究》2006年第3期。

[2] 该批复规定,行为人明知是不满14周岁的幼女而与其发生性关系,不论幼女是否自愿,均应依照《刑法》第236条第2款的规定,以强奸罪定罪处罚;行为人确实不知对方是不满14周岁的幼女,双方自愿发生性关系,未造成严重后果,情节显著轻微的,不认为是犯罪。

[3] 参见苏力:《司法解释、公共政策和最高法院——从最高法院有关奸淫幼女的司法解释切入》,载陈兴良主编:《中国刑法司法解释检讨——以奸淫幼女司法解释为视角》,中国检察出版社2003年版,第303—354页;该文的修正版以《最高法院、公共政策和知识需求》为名,收录于苏力:《道路通向城市:转型中国的法治》,法律出版社2004年版,第109—163页。

隐含着其他同样值得保护和尊重的更为重大和浓厚的社会利益。[1] 说到底,苏力与刑法学者之间的根本分歧其实并不在于对幼女年龄是应当具有明知还是应当实施严格责任的问题,而在于解释具体犯罪的罪过要求时是否应当考虑政策的问题。

如果答案是肯定的,要素分析模式在其中就会颇有用武之地。保护幼女的政策要求摆脱传统故意认定标准的限制,设法扩张强奸(幼女)罪的成立范围。只要承认故意犯罪中对不同的客观构成要素可能需要适用不同程度的罪过要求,便可以考虑将对幼女年龄的罪过要求从明知降低为疏忽过失,甚至降低为不要求具有任何过失,即运用前面提及的公式4A或公式5来扩大刑法的处罚范围。当然,在幼女的年龄问题上实施严格责任,可能难以为我国现有的刑法理论体系接受。相对而言,将对幼女年龄的罪过要求确定为至少具有疏忽过失或许是更好的选择,因为它既考虑了政策的需要,又顾及了责任主义的要求。疏忽过失意味着即使行为人对幼女的年龄缺乏明知,但只要具有预见可能性,或者说理性人处于行为人的位置将认识到幼女的年龄,便足以满足在该要素上的罪过要求。

在当前刑法理论中,尽管尚无学者明确主张在幼女年龄上持疏忽过失的心态即足够,但实际上,不少学者借助推定明知的概念来达到偷梁换柱的效果。比如,有学者认为,只要是一个具有正常思维能力的人在通常情况下可以得知对方是幼女,就可推定出行为人明知对方是幼女。[2] 不难发现,此种观点的实质在于承认,只要一般的理性人存在明知,即可认定行为人具有明知。在此,关注的焦点无疑已经从行为人本人是否对幼女年龄具有认识的主观问题,转移为一般人处于行为人的位置是否将认识到这一点的客观问题上。这意味着与适用主观标准的"明知"相比,所谓的"推定明知"其实适用的是客观标准。就此而言,这种"推定明知"与"应该知道"其实并无区别,而后者明显代表的是疏忽过失的心态。

综上,在要素分析模式之下,从保护幼女的政策考虑,在奸淫幼女案中对幼女年龄的犯意要求即使不解释为实施严格责任,至少也可以将之从明知降低至疏忽过失。

第三,要素分析模式有助于正确理解英美刑法中的严格责任犯罪

---

[1] 参见苏力:《道路通向城市:转型中国的法治》,法律出版社2004年版,第127页。
[2] 参见杜晓君:《"明知"的推定》,载陈兴良主编:《刑事法判解》(第2卷),法律出版社2000年版,第160页。

概念。

受整罪分析模式的影响,来自英美刑法的严格责任犯罪概念经常被理解为是主观上不要求具有罪过,或者说不必证明行为人主观上有犯罪心理即可成立的犯罪。[1] 这样的理解可谓失之毫厘谬以千里。实际上,在晚近的英美刑法教科书中,对严格责任犯罪一般是这样定义的:对客观要件中的某个或多个客观要素不要求具有犯意(或者说不要求故意、明知、轻率甚至疏忽过失)的犯罪。[2] 它被区别于绝对责任(absolute liability),后者实行的才是不要求具有任何主观罪过的结果责任或者说客观责任。在严格责任犯罪中,对其中一个或数个客观要素不要求犯意,绝不能得出对该罪的其他客观要素也不需要具备犯意的结论。所以,即使某一犯罪被认定为严格责任犯罪,也绝非不要求任何主观罪过,行为人对其行为的性质就必须具有认知,并须具有相应的行为决意。相应地,对于此类犯罪,同样存在从主观罪过的角度展开抗辩的余地,比如对行为性质的合理认识错误、精神病等。英国早期的 Regina v. Prince 案是确立严格责任规则的标志性案件。[3] 在该案中,法院明确指出,拐带幼女犯罪的成立并不要求被告人对幼女未满 16 周岁具有明知,但控方必须证明被告人

---

[1] 比如,陈兴良教授认为,严格责任,也称绝对责任或结果责任。在某些特殊的犯罪中,即使被告人的行为不具有对被控犯罪必要后果的故意、放任或过失,即使被告人的行为是基于合理的错误认识即认为自己具有犯罪定义所规定的某个特殊的辩护事由,他也可能被定罪。在这种情况下,被告人虽然没有任何过错,却要承担刑事责任,这种责任称为严格责任。参见陈兴良:《刑法哲学》(第六版),中国人民大学出版社 2017 年版,第 240—241 页。储槐植教授认为,严格责任即绝对责任,又称为无过错责任,是法律许可对某些缺乏(无须控方证明)犯罪心态的行为追究刑事责任。参见储槐植、江溯:《美国刑法》(第四版),北京大学出版社 2012 年版,第 52—54 页。冯亚东教授认为,严格责任是指在某种没有罪过的场合仍可将行为定性为犯罪并对行为人追究刑事责任。参见冯亚东:《理性主义与刑法模式:犯罪概念研究》,中国政法大学出版社 2019 年版,第 116 页。刘仁文教授认为,严格责任是指一种不问主观过错的刑事责任,即对某些犯罪的构成不要求一般犯罪构成的主观要件,只要行为人的行为符合法律规定,或者导致了法律规定的某种结果,就可以对其进行起诉或定罪处罚。参见刘仁文:《刑法中的严格责任研究》,载《比较法研究》2001 年第 1 期,第 46 页。

[2] See Joshua Dressler, Understanding Criminal Law, 3th edition, 2001, New York: Lexis Publishing, p.143; also David Ormerod, Smith & Hogan Criminal Law, 11th edition, Oxford: Oxford University Press, 2005, p.137; Richard Card, Card, Cross & Jones Criminal Law, 17th edition, Oxford: Oxford University Press, 2006, p.154.

[3] 被告人 Prince 被指控私拐一名 14 周岁的少女,违反 1861 年《针对人身的犯罪法案》第 55 条的规定。该条规定,违背监护人意志而将未满 16 周岁的未婚少女带离监护人的监护,构成犯罪。Prince 知道女孩处于其父的监护之下,但合理地认为她已满 18 岁,他最终被认定有罪。(1875) LR 2 CCR 154, CCR.

对幼女处于其父的监护之下具有明知。此前几年的 Hibbert 案,被控同一罪名的被告人之所以被撤销指控,便是因为其不知道所拐带的女孩处于他人的监护之下。[1] 这意味着就拐带幼女的犯罪而言,对幼女年龄的客观要素实行的是严格责任,而在幼女处于他人监护之下的问题上则要求具有犯意。如果被告人在实施拐带行为时,合理地误认为已经取得监护人的许可,或者根本不知道幼女处于他人监护之下,即可阻却犯罪的成立。

对严格责任犯罪概念的误解,归根结底是由于犯罪分析模式的不同所致:英美刑法采纳的是要素分析模式,而支配我国刑法理论的则是整罪分析的思维。一旦适用要素分析模式,便可轻而易举地消除此类误解,同时也能防止这样的现象出现:学者一边坚决反对在刑法中适用严格责任,另一边又将不少的罪名解释为严格责任犯罪。当罪量要素说的论者借鉴客观的处罚条件理论,将作为客观构成要素的情节(包括某些结果)或数额因素视为完全超过主观的客观要素,即既不要求故意也不要求过失时,他无疑是认为对此类要素即使不具有任何犯意,也不影响犯罪的成立。从英美刑法对严格责任犯罪的定义可知,他实际上是在主张将相应的犯罪当作严格责任犯罪来处理。既然对某个客观构成要素不要求具有犯意,这样的犯罪不是严格责任犯罪是什么?

第四,要素分析模式可以对法律错误与事实错误在处理规则上的不同给出合理解释,并为争议性的事实错误案件提供新的解决思路。

将认识错误放在罪过理论之外,而不得不借助独立的错误理论或法律规则进行处理,是整罪分析模式带来的又一个问题。通过构建独立的规则来处理认识错误的做法掩盖了一个重要事实:犯意概念在逻辑上就包含了错误概念,错误的出现彰显的往往就是所要求的犯意的缺乏。基于此,有学者明确指出,从技术上而言,规定认识错误处理规则的法律条款(如《模范刑法典》第 2.04.1.a 条[2])是不必要的。因为它们只是确认在他处已经表明的内容,即任何人都不允许被指控犯罪,除非该罪的每个构成要素被排除合理怀疑地证明。如果被告人的不知法或错误使证明所

---

[1] See Richard Card, Card, Cross & Jones Criminal Law, 17th edition, Oxford: Oxford University Press, 2006, p.155.

[2] 《模范刑法典》第 2.04.1 规定:"存在下列情形时,对于事实或法律的不知或者错误成立抗辩事由:(a)不知或错误否定了确立某一犯罪的构成要素所必需的蓄意、明知、确信、轻率或(疏忽)过失;(b)法律规定由不知或者错误所确立的心理状态可作为抗辩事由。"

要求的具有可谴责性的构成要素变得不可能,控方必将无法完成对犯罪的证明。[1]

可以说,将罪过要求与错误问题硬生生地割裂,是整罪分析思维的必然产物。根据整罪分析模式,故意犯中明知的要求适用于所有的客观构成要素,包括行为、结果、行为对象与其他法定事实。其中,对行为的认识又包括对其自然意义的认识与社会意义的认识,因而,行为的违法性也是行为人需要认识的内容。在此种模式之下,人们无法将认识错误放在罪过的范畴内进行解决。这是因为倘若认为认识错误与罪过直接有关,则既然行为的违法性与其他客观要素都是认识的内容(都要求具有明知),对事实错误与法律错误就必须适用相同的处理规则。然而,实际上各国刑法对事实错误与对法律错误采取的是不同的处理规则:对事实的认识错误,无论合理与否均阻却故意,而对法律的认识错误,则只有合理的认识错误才可能阻却故意。这种"合理—不合理"(或"可避免—不可避免")的两分法,自然不可能为罪过理论所整合,而人们也无法对这种区别对待的处理规则做出合理的解释。

需要说明的是,通过采取责任说(将违法性认识界定为责任要素),德日刑法理论也只是回避而并没有从根本上解决问题。日本学者大塚仁指出,"责任说把违法性的意识乃至其可能性直接解释为责任要素,在这一点上尚存在根本的疑问。在这一立场中,一般是想仅仅用事实性故意来划分故意犯的范畴,但是,仅仅从事实性故意的存在中,还不能充分地看出作为故意犯的本质的违反法规范的行为人的积极的人格态度。故意犯和过失犯的区别,最终仍然必须根据责任故意的存否来决定"。[2] 据此,即使认定违法性认识是责任要素,在出现不合理的法律错误时,从理论的逻辑来看,仍将阻却故意的成立而至多成立过失犯。因为将行为的违法性从认识范围中予以排除,只能肯定构成要件故意的存在。在行为人陷入不合理的法律错误时,就责任层面而言他具有的心态是过失,即责任过失。构成要件故意加上责任过失,充其量只能成立过失犯,而非如正统理论所认为的那样仍然构成故意犯;否则,我们就难以理解,为什么假想防卫与防卫过当均被认为只成立过失犯罪而不是故意犯罪。

---

[1] See Paul H. Robinson, Jane A. Grall, Element Analysis in Defining Criminal Liability, in 35 Stanford Law Review (1983), p.726.

[2] 〔日〕大塚仁:《刑法概说(总论)》(第三版),冯军译,中国人民大学出版社2003年版,第394页。

与整罪分析不同,要素分析模式具有将认识错误还原为罪过或犯意问题的功能。它不仅能表明表面看来独立的认识错误规则实际上与对具体客观要素的罪过要求有关,而且能解释为什么需要对法律错误与事实错误适用不同的处理规则。通常所谓的事实错误,其涉及的要素并不是行为要素或结果要素,而是除此之外的情状要素。对于这些情状要素,刑法所要求的犯意一般是明知。因而,即使是不合理的认识错误,也表明行为人对该要素所涉及的事实缺乏明知,由此而能阻却故意;相反,法律错误涉及对行为违法性的认识,疏忽过失即满足其犯意要求。如果认识错误本身不合理或可以避免,便表明行为人具有疏忽过失,当然无法阻却整个故意犯的成立;而只有合理的或不可避免的认识错误,才能表明行为人没有过失,所以能阻却故意。简言之,事实错误与法律错误的处理规则上的不同,是因为对事实错误所涉及的客观要素,其犯意要求至少是明知,而法律错误所涉及的行为的违法性要素,犯意要求只是疏忽过失。由此可见,认识错误本质上涉及对罪过或者说犯意的认定问题。无怪乎罗宾逊教授明确主张,错误类辩护条款没有必要存在,犯罪的罪过要件单独就足以准确地决定成立抗辩事由的认识错误。[1]

除此之外,要素分析模式还可以为某些争议性的事实错误案件提供新的解决思路。在某些根据行为对象的不同而进行分类的犯罪中,一旦行为人对行为对象产生认识错误,运用具有整罪分析特性的正统刑法理论可能无法得出妥当的结论。比如,A误以为是金融票据而对他人实施诈骗并骗得相应财物,但实际上其所持的是金融票证。此案中,A所犯的认识错误显然属于抽象的事实认识错误,行为人所认识的事实与实际发生的事实跨越了不同的犯罪构成(票据诈骗罪与金融凭证诈骗罪)。根据处于通说地位的法定符合说,此类错误原则上阻却犯罪故意的成立或仅成立故意犯罪未遂,因为其中的明知要求同样适用于行为对象。由于诈骗类犯罪不能由过失构成,在本案中,对A就只能以票据诈骗未遂来进行判处。这样的分析结论显然让人无法接受。如果适用要素分析模式,认为在此类犯罪中对行为对象不要求具有明知,疏忽过失即足够,便能顺理成章地得出A构成金融票证诈骗(既遂)罪的结论。两相对照,后一种结论无疑更容易让人接受。

---

[1] See Paul H. Robinson, Jane A. Grall, Element Analysis in Defining Criminal Liability, in 35 Stanford Law Review (1983), p.732.

又如,D 出于劫取财物的故意而攻击 V 的头部,致 V 倒地不醒。D 误以为 V 已死亡,在劫得财物后,见 V 颇有姿色,出于奸尸的意图而与 V 发生性关系。事实上,V 并未死亡,只是深度昏迷,在 A 离开后被人送往医院后获救。本案中 D 的第二个行为同样涉及抽象的事实认识错误,跨越侮辱尸体罪与强奸罪两个犯罪构成。按照传统的故意理论,强奸罪中明知的要求必须适用于每一个客观构成要素,既然 D 因误以为是尸体而对行为对象(具有生命现象的活着的女性)缺乏明知,自然无法构成强奸罪,而只能构成侮辱尸体(未遂)罪,至多是构成侮辱尸体(既遂)罪。[1] 应该说,侮辱尸体(既遂)的结论,已经是论者在充分考虑处罚必要性与刑法保护宗旨的情况下,竭尽正统理论赋予的解释弹性而所能认定的程度最为严重的犯罪。只是这样的结论即使在逻辑上能只圆其说,也很难符合一般公众的正义感。明明是强奸活人的行为,怎么构成侮辱尸体(既遂)罪呢?况且,从法益的角度来看,将性质极为严重的侵犯妇女的性的自决权的行为降低评价为性质轻微的妨害善良风俗的侮辱尸体的行为,在法理上恐怕也难以说通。倘若能运用要素分析模式,便能认为强奸罪的构成不需要将故意或明知的要求适用于所有的客观构成要素,允许对行为对象的犯意要求解释为疏忽过失,从而以强奸(既遂)对 D 的行为做出刑法评价。与侮辱尸体罪相比,这样的评价显然更合乎法理与情理。

第五,要素分析模式可以为区别对待某些特殊的客观构成要素与其他客观构成要素的做法提供依据。

我国《刑法》规定,一些犯罪需要以"数额较大"或"多次"作为犯罪成立的客观条件。比如盗窃罪,只有盗窃财物数额较大或多次盗窃的,才构成犯罪。按照整罪分析的模式,此类要素既然属于盗窃罪客观构成要件的范畴,自然应当同样适用故意的犯意要求,行为人必须对财物数额较大或盗窃次数具有明知。倘若行为人对所盗财物数额较大或盗窃次数不具有认识,便会得出无罪的结论。2003 年发生在北京的盗窃"天价葡萄"案,便是如此处理的。只是这样的结论无论如何与国民的常识判断相偏离,并且产生对财产法益保护不力的弊端。为防止此类弊病,有学者借鉴

---

[1] 对类似案件的分析,参见黎宏:《不是强奸罪,而是既遂的侮辱尸体罪》,载《检察日报》2006 年 1 月 23 日版;马迅、刘飞:《徐某的奸淫行为是否构成强奸罪》,载中国法院网 https://www.chinacourt.org/article/detail/2005/07/id/168662.shtml,最后访问时间 2021 年 9 月 1 日。

德日刑法理论中的客观的处罚条件理论,来说明为什么对于此类要素不需要行为人主观上具有认识。[1] 然而,正如批评意见所指出的,在现行犯罪论体系下,不应将说明行为的社会危害性而为成立犯罪所必须具备的要素,区分为犯罪构成要件要素与客观处罚条件,这会导致对我国刑法基本原理的致命性打击。[2]

在这个问题上,如果考虑适用要素分析的模式,便能轻易地调和其间的矛盾,即在承认"数额较大"或"多次"是盗窃罪的客观构成要素的同时,在犯意要求上对此类要素与其他客观构成要素区别对待。当然,究竟是认为对此类要素不需要有明知而只要持疏忽过失的心态即可,还是认为对之根本不应要求任何犯意,最终取决于论者对盗窃罪成立范围的合理性判断,取决于其对严格责任犯罪所持的立场。

综上,本章虽然多次提及整罪分析模式的不足,但并不意味着是要对整罪分析模式与要素分析模式进行谁优谁劣的比较。说到底,优劣是相对的,与刑法所处的社会语境相关。本章想要表达的这样一个判断:随着政策的考虑越来越多地影响刑事立法与解释,在故意犯的认定中,要素分析模式的出现几乎是必然的。因而,问题不在于是否承认它的存在,而是在此基础上探讨如何规范它的适用。如前所述,引入要素分析的模式有助于解决当前我国刑法中的不少理论难题。只是在立法者没有也无法对同一犯罪的不同客观构成要素所对应的犯意要求做出明文规定而解释技术又欠发达的情况下,如何确定相关要素各自的主观心态(究竟是故意、明知、疏忽过失还是严格责任),必定成为困扰司法者与研究者的问题。就此而言,要推行要素分析模式,可谓任重而道远。

此外,对于以滥用职权罪为代表的特定犯罪,除了通过对犯罪故意采取要素分析模式,是否还存在其他更为合理的解决方案,也是值得反思的问题。就此类犯罪而言,不仅其故意与传统的故意犯罪有所区别,在因果关系与结果归责上也明显不同于一般的故意犯罪。基于此,是否有必要将之视为故意犯罪、过失犯罪之外的独立不法类型,即故意—过失混合犯罪类型,[3]并以此为基础来展开相应的研究,而不是局限在故意领域来

---

[1] 参见周光权:《偷窃"天价"科研试验品行为的定性》,载《法学》2004年第9期;参见陈兴良:《规范刑法学(上册)》(第四版),中国人民大学出版社2017年版,第202页。
[2] 参见张明楷:《论盗窃故意的认识内容》,载《法学》2004年第11期。
[3] 参见劳东燕:《滥用职权罪客观要件的教义学解读——兼论故意·过失的混合犯罪类型》,载《法律科学》2019年第4期。

思考解决方案,也都值得做一步的斟酌。

第五节　本章小结

（1）对我国刑法中特定犯罪的罪过认定问题,学界提出四种理论方案来解决,包括复合罪过理论、客观构成要素例外论（以"客观的超过要素"概念与罪量要素说为代表）、主要罪过说与"明知故犯"论。这四种理论方案都存在相应的缺陷或不足之处,难以就特定个罪的罪过认定问题给出合理而逻辑自洽的论证。

（2）传统故意理论具有结果导向与意志导向的特点,且采用的是整罪分析模式,即主张对故意作完整的适用于所有客观构成要件要素的理解。前述四种理论方案均偏离以整罪分析为特征的传统故意标准,其主张的故意标准,相对于前者有不同程度的放松。这些方案的提出,表明对犯罪故意的认定,出现由整罪分析模式向要素分析模式转变的倾向。明知故犯论代表的是从整罪分析模式向要素分析模式过渡的中间形态,客观的超过要素理论与罪量要素说则已经具有典型的要素分析的特性,而主要罪过说完全以要素分析作为理论的逻辑前提。

（3）刑法中法定犯是表征社会气候变化的晴雨表。风险社会中刑法对危害预防与危险控制的强调,对法定犯的立法产生重要的影响;行为本位主义的立法导向,导致难以适用传统的故意理论来解读相关犯罪的罪过。故意论中要素分析模式的出现,是刑法的任务观与立法技术调整导致的结果,具有一定的必然性。就要素分析模式本身而言,难以说它违反了责任主义原则。

（4）与整罪分析模式相比,要素分析模式有助于解决特定犯罪的罪过认定问题与正确理解严格责任犯罪概念,并为司法者考虑政策提供解释空间。同时,要素分析模式也有助于对法律错误与事实错误在处理规则上的不同给出解释,为争议性的事实错误案件提供新的解决思路,它还能够为区别对待某些特殊的客观构成要素与其他客观构成要素的做法提供依据。

第十一章　过失犯中预见可能性理论的反思与重构

随着风险的普遍化与日常化,过失犯罪在刑法中的重要性正与日俱增。然而,在我国,对过失犯罪的研究并未取得相应的突破性进展,以结果的预见可能性为中心的过失犯理论一直占据通说的地位。晚近以来,主要是受日本刑法理论的影响,我国关于过失犯的研究中,开始出现将结果的预见可能性作为过失的实体的见解与将违反结果回避义务作为过失的实体的见解的对立。这种对立,随着结果无价值论与行为无价值论的学派之争在我国刑法学界展开,渐渐为人们所瞩目。

不可否认,学术观点上的多元化,对我国极为贫瘠的过失犯理论具有一定的滋养作用。然而,此类学术争论并未对作为通说的过失犯理论形成根本性的冲击。一则,由于深陷旧过失论(或修正旧过失论)、新过失论与危惧感说(也称超新过失论)之争[1]的泥沼中不能自拔,似乎学术上所能做的努力不过是选择其中的一种见解,然后予以反驳与证成;如此一来,我国有关过失犯的研究局面不仅并未得到改观,反而陷入公说公有理婆说婆有理式的尴尬。二则,鉴于苏俄式的"四要件"犯罪论体系仍有重大的影响力,而我国刑法学界中的"德日派"总体上更为青睐古典或新古典的犯罪论体系,这也使任何有关重构过失犯的方案都难以为主流理论所认可。诚然,"四要件"体系与古典或新古典的体系存在这样那样的区别,但在过失犯的问题上,这三种体系的处理表现出惊人的相同之处:过失被当作单纯的主观要素,而故意犯与过失犯的区分仅仅在于主观方

---

[1]　日本刑法理论中所谓的旧过失论,等同于德国古典犯罪论体系中对过失的理解,而前者所谓的新过失论对应于新古典暨目的主义犯罪论体系中的过失理论。至于所谓的危惧感说,强调的是对危害结果不需要有具体的预见,只要有模糊的不安感、危惧感即足够。应该说,在降低主观因素对于刑法归责的意义方面,危惧感说与德国受客观归责论影响的过失理论有一定的相同之处,但二者之间并不具有对应关系。

面的不同。

将过失单纯理解为主观因素或罪责形式的做法,会面临一些重大的疑问。最显而易见的一个疑问是,若承认不法仅由客观构成要件所决定,逻辑上便会得出过失犯与故意犯在不法上完全相同的推论,这样的推论恐怕很难让人信服。鉴于此方面的问题在国内有关结果无价值论与行为无价值论之争中已有所关注,且行为无价值论者做过诸多的反驳,[1]故本书对此不予探讨。

传统过失犯理论面临的第二个重大疑问在于:为什么我们应该如此地重视结果的预见可能性?对于这一疑问,国内既有的相关研究基本未予涉及,似乎这是一个不言而喻的问题。主流的过失犯理论对于指向结果的预见可能性的重视,其潜在的设定无疑是:基于责任主义的要求,过失犯中对行为人的主观归责应当以结果的预见可能性为前提。此种设定能否成立,取决于对两个相关问题的回答:一是结果的预见可能性是不是对过失犯进行刑法归责的必要条件?二是结果的预见可能性与责任主义之间是什么关系;如果对过失犯的归责不要求结果的预见可能性,是否违背责任主义的要求?在此基础上,主流的过失犯理论可能面临的第三个疑问是,这样一种以结果的预见可能性为中心,偏重于主观归责的过失犯的构造,是否合乎当代社会的风险分配机制,从而满足规范上的归责需求?

本章重点关注后两个疑问。这意味着本章在对过失犯中预见可能性理论展开反思性的审视时,有意识地将社会结构变迁的维度也整合在其中。无论如何,法教义学始终面临如何在其科学面向与生活之间构建一种交流与衡平的问题;生活一直在变,要解决科学与生活的鸿沟,就要使概念适应于生活。[2] 可以合理地推测,当代社会中人为风险的普遍化与日常化,可能要求适用一种全新的或者至少是经过调整的归责原理,以便更为有效合理地分配与预防风险;而归责原理上的这种变化,势必对过失犯理论的教义学发展产生重大的影响。毫无疑

---

[1] 参见周光权:《违法性判断的基准与行为无价值论:兼论当代中国刑法学的立场问题》,载《中国社会科学》2008年第4期;周光权:《新行为无价值论的中国展开》,载《中国法学》2012年第1期;陈璇:《德国刑法学中结果无价值与行为无价值的流变、现状与趋势》,载《中外法学》2011年第2期;马乐:《行为功利主义的逻辑与结果无价值论的困境》,载陈兴良主编:《刑事法评论》(第34卷),北京大学出版社2014年版。

[2] 参见陈辉:《德国法教义学的结构与演变》,载《环球法律评论》2017年第1期,第158页。

问,我们需要构建与发展一种立足于中国现实语境的过失犯理论。所谓的"中国现实语境"有两层含义:一是对国外的刑法理论应采取为我所用的务实立场,不能单纯以学者本人所熟悉的外国理论为本位;二是法学理论的研究应着眼于现实,不应一味固守过去。法学研究必须注意研究对象的变动性问题,既有理论往往只是对过去法律的总结,"然而只有现实才是合理的。过去已经死亡,它的存在价值只是作为理解和掌握现实的手段"。[1] 就过失犯理论的争议而言,"问题的核心应该是,从犯罪论的体系上以及现实的过失事件上,什么样的过失犯理论最能妥适解决各种过失犯的问题"。[2]

本章第一、二节试图分析并解答前述两个疑问,即我国主流的过失犯理论为什么如此重视结果的预见可能性,以及这样一种偏重于主观归责的过失犯构造能否满足风险社会中的功能需求。在此基础上,本章第三节紧接着论述过失犯的归责结构所需要实现的转变,以及与这种转变相适应,对预见可能性因素如何重新定位的问题。第四部分回归实践,运用重构后的过失犯理论对实务中存在争议的案件展开分析。

值得指出的是,笔者并非单纯站在新过失论的立场,对以结果的预见可能性为中心的传统过失论展开批判。实际上,在有关过失犯的争论中,无论采取哪种立场,都会面临预见可能性因素在过失犯刑法归责结构中的定位问题,这一问题本身并不受限于当下的观点之争,而是具有更为一般的意义;尤其是考虑到在新旧过失论之争中,人们对该因素的意义与功能是否应做相同的理解在意见上并不统一。有鉴于此,对预见可能性理论本身展开反思与重构,对于厘清当前争论中的混乱之处相信也会有所助益。与此同时,透过对预见可能性理论的反思,本章意在从风险社会所要求的风险分配机制与归责原理的角度,对过失犯的归责结构展开必要的检讨与审视,以便为推进过失犯理论的范式转型贡献绵薄之力。

---

[1] 〔德〕尤里乌斯·冯·基尔希曼:《作为科学的法学的无价值性——在柏林法学会的演讲》,赵阳译,商务印书馆2016年版,第21页。
[2] 陈子平:《过失犯理论与医疗过失初探》,载刘明祥主编:《过失犯研究——以交通过失和医疗过失为中心》,北京大学出版社2010年版,第212页。

第一节　为什么重视对结果的具体预见可能性

一、当前我国主流过失犯罪理论的特点

我国传统理论对过失内容的界定,深受苏俄刑法理论的影响。大体而言,早期对过失犯的认识,经历了从对过失构成特征的简单法条分析到认识因素和意志因素的过失心理要素的内容描述,再到认识特征和意志特征的过失心理构造的法理阐述。[1] 传统理论将过失理解为行为人主观上的一种心理态度,试图从认识与意志两个维度,对过失犯的主观根据做统一的解读。这种观点在当前仍具有相当的影响力。比如,在通行的教科书认为过失犯中,行为人负刑事责任的主观根据,在于"行为人本来能够正确地认识一定的行为与危害社会结果之间的客观联系,并进而正确选择自己的行为,避免危害社会结果的发生,但他却在自己的意志支配下,对社会利益和社会大众的安危采取了严重不负责任的态度,从而以自己的行为造成了严重危害社会的结果"。[2]

晚近以来,主要是由于受到日本刑法理论的影响,我国有关过失犯的研究逐渐被纳入德日式的理论框架之内,过失的本质被确立为违反注意义务。不过,这种围绕注意义务展开的过失犯研究,往往仍与认识因素与意志因素联系在一起。对于认识因素与意志因素和违反注意义务之间的关系问题,典型的看法一般是:"所谓犯罪过失的认识因素和意志因素并不是独立于违反注意义务的心理内容,而恰恰是违反注意义务的外在表现。因此,不能离开犯罪过失的心理内容空洞地讨论过失之注意义务的违反。"[3]

可以说,尽管经历了话语的转变,当前我国刑法理论对过失实体的

---

〔1〕 参见陈兴良:《过失犯论的法理展开》,载《华东政法大学学报》2012年第4期,第30—34页。
〔2〕 高铭暄、马克昌主编:《刑法学》(第九版),北京大学出版社、高等教育出版社2019年版,第110页。
〔3〕 陈兴良:《过失犯论的法理展开》,载《华东政法大学学报》2012年第4期,第37页。

理解,仍偏重于主观的心理层面。[1] 同时,由于将过失分为疏忽大意的过失与过于自信的过失两种,在既有理论的框架中,过失实际上缺乏统一的实体内容:疏忽大意的过失一般被理解为是"应当预见而没有预见",过于自信的过失则被解读为是"应当避免而没有避免"。[2] 显而易见,前者是从对危害结果的预见义务的角度而言,而后者是从对危害结果的避免义务的角度来说,二者的定义角度并不统一。对过失的实体作这样二元分化式的处理,面临着体系性上的重大疑问。为给两种过失类型找到共同的实体内容,近年来国内学者开始倾向于认为并不存在所谓有认识的过失,过于自信的过失中所谓的"已经预见"并不是真正的有认识,由于行为人否定了结果发生的判断,从结局或者整体上说,仍然是没有认识结果的发生。[3] 如此一来,结果的预见可能性,便成为疏忽大意过失与过于自信过失的共同要件。对过失的实体的这种界定,随着结果无价值论在我国学界的强势崛起,而获得日益重大的学术影响力。

我国当前通行的以结果的具体预见可能性为中心的过失犯理论,基本上等同于日本刑法理论中的旧过失论,而这种旧过失论又对应于德国古典犯罪论体系下的过失理论。此种过失犯理论具有三个明显的特点:一是将过失犯刑事责任形成的关键时刻定位于实害结果出现之时,采取的是结果主义的视角。二是结果的具体预见可能性被认为要求的是具体的预见可能性,即预见的对象是过失犯罪中作为构成要件要素的具体结

---

[1] 不可否认,我国当前学理上对过失犯的研究已不再局限于罪过形式,而是以注意义务之违反为中心,从主、客观两个层面展开对过失犯研究,这表明对过失犯从一种罪过心理到一种犯罪类型的研究视角的转变。与此同时,德国的客观归责理论对于我国过失犯的研究也产生了重大影响。参见陈兴良:《过失犯论的法理展开》,载《华东政法大学学报》2012年第4期,第38—39页。尽管如此,当前此类学理性的研究尚不足以对以结果的预见可能性为中心的主流理论构成冲击,且由于相关研究彼此之间存在相互抵牾的现象,这也使过失犯领域的混乱远较其他领域为甚。

[2] 参见陈兴良:《刑法哲学》(第六版),中国人民大学出版社2017年版,第230页。这种二元性的解读,有时可能以另一种表述方式出现,即疏忽大意过失的本质是结果预见义务的违反,而过于自信过失的本质是结果回避义务的违反。参见陈兴良主编:《刑法总论精释(上)》(第三版),人民法院出版社2016年,第350页。

[3] 参见张明楷:《刑法学(上)》(第六版),法律出版社2021年版,第385页;黎宏:《刑法学总论》(第二版),法律出版社2016年版,第203页;郑世创:《过失犯构造问题检讨》,载陈兴良主编:《刑事法评论》(第28卷),北京大学出版社2011年版,第107—108页。

果。[1] 三是将归责结构的判断重心放在主观因素之上，从而形成一种偏重于主观归责的过失犯构造。陈子平教授指出，按此种过失犯理论，"凡因行为而导致结果发生之时，几乎等于直接进入第三阶段的'有责性'论究行为人有无主观要素的过失，而主观要素的过失则是以主观的预见可能性为前提，因此，过失犯成立与否，几乎全在于'主观预见可能性'是否存在"。[2] 近来在我国学界受到青睐的所谓修正的旧过失论，虽然引入过失实行行为的概念，但由于仅着眼于法益侵害的危险，拒绝从行为基准或违反规范的角度去限定行为归责的范围，故并未从根本上改变其偏重主观归责的构造。

二、重视对结果的具体预见可能性之缘由

我国主流的过失犯理论所具有的前述特点，显然与结果无价值论的立场有关，也与特定的犯罪论体系之间存在内在的关联。结果无价值论所采取的"结果→行为"的思路进路，可以较好地解释当前过失犯理论中结果主义导向的特点。同时，以主客观二分为基础的犯罪论体系，能够在一定程度上说明，为什么会形成一种以主观归责为重心的过失犯构造。无论是传统的四要件论体系，还是在我国"德日派"学者中接受度最高的古典体系，[3] 都深受刑法自然主义的影响。这种刑法自然主义立足于因果一元论，"以一种一致但却荒谬之方式将所有事实上在客观层面上无法解决之问题转移至主观层面"。[4] 诚然，从结果无价值论与犯罪论体系的角度，可以对主流过失犯理论的特点给出一定程度的解释。不过，单从这二者出发进行解释，还是会遗留几点疑问：其一，为什么主流的过失犯理论要求预见的对象必须是具体的结果？这一要求无法从结果无价值论

---

[1] 参见黎宏：《结果无价值论之展开》，载《法学研究》2008年第5期，第127页；张明楷：《行为无价值论的疑问——兼与周光权教授商榷》，载《中国社会科学》2009年第1期，第113页；陈兴良主编：《刑法学》（第三版），复旦大学出版社2016年版，第101页。

[2] 陈子平：《过失犯理论与医疗过失初探》，载刘明祥主编：《过失犯研究——以交通过失和医疗过失为中心》，北京大学出版社2010年版，第213页。

[3] 对古典犯罪论体系的青睐，与"德日派"对我国所处法治阶段的认知有关。大体说来，"德日派"认为，中国目前处于与德国不同的法治阶段，对于尚处于前法治的中国而言，古典犯罪论体系是一个价值上更为安全也更加合理的选择。这种共同的认知甚至超越结果无价值论与行为无价值论之争。参见劳东燕：《结果无价值论与行为无价值论之争的中国展开》，载《清华法学》2015年第3期，第60页。

[4] [德]许迺曼：《刑法体系与刑事政策》，载许玉秀、陈志辉合编：《不移不惑献身法与正义——许迺曼教授刑事法论文选辑》，新学林出版股份有限公司2006年版，第43页。

的立场中推论得出,因为结果无价值中的"结果"明显指向的是抽象的法益侵害结果;而古典的犯罪论体系对此的处理也多少有些大而化之。其二,规范导向的结果归责理论基本上已为我国刑法理论所接受,相应地,立足于因果一元论的刑法自然主义的影响大为削弱,但是,为什么主流的过失犯理论并未受到任何影响?其三,结果无价值论或古典的犯罪论体系充其量给出的是逻辑上的理由,然而,一种理论会仅仅因为逻辑上的理由而长久占据主流地位吗?更何况,我国传统的四要件论体系不太重视逻辑性,违背体系逻辑的理论或结论可谓比比皆是。

这意味着除了结果无价值论与犯罪论体系方面的缘由,必然还有其他不为人关注或者至少是不为人重视的重要因素,导致主流理论如此地重视对结果的具体预见可能性。笔者认为,就过失犯而言,主流理论如此地看重主观要素的归责意义,如此地重视对具体结果的预见可能,是按故意犯的模式来理解过失犯的直接产物。对于过失与过失犯的构造,能否简单地对照故意与故意犯的构造来展开解读,显然是一个需要认真斟酌的问题。然而,恰恰是在这个问题上,人们习惯于理所当然地做出同一性的假定。按照结果无价值论与以之为基础的古典体系,故意犯与过失犯在构成要件该当性与违法性阶段被认为并无本质差异,只是在有责性层面,以行为人具有的主观意思是过失或故意而有所区别。行为无价值论与以之为基础的目的主义体系,尽管承认故意犯与过失犯在构成要件层面存在不同,但也并不认为二者在不法类型或归责结构上存在重大区别。此外,客观归责理论尽管发迹于过失论,同样认为故意犯与过失犯可归入统一的不法理论之下。这种将故意犯与过失犯纳入一个统一的上位范畴的做法,明显是受概念法学思维的影响。

正是基于此,在对过失的理解上,人们或许存在偏重认识因素还是意志因素的内部差别,但莫不是以故意为模本来展开理解的。比如,有论者认为,过失是"到达故意这一心理状态的可能性"("故意的可能性"),所以,其概念也由故意概念所规定。要成立过失所必须可能认识、预见的事实,和要成立故意所必须认识、预见的事实,二者实际上是相通的。[1] 又如,另有论者提出,疏忽过失是没有认识的,但这种没有认识又是以应当认识为前提的。之所以没有认识,是行为人在意志上的疏忽所致,这种疏

---

[1] 参见〔日〕山口厚:《刑法总论》(第3版),付立庆译,中国人民大学出版社2018年版,第249—250页。

忽是意志特征。也就是说,行为人没有发挥认识能力,以至于没有履行结果预见义务。这在意志上是有缺陷的。正是这种疏忽,才是法律所非难的客体。[1] 不只结果无价值论者如此,行为无价值论者也往往以故意概念为对照来理解过失。正是基于此,当黄荣坚教授质疑客观预见可能性对于过失判断的意义时,他才会这样论证道:"当我们考虑故意概念的时候,并没有所谓的客观故意,那么为什么在考虑过失概念的时候,会跑出来一个所谓的客观过失呢? 别人有没有预见,和行为人有没有故意的问题不相干。相同的道理,别人有没有预见可能性,和行为人有没有过失的问题也不相干。"[2] 黄教授之所以否定注意义务的违反构成过失的要素,坚持过失的标准是行为人对于犯罪事实的预见可能性,正是由于他在理解过失时,采取的是概念对照的方式。他所指摘的以预见义务的违反作为过失标准的观点的荒谬,显然必须以故意与过失具有同质性为必要前提,也只有这样,他的如下质疑才是成立的:"对于高度主观不法类型的故意犯罪,我们从来没有要以(刑法规范以外)注意义务之违反为犯罪构成要件,那么为什么反而在低度主观不法类型的过失犯罪,却反而要以注意义务之违反为犯罪构成要件?"[3]

同样地,在对过失犯构造进行理解时,人们也习惯于以故意犯的构造作为对照展开分析。结果无价值论者始终坚持故意犯与过失犯在构成要件与违法性层面的相同性,从而导致"过失"与"行为"及相关的不法构造之间完全没有关联;行为无价值论者尽管承认过失犯的构成要件不同于故意犯,且对主观要件的体系定位不同于结果无价值论者,但往往同样运用"客观要件—主观要件"的模式来解读过失犯。这一点从国内刑法总论教科书的通行体系安排中也可以看出:当前各类教科书都无一例外并不专章处理过失犯问题,且往往将过失放在犯罪的主观要件或主观罪责要件下来展开叙述。由于非要找到与故意犯相似的主观要件,人们要么直接将客观或主观的预见可能性解读为是过失犯的主观要件;[4] 要么虽然承认预见可能性在存在论上是一种"无",但仍试图通过规范论的构建而认为有认识过失与无认识过失均有主观要件,理由是只有在行为人具有

---

[1] 参见陈兴良:《口授刑法学(上册)》(第二版),中国人民大学出版社 2017 年版,第 234 页。
[2] 黄荣坚:《基础刑法学(上)》(第三版),中国人民大学出版社 2008 年版,第 250 页。
[3] 黄荣坚:《基础刑法学(上)》(第三版),中国人民大学出版社 2008 年版,第 255 页。
[4] 参见黎宏:《刑法学总论》(第二版),法律出版社 2016 年版,第 191—204 页。

预见可能性的情况下无法预见，才能说明其瑕疵的心理状态，从规范上认定过失犯的主观不法。[1]

但是，首先，预见可能性并非行为人的主观心理态度，而只是相对于理性第三人或行为人自身能力而言的潜在的预见，预见可能性与现实的预见本身不能相等同，正如现实的支配与支配可能性无法相等同一样。其次，即使将预见可能性界定为规范意义上的主观要件，也不意味着它能够承担表征主观不法或者主观罪责的功能。试想，倘若违反预见义务（具有预见可能性）表征的是主观不法或者主观罪责，则故意犯由于履行了预见义务，岂非不具有相应的不法或罪责？可见，在过失犯中，以预见可能性作为主观不法或罪责的基本依据，根本是打错了靶子。

三、故意犯与过失犯的归责结构之差异

前述按故意犯的模式来理解过失及过失犯构造的做法，其合理性需要建立在这样的前提之上：过失犯与故意犯可归于相同的归责类型，具有相同的归责结构。问题的关键在于故意犯与过失犯是否属于相同的归责类型？

有关故意的学说中，行为人主观上的意志因素历来受到重视，乃至于容认说成为通说，这并非偶然，而恰恰是因为故意（作为）犯对应的是归责论上意志归责的理想类型。意志归责将人的意志作为归责的核心，是否归责的关键不在于行为客观上所招致的为法律所禁止的状态，而在于行为及其结果是否是行为人意志的直接产物。外在的因果流程则是作为这种心理过程的流出物，构成意志支配的对象。因而，来自主体的意志不仅构成行为与行为人之间的连接枢纽，也成为决定行为不法与罪责的关键因素。在意志归责的框架中，行为人的主观认知对归责而言至关重要：只有当行为人在认识到其行为会引起为刑法所禁止的危害后果而仍决意实施行为，人们才能认定其内心存在恶意而进行谴责；反之，赖以归责的基础便不存在。意志归责与目的主义所代表的主观不法论之间有明显的亲缘关系，二者都是以一种先在于法的精神性存在作为构建的基础，且在方法论上均持一元论立场，认为评价体系的构建完全可以也应当以存在性的事实为基础。正是基于此，建立在意志归责基础上的故意（作为）

---

[1] 参见王俊：《过失犯的主观不法构成要件研究——以过失个别化理论为视角》，载《比较法研究》2016年第6期，第57页。

犯,其不法结构在主观不法论者那里得到清晰的呈现。[1] 同时,意志归责与主观罪责论之间存在内在的逻辑关联,故意犯中,法秩序谴责的正是行为人主观上对意思自由的滥用。

然而,过失犯却难以归入意志归责的范畴。从存在论的角度而言,过失犯主观上不希望甚至是排斥危害结果的发生,该意志非但不能体现行为人的主观恶性,相反,却恰好体现其主观善性。[2] 将这样的意志作为受法秩序否定的过失之本质来把握,无论如何有些荒谬,因为刑法不可能既谴责对危害结果的容认意志(故意犯),又谴责对危害结果的不容认意志。过失犯中,重要的不是行为人的意志指向,而是行为本身偏离法规范所期待的理性人标准,从而在客观上给法益带来不容许的风险。换言之,过失并非是一种存在意义上的内心态度,而代表的是一种违反规范期待的不谨慎的行为方式。

可见,过失犯对应的是归责论中另一种理想类型——规范归责。规范归责的目标是在被损害的规范保护目的方向上,实现对行为人责任的限制。在规范归责中,风险概念成为连接事实与规范之间的关键要素,因为风险本身就是由对事实状态的评价而得来。[3] 规范归责以法秩序的客观目的作为出发点,它是目的理性思维的产物,遵循的是新康德主义的方法二元论,属于规范论的范畴。与意志归责将意志作为归责的核心不同,规范归责考虑的核心是对规范的违反。相应地,归责判断的关键不在于行为人实施行为时所实际具有的主观意志,而在于其违反规范的行为客观上给法益带来的不当风险。[4] 正是后者构成决定行为不法与罪责的关键要素。

这意味着规范归责的类型在不法上会内在地要求采取客观主义的立场,由此而与客观归责理论代表的客观不法论之间存在勾连的可能。客观归责理论能在过失犯领域取得丰硕成果,在故意犯领域则始终捉襟见肘,其缘由就在于此。同时,规范归责的类型在罪责上必然倾向于客观罪

---

〔1〕 参见劳东燕:《刑法中的客观不法与主观不法——由故意的体系地位说起》,载《比较法研究》2014年第4期,第76—77页。

〔2〕 参见李居全:《论英国刑法学中的犯罪过失概念——兼论犯罪过失的本质》,载《法学评论》2007年第1期,第125页。

〔3〕 参见吴玉梅:《德国刑法中的客观归责研究》,中国人民公安大学出版社2007年版,第52页。

〔4〕 参见劳东燕:《刑法中的客观不法与主观不法——由故意的体系地位说起》,载《比较法研究》2014年第4期,第77—78页。

责论的立场。罪责论向客观化方向的发展,说到底是与过失犯的强势崛起有关。在过失犯中,责难的基础不在于行为人基于对意思自由的滥用而做出的不当行为选择,而在于他没有适当地运用自身的能力去设法遵守理性人处于其位置本来能够遵守的注意标准。因而,过失本身强调行为人与设想中的一般人之间的对比联系,属于一种客观性的过错,行为人实际上是因为可谴责地丧失其控制能力而受到惩罚。[1]

综上,从归责机制的角度而言,意志归责适用的是意思责任,而规范归责涉及的是危险责任。相对而言,意志归责类型偏向于存在论这一端,而规范归责类型则偏向于规范论这一端。在意志归责的类型中,行为人是由于对因果流程存在主观的意志操控而受到归责,其归责结构以主观层面的归责作为构造之重心,主观要素具有决定不法的作用,同时也充当罪责非难的根据。许玉秀教授有关"行为人的主观面有不法的定向作用,甚至是决定行为不法色彩的主要因素"[2]的断言,显然仅适用于故意犯。在规范归责的类型中,行为人则是由于对风险状态具有客观的外在支配而受到归责,其归责结构以客观层面的归责作为构造之重心,客观的风险要素对于不法的成立与罪责的判断至为关键。

如果承认意志归责与规范归责在类型学上存在重大的差异,而故意(作为)犯与过失(作为)犯分别属于不同的归责类型,则刑法理论上试图通过统一的不法论与罪责论来把握二者就并不合理。以故意与故意犯的构造为模本,照本宣科地来解读过失与过失犯构造的做法,更失之毫厘谬以千里。应当承认,刑法是一个多中心的思想体系,任何单一的思考模式都不足以解释所有的犯罪;为消解不必要的错误纷争,有必要注意通常被名义上的统一性所掩盖的多样性。[3] 说到底,以具体预见可能性为中心的过失犯理论,是生搬硬套地将过失犯纳入意志归责类型而进行解读的产物。既然过失犯不属于意志归责的类型,以之为基础的相关理论便明显有违体系性思考的基本逻辑。

---

[1] 参见劳东燕:《罪责的客观化与期待可能性理论的命运》,载《现代法学》2008年第5期,第53页。

[2] 许玉秀:《主观与客观之间——主观理论与客观归责》,法律出版社2008年版,第32页。

[3] 参见〔美〕乔治·弗莱彻:《反思刑法》,邓子滨译,华夏出版社2008年版,第266页。

第二节　传统过失理论的归责机制之功能缺陷

由于过失犯属于规范归责的类型,与故意犯相比,它更容易受到政治、经济、社会等外部因素的影响;一旦外部环境发生变化,尤其是社会经历结构性的变迁,则过失犯理论往往首当其冲地会面临重大的冲击,面临调整与重构的需要。本章前述部分的论证,立足于教义学的内部视角,是从体系逻辑的角度,对以具体预见可能性为中心的过失犯理论之不足进行检讨。然而,仅仅是体系逻辑上的缺陷,显然不足以对其构成致命的影响,关键在于,在中国社会日益置身于全球风险社会的今天,此种理论是否合乎当代的风险分配机制与相应的归责原理。因而,此部分立足于功能性的外部视角,主要围绕其功能上的缺陷来展开批评。

一、预防的需求与管辖导向的归责原理

我国既有的相关研究,往往将过失犯的理论之争定位在体系地位的问题上。这样的解读当然不能算错,但多少给人只见树木不见森林的感觉。由于下意识地将刑法视为一个自给自足的体系,未将社会结构变迁的维度真正整合于其中,围绕过失犯的争论最终往往蜕变成公说公有理婆说婆有理式的无谓争执,似乎根本不存在判断学说合理性的客观标准。然而,刑法理论毕竟不是仅供学者自娱自乐的知识产品,终究要服务于刑法的社会功能。再精致再自洽的理论,倘若无法经受社会功能上的检验,也不过是中看不中用的绣花枕头。

在风险社会的背景之下,为有效而合理地管控风险,社会治理机制本身就在发生重大的变化。变化之一便是,预防成为一种独立的国家策略,由此导致整个国家行为的预防走向。刑法体系日益地由关注事后的惩罚转向事前的预防,不过是折射社会治理机制发生变化的一面棱镜。可以说,一个预防导向的刑法体系,乃是新的社会治理机制的有机组成部分。正是基于对风险控制及相关的安全问题的关注,才促使刑法体系基本目的的重大调整,从而使其不可避免地走向预防刑法。[1] 如果承认古典刑法理论并不代表普世性的理想形象,而只是19世纪西方特定社会阶

---

〔1〕 参见劳东燕:《风险社会与变动中的刑法理论》,载《中外法学》2014年第1期,第79—82页。

段的产物,则我们注定无法抱残守缺,固守过去的理论范式。按许迺曼教授的说法,想要以落伍的刑法来对抗先进的犯罪是做不到的;为了有效防止后现代工业社会特别的特征,不是放弃而是改善从下层阶级刑法转变到上层阶级刑法的趋势,应该才是唯一合适的手段。[1]

社会所经历的结构性变迁,要求旧有的社会治理机制做出策略上的调整,而社会治理机制的策略调整又迫使刑法体系发展新的归责原理,建构新的刑法理论。就过失犯的研究而言,在思考如何推进理论的发展时,显然不能仅着眼于合逻辑性,也要关注合目的性或者功能性的问题。如果承认刑法体系的预防走向不可避免,且有其合理性的一面,则在对过失犯的理论进行教义学的构建时,如何将预防性的考虑适度地整合于其中,便是不容回避的命题。因而,要检讨我国主流的过失犯理论,其间的症结在于以具体预见可能性为重心的归责机制,究竟是否合乎新的归责原理,能否有效回应刑法体系的预防需求?

在过失犯中,对具体预见可能性在很长时期之内都被认为是进行刑法归责的核心要件。其背后的实质理由是,人们认为只有可预见的东西才是可支配的,预见可能性意味着支配或支配的可能性,由于支配的另一面是答责,要让行为人对具体的结果答责,前提是其对具体结果具有预见可能性,不然就有失公正。普通法国家的学者 Edgerton 曾提出:"除被告故意造成既定结果之外,任何其他因素都不可能像对结果的可预见性那样会影响到我对于让行为人对这种结果承担责任是否公正的感觉。"[2]这样的归责机制具有两个特点:一是适合于惩罚导向的刑法体系。基本上,由于着眼于事后的惩罚,该机制只考虑归责的正当性基础问题,对如何分配风险才能最为有效地实现预防目的的问题则予以忽视。二是以知行合一的行为人的存在为前提。行为与认知合一的行为人,能够独立地掌控行为因果流程的发展;因而,一旦认定其对于结果具有预见可能性,便意味着对行为及之后的因果流程具有支配或支配可能性,对其进行归责也就变得理所当然。

然而,在风险社会中,一方面,因果关系的作用过程与运作机理变得

---

[1] 参见[德]许迺曼:《从下层阶级刑法到上层阶级刑法》,陈志辉译,载许玉秀、陈志辉合编:《不移不惑献身法与正义——许迺曼教授刑事法论文选辑》,新学林出版股份有限公司2006年版,第115—116页。

[2] [美]H. L. A. 哈特、[美]托尼·奥诺尔:《法律中的因果关系(第二版)》,张绍谦、孙战国译,中国政法大学出版社2005年版,第229页。

极为复杂;另一方面,人与人之间的交往为匿名的、标准化的行为模式所主导。在社会分工高度发展的背景下,知行合一的行为人转变为知行分离的行为人,过失犯中的归责难题由此而凸显出来。[1] 以预见可能性为重心的归责机制,最大的缺陷便在于无法有效应对当代社会所面临的过失犯的归责难题,其所赖以构建的归责原理,即谁对风险有预见或预见可能性,便应对风险所造成的实害结果负责,与社会发展的现实日益相脱节。许迺曼教授曾尖锐地指出:"传统过失概念的现代意义对于危害结果所应负的个人责任概念提供了最佳理论性的说明,但是在实际结果上却是灾难性的,因为工业社会经济活动的现代风险,从来就不是个人可以控制及负责的,而是由许多人的共同作用所引起,很难由单一行为人所应负之个人责任,以及单一行为引起的单一因果关系加以说明。换句话说,现代分工以及技术过程的复杂化,是与针对特定生活范围能够单独掌控并应单独负责的自主性个人,所设计出来的刑事责任的概念并不相当。"[2] 在风险日益普遍化的今天,结果的预见可能性与支配可能性之间已然无法画上等号:对结果没有预见可能性,不意味着缺乏支配或支配可能性;而对结果具有预见可能性,也不意味着存在支配或支配可能性。

在一个关注事前预防的刑法体系中,对于过失犯的归责而言,以预见可能性为重心的归责机制显得捉襟见肘,既缺乏预防上的有效性,又不时地导致归责上的不公正现象。导致结果的预见可能性在过失犯的归责判断中丧失作用的原因包括:(1)某些类型的风险太日常化,比如交通领域的风险,以致不能说行为人对于风险的现实化结果缺乏预见可能性。(2)很多情形中,风险的因果作用机理太复杂,以致行为人难以对风险的现实化结果具有预见可能性。比如环境污染导致居民的身体健康受损,往往是多重因果关系相互交织与共同作用的结果,很难单独分离出某一因素,独立地检讨该因素与结果之间的作用关系,自然更谈不上要求行为人对风险的现实化过程及其结果承担预见义务。(3)在风险导致结果出现的过程中,通常存在其他的介入因素,以致难以确定地说行为人对结

---

[1] 参见〔德〕许迺曼:《过失犯在现代工业社会的捉襟见肘》,单丽玟译,载许玉秀、陈志辉合编:《不移不惑献身法与正义——许迺曼教授刑事法论文选辑》,新学林出版股份有限公司2006年版,第524页。

[2] 〔德〕许迺曼:《过失犯在现代工业社会的捉襟见肘》,单丽玟译,载许玉秀、陈志辉合编:《不移不惑献身法与正义——许迺曼教授刑事法论文选辑》,新学林出版股份有限公司2006年版,第519页。

果具有预见可能性。

面对风险日益普遍化的现实,为更有效地预防不可欲的风险,防止集体的不负责任的现象的产生,当代的预防刑法逐渐形成了这样一种归责原理,即风险属于谁的管辖范围,谁便需要对风险及由此产生的结果来负责。金德霍伊泽尔教授对这一归责原理有过清晰的表述:"如果某人单独或者和他人共同地创设了一种条件,这种条件使发生符合构成要件的结果的可能性(相比于原来的情况)在客观上得到提高,那么,这个人就要为这个风险以及由该风险产生的结果负责。换言之,这个风险及其结果就在他的管辖范围之内。对创设风险的这种管辖,是基于这个原则:任何一个对事实发生进行支配的人,都必须对此答责,并担保没有人会因为该事实发生而遭到损害。支配的另一面就是答责。按照这一原则,任何人都必须安排好他自己的行为活动空间,从这个行为活动空间中不得输出对他人的利益的任何危险。"[1]对于此种归责原理,美国学者也有过类似的表达:"一个'引起某一事物'的人,就应该对于他所引起的结果负责。"[2]据此,行为人是否对风险及其后果负责,关键不再取决于其是否对风险具有预见可能性,而取决于风险是否属于其管辖的范围,取决于行为人对于风险是否具有客观的支配。这种归责原理与民法中的危险责任具有内在的相通之处,危险责任的立论基础便在于分散危险的社会功能,"它所注意者仅为将自特定危险所造成之意外损害,根据下述原则予以分散开去:管领危险源者,或为一定之利益而经营具有危险性之企业者,应负担因该危险所生之损害"。[3]

考虑到现代社会人们所从事的日常行为往往都具有创设风险的性质,可想而知,这样的归责原理大大扩张了个人需要负责的范围,加重了个人在风险预防方面的负担。在现代社会中,如果人们需要对自身行为所产生的一切风险负责,则对个体自由而言将是一种无法承受之重,且也难言公平。基于此,被允许的危险理论应运而生,对前述归责原理进行必要的限定。将被允许的危险理论与前述归责原理相整合,利用前者来对后者进行限定,有助于在个体自由保障与刑法的风险控制之间保持平衡。

---

[1] 〔德〕乌尔斯·金德霍伊泽尔:《刑法总论教科书》(第六版),蔡桂生译,北京大学出版社2015年版,第101页(德文版边码§11 Rn.22)。

[2] 〔美〕H. L. A.哈特、〔美〕托尼·奥诺尔:《法律中的因果关系(第二版)》,张绍谦、孙战国译,中国政法大学出版社2005年版,第229页。

[3] 黄茂荣:《法学方法与现代民法》(第五版),法律出版社2007年版,第120页。

如此一来,风险的管辖范围只是作为归责的必要条件,而非充分条件。归责与否的判断,除了查明风险属于谁的管辖范围之外,还需要进一步审查,行为人对属于其管辖范围内的风险是否尽了合理的管理责任。判断是否尽了合理的管理责任,重要的考虑之一便是行为人实施行为时是否遵守了行为基准,其行为所带来的风险是否在可允许的范围之内。

以管辖思想为基础的归责原理的出现,深刻地影响了刑法归责的基本结构。这一点在以规范归责作为归责基础的过失犯中体现得尤为明显。直面风险与现代生活相互交融的事实,人们意识到,在享受现代技术与制度所带来的便捷的同时,有时不得不容忍某些法益侵害的事件。与此相应,就刑法保护法益的任务而言,重要的不是完全杜绝法益侵害的发生(事实上也不可能),而是将保护法益的任务在不同的主体之间进行合理地分配。刑法"并不是广泛地针对所有的行为,而是仅仅针对特定种类的行为,进行法益保护"。[1]让制造风险的人原则上应当对风险现实化的结果负责,无论是从预防效果考虑还是从归责公正性的角度而言,都是相对最优化的选择。由此,法益侵害不再是整个刑法归责结构的关注重心(或者至少不是唯一的关注重心),对于刑法归责而言,更重要的因素是避免法益受到侵害是属于谁的义务,或者说属于谁的负责范围。

对于归责机制上的这种变化,雅格布斯教授给过极为精到的论述:人们不是期待着每个人都避免各种利益侵害,而仅仅是期待这些负责的人和仅仅在其所负责并充分关心的范围之内。如果人们将这种结果用传统的方式以命令式理论表示出来,那么,这个命令就不是"不得造成利益侵害",而必须是"不得破坏你作为忠诚法律的市民角色",并且,对于每个人的义务来说,这就是"不得破坏你作为非侵犯者的角色"。"非侵犯"在刑法上同样不是指"不要成为侵犯的原因",而是指"不要为侵害负责"。[2]简言之,"应予刑罚处罚性不可能仅仅取决于行为对他人的利益造成了损害或者危险,决定性的是停止侵害法益的责任可以公正地归责于这个行为人"。[3]

---

[1] [英]安德鲁·冯·赫尔希:《法益概念与"损害原则"》,樊文译,载陈兴良主编:《刑事法评论》(第24卷),北京大学出版社2009年版,第196页。

[2] [德]G.雅各布斯:《刑法保护什么:法益还是规范适用》,王世洲译,载《比较法研究》2004年第1期。

[3] [英]安德鲁·冯·赫尔希:《法益概念与"损害原则"》,樊文译,陈兴良主编:《刑事法评论》(第24卷),北京大学出版社2009年版,第196页。

以预见可能性为重心的归责机制与当代以管辖思想为基础的归责原理之间,存在明显的抵牾之处。根据此种归责原理,刑法要惩罚的"只是那些实施了某一行为而侵害了他人的权利、根据规范联系要对行为的后果负责的人"。[1] 相应地,一个制造容许风险的人,即使对结果具有预见可能性,也不会受到归责;反之,一个制造禁止风险的人,即使对具体结果缺乏预见可能性,也可能会被归责。

以预见可能性为重心的归责机制与以管辖思想为基础的归责原理之间的这种抵牾,根源于二者之间存在的重大差异:(1)从归责构造来看,前者偏重于主观归责,重视对行为所引发之结果的具体预见可能性;后者偏重于客观归责[2],强调风险是否处于行为人的管辖范围之内。(2)从构建基础来看,前者以因果论为基础,关注的重心在于是否存在法益侵害的行为事实及后果,整个归责机制都围绕是否造成法益侵害而构建;后者以归责论为基础,关注的重心在于谁有义务防止特定的法益受到侵害,整个归责机制都围绕管辖范围或答责范围而构建。(3)从关系维度来看,前者以"主体—客体"的关系作为构建的出发点,关注行为人与行为所指向的客体之间的纵向作用关系;后者以"主体—主体"的关系作为构建的出发点,关注社会中不同主体之间横向的风险分配关系。(4)从判断根据来看,前者以经验事实的因素(预见可能性)作为归责判断的主要根据;后者以纯规范的因素(管辖或答责)作为归责判断的主要根据。(5)从理论范式来看,前者属于存在论的范式,是将教义学的构建与刑事政策的目标设定相分离的"李斯特鸿沟"[3]的产物;后者属于规范论的范式,是自觉地将预防目的与教义学的构建相整合的目的论思维的成果。

二、对传统归责机制与调整方案之检讨

与当代以管辖思想为基础的归责原理相对照,以预见可能性为重心的归责机制具有五个鲜明的特点:一是偏重主观归责;二是以因果论为基础;三是以主客之间的作用关系为出发点;四是经验事实因素作为归责判

---

[1] [德]根特·雅科布斯:《刑法教义学中的规范化理念》,冯军译,载中国人民大学刑事法律科学研究中心编:《现代刑事法治问题探索》(第1卷),法律出版社2004年版,第86页。

[2] 此处所谓的客观归责,指的是客观构成要件层面的归责,而并非客观归责理论。

[3] 参见[德]克劳斯·罗克辛:《刑事政策与刑法体系》(第二版),蔡桂生译,中国人民大学出版社2011年版,第4—7页。

断的主要根据;五是属于存在论的范式。这些特点直接导致其难以满足风险社会中过失犯归责的有效性与公正性这两大要求。以预见可能性为重心的归责机制的不足主要表现为:

第一,它对预见可能性因素的重复审查有违体系逻辑的基本要求。照理说,以预见可能性为重心的归责机制既然将预见可能性当作过失的实体内容,将之定位于主观归责层面的要素,则预见可能性理应只在判断是否存在主观过失时发挥作用。但实际上,支持者往往同时也将预见可能性适用于客观层面的因果关系与结果归责的判断,以之作为限缩客观归责范围的重要考量因素,甚至当作相当性标准的核心内容,但凡缺乏预见可能性的情形,便得出否定因果关系或结果归责的结论。比如,西田典之教授明确提出,在撞倒的汽车后备箱里有人被关在里面因而死亡的、在失火的房子中正巧有小偷潜入里面而被烧死的,按照其所主张的经验的相当性说,这些均属于经验法则上的稀有情况,应否定存在因果关系,不承担过失责任。基于此,他承认因果关系的判断与预见可能性的判断大部分是相互重合的。[1]然而,相同的内容在不同的要素中重复进行审查,这明显违背体系建构的基本要求。相当因果关系理论中的相当性的概念,其核心内容就是客观的预见可能性,如果在客观的结果归责层面考虑相当性,之后又在过失的认定中考虑预见可能性,就会产生重复审查的问题。在不同的要素中重复审查相同的内容,不但有悖于体系经济的要求,也会形成自我矛盾的风险。[2]

重复审查的弊端之一便是在处理具体的个案时,似乎将争点定位在哪个阶层或要素上都可以,不仅存在体系定位含糊的问题,而且不必要地增加案件审查中的复杂性。比如,出租车司机X在黄灯跳动时,没有减速慢行,而是以时速30—40公里驾车驶入左右方向的视线并不清楚的交叉路口,结果撞上了A驾驶的汽车,造成出租车上的乘客B、C一死一伤。当时,A无视红色信号灯正跳动,且以远超过限速以70公里每小时的车速行驶。在就该案展开分析时,持旧过失论的松原芳博教授便认为,对于该案可以理解为,不能认定,认识到A之前的X的行为与结果之间具有相当因果关系,或者不能认定X对于结果具有具体的预见可能性;也可以理解为,该案属于在认识到A之后的时点,X不存在事实上的结果避免可

---

[1] 参见[日]西田典之:《日本刑法总论》(第2版),王昭武、刘明祥译,法律出版社2013年版,第237页。

[2] 参见蔡圣伟:《刑法问题研究(二)》,元照出版有限公司2013年版,第25页。

能性的情形。[1]

然而,交叉路口减速慢行的注意规范,其规范保护目的便在于确保其他驾车人员与行人的人身与财产安全,X 未遵守这一注意规范,由此而发生交通事故,怎么能认为他的行为与结果之间没有相当性,或者对于结果缺乏具体的预见可能性?无论是从经验法则还是从结果发生的概然性来看,此种情形下导致人员伤亡的结果都难以说不相当,更不能说对结果缺乏具体的预见可能性。若是此种情形还缺乏预见可能性,则交通肇事类案件中,行为人的预见可能性几乎可以据此而排除。在该案中,真正的问题其实是行为的义务违反性与结果之间是否存在规范上的关联,或者说结果避免可能性的问题,因为即使 X 合乎注意义务而行为,即以 10-15 公里的时速驶入交叉路口,也难以确定结果是否可以避免。由于不能确定这一点,难以认为减速慢行还是有效的注意义务,故只能排除对 X 的结果归责。可见,该案的争点仅涉及的是客观上的结果归责,而并非预见可能性的问题。

第二,它经常在体系定位的问题上陷入认识误区,以主观理论来解决客观归责层面的问题。以预见可能性为中心的过失犯理论,无疑是一种"因果的教义学"(Kausaldogma),即将犯罪看成作为法益侵害来予以把握的原因引起过程。[2] 由于建立在因果论的基础之上,而这种因果论又深受早期刑法自然主义的影响,致使整个归责机制中客观归责的部分畸形地弱化,无法发挥必要的过滤机能。在论及刑法自然主义的消极影响时,许廼曼教授曾尖锐地指出,刑法自然主义的信念认为,所有刑法的归责问题都可以用本体论式的因果概念来解决,由此而引发了一连串没有意义的理论,直至今天仍给刑法学带来沉重的负担,包括使客观构成要件彻底地困窘,而让主观理论的发展看起来变得必要。[3] 这种批评同样适用于以预见可能性为中心的过失犯理论。比如,主流的过失犯理论有时会将结果避免可能性的问题也归结为预见可能性的问题。黎宏教授在对

---

[1] 参见[日]松原芳博:《刑法总论重要问题》,王昭武译,中国政法大学出版社 2014 年版,第 220 页。
[2] 参见陈璇:《刑法中社会相当性理论研究》,法律出版社 2010 年版,第 6 页。
[3] 参见[德]许廼曼:《作为学术的法释义学》,载许玉秀、陈志辉合编:《不移不惑献身法与正义——许廼曼教授刑事法论文选辑》,新学林出版股份有限公司 2006 年版,第 139 页。

德国著名的卡车司机超车案[1]进行分析时,便将案件的讨论重心界定为行为人对结果有无具体预见的问题。他这样论证道:如果从一般人的立场来看,在事故当时的间隔(75厘米)上超车,撞上被害人的可能性极小,而且行为人在当时也无法预见被害人处于醉酒的话,应当说,行为人无法预见自己的行为会发生致使被害人死伤的结果,所以,没有过失;相反地,如果行为人已经意识到事故当时的间隔上超车,极有可能使一般人摔倒,而且,从被害人的姿势等来看,其有可能处于异常状态的话,就应当说,行为人对于他人死伤具有预见,对于所发生的结果,应当承担过失责任。这样说来,对于该案,完全可以从行为对结果有无预见方面来说明其应否承担刑事责任。[2]

可是,卡车司机以违规的间隔距离超车,难以想象其主观上对结果的发生没有预见可能性。此类案件中,真正的问题其实在于,若是行为人的行为合乎注意义务能否避免结果的发生,也就是结果避免可能性或者说合义务替代行为的问题。行为的义务违反性与结果之间是否存在规范上的关联,显然属于客观归责层面的问题,而并不涉及主观归责。这一归责要素,源自于过失犯中被容许之危险的存在。[3]

第三,它无法将风险分配方面的目的性考虑容纳其中。从刑事政策的预防目的出发,如何在不同主体之间合理分配风险以求得最佳的预防效果,是在构建过失犯归责机制时必须考虑的问题。然而,由于固守存在论的范式,以主客之间的纵向作用关系作为构建的出发点,并且以预见可能性这一经验事实因素作为归责判断的主要根据,这使以预见可能性为重心的归责机制难以容纳风险分配方面的目的性考虑。于是,就很可能出现这样的局面,即根据此种归责机制得出的归责结论却是有违刑事政策的目标的。这正是"李斯特鸿沟"的处理方式所固有的缺陷所在,它导致二元评价标准的出现,"亦即在教义学上是正确的东西,在刑事政策上却是错误的;或者在刑事政策上正确的东西,在教义学上却是错误

---

[1] 关于该案的事实,参见〔德〕克劳斯·罗克辛:《德国最高法院判例:刑法总论》,何庆仁、蔡桂生译,中国人民大学出版社2012年版,第11页。

[2] 参见黎宏:《过失犯研究》,载刘明祥主编:《过失犯研究——以交通过失和医疗过失为中心》,北京大学出版社2010年版,第33页。

[3] 参见陈璇:《论过失犯的注意义务违反与结果之间的规范关联》,载《中外法学》2012年第4期,第683页。

的"。[1] 如果承认处罚过失犯的重点,意在填补保护法益的漏洞,则以预见可能性为重心的归责机制明显不利于保护法益的任务的实现,有违刑法设立过失责任制度的宗旨。

以广义的监督过失理论为例,从刑事政策合目的性的角度考虑,监督者与管理者本身处于能够更有效地预防与管控风险的位置,所以有必要让其在防止法益受到侵害方面承担更重大的责任。然而,以预见可能性为重心的归责机制,却使对监督者与管理者进行归责变得相当困难。在监督过失与管理过失的情形中,通常会介入直接责任者的行为或其他作用因素,要求行为人对最后的结果存在具体的预见可能性几无可能。由是之故,支持者往往也不得不承认,在监督过失中,过失责任通常被否定,且在管理过失的事例中,要肯定过失犯的成立仍然是留有疑问的。[2] 对监督者与管理者的这种纵容,显然严重背离刑事政策的预防目标。

第四,在一些情形中,根据预见可能性为重心的归责机制所得出的结论可能有违归责的正当性要求。一方面,它可能将不应予以归责的情形也进行归责。有论者便明确指出,预见可能性的标准对于特定行为的从业者特别不利,一旦将其作为过失的核心要素,将使业务过失的成立变得相对容易,比如体育竞技的场合便是如此。[3] 另一方面,它可能将应当归责的情形却排除在归责的范围之外,尤其是在处理上位者与下位者之间的风险关系时,往往做出不公平的分配安排。比如,在涉及监督过失与管理过失的情形中,以预见可能性为重心的归责机制明显做了特别不利于直接责任者的风险分配与归责安排,依据这种归责机制,监督者与管理者经常得以逃避刑事责任的追究,而直接责任者却总是避免不了被归责。可见,以预见可能性为重心的归责机制,不仅在合目的性上存在疑问,也缺乏基本的正当性。

第五,预见可能性的概念本身太具可锻性,它本身难以承担作为整个归责机制之核心要素的任务。首先,对何谓具体的预见可能性的界定存在诸多的争议。究竟预见的对象与范围是什么,是仅限于构成要件结果还是也包括因果关系的基本部分与其他构成要件要素,抑或同时需要包

---

[1] [德]克劳斯·罗克辛:《刑事政策与刑法体系》(第二版),蔡桂生译,中国人民大学出版社2011年版,第14页。

[2] 参见[日]山口厚:《刑法总论》(第3版),付立庆译,中国人民大学出版社2018年版,第258—260页。

[3] 参见周光权:《刑法总论》(第四版),中国人民大学出版社2021年版,第161页。

含负面构成要件所涉及的事实,是否要求预见到特定的被害对象,以及预见到何种程度等,即便在支持者的阵营内也并未达成基本的共识,完全是一笔糊涂账。尽管人们都说的是具体的预见可能性,但其指涉的含义与范围往往各不相同。比如,有的论者将预见的内容理解为刑法分则规定的作为构成要件要素的具体结果,并认为具体结果是相对的,不一定很具体;[1]有的论者将预见的内容理解为包括对构成要件结果的预见,以及行为与结果之间因果关系的重要部分(或称因果进程的基本部分),[2]这也是日本通说与判例所持的观点[3];有的论者认为,预见可能性的对象是该当于某一犯罪类型全部不法构成要件之事实,包括涉及负面构成要件的相关事实;[4]有的论者提出,过失犯中针对结果的预见可能性的内容,只要与故意犯进行联动研究即可,即预见可能性的内容是"作为故意犯有认识或者预见之必要的事实",并进一步要求对具体的被害客体存在预见可能性;[5]还有的论者提出,过失犯中预见的内容不仅应当及于特定的、实际受到侵害的具体对象,还必须存在高度的预见可能性。[6]

其次,相关论者在处理具体个案时,往往会不自觉地采用与其对预见可能性内容的界定不相一致甚至相矛盾的理解。比如,西田教授一方面明确要求预见可能性必须及于实际受害的具体对象,且必须存在高度的预见可能性;另一方面,在对一起酒店住宅因有人躺在床上抽烟而引起火灾,并由于酒店内未安装自动喷淋装置与隔火帘造成火势蔓延导致32人死亡的案件进行分析时,却又认为结果发生的概率高低不能左右具体的预见可能性,无论是放火还是失火,问题均在于对于一旦发生火灾之时的结果的预见可能性,故不需要连起火原因本身也存在预见可能性,因而能肯定行为人对于所发生或扩大的火灾事故的结果具有预见可能性。[7]

---

[1] 参见张明楷:《刑法学(上)》(第六版),法律出版社2021年版,第382—383页。
[2] 参见黎宏:《刑法学总论》(第二版),法律出版社2016年版,第197页。
[3] 参见[日]松原芳博:《刑法总论重要问题》,王昭武译,中国政法大学出版社2014年版,第224—225页。
[4] 参见黄荣坚:《基础刑法学》,元照出版有限公司2012年版,第377页。
[5] 参见[日]桥爪隆:《过失犯的构造》,王昭武译,载《苏州大学学报(法学版)》2016年第1期,第128—129页。
[6] 参见[日]西田典之:《日本刑法总论》(第2版),王昭武、刘明祥译,法律出版社2013年版,第235—237页;[日]山口厚:《刑法总论》(第3版),付立庆译,中国人民大学出版社2018年版,第251页。
[7] 参见[日]西田典之:《日本刑法总论》(第2版),王昭武、刘明祥译,法律出版社2013年版,第248页。

在此,西田典之教授实际上已然对预见可能性的内容做了缓和的理解,无怪乎同样持具体预见可能性说的山口厚教授也曾提出批评,认为西田的主张导致过失的责任内容变得空洞,其见解其实是将过失犯中的预见可能性作为结果回避义务的起因来把握,此种做法割断了预见可能性与引起构成要件该当事实全体(特别是构成要件的结果)之间的关联性。[1]

不难发现,预见可能性因素完全成了一个变色龙,没有确定的内涵与外延。如学者所言,预见对象的具体化与抽象化之间,并没有明确的标准,而存在大量的模糊地带。[2] 试图让这样一个充满弹性的概念来承担过失犯归责机制之核心要素的任务,对预见可能性本身而言,无疑是不可承受之重。无论如何,运用如此暧昧的概念,不仅无法有效限缩过失犯的处罚范围,而且会使过失犯的归责判断变得相当任意。

综上可见,在风险社会的背景下,以预见可能性为重心的归责机制难以对过失犯的处罚范围进行必要的限定。对于这种归责机制存在的不足,人们其实已有所意识和反思,各式调整方案的出台,便是这种反思的产物。这些调整方案大体可归为两类:一是引入过失实行行为的概念;二是对预见可能性因素做缓和的理解。

第一类调整方案主要是借鉴日本的修正的旧过失论。修正的旧过失论在当前我国刑法理论中具有较大的影响,其所谓的修正,主要是在既有的结果预见可能性因素之外,引入过失实行行为的概念,以强化客观层面的归责限定功能。不过,这样的调整方案无法发挥预期的效果。这是因为,修正的旧过失论单纯从导致结果发生的可能性的程度来界定过失实行行为,拒绝从行为基准或违反规范的角度去进行限定,这就使过失实行行为的概念在过失犯的归责判断中起不到多少作用。

不可否认,在过失犯的行为归责判断中,结果出现的可能性或概率本身的确是应予以考虑的因素,但它只是用来辅助判断在规范上相关风险是否允许的事实依据之一。在我国,过失犯只有在出现实害结果的情况下才涉及刑事责任的问题,而一旦行为导致结果的发生,便总是表明这样

---

[1] 参见[日]山口厚:《刑法总论》(第2版),付立庆译,中国人民大学出版社2011年版,第245—246、237—238页。在其后的第3版中,山口厚也改为对预见可能性做缓和的理解,认为无需对具体如何着火有预见的可能,只要对着火的可能性能一般地、类型性地想见即可。参见[日]山口厚:《刑法总论》(第3版),付立庆译,中国人民大学出版社2018年版,第260页。

[2] 参见周光权:《刑法总论》(第四版),中国人民大学出版社2021年,第161页。

的事实:行为本身存在引起法益侵害的现实危险。对此,有论者曾尖锐地指出,根据修正旧过失论,过失犯之实行行为总是跳不出附随于构成要件结果之怪圈,其说理在方法上有循环论证与颠倒归责顺序的嫌疑,无法为过失实行行为的认定提供任何确切明晰之标准。故而,直接以行为是否具有发生结果之实质危险来认定实行行为,为无意义之同义反复。[1] 的确,"既然行为都引发了结果,还能说行为本身没有危险,行为没有制造或者升高危险吗? 至多只剩下让行为人对此结果承担责任是否合适的问题"。[2]

第二类方案的共同之处在于对预见可能性因素做缓和的、抽象化的理解。从过失犯理论的发展来看,主要有三种路径:一是改变预见对象,将预见可能性理论中的"结果"不是理解为实际受到侵害的行为客体,而是界定为构成要件结果。二是引入中间项,即将预见可能性理解为不是对实际结果的预见,而是对中间项的预见。比如,日本有判例认为,只要对防火、防灾体制所存在的不足能够预见就可以了,不要求对发生火灾具有预见。[3] 此外,在日本著名的"森永奶粉事件"中,对婴儿死伤结果的预见可能性的判断,也让位于对奶粉内有毒物质混入的预见可能性的认定。[4] 三是区分自然事实上的预见可能性与规范意义上的预见可能性。比如,西原春夫教授认为信赖原则是为了从事实的自然的预见可能性中选择出刑法的预见可能性的原则,从一般人的立场来看监督者对被监督者会采取适当行动的信赖是相当的场合,即使自然事实地肯定预见可能性,也可以在刑法上认为不存在预见可能性,将其从过失责任中排除。[5] 此类方案尽管表面上维护了预见可能性因素在归责机制中的核心地位,但通过对预见的对象进行重新解读,导致预见可能性的具体内容被掏空,从而在实质上接近抽象的预见可能性的立场。

---

[1] 参见郑世创:《过失犯构造问题检讨》,载陈兴良主编:《刑事法评论》(第28卷),北京大学出版社2011年版,第114页。

[2] 周铭川:《论过失犯的行为构造》,载《中国刑事法杂志》2008年第6期,第16页。

[3] 参见黎宏:《日本刑法精义》(第二版),法律出版社2008年,第223页。

[4] 参见[日]西原春夫:《过失认定的标准》,载[日]西原春夫主编:《日本刑法的形成与特色:日本法学家论日本刑事法》,李海东等译,法律出版社1997年版,第260页。

[5] [日]甲斐克则:《过失犯的基础理论》,冯军译,载高铭暄、赵秉志主编:《过失犯罪的基础理论》,法律出版社2002年版,第10—11页。

第三节　预见可能性在过失犯构造中的新定位

毫无疑问，法学理论不应该成为法律向前发展的绊脚石。在一个变动频繁的社会中，对于法学理论所固有的保守特性，即"试图按照已经过时的条条框框来构建现今的制度"[1]的顽固倾向，就更是要提高警惕。留在装置齐全且已经住惯的老宅子里固然是惬意，却不应该忘记，再精耕细作的法学理论，倘若脱离社会现实的需要，也只能供学者自娱自乐而已。在风险社会的背景之下，鉴于以预见可能性为重心的归责机制所存在的功能性缺陷，过失犯的归责结构势必需要实现调整与转变。在此基础上，进一步面临对预见可能性因素在过失犯的构造中如何重新定位的问题。

一、过失犯归责结构需要实现两大转变

风险社会中社会治理机制的变化，要求发展一种以管辖思想为基础的归责原理。这种归责原理紧扣规范保护目的思想，而不再以预见可能性作为归责的重心。据此，归责判断的关键不在于行为人是否对相应的侵害结果具有预见可能，而只要求结果是在规范所预防的损害的类型的范围之内，或者说是规范所禁止的危险的现实化就可以。如何立足于这种归责原理来构建过失犯的归责机制，以合乎预防的目的，同时又不至于突破惩罚正当性所要求的基本保障，成为过失犯研究所面临的新课题。应该说，在过失犯的归责判断中，将关注的焦点从对具体结果的可预见与否，转移到行为人的义务范围以及所违反的注意规范，不仅有助于合理限定行为人所需负责的结果的范围，也有助于克服预见可能性理论所存在的缺陷。与此相应，过失犯的归责结构需要实现两大转变。

首先，实现从主观归责为重心到以客观归责为重心的转变。这意味着两点：一是客观构成要件，主要是行为客观上所带来的不当风险与风险现实化后所产生的结果，对于过失犯归责的意义要远大于行为人主观方面的要素。二是确定归责关系时所采取的视角，是基于理性的观察者，即虚拟出来的"理性第三人"。[2] 这直接根源于过失犯的性质，因为"过失

---

[1] [德]尤里乌斯·冯·基尔希曼：《作为科学的法学的无价值性——在柏林法学会的演讲》，赵阳译，商务印书馆2016年版，第18页。

[2] Vgl. Roxin, Strafrecht Allgemeiner Teil, Band I, 4Aufl., 2006, §11Rn. 56.

不可避免地含有与个人无关的和不公平的关于责任和谴责的判断。对过失行为人的判决,不是以他实际上做了什么为基础,而是以行为人偏离一个合理的人的虚构的行为标准的程度为基础的"。[1]

归责结构上的这种重大变化,仅限于过失犯的领域,而不适用于故意犯。客观归责理论之所以能够在过失犯中大行其道,并产生极为广泛的影响,正是由于它契合过失犯归责结构从主观向客观的转变的需要。人们一般认为,是客观归责理论削减了主观构成要件在该当性判断中的重要性,使构成要件层面的判断重心由主观要件转移至客观要件。[2] 实际上,客观归责理论只是表明客观层面的归责构造应当采取何种框架并运用哪些下位规则来展开判断,它本身并不构成驱使构成要件层面判断重心转移的动力,当然更无法回答为什么客观构成要件会成为构成要件的判断重心的问题。构成要件判断重心的转移乃是以管辖思想为基础的归责原理的产物,后者的盛行又与社会的结构性变迁所提出的预防需求有关,因而,它是功能主义理论发展的结果,不代表科学意义上所谓进步的"发现"。换言之,以预见可能性为重心的归责机制之所以被否决,不是因为它在认识论上是错误的,而只是因为此情此境之下它不再具备功能上的适应性。

有必要指出的是,日本的主流刑法理论虽总体上仍持旧过失论的观点,但从其发展出过失实行行为的概念与开始从危险的现实化的角度界定结果归责来看,可以说也恰好暗合了这种功能化的趋势。过失实行行为概念的勃兴与结果归责理论领域的实质化发展,本身便是归责重心向客观层面转移的明证。当然,笔者并不认为,过失实行行为概念是解决过失犯行为归责问题的理想方案。

其次,实现从结果本位到行为本位的转变。这包含两个层面的内容:一是相对于构成要件结果而言,行为要素对于过失犯的归责更具决定性;二是过失犯归责的关键时点是在行为时而非结果时。在一个以客观归责为重心的归责结构中,构成要件结果对于过失犯不法的成立自然仍然具有重要的意义,并不处于客观处罚条件的地位,但这并不意味着要采取结果本位主义的立场;相反,"不论是基于正义或是刑罚的威吓效果,都同样要求,过失犯刑事责任成立的关键时刻,应该是在危险形成的时候,而不

---

[1] [美]乔治·P.弗莱彻:《刑法的基本概念》,王世洲等译,中国政法大学出版社2004年版,第151页。

[2] 参见林钰雄:《新刑法总则》(第3版),元照出版有限公司2011年版,第177页。

是等到危害结果出现"。[1]

一方面,由于过失行为大多不会引起实际的危害后果,结果主义导向的过失观念,将使人们将结果的避免寄希望于侥幸,无法为行为人提供足够的反对动机,由此而影响刑罚的威慑与预防效果。在风险社会的背景之下,这样纵容人们的侥幸心理,势必使众多的法益暴露于各式冒失行为的威胁之下,严重背离刑事政策的预防目标。另一方面,对于实施相同过失行为的行为人而言,如果刑事责任的有无完全决定于偶然的事实,即结果的引起与否,则这样的归责也难言公平。因为如此一来,一个只有轻微过失但偶然造成严重后果的行为人势必会受到重罚,而一个具有重大过失但侥幸未造成严重后果的行为人却得以逃避处罚。

将归责判断的关键点放在行为之时,并不会使过失结果犯变成危险犯。抛开立法论上是否有必要采纳过失危险犯概念的问题不论,所谓的结果犯,仅仅意味着它的不法包含制造风险与风险实现而产生结果两个环节;至于归责的关键时点是定位在行为时还是结果时,与结果犯的性质本身并无干系。如果要为故意犯与过失犯找到共同的上位因素,则这样的因素包括两个:一是主观上应形成反对动机而未形成;二是客观上回避结果之可能性。[2] 前者对应于制造风险的环节,后者则对应于风险实现的环节。

从预防的角度而言,期待人们在主观上形成反对动机的时刻必然只能定位在行为实施的当时(或之前),即制造风险的环节,这是由刑法规范作为决定规范的性质和功能所决定的。决定规范对人们的行为具有命令与引导的作用,但无论是对于故意犯或是过失犯而言,决定规范都需要通过作用于行为人的主观意志这一中介,才能发挥行为引导方面的效果。而只有行为本身属于行为人主观意志可控制的对象,行为完成之后的发展流程则犹如离弦之箭,不再属于行为人主观意志可控制的范围。也正是基于此,有论者明确提出,一旦行为归于完结,事实流程进入自然发展阶段,决定规范就失去了用武之地,故决定规范只涉及行为制造法所不容许之危险的过程,即行为无价值;它无法涵盖行为

---

[1] 〔德〕许迺曼:《过失犯在现代工业社会的捉襟见肘》,单丽玟译,载许玉秀、陈志辉合编:《不移不惑献身法与正义——许迺曼教授刑事法论文选辑》,新学林出版股份有限公司2006年版,第520页。

[2] 参见郑世创:《过失犯构造问题检讨》,载《刑事法评论》(第28卷),北京大学出版社2011年版,第118页。

结束之后危险最终实现为结果的过程,即结果无价值。[1] 这意味着将归责判断的关键时点放在行为之时,正是刑法规范作为决定规范在逻辑上的必然推论。

二、对预见可能性因素的法教义学重构

思考预见可能性因素在过失犯构造中的定位问题,必须与过失犯归责结构的前述两大转变相结合。只有这样,对预见可能性因素的定位才能合乎当代以管辖思想为基础的归责原理,并满足刑法体系的预防走向所提出的规范需求。基于主流的预见可能性理论所存在的缺陷,这便涉及如何在法教义学层面展开重构的问题。应该说,当前我国有关过失犯理论的研究,基本上是在日本刑法理论的框架之内来展开,可归结为新旧过失论之争。然而,新旧过失论中预见可能性的内容究竟有无不同,这一点无论在日本还是在我国,无论是在旧过失论者还是新过失论者中间,都未能达成共识。有不少论者认为,新旧过失论中均要求的是具体的预见可能性;[2]另有论者则认为,新过失论脱离结果的具体预见可能性,实际上要求的抽象的预见可能性。[3] 此间存在的混乱表明,有必要跳脱单纯的新旧过失论之争,来讨论预见可能性因素的定位问题。

在具体展开讨论之前,本章想要确认两个基本前提:

第一是对预见可能性因素的定位,需要遵守体系构建的基本原则,即相同内容不应当在不同要素中进行重复的审查。旧过失论者有时也承认,其所持立场将使作为罪责过失之核心的预见可能性的判断,与因果关

---

[1] 相关论者在做这样的断言时,是针对故意的结果犯而言,但笔者认为这样的断言同样适用于过失犯。参见陈璇:《论主客观归责间的界限与因果流程的偏离》,载《法学家》2014年第6期,第104页。

[2] 参见〔日〕甲斐克则:《过失犯的基础理论》,冯军译,载高铭暄、赵秉志主编:《过失犯罪的基础理论》,法律出版社2002年版,第4页;〔日〕松宫孝明:《刑法总论讲义》(第4版补正版),钱叶六译,中国人民大学出版社2013年版,第165—166页;〔日〕西原春夫:《过失认定的标准》,载〔日〕西原春夫主编:《日本刑事法的形成与特色:日本法学家论日本刑事法》,李海东译,法律出版社1997年版,第259页;参见周光权:《刑法总论》(第三版),中国人民大学出版社2016年版,第164、171页。

[3] 参见〔日〕西田典之:《日本刑法总论》(第2版),王昭武、刘明祥译,法律出版社2013年版,第299页;〔日〕桥爪隆:《过失犯的构造》,王昭武译,载《苏州大学学报(法学版)》2016年第1期,第119页;张明楷:《刑法学(上)》(第六版),法律出版社2021年版,第380—381页;黎宏:《结果无价值论之展开》,载《法学研究》2008年第5期,第127页。

系及危险的现实化的判断之间存在重合的一面,[1]但是,却在未加论证的情况下将考量因素上的重合视为无关紧要。笔者认为,这种为固守过时的条条框框而罔顾体系构建原则的做法并不可取。旧过失论受自然主义因果观的影响,将条件理论所引发的责任范围的扩张,在就罪责问题进行审查时才做纠正。[2] 如此一来,不法层面的判断与罪责层面的判断就会相互混杂,甚至合二为一。无怪乎日本学者泷川幸辰甚至提出,因果关系在把结果的预见或预见可能性作为前提的范围内,同故意或过失有相同的界限,行为的因果关系理论不外乎是罪责理论的某种体现而已,故在刑法中并没有必要来特别论述行为的因果关系。[3] 可见,除非否认不法与罪责之间的区分意义,不然,在两个阶层中对预见可能性因素进行重复审查便有失妥当。

第二是不应按故意的模式来理解过失的内容。日本有学者认为,成立过失所必须可能认识、预见的事实与成立故意所必须认识、预见的事实之间具有实际上的相通性;[4]更有论者提出,通过简单转用故意犯的相关研究形式,即只要对于"作为故意犯有认识或者预见之必要的事实",能够认定存在预见可能性即可。[5] 但是,这种做法忽视了故意犯与过失犯在归责类型上的重大差异。既然过失并非一种主观的心理状态,而是指偏离客观的行为基准,故意犯与过失犯具有不同的构造,将故意犯的相关研究照搬到过失犯的做法就缺乏基本的合理性,也容易犯缘木求鱼的错误。

在过失犯中,就预见可能性因素的定位问题而言,它包括四个方面的问题:一是如何界定预见可能性因素在过失犯构造中的体系地位;二是预见可能性中要求预见的对象与范围究竟是什么;三是对预见可能性进行判断时是立足于行为时存在的事实,还是裁判时查明的全部事实;四是对

---

[1] 参见[日]桥爪隆:《刑法总论之困惑(一)》,王昭武译,载《苏州大学学报》2015年第1期,第113、116页;[日]桥爪隆:《过失犯的构造》,王昭武译,载《苏州大学学报(法学版)》2016年第1期,第121—122页;[日]松原芳博:《刑法总论重要问题》,王昭武译,中国政法大学出版社2014年版,第214页。

[2] 参见[德]约翰内斯·韦塞尔斯:《德国刑法总论:犯罪行为及其构造》,李昌珂译,法律出版社2008年版,第104—105页。

[3] 参见[日]泷川幸辰:《犯罪论序说》,王泰译,法律出版社2005年版,第25页。

[4] 参见[日]山口厚:《刑法总论》(第3版),付立庆译,中国人民大学出版社2018年版,第249—250页。

[5] 参见[日]桥爪隆:《过失犯的构造》,王昭武译,载《苏州大学学报(法学版)》2016年第1期,第128页。

于能否预见的判断是采纳一般人标准还是行为人标准。以下对前述四个问题分别述之。

第一,预见可能性因素应定位于客观归责层面的行为归责环节,是判断能否进行行为归责的必要前提。

归责概念的意义,在于确定某一事件是属于自然事件还是人的作品。无论是客观归责或是主观归责,都服务于这一中心任务。鉴于预见可能性并非行为人所具有的主观心理状态,而是相对于理性第三人而言的客观上的认定,故该因素理应置于客观归责的层面。归责并不需要以对结果具有认知为前提,也不是只有作为意志之直接产物的行为才能归责给行为人。实际上,但凡属于应该控制且能够控制的事态,均可视为是相应行为人的作品。这也是胡萨克教授主张用控制原则来取代行为原则的实质根据所在。[1] 哈特曾指出,对结果具有认知是自我控制能力的充要条件这一古老的认知形式,与大多数科学家、法律人与普通人对于人的自我控制能力的看法不符;行为人对其行为的结果没有认知,并不意味着他就不可能制止它,没有理由表明,为什么人们不应该为行为之前未想到或未考虑到的情况及其危险而负责。[2]

从刑法规范作为决定规范的角度而言,当人们认知到行为具有导致结果的不容许风险时,理所当然地会被期待产生行为抑制动机;与此同时,当人们意识到自己的行为偏离理性人的行为基准,其虽对行为所蕴含的不容许风险缺乏现实的认知,此时要求其产生行为抑制动机也并不为过。不过,就后一情形而言,倘若规范上期待行为人产生抑制动机,则其必须本来能够预见到行为所蕴含的不容许风险才行;否则,便无从要求行为人产生抑制动机,也会使制裁丧失基本的理性。换言之,要将一个行为视为行为人的作品,必须以对行为所蕴含的不容许风险具有预见可能性为前提。将客观上根本不可能对相应风险有所预见的行为,在刑法上归责给行为人,既缺乏归责的公正基础,也达不到任何预防的效果。

作为行为归责必要前提之预见可能性,与相当性的内容之间存在对应关系。诚然,若是作为结果归责的标准,相当性理论所包含的经验法则判断与相当可能性,都是空洞的概念,但这不意味着该理论不包含任何合

---

[1] 参见〔美〕道格拉斯·胡萨克:《刑法哲学》,姜敏译,中国法制出版社 2015 年版,第 35—37 页。

[2] See H. L.A. Hart, Negligence, Mens Rea and Criminal Responsibility, in Oxford Essays in Jurisprudence, edited by A. G. Guest, London: Oxford University Press, 1961, pp. 42-44.

理的成分。实际上,它对行为归责的判断具有重要的意义,一个根据一般的经验法则不太可能导致构成要件结果发生的行为,难以被认为是在构成要件效力范围内制造了法所不容许的风险,相应地,自然也无法被认定存在客观的预见可能性。就此而言,正如许玉秀教授所指出的,相当理论对客观归责理论的贡献,是在界定"实施构成要件行为"上面,即在于确定是否制造了不被容许的风险上面,所谓具有法律上重要性的风险,即是客观上足以导致构成要件实现的风险。[1] 凡是客观上不足以导致构成要件实现的风险,也就是如果风险不具有相当性,便会否决预见可能性的存在,由此也就产生排除行为归责的效果。在此种意义上,行为本身的相当性与客观的预见可能性可谓是进行行为归责的存在论基础,它是使归责具备正当性的必要前提。

第二,预见可能性中要求预见的内容只限于行为的注意义务违反性及行为所蕴含的不容许风险,至于危险的现实化流程及实际发生的具体结果则不属于预见的范围。

新过失论主张的注意义务违反与客观归责理论中所谓制造法所不容许风险的学说,指向的都是过失犯的行为归责,二者其实是一个硬币的两面,只不过前者着眼于形式的视角,而后者立足于实质的视角。就行为归责而言,"判断的关键是根据法律规范,到底什么是人们客观上有义务去预见的注意事项,而非行为人主观上有无'预见'或'预见可能性'"[2]。很显然,只有以客观上违反注意义务规范的行为方式所创设的风险,才能够归入不容许风险的范围。此处所称的注意义务,仅止于具有刑法品质的注意义务。无论是法定的特别规范还是契约约定或专业的伦理或管理规范,其所课予的注意义务,都要进行有无此种刑法品质的个别判断。[3] 而是否具有刑法品质关联性的判断,无疑需要结合刑法所保护的法益,看相关注意义务规范有无避免法益侵害风险的作用。

可见,一旦将预见可能性定位为行为归责的环节,则应当预见的对象必然包含行为的注意义务违反性及行为所蕴含的不容许风险。需要说明的是,所谓行为所蕴含的不容许风险,当然是指向法益侵害的风险,在具体个案中,这样的风险势必会与构成要件结果之间存在内在的关联。但

---

[1] 参见许玉秀:《主观与客观之间——主观理论与客观归责》,法律出版社2008年版,第23页。
[2] 林钰雄:《新刑法总则》(第3版),元照出版有限公司2011年版,第508页。
[3] 参见林钰雄:《新刑法总则》(第3版),元照出版有限公司2011年版,第511页。

这只是在抽象的、类型化的意义上而言,行为本身是否存在不容许风险,与构成要件结果实际上发生与否无关。是否蕴含不容许风险,是就行为本身的性质而言。就一个已然制造不容许风险的行为而言,即便客观上没有造成现实的法益侵害,也无法否认行为本身的风险的存在。这意味着行为所蕴含的不容许风险,是与具体的现实化的结果相切断的。

除了行为的注意义务违反性及行为所蕴含的不容许风险之外,危险的现实化流程及实际发生的结果不属于应当预见的范围,也即指向实际侵害对象的具体结果与相应的因果发展流程,不应归入客观预见义务的范围。

首先,法规范只能期待行为人对行为当时所存在的事实情状进行预见,而不可能要求行为人跨越时空去预见之后才发生的具体因果流程,更不可能要求其预见未来才出现的指向特定侵害对象的具体结果。要求行为人如事后诸葛亮一般预见到未来的事态发展,是一种规范上的苛求。尤其是在因果作用机制变得极为复杂的风险社会,期待人们预见具体的因果流程怎么发展、往什么方向发展,预见最终的侵害落到哪个具体的行为对象身上,更是显得罔顾现实。

其次,刑法理论上一般并不认为因果关系属于犯罪故意所明知的范围,也不会特别研究对"因果进程的基本部分"的认识这一问题,既然如此,凭什么在认定过失时要求行为人对因果流程的基本部分承担预见义务呢?如果认为在故意犯中,因果关系的错误并不会产生阻却故意的效果,在过失犯中,对具体因果流程缺乏认知或产生误认,自然也不可能导致过失的阻却。退一步说,即便是旧过失论的支持者也不得不承认,对何谓因果进程的基本部分难以进行有效的定义。根据对"因果进程的基本部分"的抽象化程度,预见可能性的有无也可能发生改变,因而很难就这种抽象化的程度找出统一标准。[1]

最后,过失犯中,特定结果是否可归责于行为人,并不取决于其对实际发生的具体结果有无预见可能或是否应当预见,而取决于行为人所制造的风险与实现的结果是否在构成要件的效力范围之内,相关风险是否为注意规范的保护目的所要防止的风险类型,导致结果现实化的风险与行为人所制造的不容许风险是否同一,以及注意义务违反与结果之间是

---

[1] 参见〔日〕松原芳博:《刑法总论重要问题》,王昭武译,中国政法大学出版社2014年版,第227页。

否存在合义务关联等规范性因素。换言之,在结果归责的环节,即风险实现的判断中,完全无须考虑预见可能性的问题。风险实现与否的判断,关键在于从裁判时查明的事实来看,行为所制造的不容许风险是否一直对最终结果的发生发挥着现实的作用力。

第三,对预见可能性进行判断时应当立足于行为时存在的事实,而不应以事后查明的全部事实作为判断的基础。

无论是从归责的公正性还是预防的有效性的角度,都要求立足于行为当时的事实,去判断行为人对行为的注意义务违反性及行为所蕴含的不容许风险是否具有预见可能。一方面,以事后查明的事实为基础来判断行为人能否预见,容易产生因结果严重而反过来认定行为人具有预见可能的弊端,从而过于扩大过失犯的处罚范围。"针对过失的规范接收者,人们期待他避免实现构成要件。但是,这种期待不是无限制的,因为无限制的期待不仅完全是对行为人的一种苛求,同时也将阻止他合理地追求其他目标……人们只能期待法忠诚的规范接收者在各方面的社会生活(如家政、道路交通、货物生产)中,具有通常的、人们认为必要的注意,并预防危险。"[1]这样的注意显然只能以行为当时存在的事实为基础,以事后查明的事实为基础来判断行为人能否预见与应否预见,势必过于限制人们的行为自由。另一方面,立足于过失责任的机能,以行为当时的事实为基础来判断行为人能否预见,有助于预防目的的有效实现。过失责任的机能是确保对于普遍期待的(保障可辨认性和屏蔽风险的)安全标准的遵守。[2]这意味着法规范对人们提出的首要期待,是通过遵守安全标准来避免法益侵害结果的发生,而不是在罔顾安全标准之后再设法采取措施避免结果的发生。可以说,安全标准为法益的保护提供了至关重要的第一道屏障。它的基本宗旨是保护法益,但并不着眼于避免对特定行为对象的法益侵害,而是立足于规则功利主义的根基,从一般意义上有利于屏蔽法益侵害的风险而言。基于此,安全标准本身并不内在地需要与特定行为对象实际所遭受的具体结果相关联。期待行为人遵守安全标准,就等于要求行为人产生行为抑制动机,其前提必然是立足于行为当时已然存在的事实情状,行为人对行为的注意义务违反性及行为所蕴含

---

〔1〕 〔德〕乌尔斯·金德霍伊泽尔:《刑法总论教科书》(第六版),蔡桂生译,北京大学出版社2015年版,第325页。

〔2〕 参见〔德〕乌尔斯·金德霍伊泽尔:《刑法总论教科书》(第六版),蔡桂生译,北京大学出版社2015年版,第325页。

的不容许风险具有预见的可能。只有这样,刑法规范作为决定规范才能起到应有的行为指导方面的作用,对相关行为人进行的制裁,也才能够有效地发挥一般预防的效果。

第四,对于能否预见的判断,应当采纳一般人标准,但对一般人标准需要做相对具体化的处理。

在判断能否预见时理应当采取一般人标准而不是行为人标准。与故意不同,过失的成立始终是与第三人相对照而言,并内在地以这种对照关系作为构建的逻辑基础。缺乏与第三人的对照,便不可能成立所谓的过失。个别化的过失理论认为,在确定是违反必要的注意时,只需要考虑具体行为人的个别能力,而不需要求助于具备平均认知的标准人格,其缺陷不仅在于使不法与罪责的区分不复存在,[1]更在于其忽视了过失结构中的这种对照关系。过失的存在,始终需要以一个标准的规范接受者的形象的存在为前提。问题的关键只在于这样一个标准的规范接受者的形象应当如何来界定。

可以肯定的是,所谓的一般人标准并非是在抽象的意义上而言,即完全无视年龄、性别、教育背景、职业经历等因素,不然,过失结构中所内含的对照关系便难以有效地展开。德国的主流见解认为,在判断能否预见时,应当以(医生、汽车司机、税务顾问等)相应的交往圈中具有洞察力者的相应标准人格通常所具有的认识,或者他们通过可期待的询问或者具有可期待的注意力时能获得的认识为准。[2] 这样的见解大体能够成立,但仍失之于抽象,需要进一步地具体化,也即需要将行为人身上所具有的可能影响预见能力的某些特殊因素考虑进去。比如,一个刚刚拿到驾驶证的行为人,人们能够期待他所具有的谨慎与相应的认识能力,显然要区别于有熟练驾驶经验的从业人员。此时,与行为人相对照的标准的规范接受者的形象,不应当是有熟练驾驶经验的从业人员,而应当定位于缺乏驾驶经验的新手,设想后者在具体的情境中是否能够预见。一旦对一般人的标准做相对具体化的处理,便可合理地解决行为人具有特殊认知的过失类案件。

举例来说,医生甲偶然得知患者乙对某种特殊的药物过敏,而这种过

---

[1] 参见〔德〕汉斯·海因里希·耶赛克、〔德〕托马斯·魏根特:《德国刑法教科书(上)》,徐久生译,中国法制出版社2017年版,第294—295页。

[2] 参见〔德〕乌尔斯·金德霍伊泽尔:《刑法总论教科书》(第六版),蔡桂生译,北京大学出版社2015年版,第331页。

敏本来极为罕见，难以为一般的同行医生所认识；但是，甲在之后的治疗过程中因疏忽而忘记这一点，仍让乙服用该药物致使乙因药物过敏而死亡。此案中，要认定医生甲是否偏离安全标准，是否本来能够预见其行为的危险性，与之相对照的不应该是一般的对该特殊药物的过敏缺乏认知的医务人员，而应当是与医生甲一样对该特殊药物过敏具有认知的理性同行，设想后者如果处于甲的情境中，能否遵守安全标准，能否预见行为的危险性。

对一般人标准做相对具体化的处理，可能会面临两点质疑：一是它会导致能力越高的人越容易被归责，而能力越低的人越容易免于被归责；二是具体化的程度难以合理地把握，这可能导致无限度的具体化，以致与行为人的形象完全地合一。应该说，这两点质疑有其合理性，但并非没有办法来解决。就前者而言，如果行为人的认知与控制能力高于同行业中相应标准人格所具有的能力，此时仍旧以低于该标准人格作为对照的第三方，就可以避免能力越高越容易被归责的问题；与此同时，如果行为人的认知与控制能力低于同行业中标准人格所具有的能力，而这种能力的低下是缘于其自身的可谴责的原因所导致，此时就以高于该标准人格作为对照的第三方，便能够解决能力越低越容易免于被归责的问题。就后者而言，在对标准的规范接受者的形象进行界定时，要求除行为人具有特殊认知的事实性因素之外，只允许考虑那些对行为人的认知能力与控制能力构成消极影响（而这种消极影响非基于行为人先前的过错所导致）的特定因素，就可以合理地把握具体化的程度，防止无限度地具体化的倾向。

综上，作为客观预见义务存在的预见可能性，只是作为结果避免义务的前提而存在，或者确切地说，是作为履行安全标准的必要前提，它本身并不具有独立的意义。因为就过失犯的不法与罪责而言，决定性的因素始终在于行为人在能够预见且应当预见的情况下，却没有避免构成要件的实现，而并非其单纯的有无履行预见义务。将预见可能性因素定位于客观归责层面的行为归责环节，并将预见的内容限于行为的注意义务违反性及行为所蕴含的不容许风险，同时要求采取立足于行为时的一般人标准的立场，并不违背责任主义的要求，也不会导致所谓的结果责任。

故意犯与过失犯属于不同的归责类型，而罪责是针对不法而言，相应地，对故意犯与过失犯在罪责内容上也应按类型化的思路来理解。故意犯对应的是主观的罪责论，而过失犯对应的是客观的罪责论。对于过失犯而言，罪责的考察重心并不在于行为人是不是在具有选择自由的情况下做出不当的行为决意，而在于行为人有没有按法规范所期待的那样运用自身的认识能力与控制能力。[1] 相应地，客观罪责论所谓的可非难性，并非意指行为人对主观意思自由的滥用，而指向的是其未按国家法规范之要求而遵守安全标准并避免法益侵害结果的发生。过失犯中，行为人毫无疑问存在此种意义上的罪责。

此外，对预见可能性因素的前述定位，也并不违背我国刑法对于过失犯的立法规定。我国《刑法》第15条规定，应当预见自己的行为可能发生危害社会的结果，因为疏忽大意而没有预见，或者已经预见而轻信能够避免，以致发生这种结果的，是过失犯罪。该条规定不能成为维护传统过失犯理论的立法依据，因为其中"危害社会的结果"并不等同于构成要件结果，更不指向与特定行为对象相关联的具体结果。《刑法》第14条规定的是故意犯罪的定义，结合第14条中有关"明知自己的行为会发生危害社会的结果"的规定，可以推知两个条款中的"危害社会的结果"，均指抽象意义上的法益侵害结果。陈兴良教授正是以此为据，认为我国刑法理论中存在容纳过失危险犯的余地。[2] 相应地，《刑法》第15条中所谓的"预见"，完全可以也应当理解为是对抽象的法益侵害结果的预见，也就是对行为可能导致构成要件实现的风险的预见。只有这样，才能保持《刑法》第14条与第15条中"危害社会的结果"概念在意义上保持同一性。因为第14条是关于故意犯罪的定义，而故意犯罪不限于结果犯，也包括行为犯，该条中的"危害社会的结果"势必只能解释为是抽象的法益侵害结果。

第四节 本章小结

(1)当前我国通行的以结果的具体预见可能性为中心的过失犯理论，是按故意犯的模式来理解过失犯的产物。过失犯在不法类型上区别于故意犯，二者的归责结构存在重大差异；故意犯对应于意志归责的类型，而过失犯对应于规范归责类型。以故意犯与故意为模式来理解过失与过失犯的构造，在体系逻辑上存在重大缺陷。

---

[1] 参见劳东燕：《罪责的客观化与期待可能性理论的命运》，载《现代法学》2008年第5期，第50—59页。

[2] 参见陈兴良：《过失犯的危险犯：以中德立法比较为视角》，载《政治与法律》2014年第5期，第12—13页。

(2)社会所经历的结构性变迁,要求旧有的社会治理机制做出策略上的调整,而社会治理机制的策略调整又迫使刑法体系发展新的归责原理。当代刑法体系的预防走向要求适用一种以管辖思想为基础的归责原理。就过失犯理论而言,以预见可能性为重心的归责机制背离这样的归责原理,无法有效回应风险社会对刑法归责的功能期待。这样的归责机制既缺乏预防上的有效性,又可能导致归责上的不公正现象。

(3)过失犯的归责结构有必要实现两大转变:一是从主观归责为重心到客观归责为重心的转变;二是从结果本位到行为本位的转变。预见可能性因素在过失犯构造中的定位,必须与过失犯归责结构的转变相结合。它应定位于客观归责层面的行为归责环节,预见的内容仅限于行为的注意义务违反性及行为所蕴含的不容许风险;在判断能否预见时,需要采取立足于行为时的一般人标准的立场。

第十二章　过失犯理论重构的正当性论证与适用

前章的论述表明,从过失犯理论在当代的发展历程来看,它的归责结构经历了两个转变,即从主观归责为重心到客观归责为重心的转变,以及从结果本位到行为本位的转变;与此相应,传统上作为归责判断之核心因素的预见可能性,宜定位于客观归责层面的行为归责环节,而预见的内容则限于行为的注意义务违反性及行为所蕴含的对法益的不容许风险。过失犯归责结构的转变,以及由此导致的预见可能性体系地位的变化,是将预防的目的性考虑融合于相关教义学理论建构之中的结果,是预防刑法内在要求的体现。

这样的理论发展,不仅意味着过失犯的归责标准经历了重构,由于偏重于考虑社会对刑法系统的功能期待的一面,还意味着刑法归责的门槛有所降低,相比于之前,行为人可能更易于被认为越过归责的门槛。许玉秀教授在评价客观归责理论时曾经指出,客观归责只要证明行为的"危险性"即为已足,从这一点来看,客观归责不尽然是限制构成要件适用范围的要素,表面上判断客观构要件合致性,多增加一道手续,实际上,透过这个要素把原先需要切实证明的因果流程予以简化,透过"危险"的概念使证明更加容易。[1] 由于过失犯归责结构的转变与预见可能性体系地位的变化,与客观归责理论的兴起之间存在密切关联,并且后者实际上主要适用于过失犯领域,许玉秀教授的这番评价,其实也可理解为是针对过失犯的归责理论而言。

前章提出,对结果的具体预见可能性并非责任主义原则所要求,不构成刑法归责的正当性基础。然而,相应研究并未进一步论证,在过失犯

---

〔1〕　参见许玉秀:《主观与客观之间——主观理论与客观归责》,法律出版社2008年版,第243页。

中,对预见可能性体系地位与预见内容的重新界定,是否有违责任主义原则。这无疑是需要做认真探究的问题。一种强调功能化与预防有效性的过失犯理论,如果有违责任主义的要求,势必欠缺相应的正当性基础。在此种意义上,探讨责任主义与过失犯中预见可能性之间的关系,实质上是在处理功能化的过失犯归责理论的正当性边界问题。作为此前相关研究的续篇,本章第一节讨论预见可能性与作为刑法归责一般原理的自我答责思想之间的关系;第二节回答将预见可能性定位于过失犯不法的行为归责的环节,是否与责任主义要求相违背的问题;第三节回归实践,运用重构后的过失犯理论对争议案件进行分析,认为有必要将涉及预见可能性问题的案件与其他类型的过失案件作区别化的处理。

值得指出的是,过失犯中的预见可能性经常与预见义务纠集在一起。实际上,有关预见的问题应当区分为两个层面:一是应否预见,即预见义务的判断;二是能否预见,即预见可能性的判断。就二者之间的关系而言,前者涉及规范性的判断,后者则涉及经验层面的事实性判断;同时,只有在肯定存在预见义务的基础上,才需要进一步作是否具有预见可能性的判断,即二者存在严格的位序关系。在处理过失犯的案件中,预见义务一般不单独拎出来讨论,在进行预见可能性的判断时,人们实际上已然肯定行为人具有预见义务。因而,有必要强调指出,本章所谓的预见可能性,指的是预见问题中第二个层面的内容,它属于经验事实判断的范畴。

第一节　重构后的预见可能性与刑法中的自我答责

在传统过失犯理论的框架中,预见可能性的体系位置一直含混不清。一方面,人们将预见可能性当作过失本身的内容;另一方面,又在随后的因果关系与结果归责的判断中用到预见可能性,似乎预见可能性是万金油,既可以在过失的认定中承担作用,又能够在过失的归责判断中发挥功能。这种混乱源于传统理论未对过失的认定与过失的归责进行区分。实际上,过失的认定与过失的归责指向的是不同的问题。本节在区分过失认定与过失归责的前提下,提出预见可能性不属于过失认定的因素,而只在过失归责中需要考虑,即它属于影响归责判断的因素。在此基础之上,本章对过失犯领域之外刑法理论中需要考虑预见可能性的情形进行梳理与分析,发现相关情形均涉及归责判断的问题。鉴于预见可能性具有超越过失犯领域的意义,有必要对预见可能性与刑法中的自我答责之间的一般关系进行探讨。对二者的关系基本上可以做这样的界定:作为经验事实范畴的预见可能性,构成刑法中自我答责的正当性门槛。让行为人对行为时缺乏预见可能性的行为及危险现实化之后的结果负责,将会因缺乏正当的事实基础而有失公正。

一、不法阶层须区分过失的认定与过失的归责

秉持传统立场的学者,往往以过失犯的本质在于发生了不该发生的结果,或者以过失犯属于结果犯且过失犯的未遂犯不罚为由,倒果为因地认为过失(实行)行为的存在与否取决于构成要件结果的实现,从而否定过失(实行)行为的独立意义。[1] 有个别论者甚至进一步主张,过失犯没有自己独立的行为,也没有实行行为。[2] 此类观点存在明显的疑问:

一则,从基本逻辑来看,必然是行为在前结果在后,是行为引发结果,而不是相反。无论后续的结果有没有出现,行为只要实施完毕,就是客观的存在,结果如何不可能改变作为已然客观事实的行为本身的性质。认为结果反过来成就(实行)行为的观点,违背教义学的基本逻辑。

二则,在行为人严格遵守行为基准或安全规则的情况下,倘若出现法益侵害结果便要追究行为人过失犯的刑事责任,则这样的追究无异于结果责任,难言正当。比如,医疗领域中,医护人员并未违反手术操作与术后的管护标准,但仍出现患者死亡的结果,而该死亡结果属于此类手术中能够预见的小概率事件。按论者的逻辑,岂非要追究医护人员过失犯的责任?动辄涉及刑事责任,如此高危风险的医护职业,恐怕人人都要避之不及了。

三则,认为强调过失行为乃至实行行为没有实际意义的论断,违背刑法规范作为决定规范的属性。决定规范是指引作为规范对象的公民实施或者不实施某种行为的规范。涉及过失犯罪的罪刑规范,显然应当同样具有决定规范的性质。而作为决定规范的刑法规范,势必只能在行为实施之前发挥作用,一旦行为实施完毕,它就犹如离弦之箭,行为人本人对其后的因果流程很难再有完全的控制。因而,否定过失行为的意义,就等于否定了过失犯罪的罪刑规范作为决定规范的属性。

---

[1] 参见高洁:《过失犯罪实行行为研究》,载《刑事法评论》(第 20 卷),北京大学出版社 2007 年版,第 433 页。

[2] 参见周铭川:《论过失犯的行为构造》,载《中国刑事法杂志》2008 年第 6 期,第 14 页。

四则,这样的论断对法益的保护极为有害,从刑事政策的角度来看也颇不明智。认为过失犯的本质在于结果而不在于行为的观点,容易纵容行为人的侥幸心理,同时它也在向人们传达这样的信息:只要法益侵害结果不发生,自己便可为所欲为,无须顾及社会生活交往中的各类行为基准。这就等于是将法益保护的防护线推后至侵害结果临近发生的那一刻。从法益保护的角度来看,前述界定必然会降低"过失"的概念对一般人的人身与财产法益的保障功能,而这种使"过失"贬值的做法没有宪法上或刑法上其他基本原则的依据。[1]

综上可见,传统理论对过失的界定,既有失公正也缺乏预防效果。如许迺曼教授所言,"在道路交通以及在许多职业活动领域,由于是一再重复的行为,就算有过失也很少引起危害的结果,如果依照传统过失观念,刑事责任只有在结果发生时成立,那么在大多数过失而未引起危害结果的情形,是不会有强力威吓效果的。人们甚至可以引用旧有的目的主义观点并主张这种传统概念是不公正的,因为过失是否引起危害结果将完全依赖于偶然的事实,以致同样的危险行为,其刑事责任却由于偶然的后果而部分成立,部分不成立"。[2]

这意味着在过失犯的构造中,行为具有独立于结果的存在意义,它的认定自然也不依赖于实际结果的出现与否。在过失行为成立而实际结果未出现的场合,行为人之所以不构成过失犯的不法,不是因为欠缺过失行为,而是因为作为客观构成要件要素之一的结果要素不具备。只有这样来思考问题,才符合教义学的体系逻辑要求。同时,未来的刑法立法上倘若出现过失危险犯的模式,也完全能够据此得到合理的解释。实际上,对于过失犯的不法而言,行为的意义甚至于要大于结果的意义。这样断言,其理由不仅在于单是依据结果难以辨识行为人的行为究竟成立故意犯的不法还是过失犯的不法,还在于结果完全可能是容许的风险所致,它的出现与否根本就不影响不法的判断。

说到底,前述认为过失行为缺乏独立意义的观点,乃是源于对过失的本质存在理解上的偏差所致。过失的本质在于行为在客观上偏离一般的

---

〔1〕 此处借用了黄荣坚教授对传统故意理论的批评,参见黄荣坚:《刑法问题与利益思考》,中国人民大学出版社2009年版,第9页。

〔2〕 〔德〕许迺曼:《过失犯在现代工业社会的捉襟见肘》,单丽玟译,载许玉秀、陈志辉合编:《不移不法惑献身法与正义——许迺曼教授刑事法论文选辑》,新学林出版股份有限公司2006年版,第520—521页。

行为基准。这种行为基准源于每个个体所承担的社会角色。毕竟,个体并不是作为孤立的原子,生活在这个世界,而是构成社会关系之网中的一个个节点。一个社会若想要正常地运转,就必须存在相应的行为基准;只有这样,作为社会成员的个体之间,才能进行顺畅的互动与沟通。在此种意义上,行为基准本质上是要解决人与人之间互动和交往的稳定结构问题。

在一个高度抽象与复杂的风险社会中,就更是如此。人们之间想要形成正常而稳定的社会交往,就必须解决人际互动的双重偶联性问题;所谓的双重偶联性,是指在一个社会中,一个人的行动必须考虑到其他人的行动才能确定。[1] 双重偶联性的困境与博弈论中的囚徒困境在性质上比较相近,只是抽象程度更高且更具普遍化的指涉意义,因为前者被置于社会中个体之间互动的层面,并不局限于特定的领域。在抽象的互动模型中,互动双方采取行动必须以对方的行为为前提,如果对方的行动不稳定,难以给一方以稳定的预期,那么这一方也很难采取行动。[2] 基于此,众多行为基准的存在,为构建稳定的社会信任机制所必须,旨在降低人与人之间互动与沟通的成本,以规制个体的以自利的理性算计为基础的交往模式所可能带来的混乱与失序。

行为基准所承担的这种社会功能,意味着它必然是指向一般人的,而不可能针对特定的个人。也只有具有一般规范特性的行为基准,才可能实现行为基准所承担的社会功能。因而,过失的成立,必然暗含着与社会一般个体的比较:行为人未能遵守,或者至少是偏离了一般人应当遵守的行为基准的要求。而这样的行为基准,既可能表现为日常生活中的注意规范,也可能表现为行业注意规范,或者以前置性法规面目出现的行政性的注意规范。在判断此类规范是否具有刑法上的行为基准的品质时,一般需要结合规范保护目的,也即规范所指向的保护客体来确定;只有那些旨在保护相关法益的注意规范,才可能构成刑法意义上的行为基准。这意味着过失的认定,必然是一种客观的判断。此处所谓的客观,不仅意指有无过失是相对于一般人而言,而且是说,有无过失乃是着眼于行为客观上是否偏离行为基准所做的判断。

---

〔1〕 参见泮伟江:《当代中国法治的分析与建构》(修订版),中国法制出版社2017年版,第90、97页。

〔2〕 参见泮伟江:《当代中国法治的分析与建构》(修订版),中国法制出版社2017年版,第92—93页。

与过失的认定仅限于某一构成要件要素是否具备不同,过失的归责探讨核心,是在存在过失行为且其中的危险已然现实化之后,同时又具有预见可能性的情况之下,能否在不法意义上要求行为人对相关行为及其结果来负责。这实际上是在分别确定客观构成要件与预见可能性存在之后,进一步判断二者之间是否一致的问题,也即是否成立不法意义上的过失犯罪的问题。在此种意义上,不管是将预见可能性定位为规范性的主观要件,或是不承认过失犯存在主观构成要件,只要涉及不法意义上的过失犯罪是否成立的判断,就必然需要检讨预见可能性与客观构成要件之间是否合致的问题。

故意犯与过失犯在不法归责结构上存在重大的差异,故意犯属于意志归责的类型,而过失犯则归于规范归责的类型,这导致二者在犯罪构造上大不相同。[1] 但是,无论是故意犯还是过失犯,其间都涉及归责的判断,二者在判断方法上不可避免地具有相似性。这就使得过失的认定与过失的归责之间的区别,比较接近于故意的认定与故意的归责之间的区别:故意的认定关注的是故意的有无,只能采取行为时的标准,涉及故意犯的主观构成要件要素即故意是否具备的问题;故意的归责则是要解决客观要件与主观要件之间的一致性问题,关注的在客观构成要件与主观构成要件分别合乎特定犯罪的构成要件的情况下,能否成立一个故意的既遂犯罪问题。[2] 尤其是,倘若将预见可能性定位为过失犯构造中的主观要件的话,则过失的认定与过失的归责和故意的认定与故意的归责之间,在分析逻辑的相似度上就会更高一些。

二、预见可能性作为刑法中答责的正当性门槛

如前所述,过失的认定属于双重意义上的客观判断。过失的归责则有所不同,其中必然蕴含一定的主观性要素。当然,这种主观性要素未必是在单纯的心理学的意义上而言,是由刑法归责的一般原理所致。

以自我决定为根据的自我答责是刑法归责的一般原理:自我决定是主体基于对自由的普遍承认和尊重,而通过行为来决定和实现自己的自

---

[1] 参见劳东燕:《刑法中的客观不法与主观不法——由故意的体系地位说起》,载《比较法研究》2014年第4期,第76—78页。
[2] 明确对故意的认定与故意的归责相区分的,参见蔡圣伟:《重新检视因果历程偏离之难题》,载《东吴法律学报》2009年第1期;贾中亚:《归责论视野中的打击错误》,清华大学2018年法学硕士学位论文。

由，它是意志自由的客观表现；当一个人用行为制造了与他人的关系，自我决定也就是行为决定。[1] 自我答责的思想实质上是要求风险自担，理由在于，"当我们肯定每个人都是自由人的时候，也就是肯定了其以行动实践生活规划的权利，然而此一行动并非只会产生正面效应，也会附带负面效应，特别是在一个与他人一起生活的世界，这个负面效应时常会以他人法益风险的形式而呈现，因而如果我们肯定，当负面效应发生在行动者个人利害关系范围的时候，是行动者自己不得不负担的生活成本，那么当负面效应发生在他人利害关系范围的时候，也同样应该是行动者要负担的生活成本。风险和自由是不可分的，而很清楚的是，一个想要享受自由的人，必然也要负担成本"。[2] 这样一种以自由理念为基础的自我答责思想，不仅适用于对行为人的归责，也适用于被害人的自我答责；同时，它在整个不法层次上都能够有所作用，不仅会影响结果归责的判断，也会影响行为归责的判断。有论者质疑将被害人自我答责的思想仅限于结果归责环节的做法存在问题，其核心根据正在于建立在自我决定权基础上的自我答责乃是归责的一般原理，不可能只在决定结果归责的时候产生作用，而无法在决定行为不法的时候产生作用。[3]

风险自担的思想，要求行为人对自我决定的行为及其结果负责时，至少需要行为人在行为当时，对行为的注意义务违反性及其所蕴含的导致法益侵害的危险具有预见可能性。正如许玉秀教授所言，从"人为自己意志的创作负责"的共识出发，对于刑法中的归责入门门槛而言，重要的不是行为人有没有实际认识，而是客观上有无认识可能性。[4] 这种意义上的预见可能性，虽与结果相关，但并不指向实际发生的结果，指向一般性、抽象的可能发生的结果便足矣，故而，它的更准确的表述是对行为所蕴含的法益侵害结果的危险的预见可能性。也只有行为人对行为的注意义务

---

[1] 参见冯军：《刑法中的自我答责》，载《中国法学》2006年第3期，第93—94页。

[2] 周漾沂：《风险承担作为阻却不法事由——重构容许风险的实质理由》，载《中研院法学期刊》2014年第14期，第204页。

[3] 据此，该论者认为，被害人自主进入风险，所变更的不仅仅侵害结果的归属，也包括风险本身的评价。当风险创造行为不具有侵害意义，风险实现后的结果就再也不是侵害结果。参见周漾沂：《风险承担作为阻却不法事由——重构容许风险的实质理由》，载《中研院法学期刊》2014年第14期，第202页。

[4] 许玉秀教授进一步将"人只为自己意志的创作负责"理解为现代罪责原则的内容，笔者认为不尽妥当，许教授分明是将归责的事实基础与归责的判断标准混为一谈了。参见许玉秀：《主观与客观之间——主观理论与客观归责》，法律出版社2008年版，第132—133页。

违反性及其所蕴含的对法益的危险有所预见或者至少具有预见可能性,刑法才能对行为人科处避免行为的动机形成义务与相应的结果避免义务。若是行为时根本就无法预见注意义务的违反性与行为所蕴含的法益侵害的危险,刑法却仍向行为人提出不予实施或者应当实施相关行为的诫命,便不当地干预了个人的自治空间。这样的诫命在现代社会必然缺乏正当性基础。也正是基于此,日本学者将此种意义上的预见可能性要求,解读为是缘于"法不强人所难",认为根据"法不强人所难",不能要求行为人避免不可能认识到的危险性,因此,即便要对行为人科以结果避免义务,该义务也应该限于为了避免行为人原本能够认识到的危险性。[1] 笔者认为,从"法不强人所难"的原理出发,固然也能得出类似的结论,但这一原理的内容比较含混,并未真正点出阻却归责的实质性根据;况且,从通常的理解而言,"法不强人所难",主要是作为期待可能性要求的另一种表达而存在。从自我决定权为基础的自我答责原理出发,来解读行为时的预见可能性要求,是更为妥当与合理的路径。

总而言之,从刑法自我答责的原理与相应的风险自担的思想出发,个体在实施行为时存在对行为所蕴含的法益危险的预见可能性,是让其对相关行为及其结果负责的正当性基础。过失犯中要求在行为当时具有对行为的义务违反性及其所蕴含法益危险的预见可能性,实质是在要求,行为人对相应的行为与之后的危险现实化过程具有支配可能性。在此种意义上,预见可能性其实划定了个人负责的范围,超越这一范围的归责,会因丧失事实基础而面临正当性上的质疑。可见,过失犯中,预见可能性只与过失的归责有关,而与过失的认定没有关系。若是预见可能性与过失的认定有关,便难以理解为什么实施故意犯罪的行为人履行了预见义务,反而具有更高程度的不法与罪责。同时,预见可能性虽在归责层面发挥作用,但它只构成使归责变得正当的事实基础,无法进一步成为归责判断的标准。有无预见可能性是一个经验事实层面的问题,能否进行归责则是一个规范判断问题。认为预见可能性是一个同时包含事实判断与规范价值判断的标准的观点,[2] 实质上是认为预见可能性既构成归责的事实基础,又构成归责的判断标准。然而,作为一个经验事实范畴的预见可

---

[1] 参见〔日〕桥爪隆:《过失犯的构造》,王昭武译,载《苏州大学学报(法学版)》2016年第1期,第120页。

[2] 蔡仙博士在她的博士学位论文中对此观点有所批判,参见蔡仙:《论过失犯中的结果避免可能性》,北京大学2018年法学博士研究生学位论文,第154—155页。

能性,不可能承担起规范层面归责判断标准的重任,这种将归责的事实基础与归责的判断标准混为一谈的做法,其谬误之处犹如利益法学既将利益视为评价对象又将利益当作评价标准那样,违背教义学体系逻辑的一般原则。

不难发现,作为刑法归责的正当性门槛的预见可能性要求,意味着只有在行为时可预见的,才是意志上可支配的,从而是刑法上可归责的。正因为预见可能性具有为刑法归责提供作为正当性门槛的事实基础的地位与作用,所以,它具有超越过失犯领域的一般意义。但凡涉及不法层面的行为归责与结果归责的情形,都需要考虑预见可能性的因素,它构成归责的外在边界。

相应的情形包括:(1)结果加重犯中,加重结果能否归责于基本犯行为,要求考虑行为时的预见可能性。(2)传统的因果关系理论,在判断是否中断因果关系时要求考虑预见可能性,包括相当因果关系理论中的相当性判断,其核心内容也是预见可能性。虽然传统刑法理论经常是在对具体结果的预见可能性的意义上使用这一概念,由此甚至导致将因果关系的判断与罪责判断混为一谈的论断,[1]但它同样是在客观(构成要件)归责的层面来运用预见可能性,将之作为归责的外在边界。(3)特定的故意犯罪类型,如丢失枪支不报罪与滥用职权罪等,最终发生的危害结果能否归责于行为人的丢失枪支行为或滥用职权行为,取决于该结果是否在行为时处于所可能预见的危险的范围之内。(4)打击错误中,因打击偏差所导致的结果能否归责于行为人的行为,一般需要以预见可能性的范围为限。(5)因果关系流程错误中,由因果流程偏差导致的危害结果是否归责于行为人,取决于该结果是否是行为人行为时所可能预见的危险的现实化。(6)防卫过当与避险过当的情形,行为人是否成立过失不法,必须考虑预见可能性的问题。(7)挑唆防卫的处理中,对挑唆人的防卫权的限制或否定,也应当以预见可能性的范围为限。如果相关侵害是挑唆行为相当且可预见的结果,挑唆人便不能进行正当防卫,相关的侵害行为及其造成的结果,只能由挑唆人自我答责。(8)假想防卫与假想避险中,行为人是否成立过失犯罪,同样需要考虑预见可能性。(9)共同犯罪

---

[1] 比如,日本学者泷川幸辰提出,因果关系是把结果的预见或预见可能性作为前提的范围内,同故意或过失有相同的界限,所以,行为的因果关系理论不外乎是罪责理论的某种体现而已,在刑法中并没有必要来特别论述行为的因果关系。参见〔日〕泷川幸辰:《犯罪论序说》,王泰译,法律出版社2005年版,第25页。

中出现行为过限时,能否要求其他共犯人对过限行为及其结果来负责,也会涉及预见可能性的问题。

第二节 重构后的预见可能性合乎责任主义的要求

作为刑法归责的一般原理,建立在自我决定权基础之上的自我答责思想,不仅适用于对不法层面的归责根据的解读,也适用于对罪责层面的归责根据的把握。换言之,自我答责乃是作为上位的概念与范畴而存在。这也是为什么本章要先行对预见可能性与刑法中的自我答责的关系进行交代的原因。不法层面的归责探讨的核心,是实际出现的结果能否视为是行为人行为的作品,而罪责层面关注的则是,是否特定的行为人主观上具有可谴责性,从而应让其来对不法负责。责任主义的要求本质上涉及让特定的个体对不法负责是否公平的问题。本节立足于法律中个体的形象从道德主体向社会主体的转变,认为过失犯的罪责问题对传统的责任主义构成重大挑战,有必要重新理解与界定责任主义的基本内容。在此基础上,进而回答重构后的预见可能性是否合乎责任主义要求的问题。

一、社会的维度与责任主义的基本内容

传统刑法理论中的责任主义,将罪责的本质理解为是意思自由的滥用。这种意义上的罪责,一般称为主观责任论,它以行为选择上的意思自由为前提,要求行为人至少认识或预见到其行为会侵害法益,并具有选择避免实施相应行为的现实可能性。[1] 这种责任论乃是古典自由主义理论的产物,故只有放在古典法律范式的框架之中,对其基本特点才能获得更为真切的理解与把握。

古典法律范式以意志论为基础,它具有三个主导特征,即公法与私法之分、个人主义以及信奉法律解释的形式主义。意志论旨在确立这样一种原则,即法律应该基于有利于个人自我实现的共识。根据意志论,政府应当帮助人们实现意志,而对人们意志的限制之所以必要,仅仅在于能够使他人同样实现自己的意志。[2] 无论是国家还是个人,都作为人格享

---

[1] 参见劳东燕:《罪责的客观化与期待可能性理论的命运》,载《现代法学》2008年第5期,第51—52页。

[2] 参见〔美〕邓肯·肯尼迪:《法律与法律思想的三次全球化:1850-2000》,高鸿钧译,载《清华法治论衡》2009年第2期,第55页。

有者而存在，法律据此而被认为是主权者的命令，是主权者意志的体现。这样的一种法律范式，关注的仅仅是国家与个人之间的二元关系，并对个人做完全原子化的界定。对于古典法律范式而言，只有国家和个人才具有真实的法律意义。古典法律的意象便是自然个体与主权国家的二元结构，团体也是通过自然人的想象而被拟制为法人；在古典法律范式之下，"社会"是公民个体展开竞争的自由进出的场所，它只具有抽象的时空含义，即指由一系列法律主体与法律行为所构成的时间之流和空洞的法律空间。[1]

古典法律范式的突出特点便是"社会"的缺席，个人被当作原子化的存在，其作为社会成员的社会性的一面遭到忽视。因而，个人所具有的责任，不可能是对社会的责任，而只能是作为一个道德主体的责任。当个人滥用意思自由时，他便背离作为道德主体的义务而被认为有主观上的过错，从而产生个人责任的问题。由此可见，古典法律范式奉行的是一种以独立意志人格为前提的责任概念，并且，责任的概念总是同过错的概念联系在一起。[2] 与之相应，彼时刑法中的责任主义，不仅是一种个人责任与主观责任，同时也是一种道义责任。

意志论的个人主义面相，导致其忽视人与人之间的相互依赖，法律上也相应容忍许多反社会行为的存在。在某种意义上，以意志论为基础的古典法律范式，只"适合"19世纪上半叶的社会和经济条件，随着城市化、工业化、组织化的社会以及市场的全球化的发展，它很快面临来自社会法学的挑战。[3] 在社会法学思潮尤其是社会连带法学的影响之下，"社会"获得全新的法律维度，并开始承担重要的法律功能："社会"不再是古典法律范式中那个空洞的过渡环节，而是新型法律范式下法律主体与国家主权双向沟通必经的中转场所；社会在国家权力主导下实现法律规范层面的组织，国家又通过法律的社会渗透展开其治理机制。[4] 由此，社会法学扬弃原子化个人的思考方式，在个人、社会与国家的三角关系

---

[1] 参见高鸿钧、赵晓力主编：《新编西方法律思想史（现代、当代部分）》，清华大学出版社2015年版，第37页。

[2] 参见〔法〕莱昂·狄骥：《公法的变迁·法律与国家》，郑戈、冷静译，辽海出版社、春风文艺出版社1999年版，第180—181页。

[3] 参见〔美〕邓肯·肯尼迪：《法律与法律思想的三次全球化：1850-2000》，高鸿钧译，载《清华法治论衡》2009年第2期，第71—72页。

[4] 参见高鸿钧、赵晓力主编：《新编西方法律思想史（现代、当代部分）》，清华大学出版社2015年版，第37页。

中,重新考虑法律范式的构建。这种新的法律范式力图将社会的维度整合于其中,通过对法律的社会嵌入性改造,实现法律与社会的良性互动,以便应对不断加深的法律现代性的危机。[1]

可以说,社会法学宣告了"社会"的崛起;而"社会"的崛起,不仅暗示着国家、社会与个人之间的法律关系经历了深刻的变化,也意味着国家的角色逐渐从主权者转变为公共服务的提供者、国家治理机制的重大转型。以"公共服务"概念取代"主权理论",导致对整个现代公法的重构性理解,公法因而不再被认为是规制主权国家与其臣民之间关系的规则体系,而成为对于组织和管理服务来说必不可少的规则体系。[2] 于是,法律从主权者的意志的体现,一跃变为服务于社会目的的手段。过失犯在刑法中的兴起,正是因应这种趋势而出现。说到底,过失犯的构造中所蕴含的行为人与一般人之间的比较结构,以及过失的判断中为什么必须引入一般人的标准,都可以据此而获得合理的解释。这种想象中的一般人形象,能够遵守社会通过刑法而提出的规范性要求,凸显的正是个人的社会性一面。

由是之故,个人在法律上的身份,出现从道德主体向社会主体的重大转变。个人法律身份的这种转变,不仅对于私法领域的所有权神圣、契约自由、侵权责任等理论产生重大影响,也深刻地改变了包括刑法在内的公法的基本架构与运作逻辑。就责任而言,由于强调个体的社会性的一面,个人未能履行其作为社会成员的义务,便属于对社会有亏欠,从而引发国家对个体的法律谴责。在刑法领域,责任论由此而经历了客观化与社会化的过程。尽管责任主义的大旗仍然高扬,但它明显已然偏离以道德主体为基础的主观责任论与道义责任论。罪责的内容中加入了社会的要求与利益,其考察重心也从行为人是不是在具有选择自由的情况下做出不当的行为决意,转移到其有没有按社会所期待的一般人那样,运用自身的认识能力与控制能力。[3] 诚如论者所言,一旦罪责评价需要与处于

---

[1] 参见高鸿钧、赵晓力主编:《新编西方法律思想史(现代、当代部分)》,清华大学出版社 2015 年版,第 44 页。

[2] 参见高鸿钧、赵晓力主编:《新编西方法律思想史(现代、当代部分)》,清华大学出版社 2015 年版,第 37 页。

[3] 参见劳东燕:《罪责的客观化与期待可能性理论的命运》,载《现代法学》2008 年第 5 期;劳东燕:《罪责的社会化与规范责任论的重构——期待可能性理论命运之反思》,载《南京师大学报(社会科学版)》2009 年第 2 期。

行为人位置的一般人联系起来,就必定要提出一个一般的而非个别的标准。[1] 如此一来,责任主义所谓的可非难性,便难以认为是行为人对主观意思自由的滥用,确切地说,是在于行为人未达到社会的规范性期待。

既然犯罪具有社会性的意义指向,是人际互动与沟通过程中的产物,刑罚也是社会的,是共同体对实施犯罪的个人发出的谴责性宣告,则刑法中的罪责概念也必然蕴含社会性的成分。换言之,罪责必定是相对于社会而言的,旨在表达行为人使社会期待落空的评价,故而不可能采取行为人的一元视角来构建。就此而言,在构建罪责的基本内容时,必须引入"社会—个体"的二元关系视角,将社会的维度整合于其中。晚近以来刑法理论中发展出来的功能罪责论,明确地要求将预防目的整合在内;由于预防目的指向的是社会面向的预防性利益,功能罪责论实质上不过是罪责概念进一步社会化的产物。以滥用意思自由为基本内容的责任论,其采取的个人主义进路因此存在重大的疑问。实际上,滥用意思自由之所以具有可谴责性,归根结底是因为行为人在有能力遵守的情况下,背离社会对其提出的规范性期待的要求。试想一下,若是社会未通过刑法规范对行为人提出相应的期待,则其主观上对意思自由的滥用,根本不可能引发刑法的谴责。可见,将刑法中责任的内容定位在意思自由的滥用上,并没有真正抓住其内在本质。在过失犯成为举足轻重的犯罪类型的今天,此种责任论还犯了以偏概全的错误。滥用意思自由之类的表述,分明是以故意犯罪作为原型解读得出,根本无法涵盖过失犯罪的罪责内容。无论是故意犯还是过失犯,其值得谴责之处恰恰在于行为人本来有能力按社会对其的规范性期待来行事,但却背离了这种规范性期待的要求。在此种意义上,对于当代的罪责概念而言,如果非要强调其反伦理性的一面,则其违背的并非个人性的伦理,而是社会性的伦理。

二、罪责概念、一般预防与预见可能性

笔者所主张的责任的社会化,是基于功能主义的立场,从刑法系统作为法律系统的子系统,需要承担稳定规范性期待的功能[2]的前提出发,而对罪责理论进行反思性重构的结果。它与传统刑法理论中的社会

---

[1] 参见〔德〕冈特·施特拉腾韦特、〔德〕洛塔尔·库伦:《刑法总论 I——犯罪论》,杨萌译,法律出版社2006年版,第204页。

[2] 参见〔德〕尼可拉斯·鲁曼:《社会中的法》,李君韬译,五南图书出版股份有限公司2009年版,第152—184页。

责任论存在重大的差异。不可否认,二者在对罪责概念的诠释中,均引入了社会的维度。但是,责任的社会化理论,关注的中心对象仍是行为而不是行为人。它关注的是行为本身是否背离规范性期待,而不像社会责任论那样,以人身危险性为中心,注重的是行为人在未来的再犯可能性。同时,责任的社会化理论,努力将罪责的概念与刑罚目的,尤其是一般预防的目的的考虑相协调,而社会责任论则基本上是以特殊预防的目的性考虑来填充罪责概念的内涵。

在一个预防导向的刑法体系中,对罪责概念与刑罚目的关系的分离式处理容易引起质疑:一方面,如果忽略罪责原则,则刑罚缺乏存在的正当化根据;另一方面,如果罪责原则限制能实现目的的手段到一定程度,并发挥其重要性而不再是空洞的概念,则刑罚可能无法达到目的。[1] 由于当代刑事政策的基本走向是从特殊预防转为一般预防、[2] 罪责概念与刑罚目的的关系问题,因而主要表现为罪责与一般预防之间的关系。晚近以来刑法理论上的发展趋势,是认为有必要将二者融合在一起,由此导致责任论的功能化。我国学者指出,"将罪责原则嵌入预防机制并不是为了掩饰国家刑罚目的理性和评价理性的冲突,罪责正义与预防思想本来就不是严格对立的,相反它们是相辅相成的。罪责正义如果不服务于预防,就成了为罪责而罪责,那么在以保护法益为己任的现代刑法中就没有地位了;相反,如果预防没有罪责思想的支持,在使公民承担刑事责任时不重视罪责正义,那么就损害了加固和保障法信任的目标"。[3] 诸如此类的表述,非常鲜明地体现了融合论的立场。当然,融合论的立场,其具体构想可能尽不相同。比如,在罗克辛这里,预防与罪责各自独立,二者共同发挥作用,由此构成答责性阶层;在雅各布斯那里,预防与罪责则是合一关系,积极的一般预防的考虑全盘取代了罪责概念原本的内容。[4]

在刑法体系日益走向功能化的今天,罪责概念想要独善其身,摆脱

---

[1] 参见张晶、舒洪水:《预防罪责理论介评——以德国刑法学说为主线的展开》,载《河北法学》2012年第11期,第41页。

[2] 参见〔德〕许迺曼:《刑法体系与刑事政策》,王效文译,载许玉秀、陈志辉合编:《不移不惑献身法与正义——许迺曼教授刑事法论文选辑》,新学林出版股份有限公司2006年版,第59页。

[3] 王钰:《罪责观念中自由与预防维度——以相对意志自由为前提的经验功能责任论之提倡》,载《比较法研究》2015年第2期,第106—107页。

[4] 参见〔德〕克劳斯·罗克辛:《构建刑法体系的思考》,蔡桂生译,载《中外法学》2010年第1期。

功能主义进路的影响,既不现实也不可欲。有鉴于此,在罪责与预防的关系上,责任的社会化理论同样采融合论的立场,其构想则基本上处于罗克辛与雅各布斯之间。一方面,它强调罪责概念的构建应当是功能主义的,但个人预防的思想不可能具有作为功能概念的支柱的作用,[1]需要着重考虑的是一般预防的目的,避免罪责原则的内容与刑罚的目的之间产生冲突。另一方面,它主张罪责是作为预防的前提而存在,罪责具有独立于一般预防的内容。因为"如果罪责内涵完全取决于外在因素,包括国家、政治等目的,就会致使罪责概念总是处于不断变动的境地,可以根据任何政治或国家目的来调整罪责的内涵,也就难以保障罪责对刑罚限制的机能"。[2]

责任的社会化理论,坚持罪责概念的刑罚限定机能,认为刑罚目的不能赋予罪责概念以相应的内涵,充其量只能指引罪责概念的构建。罪责被认为具有独立于预防的内容,即背离社会的规范性期待,对这样的行为人进行罪责的宣告,有利于向公众传递与确证法规范的效力,从而起到一般预防的效果。这意味着罪责概念具有指导行为的效果,但它只是作为启动预防机制的必要前提而存在,罪责本身不等于预防。这样的一种责任论,不仅与罗克辛的构想有所不同,也区别于雅各布斯的功能责任论。在罗克辛的构想中,预防必要性被界定为与罪责相并列的要素,罪责本身的内容则不受预防目的的影响。对此,可能的疑问在于,为什么目的论思考只能及于不法阶层的归责理论,而不能适用于罪责概念的构建?由于在罪责概念上没有贯彻目的论的思考,在此种意义上,罗克辛的所谓目的理性体系的构想,充其量只是完成了一半,在理论逻辑上并不圆满。而雅各布斯的功能责任论,在让罪责的内容完全附属于刑罚目的的同时,势必面临这样的质疑:若是按照一般预防的社会需要来确定罪责概念的内容,罪责的限制刑罚发动的机能必然丧失殆尽。

在预防刑法的背景下,一种既能发挥刑罚限制机能又兼具预防有效性的罪责概念与责任理论,具有相对的合理性,能够实现正当性思考与目的性思考的协调一致。与此相应,探讨责任主义与预见可能性之间的关系,有必要放在这样的理论框架之内来进行。

---

[1] 参见王钰:《德国刑法教义学上的客观处罚条件》,法律出版社2016年版,第88页。

[2] 张晶、舒洪水:《预防罪责理论介评——以德国刑法学说为主线的展开》,载《河北法学》2012年第11期。

如果说责任主义中所谓的可谴责性,指的是行为人让社会对其的规范性期待落空,那么,有关预见可能性与责任主义之间的关系,便是要处理行为人是否有能力遵循这样的期待的问题。毫无疑问,只有行为人本来有能力遵循社会的规范性期待,对其进行谴责才具有起码的正当性基础。这也是以自我决定权为基础的自我答责原理的必然要求。说到底,具备遵守社会的规范性期待的能力,意味着行为人能够于行为之前在内心形成反对动机。正如论者所言,主观上欠缺反对动机,是故意犯与过失犯两者共通之要素;应当形成反对动机而实际上欠缺反对动机,是行为人成立刑法上的罪过的前提,而所谓应当形成者,缘于行为人已经预见或本来能够预见结果之发生。[1] 这意味着刑法中的"应当"性义务,需要以行为人有能力遵守相应的义务为前提,否则,法规范对其提出的期待便属于强人所难。对此,我国台湾地区学者有更为明晰的表述:"有侵害意义的认知,或者有能力产生侵害意义的认知,就表示有能力不实现规范所拒斥的侵害状态而违反规范,而此一能力,是科以刑法义务的前提。"[2]

从罪责的作用机制来看,其谴责的重心显然是放在行为决意与行为之上,而非之后发生的具体因果流程及其结果。罪责的作用机制决定,在能够预见行为的注意义务违反性及行为所蕴含对法益的不容许风险的情况下,行为人便有义务运用这种能力,并在此基础上调整与改变自身的行为决意,在内心形成反对动机。换言之,在此种情况下,法规范将期待行为人放弃行为的实施,以便为他人的法益提供必要的刑法保护。这样的期待对于行为人而言绝对算不上是苛求。从根本上而言,这是由风险社会的归责机制所决定的。

在风险社会的背景下,一个公平的归责机制要求个体合理运用自身的控制能力,对自己管辖范围之内的事务负责,也只对自己管辖范围之内的事务负责。这既是个人作为社会成员的义务,也是其作为社会主体应享有的权利。也只有这样,在一个高度复杂与不确定的社会中,人与人之间的交往与互动才可能形成稳定化的结构。倘若法规范允许行为人在能够预见行为的注意义务违反性及行为所蕴含对法益的不容许

---

〔1〕 参见郑世创:《过失犯构造问题检讨》,载陈兴良主编:《刑事法评论》(第 28 卷),北京大学出版社 2011 年版,第 110 页
〔2〕 周漾沂:《风险承担作为阻却不法事由——重构容许风险的实质理由》,载《中研院法学期刊》2014 年第 14 期,第 207 页。

风险的情况下，进一步实施相应的行为，这就等于将他人的法益任意地暴露于行为人所实施的行为的威胁之下。问题在于，作为相对方的他人，是互动关系中更为无辜的一方，其凭什么接受这样的不利待遇？可见，基于归责机制的公平性考虑，不应当允许将行为人所创设的为法所禁止的风险，让更为无辜的相对方去承担，以免对其合法权益的保护主要取决于偶然的幸运。不然，刑法对行为人与相对方施加的便是不平等的保护，而这种保护上的不平等，并无任何正当的理由与根据。从罪责限制刑罚发动的机能根本无法推导出相对方有义务容忍这种不利待遇的结论。

以上论述表明，只要行为人在行为时能够预见行为的注意义务违反性及行为所蕴含对法益的不容许风险，刑法上对其未形成反对动机进行谴责，便合乎归责的公平性要求。不止如此，罪责层面所蕴含的预防效果的实现，也仅以行为时的抽象预见可能性为必要。成功的预防目的的追求以人类行为是可掌握和可避免为前提，[1]而只有行为时可预见的，才是可掌握与可避免的。结果的避免可能性以预见可能性为前提，欠缺预见可能性，自然也就欠缺结果的避免可能性，在此种情况下，刑罚的施加将没有意义可言。可见，行为时具有抽象的预见可能性，是刑法规范作为决定规范或行为规范对公民发挥行为指导功能的基本前提。刑法预防机制的正常运行，也仅以此为必要，不需要行为人进一步对具体因果流程及实际结果具有预见可能性。因为预防机制乃是通过影响潜在的一般人的行为决意，通过让后者在内心形成反对动机而发挥其作用效果的。并且，也只有将预防的第一道防线设在行为实施之前，而不是结果出现之前，刑法才能够更好地承担起稳定规范性期待的功能，实现对法益的最大程度的有效保护；反之，取消预防的第一道防线，意味着行为人将结果的不出现主要寄托在侥幸之上。从刑事政策的角度而言，显然不应纵容人们的此种侥幸心理，否则，贻害无穷。这还不只是影响个案正义的问题，而是会严重危及整个社会交往与互动机制的稳定。

综上可见，责任内容的社会化并不意味着罪责不应按行为人个人的能力来确定，而应根据社会的需要来决定。如果按照社会的需要而不是按照行为人的个人能力来进行归责的话，国家的干涉权不应妨碍公民自

---

〔1〕 参见王钰：《德国刑法教义学上的客观处罚条件》，法律出版社2016年版，第90页。

由之利益这种具有本质性意义的限制原则,就被取消了;同时,这样的做法会导致个人的工具化,而这是违反人性尊严的。[1]

按笔者的构想,两阶层的过失模式更为合理,亦即在不法层面引入一般人的视角,在罪责层面则回归行为人的视角。具体而言,在构成要件阶层,针对过失要素,需要考察的是在相应的生活领域中,认真且有洞察力的相关人员,在该行为情况下,本来是否能够和必须认识到该风险;到罪责阶层,则应考察按照标准人格(Maßstabsfigur)的相应要求,具体的行为人当时是否有能力认识到该风险,并对之加以避免。[2] 个别化理论采取不同的义务标准,会使规范失去引导功能,因为发挥预防功能的规范必须对所有对象一体适用。[3] 基于此,个别化理论及相应的一阶层的过失模式,为笔者所不取。

在两阶层的过失模式下,不法层面的预见可能性可称为客观的预见可能性,而罪责层面的预见可能性则称为主观的预见可能性。客观的预见可能性主要是行为归责环节需要考虑的因素,但由于行为归责是作为结果归责的前提而存在,故预见可能性既可能影响行为归责,也可能影响结果归责。在确定过失不法成立之后,只要行为人具有责任能力,原则上便推定其具有罪责。换言之,过失不法与过失罪责之间,存在类似于推定的关系,判断罪责时一般不需要再考虑与预见可能性相关的问题。例外的情形仅限于行为人的认知与控制能力低于一般人的水平,而其较低的认知与控制能力又并非可责于行为人的因素所导致。在此种情形中,需要特别考察,基于行为人的认知能力,为一般人所可能预见的行为的义务违反性及其所蕴含的法益危险,对该行为人而言是否也具有预见可能性。这是一种主观上的预见可能性。如果答案是否定的,则由过失不法得出过失罪责的推定便被推翻,应当得出行为人缺乏罪责的结论。需要指出的是,假如行为人的认知能力低于一般人的水平,是由于可责于行为人的因素所导致,比如,行为人因吸食酒精或毒品而导致自身的认知能力低于一般人,则此种情形仍不能阻却过失罪责的成立。

---

[1] 参见〔德〕克劳斯·罗克辛:《刑事政策与刑法体系》(第二版),蔡桂生译,中国人民大学出版社2011年版,第92—93页。

[2] 参见〔德〕乌尔斯·金德霍伊泽尔:《刑法总论教科书》(第六版),蔡桂生译,北京大学出版社2015年版,第328页。

[3] 参见许玉秀:《主观与客观之间——主观理论与客观归责》,法律出版社2008年版,第155页。

第三节　预见可能性与过失犯罪案件的区别化处理

对预见可能性的重新定位，势必影响对过失犯罪案件的分析与处理。在清理传统的预见可能性理论并确认重构后的预见可能性合乎责任主义的要求之后，本节尝试回归实践，对我国刑事实务的立场进行考察，并反思其存在的不足。在此基础上，将重构后的理论运用于过失犯的实务案件，对涉及预见可能性问题的案件与其他类型的案件作区别性的处理。

一、我国司法实务的立场及其不足

我国实务在处理过失犯案件时采取的是什么立场，这一点比较难以做出全面而准确的判断。从最高人民法院所刊发的一些典型案例的判决与理由解说来看，可以说是接近新过失论的立场，即偏重客观注意义务的违反。[1] 同时，尽管在实质上偏向于新过失论，但当前实务在处理过失类案件时，无论是概念用语还是思维方式，仍然深受传统的以预见可能性为中心的过失犯理论的影响，给人旧瓶装新酒的感觉。多数过失类案件的判决理由及相关的解说，往往仍然套用主观上的过失之类的传统术语，围绕主观上的预见可能性本身展开入罪与否的论证。当然，偶尔也会有法院明确表示采纳新过失论的立场。[2] 此间的疑问在于，预见可能性因素在我国过失类案件的实务处理中究竟扮演的是什么角色？

由于我国实务总体上采取的是旧瓶装新酒的策略，加剧了预见可能

---

[1] 这是在阅读《人民法院刑事指导案例裁判要旨通纂》所载过失类案件之后得出的判断。该书收集了最高人民法院主办的四类出版物上的典型案例，包括《最高人民法院公报》《刑事审判参考》《人民法院案例选》《中国审判案例要览》（刑事审判案例卷）。从其收录的过失犯罪案件（主要是过失致人死亡、交通肇事、玩忽职守类案件）的处理来看，大致可以得出这样的结论。这些案件虽未必能覆盖全国各地的情况，但具有一定的代表性。参见陈兴良、张军、胡云腾主编：《人民法院刑事指导案例裁判要旨通纂（上下卷）》，北京大学出版社2013年版。

[2] 比如，在曲龙民等过失致人死亡案中，法院在判决理由的解说中明确表示对新过失论的支持，认为过失犯罪的本质不在于行为人是否从主观上因出于疏忽或懈怠而使其对行为结果未能预见，关键在于其违反注意义务并实施了危害社会的行为，而注意义务是指行为人负有的避免危害结果发生的义务。参见国家法官学院、中国人民大学法学院编：《中国审判案例要览：2009年刑事审判案例卷》，人民法院出版社、中国人民大学出版社2010年版，第100—102页。

性问题上的混乱。这种混乱主要表现在:首先,对预见可能性的内容在理解上并不统一,有的判决立足于行为时,将预见的内容理解为行为的危险性或抽象意义上的结果;[1]有的判决立足于裁判时,对结果做非常具体化的界定,甚至将现实的因果流程也纳入预见的范围。[2] 其次,对个案中预见可能性有无的论证相当任意,基本上是套话式的说明,与适用四要件体系进行论证时所采取的套路差不多,说服力较弱。这也使在同一案件中,在对被告人能否预见的判断上经常得出相反的结论。再次,将主观过失意义上的预见可能性的判断与刑法因果关系的判断混在一起,且对二者做正相关意义上的处理。值得注意的是,我国实务中对于刑法因果关系有无的判断,往往不是从相当性的角度入手,而是以必然因果关系说与偶然因果关系说的名义来展开。在排除结果归责时,通常会以行为与结果之间缺乏必然因果关联为由进行否定;在确认结果归责时,则又不再坚持必然因果关系说,而是以存在偶然性的因果关联为由予以肯定。这在根本上取决于相关判决对被告人刑事责任的有无所持的看法。最后,有的判决以违反注意规范的论证来代替主观过失的认定,往往由客观上违反安全规范,直接得出被告人主观上存在过失的结论,对其主观上究竟是否具有预见可能性并不进行专门的论证。

可以说,我国司法实务对预见可能性因素的随意理解与定位,基本上是主流过失犯理论之乱象的折射。如此一来,不仅难以有效控制司法中的恣意,无法确保处罚范围的合理性,从而可能导致结果责任,而且难以对案件中的争点问题做出准确的定位以展开有针对性的探讨,严重妨碍

---

[1] 比如,在乔伟过失致人死亡案中,裁判理由的解说认为,没有预见是指行为人对于其行为本身的危险性或者对危害结果的发生无认识。参见国家法官学院、中国人民大学法学院编:《中国审判案例要览:2008年刑事审判案例卷》,人民法院出版社、中国人民大学出版社2009年版,第258页。

[2] 比如,在穆志祥过失致人死亡案中,最高人民法院相关业务庭在裁判理由中提出,被告人主观上不具备疏忽大意的过失,理由在于:一是被告人对李学明所接照明电线不符合安全用电高度要求,且接头处裸露,不具备预见的可能。二是被告人没能预见可能导致张木森等乘客触电死亡的结果,不是因其自身的疏忽大意。他没有违章在过往车辆频繁的公路上停车下客,而是拐入其认为较为安全的村民住宅附近下客,其对车上乘客的人身安全已尽了必要的安全防范义务,并没有疏忽。同时,因过于自信的过失必须以实际已经预见为前提,因被告人无义务,不可能且没有预见其在李学华家住宅附近停车,车顶会恰巧碰上李学明家私自拉接的不符合安全用电的高度要求且未采取任何绝缘措施的裸露电线接头处。因而也就不可能存在"轻信可以避免"的问题,故其主观上也不具有过于自信的过失。参见最高人民法院刑事审判第一庭、第二庭编:《刑事审判参考》(总第28辑),法律出版社2003年版,第34—35页。

教义学的基本功能的实现。这些基本功能至少包括以可预期地适用法律的保障为"法治国的功能"、以使平等对待审查具有可能性的整体系统为"控制功能",以及以既有知识水平具有秩序性及可支配性为内容的"减负"功能。[1] 按笔者对预见可能性的定位来展开对过失犯案件的探讨,将有助于控制司法的恣意,同时简化案件的审查工作,有针对性地展开对争点问题的探讨。

依据笔者的主张,预见可能性中预见的内容只限于行为的注意义务违反性及行为所蕴含的不容许风险,同时应当立足于行为时的具体情状,从相对具体化的一般人标准出发,对行为人能否预见进行客观的判断。相应地,这种判断需要在和结果及相关的现实因果流程相阻断的情况下进行,不能因为实际发生的结果严重,就反过来推断行为人具有预见可能性,从而肯定对其的行为归责。实务中对一些案件的处理便存在质疑的余地。

以乔伟过失致人死亡案为例。[2] 被告人乔伟下班后骑自行车将被害人刘叶芳载于后座,沿公园内道路行驶时,遇道路中间设有隔离石礅,其未减速通过亦未下车推行,致使自行车右脚踏板碰剐隔离石礅,致被害人从自行车后座摔下,造成其头部受钝性外力作用致重度颅脑损伤,经送医院抢救无效而死亡。一审法院认为,区别意外事件与过失犯罪,基本依据是被告人对行为的危害结果是否应当预见、能够预见,其在行为过程中是否已尽必要的注意义务。被告人乔伟在骑自行车并于后座乘载被害人刘叶芳时,即负有保障他人生命安全的注意义务。他在明知通行路段设有石墩的情况下,并未下车推行也未减速慢行且以较快的速度骑行;而根据一般人的生活注意义务,其应当预见也能够预见这样的行为可能导致被害人死亡的后果,但因其疏忽大意而没有预见。因此,本案

---

[1] 德国学者 Burkhardt 归纳了法教义学的七种功能:以系统性诠释法律为"建构性功能"、以可预期地适用法律的保障为"法治国的功能"、以使平等对待审查具有可能性的整体系统为"控制功能"、以既有知识水平具有秩序性及可支配性为内容的"减负"功能、以经由整理而达成知识水平易于掌握为内容的"教学方法上功能"、以提供立法者意见为主的"顾问功能",以及以经由新的、重新诠释及现代化法律可试用的诠释概念为主的"调适贡献"。参见〔德〕许迺曼:《千禧年后的德国刑法学》,载许玉秀、陈志辉合编:《不移不惑献身法与正义——许迺曼教授刑事法论文选辑》,新学林出版股份有限公司 2006 年版,第 163 页。

[2] 该案的判决情况及裁判理由的解说,参见国家法官学院、中国人民大学法学院编:《中国审判案例要览:2008 年刑事审判案例卷》,人民法院出版社、中国人民大学出版社 2009 年版,第 255—259 页。

损害后果的发生不属于意外事件。

不难发现,判决理由在肯定被告人违反下车推行或减速慢行的义务的同时,对预见与否的判断仅做了程式性的断言。就本案而言,立足于行为时的具体情境,被告人充其量只是意识到自己的行为违反日常的生活规范,却难以认为其对行为可能导致他人死亡的危险有预见可能,更无法认定他对被害人的死亡结果能够存在具体的预见可能。一则,本案发生在公园的道路上,周围并无机动车出入。这与在普通道路、机动车道或高速公路上骑乘自行车载人的情形有所区别。二则,被告人的行为所违反的注意规范虽属安全规范,但该安全规范仅指向一般的身体安全,违反该规范的确制造了一定的危险,但不等于对他人的生命法益制造法所不容许的风险。在此,一审法院显然对行为的注意义务违反性做了纯粹形式性的理解。三则,从一般生活经验而言,本案中被告人的违反注意规范的行为,并不具有导致他人死亡结果的相当性,即行为本身所具有的危险性并没有达到通常情况下会导致构成要件结果的程度。对于相当性标准的适用,必须与实际出现的结果及相应的因果流程相阻断来考虑;不然,只要实害结果出现便认为行为具有导致结果的相当性,将使行为归责环节中的相当性判断完全丧失独立的意义。同时,对于相当性的内容,也不能简单理解为结果的发生并非不可能,否则,过失犯的行为归责的范围就会过于宽泛,因为在已经造成结果的情况下,事实本身就已表明行为并非绝对不可能导致结果的发生。就本案而言,在公园骑乘自行车时遇石墩未下车推行或慢速行驶,虽说并非绝对不可能导致后座之人摔落死亡的结果,却也必须承认此种结果发生概率极小,结果发生的概率大小多少会影响预见可能性的判断。

如果承认被告人乔伟客观上违反注意规范的行为,并不具有导致他人死亡的类型化的危险,势必只能认为,单是预见到行为的注意义务违反性,不足以认为其对导致构成要件结果的危险(死亡结果)具有预见可能性。实际上,一审法院在裁判理由的解说中也承认,没有预见,是指行为人对其行为本身的危险性或者对危害社会结果的发生无认识;而结合本案发生的地段与现实情况,要求行为人乔伟预见到可能导致被害人伤亡的后果显得过于严苛。[1] 既然预见的要求显得过于严苛,自然既能否

---

[1] 参见国家法官学院、中国人民大学法学院编:《中国审判案例要览:2008年刑事审判案例卷》,人民法院出版社、中国人民大学出版社2009年版,第259页。

定被告人具有疏忽大意的过失,又能否定过于自信的过失。判决理由的解说一方面以此为由否定疏忽大意的过失,另一方面却又认为成立过于自信的过失,考虑到过于自信的过失作为一种有认识的过失,其罪过程度通常被认为要高于疏忽大意的过失,一审法院在此方面的论证可谓逻辑混乱。

二、对过失犯罪案件的区别化处理

在过失类案件中,由于预见可能性只是影响行为归责的因素之一,故有必要将涉及预见可能性问题的案件与其他类型的案件做区别化的处理。只有这样,才能够对具体个案中的争点问题做出准确的定位,从而有针对性地对不同的案件类型展开探讨,避免当前实务中旧瓶装新酒的做法所带来的混乱。这也是刑法教义学走向精细化研究之后的必然要求。

其一,应当将未制造风险的案件与涉及预见可能性问题的案件相区别。是否制造风险是行为归责环节经常面临的问题。对于涉及未制造风险的过失类案件,理应以行为根本没有制造风险为由得出阻却行为归责的结论,而不是从预见可能性入手展开探讨。此类案件中,涉及的并非对结果是否具有具体预见可能性的问题,而是行为本身没有违反注意义务规范,从而根本没有制造针对法益的风险的问题。

以陈全安交通肇事案为例。[1] 2005 年 6 月 27 日 23 时许,被告人陈全安驾驶悬挂鄂 A/17734 号牌(假号牌)的大货车从佛山市南海区丹灶镇往西樵镇方向行驶,至樵丹路北西科技园路口时靠边停车等人。其间,张伯海驾驶粤 Y/B9357 号小型客车(车上搭载关志明)同向行驶,追尾碰撞陈全安驾驶的大货车尾部,导致粤 Y/B9357 号车损坏、关志明受伤和张伯海当场死亡。事故发生后,陈全安驾车逃逸。2005 年 7 月 29 日,陈全安及其肇事货车被公安机关缉获。经交警部门认定,被告人陈全安发生交通事故后逃逸,负事故的主要责任;张伯海酒后驾驶机动车,负事故的次要责任。

陈全安案中,若是仅仅着眼于预见可能性的角度,可能会得出其主观上存在过失的结论,因在路口靠边停车,对于发生追尾等交通事故并非不可预见,但这样的结论值得斟酌。刑法中若要肯定结果归责,首要前提便

---

〔1〕 参见陈兴良、张军、胡云腾主编:《人民法院刑事指导案例裁判要旨通纂(上卷)》,北京大学出版社 2013 年版,第 38 页。

是,行为创设了为法所不容许的风险,即需要先行解决行为归责的问题。本案中,引发追尾事故并导致一死一伤的结果,乃是由被告人的停车行为所引起。要将相应结果归责于被告人,便需要证明被告人实施了不法行为,并且这种不法行为创设了刑法上有意义的危及法益的风险。

关键在于没有证据证明被告人的停车行为是非法的,即无法证明其违反交通管理法规并创设不容许的风险。正如二审法院在判决理由中指出的,陈全安是否在禁止停车路段停车、其停车是否阻碍其他车辆的正常通行、陈全安的其他违反交通运输管理法规的行为应否对事故负全部或者主要责任等问题,一审判决均没有查明,在事实不明的情况下,应按照疑罪从无的原则处理。换言之,根据诉讼法上"存疑有利被告"的原则,只能认为被告人的停车行为合法。既然被告人的停车行为根本没有创设法所不容许的风险,据以归责的前提也就不存在。同时,伤亡结果也不能归责于被告人在事故发生之后的逃逸行为。被告人在事故发生之后逃逸,的确违反了相关的交通法规,并且也创设了为法所禁止的风险。但是,导致一死一伤的事故出现在前,而违章行为发生在后,该违章行为不可能对事故的发生具有因果意义上的作用力。即使承认逃逸行为创设了风险,这种风险无疑也只是针对事故中受伤的被害人而言。假如本案中关志明由于被告人逃逸得不到及时救助而死亡,其死亡结果或许有归责于被告人逃逸行为的余地,因为正是后者的不救助导致其死亡结果的发生。但本案涉及的问题并非如此,故无论如何不应将逃逸前事故所发生的结果归责于被告人。

其二,应当将制造容许风险问题的案件与涉及预见可能性问题的案件相区别。在是否制造风险的问题之外,行为归责环节可能会面临行为虽然制造风险,但所制造的风险为法所容许的问题。在此类案件中,完全不涉及预见可能性的问题,也即行为人主观上是否有预见可能,与能否进行过失犯的归责之间不存在任何关联。即使行为人对于行为所蕴含的风险,甚至于后续发生的具体结果具有预见,也可能阻却过失犯的归责。与前一类案件相比,此类案件同样是由于无法进行行为归责而阻却过失犯罪的成立,但影响行为归责的具体因素并不相同。

以我国台湾地区的一起登高猝死案为例。[1] "台北县政府"举办

---

[1] 参见林钰雄:《新刑法总则》(第3版),元照出版有限公司2011年版,第497—498页。

"财政大楼登高大赛",不幸传出意外,某小学体育组组长曾某爬到22楼时,突然心脏病病发而休克倒地,送医途中已无呼吸与心跳,经亚东医院急救后,还是宣告不治。"台北县政府"表示,原本是为了庆祝乔迁至新办公大楼,同时为台湾地区的运动会暖身,特别举办高达32层楼的登高比赛。曾某爬到22层楼梯时倒地后就昏迷不醒,位于第20-23楼层的两组医护人员闻讯立刻前往急救,并护送曾某到医院。"县政府"举办登高比赛前,曾要求选手对自身的健康情况负责并签下切结书,并要求患有关节及心脏疾病者不得参加比赛;同时,"县政府"派驻9组医护人员(3名医生及十多名护士),于部分楼层待命;该活动安排并投保两百万元新台币的意外险。

本案中,相关主办人员是否需要承担过失犯罪的责任,无法以预见可能性为中心的主观理论来进行说明。主办人员对举行登高比赛所具有的风险显然是有预见的,事先要求参加的选手签下切结书,比赛时派驻9组医护人员,还另外投保意外险,都表明了这一点。尽管如此,却不应认为主办人员需要承担过失致人死亡的刑事责任,因为"重要的不是行为人主观上有无预见,而是客观上法律规范有无课予行为人如此的注意义务!"[1]就本案而言,主办人员举办登高比赛的行为的确是制造了针对法益的风险,但这种风险为法所容许。由于不符合行为归责的成立要件,故不管主办人员有无预见,曾某的死亡结果都不能归责给主办人员,而只能由曾某自己来负责。

其三,应当将涉及规范保护目的问题的案件与涉及预见可能性问题的案件相区别。在确认行为已制造法所不容许的风险之后,会涉及结果归责环节的问题,即结果是否可视为行为所蕴含危险之现实化而归责给行为人。在过失犯的结果归责环节,规范保护目的是必须考虑的一个重要因素。它涉及的是行为所制造的风险,是否正好处于所违反的注意规范想要防护的风险的范围。此类案件中,若是从预见可能性的角度入手,相关的探讨必然缺乏针对性,而给人似是而非的感觉。

以穆志祥过失致人死亡案为例。[2] 1999年9月6日10时许,被告人穆志祥驾驶其苏GM2789号金蛙农用三轮车,载客驶往县城某镇。车行至苏306线某村境内路段时,穆志祥见前方有交通局工作人员正在检

---

〔1〕 林钰雄:《新刑法总则》(第3版),元照出版有限公司2011年版,第520页。
〔2〕 参见最高人民法院刑事审判第一庭、第二庭编:《刑事审判参考》(总第28辑),法律出版社2003年版,第32—36页。

查过往车辆。因自己的农用车欠缴有关费用,担心被查到而受罚,遂驾车左拐,驶离306线,并在该村3组李学华家住宅附近停车让乘客下车。因车顶触碰村民李学明从李学华家所接电线接头的裸露处造成车身带电。先下车的几名乘客因分别跳下车,未发生意外,也未发现车身导电;后下车的乘客张木森由于在下车时手抓挂在车尾的自行车车梁而触电身亡。现场勘验表明,穆志祥在其苏 GM2789 号金蛙农用三轮车车顶上焊接有角铁行李架,致使该车实际外形尺寸为高 235 厘米。按有关交通管理法规规定,该种车型最大高度应为 200 厘米。另外,李学明套户接李学华家电表,套户零线、火线距地面垂直高度分别为 235 厘米和 228 厘米,且该线接头处裸露。按相关电力法规规定,安全用电套户线离地距离最小高度应为 250 厘米以上,故李学明所接的火线对地距离不符合安全标准。

对于该案,一审法院运用以预见可能性为中心的主流理论,从主观上不能归责的角度得出无罪的结论。法院认为,被告人穆志祥的行为造成他人死亡的结果,是由于不能预见的原因所引起,属于意外事件。最高人民法院相关业务庭在裁判理由的说明中,则同时从两个方面来展开无罪的论证:一是从主观的预见可能性的角度,认为被告人对李学明所接照明电线不符合安全用电高度要求且接头处裸露,以及车顶会恰巧碰上裸露的接头处,不具备预见的可能;同时,其没有预见可能导致张木森等乘客触电死亡的结果,不是因自身的疏忽大意所致。二是从客观的因果关系的角度,认为违规对车辆进行改装的行为本身并不能直接引发死亡的结果,被害人死亡的直接原因是触电,故被告人的违规行为与被害人死亡的结果没有必然和直接的内在联系,二者之间并无刑法上的因果关系。

两审法院否定对被告人结果归责的结论虽然正确,但其提供的理由却值得斟酌。一则,即使采取主流的预见可能性理论,也不可能对预见的内容做如此具体的要求,竟然要求预见到特定的细节性事实。二则,刑法中的因果关系,从来就不只是限于在行为与结果之间存在必然的、直接的内在联系的场合。尤其是在过失犯中,引发结果归责的情形不仅包括直接创设针对法益的风险,也包括为他人实施危害提供机会或便利。即便结果是由偶然因素直接导致,只要它是在行为人所创设的不容许风险的范围之内,偶然因素的介入并不影响对行为人的结果归责。退一步说,即使根据我国传统的因果关系理论,也从来没有仅限于必然因果关系而不包括偶然因果关系的说法。

对于本案所涉及的结果归责问题,需要分三步来考察:首先,被告人违规改装车辆高度,这样的改装将增加车辆行驶的不安全系数,会危及交通安全,故其行为创设了为法所禁止的风险。其次,被告人的违规行为与被害人触电身亡的结果之间存在事实因果关联。如果被告未违规改装车辆高度,其车辆便不可能碰到裸露的电线致车身带电而引起被害人触电身亡,二者之间存在着条件关系。这种条件关系的存在,同时表明被告人的违规行为与死亡结果之间存在义务性关联,也即如果被告人没有实施相关违规行为,被害人死亡结果本来确定可以避免。最后,被告人所创设的不容许风险是否已经实现,或者说导致被害人死亡的风险是否正好是被告人违反相关交通法规所创设的风险。

这就涉及对交通管理法规为什么要对车辆的最大高度进行限定的根据的探讨,或者说涉及对相关规定的规范保护目的问题。交通管理法规对机动车辆的最大高度做了限定,但其所设的高度标准并不统一,而是根据车辆的具体类型来规定。相关法规做这样的规定,显然是基于如下考虑:在交通领域,车辆高度超过限定的标准,会大大增加车辆侧翻或失衡而引发交通事故的危险。由于车高限度是根据车辆的类型来设,对于其他类型的车辆而言,车辆高度完全可能超过本案涉及车辆的最大高度(200厘米)。这意味着相关规定的规范保护目的之中,并不包含防止车辆触碰悬挂物而产生危险的内容。从这一前提出发,会发现被告人违规行为所创设的危险与实际导致被害人死亡的危险在性质与类型上并不相同。由于被害人的死亡并非由改装车辆高度所引起的侧翻或失衡等事故所造成,导致结果出现的现实危险超出被告人所违反的交通规定的保护范围,故不能视为是被告人违规行为所创设风险的进一步发展的结果。基于此,被害人的死亡结果不应归责于被告人违规改装车辆高度的行为。

其四,应当将涉及注意义务违反与结果之间的规范关联问题的案件与涉及预见可能性问题的案件相区别。在结果归责的环节,除考虑规范保护目的的因素之外,通常还会面临注意义务违反与结果之间的规范关联的问题,即传统理论所谓的结果避免性问题。这是进行结果归责的必要条件。如果无法确定行为的注意义务违反与结果的发生之间存在规范上的关联,也即即使行为人实施合义务的行为,也无法避免结果的发生,此时要求行为人履行的义务便属于无效的义务,表明注意义务违反与结果之间缺乏不法上的关联,便不应进行归责。尽管在规范关联度的要求上,究竟是必须达到确定或几近确定能够避免结果的发生的程度,还是只要达到明显降低结果发生的风险的程度即可,在理论上存在争议。但不容否认的是,注意义务违反与结果之间的规范关联问题不同于预见可能性问题,前者涉及结果归责环节,而后者涉及行为归责环节,必须严格予以区别。

以赵达文交通肇事案为例。[1] 被告人赵达文驾驶汽车由北向南行至海淀区圆明园西路主路骚子营路口南 20 米处时,因超速(该路段限速 60 公里/小时,被告人的车速高于 77 公里/小时)采取措施不及,其所驾车辆轧在散落于路面上的雨水井盖后失控,冲过隔离带后闯入辅路,与正常行驶的杨某所驾驶的汽车和骑自行车正常通行的刘某等人相撞,造成 3 人死亡、2 人受伤。经交管部门认定,被告人对此事故负全部责任。一审法院认为,由于赵达文违章超速驾驶车辆,且未尽到注意义务,在其发现散落在路面上的雨水井盖时,采取措施不及,是导致事故发生的原因,认定赵达文构成交通肇事罪。二审法院维持原判,理由是:轧上井盖是否必然导致该案的发生,缺乏证据证明,而现有证据能证明赵达文在肇事时车速已超过该路段的限速标志,因其违章超速,故遇井盖后已无法控制车速,导致采取措施不及,是造成此次肇事的一个原因;驾驶员驾车行驶是一项危险作业,其有义务随时注意道路上的各种状况,以便及时采取有效措施。

不难发现,若是立足于具体的预见可能性理论,对预见的内容做具体化的要求,则难以认为被告人赵达文对事故的发生(尤其是现实的因果流程)具有预见;相反,依据本书所提出的观点,预见的内容仅限于行为的违反义务性及行为所蕴含的不容许风险,则可以肯定被告人存在预见可能性。本案两审法院均未论及预见可能性的问题,表明其并没有采取具体的预见可能性理论,其相关立场接近于笔者的观点。不过,两审法院均是从赵达文客观上违反注意规范,同时其超速驾驶致使未及采取措施构成事故的原因的角度,来论证死伤结果应归责于赵的行为,其对争点的定位不够准确。实际上,本案的核心问题是注意义务违反与结果之间的规范关联问题。关键在于如果被告人遵守限速的注意规范,能否确定地避免死伤结果的发生。而恰恰是在这一点上,现有的事实与证据无法予以证

---

[1] 参见赵达文交通肇事案,北京市第一中级人民法院(2005)一中刑终字第 3679 号刑事附带民事裁定书。

明。根据结果避免性问题上的通说立场,两审法院本来应当得出否定结果归责的结论;倘若其想肯定结果归责,则可以考虑从风险升高理论入手,论证只要合义务的行为能够有效地降低结果发生的风险,即可满足注意义务违反与结果之间的规范关联要求。两审法院都未从结果避免可能性的角度来展开探讨,相关的说理未免给人隔靴搔痒的感觉。除本案之外,前文提到的德国的卡车司机超车案与日本的出租车司机撞车案均属于此类案件。

其五,被害人特殊体质类案件涉及的并非结果归责或主观过失的问题,应当从是否存在客观预见性入手,探讨能否对行为人进行行为归责。在处理被害人特殊体质类案件时,我国实务依据传统的过失犯理论,有时认为涉及的是主观过失的问题,有时则认为是刑法因果关系的问题。这两种定位都并不准确。实际上,此类案件中,真正的问题在于是否存在客观的预见可能性从而能够肯定行为归责。在肯定行为归责的情况下,后续的危险现实化的环节无须再考虑预见可能性的因素,只要结果是行为所蕴含危险合逻辑发展的产物,便可认定结果归责。至于客观上是否具有预见可能性,需要采取一般人标准,以行为时理性第三人所认知的事实作为判断的基础。需要注意的是,若是行为人对被害人的体质有特别的认知,此时的一般人标准,便应具体化为对相关事实具有特别认知的理性第三人。通过将行为人的行为与这样的理性第三人进行对照,由此判断可否予以行为归责。

以季洪明过失致人死亡案为例。[1] 2007年6月27日,被告人季洪明与同组村民季洪仁因一只鸭子的归属问题产生争执与纠缠。在纠缠中,被告人将季洪仁推倒在路旁,被害人季立艾(系季洪仁之子)见状即上前对着被告人胸部打了一拳,被告人随手用所拎的鸭子向被害人的背部摔打一下,被害人当时即感身体不适,后经送医院抢救无效于当晚死亡。尸检报告表明:尸表未见损伤,被害人季立艾系失血性休克而死亡;死者生前患有较严重的活动性肝硬化(失代偿期)疾病,在遭受相同外力作用下较常人易发生出血,故外力作用与出血之间存在因果关联。另查明,被害人生前患肝病多年,被告人对此事实有所知晓。一审法院认为,被告人明知被害人患有严重疾病,应当预见其击打行为可能造成的危害后果,因

―――――――

[1] 该案事实与裁判理由及解说,参见国家法官学院、中国人民大学法学院编:《中国审判案例要览:2009年刑事审判案例卷》,人民法院出版社、中国人民大学出版社2010年版,第252—255页。

其疏忽大意,致后者因失血性休克而死亡,构成过失致人死亡罪。二审对此予以确认。裁判理由的解说指出,被告人知晓被害人系患有严重肝病的特异体质者,在当时的情况下,对其行为将可能造成危害结果本应预见且有预见能力却未预见,显属疏忽大意的过失。同时,被告人的行为与被害人的死亡结果之间存在刑法上的因果关系。理由在于偶然因果关系也属于刑法意义上的因果关系。本案中被害人的特异体质是导致其死亡的根本原因,被告人的行为只是诱发被害人隐疾发作并促使死亡结果发生的诱因,危害行为与死亡结果存在刑法上的偶然因果关系。对于此类案件,原则上,无论击打行为是作为诱因或是直接原因,均应认定有因果关系。

本案的裁判理由肯定被告人的行为与被害人的死亡结果之间存在刑法上的因果关系是正确的。被害人特殊体质类案件中,无论行为人对被害人的特殊体质有无特别的认知,并不会影响结果归责的判断。因为是否存在刑法上的因果关系或者能否肯定结果归责,理应是着眼于法秩序目的的一种客观评价,不可能由于行为人主观上的认知的不同而有所不同。刑法理论上通常所谓的刑法因果关系的主观性,指的是因果关联或是否归责的判断受评价主体的价值取向或偏好的影响,而不是指因果关系的有无受行为人主观认知因素的影响。[1] 与此同时,裁判理由认为预见义务与预见能力二者同时具备才能以过失论,明显是将预见可能性定位于主观的过失。然而,仅仅是应当预见且能够预见,显然并没有揭示出过失的本质,因为预见因素本身无法为过失犯的不法与罪责提供基本的根据。

过失的本质在于行为人在应当预见且能够预见的情况下,却实施违反注意规范的行为而制造了法所不容许的风险。基于此,在过失犯中,预见可能性构成行为归责的前提,而并不等同于过失本身。就本案而言,被告人明知被害人患有严重肝病,却仍用所拎鸭子向被害人的背部摔打,其行为客观上制造了危及被害人健康甚至生命的风险;同时,立足于行为时的具体情境,具有相同认知的理性第三人若处于行为人的位置,应当预见也能够预见其行为的注意义务违反性及行为所蕴含的不容许风险。因而,应肯定对被告人的行为归责;由于其行为所制造的不容许风险在之后

---

〔1〕 参见劳东燕:《风险分配与刑法归责:因果关系理论的反思》,载《政法论坛》2010年第6期,第101页。

合乎规律地发展为现实化的结果,故相应结果可归责于其行为,被告人应当负过失致人死亡的刑事责任。

第四节 本章小结

(1)预见可能性在过失犯构造中体系位置显得混乱,一方面被当作主观层面过失的内容;另一方面又在被用于客观层面因果关系与结果归责的判断。这种混乱源于传统理论未对过失的认定与过失的归责进行区分。过失的认定与过失的归责指向的是不同的问题,预见可能性不属于过失认定的因素,而仅对过失归责的判断产生影响。对刑法理论中需要考虑预见可能性的情形进行梳理,可发现相关情形均涉及归责判断的问题。

(2)预见可能性具有超越过失犯领域的一般意义,有必要对预见可能性与刑法中的自我答责之间的一般关系进行探讨。对二者的关系可作这样的界定:作为经验事实范畴的预见可能性,构成刑法中自我答责的正当性门槛。让行为人对行为时缺乏预见可能性的行为及危险现实化之后的结果负责,将会因缺乏正当的事实基础而有失公正。

(3)古典刑法理论以个人与国家的二元对立作为建构的基础,"社会"在其中是缺席的,故而倡导主观的、个人的责任论。随着"社会"的崛起,个人在法律上的形象出现从道德主体向社会主体的重大转变。个人法律形象的这种转变,深刻地改变了包括刑法在内的公法的基本架构与运作逻辑。立足于此,有必要引入社会的维度,倡导责任的社会化理论,以行为是否背离社会的规范性期待作为罪责的基本内容。责任的社会化理论,努力将罪责的概念与一般预防的目的相协调。

(4)一种既能发挥刑罚限制机能又能兼具预防有效性的责任理论,具有相对的合理性。依托此种理论框架,将预见可能性因素定位于行为归责的环节,合乎责任主义的要求。直面我国实务中的乱象,在处理过失案件时,为控制司法的恣意,并简化案件的审查工作,有必要将涉及预见可能性问题的案件与涉及未制造风险、制造容许风险、规范保护目的、注意义务违反和结果之间的规范关联,以及被害人特殊体质等其他类型的案件,作区别化的处理。

第十三章　危害性原则的功能转型与现实困境

危害性原则涉及对犯罪本质或违法性本质的界定,它历来是刑法理论研究中的重要命题。大体而言,我国学界对社会危害性的研究涉及以下四个主题:一是社会危害性与形式违法性、罪刑法定或犯罪概念(即《刑法》第13条规定)之间的关系;[1]二是对社会危害性在我国刑法体系中的价值评价;[2]三是对社会危害性范畴的政治意识形态的反思;[3]四是在解释学层面对如何判断社会危害性的阐述。[4] 不难发现,近期以来的研究力图摆脱苏联刑法理论的桎梏,正式确立社会危害性与古典自由主义之间的内在关联,并对社会危害性与刑事违法性之间的关系做出新的界定。在新的意义框架中,社会危害性不再越位承担定罪标准的角色,而主要作为批判性原则而存在:它主要被纳入刑事政策学或犯罪学的范围,在应然层面对刑事立法进行指导与批评;在司法领域,社会危害性至多只在出罪的意义上发挥作用,刑事违法性才是界定犯罪的标准。可以说,学界对于社会危害性的重新界定其实代表的是某种理论上的回归:古

---

[1] 参见樊文:《罪刑法定与社会危害性的冲突——兼析新刑法第13条关于犯罪的概念》,载《法律科学》1998年第1期;李立众、李晓龙:《罪刑法定与社会危害性的统一——与樊文先生商榷》,载《政法论丛》1998年第6期;齐文远、周详:《社会危害性与刑事违法性关系新论》,载《中国法学》2003年第1期;李晓明、陆岸:《社会危害性与刑事违法性辨析——重在从"罪刑法定"视角观之》,载《法律科学》2005年第6期。

[2] 参见陈兴良:《社会危害性理论——一个反思性检讨》,载《法学研究》2000年第1期;储槐植、张永红:《善待社会危害性观念——从我国刑法第13条但书说起》,载《法学研究》2002年第3期;李海东:《刑法原理入门》,法律出版社1998年版,第6—9页。

[3] 参见劳东燕:《社会危害性标准的背后——对刑事领域"实事求是"认识论的质疑》,载《刑事法评论》(第7卷),中国政法大学出版社2000年版;刘为波:《诠说的底线——对以社会危害性为核心话语的我国犯罪观的批判性考察》,载《刑事法评论》(第6卷),中国政法大学出版社2000年版。

[4] 参见黎宏:《判断行为的社会危害性时不应考虑主观要素》,载《法商研究》2006年第1期,第99—107页。

典意义上的危害性原则终于在中国的刑法理论体系中确立正当地位。

从密尔的《论自由》始,危害性原则一直被用来诠释政治自由主义的要求。它服务于将刑法区别于单纯的伦理,并为惩罚提供理性的基础。按照密尔的说法,权力能够违背个人意志而正当地向文明共同体的任何成员行使的唯一目的,便是防止对他人造成损害。[1] 这意味着危害性原则在现代刑法理论中的引入,与对个体自由的保障紧密相关。在古典政治自由主义的语境中,危害性原则构成法律实施(即对自由的限制)的必要条件而非充分条件,它被用来从法律实施中排除某些类型的人类活动(是必要条件),但它并不决定将什么包含进去(不是充分条件)。[2] 诸多风化犯罪正是据此而被排除出犯罪范围的,危害性原则作为批判性原则而对将道德性过错犯罪化的做法展开强有力的抵制。

危害性原则的批判功能的正常发挥,取决古典政治自由主义的语境存在与否的同时,还依赖于危害内涵本身的相对清晰性。可以想象,倘若危害的内涵非常宽泛乃至于无所不包,则原则本身的排除功能也便难以发挥。这意味着对危害性原则的功能的务实考察,必须注意到两个变量:一是刑法的政治与社会语境;二是危害概念的内涵。没有古典政治自由主义的支撑,或者危害的概念过于模糊与富有弹性,则危害性原则的批判功能就会岌岌可危。果真如此,则对社会危害性理论的古典回归,将成为学者们一厢情愿的虚构。

现行关于社会危害性理论的研究,尽管分歧众多立场各异,但有一个共同的特点:都是在假定语境与概念内涵不变的情况下去讨论危害性原则,将危害性原则的批判功能与自由保障机能视为理所当然。这无疑是一个致命的缺陷。其一,它表明研究者对当下的刑法现实缺乏足够的敏感与真切的认知。对现实的想当然的设定,不但易于将危害性原则的应然功能与实然状况混为一谈,而且极可能由此误读或回避这一领域所面临的真正问题。其二,它表明刑法学者始终未能摆脱演绎性的研究方法的窠臼。在变动的社会中,原则或概念本身的意义就在发生变化;故而,以原则或概念作为演绎起点的研究方法,不可能真切地把握到现实。行为无价值论与结果无价值论之间的长久对立在日本渐趋平息,便是因

---

[1] See John Stuart Mill, On Liberty, edited by David Bromwich and George Kateb, New Haven: Yale University Press, 2003, p.80.

[2] See Bernard E. Harcourt, the Collapse of the Harm Principle, in 90 Journal of Criminal Law and Criminology (1999), p.114.

为日本刑法学者终于认识到,先设定一对明显对立的价值观,然后选择其中一种,由此出发推论演绎刑法学理论构成的研究方法,偏离了社会整体的发展思维。[1]

本章试图将语境与危害内涵这两个变量纳入分析框架,以此考察危害性原则在当前刑法体系中的实际地位与功能。这是一次对当下之刑法现实的知识梳理,也是对刑法界流行的演绎性研究话语的一次反思。本章的研究将表明,刑法的政治语境的变化与由政治语境的变化而引起的危害概念的内涵流变,如何削弱乃至摧毁了古典意义上的危害性原则。因而,即使我国的刑法理论体系最终在知识起源上去苏俄化,也无法改变危害性原则的当代命运。危害性原则的蜕变并非孤立的现象,毋宁说它是冰山之一角。借此冰山之角,我们将发现刑法体系所面临的严峻而触目惊心的现实:在当代刑法语境中,刑事责任基本原则的批判功能与自由保障功能正日益式微。在刑事司法日益政治化的今天,正视作为刑事责任基本原则之一的危害性原则所陷入的困境,相信是合理应对刑法理论所面临的挑战的重要一步。

第一节 风险控制与刑法的危害评价

一、风险控制与刑法中危害评价的意义

在刑法理论中,危害无疑是一个极为重要的范畴。它不仅是构建犯罪论的基础,对于惩罚(包括刑罚与保安处分)理论的阐释也必不可少,正如 Hall 所言,危害是犯罪行为与惩罚性制裁之间的杠杆支点。[2] 危害概念在刑法规范体系中所扮演的角色可归纳为八个方面:(1)它是定义犯罪时需要考虑的关键因素,将刑法的伦理与单纯的伦理区别开来。(2)它是判断犯罪的严重程度与对犯罪进行定级的基本依据。(3)是否存在刑法上的行为往往需要依赖危害来判断,以解决"行为"的模糊性问题。刑法上的行为显然并非中性无色,这正是"自然行为论"遭人诟病的缘由所在。单纯的行为不可能进入刑法的视野,只有借助危害范畴,人们才能把那些

---

[1] 参见黎宏:《行为无价值论与结果无价值论:现状和展望》,载《法学评论》2005 年第 6 期,第 12 页。

[2] See Jerome Hall, General Principles of Criminal Law, second Edition, Indianapolis: Bobbs-Merrill Company, 1960, p. 213.

具有刑法意义的行为筛选出来,对行为存在与否的判断才不至于成为盲人摸象。是故,是否存在刑法上的行为的判断,其实是一个由危害到行为的逆向推理过程。(4)它是展开因果关系与客观归责的判断的前提。没有危害后果,行为与因果关系就变得不相关,当然也就不会再面临因果关系与归责的判断问题。(5)在是否构成排除犯罪事由的判断中,它是一个重要的权衡因素,如紧急避险中,所造成的危害必须不超过所避免的危害,才能排除犯罪的成立。又如被害人承诺,如果造成的危害较小(如财产损害与轻微的人身伤害),则承诺能够阻却犯罪的成立;如果危害达到非常严重的程度(如重大的人身伤害或死亡后果),则无法排除行为的犯罪性。(6)它是决定惩罚的程度的重要因素,刑罚的轻重要求与危害的严重程度相适应。(7)在人身危害性的判断中,也必须考虑行为人所实施的危害。(8)它是决定司法管辖权的因素之一,危害行为与危害结果发生地的司法区对于犯罪具有管辖权。

作为连接犯罪与惩罚之间的支点,危害概念对刑法体系具有牵一发而动全身的意义。正是基于此,一旦超规范层面的危害的意义评价发生转型,规范层面的刑法体系也便无可避免地受到全面而深远的牵连。在超规范层面,危害评价的意义通常指向两个维度:一是作为刑罚之正当根据;二是作为刑法之目的,即要求预防危害或使危害最小化。这两个维度的意义无疑存在一定的内在紧张:作为刑罚之正当根据的危害,往往强调危害的发生及程度,只有危害达到一定的严重程度才足以使刑事制裁正当化;作为刑法之目的的危害防止,则通常要求允许在危害实际发生之前进行干预。这种内在紧张无疑为危害范畴的意义裂变埋下了潜在的祸根。

在古典自由主义的语境中,危害的评价优先服务于前一维度的意义。这与现代刑法的形成的语境紧密相关。现代的刑法理论形成于启蒙时代,从启蒙思想与人权理论中汲取了丰富的营养。它的基本构架遵循"个体—国家"的二元对立模式,强调通过限制公权力的行使来保障个体权利,为国家动用刑罚提供正当性根据。因而,刑法的保护最终都归结为对个体法律权利的保障,国家的刑罚干预被限于他人权利受到妨害的场合。是故,无论是密尔还是费尔巴哈,都在法律权利的基础上定义危害概念。密尔写道:"生活在社会中的事实,使每个个体应该有义务对他人遵守确定的行为界限变得不可或缺。这种行为首先在于不损害他人的利益,确切地说,是不损害或通过明确的法律条款或通过默认的解读而应被认为是权利的特定利益。其次,它存在于每个个体承担其劳动与牺牲的份额(基于衡平的原则而确立)之中,该份额乃是为保护社会或其成员免受伤害与骚扰而产生。"[1]

然而,风险社会的形成改变了古典自由主义生存的政治与社会生态。内在于工业社会与现代性本身的技术性风险与制度化风险,淡化了国家与个体之间的对立的一面,而促成社会连带主义思潮的兴起。从20世纪中叶起,工业社会的危险开始全面支配公共、政治与私人的讨论。[2] 随着健康和安全决策的公共属性变得明显,风险问题不再被视为单纯的技术或专业问题,而成为与政治相关的公共问题。正如贝克所言,对风险的社会性认识包含着某种固有的政治导火索:那些迄今为止曾被认为是非政治性的东西,变得具有政治性。政治与公众接管了企业管理的内部领域,接管了产品计划与技术设施等事务。[3] 可以说,公众对风险所带来的健康与环境问题的担忧及其社会、经济和政治后果的关切,直接促成风险问题在当代社会的政治化。

在这样的政治与社会语境中,刑法逐渐蜕变成一项规制性的管理事务。作为管理不安全性的风险控制机制中的组成部分,刑法不再为报应与谴责而惩罚,而主要是为控制威胁而进行威慑;预防危害成为施加刑事制裁的首要理由。[4] 这一点不仅能够从持有犯、危险犯与严格责任犯罪等新型犯罪的出现中得到印证,也可以从过失犯在现代的发展趋势中见到端倪:对预防危害的强烈关注,导致立法者不断扩张过失犯的范围。毫无疑问,"既然对破坏规范的效果没有认识,无法证实对规范的敌意,处罚过失犯的重点,根本上即不在于对规范的态度,而在于填补保护法益的漏洞"。[5] 风险社会对刑法功能的重新定位,直接导致危害的意义评价发生转型。相应地,危害的评价不再优先服务于危害作为刑罚之正当根据的意义,而是主要转向对后一维度的意义,即作为刑法目的的预防危害的

---

[1] John Stuart Mill, On Liberty, edited by David Bromwich and George Kateb, New Haven: Yale University Press, 2003, p.139.

[2] 工业社会的风险当然早就存在。不过,在20世纪中叶之前,对工业和技术发展的益处的认同一直占据主导地位。尽管风险被系统地制造出来,但它们并非公共讨论的主题或政治冲突的中心。See Ulrich Beck, Risk Society Revisited, in edited by Adam, Beck & van Loon, The Risk Society and Beyond, London: Sage Publications Ltd, 2000, p.223.

[3] Ulrich Beck, Risikogesellschaft, Suhrkamp Verlag, 2003, S.31.

[4] 参见劳东燕:《公共政策与风险社会的刑法》,载《中国社会科学》2007年第3期,第128—129页。

[5] 许玉秀:《当代刑法思潮》,中国民主法制出版社2005年版,第203页。

关注。这种意义转型无疑与个体与国家之间的二元对立关系的设定发生变化有关。风险社会的存在,正在深刻地改变现代刑法得以构建的政治语境与逻辑基础:个体与国家之间的关系不再是单纯的二元对立,而是既对立又统一,个体依赖国家的一面在不断增强。可以说,正是"个体—国家"二元对立基础的部分瓦解,直接促成危害评价的意义转型,并对当代刑法体系的构建产生了全面而深远的影响。

二、风险的双重性与危害评价的主观化

危害性的判断中是否应当考虑主观因素[1]与危害性的判断或评价本身是否具有一定的主观性,是两个不同的问题。前者涉及危害性判断的对象范围,后者则是危害性判断或评价如何受评判主体的价值与观念影响的问题。危害的评价本身既然无法摆脱评价主体的烙印,自然无法避免一定的主观性。毕竟,犯罪定义并非犯罪行为本身固有属性的翻版,而是定义犯罪的主体赋予某些行为以犯罪的意义和属性的结果。[2]这意味着刑法中的危害并非一个纯客观的范畴,正如 Hall 所言,"它是事实、评价与人际关系的混合物,并非可观察到的事物或效果"。[3]危害的有无与轻重的判断,不仅取决于相关利益本身的重要性与对利益的妨碍程度,而且取决于犯罪定义主体的主观意志。比如,从客观的危害而言,破坏财物犯罪的危害程度比盗窃罪要大,因为它使他人的所有权根本无法恢复,但从立法者选择对盗窃罪处以较重的法定刑来看,显然是认为盗窃罪的危害大于前者。因而,与其说危害是什么,不如说在犯罪定义主体的眼中危害是什么。刑法中的危害并非客观危害本身的原样复制,不能单从客观的经验角度去理解危害,而应当同时考虑危害评价中的主体性维度。

在传统刑法的范围内,危害评价的主观性的一面并不明显。传统犯罪本身的反伦理性,决定犯罪定义主体的意志所能发挥的空间相对有限。评价主体不可能背离社会的基本观念去界定危害,否则,刑法势必丧失基

---

[1] 这是有争议的问题,参见黎宏:《判断行为的社会危害性时不应考虑主观要素》,载《法商研究》2006 年第 1 期。

[2] 参见白建军:《关系犯罪学》(第三版),中国人民大学出版社 2014 年版,第 359 页。

[3] Jerome Hall, General Principles of Criminal Law, second Edition, Indianapolis: Bobbs-Merrill Company, 1960, p.217.

本的正当性。然而,在当代的政治语境中,随着刑法成为风险控制的重要工具,随着法定犯的出现与扩张,危害评价呈日趋主观化的趋势。危害评价的主观化,显然与风险社会中风险本身的复杂特点紧密相关。

作为现代性的产物,风险兼具积极与消极的两重性。在空间维度上,现代的风险超越了地理边界与文化边界的限制,呈现全球化的趋势;在时间维度上,它的影响具有持续性,不仅及于当代,还可能影响到后代。此外,现代的风险形成有害影响的途径不稳定且不可预测,它们往往超出人类自然感知的范围,在人类认识能力之外运作。可以说,现代风险复杂而矛盾的特性奠定了刑法的风险控制的基调:刑法的目的不是要根除风险或被动地防止风险,也不是简单地考虑风险的最小化,而是设法控制不可欲的会导致不合理的类型化危险的风险。

既然许多风险对于现代社会的正常运转必不可少,评价主体便无法单纯以结果无价值为由而否定之。社会相当性理论,也只是在形式上解决了问题。所谓的符合历史形成的社会伦理秩序,并没有提供客观的具有可操作性的标准。风险的可欲与否的判断在根本上取决于评价主体的认定。这必然使得刑法中危害评价的客观性有所丧失,主观化的一面则日益浓重,从而为犯罪定义主体张扬乃至滥用主体性提供了现实的可能。此外,风险影响后果的延展性与影响途径的不确定性,在使危害变得更加难以判断的同时,也进一步加剧危害评价的主观化趋势:评价主体只能依据自身有限的知识,去估测与界定风险所可能造成的危害范围与程度。

除与风险的特点相关之外,危害评价的主观化也受到危害评价机制的演变的影响。传统自然犯的危害,根据社会的一般公平观念即可径行判断。法定犯的危害认定则表现出行政支配的特点,无法借助这样的独立因素进行评价。与自然犯行为本身的反伦理不同,法定犯行为大多是中性的,因而,认定危害之关键在于行为是否违反相应的国家行政法规。倘若没有相应的行政规定存在,单纯的行为一般不会被认为有害,而完全可能是正常的社会活动或商业行为。比如,如果不是国家基于维护经营垄断的考虑而出台专营专卖的规定,许多非法经营行为本来是正当的商业竞争行为,根本不具有利益妨碍的性质。此外,在某些情形中,行为本身虽然具有利益妨碍的性质,但是否归入刑法中的危害完全取决于国家的许可证制度,后者直接决定哪些类型或何种程度的利益妨碍属于禁止的范围。比如,如果污染物的排放低于国家规定的标准,污染行为便是受许可的,不可能被评价为刑法中的危害。

第二节 刑法中危害概念的内涵裂变

当代刑法所处的政治与社会语境的变化,直接促成了危害评价的主观化。而危害评价的主观化进程一旦驱动,危害范畴便如失去外力控制的原子核,旋即开始裂变的链式反应。对"危害"的建构不断地膨胀;最终,充塞其中的内容是如此庞杂与丰富,以致它撑破了这一范畴的意义边界,失去了概念应有的限定性指涉。危害仍然是建构刑法体系的核心角色,但它只是意味着任何被禁止的举止或行为的结果,古典时代的面目已成一道远逝的风景。

一、危害定义的规范维度之丧失

依据现代的客观归责理论,不法的首要条件是制造不被容许的风险。在风险社会的政治与社会语境中,以权利为基础的危害界定越来越不能满足风险控制的需要。对权利范畴之外的诸多利益的侵犯,同样可能并且实际上也日益被犯罪定义主体纳入刑事处罚的范围。权利已然无法成为定义危害的基础,费尔巴哈与密尔的权利侵害说遂被断然抛弃。

与贝卡里亚的社会危害性理论相比,权利侵害说之所以意义重大,乃是因为它首次在危害的界定中将法/规范与利益这两个范畴相结合。自此,危害不再是一个纯实证的范畴,而开始兼具法规范的意涵。作为规范的术语,权利范畴为危害的内涵划定了明确的界限:没有侵犯个体权利的利益妨碍,都不构成危害。一旦权利不再成为定义基础,除非能够找到新的规范范畴来替代,危害概念势必由于失去其规范性的限定边界而难以确保内涵的明晰性。而规范维度之所以对于危害的定义必不可少,乃是由于它使对刑法进行应然层面的批判成为可能,而一个不确定的危害概念是不可能对刑法进行限制的。可以说,在权利侵害说被抛弃之后,美国著名学者乔尔·弗恩贝格(Joel Feinberg)的危害理论与德日刑法体系中的法益侵害说,代表的正是将法/规范与利益相结合的新的努力,但这样的努力无疑并不成功。

按照弗恩贝格的观点,对危害的定义必须同时强调不法(wrongdoing,即不正当地侵犯他人权利)与对利益的妨碍性。只有不法的利益妨碍与对利益的妨碍的不法,才能被适当地归为危害。换言之,危害是一个具有潜在的规范维度的概念。声称 A 危害 B,是说 A 不仅妨害到 B 的利益,而且 A 对 B 实施不法或不公正地对待 B。有些行为虽妨碍到他人的利益但不一定具有不法性,它们可能是正当的或可免责的(如正当防卫或存在被害人承诺的情形),或者侵犯的是他人没有权利获得尊重的利益。不妨碍到利益的不法,即无害的不法(harmless wrongdoing),则涉及法律道德主义的做法。[1] 不难发现,在弗恩贝格的理论体系中,始终存在一个独立的与公平有关的规范,以对有害的利益妨碍与无害的利益妨碍进行区分。他也试图对这个规范范畴进行解释。在谈到并非所有对利益的妨碍都是不法时,他做了这样的说明:不同个人的利益不可避免地相冲突,使危害最小化的法律体系必须整合不同类型的利益的相对重要性的判断,以便它能够宣布为保护某人的低层级利益而侵犯某人的高层级利益是不正当的;法律上的不法将是对违背既有的优先层级的利益的侵犯。[2] 不过,优先规则显然只是这个规范范畴的下位规则之一,而并非全部内容。因为弗恩贝格同样认为,经承诺的利益妨碍不能归入危害之中。在此,阻却不法的根据显然不是优先规则,而是"自愿则无伤害"(Volenti non fit injuria)的准则,承诺代表着对自身权利的放弃。尽管弗恩贝格试图在危害的定义中引入规范因素,但他终究未能说清楚这个规范到底指的是什么。

问题还在于,弗恩贝格的危害定义无法涵盖刑法中存在的所有危害类型。他所谓的整体性危害(aggregative harm)[3]与累积性危害(accumulative harm)[4]就无法套用"不法+利益妨碍"的二元性结构。行为可能基于刑法的目的而被界定为"有害",即使它在独立的意义上不具有不法性或不是不公平的。比如,对于饮酒之类的整体性危害,解决方案通常是确立将危险行为作为针对目标而允许无害行为的规制框架。在此类框架中,没有实施独立不法的某一行为将被犯罪化(如没有引起损害或伤害的醉酒驾驶),而另一确实妨害利益的行为将不被犯罪化(如醉酒而行为不当但没有驾驶)。在此,"危害"只是意味着对利益的妨碍,因为"不法"为规制框架所定义,它并不独立该规制框架。对于环境污染之类的累积性危害,也不可能依据弗恩贝格的危害定义来界定,并不存在独立的规范因

---

[1] See Joel Feinberg, Harm to Other, Oxford: Oxford University Press, 1984, pp.33-36.
[2] See Joel Feinberg, Harm to Other, Oxford: Oxford University Press, 1984, p.35.
[3] 某种活动作为整体有害但许多特定情形并不有害甚至可能有利时,危害是"整体性"的,如喝酒。
[4] 在只有许多人从事它才有害,而如果只有一些人从事则没有危害的场合,一种活动引起的便是"累积性"的危害,如过量使用共同拥有的资源。

素来区分有害的利益妨碍与无害的利益妨碍。[1]

弗恩贝格显然是希望在权利之外为危害定义找到新的规范基础。然而,事实是,他不仅始终没有说清后者的内容,他的二元结构的危害定义也缺乏实证意义上的包容力,以致有些特殊的危害类型被排斥在他的危害定义之外。正是基于此,在《刑法的道德限制》的第四卷《无害的不法》中,弗恩贝格就修改了危害的用法,抛弃单纯作为实施不法的加害的观念而将危害区分为两种:妨碍利益的危害与不法地妨碍利益的危害。在前一情形中,相对方处于受害状态(Harmful condition),但其并非加害行为的产物;在后一情形中,相对方处于先在的加害行为所导致的被加害状态(harmed condition)。[2] 这样一来,危害的定义重心最终完全落在利益妨碍上,而独立的评价不法的规范因素则被弃之不顾。

不难发现,对危害的定义中,人们始终面临这样的难题:如何使危害的概念在具有实证性包容力的同时兼顾规范性的维度。弗恩贝格的"不法+利益妨碍"的定义结构没有做到这一点。那么,德日刑法体系中的法益侵害说是否解决了这个难题呢?

为使危害概念具备相应的规范意涵,弗恩贝格的做法是对妨害利益的方式进行限定,强调妨害利益之行为的不正当性与不可免责性。德日刑法理论则试图通过对利益本身的规范性限定来定义危害,妨碍利益的方式是否正当或免责的问题将放在犯罪构成体系中加以解决。据此,危害被界定为对法益的侵害。法益取代权利而成为危害的定义基础,显然有助于增强危害定义的实证性。借此,人们能够将对权利之外的利益的侵犯纳入危害的范畴之内,以迎合刑法适用范围的扩张需要。这是比恩鲍姆所提出的法益概念最终能够胜出的重要原因。问题在于,法益概念在偏好于实证性的同时,并未能赋予危害定义以明确的规范意涵。正如达博所言,从现行法出发,比恩鲍姆的实证主义的法益概念肯定比费尔巴哈的规范主义的个人权利概念更受欢迎,损害、威胁国家保护法益的行为因而代替了对个人权利的侵害。不过,比恩鲍姆对犯罪的定义虽然赢得

---

[1] See Hamish Steward, Harms, Wrongs and Set-Backs in Feinberg's Moral Limits of the Criminal Law, in 5 Buffalo Criminal Law Review (2001), pp.54-55.

[2] See Joel Feinberg, Harmless Wrongdoing, Oxford: Oxford University Press, 1988, pp.27-29.

了实证主义的精确性,却失去了规范的深度。[1]

德国的刑事立法对法益概念未作定义,主流的刑法理论所提供的含义非常宽泛的法益概念,[2]也证明它缺乏真正的规范性力量。研究表明,法益概念的历史发展并未能提供一个坚固的核心,相反,对法益概念的历史回顾恰恰说明了它的不确定性和灵活性。即使是纳粹刑法,也能够将它认为值得保护的"德意志民族精神"与"维护德意志血统的纯正"等不受阻碍地纳入法益的范畴;而德国现行刑法的所有犯罪构成要件事实上也都通过了法益标准的检测,包括那些只用来安慰民众或者象征立法者维护某种价值观的努力的政治工具的"象征性立法",都没有因为法益概念而失败。[3] 法益概念的抽象性、模糊性与对集体法益的强调,足以表明它在迎合与推动刑法扩张的同时,也使自身变成虚弱的纸老虎,完全丧失了规范的限定性意涵与批判性功能。它不可避免地陷入一种恶性循环:在刑法规范明文禁止前,人们不可能知道哪些利益属于刑法保护的对象;直到刑法明文禁止后,人们才能知道哪些属于刑法保护的法益。这样看来,试图将"法"和"利益"这两个差异极大的概念加以协调的法益概念,实际上并没有解决实证主义与规范主义之间的对立,而是以向实证主义屈服而告终。借助法益概念,曾一度(至少在理论上)局限于惩罚损害个人权利的行为的刑法,如今则覆盖所有国家认为值得用刑罚加以保护的对个人或非个人利益构成威胁与损害的活动。

这意味着即使以法益侵害范畴来替代社会危害性概念,[4]也无法真正解决入罪标准的弹性、模糊与缺乏可操作性问题。法益概念诚然并非

---

[1] 参见〔美〕马库斯·德克·达博:《积极的一般预防与法益理论——一个美国人眼里的德国刑法学的两个重要成就》,杨萌译,载陈兴良主编:《刑事法评论》(第21卷),北京大学出版社2007年版,第457页。

[2] 罗克辛认为,法益是某些既存事物(Gegebenheit)或所设定的目标(Zwecksetzung),它们对个体,对个体在某一据此目标构建的社会整体系统内的自由发展,以及对这个系统本身的功能都有作用。Claus Roxin, Strafrecht Allgemeiner Teil: Grundlagen Aufbau der Verbrechenslehre, Band I, 3. Aufl., C. H. Beck Verlag, S.15;宾丁则将法益定义为"立法者认为是有价值且不能受到侵犯的,因而必须通过规范加以保护的利益",转引自〔美〕马库斯·德克·达博:《积极的一般预防与法益理论——一个美国人眼里的德国刑法学的两个重要成就》,杨萌译,载陈兴良主编:《刑事法评论》(第21卷),北京大学出版社2007年版。

[3] 参见〔美〕马库斯·德克·达博:《积极的一般预防与法益理论——一个美国人眼里的德国刑法学的两个重要成就》,杨萌译,载陈兴良主编:《刑事法评论》(第21卷),北京大学出版社2007年版,第460页。

[4] 参见李晓明、陆岸:《社会危害性与刑事违法性辨析——重在从"罪刑法定"视角观之》,载《法律科学》2005年第6期,第44—46页。

毫无用处。因为法益论象征着这么一种信念,如果刑法希望被认为是合法的,希望得到服从,而且希望是合乎目的的,那么刑法就要受到限制,只能在一定范围内发挥作用。它至少在形式上使对刑法进行批判性分析成为可能或使之更加容易。[1] 不过,它的功能或许也仅限于此。

综上,在如何使危害概念在具有实证性包容力的同时兼顾规范之维度的问题上,无论是弗恩贝格的危害理论还是德日刑法体系中的法益侵害说,都给人顾此失彼的感觉。这当然不能简单归咎于理论体系的建构者的思考不周,而恰恰是刑法的政治社会语境发生变动的必然结果。只要刑法将预防危害当作首要任务,而危害概念又被要求容纳刑事制定法所禁止的一切对利益的损害或威胁后果,则危害定义最终失去规范性意涵就是不可避免的事儿。

二、危害内涵的扩张化与模糊化

危害定义中规范维度的丧失,标志着危害概念失去外在边界的意义限制。意义的边界一旦撤除,危害概念就如脱缰的野马,开始将大片新地圈入自己的疆域,所到之处无所向披靡。一方面,危害不再只是对个人权利的侵害,而且包含对其他非个人利益的侵犯,保护集体法益成为刑法的重要任务。另一方面,危害不再只是一种对利益的事实上的侵害后果,也包括对利益的威胁或危险。当代各国刑法都在努力扩张对距离尚远的威胁法益的行为的处罚范围。下文将围绕这两个方面的内容展开论述。

(一)危害与法律道德主义

根据新的危害定义,对个体权利之外的利益(尤其是集体法益)的妨害同样受刑法禁止,这就模糊了刑法与伦理之间的界线,从而难以与法律道德主义的立场相区分。刑法显然不是贯彻与推行道德的工具,因而,单纯的非道德性不足以成为施加刑罚的正当性根据。这一点至今为当代主流的刑法理论所坚持,同性恋行为、自杀行为等正是基于此而被非罪化的。然而,危害定义中规范维度的丧失,使得危害成为万金油一样的角色;以危害公共利益为名,诸多没有危及个体权利的行为受到刑法的惩

---

[1] 参见〔美〕马库斯·德克·达博:《积极的一般预防与法益理论——一个美国人眼里的德国刑法学的两个重要成就》,杨萌译,载陈兴良主编:《刑事法评论》(第21卷),北京大学出版社2007年版,第464页。

罚。传统上被认为与道德冒犯相联系的活动(如卖淫、淫秽物品与毒品使用等),开始被认为具有危害。对于禁止道德不当行为的正当根据已从不道德性转换为该类行为引起的危害。依照纽约市长 Rudolph Giuliani 的看法,积极地在纽约推行禁止公共场合醉酒、非法商贩、行乞与卖淫等活动的法律,对于与严重犯罪的斗争是必要的,因为轻微的扰乱秩序的犯罪是严重犯罪的原因。[1] 不难发现,在将此类活动犯罪化的过程中,主导相关争论的不再是不道德性而是危害。这一点显然并非美国刑法所特有。

我国《刑法》虽然没有将公共场合醉酒、卖淫等活动规定为犯罪,但分则第六章妨害社会管理秩序罪中存在不少类似的罪名,如聚众淫乱罪、盗窃、侮辱尸体罪、赌博罪、传播淫秽物品罪、组织播放淫秽音像制品罪、组织淫秽表演罪、组织他人卖淫罪与容留他人吸毒罪等。这些犯罪并不侵犯个体权利,基本上属于传统的不道德行为的范围。现行刑法将之犯罪化并为主流刑法理论所接受,其理由显然不是行为本身的不道德性,而恰恰是由于人们认为它们会带来危害,妨害到社会秩序或公共秩序之类的集体法益。

无独有偶,对公开性行为、乱伦、否认纳粹的种族屠杀、干扰宗教仪式等行为,德国刑法也是以保护"公共安宁"(public peace)这一模糊的集体法益为名而明令禁止。无怪乎德国学者要提出这样的批评:"将'公共安宁'构建为法益在形式上满足了'法益'准则的要求,但却是以一种毫无意义的方式。[2] 对集体法益的诉诸,使危害与法律道德主义之间的界限变得相当模糊。在此,坚守反法律道德主义的底线已经没有什么意义。因为公共安宁之类的集体法益标准是如此地模糊,以致支持犯罪化的论证总是可能的;'公共安宁'的论证既然无法与道德主义的论证相分离,刑法学者对防止不道德行为不是刑法的任务的理念坚持也就没有多少可信性。"[3]

(二)危害与危险:未完成模式的犯罪

危害与法律道德主义之间的界限的模糊化,使诸多传统上归入不道

---

[1] See Bernard E. Harcourt, the Collapse of the Harm Principle, in 90 Journal of Criminal Law and Criminology (1999), p.110.

[2] See Tatjana Hoernle, Offensive Behavior and German Penal Law, in 5 Buffalo Criminal Law Review (2001), p.260.

[3] See Tatjana Hoernle, Offensive Behavior and German Penal Law, in 5 Buffalo Criminal Law Review (2001), p.278.

德活动的行为被不容置疑地纳入刑法禁止的范围。这标志着危害内涵在横向维度上的拓展。危险犯与持有犯的兴起以及未遂标准的放宽,在表明未完成模式的犯罪开始大行其道的同时,揭示的则是危害概念在纵向维度上的延伸。

在古典自由主义的语境中,危害意味着实际损害后果的发生。因而,犯罪的构建基本遵循实害导向的既遂模式。尽管彼时现代意义上的未遂的一般处罚准则已开始成形,[1]但未完成模式的犯罪在刑法中并不占据重要地位。然而,随着风险时代的来临,当刑法所要处理的不只是对法益的实际侵害还包括诸多对法益构成威胁的行为时,未完成型犯罪便因其允许国家权力在行为早期介入的特性,脱颖而出成为对付危险(不可欲的、不合理的类型化风险)的一大利器。由此,危害的内容便不再限于实际的侵害,而是同时包含侵害的危险。危险控制与及早干预的压力,驱使犯罪成立的临界点从实害提前至危险出现的阶段。这几乎是预防导向的刑法的必然走向。因为以预防为名的隔离式体制的成功取决于,危险的越轨行为一旦被诊断出它能够多快地进行干预;将每一个潜在威胁扼杀于萌芽状态的目标,与该目标实现上的不可能性一起,推动预防性措施的持续性扩张,即沿着指向威胁起源的因果链无限地后退。[2] 不难发现,犯罪成立界点在时间维度上的不断前移,彰显的是刑法容忍度急剧降低的事实,并由此导致惩罚之网的急剧扩张。

早期的刑法理论认为,未完成型犯罪惩罚的是为外在行为所见证的邪恶意图。在危险成为危害内容的有机组成部分之后,未完成型犯罪的处罚根据便披上了刑法客观主义的外衣。它被认为是以传统危害之外的方式所进行的有害于社会的行为,其所施加的危害具有无形的特征,社会是它的对象。未完成型犯罪不仅创造危害,它们本身就是危害。由是之故,围绕未完成型犯罪的争论并不关注是否应该要求具有危害,而关注从未完成型犯罪中产生的危害是否具有足够的实质性,而值得使用刑法进

---

[1] 一般认为,早期普通法历史中只是偶然对特定的未遂情形予以定罪。现代意义上的处罚未遂的一般准则由 1784 年的 Rex 诉 Scofield 案与 1801 年的 Rex 诉 Higgins 案这两个判例所确立。在 Rex 诉 Scofield 案中,Lord Mansfield 宣布,意图可以使本身无辜的行为变得有罪。在 Rex 诉 Higgins 案的判决意见中,Lawrence 法官重申了 Mansfield 的立场,并指出所有具有公共性质的犯罪,也即所有意图危害共同体的作为或未遂都是可起诉的。See Sayre, Criminal attempts, in 41 Harvard Law Review (1928), pp.834–836.

[2] See Markus Dirk Dubber, Policing Possession: the War on Crime and the End of Criminal Law, in 91 Journal of Criminal Law and Criminology (2001), pp. 841–842.

行禁止与惩罚。[1] 未完成模式的犯罪分为两类:一是通常意义上的未完成形态的犯罪,如预备犯(处罚犯罪预备的场合)、未遂犯、中止犯及共谋犯等。此类犯罪根据总则的相关条文而设立,原则上适用于分则中规定的所有犯罪。二是分则中以既遂形式出现但实质为未完成的特定犯罪,典型的如持有犯与危险犯。持有犯本质上是一种预备犯,而危险犯则是实害犯的未遂状态。这类实质为未完成形态的既遂犯罪经常表现出强烈的政策意图。

对未完成形态行为的普遍犯罪化,说明犯罪成立界点已由实害提前至危险的阶段。就此而言,未完成模式的犯罪其实均可归入广义的危险犯的范畴。在刑法理论上,未遂犯就被公认为是危险犯。在此类犯罪中,危险的评价至关重要,它直接决定未完成形态的行为能否构成犯罪。危险的评价显然不同于实害的评价。后者涉及对已经发生的特定的实际损害后果的认定与评估,危险的评价则是对未然情况的推测与判断。危险本质上是尚未实现的糟糕之事可能发生的风险,但糟糕之事究竟是什么,它有多大可能会发生,或者有多大可能某个具体个人会遭受损害,这一点并不清楚。这意味着与实害的评价相比,危险的评价具有更强的主观色彩。这一点可以从未遂犯的认定上得到佐证。社会与心理因素一直对犯罪未遂的法律具有重大影响,特别是在确定相关的危害或至少什么被认为具有足够的危害而要求刑事化时。[2] 因而,未遂犯处罚根据上的客观主义与主观主义之争,其实远没想象得那么水火不容。主观主义并不全然主观,客观主义也并不全然客观。如学者所言,尽管我们可以用"现实危险"这种貌似客观的表述来说明对未遂犯等的处罚理由,但是在危险存在与否的认定上,最终还是取决于人们的主观认识和判断,这一点谁也否定不了。[3]

不难发现,当危险成为刑法处理的对象时,犯罪的边界便会因危险评价的主观性而变得不确定。这种不确定性在赋予刑法干预以巨大的弹性空间的同时,也为成功回避刑法原则或准则所构建的内在制约提供了可

---

[1] See Paul H. Robinson, A Theory of Justification: Societal Harm as a Prerequisite for Criminal Liability, in 23 UCLA Law Review (1975), p. 269.

[2] See Jerome Hall, General Principles of Criminal Law, second Edition, Indianapolis: Bobbs-Merrill Company, 1960, p. 558.

[3] 参见黎宏:《刑法中的危险及其判断——从未遂犯和不能犯的区别出发》,载《法商研究》2004年第4期,第95页。

能。这也是为什么危险犯与持有犯在大行其道的同时却从未真正面临正当性挑战的根源之所在。尽管危险犯与持有犯本质上属于实害犯的未遂犯或预备犯,但在危险控制机能与消解正当性质疑这两个方面,它们显然要比传统意义上的未遂犯或预备犯大得多。

首先,借助于危险犯与持有犯,刑法能够对付距离实际的法益侵害非常遥远的危险。危险犯与持有犯中的危险评价的灵活性本身,已经容许刑法将触角延伸至距实害发生较远的只具抽象危险的行为。由于危险犯与持有犯在形式上表现为既遂,总则中相关的预备、未遂与中止的规定,原则上也适用于此类犯罪,这就使处罚"双重的未完成"乃至"三重的未完成"的行为成为可能。危险犯的未遂犯,涉及的便是对"双重的未完成"犯罪的处罚。我国刑法理论的通说认为,危险犯不存在未遂形态而只有成立与否的可能,如果危险没有出现,则结论是不构成犯罪而不是构成危险犯的未遂。此种论证无疑存在严重的缺陷;实际上,它只能表明危险犯不宜以发生危险状态为既遂标志,而无法否认危险犯(至少是具体的危险犯)存在成立未遂与中止的可能。[1] 很显然,如果说危险犯本身是实害犯的未遂形态,那么危险犯的未遂便是双重的未遂。至于持有犯,持有在理论上就是一种双重的未完成型犯罪,与通常的像未遂那样的未完成型犯罪相比,它距离对危害的实际施加还要更远一步,行为人甚至没有机会表现出通常的未完成型犯罪所表现的人身危险性。鉴于美国一些司法区已经承认未遂之持有与共谋之持有的犯罪,这就又为持有概念增添了一层未完成的外衣,导致对三重的未完成行为的处罚。[2]

其次,危险犯与持有犯不受正统刑法理论为通常的未完成形态的犯罪所设定的界限。(1)我国刑法理论通说认为,故意犯罪形态仅存在于直接故意中,间接故意没有预备、未遂或中止的犯罪形态。[3] 危险犯作为实质的未遂犯则显然不受这种限制,间接故意甚至轻率过失均可构成危险犯。轻率危险犯的一大优点是,它通过允许对缺乏适当犯意——目的——而无法按未遂定罪的危险个人进行国家控制,方便地补充了未遂

---

〔1〕 参见张明楷:《刑法学(上)》(第六版),法律出版社2021年版,第446—447页。
〔2〕 See Markus Dirk Dubber, Policing Possession: the War on Crime and the End of Criminal Law, in 91 Journal of Criminal Law and Criminology (2001), pp.907-908.
〔3〕 对间接故意是否存在犯罪形态存在一定争议,少数学者提出不同的意见,承认间接故意可成立未遂。参见黎宏:《判断行为的社会危害性时不应考虑主观要素》,载《法商研究》2006年第1期,第104页。

的法律。[1] 这意味着有关间接故意能否构成未遂的争议,其意义实际上已为刑事立法中普遍采用既遂形式来界定未完成型犯罪的做法所冲淡。比如,在危害公共安全的犯罪中设立危险犯,便无须以未遂犯的形式进行指控,相应地,未遂犯仅限于直接故意的理论要求也便得以回避。(2)在犯罪形态的认定中,着手是一个极为重要的概念,它是区分预备与未遂的关键。着手的判断往往必须根据具体案件的情形来判断,因而特别易于引起争议。危险犯尤其是持有犯则经常不分是否已经着手,即使处于预备阶段,仍须处罚。这就回避了预备与未遂之间的界限问题,传统刑法理论对预备与未遂的区分被轻松地规避。(3)在法益侵害说的理论体系内,不能犯未遂经常是一种抗辩事由,但涉及危险犯尤其是抽象危险犯时,则不允许以不能犯未遂作为抗辩事由,因为抽象危险犯根本不以发生危险状态作为成立犯罪或既遂的标准。

再次,危险犯与持有犯在行为的危险与行为人的危险之间建立起隐秘的联系。危险犯与持有犯服务于刑法对危险的管制,是立法者欲将危险扼杀于萌芽状态的政策意志的产物。危险评价的特殊之处便在于,朝危险起源的因果链无限后退的审视惯性,最终会将矛头对准作为危险来源的个人,即具有危险性的个人。在注重危险管制的刑法框架中,对危险的处罚将不可避免地过渡为对危险的犯罪人的治理;犯罪人被剥夺人格而化约为威胁,即危险的来源。比如,持有毒品、枪支几乎对每个人都是犯罪。这意味着不管任何意图与目的,在持有毒品或枪支的犯罪中,危险性的推定不可推翻,每个人都被推定不能将具有内在危险性的毒品或枪支用于无害的用途;在此,危险性基于自身的缘故从被占有对象上传给占有者,给占有者贴上危险的标签。[2] 这意味着行为是否存在真实的危险其实并非持有犯关注的重心,它关注的毋宁是行为人的人身危险性。只有持有本身被视为具有实施犯罪的人格倾向的症状,我们才能理解为什么存在这样一种不可推翻的强制性推定:单纯的持有毒品或枪支即被推定将导致有害的使用。

最后,危险犯与持有犯还成功地绕过作为传统刑法之支柱的刑事责任基本原则的种种制约。Hall 曾经归纳了七项基本原则,即危害性原则、

---

[1] See Markus Dirk Dubber, Policing Possession: the War on Crime and the End of Criminal Law, in 91 Journal of Criminal Law and Criminology (2001), p. 982.

[2] See Markus Dirk Dubber, Policing Possession: the War on Crime and the End of Criminal Law, in 91 Journal of Criminal Law and Criminology (2001), pp. 865,924.

罪刑法定原则、犯罪行为原则、犯意原则、犯意与行为同时发生原则、危害结果与行为间的因果关系原则与惩罚法定原则。[1] 宽泛的未遂犯规定,至少在理论上还可能因违背罪刑法定的明确性规则而受到合法性上的挑战(尽管这种挑战通常难以成功),如果它并未就所禁止的行为给予充分的通知,并且赋予警察太多的自由裁量权而鼓励恣意适用法律的话。[2] 危险犯与持有犯则在轻松绕过刑事责任基本原则的同时,从未真正遭受正当性方面的质疑。比如,通过将危险加入危害的内容之内,对双重甚至多重的未完成型行为的归罪做法高明地越过危害性原则。对抽象危险犯的处罚,则完全避开了危害结果与行为间的因果关系原则。又如,持有犯罪中的明知推定使控方免于证明犯意;持有也取消了刑事责任的行为要件,[3] 即构成犯罪须以积极的作为或至少是不作为为前提,而不是一种状态。正统刑法理论虽然承认这些责任类型难以与特定的刑法原则相协调,但却否认它们代表原则的真正反例,而是努力表明原则如何在这些责任类型中得以保持。这就使在理论上质疑持有犯与危险犯之合法性的可能也被完全杜绝。

第三节　危害性原则基本功能的转变

危害概念在内容上的不断拓展与意义边界的模糊化,表征的是越来越多的人类活动被纳入刑法调整的范围,大大提升了公民为刑法之网所攫获的可能性。危害范畴的遭遇见证的正是风险社会中刑法自身所发生的巨大变迁。既往有关危害性原则的研究既未留意刑法所处的政治与社会语境之变迁,也未注意到危害内涵的流变,无视这两个变量对危害性原则本身的意义与功能的重大影响,多少给人刻舟求剑的感觉。可以肯定的是,危害概念的内涵变化势必影响到危害性原则本身的意义与功能。危害的内涵越宽泛,危害性原则所设定的防堤便越容易被突破,其保障自

---

[1] See Jerome Hall, General Principles of Criminal Law, second Edition, Indianapolis: Bobbs-Merrill Company, 1960, p.18.

[2] See Robert L. Misner, The Attempt Laws: Unsuspected Threat to the Fourth Amendment, 33 Stanford Law Review (1981), p.223.

[3] 持有被正统刑法理论认为符合行为要件原则,显然不是因为持有恰好在行为的意义范围之内,可以归入作为或不作为,而只是因为刑法只惩罚行为。既然只有行为能被犯罪化,持有因而被宣布是一种行为(尽管对它是属于作为、不作为还是独立的行为形式存在争议)。

由的作用也就越有限。这意味着不能想当然地设定危害性原则的意义与功能保持不变,而必须重新考察它在当代刑法体系中所遭遇的真实命运。

一旦将语境的转换与危害内涵的流变的因素考虑进去,便不难发现这样的事实:尽管危害性原则在正统的刑法学理论中一直受到非同寻常的敬重,它作为刑事责任基本前提的地位也从未受到正面的挑战,但古典时期的危害性原则其实早已处于崩溃的边缘。变动的语境与变化的危害内涵,完全重构了危害性原则的政治意义。在一个强调风险控制的社会里,个体自由的保障越来越让位对危险的管制。刑法保护的范围不断地由个人权利扩展至社会利益等共同法益,以及国家自身;法益(Rechtsgut)发展为法律利益(Rechtsinteresse),而法也从工具变为以自我为目的(Selbstzweck)。[1] 在这样的刑法语境中,危害性原则对国家刑罚权的功能逐渐由限制演变为扩张,它不再用来保障个体的自由,而成为保护法益的有力工具。古典时期承担对犯罪化的批判功能的危害性原则,已然一跃成为支持犯罪化的强有力的理论武器。

在刑法理论体系中,刑事责任基本原则无疑应当具备描述与规范的双重功能:它既是对既有刑事实体法的准确的一般化的实证性描述,同时又在规范意义上作为一种批判性工具,来表达公正惩罚的要求。如何在将合适的原则形塑为正义之要求的同时,不牺牲作为对现行实体法的描述性理论的准确性,是刑法理论者所面临的主要任务。[2] 当这两种任务相冲突时,究竟是描述性功能服从于规范性功能,还是规范性功能服从于描述性功能,显然值得深思。人们必须斟酌,实体刑法中的冲突部分何时应当为原则的变化所容纳(构成原则的例外),何时必须被谴责为不公正。毫无疑问,不管是强调描述性优先还是规范性优先,都需遵循一个前提,即不允许例外颠覆原则所服务的基本价值。倘若容许例外肆意地践踏原则所代表的价值,则原则势必被完全架空。这个前提当然也适用于危害性原则。

长期以来,危害性原则既是立法者定义犯罪的实然标准,又是将无害行为排除出犯罪圈的批判性工具。它一直被用于指导解决三类争议:(1)反对

---

[1] 参见[美]马库斯·德克·达博:《积极的一般预防与法益理论——一个美国人眼里的德国刑法学的两个重要成就》,杨萌译,载陈兴良主编:《刑事法评论》(第21卷),北京大学出版社2007年版,第457页。

[2] See Douglas N. Husak, Philosophy of Criminal Law, Totowa: Rowman & Littlefield Publishers, 1987, p. 25.

限制成年人自愿的性自由的"道德立法",特别是行为发生在私下场合时。(2)限制国家权力创设"未完成的"或"预想型"(anticipatory)犯罪,即未遂的法律规定不应被用于对付尚未实施危害的危险的个人;除非具有危害性,否则行为只构成"预备"而不是犯罪未遂。(3)反对刑法中的父权主义(法律惩罚自愿从事危害自身之行为的个人)。在此,刑事责任以危害为前提的原则被重新解释为要求对他人具有危害。[1] 在解决这些争论时,危害性原则秉承批判的宗旨,一度以限制国家刑罚权的扩张为己任。然而,刑法语境的转换与危害内涵的变化,使传统上曾与进步的自由主义政治相联系的危害性原则呈现日趋保守的倾向,它经历了"意识形态的流变"。所谓的"意识形态的流变",是指法律观念与象征的规范或政治意义,随着其在新的语境与状况中被重复地适用与理解而有所改变。[2] 与危害性原则在此前被自由主义者用来反对法律道德主义或法律父权主义不同,保守主义者利用后者对危害性原则的去规范化与简单化的倡导,[3] 通过切断其与政治自由主义的关联而改变并接受了危害性原则,危害变成支持国家干预的主要论据。

危害内涵的模糊化,使仅仅冒犯公共道德或国家权威的行为都可能堂而皇之被犯罪化。人们利用妨害公共福利或国家利益之类的危害论证来支持法律道德主义或国家父权主义的种种做法。从表面看来,危害性原则在与法律道德主义的争论中已然大获全胜。然而,这种大获全胜显然没有什么意义。危害性原则所经历的意识形态的流变暗中破坏了这场争论的结构,它消除了争论的构造中所应具备的对立性。这是一场没有对手的争论,只有危害性原则在唱独角戏。因而,当前有关危害与法律道德主义的探讨,既不同于密尔时代危害与法律道德主义之间的争锋,也迥

---

[1] See Douglas N. Husak, Philosophy of Criminal Law, Totowa: Rowman & Littlefield Publishers, 1987, p.15.

[2] See J. M. Balkin, Ideological Drift and the Struggle over Meaning, in 25 Connecticut Law Review 869 (1993), p.870.

[3] 伯纳德·哈考特(Bernard Harcourt)认为,危害性原则的简单化是引发危害论证普遍化与危害性原则崩溃的起因。他指出,哈特对危害性原则的源初的简单叙述的回归,反映了对法律与道德进行清楚区分的愿望。然而,简单的危害性原则将其他重要的规范性维度(如密尔对人类繁荣的讨论与哈特对人类遭受痛苦的憎恨)排除在外。它消除的正是驾驭危害性原则且实际上赋予危害分析以重要优势的那些准则。这直接引发危害论证的剧增与对危害内涵的斗争。危害原则的简单化可以解释,为什么危害变成普世性的,有关危害内涵的斗争最终如何摧垮了危害性原则。See Bernard E. Harcourt, the Collapse of the Harm Principle, in 90 Journal of Criminal Law and Criminology (1999), pp.186, 192.

异于20世纪60年代哈特等学者主张的危害论证对法律道德主义的支配。

从表面看来,危害论证的普遍化,似乎可以扩张危害对于犯罪界定的意义,实际上它恰恰是导致危害对犯罪界定的意义日益收缩的罪魁祸首。既然危害是如此普遍,危害性原则在克服个体自由优先的推定中的分量也就相应地大为减弱,难以再胜任作为自由限制原则的角色。可以说,危害的抽象化与普世化,使危害性原则在包容一切的同时,也彻底摧垮了自身。正如伯纳德·哈考特所言,危害性原则在自身凯旋的重负之下实际正处于崩溃之中。危害的宣称变得如此地普遍,以致危害性原则已然没有意义:危害性原则不再作为批判性原则而发挥功能,因为危害并非微不足道的各种论证(non-trivial harm arguments)充斥在相关的争论之中。如今,问题不再是道德性冒犯行为是否引起危害,而是该行为引起哪些类型的危害、危害有多大,以及如何比较这些危害。[1] 举例来说,淫秽类行为的犯罪化,便是由于人们认定此类行为不仅侵害了社会的善良风俗与观念,还具有易于引发强奸之类的违法犯罪现象的危害后果等。在此,危害的存在与否成为无须讨论且不容置疑的前提;相反,人们关心的是这样的问题:此类行为侵害哪种类型的法益(即危害的类型)、侵害什么对象的法益(危害的对象),以及侵害到什么程度(即危害的量)等。

危害论证普遍化所导致的结果是,人们的关注重心从是否存在危害转向如何评价危害。在如何评价危害方面,危害性原则显然无能为力。它并没有告诉我们应该如何比较危害,也无法就危害的类型、危害的量与危害之间的权衡等问题提供指导性意见。危害性原则只能在作为犯罪化之起始条件的决策中产生影响。既然起始条件很容易在诸多道德性冒犯行为中被满足,它也就难以再作为规范性工具来批判法律道德主义的做法。

显而易见,危害性原则在当代的发展完全偏重于描述的一面,规范的一面则被弃之不顾。通过扩张危害概念的内涵,危害性原则虽然赢得了实证主义的精确性,却失去了规范的深度与批判的功能。危害性原则批判功能的失落,意味着它不再服务于个体的自由保障,而是开始全面承担法益保护的功能。鉴于规范的一面对危害性原则作为刑事责任基本原则

---

[1] See Bernard E. Harcourt, the Collapse of the Harm Principle, in 90 Journal of Criminal Law and Criminology (1999), p.113.

的角色不可或缺,危害性原则功能上的这种转型,无疑不能简单视为刑法灵活性的体现(相对于变动的犯罪事实与形态),认为只是原则意义的合理调整,而是应当认为它背离了原则的初衷,甚至颠覆了原则本身。危害的概念肯定不是那么富有弹性。如果任何时候在新的责任类型被创设时,人们总是能够通过扩张危害的内涵来维持这一原则,则正统的刑法理论就丧失了根本意义。

论述至此,我们或许会面临这样的疑问:危害性原则的功能转型是否与将其定位为限制自由的唯一正当根据的立场相关?如果将危害性原则视为正当根据之一而不是唯一根据,是否可能改变它的命运?在此,有必要针对弗恩贝格的理论体系做些评述。

与密尔不同,同处自由主义阵营的弗恩贝格并不认为危害是构成对自由限制的唯一根据,而是认为它只是犯罪化的根据之一。他明确指出,危害性原则不足以使基于冒犯他人、有害于行为人自身或固有的不道德性的依据而禁止行为的做法正当化;虽然它可能具有弹性,但不可能延伸得那么远。[1] 在弗恩贝格的理论体系中,除危害性原则之外,冒犯原则、法律父权主义与法律道德主义也构成刑事立法正当化的根据。其中,危害性原则与冒犯原则总是构成犯罪化的良好理由,而法律父权主义与法律道德主义构成支持犯罪化的"至少具有最小限度力量"的相关理由,即使它几乎不是一个好的理由或者说是决定性的理由。

限制危害性原则的适用范围,而借助其他原则来支持对赌博或淫秽类行为的入罪化,自然不失为是一种选择。由此,人们无须再大费周折地论证,此类行为乃是以某种微妙的方式有害于他人,或危害由某一间接的因果过程而产生。问题在于,在论证存在支持将特定行为犯罪化的正当根据之前,人们首先需要决定此类根据究竟是源于危害性原则,还是冒犯原则、法律道德主义或法律父权主义。只有在决定适用何种原则之后,有关正当根据的论证展开才是可能的。因而,在不同的场合如何区分适用不同的原则,是弗恩贝格的理论体系必须首先解决的问题;否则,对赌博或淫秽类行为的入罪,完全可以被说成是也从危害性原则本身获得支持(如流行的观点那样)。

弗恩贝格显然试图借助对危害概念的严格定义来决定不同原则的适用问题。他确实也认为,只有通过对危害概念的细致分析才能解决此种

---

[1] See Joel Feinberg, Harm to Other, Oxford: Oxford University Press, 1984, p.245.

混乱。[1] 这意味着在弗恩贝格的理论体系内,如何区分适用不同的原则,取决于危害概念的界定,取决于危害存在与否的判断。然而,正如在第二节中所论及的,弗恩贝格的危害定义存在严重的问题。他不仅始终无法说清用来区分有害的利益妨碍与无害的利益妨碍的独立规范指的是什么,而且他的危害定义事实上也无法涵盖刑法中存在的所有危害类型。这就使弗恩贝格有关如何决定适用不同原则的判断,从一开始就缺失坚实的基础。退一步而言,即使能够利用危害定义来完成对不同原则的适用选择,弗恩贝格也始终面临如何约束冒犯原则、法律道德主义与法律父权主义(尤其是后两者)作为限制自由之根据的效力与后果的问题。他无法回避这样的追问:在支持犯罪化的决策过程中,其他原则如果不具有与危害性原则一样的影响力,则它们应该占据多大的分量?又如何权衡此种分量?

由此可见,弗恩贝格试图借助危害性原则之外的其他原则来为某些刑事行为寻找正当根据的努力,尽管在理论上不乏可取之处,但并没有改变危害性原则的功能转型所揭示的问题的本质:支持国家进行刑法干预的理论根据正不受限制地日益扩张。因而,与将危害性原则视为限制自由的唯一正当根据相比,二者的区别只在于,这种扩张是发生在危害性原则的适用范围之外还是适用范围之内?是在其他原则的名义之下发生还是在危害性原则的名义之下发生?

第四节　危害性原则背后的刑法困境

危害性原则批判功能的丧失,意味着在刑法体系内,已经没有任何可供凭借的实体性工具来制止犯罪定义主体对规范优势的滥用。在国家刑罚权大举扩张的今天,可以想象这会带来怎样的灾难性后果。然而,对刑事惩罚体系的古典客观主义的表象的维持,却使人们对刑法所面临的现实困境视若无睹。借助于古典客观主义的伪装,刑法安然地完成了由报应性惩罚向预防性的控制的过渡。

一、自由保障工具的失落

应当承认,在刑法普遍处罚威胁法益之行为的今天,问题的重心已经

---

[1] See Joel Feinberg, Harm to Other, Oxford: Oxford University Press, 1984, p.13.

不是对法益构成侵害危险的行为是否应当处罚，而是如何将离法益侵害距离太过遥远或太过抽象的危险排除在刑法的处罚范围之外，以求取自由保障与秩序保护之间的平衡。危害性原则对此却毫无作为。通过改造原则的意义而使之富于弹性，对非道德行为的刑法制裁与危险犯、持有犯及未遂犯的扩张，都在危害性原则的名义下获得了正当性。如此界定原则的意义与适用范围，自然难以对之进行挑战，但代价是它不再具有表明或有助于我们理解与批判刑事实体法的任何能力。本来是为维护危害性原则作为刑事责任基本原则的不可侵犯性而做出的知识努力，最终却完全消解了原则本身的力量，无论如何有些让人扼腕。

危害的内涵裂变与危害性原则的功能转型显然并非孤立的现象，而与风险社会中刑法变成风险控制工具的基本语境有着密切的关联。一旦对危险的管制成为刑法的主要任务，刑法的关注重心也必然会由保障个体转向保护社会。在强调危险管制的刑法框架中，犯罪人被剥夺其人格而化约为威胁，即危险的来源；与此同时，作为个人的被害人在这种规制性框架中也没有位置，因为是公共的福利，或者确切地说是社会利益，而不是个人的具体权利，需要得到针对所有威胁的保护。[1] 在这样的去人化的危险控制体系中，犯罪的本质蜕变成对国家权威的不服从。尽管刑法仍然维持着传统的形象，但体系的基本内核已经被更换。保留传统刑法的痕迹，并通过操纵既定准则对传统刑法予以渗透而不完全废除它，无疑符合规制性政权的利益。[2] 它既能让旧准则改弦更张地服务于新的刑法体系，又有助于掩盖变化的真相，使之免受正当性方面的挑战。

这也是在表面上保留作为传统刑法之基石的危害性原则的根由所在。由此，危害性原则不仅没有影响新的模式的运作，反过来受后者支配，被塑造为贯彻与巩固危险管制策略的强有力的工具，犹如披着羊皮的狼。它的锋利的牙齿不再对准国家权力，而是对准个体自由。相应地，它也从古典时期保障个体自由的进步的权利斗士，而一跃成为替国家扩张刑罚权提供正当化色彩的秩序的伪道士。

---

〔1〕 See Markus Dirk Dubber, Policing Possession: the War on Crime and the End of Criminal Law, in 91 Journal of Criminal Law and Criminology (2001), p. 862.

〔2〕 See Markus Dirk Dubber, Policing Possession: the War on Crime and the End of Criminal Law, in 91 Journal of Criminal Law and Criminology (2001), p. 834.

二、个体权利遭遇工具化

在一个法治社会里,总是存在着个体自由优先的推定。这种推定是强制性的但也是可推翻的。所谓的强制性意味着在提出反证之前,任何情形之下都必须做出自由优先的设定;所谓的可推翻,则意味着提出允许推定的不利方通过适当的反证推翻推定的效果。自由优先的推定,将提出反证进行说服的证明责任放在国家身上。因而,任何时候,如果需要限制个体自由,作为推定不利方的国家就必须提供相应的正当根据,这一点当属毫无疑问。引起争议的问题只在于,推定的效果究竟有多强,或者说国家提供怎样的反证才能完成推翻自由优先推定的说服责任。自由优先的推定在效果上可能走向两个极端:足够强有力总是不容推翻;非常弱以致能够为任何功利性的考虑所超越。就历史的发展来看,走极端的情形极为罕见,自由优先的推定效果通常处于两极之间的某个点上。当然,它的位置是动态的,会随着社会与政治的语境的变动而发生变化。在突显个体权利的时代,往往是强势的自由优先推定占据主流;在强调社会保护的时代,则更偏爱弱势的推定效果。如何使自由优先推定的效果处于两极之间的适当位置,一直是现代法哲学与政治哲学所要解决的核心问题。

危害性原则所经历的变化,在表征限制个体自由(或者说准许国家权力干预)的起始条件被大大降低的同时,也揭示出自由优先推定的效果正日趋弱化的事实。由于个体自由在法律上表现为权利,自由优先推定在效果上的由强而弱的走势,势必影响权利本身的地位。

在正统刑法理论体系内,旨在限制国家刑罚权的危害性原则,对国家而言是应予遵守的义务,从个人的视角来看则是一种权利,即个人拥有在行为不具有危害性时不承担刑事责任的权利。刑事责任基本原则反映了正义的要求,因而为其所尊重的个体权利不应被理解为只是法律上的权利,它也是公民相对于国家权力所享有的道德权利。[1] 在刑法领域,有关权利地位的争论从一开始就和作为刑罚之正当根据的报应(惩罚)与预防(危害)之间的紧张密切相关。具体而言,权利究竟应该被认定为服务于权利体系之外的目的,所以随着社会与政治目标的改变而容易被重新界定,还是说我们的一些核心权利超越其他的考虑,不允许因结果上的功

---

[1] See Douglas N. Husak, *Philosophy of Criminal Law*, Totowa: Rowman & Littlefield Publishers, 1987, pp.30-31.

利主义考虑而使之无效。[1]

在一个强调危险控制的刑法体系里,公共福利或其他结果价值上的收益往往被认为足以抵消对权利的侵犯,相应地,对于权利的工具化定位也就在所难免。在此,权利的成立与否在根本上取决于对功利性结果因素的权衡。换言之,制止危害的可能性与权利的定义高度地相关,个体(既作为潜在的刑事被害人也作为刑事被告人)的权利为刑法所保护的程度需要参考前者来进行定义。如果个体的权利行使不利于刑法的危害预防,则权利往往成为牺牲的对象,或者确切地说,个体将被认为并不拥有相应的权利。在此,权利已经失去其独立的自洽性,而在根本上取决于权利之外的社会与政治目标的设定。

三、刑事司法面临政治化

纵观当前各国的刑法典,法定犯所占的比重日趋提升已是不争的事实。法定犯危害评价中的行政支配性,实质是将危害的界定权完全置于国家之手。在此种背景下,模糊的危害内涵与危害性原则批判功能的丧失,无疑使国家能够不受阻碍地将任何不服从国家权威的行为犯罪化。国家经常将"公众的"与"福利"定义为"社会的"与"利益"。公众经常只是社会中的主流群体,但国家也可能逐渐将自身认定为公众,从而将公众的福利与国家的福利相混淆;由此,压制便可能表现为两种形式,或者是主流社会群体通过国家对外部人进行压制,或者是国家直接对共同体进行压制。[2] 一个旨在消除威胁或使威胁最小化的刑法体系,特别容易成为滋生刑事司法政治化的土壤。

古典意义上的危害性原则的崩溃,对推崇正统刑法理论体系的社会显然并非福音。它开始无法制止刑事政策与政治需要过于亲密的迎合,也无力约束大众性的报复主义对犯罪的政治化所创造的压力。[3]

试以我国《刑法》第 225 条非法经营罪为例。

非法经营罪属于典型的法定犯,因而,危害的评价以行为有无违背

---

[1] See Hamish Steward, Harms, Wrongs and Set-Backs in Feinberg's Moral Limits of the Criminal Law, in 5 Buffalo Criminal Law Review (2001), pp.47-48.

[2] See Markus Dirk Dubber, Policing Possession: the War on Crime and the End of Criminal Law, in 91 Journal of Criminal Law and Criminology (2001), pp. 956-957.

[3] 参见劳东燕,《刑事司法政治化的背后》,载《公法》(第 4 卷),法律出版社 2004 年版,第 53—55 页。

相关的国家规定为前提。鉴于非法经营罪对经营特权的保护可能威胁市场的正常竞争秩序,从刑法谦抑与罪刑法定的角度来说,必须设法使其构成要件明确化,以严格限定该罪的适用范围。为此,要求作为危害评价前提的国家规定必须尽量避免模糊,并杜绝使用堵截性条款,以使作为定罪之关键的"非法经营"的概念拥有确定的意义边界。然而,从我国的刑事立法与司法实践来看,恰恰是将本罪在适用上的弹性推向极致。立法上不仅未对相关的国家规定作明确界定,还利用堵截性条款来扩张其适用范围。由于作为危害评价之前提的国家规定在刑法典中被直接表述为"违反国家规定",相应地,该条第4项"其他严重扰乱市场秩序的非法经营行为"也就被赋予丰富而让人捉摸不定的内涵。作为危害评价之前提的国家规定的模糊性与相应的堵截性条款,无疑为适用上的扩大解释乃至超类推的解释提供了无限的可能。

从《刑法》第225条所列举的前三项可知,非法经营罪是要维护某些行业或单位的经营垄断权,从其脱胎于投机倒把罪且被规定在分则第三章"破坏社会主义市场经济秩序罪"中可知,该条所谓的"违反国家规定",应当指的是行为违反经济行政法规或工商管理法规。从维护市场的公平竞争秩序出发,显然应当将经营垄断权局限在影响国计民生的行业,因而,需要对"非法经营"行为做严格的限制解释。但实际上,第225条经常被扩大解释,以致根本没有必要人为设置市场准入许可的业务活动也成为该条的保护对象,如2000年最高法院《关于审理扰乱电信市场管理秩序案件具体应用法律若干问题的解释》将未经许可的经营电信业务的行为纳入非法经营罪的处罚范围。这样的规定明显违背对该罪的构成要件进行实质解释的要求。

综上,本章得出的古典意义上的危害性原则已然崩溃的结论,属于实然层面的一种认识判断,不代表应然性的价值评价。危害性原则所经历的蜕变,显然不能归为灵活性上的微调。失去锋利牙齿的它,早已使自身沦为任人任意揉捏的面团。这意味着无论是否诉诸刑事违法性,古典意义上的危害性原则的功能失落是一个不容置疑的事实。当批评者为社会危害性概念的去意识形态化奔走呼吁时,也许没有想到即使在知识渊源上去苏俄化,也已经无法改变危害性原则的命运。而保留论者或许太过满足于在应然的层面论证保留社会危害性的好处,却没有注意到危害性原则所具有的规范功能,早已随着危害概念内涵的扩张与模糊化,以及危害本身对于定罪意义的降低,而从根本上变成一厢情愿的追求。

本章的论述遗留了一个极为重要的问题,那就是危害性原则崩溃之后怎么办。这个话题有些"娜拉出走以后怎么办"的味道,它牵涉一系列需要进一步深入思考并与价值评判相关的复杂问题:危害性原则崩溃之后,是应该继续保留危害性原则,还是将其驱逐?是应该恢复危害性原则的古典功能,还是另外寻找替代性的自由保障工具?如果需要恢复危害性原则的古典功能,应如何恢复?倘若必须寻找替代性的自由保障工具,又该从何处寻觅?等等。可以肯定的是,就危害性原则在当前的处境而言,单纯的保留只是心理上的安慰,充其量只能说是聊胜于无。简单地驱逐也不是明智的选择,因为这会使在理论上对国家刑罚权进行实质性检讨与批评也变得完全不可能;面对日益扩张的刑法,在没有找到替代工具之前彻底抛弃旧有的规范性原则,后果或许更为严重。

第五节 本章小结

(1)对危害性原则的发展历程进行考察,需要注意两个变量,即刑法的政治社会语境与危害概念的内涵。危害性原则批判功能的正常发挥,取决古典政治自由主义语境的同时,也依赖于危害内涵的相对清晰性。在刑法体系中,危害评价的意义主要指向两个维度:一是作为刑罚之正当根据;二是作为刑法之目的,即要求预防危害或使危害最小化。在古典自由主义的语境中,危害的评价优先服务于前一维度的意义;风险社会对刑法功能的重新定位,直接导致危害的意义评价发生转型,转向对作为刑法目的的预防危害的关注。

(2)对危害的评价必然体现主体的价值判断,故危害评价的主观性不可避免。传统犯罪本身的反伦理性,决定犯罪定义主体的意志所能发挥的空间相对有限。随着刑法成为风险控制的工具,随着法定犯的出现与扩张,危害评价呈日益主观化的趋势。

(3)危害评价主观化进程的驱动,导致对"危害"的建构不断地膨胀化,从而失去概念应有的限定性作用。在如何使危害概念在具有实证性包容力的同时兼顾规范之维度的问题上,无论是弗恩贝格的危害理论还是德日刑法理论中的法益侵害说,都存在顾此失彼的问题。一旦刑法将预防危害当作首要任务,而危害概念又被要求容纳刑法所禁止的一切对利益的损害或威胁后果,危害定义规范维度的丧失与危害内容的扩张化、模糊化就变得不可避免。

(4)变动的社会语境与变化的危害内涵,完全重构了危害性原则的政治意义。危害性原则对国家刑罚权的功能逐渐由限制演变为扩张,它主要不再用于保障个体的自由,而一跃成为支持犯罪化的强有力的理论武器。危害论证普遍化的结果是,人们的关注重心从是否存在危害转向如何评价危害;而在如何评价危害方面,危害性原则根本无能为力。古典的危害性原则因此而丧失其批判功能,陷于全盘崩溃的局面。

(5)危害的内涵裂变与危害性原则的功能转型,与风险社会中刑法变成风险控制工具的基本语境密切相关。古典的危害性原则的崩溃,揭示了当代刑法所面临的重大困境。它不仅意味着传统自由保障工具的失落,也折射出个体权利工具化与刑事司法政治化的现实。这代表的是实然层面的认识判断,而非应然性的价值评价。

第十四章　不法论的主客观之争与类型化解读

在刑法体系中,由于危害(或者说法益侵害)一直被认为是不法的本质,危害概念与危害性原则所经历的流变,势必会对不法理论产生重大的影响。可以肯定的是,危害概念内涵的模糊与外延的扩张,尤其是危害评价的主观化与危害性原则的功能转型,使任何具有风险的行为较之于从前更易于被纳入刑事不法的范围。这不仅意味着古典时期的不法理论难以再维持其以客观上侵害结果的出现为必要的立场,也意味着刑法中不法论上的立场之争,需要放在危害性原则面临崩溃的背景下来加以审视。

不法论的立场之争,既涉及客观论与主观论之争,又涵盖结果无价值论与行为无价值论之争。换言之,相应的争论不仅发生客观要素与主观要素之间,也发生在结果与行为之间。相比于结果不法与行为不法之间的争论,客观不法与主观不法之间的争论更具基础性,因而本章主要论述后一争论;同时,由于两对范畴之间存在内在的关联,故也会论及结果不法与行为不法之争的问题考虑到不法论上的客观主义与主观主义之争,在相当程度上是透过故意体系地位的变化而折射出来,因此,透过故意体系地位的变化,来考察不法论所经历的流变,不失为是一种有效的进路。

故意的体系地位问题在当前我国刑法学理论中争议颇大,这无疑与正在进行中的犯罪论体系的变革紧密相关。在传统的四要件论体系之下,故意属于犯罪主观要件的内容,毫无争论的余地。随着德国式的阶层论体系的引入,故意究竟是单纯的罪责要素还是构成要件要素,便成为争论的对象。在德国,故意在犯罪论体系中的地位经历过重大的变化。很长时期内,故意一直被认为属于罪责层面的要素;随着目的行为论的兴起,受个人不法理论(personale Unrechtslehre)的影响,主流理论转而接受故意(也包括过失)既与罪责相关也是不法要素的立场。[1] 也是在个人不法理论之后,故意犯与过失犯被认为具有不同的犯罪构造。基于此,德国当代主要的刑法教科书在犯罪论部分往往采取分而述之的方法,按故意的作为犯、过失的作为犯与不作为犯(或进一步分为故意的不作为犯与过失的不作为犯)的分类对各自的犯罪构造予以论述。[2] 可以说,在德国刑法理论中,故意的体系地位是已经解决了的问题,至少在形式上是如此。

然而,德国式的刑法学作为一门类似于植物学或动物学的分类学(Taxonomy),其分类的方法在促进内在一致性与全面性的目标的同时,也容易走向某种形式主义:争论经常通过定义或归类而得以解决,一旦某一问题被准确地归类,它就被认为已正确地予以解决。[3] 这样的形式主义往往导致深奥的学理研究与实际收益之间脱节,它使人们把大量的精力集中在这样的问题上,即犯罪论体系的哪个位置应当配置这个要素特征或者那个要素特征,以致一部犯罪论的发展史成为"犯罪要素在体系的不同阶层里旅行"的历史。[4] 就故意体系地位的问题而言,人们也容易受这种形式主义的误导,将关注的重心放在故意的体系地位本身,以为只要恰当地将故意定位,便解决了问题。殊不知,故意的体系地位表面看来仅涉及故意在犯罪构造中的位置,实际上却因牵涉不法是否同时由主观因素决定的问题而兹事体大。[5]

故意的体系地位问题引发关注,不仅是因为它与违法性判断中要不要考虑行为的主观侧面(故意与过失)的问题相关联,也是因为它本质上涉及不法论层面的主观主义与客观主义之争。这正是许玉秀教授所归纳的第三类主、客观之争当中第二种理解面向的主、客观迷思,即根据行为客观上所显现的事实状态,或行为人的主观认知,来决定行为不法是否存

---

[1] Vgl. Schönke/Schröder, Strafgesetzbuch, Kommentar, 28. Aufl. 2010, vor §§13 Rn. 52/53.

[2] Vgl. Roxin, Strafrecht Allgemeiner Teil, Band I, 4. Aufl., 2006; Jescheck/Weigend, Lehrbuch des Strafrecht Allgemeiner Teil, 5. Aufl., 1996; Stratenwerth/Kuhlen, Strafrecht Allgemeiner Teil, 6. Aufl., 2011; Kindhäuser, Strafrecht Allgemeiner Teil, 5. Aufl., 2011; Kühl, Strafrecht Allgemeiner Teil, 6. Aufl., 2008.

[3] See Markus Dubber, The Promise of German Criminal Law: A Science of Crime and Punishment, in 6 German Law Journal (2005), pp.1067–1068.

[4] 参见〔德〕克劳斯·罗克辛:《刑事政策与刑法体系》(第二版),蔡桂生译,中国人民大学出版社2011年版,第51页。

[5] Vgl. Stratenwerth/Kuhlen, Strafrecht Allgemeiner Teil, 6. Aufl., 2011, §8 Rn. 47.

在;而此种主客观之争,才是当代刑法理论中真正有待破解的迷思所在。[1] 对故意体系地位的研究,如果仅局限于故意是作为构成要件要素(或主观不法要素)还是罪责要素的争论,不仅有一叶障目之虞,也会遮蔽真正的问题。这样的争论分明是以不法与罪责作为基本支柱的阶层式犯罪构造体系为前提的。它意味着若是不采取此种犯罪构造体系,而适用英美式的双层次结构或我国传统的四要件体系,这一问题便没有研究的价值。如此一来,岂不是等于说由故意的体系性地位所引发的问题只是一个德国式的问题,并不具有普遍的重要性?事实并非如此。故意体系地位背后所涉及的不法论问题,具有超越具体犯罪构造体系的一般意义。即使在英美或我国传统的犯罪论体系中,不法的成立究竟取决于行为的客观面还是行为人的主观意思,也是一个极为重要的命题。

不法论层面的主客观之争涉及这样的问题,即决定行为不法是否存在的,是依据行为客观上所显现的事实状态,或是行为人(或一般人,下同)的主观认知。它区别于行为刑法与行为人刑法意义上的刑法客观主义与刑法主观主义的立场之争,后一争论涉及的其实是刑罚对象之争,即刑罚的对象究竟是具有法益侵害性的行为还是行为人的人身危险性。在当代,就刑法客观主义与刑法主观主义之争而言,是客观主义——行为刑法——的立场胜出,这一点并无疑问。需要注意的是,不应当将不法论上的主客观之争混同于刑法客观主义与刑法主观主义之争,这两种主客观之争彼此之间并无对应关系。实际上,不法论上的主客观之争,乃是以肯定刑法客观主义的立场为前提,是以行为刑法为基础而展开。对此,笔者在相关的研究中曾做过较为全面的阐述。[2]

仔细辨别,不法论上的主客观之争可进一步区分为两个子问题:一是不法的评价对象,是只限于行为的客观侧面(外在的行为本身与由此引起的危害后果),还是作为整体的行为,即既包含行为的客观侧面,又包含行为的主观侧面(来自行为人的主观意思);二是决定不法成立的首要因素,究竟是行为客观上显现的外在状态,还是行为人的主观意思。对此,许玉秀教授在其研究中也有论及,认为不法论上的主、客观之争又可朝两个方向理解:其一,客观论主张,只有在客观上表现出来的才是能被

---

[1] 参见许玉秀:《主观与客观之间——主观理论与客观归责》,法律出版社2008年版,第8—10页。

[2] 参见劳东燕:《刑法中客观主义与主观主义之争的初步考察》,载《南京师大学报(社会科学版)》2013年第1期。

理解的,对法益才能有具体可掌握的侵害或威胁,行为人主观上的认知,只是行为人内在的心理事实,不能作为评价的对象;反之,主观论则主张,客观不法皆为行为人主观认知的表现,对客观事实的检验,目的在于确认行为个人不法,确认行为人的可归责。其二,客观论认为,当客观事实依一般认知逻辑是有意义的,行为人的主观认知也才有意义。换言之,行为的不法由行为的客观面所决定,如果只是行为人主观认知不法而行为,便不能认为行为不法存在;反之,主观论则认为,行为不法完全来自行为人依其主观认知而行为之中,行为是否足以导致结果发生与不法无关,所发生的结果也与不法无关。[1] 本章归纳的关于不法论主客观之争的两个子问题,正是受许玉秀教授所提出的两个理解方向的见解的启发。遗憾的是,她并未进一步交代这两个理解方向之间的内在关系;在之后的行文中,也未再对这两个理解方向进行界分,而是将二者混在一起进行论述。

不法论的主、客观之争所包含的两个子问题中,前一个子问题乃是作为后一个子问题的前提而存在,后一个子问题相对于前一个子问题具有附随的性质,也即只有肯定不法的评价对象是作为整体的、同时包含客观面与主观面的行为,才可能出现第二层面的问题。因为从逻辑上讲,如果认为不法的评价对象只限于行为的客观面,则后一个子问题便不成为问题。答案一目了然:既然不法的评价对象中根本不包含主观要素,决定不法的首要因素甚或唯一因素自然是行为客观上显现的外在状态。这是"无"中不能生"有"的逻辑使然。

与此同时,前一个子问题与后一个子问题之间并不存在严格的对应关系。对前一子问题持客观论时固然可从逻辑上推出在后一子问题上也一定主张客观论,但是,在前一子问题上持主观论的立场时,却不能理所当然得出在后一子问题上也必然支持主观论的结论。这是因为肯定作为不法评价对象的构成要件既包含客观要素也包含主观要素(对前一子问题持主观论),并没有回答后一子问题所提出的疑问。从逻辑上讲,对后一子问题的回答会存在两种倾向:或者认为决定不法的首要因素是行为客观上所显现的外在状态;或者认为决定不法的首要因素是行为人的主观意思。这两种倾向分别代表在后一子问题上客观论与主观论的立场。

---

[1] 参见许玉秀:《主观与客观之间——主观理论与客观归责》,法律出版社2008年版,第8—9页。

既然前一个子问题与第二子问题之间并非对应关系,而是具有相对的独立性,则即使其经常交杂在一起,从理论的清晰性出发,在具体展开不法论上的主、客观之争时还是有必要区分二者。

本章的主旨在于透过故意在犯罪论体系内的地位变动的事实,去揭示与呈现刑法中不法论所经历的嬗变,以及这种嬗变对刑法归责机制所产生的影响。在此基础上,本章将考察不法论上的主客观之争在中国语境中所具有的启示意义。在我国刑法理论中,相关的命题主要被归于结果无价值论与行为无价值论之争的范畴下来进行研究。这意味着在对不法论的主客观之争展开中国语境的考察时,有必要结合当前有关结果无价值论与行为无价值论之间的论战。只有这样,才能真正凸显这一命题的中国意义。

第一节 刑法中不法论的前期演变

刑法中不法论的前期演变,始终与故意的体系地位问题紧密联系在一起。确切地说,不法论上的这种演变正是透过故意在犯罪论体系中的地位变化而体现出来的。有鉴于此,这一部分将从故意的体系地位所经历的变化入手,来考察古典犯罪论体系所构建的客观不法论,如何随着由目的行为论所引发的个人不法理论的兴起而屈居下风。

一、作为罪责要素的故意与不法论的客观主义

德国的犯罪论在普鲁士时代才出现客观归责与主观归责的区分,这种区分建立在文艺复兴时期与启蒙时期诸多伟大法学家的成就的基础之上;以李斯特—贝林体系(古典犯罪论体系)为基础的现代犯罪论则要到19世纪以后才逐步形成。[1] 古典犯罪论体系的基本架构思路是,将客观要件对应于不法,而将主观要件对应于罪责。据此,不法阶层只涉及对客观要件的描述与评价,其中,构成要件层面负责描述行为客观的外在事态,违法性层面则处理对这种客观事态的评价。罪责阶层包容包括故意与过失在内的所有主观性的、精神性的要件,解决的是对行为人主观有责性的评价问题。这种将不法与罪责和客观与主观相对应的做法,明显带

---

[1] Vgl. Jescheck/Weigend, Lehrbuch des Strafrechts Allgemeiner Teil, 5. Aufl., 1996, S.200 f.

有早期区分客观归责与主观归责的归责模式痕迹。

从不法论的主、客观之争的角度来考察,在第一个子问题上,即不法的评价对象是只限于行为的客观面,还是同时包含行为的客观面与主观面,古典犯罪论体系持的是客观论的立场。与此相应,由于作为不法之评价对象的构成要件只涉及外在的行为与行为所造成的法益侵害或危险,则行为的客观面自然成为决定不法成立的唯一要素。因而,在后一个子问题上,即决定不法的首要因素是行为的外在状态,还是行为人的主观意思,古典犯罪论体系继续高举客观主义的大旗。

古典犯罪论体系将不法与罪责的范畴与客观和主观的范畴严格相对应,并在不法论上大力倡导纯粹客观论的立场,除了历史渊源方面的因素之外,也是时代语境的产物。

首先,它与当时人文社会科学中流行的自然主义存在密切的关联。这种自然主义使人文社会科学屈从于自然科学的精确性观念,企图将刑法体系建立在可测量的、经验上能查明的事实要素之上。这样的标准只能要么是客观的外部世界的因素,要么是主观的内在心理活动,由这一立足点出发,便形成一个区分为客观要素与主观要素两部分的刑法体系。[1] 因果行为概念便是在此种基础上构建起来,所以才会将行为理解为意志在外部世界所引起的单纯的因果过程,而此处的意志仅指行为的有意性,并不涉及意志的内容,即"行为人是否本来意欲实现该因果过程或者只是能够预见"。[2] 既然行为只涉及身体的动作及由此引起的对外部世界的改变(法益侵害),以之作为对象的不法的评价,自然不可能牵涉主观要素,一切与意志内容相关的主观的、精神的因素,均在责任主义要求的名义之下被归入罪责阶层,由此而形成"不法=客观要件"和"罪责=主观要件"的局面。当时盛行的名言"违法是客观的,责任是主观的",便因缘于此。

其次,它也是呼应当时政治上的自由主义要求的结果。根据19世纪占据主流的自由主义的基本思想,"权力能够违背个人意志而正当地向文明共同体的任何成员行使的唯一目的,便是防止对他人造成损害"。[3] 据此,只有外在行为才是法律处理的对象,行为人的心理与精神方面的内

---

[1] Vgl. Roxin, Strafrecht Allgemeiner Teil, Band I, 4. Aufl., 2006, §7 Rn.20.

[2] Vgl. Welzel, Das Deutsche Strafrecht, 11. Aufl., 1969, S39.

[3] John Stuart Mill, On Liberty, edited by David Bromwich and George Kateb, New Haven: Yale University Press, 2003, p.80.

容并非法所管辖的范围。换言之,法所能要求的只是合法性,即对于制定法的外在服从,内在的心理活动则完全属于道德的领域;与这种对法律与伦理的区分相适应,不法的本质必定在于对法所保护的利益的外在侵害,而行为人的内在态度(Einstellung)只是在其促成将这样的侵害归责于其个人的罪责的范围内才有其意义。[1]

最后,它还与当时的法实证主义思潮干系重大。在刑法领域,这种实证主义思潮主要由费尔巴哈发扬光大。费尔巴哈理论的真正本质在于,将惩罚仅限于实证法运行所能预期的范围之内,认为惩罚必须由实证法予以正当化,[2] 也即可罚性的根据只能建立在实证法的基础之上,从制定法所规定的刑罚法规中寻找处罚的绝对根据,哲学性原理、道德性的评价等则应完全排除出刑法适用的领域。[3] 由于将哲学评价、心理学知识与社会学事实均排除在法教义学之外,一种关于人的行为特征的极度形式的形象就此产生;受这种极度形式的行为特征形象的影响,整个犯罪构造于是被区分为按自然主义方式理解的行为、由客观—描述的角度来把握的构成要件、依客观—规范的标准界分的违法性领域,以及从主观—描述的层面加以领会的罪责。[4] 古典体系中犯罪构造的形式的、客观的特征,正好相合于19世纪中后期在实证主义思潮支配之下,以"依据法律的统治"为概念核心的形式法治国的思想。[5]

20世纪之初,随着新康德主义知识论对自然主义知识论的超越,古典犯罪论体系很快为新古典犯罪论体系所取代。尽管新古典体系对古典体系所做的改造全面而深刻,涵盖包括行为概念、构成要件、违法性与罪责在内的所有领域,[6] 但它并不代表着对古典体系思想的完全背离。规范构成要件要素与主观不法要素的发现,只是改变了构成要件的功能定

---

〔1〕 Vgl. Stratenwerth/Kuhlen, Strafrecht Allgemeiner Teil, 6. Aufl., 2011, § 2 Rn. 28.

〔2〕 See Carl Ludwig von Bar, A History of Continental Criminal Law, translated by Thomas S. Bell, Boston: Little Brown and Company, 1916, p.431.

〔3〕 参见〔日〕庄子邦雄:《近代刑法思想史序说——费尔巴哈和刑法思想史的近代化》,李希同译,中国检察出版社2010年版,第6—10页。

〔4〕 Vgl. Jescheck/Weigend, Lehrbuch des Strafrechts Allgemeiner Teil, 5. Aufl., 1996, S. 203.

〔5〕 关于形式法治国的相关问题,参见劳东燕:《自由的危机:德国"法治国"的内在机理与运作逻辑——兼论与普通法法治的差异》,载《北大法律评论》2005年第1期,第544—545页。

〔6〕 Vgl. Jescheck/Weigend, Lehrbuch des Strafrechts Allgemeiner Teil, 5. Aufl., 1996, S.205ff.

向,以及构成要件与违法性之间的关系,但并未影响故意(也包括过失)在犯罪论体系中的地位。故意仍被认为属于罪责要素,不需要在不法的判断中予以考虑。除故意以外的某些特定的主观要素(如目的犯中的目的和倾向犯中的倾向),只有在少数犯罪中,才会对不法的成立产生影响。就不法论而言,新古典体系基本上继承了古典体系的客观论立场。虽然不法与罪责的范畴和客观与主观的范畴的严格对应关系被否定,但仍然大致维持了"不法=客观要件与罪责=主观要件"的基本结构。不法的评价对象一般仍限于行为的客观侧面,只是在目的犯等个别犯罪中,才例外地包含特定的主观要素;而决定不法成立的因素,在一般犯罪中仍完全由行为及其引起的外在状态所决定,只有在目的犯等犯罪中,目的之类的因素才与行为的客观侧面一起对不法的成立产生影响。这意味着在不法论主客观之争的两个子问题上,新古典犯罪论体系坚持的仍都是客观论的立场。与古典体系的不同之处仅在于,新古典体系放弃了纯粹客观论的立场而对此做了适度的放松。

二、作为不法要素的故意与不法论的主观主义

新古典体系对纯粹客观不法论的软化处理,在提高理论之于现实的诠释能力的同时,也对体系的内在逻辑性形成冲击。根据当时主流的观点,未遂犯中的故意属于主观不法要素,而既遂犯中的故意则属于罪责要素,这就不可避免地造成体系逻辑上的矛盾。同一个故意怎么可能在既遂犯中是罪责要素,而在未遂犯中则突变为主观不法要素?此类逻辑的矛盾很快为目的主义者抓住并加以发挥:既然未遂犯中的故意归于构成要件,有确定不法的功能,则从逻辑上会推出这样的结果,该功能在由未遂发展至既遂阶段时也必定予以留存。[1] 此后的理论发展表明,新古典体系的不法论堡垒的确就是从这个地方被攻破的。

对故意的重新定位,起初端赖于目的行为概念的提出,此后则是以个人不法理论作为根据。目的行为概念将目的操控看作是行为的首要结构因素,认为人的行为是目的性的实现,而目的性建立在人基于其对行为的可能结果的预见会设定各种性质的目的,并能有计划地使其行为受到目的的操控。[2] 目的行为概念一反因果行为论以来的常规,而将行为的构

---

[1] Vgl. Welzel, Das Deutsche Strafrecht, 11. Aufl., 1969, S61.
[2] Vgl. Welzel, Das Deutsche Strafrecht, 11. Aufl., 1969, S33.

造重心放在目的因素的操控之上。既然因果性对行为不起支配作用而仅提供条件,则决定结果是否归责于行为人的关键,便在于该结果是否为行为人有意义地加以设定,或者是否可预见该结果且可操控其意义。[1] 如此一来,故意势必就要与其他主观的不法特征一起,共同纳入构成要件的范畴,故意由此变成构成要件基本的、常规的组成部分,作为主观不法要素而存在。同时,违法性意识则从故意的概念中予以剥离,成为罪责概念的中心要素。目的行为概念作为行为论未被普遍接受,其理由主要在于,一个本体论性质的行为构想(Konzeption),不可能适合于建立在价值评价基础上的刑法体系;同时,将行为界定为对因果流程的目的指向的操控,也不适合于过失行为与不作为犯。[2]

尽管确立故意作为主观不法要素的地位源起于目的行为概念,但这样的定位并未因后者的衰落而受到影响。目的主义对犯罪论的改造结果,在目的主义行为概念的支持者之外也被广泛认可,因为人们从此后发展出来的个人不法理论中为其找到存在根据;以目的主义犯罪概念为基础的体系思想,在当代得到进一步的贯彻,它被认为在不依赖于目的行为论的情况下也具有说服力。[3] 对于何谓个人不法,威尔策尔(Welzel)这样指出,不法的内容并不限于由行为人所引发的法益侵害结果,而是行为作为确定的行为人的作品而具有违法性,包括行为人赋予其客观行为怎样的目的设定,他基于何种意念而实施的行为,以及行为人负有哪些义务,在法益侵害之外所有的这些因素,对于行为的不法的确定都具有决定性。违法性总是指与特定行为人相关的行为的不受允许性,而不法则是与行为人相关的"个人的"行为不法。[4]

经过目的主义的改造,不仅古典体系所建立的不法与罪责分别和客观与主观相对应的基本框架被完全打破,不法论也呈现出不同以往的面貌,一举扭转了李斯特—贝林时代以来的客观论立场。正如罗克辛所言,故意作为构成要件要素,意味着不法进一步主观化,相反,罪责则日益去主观化与规范化。[5] 首先,在不法的评价对象是只限于行为的客观侧

---

[1] 参见马克昌主编:《近代西方刑法学说史》,中国人民公安大学出版社2016年版,第553页。

[2] Vgl. Roxin, Strafrecht Allgemeiner Teil, Band I, 4. Aufl., 2006, §7 Rn. 24.

[3] Vgl. Jescheck/Weigend, Lehrbuch des Strafrechts Allgemeiner Teil, 5. Aufl., 1996, S.213-214.

[4] Vgl. Welzel, Das Deutsche Strafrecht, 11. Aufl., 1969, S62.

[5] Vgl. Roxin, Strafrecht Allgemeiner Teil, Band I, 4. Aufl., 2006, §7 Rn. 18.

面,还是同时包含行为的主观侧面的问题上,目的主义给出的答案明显是主观论的,即肯定行为的主观侧面也是不法评价对象的内容。其次,在决定不法的首要因素是行为客观上显现的外在状态,还是行为人的主观意思的问题上,目的主义同样坚持的是主观主义的立场。在目的主义者看来,能成为刑法评价对象的存在客体不是因果关系,而是建立在目的性上面的存在于主体和结果之间的目的关联。[1] 纯粹的主观不法论者甚至认为,结果对于不法根本没有意义,它只是作为已经实施的不法的表征为需罚性提供根据。[2]

目的主义对不法论的主观化改造,对此后的犯罪论发展产生了两个影响深远的后果。一是不法的评价客体被重新界定。古典体系与新古典体系时代,不法的评价是对行为的评价,罪责的评价则是对行为人的评价。由于目的主义认为,主观构成要件与客观构成要件不可完全拆开,客观构成要件决定于主观的运作定律或至少与主观的运作定律有关;[3]相应地,不法不只是对行为的评价,也是对行为人的评价,不法与罪责阶层所评价的都是行为人和行为。二是主观因素(尤其是故意)经历功能上的重大转变。在古典体系与新古典体系中,故意(也包括过失)体现的是责任主义的要求,由于责任主义以保障个体权利为宗旨,因而,故意发挥的基本上是去罪化的功能,即没有故意便不成立犯罪。在目的主义体系兴起之后,故意的功能则发生了颠覆性的改变,开始承担入罪化的角色,即有故意便可能成立犯罪,故意成为不法的积极成立根据。故意在功能上的这种重大转变,在未遂犯领域表现得尤为明显,它对应的是主观未遂论的兴起。梳理着手的判断标准与不能犯的界定的发展历史可发现,自20世纪上半期以后,在德日与英美等国的未遂犯领域,偏向于主观论的立场取得了压倒性的胜利。[4]

---

[1] Vgl. Welzel, Kausalität und Handlung, ZStW 51 (1931), S.718, 720,转引自许玉秀:《当代刑法思潮》,中国民主法制出版社2005年版,第75页。
[2] Vgl. Schönke/Schröder, Strafgesetzbuch, Kommentar, 28. Aufl. 2010, vor §§13 Rn.59.
[3] Vgl. Welzel, Kausalität und Handlung, ZStW 51 (1931), S.720,转引自许玉秀:《当代刑法思潮》,中国民主法制出版社2005年版,第75页。
[4] 参见劳东燕:《论实行的着手与不法的成立根据》(尤其是其中的第二部分"从客观论到主观论:着手理论在现代的发展走向"),载《中外法学》2011年第6期。

第二节　刑法中不法论的当代发展

　　借助于由目的行为概念所引发的个人不法理论，主观不法论在不法论主、客观之争的第一个子问题上，即不法的评价对象是否同时包含行为的主观侧面，取得了完胜。当前的德国刑法学理论中，不考虑行为的主观面便无法甄别刑法上的不法，成为几乎没有争议的见解，故意与如占有目的之类的其他主观构成要素，被认为塑造的不只是一般意义上的"犯罪类型"，而首先是具体犯罪的"不法类型"。[1] 因而，无论是在主流的新古典暨目的主义综合论体系还是罗克辛倡导的目的理性的犯罪论体系中，故意均被归入构成要件阶层，作为主观不法要素而存在。当然，过失犯是否存在主观构成要件，或者说注意的缺乏能否视为是"主观构成要件"，尚存在争议。[2]

　　在不法论主、客观之争的第二个子问题上，即决定不法成立的首要因素是行为客观显现的外在状态，还是行为人的主观意思，情况则要复杂得多。主观不法论者倘若单凭在未遂犯领域的胜出，就以为自己在不法论上的主、客观之争中全盘坐稳了江山，就未免过于乐观。目的主义所确立的主观不法论，虽然在解释故意作为犯的不法时得心应手，并由此确立了故意在不法成立中的核心地位，但却始终无法对过失犯与不作为犯（尤其是前者）的不法做出令人信服的说明。罗克辛在一篇名为"构建刑法体系的思考"的讲演稿中，将这一缺陷归结为目的主义刑法体系五点不足中列于首位的不足。[3] 过失犯中，结果的出现不是行为人通过操作因果流程而引起的；处于如故意之地位的构建不法的要素是客观的注意义务违反，[4] 而客观注意义务的违反显然与过失犯的行为特性相关。就不作为犯而言，处于保证人地位的行为人与其他的旁观者一样，根本没有操纵因果流程，更谈不上对因果流程的意思支配；将二者相区分的乃是行为人客

---

〔1〕　Vgl. Kühl, Strafrecht Allgemeiner Teil, 6. Aufl., 2008, § 5 Rn.4; Stratenwerth/Kuhlen, Strafrecht Allgemeiner Teil, 6. Aufl., 2011, § 2 Rn. 34.

〔2〕　Vgl. Schönke/Schröder, Strafgesetzbuch, Kommentar, 28. Aufl. 2010, vor § §13 Rn.63.

〔3〕　参见〔德〕克劳斯·罗克辛：《刑事政策与刑法体系》（第二版），蔡桂生译，中国人民大学出版社2011年版，第67—68页。

〔4〕　Vgl. Schönke/Schröder, Strafgesetzbuch, Kommentar, 28. Aufl. 2010, vor § §13 Rn.63.

观上所处的保证人地位与其行为能力。基于此,过失犯与不作为犯中,恐怕难以说是行为的主观面在决定不作为的不法。恰恰相反,过失犯与不作为犯的不法都不得不从行为的客观面入手,前者的不法在于造成本来应当避免也能够避免的危害结果,后者的不法则主要在于没有对独立其而发生的因果流程实施干预。主观不法论在过失犯与不作为犯领域的捉襟见肘,使客观不法论终于找到可乘之机展开绝地反击,凭借客观归责理论的东风,主观不法论与客观不法论之间再起烽烟。

一、客观归责论的出现与客观不法论的复兴

一般认为,当代的客观归责理论可追溯至20世纪30年代Honig的客观合目的性思想、Engisch为限制条件说发展起来的客观义务违反论,以及威尔策尔提出的社会相当性理论。[1] 早期的这些客观归责思想在很长时期内陷入被遗忘的境地,很大程度上是因为20世纪30年代之后建立在目的主义基础之上的主观不法论锋芒太盛的缘故。这种状况一直到70年代以后随着当代的客观归责理论的兴起才有所改观。

Honig归责思想的重要贡献在于,跳脱了拉伦茨(Larenz)的主观归责思路而要求从法秩序的角度来审视行为,由此为归责理论的发展指明了新的方向。不过,他的归责论仍未完全摆脱意志归责的色彩,与拉伦茨一样,他也主张客观化的意志构成归责的基础。为此,他提出客观目的性(objektive Zweckhaftigkeit)的概念,强调客观目的性是结果归责的决定性标准,认为只有能被推想为与目的相关的那个结果,才是客观上可归责的。[2] 罗克辛超越Honig的定义的决定性的一步在于,将前者有关可归责性的定义与"制造法律上与构成要件上的法益侵害相关的风险"的标准相结合。由此,他将20世纪30年代由Honig、威尔策尔、Engisch提出的、一直被孤立处理的三个部分,即客观的目的性、社会相当性与危险实现组合在一起。[3] 对于罗克辛而言,归责判断中的着眼点不是行为人的作为意志——即使是以客观化的意志的面目出现——的目的,而是法秩序追求的客观目的。正因为此,他才会将批判的矛头对准目的行为论的存在论物本逻辑(ontische Sachlogik)。在他看来,从本体论上先在的(ontolo-

---

[1] Vgl. Schünemann, Über die Objektive Zurechnung, GA 1999, S.209ff.

[2] Vgl. Karl Larenz, Zum heutigen Stand der Lehre von der objectiven Zurechnung im Schadensersatzrecht, Honig-FS,1970, S.79.

[3] Vgl. Schünemann, Über die Objektive Zurechnung, GA 1999, S.212.

gisch vorgegeben)行为概念导不出任何对刑法有意义的东西,一个价值中立的"目的支配因果流程",不可能直接成为刑法评价的对象,更不可能成为建立刑法体系的基础概念。[1] 因为犯罪论的基本问题不是去发现本体意义上的行为结构,或者为所有刑法上的行为形式所共有的描述性因素,而是创立内容上可具体化的一般的归责标准。[2] 由因果性向归责的视角的转换虽说是起源于Honig,但正是罗克辛的大力推进,使客观归责论在规范化的方向上迈出了转折性的一步,最终使构成要件的判断完成了从本体论向规范论的转变。

由于罗克辛不是从本体论上的物本逻辑入手,而是以规范层面的客观法秩序目的作为根本的出发点,因而,他特别关注规范保护目的的问题。在20世纪70年代,民法领域已经发展出比较成熟的规范保护目的思想。[3] 罗克辛将民法中的这种规范保护目的思想引入刑法领域,用来限定过失犯的归责范围,并以之作为指导视角而力图构建一种一般的归责学说。[4] 在他看来,规范目的的想法提供了从刑事政策出发来限定处罚边界的可能性。[5] 许迺曼则进一步将规范保护目的提升为客观归责理论的上位原则,并将之等同于一般预防的观念。[6]

当代的客观归责理论是从因果关系领域发展起来的,这一点当没有疑问。尽管如此,却不应将它理解为只是对条件说或过于宽泛的因果关系论的一种限定。因为在运用宽泛的因果关系论时,完全可以通过倚重主观归责机制来达到限缩的效果。相当性理论在民法领域为德国帝国法院与联邦最高法院所接受,而在刑法领域一直遭到拒绝,根本缘由便在于:在刑法领域,故意与过失看起来为涵盖太宽的刑事责任范围提供了足够的调整措施。[7] 类似的看法在普通法国家也受到广泛的认同。英美刑法中对法律因果关系的限定,至今仍主要依赖预见可能性

---

[1] 参见许玉秀:《当代刑法思潮》,中国民主法制出版社2005年版,第140—141页。

[2] Vgl. Roxin, Gedanken zur Problematik der Zurechnung im Strafrecht, in Honig-FS, 1970, S. 133.

[3] 彼时的民法领域,已将规范保护目的发展成相当性之外的首要的归责标准。Vgl. Larenz, Zum heutigen Stand der Lehre von der objectiven Zurechnung im Schadensersatzrecht, Honig-FS,1970, S.83.

[4] Vgl. Roxin, Zum Schuzzweck der Norm bei fahrlässigen Delikten, Gallas-FS, 1973, S.241ff.

[5] Vgl. Roxin, Zum Schuzzweck der Norm bei fahrlässigen Delikten, Gallas-FS, 1973, S.248.

[6] Vgl.Schünemann, Über die Objektive Zurechnung, GA 1999, S.215.

[7] Vgl. Jescheck/Weigend, Lehrbuch des Strafrechts Allgemeiner Teil, 5. Aufl., 1996, S.285.

来实现。而加拿大最高法院之所以支持宽泛的因果关系标准,认为它与根据宪章所保护的基本正义原则相符合,很大程度也是基于刑事责任并不单独由因果关系来决定,而是要求确立主观或客观的过错。[1]

将客观归责理论仅仅理解为一种因果关系理论或者单纯的结果归责理论,未免低估其所具有的意义。确切地说,客观归责理论属于一种实质化的构成要件理论。它的逻辑思路是:是否制造不被容许的风险,以检验构成要件的行为→是否实现不被容许的风险,以检验构成要件的结果→是否属于构成要件的效力范围,以检验整体的构成要件。[2] 这意味着客观归责包含行为归责与结果归责两个层面,既讨论构成要件行为,也讨论构成要件结果与因果关系。严格来说,传统的因果关系问题并非客观归责理论关注的核心,毋宁说构成要件行为论才是其拿手绝活。正如弗里希指出的,客观归责理论的探讨重心不是结果归责,而是行为归责,许多被客观归责理论解释成结果归责的问题,其实涉及是否存在构成要件该当行为的问题。[3]

只要承认客观归责理论是一种构成要件理论,则其在不法论层面必然有其关注的价值。毕竟,不法的判断乃是以构成要件作为客体的判断。无论探讨的重心在于结果归责还是行为归责,客观归责理论明显都是以行为的客观面作为归责的基础的。如此一来,在不法论主客观之争的第二个子问题上,它便与目的主义以来的主观不法论形成了尖锐的对立。目的主义认为,人的意志支配可能性决定行为的取向,同时决定行为不法的取向,即人的意志所能支配的,才可能是不法;客观归责理论则将"人的意志支配可能性"(Beherrschbarkeit durch den menschlichen Willen),以"客观上是否可能侵害法益"加以解释,认为客观上对法益受害有法律上重要性的,才可能是人的意志能支配的。[4] 这意味着目的主义与客观归责之间的对立,实质上是行为的不法决定于行为的主观面还是决定于行为的客观面之间的立场对决。客观归责理论的出现,不仅意味着构成要件的

---

[1] Kelvin J. Heller & Markus D. Dubber ed., The Handbook of Comparative Criminal Law, Stanford: Stanford University Press, 2011, p.106.

[2] 参见陈兴良:《客观归责的体系性地位》,载《法学研究》2009年第6期,第20页。

[3] 参见〔德〕沃尔夫冈·弗里希:《客观之结果归责——结果归责理论的发展、基本路线与未决之问题》,蔡圣伟译,载陈兴良主编:《刑事法评论》(第30卷),北京大学出版社2012年版,第253页。

[4] 参见许玉秀:《主观与客观之间——主观理论与客观归责》,法律出版社2008年版,第11页。

判断的重心与判断起点,从主观部分转移到客观部分,也意味着在主观不法与客观不法的角力中,客观不法占据了上风。[1]

二、客观归责理论所遭遇的两个"芒刺"问题

当代客观归责理论的出现,无疑为客观不法论的再次崛起提供了动力与契机。20世纪80年代中期以后客观归责理论在德国学理上的普遍被认可,乃至其漂洋过海为别国刑法所接纳的事实,[2]使客观不法论表面看来占尽了上风。但这是否意味着目的主义所确立的客观不法决定于主观不法的立场被一举扭转,客观不法论已全盘确立其作为一种统一的不法论的主导地位呢?事实并非如此。

客观归责理论虽发迹于过失犯,但之后雄心勃勃不断扩张地盘,逐渐被认为也适用于故意的作为犯。据此,故意的作为犯中,应当同样适用主观不法由客观不法所决定的逻辑准则。与这种决定不法的是行为客观面的逻辑相呼应,客观要件被认为具有限定故意的机能。故意既称为对实现构成要件的知与欲,行为人就必须认识客观上有实现构成要件可能的事实,如果行为人所认识的事实,不是客观上可能实现构成要件的事实,故意即不成立;自20世纪80年代中期以来甚受瞩目的客观故意理论,就是这样形成的,故意被认为是客观构成要件的问题。[3]在此,客观归责论者的雄心可谓昭然若揭:借此确立客观不法论在故意作为犯中的支配地位,一举推翻目的主义所确立的主观构成要件优位于客观构成要件的关系界定。然而,此举被证明是雄心与冒险兼有的大胆举动。在将客观不法论推广适用至故意的作为犯之后,客观归责理论便面临一个"阿喀琉斯之踵"式的问题:既然只有存在客观上可能实现构成要件的事实时才有成立故意的余地,主观故意与客观构成要件行为之间便难以想象会有不合致的情形。然而,此类情形分明又是存在的。

（一）未遂犯问题

客观归责论者所坚持的否定客观构成要件便否定故意的见解,在解释故意的既遂犯时障碍不大,但在解释未遂犯时却遇到极大的困难。既

---

[1] 参见车浩:《假定因果关系、结果避免可能性与客观归责》,载《法学研究》2009年第5期,第161页。

[2] Vgl. Roxin, Strafrecht Allgemeiner Teil, Band I, 4. Aufl., 2006, §11 Rn. 50.

[3] 参见许玉秀:《主观与客观之间——主观理论与客观归责》,法律出版社2008年版,第28—29页。

然只要行为人所采取的行为依一般观念不足以导致构成要件结果(包括实害结果和危险结果)发生,行为即无客观可归责性,相应也便没有故意,则不能犯未遂便不可能具有可罚性,认识错误的情形也难以想象会发生。[1] 问题在于,现行《德国刑法典》第22条关于未遂的定义,完全是根据行为人对行为的构想来展开是否存在"着手"的判断,行为人的主观方面才构成未遂判断的出发点;第23条第3款更是明确肯定了不能犯未遂的可罚性。[2] 未遂犯问题上的此种立场,其实还有着一定的普遍性,不只德国的刑法实务是这样,英美等国的立场也大体如此。[3] 如此一来,客观归责理论便面临无法解释不能犯未遂可罚性的困境。

(二)特殊认知问题

如果说不能犯未遂的问题上,客观归责论者尚可通过批判立法上的主观论或者干脆重新界定不能犯未遂所侵害的法益(如认为不能未遂涉及对公共的干扰),[4]而在一定程度上缓解其中的紧张,那么,特殊认知问题之于客观归责理论根本就是一根在背的芒刺。从客观归责被适用于故意的作为犯以来,这根芒刺便一直存在。客观归责论者强调,不法的重心在于客观构成要件,故意是一个由客观构成要件决定的问题。据此,为继承遗产雷雨天劝叔叔散步、为让被害人死于事故而劝人乘坐飞机之类的教学案例中,行为人不成立犯罪被认为主要不是没有故意的问题,而是因为行为人并未制造法所不容许的风险,即构成要件行为不该当。

问题在于前述案例中一旦行为人对某一事实具有特殊认知,比如知道某处较一般的地方更易遭雷击而劝其叔去该处散步,或者知道恐怖分子将要袭击被害人乘坐的飞机等,则行为人均会因其具有特殊认知而被

---

[1] 参见许玉秀:《主观与客观之间——主观理论与客观归责》,法律出版社2008年版,第28—29页。

[2] 《德国刑法典》第22条规定,未遂是行为人根据其对行为的构想,直接着手构成要件的实现;第23条第3款规定,如果行为人出于重大无知而未认识到其行为因为客体或方法的因素根本不能达成既遂之结果,则法院得减轻或免除其刑。

[3] 日本在着手问题乃至整个未遂犯理论的主流立场一直声称是客观主义的;但实际上,由于通说在不能犯的问题上采取的是具体危险说,故其与位列主观论阵营之间的差别远没有想象得那么大。参见劳东燕:《论实行的着手与不法的成立根据》,载《中外法学》2011年第6期,第1242—12450页。

[4] 参见〔德〕骆克信:《客观归责理论》,许玉秀译,载《政大法学评论》1994年第50期,第36页。

认为制造了法所不容许的风险,从而承担故意杀人的刑责。罗克辛自己也承认,特殊认知对于判断是否制造不被容许的风险有着决定性的影响,[1]对此,他的解释是,特殊认知是不被容许的危险概念的构成性要素,而不被容许的危险本身已在客观构成要件中被预先设定。因为法益侵害只有通过对危险行为的禁止才能实现,并且这种禁止只能支持事前的判断,所以行为人的认知必须进入有关其行为的客观危险性的判断之中。据此,客观构成要件之所以客观,不是因为对构成要件的归责排他地建立在客观事实的基础之上,而是因为归责结果,即杀人行为或伤害行为等的存在,是一个客观性的事件(etwas Objektives)。[2]

然而,这样的解释比较牵强。当罗克辛声称犯罪的重心在构成要件的客观面时,意味着承认不法首先决定于行为的客观面。在前述解释中,他却似乎偷换了"客观"的含义,从"特殊认知"作为客观性事件的组成部分而言,它的存在当然是客观的。按这种"客观"的意义,所有的主观要素都是客观的,它们在具体的案件中,都是客观的实然性存在。但这种意义上的"客观"显然不同于其所谓的犯罪的重心在构成要件的客观面中的"客观",后一种"客观"指的不是存在与否意义上的客观,而是与行为人内在心理相对立的外在显现状态意义上的客观。通过偷换"客观"的概念,罗克辛所谓的客观归责于是又回归到拉伦茨所指涉的含义,即客观归责是指什么作为其行为而被归责于某一主体,它虽然被称为客观的,但除外在的身体动静之外,也包含主观性的实体存在(如意志、故意、目的、主体目标等)。[3] 问题在于,拉伦茨严格说来仍属主观不法论的阵营。最终,客观归责论者不得不承认,客观归责论者将构成要件尽量客观化的努力有其界限,客观归责终究还是有主观面的问题,或者说客观归责亦具主观要素。[4]

当客观归责论者承认,故意的作为犯中关于风险是否容许的判断并不全然与主观构成要件无关时,它分明就已经推翻了不法的成立取决于客观构成要件的命题。客观归责理论所强调的客观目的性,本身以一个

---

〔1〕 比如,他曾举过这样的例子:如果我以一辆有着无法辨识的故障的车子搭载他人,我并没有制造不被容许的风险,并且因为该故障所引起的结果也不可能归责于我;相反,如果我知道有这个故障,则经由这个"特别认知"就制造了不被容许的风险。参见〔德〕骆克信:《客观归责理论》,许玉秀译,《政大法学评论》1994年第50期。

〔2〕 Vgl. Roxin, Strafrecht Allgemeiner Teil, Band I, 4. Aufl., 2006, §11 Rn. 57.

〔3〕 Vgl. Heinz Koriath, Grundlagen strafrechtlicher Zurechnung, 1994, S.117-118.

〔4〕 参见林钰雄:《新刑法总则》,中国人民大学出版社2009年版,第136页。

虚拟的客观观察者为前提,这个客观的观察者在行为当时就对潜在的行为后果存在最终约束力的预见。[1] 故意作为犯中,作为规范接受者的行为人,其所具有的认知与客观观察者的预见之间的关系逻辑上只有三种可能:一是行为人的认知与客观观察者的预见正好一致;二是行为人的认知低于客观观察者的预见,行为人在行为当时对导致结果的因果历程缺乏应有的认知;三是行为人的认知高于客观观察者,行为人在行为当时对导致结果的因果历程具有特殊的认知。

不难发现,不能犯未遂属于第二种情形,而特殊认知属于第三种情形。这两种情形中,行为人的认知与虚拟的客观观察者的预见之间存在偏差,但最终都是按行为人的真实认知来进行处理,即不能犯未遂是按行为人构想的构成要件来进行归责,而对因果历程有特别认知的行为人,也不会因为虚拟的观察者对该种因果历程的无法预见而不受归责。这意味着在故意的作为犯中,采取的标准其实只有一个,那就是行为人标准,行为人的真实认知最终决定故意的成立与否,虚构的观察者完全是一个多余的角色。因而,正如金德霍伊泽尔所言,在故意犯中确实看不出,客观目的性的要求能够在什么程度上有助于对刑事责任进行有意义的限制。因为只要行为人没有准确地预见到导致结果的因果历程,这种结果便不能归责于行为人的故意;反之,如果行为人准确地预见到了因果历程,那就不能说这个因果历程客观上当时是不可预见的。[2]

三、从主观不法论到主观、客观不法并存论

客观归责理论在故意作为犯中所遭遇的"阿喀琉斯之踵",揭示的一个事实是:故意的作为犯中,作为判断依据的客观构成要件,根本不是行为外观所显现的构成要件事实,而是行为人主观上构想或认定的客观构成要件。这意味着故意的作为犯中,对不法的判断始终是从行为人的主观面入手,客观归责理论没有也无法从根本上改变这一点。对此,许玉秀教授一针见血地指出:"供作判断依据的客观构成要件,必定是行为人主观上所认定的客观构成要件,这不是叙述方式的问题,不是造句的效果,而是规范逻辑上的必然。透过这些造句所反映出来的规范逻辑,便是

---

[1] 参见〔德〕沃斯·金德霍伊泽尔:《故意犯的客观和主观归责》,樊文译,载陈兴良主编:《刑事法评论》(第23卷),北京大学出版社2008年版,第222页。
[2] 参见〔德〕沃斯·金德霍伊泽尔:《故意犯的客观和主观归责》,樊文译,载陈兴良主编:《刑事法评论》(第23卷),北京大学出版社2008年版,第222页。

客观归责论者想要推翻、不愿承认的不法关联:行为人的主观面有不法的定向作用,甚至是决定行为不法色彩的主要因素。"[1]

　　客观归责理论无法自洽地解决不能犯未遂与特殊认知的问题,归根结底是因为它只是一套主要用以解决过失犯的不法的归责构想。当它将触角伸向故意的作为犯时,就不可避免地遭遇滑铁卢。除了理论或教学上所设想的一些著名案例(此类案例因不太符合现实而不具有实务的重要性),客观归责理论所倡导的客观构成要件是故意犯的重心的命题并没有得到印证。正是基于此,弗里希明确将客观归责理论的实务意义限于过失犯,在他看来,"在通过故意行为引起结果的绝大多数案例中,行为人所实施的行为都很明显地也是受非难的风险制造,并且所发生的结果也都是这个风险的实现。反之,所涉及的案例中对于客观归责要件的实现仍有怀疑,那么在司法实务上意义重大的案件中,通常欠缺了故意(如行为人轻忽了危险)或者是所发生的流程在主观上重大偏离于行为人的想象,以至于不可归责于行为人。司法实务上,在故意犯的审查中,于此多半立刻确认了主观面明显的欠缺,然后在后续可能存在的过失犯审查中,才处理客观可归责性的问题"。[2] 即便是罗克辛自己,也明确承认客观归责论的首要意义体现于过失犯:通过重新架构过失不法,客观归责理论能够在刑事政策上,对一向被德国实务以因果思想的刑罚论过度扩张的过失责任,提出有说服力的限制标准。[3] 如果非要坚持客观归责论之于故意作为犯的意义,充其量只能说,"客观归责论借由排除某些客观构成要件的合致性,同时也间接地限缩了故意的范围"。[4] 对故意作为犯而言,任何在一般意义上宣称其不法决定于客观构成要件,甚或认为故意是客观构成要件问题的主张,都有失妥当。

　　客观归责理论在处理不能犯未遂与特殊认知问题时的捉襟见肘,表明其所代表的客观不法论从未真正在故意作为犯的领域确立其主导地位。在故意的作为犯中,始终是主观不法论的天下。对故意犯而言,如果

---

　　[1] 许玉秀:《主观与客观之间——主观理论与客观归责》,法律出版社2008年版,第31—32页。

　　[2] [德]沃尔夫冈·弗里希:《客观之结果归责——结果归责理论的发展、基本路线与未决之问题》,蔡圣伟译,载陈兴良主编:《刑事法评论》(第30卷),北京大学出版社2012年版,第229页。

　　[3] 参见[德]骆克信:《客观归责理论》,许玉秀译,载《政大法学评论》1994年第50期,第18—19页。

　　[4] 林钰雄:《新刑法总则》,中国人民大学出版社2009年版,第136页。

说什么样的风险对结果归责是决定性的风险,不考虑行为人的预想就不可能予以回答;那么,行为人的行为与结果的产生之间是否存在风险联系,可能就不属于客观构成要件的检验,而只属于主观的归责。[1] 因而,客观归责理论的兴起,谈不上扭转不法主观化的问题。它没有触动主观不法论的核心范围,更没有推翻主观不法论,而只是发现了主观不法论的不周延之处,在故意的作为犯之外诠释了一种新的不法类型,即过失犯。这样看来,目的主义所代表的主观不法论与客观归责论所代表的客观不法论之间,难以说是一种对立关系,而应当构成并列关系。换言之,它们实际上指涉的是刑法中存在的不同归责类型,各自都有其用武之地,也均有局限之处。

第三节 刑法中不法论的类型解读

德国式刑法理论的发展长期深受概念法学的影响。这种思维倚重抽象概念的运用,试图将生活世界的所有事件都分门别类地归入各个概念的抽屉之中。概念式思维关注的是相关概念的要素是否逐一具备,而并不关心各要素之间的组合方式与作用关系。对其而言,思考问题时只有"非此即彼",而没有"或多或少"可言。正是在这种概念式思维的支配之下,不法论上的主、客观之争一直是在构建一种统一的不法论的意义上展开。虽然对立双方所坚持的具体立场有所不同,但都野心勃勃地试图用一种统一的不法论来诠释刑法中所有的不法类型。这样的努力从推进理论发展的角度并非一无是处,但导致法学与法律实践的渐行渐远:"首先是因为生活现象繁复多样,并不具有概念体系所要求的僵硬边界,反而常常出现过渡形态、混合形式以及不断涌现的新形态的变异。其次还因为生活持续不断地制造出新的图景,它不是完结了的体系所能预见的。"[2]

当代刑事立法的发展,使为不法寻找统一的判断标准变得不可能。无论是目的主义所代表的主观不法论,还是客观归责论所代表的客观不法论,都只能解释刑法中的部分不法类型。理论上,人们诚然可以选择其中的一方作为鼓吹的立场。但只要考虑理论的描述性功能与规范性功能

---

[1] 参见〔德〕沃斯·金德霍伊泽尔:《故意犯的客观和主观归责》,樊文译,载陈兴良主编:《刑事法评论》(第23卷),北京大学出版社2008年版,第229页。

[2] 〔德〕卡尔·拉伦茨:《法学方法论》(全本·第六版),黄家镇译,商务印书馆2020年版,第568页。

之间的关系,便会得出固守其中一端未免偏颇的结论。理论的构建如果只关注经验意义上的精确性而导致批判维度的丧失,当然并不可取;与此同时,若是所倡导的理论根本无法解释现实中大量存在的现象,仅仅为达到理论逻辑的完美而硬生生地剪裁现实,恐怕也不是研究者该有的态度。

一、刑法归责论中的两种理想类型

立足于当代社会的刑事立法现实,就必须承认一种统一的不法论的构想并不可行。只有摆脱"非此即彼"的概念式思维而借助于类型思维,才能对刑法中不法论的发展有更为准确和全面的把握。目的主义从主观目的的意志支配入手界定行为不法与客观归责论利用行为的客观目的性诠释行为不法,不应当仅仅视为是不法论上主观主义与客观主义之间的立场之争;从类型思维出发,它们更宜被理解为是对刑法中两种主要的不法类型的解读,是对不法论不同侧面内容的深度展开。类型思维可适用于不法论问题的一个重要依据,在于目的主义代表的主观不法论与客观归责理论代表的客观不法论,恰恰与归责论上的两种理想类型相呼应:前者呼应于意志归责,后者呼应于规范归责。

意志归责将人的意志作为归责的核心,是否归责的关键不在于行为客观上所招致的为法律所禁止的状态,而在于行为本身是否可视为是行为人意志的作品。意志归责理论的基本前提是,人的行为在原因上由动机所决定,而动机的驱动被设想为一种心理机制的过程。[1] 外在的因果流程则是作为这种心理过程的流出物,构成意志支配的对象。受基督教伦理的影响,意志归责将对行为的伦理评价与法律评价合二为一。因而,来自主体的意志不仅构成行为与行为人之间的连接枢纽,也成为行为不法的决定性因素。传统上,在意志归责的框架中,行为人的主观认知对归责而言极其重要。因为只有当行为人在认识到其行为会引起为刑法所禁止的危害后果而仍决意实施行为,人们才能认定其存在恶意而进行伦理谴责;反之,如果行为人在行为时对相关情状或危害后果缺乏认识或者产生错误的判断,则赖以进行归责的基础便不存在。

不难发现,意志归责与目的主义代表的主观不法论之间存在明显的亲缘关系。首先,二者均属于本体论的范畴,都是以一种先在于法的实然存在作为理论构建的基础,并且,这样的实然存在都是指向精神性的事

---

[1] Vgl. Heinz Koriath, Grundlagen strafrechtlicher Zurechnung, 1994, S.114.

物。在意志归责这里,这种实然存在指的是行为人的主体意志;在目的主义那里,这种实然存在指的是人的目的性。其次,二者在方法论上都持的是一元论立场,认为存在的体系并非一团混乱,而是内含秩序与规范,评价体系的构建完全可以也应当以本体性的事实为基础。意志或目的性这样的本体性存在,不仅能够直接构成刑法评价的对象,而且理应成为建立刑法体系的基础概念。正是基于意志归责与主观不法论之间的亲缘性,建立在意志归责基础上的故意作为犯,其不法结构在主观不法论者那里得到清晰的呈现,而对无法归入意志归责范畴的过失犯与不作为犯,主观不法论始终不能给出令人信服的解释。如学者所言,被目的行为论作为意志归责标准的目的性,是一种可感受的、存在论的标准,这个标准并没有从自然主义的领域中脱离出来,以这样的自然主义概念,不可能对过失犯与不作为犯的意志内容进行说明。原因很清楚,这两种犯罪类型是规范上的设计;不存在调整不作为和过失的自然律,在自然意义上既不会出现不作为,也不会出现过失。[1]

规范归责的目标,是在被损害的规范保护目的方向上,实现对行为人责任的限制。在规范归责中,风险概念成为连接事实与规范之间的关键要素,因为风险本身就是由对事实状态的评价而得来。[2] 与意志归责将意志作为归责的核心不同,规范归责考虑的核心是对规范的违反。相应地,归责判断的关键不在于行为人实施行为时所实际具有的主观意志,而在于其违反规范的行为客观上给他人或社会造成的风险。规范归责以法秩序的客观目的作为出发点,它是目的理性的思维的产物,属于规范论或价值论的范畴。从方法论上来看,规范归责依据的是新康德主义的方法二元论。二元论认为,规范体系和物的存在结构是两个无法互通的体系,规范只能从规范当中形成,不能从客观现实的存在构造中形成。[3] 换言之,从实然的存在中不能得出应然的价值判断,或者说"价值评判不能从实然事实中得以证明"。[4]

规范归责与客观归责理论代表的客观不法论之间的内在关联可谓

---

〔1〕 参见吴玉梅:《德国刑法中的客观归责研究》,中国人民公安大学出版社2007年版,第39页。

〔2〕 参见吴玉梅:《德国刑法中的客观归责研究》,中国人民公安大学出版社2007年版,第52页。

〔3〕 参见许玉秀:《当代刑法思潮》,中国民主法制出版社2005年版,第129页。

〔4〕 〔德〕古斯塔夫·拉德布鲁赫:《法哲学》,王朴译,法律出版社2013年版,第11页。

一目了然。如前所述,规范保护目的构成客观归责理论的基础。罗克辛本人尽管没有将规范保护目的提升为客观归责理论的上位原则,但他也曾明确断言,构成要件领域的所有归责问题一直到对刑法分则规定的目的论解释,最终都可追溯至规范的保护目的。[1] 规范保护目的的内容无外乎是对具体某种法益进行保护,故对规范归责而言,行为因违反规范给法益带来的风险势必成为归责判断的重心所在,也即行为在客观上对法益所造成的威胁或侵害,是考虑归责成立与否的决定性因素。如此一来,客观不法的立场已是呼之欲出。由于规范归责不关心行为人真实的意志内容,而关注行为给法益带来的客观风险,过失犯与不作为犯的不法结构于是一举得以解决。

意志归责与规范归责既是归责论中的两种理想类型,又代表着刑法归责发展中的两个不同阶段。意志归责是因行为人对因果流程存在意志操控而受到归责,规范归责则是因行为人对风险状态具有支配而受到归责。20世纪中期以前,意志归责基本处于一枝独秀的地位,在当代,规范归责则有不断加强的趋势。规范归责色彩的增加,主要与过失犯与不作为犯在实务中的崛起有关。

在意志归责向规范归责发展的过程中,拉伦茨走出了转折性的一步。拉伦茨的归责论是从黑格尔的归责思想演绎而来。对黑格尔而言,行为只有在作为主体意志的外在表现时才能成为归责的对象。据此,受目的指导的意志被认为是人的行为的核心;按 Hardwig 的说法,"不是因果性,而是目的性才是行为的最上位原则"。[2] 拉伦茨也坚持这样的立场,他的归责理论同样是以自由意志为核心构建起来的。因而,如果从归责的重心在行为的主观面或客观面来区分主、客观归责问题,则拉伦茨属于主观归责论者,因为他并没有摆脱"意志为归责核心"这个黑格尔归责思想的根本命题。[3] 但拉伦茨显然不是一个纯粹的意志归责论者。在拉伦茨这里,归责的主体不是经验性的个人,而是虚构的理性存在;相应地,非经验的理性人的超验自由(transzendentale Freiheit)被构建为答责的条件。[4] 与典型的意志归责论不同,拉伦茨所指涉的意志并非个体行为

---

[1] Vgl. Roxin, zum Schutzzweck der Norm bei fahrlässigen Delikten, Gallas-FS, 1973, S. 243.
[2] Georg Küpper, Grenzen der normativierenden Strafrechtsdogmatik, 1990, S.87.
[3] 参见许玉秀:《主观与客观之间——主观理论与客观归责》,法律出版社2008年版,第186页。
[4] Vgl. Heinz Koriath, Grundlagen strafrechtlicher Zurechnung, 1994, S.119-120.

人真实的认识与意欲,而是一种客观化的意志,即行为人作为理性之人所具有的预见可能性。这便是拉伦茨所谓的客观归责。对拉伦茨而言,客观归责的意义,在于划出能够将遥远的损害结果理性地归咎于行为人的范围的边界,以便将偶然结果排除在外。那么,依据什么标准来划定归责的边界呢？拉伦茨认为客观化的意志的范围可以充当这样的标准。他明确提出,行为与行为的归责范围如意志力量所及的那样宽,"预见可能性"则作为归责的原则发挥作用,而其中的"预见"不是针对具体的确定主体,而是针对设想中的主体而言。[1]

拉伦茨的客观归责与当代的客观归责理论当然并不等同。一则拉伦茨并不是从法秩序的目的出发来构建其理论,其并未完全摆脱意志归责的窠臼。二则拉伦茨所谓的客观归责基本上等于对归责客体的界定,主观归责则涉及对整个特定举止的价值评价（客体评价）,对其而言,外在的身体动作与内在的心理事物（如意志、故意与目的）都属于归责客体的组成部分。[2] 三则拉伦茨将客观归责的意义限定于相当因果论的范围之内;总体上,他仍坚持相当性作为归责的标准,认为对结果的预见可能性则构成相当性的外在边界。在论及与 Honig 观点的不同之处时,拉伦茨曾明确指出过其中的差别,通过将客观目的性（objektive Zweckhaftigkeit）构建为结果归责的决定性标准,Honig 在更高程度上摆脱了相当性理论。[3]

然而,拉伦茨将意志归责中的意志从主观意志改造为客观意志,无疑是向规范归责的方向迈出了关键的一步。这一步对于过失犯与不作为犯的理论发展至关重要。规范归责设定的主体必然是一般意义上的理性人,而这样的主体形象正是来自拉伦茨的构建。此外,规范归责从法秩序的角度出发,为使归责的评价具有意义,势必需要以预见可能性或控制可能性作为归责的外在边界。对理性人而言不可预见或不可控制的危害结果,即使归责于具体的行为人,从刑法的预防目的的角度考虑,也完全没有意义。以预见可能性作为归责范围边界的想法,同样来自拉伦茨的归责论。可以说,没有拉伦茨对意志的重构,便难以想象规范归责作为一种理想类型的诞生。鉴于拉伦茨所设定的理性人只是虚构的主体,所谓的客观意志也并非本体性的存在,他的归责论不应被归入本体论的范畴。

---

[1] Vgl. Heinz Koriath, Grundlagen strafrechtlicher Zurechnung, 1994, S.121.

[2] Vgl. Heinz Koriath, Grundlagen strafrechtlicher Zurechnung, 1994, S.117-118.

[3] Vgl. Karl Larenz, Zum heutigen Stand der Lehre von der objective Zurechnung im Schadensersatzrecht, Honig-FS,1970, S.79.

确切地说,他的归责论已溢出意志归责类型的范围,而处于由意志归责向规范归责过渡的状态。

二、主观不法类型与客观不法类型

类型思维的特殊之处,在于公开承认类型要素的可变性,不仅要素之间的组合方式会呈现结构性的变化,要素本身是作为类型的必备成分也具有相当的弹性。并且,要素上的这种可变性,往往并不影响类型系列作为整体图像的存在。简单来说,类型中的各要素"相互间都具有如下的连结:一个可区分等级的概念要素在个案中越是高程度地被实现,其他可分级之要素所必须实现的程度便可随之降低,或者就越不需要实现其他的选言式要素。"[1]从类型思维出发,按照决定不法成立的首要根据是来自行为的主观面还是客观面,可以将刑法中的不法分为两种基本类型,即主观不法的类型与客观不法的类型。

主观不法的类型是主观面因素起不法定向作用的类型,故意的作为犯(包括未遂犯)便属于这种类型。故意的作为犯中,行为人的主观意思构成决定不法的首要因素,行为的客观面对不法的成立只是起到辅助作用;当然,后者对不法的程度高低会产生重要的影响。若是在不能犯的问题上采主观论,则等于说主观意思单独便可直接决定不法的成立。客观不法的类型是客观面要素起不法定向作用的类型,过失(作为)犯与不作为犯均应归入该种类型。在过失(作为)犯与不作为犯中,行为的客观面对不法的成立至关重要,行为人的主观意思对不法的成立只有次要作用或者根本没有影响。

对过失(作为)犯而言,决定不法成立的唯一根据,是行为是否创造了法所不容许的风险,并且该风险已经实现。与故意的作为犯不同,过失(作为)犯中,行为与结果不是通过有意识的目的指向而相互联结起来,行为与结果之间的关系不是目的性,而是因果性。[2]除此之外,外在注意的缺乏也是构建过失行为不法的重要因素。如耶塞克与魏根特所言,过失犯的合乎构成要件的不法,并不终极性地由结果的造成所确定,只有当结果建立在违反注意要求的基础之上,而这样的注意要求是法秩序向与行为人处于相同交往圈子的谨慎而理智的成员所提出,并且当结果对于

---

〔1〕 〔德〕英格博格·普珀:《法学思维小学堂——法律人的6堂思维训练课》,蔡圣伟译,北京大学出版社2011年版,第25页。

〔2〕 Vgl. Stratenwerth/Kuhlen, Strafrecht Allgemeiner Teil, 6. Aufl., 2011, §7 Rn. 22.

这样的人而言具有可预见性时,过失行为才存在。[1]

无论是因果性还是外在注意的缺乏,都属于行为客观面的内容。正因为过失(作为)犯属于客观不法的类型,故只要肯定客观归责,无须再经历主观层面的检验,便可直接得出成立过失不法的结论。按客观归责论者的说法,"若采客观归责论,则在构成要件领域内,应可完全以客观归责原则来决定过失归责问题,经判定为有客观归责者至少就已成立过失"。[2] 过失犯的这种客观不法结构,也为威尔策尔所认可。威尔策尔虽然坚持目的行为概念在过失犯中的可适用性,却终究放弃从潜在目的性的角度去探究过失行为的意志内容,承认过失犯不法的重心不是目的本身,而是行为的操控方式。与传统理论不同之处仅在于,威尔策尔认为不应将过失犯理解为单纯的"造成结果的有意性行为"。在他看来,决定性的因素毋宁是具体的实施,也就是对目的行为的具体操控,需要将这种操控与旨在避免社会所不欲之结果的合乎标准的社会行为相比较。[3] 换言之,威尔策尔并未质疑过失犯的客观不法结构,他只是进一步主张过失犯客观不法的重心是行为本身的不法。而传统理论则认为,过失犯的不法的定性经常首先由结果无价值所确定。[4] 此类争论显然属于客观不法论阵营内部的争论。

从目的主义将故意安放到构成要件之后,过失犯有无主观构成要件的问题,刑法理论上一直存在争议。多数见解认为,过失犯构造中的构成要件层面不需要区分主观构成要件与客观构成要件,[5] 还有学者干脆认为,讨论过失犯的主观构成要件没有意义。[6] 本章认同过失犯没有主观构成要件的见解。过失犯不法构成要件由三个要素来确定:一是对实现构成要件的危险的认识可能性;二是违反客观上所命令的注意的行为;三是由于违反注意而出现合乎构成要件的结果。[7] 这三个要素中的后两个要素明显属于行为客观面的内容,第一个要素也并不涉及行为人真实存在的心理,而是相对于理性第三人的规范构建。

---

[1] Vgl. Jescheck/Weigend, Lehrbuch des Strafrechts Allgemeiner Teil, 5. Aufl., 1996, S. 564.
[2] 林钰雄:《新刑法总则》,中国人民大学出版社2009年版,第136页。
[3] Vgl. Welzel, Das Deutsche Strafrecht, 11. Aufl., 1969, S.129–131.
[4] Vgl. Schönke/Schröder, Strafgesetzbuch, Kommentar, 28. Aufl. 2010, vor §§13 Rn. 58.
[5] Vgl. Kühl, Strafrecht Allgemeiner Teil, 6Aufl., 2008, §1, Rn.33.
[6] Vgl. Stratenwerth/Kuhlen, Strafrecht Allgemeiner Teil, 6. Aufl., 2011, §15 Rn. 29.
[7] Vgl. Jescheck/Weigend, Lehrbuch des Strafrechts Allgemeiner Teil, 5. Aufl., 1996, S. 565.

既然过失犯根本没有主观构成要件,自然也就谈不上行为的主观面影响过失犯不法成立的问题。就有认识的过失而言,行为人不是因为对实现构成要件的危险有认识而成立不法,而是因为没有采取安全措施,履行结果避免义务而构成不法。就无认识的过失而言,行为人根本无主观意思可言,他是因为没有履行预见义务(由此导致其也无从履行结果避免义务)而构成不法。退一步说,即使承认过失有主观不法,也并不影响本章关于过失犯属于客观不法的类型的判断。许玉秀教授提出,过失的决定是一个对危险认识不清、忘记法益的决定,法益不希望被用恶意记住,但也不希望被忘记,忘记不是"无",是一种对被忘记的客体而言,有瑕疵的心理状态,所以过失也有主观不法。[1] 问题在于如果客观上没有实施违反客观注意的行为,单是忘记法益的瑕疵心理,并不足以决定过失不法的成立。客观上违反注意义务以及与结果之间的义务违反性关联,才是影响过失犯成立的首要因素。这与故意作为犯的不法结构完全不同。在支持主观未遂论的法域,一种客观看来中性的行为,如果行为人是基于对法益的恶意而实施,则完全可能成立刑事不法。比如,拿白糖水给人喝客观上并无危险,单从行为的外观而言属于日常的生活行为,但如果行为人是基于杀人意图误认白糖为砒霜,行为人便要承担故意杀人未遂的刑事责任。

不作为犯同样应当纳入客观不法的类型。在不作为犯中,从对因果流程的意志操控的角度,无法区分责任人与其他无关人员。认定不作为的成立,只能从保证人地位理论出发,借助于作为义务、作为能力及未予作为等因素进行判断。这些因素显然都应归入行为的客观面,而不属于主观的、精神的东西。对故意不作为犯未遂的处罚,也不能说明故意不作为属于主观不法的类型。刑法理论上虽然承认无论是纯正不作为犯还是不纯正不作为犯中,都既可能出现能犯未遂,也可能出现不能犯未遂,但故意不作为犯中,判断未遂的标准与故意作为犯中的标准并不相同。

不作为犯中,由于不存在与着手积极的作为可比较的要素,《德国刑法典》第22条规定的"直接着手实现构成要件的行为"的公式就并不适用,而应以受保护的行为客体直接陷于危险之中的时刻为准。[2] 可

---

[1] 参见许玉秀:《主观与客观之间——主观理论与客观归责》,法律出版社2008年版,第33页。

[2] Vgl. Jescheck/Weigend, Lehrbuch des Strafrechts Allgemeiner Teil, 5. Aufl., 1996, S.638.

见,故意不作为犯存在未遂,仅仅意味着不法的成立并不以侵害结果的出现为前提(只需要存在不作为的行为本身及行为引发的具体危险),而并不意味着不法的成立是根据行为人的主观构想来展开判断。一个误以为自己有作为义务但实际不具有义务的行为人,不可能追究其不作为的刑事责任。因为对于不作为的不法判断而言,决定性的是一个被要求且可能的危险制止并没有发生。[1] 没有制止已显现的危险,显然属于行为客观面的内容。所以,不作为犯中,决定不法成立的首要因素仍是行为的客观面,故意充其量只起到辅助性的作用。

正是基于故意作为犯与过失犯、不作为犯在不法构造上的本质性差别,采取统一的犯罪构造体系来处理所有的犯罪类型并不现实。这也可以解释,为什么德国当代主要的刑法教科书要对故意的作为犯、过失的作为犯与不作为犯采取不同的犯罪构造进行论述。当然,主观不法的类型与客观不法的类型,只是从主客观角度所做的一种分类。从结果与行为的角度入手,不法的类型可分为结果导向的不法与行为导向的不法两种。此外,根据客观要素占据的权重比例,客观不法的类型还可进一步分为偏一型客观不法与纯粹的客观不法。过失犯可归入偏一型客观不法,而英美刑法中某些实体性的严格责任犯罪,[2] 则应算作纯粹的客观不法类型。这意味着刑法是一个多中心的思想体系,任何单一的思考模式都不足以解释所有的犯罪;为消解不必要的错误纷争,有必要注意通常被名义上的统一性所掩盖的多样性。[3]

三、不法类型化与预防主义的刑法

类型思维是耶林目的论学说的产物,其正式兴起则是在利益法学完成对耶林目的论学说的体系性加工之后。利益法学对法学方法论变革的贡献,便在于使法律适用的重心由形式逻辑的单纯演绎转变为根据法秩

---

〔1〕 Vgl. Behrendt, Zur Synchronisation von strafrechtlicher Handlungs-, Unrechts-und Zurechnungslehre, GA1993, S.75.

〔2〕 英美刑法理论在两种意义上解读严格责任:一是实体性的严格责任,即犯意与定罪可能完全没有关系;犯意的存在与否对刑事责任而言并不具有任何实质性。二是程序性的严格责任,即不要求控方证明存在犯意,尽管被告人对缺乏犯意进行证明可能阻却责任的成立。按照第二种即"程序性"的解读,如果有关犯意的证明责任施加在被告人身上,相关犯罪便属于严格责任的情形。See Douglas N. Husak, Philosophy of Criminal Law, Totowa: Rowman & Littlefield Publishers, 1987, p.137.

〔3〕 参见〔美〕乔治·弗莱彻:《反思刑法》,邓子滨译,华夏出版社2008年版,第266页。

序的评价标准而展开的实质性利益权衡,"使法学彻底扬弃'逻辑优位',而成为'生活研究与生活价值的优位'。让整个法律适用的思维从'公理式的—演绎式的'(aximatisch-deduktiv)转向'价值式的—归纳式的'(axiologisch-induktiv)思考"。[1] 基本结构乃至要素成分存在差异的各个类型,之所以能被归入同一"类型系列",实质根据便在于所追求的目的或价值的一致性。如学者所言,当类型呈现出不同要素的弹性组合状态时,"类型"仍然维持的关键,是主导类型构建的"评价性观点"。这不但是类型得以维持其"整体图像"的基础,而且是不同对象之间(特别是典型对象与欠缺部分特征的对象之间)具备家族类似性的关键。正是在一定的评价观点之下,不同对象才得以结合为一个可以统一把握的整体,并在价值上被同等对待。[2] 由此可见,类型思维是一种实质导向的思维方式,应纳入法学实质化思潮中的范畴。在刑法体系作为受形式逻辑支配的"概念金字塔"的时代,类型思维并无用武之地;在法学成为一门目的性运作的学问,在刑法体系日益地朝目的理性(或者说功能主义)方向发展的情况下,类型思维才有大展身手的可能。

刑法中不法论的类型化发展,从根本上与整个刑法体系的目的转换有关,而刑法目的的转换显然又与风险社会的全面来临有关。风险社会中,"法律不再只是用来协调和保障主观权利形式的自由,而是成为社会平衡、社会整合、社会调控和社会控制的工具。这在刑法中导致了同建立在形而上学基础上的报应刑法的分离,转而求助于作为犯罪控制、社会整合和社会调控手段的目的刑法"。[3] 作为风险控制机制中的组成部分,刑法不再为报应与谴责而惩罚,而主要是为控制风险而进行威慑;威慑成为施加刑事制裁的首要理由。[4] 可以说,当代的刑法比之前任何时代的刑法,都要更为强调通过一般预防的威慑效果来实现对法益的保护。因而,与早先犯罪论的构建重心围绕应罚性展开不同,当代的刑法体系在

---

[1] 吴从周:《民事法学与法学方法概念法学、利益法学与价值法学:探索一部民法方法论的演变史》,中国法制出版社 2011 年版,第 432 页。

[2] 参见杜宇:《类型思维与刑法方法》,载北京大学法学院刑事法学科群编:《刑法体系与刑事政策:储槐植教授八十华诞贺岁集》,北京大学出版社 2013 年版,第 111—112 页。

[3] 〔德〕约阿希姆·福格尔:《纳粹主义对刑法的影响》,喻海松译,载陈兴良主编:《刑事法评论》(第 26 卷),北京大学出版社 2010 年版,第 292 页。

[4] 参见劳东燕:《公共政策与风险社会的刑法》,载《中国社会科学》2007 年第 3 期,第 129 页。

预防目的的支配之下，越来越倾向于强调需罚性，甚至将需罚性当作指引犯罪论发展的基本准则。

目的主义基础上发展起来的主观不法论与客观归责理论所代表的客观不法论，并行不悖地迎合了一般预防的需要。主观不法论影响的主要是未遂犯领域。为什么在行为客观上并未造成对法益侵害的危险时，也要对行为人进行处罚？理由无他，只有通过处罚对法益有恶意的行为人，将危险的苗头扼杀于萌芽状态，并借此警告具有类似倾向的人们，才能对法益进行更好的保护。个人不法理论的兴起也与此有关。至于客观归责理论，许迺曼早就明确指出，一般预防的益处是对行为人进行归责的正当根据，没有这种一般预防的益处，刑法中的结果归责将没有意义。人们必须能够为此而告诫实行人，其所违反的行为规范，无论是事前审查还是事后审查，对防止所出现的具体结果恰恰是合目的的。[1]

对结果归责的这种定位，显然并非孤立的、片断性的存在，而是直接与刑法体系的预防目的相关联。正是基于此，刑法中的结果归责被明确区别于民法中的结果归责：民法中涉及对所出现损害的事后合理分配，是法的衡平功能占据主导，刑法中则涉及通过禁止性规范的一般预防效果来防止危害的出现。因而，在刑法中，只有在其与一般预防的作用机制相适应时，结果的归责在刑事政策上才是有意义的。[2]

在预防目的的主导之下，犯罪论构造中的不法阶层日益膨胀，罪责阶层则呈不断萎缩的趋势。当代刑法对法益保护的高度强调，使不法成为犯罪概念的核心。我国台湾地区学者柯耀程指出，"整个犯罪行为评价的模式经过这二次的结构性转变，使构成要件在评价结构中的分量不断增加，已经从贝林认定的类型化规定，从形式意义转变为实质内涵，构成要件不再只是犯罪行为的类型化描述，而是实质判断行为非价内容的类型性规范，其不但揭露出犯罪类型的形态，更揭示行为类型的不法内涵"。[3] 无论是目的主义还是客观归责理论，都有强化不法阶层而掏空罪责层面的倾向。

随着不法阶层在犯罪构造中的一家独大，罪责阶层的处境也越来越尴尬："当不法阶层包括评价的客观和客体的评价，而且所评价的对象包括行为的内在面与外在面时，罪责评价的对象就被掏空了，罪责评价的对

---

［1］ vgl. Schünemann, Über die Objektive Zurechnung, GA 1999, S.215.
［2］ Vgl. Schünemann, Über die Objektive Zurechnung, GA 1999, S.214.
［3］ 柯耀程：《变动中的刑法思想》，中国政法大学出版社 2003 年版，第 42 页。

象如果和不法相同,罪责不可能成为另一个犯罪成立要件,当罪责没有评价的对象时,罪责就没有存在的必要。"[1]这样的走向在雅科布斯的体系中表现得特别明显。雅科布斯明确将罪责等同于一般预防的需要,在他看来,罪责的确定在于为确证秩序与法信赖之间的联系而惩罚公民的需要提供根据;罪责由一般预防所构建,并根据一般预防来衡量。[2] 由此,罪责在他的体系之内,变得彻底依附于不法而存在。罪责不再是影响应否惩罚的因素,而成为判断是否需要处罚的因素。罪责要求之于行为人已不是一项权利,它与惩罚的公正性不再相关,相反,它变得仅仅涉及社会利益的考量:基于一般预防的考虑,是否需要对已经实施不法的行为人进行处罚。可以说,从一般预防目的来着手构建刑法的归责结构,是不法与罪责之间的内在关系发生重大变化,并导致罪责逐渐丧失独立功能的缘由所在。

如果将犯罪比喻成一辆机动车,则不法类似于其中的发动机,罪责则发挥的是刹车的功能。故意与过失同时成为不法要素,意味着它们从刹车片的核心组件一举变成为提升发动机动力的装置。由于不法对应于法益保护,罪责对应于责任主义,不法重在保护社会,罪责重在保障个体权利,犯罪构造中不法阶层的膨胀与罪责阶层的萎缩,揭示的一个现实是:自由主义的刑法形象正离我们越来越远,而预防主导的刑法正像铁幕一样降临在这个日趋全球化的世界。罗克辛目的理性的犯罪论体系以一般预防的目的作为体系的最高统摄性原则,雅科布斯的规范论体系任罪责的判断完全取决于不法的判断,都有必要放在此种背景下来进行理解。

第四节　不法论主客观之争的中国语境考察

有关故意体系地位的问题,有必要放在不法论的主、客观之争的框架之下来进行探讨。只有这样,才能避免单纯形式主义的处理,在着眼于刑法体系的整体走向的同时保持必要的清醒,并展开审慎的反思。本章前三节主要是在德国法的语境下讨论不法论上的主客观之争,但这不等于说,本章关注的问题只是一个纯德国的命题。它实际上也是一个"中国"

---

[1] 许玉秀:《当代刑法思潮》,中国民主法制出版社2005年版,第114页。
[2] Vgl. Jakobs, Schuld und Prävention, 1976, S.8-9.

的问题。

一则我国刑法知识论的转型已是大势所趋,尤其是犯罪论体系的重构正处于关键阶段,而故意的体系地位及不法论上的立场选择对于犯罪论的构建至关重要。二则当前刑法理论中出现的结果无价值论与行为无价值论之争,本身涉及的便是不法论上的立场之争。从推进学术发展的角度而言,这场争论有其重要的意义,与此同时,双方各执一端、为体系而体系的做法也有反思的余地。三则我国传统理论与实务在未遂犯领域所持的主观论立场是否面临转变的必要,又如何与过失犯与不作为犯上表现出的客观不法论立场相协调,都是当前我国刑法学研究中亟待解决的基础问题。四则在全球风险社会的背景之下,随着恐怖主义、食品与药品安全、环境污染、金融风险等问题的日益凸显,我国的刑事立法发展不断地趋于同质化,刑法体系的目的也越来越转向一般预防。在此种背景下,实有必要认真检视不法论的发展,审慎地对待刑法体系正在经历的变动。

通过梳理德国刑法中不法论发展的历史,对我国刑法学的研究至少有三点启示:

第一,犯罪构造体系的选择不是任意的,不同构造体系代表的是不同的价值选择,在由四要件论向阶层论推进的过程中必须清醒地认识到这点。

故意成为不法要素,乃至不法论往类型化的方向迈进,代表着实然层面的发展趋势,是刑法理论为呼应社会的现实需求而做出的自我调适。这种调适有其必然性,同时也蕴含着内在的危险。犯罪构造中不法阶层的日益核心化与罪责阶层功能的持续减弱,对应的是刑法对社会保护的日益加强与对个体权利保障的逐渐弱化。在中国的语境之下,如果认为追求一种自由主义的刑法仍是首要的任务,则当代刑法归责结构中的此种变化理应引起高度的警惕。当前我国犯罪论体系改造的各种构想中,不少学者选择古典体系或新古典体系,这不能视为是一种偶然,而应认为是有意的价值宣示。目的主义与各类功能主义的体系,因趋于强调社会保护而导致不法阶层一家独大,与自由主义的刑法理念之间的确存在一定的内在紧张。

在刑法日益地被要求对安全需求做出迅速回应的今天,犯罪构造体系是否还能完全回归古典不免有些让人质疑。然而,基于中国语境的考虑,对个体权利保障的强调无论如何有其现实的意义。据此,有必要抑制不法阶层权重的扩张,同时确保罪责阶层的独立功能。罪责阶层的功能化或实质化的发展,尤其是完全以预防的需要填充罪责内容从而瓦解其独立功能的做法应当坚决予以反对。对于目的主义与各类功能主义体系的支持者而言,谨记这一点尤为重要。另外,也要特别防止这样的做法或倾向,即一方面声称坚持古典体系或新古典体系,另一方面又无节制地推进刑法理论与刑法解释的实质化,从而导致与自身所宣示的价值立场背道而驰的后果。在古典体系的旧瓶之中,掏空其精神内核而装上实质化的新酒,必然使其仅留一副自由主义的空壳。这样的抉择,将导致对古典体系的坚持丧失真正的意义。

第二,结果无价值与行为无价值这对范畴在意义上具有双重性,同时,不法论层面的争论应当区别于行为刑法与行为人刑法意义上的主客观之争。

在我国,故意的体系地位与相关的不法论问题,主要与行为无价值和结果无价值之争联系在一起。从近年来的论战情况与成果来看,我国的结果无价值与行为无价值之争已初具学派之争的雏形:双方不仅在对各自理论逻辑的把握与贯彻上表现得可圈可点,观点之间的针锋相对以及立论驳斥的张弛有度也令人印象深刻。然而,由于学界很少直接从不法论的主客观之争的角度展开论战,同时又对其中涉及的两个子问题不予区分,这就使我国的结果无价值与行为无价值之争在一些基础问题上缺乏清晰的界定。

德日刑法理论中对结果无价值与行为无价值的指涉本来就存在一些争议。在故意与过失之外,行为无价值究竟还包含其他哪些事实因素,学理上并未取得一致意见:一部分学说将故意犯中的行为无价值等同于单纯的"意志无价值",另一部分学说则在一种"主客观的行为无价值"的意义上认为"客观化的无价值"(Objektivierungsunwert)也属于行为无价值;由此,其中的"行为"也往往各有所指,它可能是指受意志支配的身体运动本身,也可能是指包含客观的实行人因素的符合构成要件的行为,甚至还可能是指包含结果在内的行为。[1] 正是基于其指涉上的歧义性,也即结果无价值与行为无价值既被用于指称由客观构成要件所体现的无价值与由主观构成要件所体现的无价值之间的对立,也被用来表述由构成要件结

---

[1] Vgl. Schönke/Schröder, Strafgesetzbuch, Kommentar, 28. Aufl. 2010, vor §§13 Rn. 56.

本身所存在的无价值与造成结果的举止与方法所存在的无价值之间的对立,德国学者 Frister 才主张放弃使用这对范畴,而以事态无价值(Geschehensunwert)与动机无价值(Motivationsunwert)的概念来表达客观构成要件体现的无价值与由主观构成要件体现的无价值之间的对立。[1]

这对范畴在被引入我国刑法学之后,因还跟刑法客观主义与刑法主观主义等范畴纠缠在一起,其在指涉方面的混乱进一步加剧。张明楷教授明确将结果无价值论与行为无价值论之争等同于刑法客观主义与刑法主观主义之争。[2] 黎宏教授也倾向于这样的立场,所以他才会提出,"完全抛开结果无价值不管的行为无价值论,和认为行为是行为人的主观恶性的外在表现,只要有体现行为人主观恶性的危害行为,就能考虑行为人的行为是否构成犯罪的主观主义刑法并无二致"。[3] 相反,周光权教授与陈兴良教授则认为结果无价值论与行为无价值论之争乃是发生在刑法客观主义内部的争执。周光权教授将结果无价值论与行为无价值论理解为刑法客观主义继续发展的两个向度,认为前者构成重视行为侧面意义的分支,后者则属于强调结果侧面意义的分支。[4] 陈兴良教授同样认为行为无价值论与结果无价值论都属于刑法客观主义的范畴,有别于刑法主观主义理论,但他同时指出,行为无价值论强调一种主客观统一的违法结构,因而偏重于刑法主观主义。[5] 结果无价值与行为无价值这对范畴,跟刑法客观主义与刑法主观主义之间究竟是什么关系,值得做必要的探究。

刑法客观主义与刑法主观主义之争可区分为两个意义维度,即行为刑法与行为人刑法意义上的主客观之争与不法论意义上的主客观之争。这两个维度指涉的内容并不相同。前一主客观之争,指的是刑罚评价的对象是外在的行为及危害还是行为人的人身危险性;后一主客观之争,涉及刑事不法是根据行为的客观面还是行为人的主观意思而为判断的问题。[6] 当张明楷教授与黎宏教授提出行为无价值论属于主观主义刑法

---

[1] Vgl. Helmut Frister, Strafrecht Allgemeiner Teil, 2 Aufl., 2007, § 8 Rn.14.
[2] 参见张明楷:《新刑法与客观主义》,载《法学研究》1997 年第 6 期,第 103 页。
[3] 黎宏:《行为无价值论与结果无价值论:现状和展望》,载《法学评论》2005 年第 6 期,第 121 页。
[4] 参见周光权:《法治视野中的刑法客观主义》(第二版),法律出版社 2013 年版,第 220 页。
[5] 参见陈兴良:《评行为功利主义刑法观》,载《法制日报》2010 年 3 月 24 日。
[6] 参见劳东燕:《刑法中客观主义与主观主义之争的初步考察》,载《南京师大学报(社会科学版)》2013 年第 1 期,第 67—71 页。

的范畴时，其分明是将结果无价值论与行为无价值论之争完全对应于行为刑法与行为人刑法之争了。行为人刑法本质上是将刑法当作特殊预防的工具，刑事制裁的方式与程度据此被要求完全适应于各个行为人的个体特性，具体的行为则只有表征性的意义，即只是在表明行为人人格的意义上才有其价值。[1]

从法治国强调抽象的规则之治的角度而言，行为人刑法背离了法治国的基本思想，这也是其为现代各国刑法所放弃的重要原因。然而，法治国思想显然并不禁止从强化一般预防的考虑出发，而将构建不法的重心放在行为人的主观意思或行为本身的方式与样态之上的做法。不法判断的重心，究竟是放在行为的主观侧面还是客观侧面，或者究竟是放在行为人的主观意思与行为本身的方式与样态之上，还是放在行为对法益的侵害或危险的结果之上，属于行为刑法范围之内的争论。因而，20世纪中期以后行为刑法取得普遍的胜利，既不意味着结果无价值论取得普遍的成功，也不意味着客观不法论的全面胜出。关于犯罪本质的客观论与主观论之争，原本就只是行为刑法的变体。[2] 德国通说在不法论上持二元论的行为无价值论，但这并未妨碍其坚持行为刑法的立场。这也进一步表明，行为刑法与行为人刑法意义上的主客观之争与不法论上的主客观之争，彼此间不存在对应关系。不法论上持主观主义立场，不能成为佐证论者支持行为人刑法的证据；反之，也是如此。

可见，在我国刑法理论的语境中，要准确理解结果无价值与行为无价值这对范畴的内涵，必须把握两点：一是这对范畴意义上的双重性。当被用于指称由客观构成要件所体现的无价值与由主观构成要件所体现的无价值之间的对立时，其与不法论上主客观之争的内容基本重合；当被用来描述由构成要件结果本身所存在的无价值与造成结果的举止与方法所存在的无价值之间的对立时，其属于客观不法的下位概念。二是这对范畴区别于行为刑法与行为人刑法意义上的客观主义与主观主义之争。无论是结果无价值论与行为无价值论之争，还是客观不法论与主观不法论之争，都属于行为刑法阵营的内部之争。

第三，应将刑法视为一个多中心的体系，以类型化的思路来解读与处理不法论的问题。

---

[1] Vgl. Stratenwerth/Kuhlen, Strafrecht Allgemeiner Teil, 6. Aufl., 2011, § 2 Rn. 24.

[2] Vgl. Stratenwerth/Kuhlen, Strafrecht Allgemeiner Teil, 6. Aufl., 2011, § 2 Rn. 27ff.

第十四章 不法论的主客观之争与类型化解读

受限于概念式思维,当前我国学理上同样存在无视立法与司法现实,而试图用统一的理论来解读刑法中所有不法类型的倾向。人们有意识地在不法论上各执一端:要么是为行为无价值论摇旗呐喊,要么是作为结果无价值论的拥趸。明确的立场定位对于推进我国刑法学中的学派之争有重要的意义,同时,它也不可避免地落入为体系而体系的怪圈。这种"为了体系的体系"论在日本刑法学界也已开始遭到批评,而将刑法理论的对立全部还原为结果无价值论与行为无价值论之争的不良刑法学思潮,可谓始作俑者。[1]

刻意地将一种立场通过体系化的演绎贯彻到底,导致对体系性思考方式存在的弊端缺乏必要的反省,包括忽视个案正义、减少问题解决的可能性、从体系中推导出的结论在刑事政策上无法合理化、对抽象性的偏好导致无内容的标准等。[2] 比如,结果无价值论者为维护其结果本位主义的立场,努力将抽象危险犯也纳入结果犯的范畴,然而,此类探讨充其量只是维持了理论表面的统一,不仅容易抹杀抽象危险犯与侵害犯之间的实质性差别,也无助于区分抽象危险犯与具体危险犯,同时还会有意无意地淡化抽象危险犯的适用对刑法体系所造成的冲击与影响。此外,结果无价值论者基于合逻辑性的考虑,可能会得出一些在刑事政策上无法合理化的结论,比如认为正当防卫与紧急避险的成立无须具备主观上的正当化要素,承认偶然防卫与偶然避险均阻却违法;又如,对客观上不具有实现构成要件可能的不能犯绝对地不加以处罚。这样的结论恐怕很难为司法现实所接受。结果无价值论对应于结果本位本义,在行为本位的刑事立法不断增多,刑法体系不得不对安全问题做出有效回应的社会背景下,试图仅用刑法中存在的一种不法模式去涵盖所有的犯罪类型,终究给人捉襟见肘的感觉。

行为无价值论当然也存在其问题。虽然人们支持的大多是二元论的行为无价值论,而这一理论因其折中色彩浓厚不至于得出太过极端的结论,但它显然为这种折中付出了重大的代价。首先,行为无价值论的面目始终有些模糊。不仅对其中的"无价值"存在不同的理解,对"行为"的界定也并不统一。[3] 在故意犯罪中,它主要指的是意志的无价值,在过失

---

[1] 参见〔日〕松宫孝明:《刑法总论讲义》(第 4 版补正版),钱叶六译,中国人民大学出版社 2013 年版,第 275 页、中文版序言第 1 页。

[2] Vgl. Roxin, Strafrecht Allgemeiner Teil, Band I, 4. Aufl., 2006, §7 Rn. 44ff.

[3] 参见张明楷:《刑法学(上)》(第六版),法律出版社 2021 年版,第 142—143 页。

犯罪中,它则指的是与构成要件结果相对的行为样态的无价值。此外,行为无价值论与规范违反说之间究竟是什么关系,在我国也未得到真正解决。且不说从规范违反的角度来界定行为无价值的通行做法是否能成立,光是对"规范"概念界定上的含混多变,就足以让人们无从把握行为无价值论的内涵。其次,由于需要将对立的内容折中,行为无价值论不可避免地陷于逻辑上的自我矛盾。行为无价值论经常宣称自己也是客观不法论者,因为行为样态的无价值本身属于客观不法论的内容;有时则却又忍不住向主观不法论靠拢,因为故意犯罪中的意志无价值分明应归入主观不法论的范畴。这种立场上的纠结不仅引发结果无价值论者的批评,还经常引发一些误解,比如,在区分未遂犯与不可罚不能犯时,将理应归入主观不法论的具体危险说称为新客观说,误以为它属于客观不法的范畴。[1]

二元论的行为无价值论的根本缺陷,在于为维持统一的不法论的表象而试图将相互对立的内容折中。在它的理论范畴中,分明包含了两种不同的不法类型,即主观不法类型与隶属于客观不法阵营的行为导向的不法类型。笔者主张放弃统一的不法论,而以类型学的思路来解读刑法中各种不法模式。当然,这并不意味着笔者赞成不加节制地适用任何不法类型,或者无条件地认同当代刑事立法与刑法理论发展的走向。基于刑法功能的谦抑性与补充性的考虑,纯粹的主观不法与纯粹的客观不法不宜成为刑法中的不法类型,而偏一型不法的适用也必须受到严格的限制,不能仅仅因为预防的需要就无节制地扩张其适用范围。比如,过失结果犯的未遂与过失行为犯,以及客观上根本不可能造成法益侵害危险的不能犯与距离法益侵害十分遥远的预备犯,原则上都不应纳入刑法的不法类型之中。

第五节 本章小结

(1)不法论上的客观主义与主观主义之争,涉及的是决定行为不法是否存在是依据行为客观上所显现的事实状态,还是主观认知的问题。相应争论可进一步区分为两个子问题:一是不法的评价对象,是只限于行为的客观侧面(外在的行为本身与由此引起的危害后果),还是作为整体的

---

[1] 参见周光权:《区分不能犯和未遂犯的三个维度》,载《清华法学》2011年第4期,第48页。

同时包含客观侧面与主观侧面的行为;二是决定不法成立的首要因素,是行为客观上显现的外在状态,还是行为人(或一般人)的主观意思。

(2)故意在犯罪构造体系中地位的变化,与不法论上的主客观之争相关。当故意作为罪责要素时,对应的是客观不法论;当故意成为构成要件要素时,则表征着主观不法论的兴起。古典犯罪论体系在不法论上持客观主义立场,故意作为罪责要素而存在,不法的评价对象被认为限于行为的客观面,而决定不法成立的首要因素是行为与其引起的外在状态。新古典犯罪论体系继承了客观不法论,只是做了适度的软化。随着由目的行为论所引发的个人不法理论的兴起,故意被认为是主观不法要素,这直接促成不法论的主观化;主观不法论肯定行为的主观侧面也是不法评价对象的内容,并认为决定不法的首要因素是行为人的主观意思。

(3)借助于由目的行为概念引发的个人不法理论,主观不法论在不法的评价对象是否包含行为的主观侧面的问题上取得完胜。主观不法论在解读故意作为犯的不法时得心应手,但在过失犯与不作为犯领域显得捉襟见肘。目的主义与客观归责之间的对立,实质上是行为的不法决定于行为的主观面还是决定于行为的客观面之间的立场对决。客观归责理论的出现,意味着构成要件的判断的重心与判断起点从主观部分转移到客观部分,也意味着在主观不法与客观不法的角力中后者开始占据上风。

(4)客观归责理论的出现,的确为客观不法论的复兴提供了契机,但它并未触动主观不法论的核心范围。目的主义代表的主观不法论与客观归责理论代表的客观不法论之间,不是对立关系而是并列关系。有必要摆脱概念式思维,从类型思维的角度对刑法中的不法论展开解读。目的主义与客观归责理论各自跟意志归责与规范归责相呼应;故意作为犯属于主观不法的类型,过失犯与不作为犯则应归入客观不法的类型。刑法中不法论的类型化发展,是风险社会背景下刑法体系日益变得以一般预防为主导的结果。

(5)梳理与考察德国不法论的发展历史与走向,对我国刑法理论的研究具有重要的启示意义:①犯罪构造体系的选择不是任意的,不同构造体系代表的是不同的价值选择;②结果无价值与行为无价值这对范畴在意义上具有双重性;同时,不法论层面的争论应当区别于行为刑法与行为人刑法意义上的主客观之争;③需要将刑法视为一个多中心的体系,以类型化的思路来解读与处理不法论的问题。

第十五章　着手理论与刑法中不法的成立根据

　　未遂犯是不法理论中需要处理的重要问题领域。实际上，它还是检验人们在不法论问题上的基本立场的试金石。无论是着手的判断，还是可罚的未遂犯与不可罚的不能犯之间的区分问题，都深受客观不法论与主观不法论之争的影响。因此，在完成对不法论发展历程的梳理与评析之后，对未遂犯领域的相关问题展开探讨，不仅能与前章的内容形成必要的呼应，而且也可借此对前章得出的相关结论进行印证。

　　就未遂犯的成立而言，如何认定实行的着手问题不容回避。对此，强调行为人主观意思的主观论与注重外在危害结果的客观论各执一端，在长达一个多世纪的时间里争得不亦乐乎。近些年以来，更有各种混合论（或称折中论）的加入，它们以各种不同的方式将未遂的客观要素与主观要素相结合，为这场争执输入一些新鲜的血液。然而，这些混合论要么偏重于主观论要么偏重于客观论，本质上仍可归入主观论或客观论的阵营，故并未从根本上消解主观论与客观论之间的对决。未遂的可罚性究竟在于对构成要件所保护的行为客体的危害，还是在于行为人主观上对法的敌对意识，始终随着刑法政治语境的变化而处于不断的博弈之中，贯穿于未遂犯的整个领域。在刑法不处罚预备行为或者只是极例外地处罚预备行为的情况下，未遂犯中实行的着手旨在解决故意犯可罚起点的不法的成立条件，[1]或者说故意犯刑事责任成立的最低标准问题。"刑法之所以处罚未遂犯，意义并不在于处罚其

---

[1]　比如，山口厚教授指出，由于大部分的主要犯罪都存在处罚未遂犯的规定，而未遂以前的预备行为的处罚被限定在杀人、抢劫等极为重大的犯罪之中，因此，未遂之处罚成为可能的时点，就成为不可罚领域与可罚领域之间的界限点，在何种阶段能够认定"实行行为的着手"，同样也具有实务上的重要意义。参见〔日〕山口厚：《从新判例看刑法》（第3版），付立庆等译，中国人民大学出版社2019年版，第71页。

未遂,而是在于处罚其着手。"[1]因而,尽管着手本身在刑法学体系中算不得一个重大的命题,却因其与不法理论所具有的内在关联性,而在某种意义上成为不法论发展的风向标或试金石。可以说,着手问题上的任何风吹草动,都预示着或折射的是作为犯罪论根基的不法论的重大转变。

本章的主旨便在于通过考察着手理论所经历的变化而揭示刑事不法成立根据在当代的转变,同时反思这种转变对着手及相关理论所带来的影响。第一节论述着手理论与刑罚目的之间的关联,指出着手的界点会随着刑罚目的与刑事政策的价值取向的变化而产生流变。第二节梳理德日与英美国家着手理论所经历的转变,发现20世纪以来其在着手问题上不约而同地从客观论转向主观论。第三节旨在对前述转变进行解读,认为这是呼应20世纪以来刑事政策上扩张未遂犯处罚范围的需求的结果,同时,它也意味着在当代社会,刑事不法的成立正日益地与危害结果相分离,而日趋主观化。第四节通过反思着手理论而得出如下论断:(1)就实行的着手与危害结果的关系而言,二者之间并非必然存在内在关联;它取决于刑罚目的的考量,更源于既有的刑法体系或刑事政策对危害结果所采取的态度;(2)结果之于不法的成立有无意义与结果对于刑事责任的程度应否产生影响是两个独立的问题,不应将二者混为一谈;(3)鉴于着手解决的问题与因果关系或正犯中所涉及的实行行为概念存在本质的不同,有必要区分实行的着手与实行行为;(4)有必要在立法论上考虑废除形式预备犯的规定,由此造成的处罚漏洞通过设置实质预备犯或将着手的时点适当前移来解决。第五节提出,未遂问题上采取客观论还是主观论,涉及法政策上的价值判断,而并非法律上的必然,同时联系我国刑事法治的具体语境,认为必须警惕着手理论的主观化发展趋势所蕴含的内在危险。

第一节 刑罚的目的与未遂犯中的着手理论

在德日刑法理论体系中,预备行为一般不具有可罚性,除非分则条款特别表明特定犯罪的预备行为为可罚,或者立法通过独立的构成要件规定

---

[1] 黄荣坚:《基础刑法学(下)》(第三版),中国人民大学出版社2008年版,第313页。

实质的预备犯。[1] 前一种情形是对既有构成要件的修正,如《德国刑法》第83条叛乱罪的预备的规定:"预备实施针对联邦的特定的叛乱行为的,处1年以上10年以下自由刑;情节较轻的,处1年以上5年以下自由刑。预备实施针对州的特定的叛乱行为的,处3个月以上6个月以下自由刑。"后一种情形指的则是立法者将预备行为作为独立犯罪加以规定的场合,即以既遂形式出现的实质为预备行为的犯罪,如《日本刑法》第217条规定,以犯伪造货币、行使伪造的货币罪(第212条)为目的,准备器具或者原料,或者实施其他预备行为的,处五年以下惩役。

此外,某些持有犯罪与抽象危险犯(包括持有枪支犯罪以及制造或贩卖枪支弹药等犯罪)也可归入实质预备犯的行列。正是由于刑法对预备行为一般不处罚,未遂成为刑事可罚行为的起点。就我国《刑法》而言,也有学者不认同这样的论断,理由是我国《刑法》第22条规定了对预备犯的处罚,故着手不是刑事可罚行为的起点,而是犯罪实行行为的起点,并且是犯罪的预备行为与犯罪的实行行为相区分的标志。[2] 不过,正如张明楷教授指出的,"我国刑法虽然原则上处罚犯罪预备,但在司法实践中,处罚犯罪预备是极为例外的现象。事实上,也应当肯定处罚犯罪预备的例外性。"[3] 由此可见,尽管我国刑法有关预备犯的规定与德日刑法的规定有所不同,但对预备犯原则上不予处罚的立场应该说并无本质的不同。一旦肯定这点,便不得不承认,未遂涉及的是故意犯可罚起点的问题。因而,实行的着手不仅是作为区分预备与未遂的临界点而存在,更重要的是,它作为不法的成立根据而承担着构建不法的任务。

---

[1] 《日本刑法》中只有八种预备行为具有刑事可罚性,它们是内乱预备罪(第78条)、外患预备罪(第88条)、私战预备罪(第93条)、放火预备罪(第113条)、准备伪造货币罪(第153条)、杀人预备罪(第201条)、勒索赎金目的的绑架等预备罪(第228条之三)与抢劫预备罪(第237条)。参见〔日〕大谷实:《刑法讲义总论》(新版第2版),黎宏译,中国人民大学出版社2008年版,第328页。在《德国刑法》中,立法者基于特殊的刑事政策考虑,仅对三类预备行为例外地予以处罚:一是将犯罪构成非独立地予以扩张而进行处罚的预备行为,包括叛国(第83条)、刺探国家机密(第96条第1款)、绑架(第234条a)和劫持航空器(第316条c)等四种犯罪的预备行为;二是具有典型特征和高度危险性的犯罪预备,被作为独立的犯罪受刑事处罚,包括伪造货币预备(第149条)、销售堕胎药物(第219条b)、诈骗保险金(第265条)与预备侵略战争(第80条);三是具有特殊危险性的共犯预备行为(第30条)。参见〔德〕汉斯·海因里希·耶赛克、〔德〕托马斯·魏根特:《德国刑法教科书(上)》,徐久生译,中国法制出版社2017年版,第703—704页。

[2] 参见陈兴良:《教义刑法学》(第三版),中国人民大学出版社2017年版,第626页。

[3] 张明楷:《刑法学(上)》(第六版),法律出版社2021年版,第434页。

一、统一的着手标准是否可能

在着手问题上,传统刑法理论一直致力于使着手的认定精确化。如学者所言,着手理论试图解决的是如何在刑法学中描述一个数量式的准确"点",而这个点将成为可罚的实行行为、未遂行为与不可罚的预备行为的《分水岭》,更是犯罪构成的生命始点。着手理论是刑法学者试图以固定化、公式性的精确数理模式解决刑法学问题的一次尝试,反映了其试图在人文科学中引入数理公式以求科学性的不懈努力。[1] 这种对科学性的追求表现之一是,人们相信并企图在预备与着手之间划出清晰的界限。无论是主观论阵营还是客观论阵营,都试图找出预备与着手之间存在的临界点,尽管它们各自的认定方式与标准可能有重大的差异。

客观导向的未遂论习惯于从行为对法益侵害的危险性大小或客观上实现构成要件的可能性的大小,去界点预备与实行的着手之间的区别。最为常见的便是以行为所引起的危险是抽象的危险还是具体的危险,危险是否紧迫、是否现实,危险是轻微还是重大为标准,而将预备区别于未遂。比如,黎宏教授这样认为,"在实现犯罪意思的一点上,预备、阴谋和未遂之间并没有大的差别,但是,在行为的客观面上,预备、阴谋只有实现犯罪的抽象危险,而在未遂阶段的危险就是紧迫的、具体的、现实的东西"。[2] 主观论阵营的未遂论则强调必须根据行为人的行为计划或主观构想来确定预备与着手之间的界限。纯粹主观论者要求以行为人主观的意思想象作为区分预备与着手的全部根据,持混合说的学者同样特别关注行为人的主观构想。比如,耶塞克与魏根特(Weigend)明确指出:"区别未遂与预备时,应当以'行为人对行为的态度'为出发点,因为这一只是片面地实现的外部事件,至少在未实现终了的未遂情况下是这样,只能根据行为人的计划来理解。因此,关于是否应当认定已经开始实现构成要件的问题,取决于行为人如何思考行为过程,何时、用什么方法开始实施符合构成要件的行为。"[3]

---

[1] 参见高艳东:《着手理论的消解与可罚行为起点的重构》,载《现代法学》2007年第1期,第115页。

[2] 黎宏:《日本刑法精义》(第二版),法律出版社2008年版,第231页。

[3] 参见〔德〕汉斯·海因里希· 耶赛克、〔德〕托马斯·魏根特:《德国刑法教科书(上)》,徐久生译,中国法制出版社2017年版,第696页。

就着手问题而言,对科学性的追求,表现之二是人们试图用某个统一的标准来解决所有类型案件中实行着手的判断问题。不管是主观论者抑或客观论者,在批判对方的观点时,都不约而同地对准其理论的适用局限问题开火,将其在某些案件中的适用无效作为批判对方立场的重要依据。比如,形式客观说经常被指责在许多案件中会导致着手的时点过于推迟,实质客观说被认为无法对可罚的不能犯未遂给出合理的解释,主观说则经常面临将幻觉犯(Wahndelikt)与迷信犯也错误地纳入可罚范围的批评。

不可否认,对科学性的追求对于着手理论的发展产生了重要的影响。人们理所当然地认为,实行的着手与预备行为之间事实上存在某种界点,而找出这种界点不仅是必须的,在客观上也是可能的;没有发现它只意味着既有的分析与思考还不够充分,所以有必要进一步发展新的更完满的理论。晚近以来,在着手问题上,除传统的主观论与客观论之外,形形色色的学说层出不穷,[1]正是这种认知心理驱动之下的产物。然而,当人们陷入众多有关着手与不能犯的理论中时,难免发出当年 Thurman W. Arnold 曾经有过的疑问:这些一般性的概念究竟是有用的法律工具,抑或它们只是创造了混乱与细枝末节(technicalities)?[2]

人们终究发现,所有的着手理论都无法一劳永逸地解决未遂犯中着手的判断问题,更无法在所有的个案中得出让人满意的答案。它们都面临一个共同的困境,那就是:"任何一种规范学上的描述都无法为'着手'找到一个准确而普适的坐标点,而为了这样一个坐标的建立,学者们又不断诉求语言学上的帮助;于是,如我们所见,在构成要件的最开始即'着手'的认定,刑法理论陷入一个不断寻求精确但却适得其反的恶性循环。"[3]在某种意义上,鉴于各式的着手学说对个案的判断往往并无实质性的影响,它甚至给人做文字游戏的感觉。即使是一心追求精确与精细的德国学者,也不得不坦白地承认,无法为区分预备与未遂提供一个统

---

[1] 参见张明楷:《未遂犯论》,法律出版社 1997 年版,第 51 页以下;钱叶六:《犯罪实行行为着手研究》,中国人民公安大学出版社 2009 年版,第 108 页以下。

[2] See Thurman W. Arnold, Criminal Attempts——The Rise and Fall of an Abstraction, in 40 Yale L. J. 53 (1930), p.62.

[3] 高艳东:《着手理论的消解与可罚行为起点的重构》,载《现代法学》2007 年第 1 期,第 115 页。

一的标准。因而,他们或者干脆降低追求的目标。比如,韦塞尔斯指出,"必须清楚地知道,一个能够保证对于每种情况都能完全彻底地解决预备与力图(未遂—引者注)之间划分问题的魔法公式,并不存在。面对犯罪行为的复杂形态和实施方式,司法判决和法学学说都必须满足于能够对一定的种类情况确定出能够尽可能地符合法律意思和目的的指导方针(leitlinien)"。[1] 或者指望通过将案件类型化的方式,来弥补其中的缺憾。比如,施特拉腾韦特与库伦认为,"总而言之,到目前为止所提出的规则都不能真正准确地区分预备与未遂,而只能大约说明两者的界限。这已是一个不断被证实的论断。最好的补救方法可能是,通过案例群来形象地说明应该如何进行区分"。[2]

在着手理论上,无论是否正视统一标准之不可能的问题,学者们实际上都或明示或暗示地接受其局限性,而将某些类型的案件作为例外或特殊情形来对待。毕竟,着手公式本身针对的原型是未实行终了的作为性质的未遂。耶塞克与魏根特明确指出,在未遂是以其他表现形态出现的场合,着手公式(Ansatzformel)就不适合了,应当进行变更或修改。在不作为犯的情况下,因行为人纯粹是被动行为,欠缺着手的连接点;在其他情况下,着手公式本身虽能够适用,但其范围经常过度扩展,因而会导致对未遂处罚的限制完全相反的结果,间接正犯与原因自由行为涉及的均是此类情况。[3] 即使认为着手公式能够适用于所有未遂犯场合的学者,也不得不将此类行为单独列出进行讨论。[4] 这实际上等于承认着手公式无法适用于所有类型的未遂案件。也就是说,并不存在一个判断着手起点问题的统一标准。此外,从危险的概念入手,也会得出统一标准不可能存在的结论。川端博教授指出,"危险之概念系包含至其结果'发生'为止之'可能性',具有非常高度之盖然性而言。因此,从该危险之'何种阶段'视为处罚之对象,既是'立法政策'之问题,也是'处罚根据'

---

[1] 〔德〕约翰内斯·韦塞尔斯:《德国刑法总论:犯罪行为及其构造》,李昌珂译,法律出版社2008年版,第347页。

[2] 〔德〕冈特·施特拉腾韦特、〔德〕洛塔尔·库伦:《刑法总论I——犯罪论》,杨萌译,法律出版社2006年版,第263页。

[3] 参见〔德〕汉斯·海因里希·耶赛克、〔德〕托马斯·魏根特:《德国刑法教科书(上)》,徐久生译,中国法制出版社2017年版,第699—700页。

[4] 参见〔日〕大谷实:《刑法讲义总论》(新版第2版),黎宏译,中国人民大学出版社2008年版,第334页;黎宏:《日本刑法精义》(第二版),法律出版社2008年版,第236—238页。

之问题。因此不存在单一之界限,必须要注意各个理论各有其界限,其理论见解系相对的"。[1]

二、影响着手判断的各类因素

承认不存在统一的标准,意味着着手的判断必须结合个案进行具体的判断。当然,这不等于说个案中着手的判断都是零碎杂乱而无章可循的。早在20世纪20年代,有美国学者就已经敏锐地发现,在预备与未遂之间的界限必定最好取决于每个个案的特定情况:所试图实施的犯罪的严重性与由被告人的行为被觉察到的危险。既然刑法所可能正当侵犯与限制个体的自由与权利的程度会随着社会与公众利益受到威胁的程度而有所不同,随之的结论是,所试图实施的犯罪越严重或者对社会安全的威胁越大,在认定被告人犯有未遂时刑法就应该在导致既遂的行为序列中越往回延伸。[2] 在某种意义上,预备与着手之间的区别,正如类推解释与扩大解释一样,虽然无法给出绝对的清晰界限,但勾勒出那些影响着手判断的变量因素则是可能的。

首先,从宏观层面来看,刑罚目的或机能的设定将为着手的判断奠定基本的判断框架。晚近以来,在德国占据主流的印象理论,甚至直接将刑罚目的当作未遂犯的处罚根据,认为未遂是否应受刑罚处罚,"取决于,未遂是否影响了公众对法律效力的信任。这里说的是印象论。与传统的未遂论不同,这里不再涉及已经阐述过的、也许从中可以推导出精确结论的不法论,而是突然回到刑罚目的论,也就是回到积极的一般预防的观点上去"。[3] 归根结底,主观论与客观论的对立折射的是刑法机能观的对立:刑法越重视社会防卫与法益保护,便越要求放宽未遂犯的处罚范围,着手的认定标准相应就较宽松;相反,刑法越强调个体的自由保障,便倾向于限制未遂犯的处罚范围,着手的认定标准也便越严格。以美国的《模范刑法典》为例,该法典明显将社会防卫与法益保护当作自身的首要任务,这一点

---

[1] [日]川端博:《刑法总论二十五讲》,余振华译,中国政法大学出版社2003年版,第299页。

[2] See Sayre, Criminal attempts, in 41 Harvard Law Review (1928), p. 845.

[3] [德]冈特·施特拉腾韦特、[德]洛塔尔·库伦:《刑法总论I——犯罪论》,杨萌译,法律出版社2006年版,第255页。

在第 1.02 条有关目的的条款[1]中有明白的体现。与此相应,在着手问题上,该法典所采取的实质性步骤(substantial step)标准要比普通法中所适用的其他标准宽松得多,因而,在普通法上(包括在大陆法国家)通常被认定为是预备行为的行为类型,根据该法典的相关规定[2]均成立着手,比如,诱使或设法诱使被害人进入预先设计好的犯罪地,等待、尾随预期的被害人,侦查犯罪地点,犯罪人已进入预期的犯罪地,为实施犯罪已拥有了某种特别设计的犯罪手段,在预期地点占有或收集犯罪资料、教唆无辜者实行了作为完成此罪的条件的行为。

其次,就微观层面而言,有几个重要的变量将影响个案中着手时点的认定:一是受威胁法益的重大程度。法益越重大,着手时点的认定便越可能提前;反之,则越可能推迟。二是与构成要件行为的密接程度。行为人的行为与构成要件的行为越是密接,便越可能被认定为已属于实行的着手。三是与构成要件结果实现之间的距离。行为在客观上与构成要件结果的实现越是靠近,便越易被认为成立着手。四是行为人的主观意图与计划。一般而言,行为人的犯意越坚定,便可能在较早的行为阶段被评价为成立着手。此外,在有些场合,仅凭行为本身不一定能够做出是否成立着手的判断,行为人的主观构想或计划对于着手的认定起着至关重要的作用。比如,携带致命武器的行为人为实施杀人行为而按被害人家的门铃,如果其决定一旦房门开启就立即发动杀害行为,则按门铃的行为可能被径直认定为着手;如果其计划是房门开启后先进行告白威胁等行为尔后再实施杀害行为,则按门铃就只能被评价为是预备行为。又如,出于强奸的目的而将被害人强行拉进汽车,如果行为人计划在车内实施强奸,则往往认定为强奸罪的着手;反之,如果行为人计划将被害人带至几公里之外的住处后再实施强奸,则将被害人强行拉进汽车的行为一般只被视为是预备行为。五是刑事政策方面的考虑。原则上,如果从刑事政策的角度权衡,预防必要性越强,则越可能被认定存在实行的着手。

宏观层面刑法目的或机能的设定,涉及的是立法决策问题,它决定着

---

[1] See Model Penal Code, § 1.02 (1) & (2). 该条第 1 款 a、b 两项明确规定:"本法典中涉及犯罪定义的条款的一般目的如下:(a)禁止与预防违法或不当地向个体或公共利益施加或威胁施加实质性危害的行为;(b)将行为显示其有犯罪倾向的人置于公权力控制之下……"该条第 2 款 a、b 两项进一步规定:"本法典中涉及对犯罪人量刑与处治的条款,其一般目的如下:(a)预防犯罪的发生;(b)促进对犯罪人的矫正与复归;……"

[2] See Model Penal Code, § 5.01 (2).

手理论的基本立场,起着奠定主色调的作用。微观层面的五个变量中,前四个变量与着手的成立与否大体成正相关关系,而刑事政策则统摄与协调前四个因素。这些变量更多地与司法者的认定与自由裁量联系在一起,是最终影响个案中对着手究竟成立与否判断的具体考量因素。就刑罚目的与微观层面五个变量之间的关系而言,应该说前者支配着后五个变量在着手时点判断过程中各自的权重。因而,在不同的刑法体系内,五个变量所发挥的作用与占据的份额可能各不相同。相对而言,强调个体自由保障的刑法,在判断着手是否成立时会更加关注与构成要件行为的密切程度,也更要求行为在客观上与构成要件结果相接近。偏重社会防卫与法益保护的刑法,则更倾向于加大行为人方面主观因素的权重,而设法淡化或降低客观行为方面的要求。

既然着手的判断是综合诸多因素进行价值权衡的结果,"着手"指涉的便绝非客观意义上的存在物,它的时点会随着刑罚目的的调整与刑事政策的变动而发生变化。换言之,着手理论与着手的时点之间不是认识论意义上的反映与被反映的真理关系,而是体现价值判断的构建与被构建的规范评价关系。并不存在客观的、确定不移的"着手"的界点,它与"法律上的'真实''因果关系''故意和过失''正当防卫'等概念一样,都不是一种自在的性质;它们都不是本质主义的,而是一种社会和法律制度的建构,其中隐含的是一系列特定的社会政策判断或价值判断"。[1]

第二节 未遂犯着手理论在当代的发展走向

一、德日刑法中未遂犯理论的发展

梳理近代以来大陆法国家未遂犯理论的发展史,不难发现,早期基本上是客观论占据主导地位。进入20世纪之后,各国则先后抛弃客观论的立场,转而投向主观论的怀抱。

在德国,费尔巴哈于19世纪初提出,处罚未遂犯的根据在于行为人所实施的行为的外部特性上,即一旦根据自然法则能够认定行为的外部特性与所意图的犯罪结果之间存在因果关系——"客观危险性",就能认定"侵害权利的危险性"的存在,从而肯定未遂犯的成立。[2] 由于要求

---

[1] 苏力:《道路通向城市:转型中国的法治》,法律出版社2004年版,第144页。
[2] 参见郑军男:《不能未遂犯研究》,中国检察出版社2005年版,第6页。

行为的外在特征与行为人追求的结果之间存在自然法则意义上的因果关系,在费氏看来,只有危险的犯罪未遂行为才应当处罚,因手段或对象问题而导致本质上无法达成既遂的不能犯并非未遂犯的类型,而是与未遂犯相对立的不可罚的行为。费尔巴哈被认为是客观未遂论的创立者,他的观点为此后的客观论者所继承,并很快在德国成为主流观点,其主流地位一直持续到20世纪初叶。

与此同时,这种观点因契合1810年《法国刑法典》关于未遂的规定,也为德国立法实践所接受。对19世纪的《德国刑法典》而言,1810年的《法国刑法典》第2条关于未遂的规定起到了示范作用,作为未遂概念发展中重要阶段的1851年《普鲁士刑法典》(第31条)与1871年《帝国刑法典》(第43条),都采纳了客观的未遂论。虽然冯·布里在1872年就提出主观未遂论,且帝国法院于1880年的判例中对《帝国刑法典》中关于未遂的规定采纳了主观解释,但这种立场一直受到学术界的强烈反对。[1] 费氏的客观论在之后为新派的代表人物李斯特所继承,后者在此基础上进一步将之发展为客观的危险说。在李斯特看来,意思活动的危险性,亦即其导致结果发生的客观特征,对刑法上的未遂概念具有重要意义;而判断危险是否存在,则应采取事后的客观判断,即根据行为时犯罪手段的情况,并借助行为人对事实的认识进行判断。[2] 据此,只要客观上没有导致结果的危险的,都不可能构成实行的着手,不成立刑法意义上的未遂犯,而是不可罚的行为。

然而,进入20世纪之后,客观论在德国的影响力逐渐受到削弱,主观论则对立法产生了重要的影响。到20世纪20-30年代,帝国最高法院的主观论立场最终为刑事立法所接纳。并且,由于主观论对主观意思的强调恰好与将行为人意念(Gesinnnung)视为犯罪性本质的纳粹刑法相契合,它在学理上也逐渐取代客观论而成为主流的观点。"二战"后的德国刑法,无论是立法上还是学理上,都承袭了这种主观论的立场。在今天的德国刑法学界,纯粹的客观论与纯粹的主观论都被认为过时而少有人支持,通说倾向于采取主客观混合理论(印象理论)。根据该理论,未遂的处罚根据存在于违背行为规范及其所表现的意思;只有当公众对法秩序有

---

[1] 参见〔德〕弗兰茨·冯·李斯特著:《李斯特德国刑法教科书》,〔德〕埃贝哈德·施密特修订,徐久生译,北京大学出版社2021年版,第274页。

[2] 参见〔德〕弗兰茨·冯·李斯特著:《李斯特德国刑法教科书》,〔德〕埃贝哈德·施密特修订,徐久生译,北京大学出版社2021年版,第276页。

效性的信赖受到动摇,法安定性的情感与法和平受到影响时,犯罪行为的可罚性才能被肯定。德国现行刑法有关未遂的规定,也被认为最好从印象理论的角度来理解。[1]

现行《德国刑法典》第 22 条这样定义未遂的概念:行为人根据其对行为的构想,直接着手构成要件的实现。据此,行为是否达到未遂乃是根据行为人对行为的构想来决定,行为人的主观方面构成未遂判断的出发点。这意味着着手的成立并不取决于客观上对构成要件结果所造成的危险,而是依赖于行为人的主观意思,按其意图或计划去判断相应的行为是否具有危险性。换言之,是否存在着手,"能够根据行为人的计划,即'根据行为人对行为的态度'加以判断。因此起决定性作用的是以实现行为决意的过程、手段、方法等行为人的态度为基础,对在何种程度接近行为作出客观评价"。[2] 与此同时,第 23 条第 3 款进一步肯定了没有危险的未遂的可罚性,即只要不是完全不损害公众的安全感,则不能犯未遂同样应受处罚。该款规定,如果行为人出于重大无知而未认识到其行为因为客体或方法的因素根本不能达成既遂之结果,则法院得免职或裁量减轻刑罚。学理上一般认为,该款所谓的"重大无知"只限于行为人对一般人所知晓的因果法则产生认识错误,即错误本身完全悖于事理。[3] 举例来说,行为人误将白糖当作砒霜而投毒的情形仍被评价为普通的未遂,而只有其误认为用白糖可以将人毒死的,才可适用该款。

印象理论试图将主观因素与客观因素相结合,要求通过外在的行为来理解与认定行为人的法敌对意识,从而避免纯粹客观论或纯粹主观论只及一点不及其余的缺陷。然而,此种结合无疑是以主观因素作为主导的,因为它关注的焦点实际上还是行为人主观上的法敌对意识。与纯粹主观论不同之处,只在于印象理论要求外部行为不仅指向与验证行为人的意志,而且还动摇或威胁公众对法秩序的信赖;相应地,从结果来看,它只是将迷信犯与幻觉犯(Wahndelikt)排除在未遂犯的处罚范围之外。印

---

[1] 参见[德]汉斯·海因里希·耶赛克、[德]托马斯·魏根特:《德国刑法教科书(上)》,徐久生译,中国法制出版社 2017 年版,第 689 页。

[2] [德]汉斯·海因里希·耶赛克、[德]托马斯·魏根特:《德国刑法教科书(上)》,徐久生译,中国法制出版社 2017 年版,第 691 页。

[3] 参见[德]冈特·施特拉腾韦特、[德]洛特尔·库伦:《刑法总论 I——犯罪论》,杨萌译,法律出版社 2006 年版,第 268—269 页;[德]汉斯·海因里希·耶赛克、[德]托马斯·魏根特:《德国刑法教科书(上)》,徐久生译,中国法制出版社 2017 年版,第 686—687 页;黄荣坚:《基础刑法学(下)》(第三版),中国人民大学出版社 2008 年版,第 336 页。

象理论并未对主观未遂论做实质性的修正,它"实际上并不是真正意义上的主客观折中说,因为它和计划理论一样抛弃了客观未遂论中最为核心的要素——行为的客观法益侵害危险。"[1]因而,完全可以将印象理论归入主观未遂论的阵营。在论及《德国刑法典》第23条第3款时,有德国学者也曾这样指出,"第23条第3款在系统上的真正效果,也就是恰恰没有如客观论所希望的那样,将不能犯未遂规定为不受处罚。这条规定其实要求得出相反结论,即撇开严重无知这一疑难情况不谈,未遂的可罚性并不取决于它的危险性。确切地说,法律基本上采纳了主观的未遂理论,这不仅是帝国最高法院在这场争论中从一开始选择的立场,也是理论界经过数十年的抵抗后,最终在很大程度上同意的观点"。[2] 晚近以来,印象理论在德国遭到不少批判,但尚不至于动摇其通说的地位。[3] 实际上,只要德国刑法中有关未遂犯的规定未做重大的立法修改,印象理论便不可能受到真正致命的威胁。

法国的情况与德国类似。在整个19世纪,客观未遂论在法国刑法理论界与判例中基本上处于支配性地位。[4] 实际上,1810年《法国刑法典》第2条用"着手实行"(le commencement d'execution)来定义未遂,便被公认是受客观主义观念影响的结果。[5] 相应地,在很长时期内,法国最高法院刑事庭认为不能犯不应受罚,因为按照客观论的逻辑,很难认为行为人存在"着手实行"。进入20世纪,法院判决逐渐倾向于将不能犯视为普通的未遂犯而对其进行惩处。在1928年的一个堕胎案的判例中,法国最高法院明确地表示采取主观说,将使用不能引起堕胎的物质(科隆香水和醋混合的溶液)实施堕胎的行为视为堕胎未遂而予以惩处,其认为"所采用的工具、手段本身虽不足以产生行为人所追求的结果,但这一事实只不过是一个与行为人的意志无关的情节"。[6] 此后,主观说一直是法国理论界的通说与最高法院判例所坚持的立场。

---

[1] 陈璇:《客观的未遂犯处罚根据论之提倡》,载《法学研究》2011年第2期,第42页。
[2] 〔德〕冈特·施特拉滕韦特、〔德〕洛特尔·库伦:《刑法总论Ⅰ——犯罪论》,杨萌译,法律出版社2006年版,第267页。
[3] Vgl. Claus Roxin, Strafrecht AT, Band Ⅱ, 2003, §29, Rn.47ff.
[4] 参见郑军男:《不能未遂犯研究》,中国检察出版社2005年版,第11页。
[5] 参见〔日〕西原春夫:《犯罪实行行为论》,戴波、江溯译,北京大学出版社2006年版,第183页。
[6] 参见〔法〕卡斯东·斯卡法尼等著:《法国刑法总论精义》,罗结珍译,中国政法大学出版社1998年版,第232、242页。

日本的情况似乎有所不同,至少表面看来是如此。在着手问题上,人们通常认为,日本刑法通说与判例一直采取的是客观论的立场。只不过,早期采纳的是形式客观说,如今则倾向于适用实质客观说。[1] 形式客观说认为着手就是实施符合构成要件的行为,主张从形式上是否符合构成要件行为的角度去把握着手的本质。实质客观说则强调应当从引起现实的危险性方面去认定着手,认为着手是开始实施具有客观上引起构成要件结果的现实危险的行为;其中所谓的危险,乃是从客观上发生构成要件结果的可能性的角度去界定。而在不能犯未遂的问题上,日本刑法通说与判例则采纳的是具体危险说。具体危险说要求"以行为当时一般人所认识到的事实以及行为人所特别认识到的事实为基础,以行为时为标准,从一般人的立场出发,考虑在该种事实之下实施行为的话,通常是否能够实现构成要件"。[2]

从表面上看,日本刑法通说与判例在着手问题上所主张的观点迥异于德国主流的主观论,其明确地奉行客观论的立场。然而,二者之间的差别是否真的像表面看来的那样尖锐对立,就大可质疑了。笔者认为,尽管日本在着手问题乃至整个未遂犯理论的主流立场一直声称是客观主义的;但实际上,其与位列主观论阵营的德国之间的差别远没有想象的那么大。

首先,实质客观说中有关危险性的判断本身很难客观,而存在主观性的一面。

实质客观说要求从行为实现构成要件结果的客观危险性入手,去判断着手是否成立。鉴于它所要求的危险性指的是客观的实现可能性,表面看来着手问题上有关危险性的判断,似乎根本不必考虑行为人主观方面的因素。然而,这无疑是一厢情愿的想法。在很多场合中,危险的有无乃至危险的紧迫与否,无法在不联系行为人主观意思的情况下做出合理的判断。因而,即使是支持实质客观说的学者也终究不得不承认,"不考虑行为人的行为计划,便无法认定是否已经出现结果发生的危险。例如,同样是出于强奸的目的而将被害人拽进汽车,如果行为人计划在车内实施强奸,便能肯定危险的发生;如果是计划将被害人带到市区的宾馆之

---

[1] 参见黎宏:《日本刑法精义》(第二版),法律出版社2008年版,第234页。
[2] [日]大谷实:《刑法讲义总论》(新版第2版),黎宏译,中国人民大学出版社2008年版,第341页。

后再实施强奸,则不能直接肯定存在发展至结果的危险性"。[1] 西原春夫也认为,"有无实施完成犯罪所必须之行为、或是有无令发生对法益侵害之现实危险之判断,无论如何亦不可能忽略所谓行为人为何种目的、以何种手段来追求目的之行为人主观面"。[2]

除此之外,危险性判断的主观性还表现在,受评价主体本身的认识水平与价值取向的影响。从客观危险性的角度入手,实际上很难对预备行为与未遂行为进行辨识。所谓的紧迫与否、现实与否,完全取决于评价主体的主观认定,而并没有提供可操作的标准将预备行为所具有的危险与着手所具有的危险区分开来。正如黄荣坚教授所指出的,"如果从客观角度作理解,那么任何一个行为,从预备开始一直到既遂为止,可以说其危险性大致上都是一步一步地上升,因此要以客观危险作为着手的标准,很难划出一条界限来"。[3] 在绝大多数案件中,危险性是随着行为人所实施的每一个步骤而逐渐递增的。除了在既遂的那一刻,人们可以清晰地辨认危险性从量变到质变的界点,在此之前,恐怕很难对何种程度的量变积累对于着手的认定具有意义的问题做出恰当的回答。可以说,正是由于"'危险'是极富弹性的概念,按照这一标准会造成着手时期界限不明的问题。所以实质客观说也不得不承认需要以形式性标准加以限定"。[4] 当实质客观说论者强调须辅之以形式客观说时,实际上等于在承认所谓客观危险性的判断具有极大的任意性,而实质客观说也根本就无力独立承担起判断着手是否成立的标准的功能。

国内有学者认定,刑法保护法益的目的要求在着手问题乃至整个未遂论上采取客观论的立场。[5] 换言之,客观论与刑法保护法益的目的之间存在逻辑上的内在关联性。这其实是一种误解。黄荣坚教授曾批评客观论者根本不理解刑罚未来取向的意义与刑罚功能的机制。在他看来,法益居于刑法之核心意义,并不能得出客观未遂理论来,因为"并不是

---

[1] 〔日〕西田典之:《日本刑法总论》(第2版),王昭武、刘明祥译,法律出版社2013年版,第274页。
[2] 转引自〔日〕川端博:《刑法总论二十五讲》,余振华译,中国政法大学出版社2003年版,第294页。
[3] 黄荣坚:《基础刑法学(下)》(第三版),中国人民大学出版社2008年版,第317页。
[4] 金光旭:《日本刑法中的实行行为》,载《中外法学》2008年第2期,第234—345页。
[5] 参见黎宏:《日本刑法精义》(第二版),法律出版社2008年版,第230页。

法益受到具体侵害,其刑罚的使用才叫做刑罚与法益保护有相关性,而是刑罚可以促进未来法益的保护,就叫作刑罚与法益保护有相关性。这个道理应该是很清楚的:刑法对于过往的法益侵害已经无能为力!所以刑法的处罚,理由(目的是思考上的依据)根本不是在过去已经造成的侵害"。[1] 应该说,这样的批评是成立的。如果强调对法益的保护,则未遂论上不一定需要采取客观论,相反倒可能要求采取主观论,因为主观导向的未遂论明显更有利于促进未来法益的保护。在这个意义上,应该说客观论者狭隘地理解了法益保护与刑罚之间的关联性。

其次,通过在不能犯中采纳具体危险说,日本刑法理论明显表现出向主观论阵营靠拢的趋势。

如果在着手问题上采客观论,则在不能犯方面采具体危险说,将存在理论逻辑上的内在矛盾,因为"不能犯的问题,归根结底还是未遂犯的要件问题(是可罚的未遂犯还是不可罚的不能犯的问题),所以,学说其实是借助'不能犯'这一平台,从另一个角度来讨论'实行的着手'问题"。[2] 可罚的不能犯既然属于未遂犯的亚类型,自然必须具备未遂犯成立的所有条件,包括着手的要求。就此而言,不能犯可谓着手问题上究竟是采主观论还是采客观论的试金石:不能犯问题上采纳何种观点,将直接折射与反映出人们在着手问题上的真实立场。

如果着手问题上的实质客观说,其所谓的危险是从客观上构成要件实现的可能性来讲的,则按理论的逻辑演绎,不能犯中危险的存在与否便也需要从结果实现的客观可能性来进行判断。一旦行为人的行为在客观上根本不可能实现构成要件,便难以认定为着手;相应地,也就无法认定为刑法意义上的未遂犯,而成立不可罚的不能犯。问题在于,具体危险说中所谓的危险与实质客观说中所谓的危险,根本就不是在相同意义上使用的:前者指的是客观的物理意义上的危险;后者则指的是心理或观念层面上的危险,即从一般人的角度出发进行判断的类型上的危险。这便是为什么日本学者要特别强调"不能犯中的危险并不意味着科学的、物理的危险自身,而是一般人所具有的恐惧感,是社会心理的危险,因此,它虽然以科学的、物理的危险为基础,但最终仍要以社会上的一般人即普通人为

---

[1] 黄荣坚:《基础刑法学(下)》(第三版),中国人民大学出版社2008年版,第338页。
[2] 金光旭:《日本刑法中的实行行为》,载《中外法学》2008年第2期。

标准来进行判断"。[1] 与着手问题上的实质客观说在理论逻辑上一脉相承的,应当是客观危险说(包括修正的客观危险说)而不是具体危险说,因为只有"客观的危险说中的危险是指结果发生的物理意义上的可能性,而具体的危险说中的危险则是结果发生的规范或价值意义上的可能性"。[2] 可以说,具体危险说之所以为不少客观论者所诟病,症结不仅在于它与行为无价值论具有天然的亲和性,更在于它与着手问题上的实质客观说之间所存在的内在抵牾。正是理论逻辑上存在的此种矛盾,让一些在着手问题上赞同实质客观说的学者在不能犯问题上果断地背离具体危险说的立场,转而支持客观危险说。[3]

由此可见,尽管具体危险说与客观危险说一起被归入客观说的范畴,但实际上此客观非彼客观:具体危险说中的客观,指的是应当按照一般人的认识与心理标准来进行判断;客观危险说中的客观,则指的是客观上导致利益侵害的危险性/可能性本身。所以,严格而言,具体危险说根本就不应被归入客观说的范畴,它只会使后者成为一个内涵指涉不清的概念。具体危险说中的一般人标准无非是想要表明,凡是影响一般人或公众对法秩序安全感的信赖时,便成立可罚的未遂犯。就此而言,很难说日本的具体危险说与德国的印象理论有什么本质的差别。实际上,西田典之就明确地将二者等同视之:"具体危险说以行为时点为基准进行事前判断,并以一般人是否具有危险感为标准,认定是否存在未遂犯的危险,这是以一般人的印象作为处罚的根据,因而又称为印象说。"[4] 毫无疑问,倘若印象理论应当归入主观论的阵营,则没有理由将具体危险说放在客观论的范畴中来理解。日本刑法通说与判例在不能犯问题上采取具体危险说,揭示的其实是着手理论乃至整个未遂犯理论正不断往主观化方向发展的事实。

---

[1] [日]大谷实:《刑法讲义总论》(新版第 2 版),黎宏译,中国人民大学出版社 2008 年版,第 343 页。

[2] 陈兴良:《教义刑法学》(第三版),中国人民大学出版社 2017 年版,第 650 页。

[3] 参见[日]西田典之:《日本刑法总论》(第 2 版),王昭武、刘明祥译,法律出版社 2013 年版,第 276—278 页;张明楷:《刑法学(上)》(第六版),法律出版社 2021 年版,第 461—462 页;陈兴良:《教义刑法学》(第三版),中国人民大学出版社 2017 年版,第 655 页;黎宏:《日本刑法精义》(第二版),法律出版社 2008 年版,第 244 页。

[4] [日]西田典之:《日本刑法总论》(第 2 版),王昭武、刘明祥译,法律出版社 2013 年版,第 276 页。

二、英美刑法中未遂犯理论的发展

由前述分析可知,在未遂犯问题上,大陆法国家的德国与法国公开转向主观论的阵营,而日本主流刑法理论尽管自称持的是客观论的立场,但实际上并没有将客观论贯彻到底,而与主观论的立场相当接近。那么,随之而来的疑问是,着手理论或未遂犯理论的主观化趋势,是否也存在于英美刑法理论之中呢?

英美未遂犯理论中,单就着手问题而言,并不存在如德日那样系统纷繁的学说,也很难说存在主观说与客观说的分野。事实上,人们甚至绝少使用着手(execution)的概念,而直接以实行(perpetration)来指代。所谓的实行,既指涉未遂犯中实行的着手,又包含共同犯罪中实行犯所实施的行为。总体上,共同犯罪中的实行行为与未遂犯中的着手,在英美刑法理论中并不是相等同的概念,而基本上是不相干的两个问题。当然,尽管没有所谓的着手理论,这并不意味着不存在比较研究的基础。对于功能性的刑法比较研究而言,比较的关联点不是一个法律概念或法律制度,因为不同法律制度中同一个或被译作同样的概念可能各有不同的含义或作用;关联点不如说是一个特定的事实问题(Sachproblem):进行比较的是所有在解决这个问题时具有相应功能的(刑事)法律规定。[1]

在未遂犯的问题上,现代刑法在以下两点上达成了共识:一是承认在危害结果发生之前,刑法有时也必须进行干预;二是单纯的思想不应当成立犯罪。与此同时,现代任何刑法体系在未遂犯问题上都面临这样的问题:在缺乏危害结果的情况下,行为人必须在客观上做什么才能成立未遂犯?[2] 大陆刑法理论将之表达为着手的标准,并在此基础上发展出得体系化的理论,形成客观论阵营与主观论阵营之间的对立。英美刑法理论则基本上仍借助"犯意"(mens rea)—"犯行"(actus reus)二元分立的模式来讨论未遂犯的成立要件,行为人主观方面的因素被放在犯意层面上去讨论,犯行层面则讨论外在的或客观的因素。换言之,像对待一般的既遂犯罪一样,未遂犯中的客观要件同样被表达为对犯行的要求。由此,尽管英美刑法中未遂理论同样存在主观论与客观论的分野,但很难说在犯行

---

〔1〕 参见〔德〕乌尔里希·齐伯:《刑法比较研究的任务与方法》,王莹译,载《中外法学》2008年第1期,第105页。

〔2〕 See George Fletcher, Basic Concepts of Criminal law, New York: Oxford University Press, 1998, p.171.

的要求上存在这样的对立。

对于未遂犯中的犯行要求,传统的普通法与现代的刑事制定法做了不同的界定;而正是这种不同,折射出英美未遂犯理论在 20 世纪中后期所经历的重大转变。

尽管早期普通法中便存在个别实质的未遂犯,比如,普通法中的暴行未遂(attempted battery)本身构成威胁罪(assault),但未遂从来没有被一般化地予以规定。这大体是因为在很长的历史时期内,刑法并没有清楚地与侵权法相分离,而侵权法只有在伤害后果实际造成时才提供赔偿。[1] 受这种侵权意义上的犯罪观的影响,刑法当然也并不处理没有导致危害结果出现的行为。普通法历史上,关于未遂犯的正式准则一般被认为形成于 18 世纪晚期。具体来说是 1784 年的 Rex v. Scofield 案。[2] 在该案中,被告人 Scofield 在一间堆放易燃物的房子内点燃蜡烛而意图放火。法官认为,是否行为已经被实施与根本没有实施行为的场合之间存在很大的区别。意图可以使本身无辜的行为变得有罪;本身就有罪的行为,它的完成与否对于成立有罪而言也并不必要。

19 世纪时,学者与法官深切关注未遂类不受限制的刑事责任范围。基于此,普通法上,人们通常认为,预备行为单独并不足够,只有超越预备而非常接近犯罪的成功实施的行为才能满足未遂犯中的犯行要求,同时,绝大多数不能犯都可构成抗辩事由而不受处罚。在是否存在未遂犯所要求的犯行的问题上,法院一般采取两种路径之一:(1)关注被告人距离实现相应的实体性犯罪有多接近("接近性"路径);(2)关注从其行为来看被告人意图实施相应的实体性犯罪有多清晰("清晰性"路径)。[3] 这两种路径中,前者被广泛接受而具有更大的影响力,后者则被认为太过严厉而较少为法院所采用。清晰性标准要求行为除表明犯罪以外不能作其他任何解释时方足以构成未遂。对此,批评者认为没有行为能毫不含糊地表征犯意。[4]

不难发现,普通法上发展出的关于犯行要求的诸多标准,包括"最后行为"标准(the "last act" test)、"危险性地接近成功"标准("Dangerous

---

[1] See Glanville Williams, Textbook of Criminal Law, 2rd edition, London: Stevens and Sons, 1983, p.402.
[2] See Sayre, Criminal attempts, in 41 Harvard Law Review (1928), pp.821-835.
[3] 参见 Steven L. Emanuel, Criminal Law, 中信出版社 2003 年影印本,p.150.
[4] 参见 Steven L. Emanuel, Criminal Law, 中信出版社 2003 年影印本,p.154.

proximity to success" test)、"盖然性中止"标准(the "probable desistance" approach)、"不可或缺要素"标准("Indispensable element" test)以及"清晰性"标准("Unequivocality"Test),[1]基本上是将既遂(或者说结果的出现)作为原点,重点审查构成既遂还需要做什么,而被告人的行为距离危害结果的发生有多接近。这一点也可以从霍姆斯(Holmes)大法官所列举的判断行为是否已经越过未遂门槛的相关变量中体现出来:危险的接近性,危害的重大性与为人们所感知到的恐惧的程度。[2] 在 1897 年的 Commonwealth v. Kennedy(被告人试图通过将毒药放在被害人杯子里而杀人)案中,霍姆斯再次重申:"因为法律的目的不是惩罚恶,而是防止某种外在的结果,在法律注意到之前,所实施的行为必须非常接近结果的实现……"[3]

进入 20 世纪尤其是中叶之后,英美国家的未遂犯理论经历了重大的变化。它不仅表现为放松对未遂犯中犯意与犯行的要求,还表现在对不能犯作为抗辩事由的适用范围进行严格限制。

首先,在犯意的要求方面,传统普通法一般认为只有蓄意才能满足未遂犯的犯意要求,而现代制定法及相关理论则倾向于明知(Knowledge)或间接故意(oblique intention)[4]也可成立未遂犯。比如,行为人将炸弹放在飞机上,意图炸死乘坐该航班的妻子,由于意外炸弹未爆炸。按照普通法的规则,行为人仅对其妻成立谋杀未遂;根据现代理论,由于他明知其行为会导致航班上其他人员的死亡,对这些人员同样构成未遂。此外,在传统普通法中,如果行为人出于重伤的目的而向他人射击,未得逞,则不能构成谋杀未遂,但现在普通法国家的大多数司法区均认为可以构成。除此之外,英美的立法者还经常借助独立的轻率危险犯的形式,从根本上回避未遂犯中的犯意要求。轻率危险犯的优点之一,便是通过允许对缺乏故意而无法按未遂犯定罪的危险个人进行国家控制,方便地补充了未遂的法律。[5]

---

[1] See Joshua Dressler, Understanding Criminal Law, 3rd edition, New York: Lexis Publishing, 2001, pp.391-395.

[2] See Oliver Wendell Holmes, The Common Law, Cambridge: The Belknap Press of Harvard University Press, 1963, p.56.

[3] Commonwealth v. Kennedy, 170 Mass. 18, 20, 22, 48 N. E.770, 771 (1897).

[4] 英国刑法中所谓的间接故意,指的是明知或预见到结果确定会发生这样一种罪过形式,不同于大陆刑法中的间接故意;后者所谓的间接故意,与英美刑法中的轻率(recklessness)大体等同。

[5] See Markus Dirk Dubber, Policing Possession: the War on Crime and the End of Criminal Law, in 91 Journal of Criminal Law and Criminology (2001), p.982.

其次,在犯行的要求方面,传统普通法上只有实施非常接近犯罪发生的行为才满足未遂中的犯行要求,现代制定法则可能只要求实施构成该罪的实质性步骤的行为即可。"实质性步骤"标准("substantial step" test)由美国的《模范刑法典》所提出,美国大约有一半的州和2/3的联邦巡回法院使用这一标准。[1] 一般认为,"实质性步骤"标准是对接近完成说与清晰性标准说进行整合的结果。当然,这种整合并不严格,充其量只是对两种路径中的部分因素进行整合,据此,未遂犯中的犯行,只要求是行为过程中完成犯罪的一个实质性步骤,但并不要求接近完成,同时,该行为对行为人的犯罪目的予以强烈的印证。适用"实质性步骤"标准的结果是,任何推进犯罪实施的行为或者说任何使行为人的犯罪意图得以外化的行为,都被认为足以满足未遂犯的犯行要求。

英国1981年《犯罪未遂法》并未采用实质步骤标准,[2] 而引入所谓的超越单纯预备标准(the test of going beyond mere preparation)。行为是否超越单纯的预备行为,属于由陪审团(当然还可能包括治安法官)来决定的事实问题,取决于陪审团在未遂与单纯的预备之间所划的"常识"的区别。这一标准承继自普通法中的接近性标准。立法者虽然放弃使用接近性之类的措辞,但这被认为仅仅是表述的问题,超越单纯预备标准在过去只是接近性的另一种说法。[3] 不过,尽管法律看来并无实质性变动,但实际上潜在的变化还是存在的。那就是,如果在单纯的预备与接近性行为之间存在任何"中间位置",那么中间位置的行为便构成未遂,而先前则不是这样。[4] 英国上诉法院所做出的不鼓励援引之前做出的判例

---

[1] See Sanford H. Kadish & Stephen J Schulhofer, Criminal Law and Its Processes, 7th edition, New York: Aspen Publishers, 2001, p.577.

[2] 英国法律委员会拒绝"实质性的步骤"标准的理由有三个:一是该标准太不准确;二是不应当由法官来确定是否特定行为属于实质性的步骤;三它可能扩张未遂法的范围以致包含某些预备行为。在此基础上,委员会得出这样的结论,在制定法的接近性标准(proximity)中的第一个要素,应该是对预备行为与足够靠近犯罪的行为之间的区别进行划分。Andrew Ashworth, Criminal Attempts and the Role of Resulting Harm under the Code, and in the Common Law, in 19 Rutgers Law Journal (1988), p. 752.

[3] See Glanville Williams, Textbook of Criminal Law, 2rd edition, London: Stevens and Sons, 1983, p. 417.

[4] See David Ormerod, Smith & Hogan Criminal Law, 11th edition, Oxford: Oxford University Press, 2005, pp.409-410.

的指示,[1]也表明《犯罪未遂法》并不只是对普通法的理性化或单纯的制定法化。在《犯罪未遂法》施行之前的大约30年里,英国主流的趋势曾是对接近性标准做限制性的而非扩张性的解读。[2] 这意味着虽然英国对未遂犯的犯行要求的放松没有走得像美国法一样远,但与传统普通法的立场相比,无论如何还是放松了要求。

最后,传统上构成抗辩事由的不能犯未遂范围较广,在现代制定法中,其适用则受到严格的限制。在普通法的接近性标准之下,不能犯无法被认为已接近犯罪的成功实施,所以一般并不可罚。而根据以美国《模范刑法典》为代表的现代法典,不仅事实不能犯与法定不能犯的区分变得没有意义,[3]即使是固有的不能犯("inherent" impossibility),即被告人的行为在任何理性人看来,没有任何成功的可能性,也可能成立可罚的未遂,除非不仅行为不可能达到既遂,而且行为人本身对于公众不具有危险性,即行为人不会转而依靠其他具有既遂可能的方式。[4] 从《模范刑法典》矫治主义的视角看来,行为人的未遂究竟属于能犯未遂还是不能犯未遂无关紧要,因为重要的并不是成功实施的可能性(或对既遂的接近),而是行为人的危险性;与在能犯未遂中一样,不能犯未遂中的行为人同样清楚地表现出其人身危险性。[5] 自从《模范刑法典》颁布以来,其关于不能犯的立场对美国各州的立法实践产生了重大的影响,大约有2/3的州修改了它们的法典,几乎所有这些法典都完全否定不能犯作为抗辩事由。[6] 英国刑法虽然没有走得那么远,但除迷信犯与法律不能犯(大体

---

[1] 英国上诉法院在1990年的一个判决中指出,正确的方法是首先看制定法语言的自然意义,而不是返回早先的判例法而寻找某个先前的标准来对应条款中的措辞。Jones (1990) 91 Cr App R351 at 353.

[2] See A. P. Simester & G R Sullivan, Criminal law Theory and Doctrine, Portland: Hart Publishing, 2000, p.293.

[3] 《模范刑法典》甚至没有提及事实不能犯(factual impossibility)与法定不能犯(legal impossibility)之类的表述,因为根据该法典所采纳的路径,这种区分无关紧要。行为人将构成未遂,只要其认为自己在实施犯罪,而不管犯罪的完成是否不可能或者为什么不可能。See Paul Robinson, Criminal Law, New York: Aspen Publisher, 1997, p.686.

[4] 实际上,根据《模范刑法典》第5.05条第2款,此类情形在一般情况下只能降低犯罪等级或减轻处罚,仅在极端情况下才可能导致指控被驳回。See Model Penal Code § 5.05(2).

[5] See Markus D Dubber, Criminal Law: Model Penal Code, New York: Foundation Press, 2002, pp.153-154.

[6] See Sanford H. Kadish & Stephen J Schulhofer, Criminal Law and Its Processes, 7th edition, New York: Aspen Publishers, 2001, p.591.

等同于幻觉犯)之外,所有其他类型的不能犯如今也均被认为成立可罚的未遂犯。正是 1981 年《犯罪未遂法》首次让不能犯变得可罚。[1]

综上,在着手问题(或未遂犯的犯行要求)上,普通法与现代制定法关注的方式有很大的不同。普通法的各类接近性标准通常关注行为人与完成构成要件的距离有多接近,以美国《模范刑法典》为代表的现代法典则关心行为人在使其意图外在化的方面走多远。[2] 根据实质性步骤标准,所谓的实质性步骤只是证据性的,指的是任何为行为人的犯罪倾向或犯罪意图提供充分证据的行为。由此,未遂犯中的犯行要求被化约为简单的行为外在性要求。如果任何推进犯罪发生的行为都可满足未遂犯中的犯行要求,则必然产生两个后果:一是预备与着手之间的区别在实质上被消除,预备行为也将作为未遂而受到处罚;[3] 二是不能犯中根本无须像大陆刑法理论那样讨论是否满足着手标准的问题,只要审查行为人是否存在任何将其犯罪意图外在化的行为便可。

英美刑法并未声称在着手问题上或者说在犯行要求上采取主观说,然而,随着犯行要求成为越来越容易跨过的门槛,其终究也走向了主观未遂论,甚至比德日等国的刑法走得更远。以《模范刑法典》为代表的现代法典,在未遂犯的问题上关心的是行为人主观上想要做什么,认识到什么,[4] 而不是其行为是否具有导致危害结果出现的现实危险。这一点也可以从哈特提出的所欲步骤模式(intended Steps Model)的概念中得到佐证。为了将不能犯也顺利地纳入未遂犯的范畴之中,哈特曾专门撰文批评英国上议院用以界定未遂犯的"中断模式",[5] 而主张适用所欲步骤模式来定义未遂,以便将三种类型的未遂都包含进去:一是由于所选择的工具不得力或不得法而导致的未遂;二中断型未遂;三是完成原定犯罪所需要之特定种类特

---

[1] See Glanville Williams, Textbook of Criminal Law, 2rd edition, London: Stevens and Sons, 1983, p.409.

[2] See Paul Robinson, The Role of Harm and Evil in Criminal Law: A Study in Legislative Deception, in 5 Journal of Contemporary Legal Issues (1994), p.302.

[3] 事实也正是如此。将普通法视为不可罚的预备的行为通过立法规定刑罚的现象,正日益地变得常见。See Rollin M. Perkins, Criminal Attempt and Related Problems, in 2 UCLA Law Review (1954), pp.325–329.

[4] See Model Penal Code § 5.01.

[5] 所谓的中断模式,指的是只适用于一种类型的未遂犯的未遂定义,即犯罪未成功既遂仅仅是由于对一系列事件的中断,如果不被中断,它会实现行为人所欲犯罪的犯罪行为。

征的对象,在相关的适当时刻与地点并不存在而导致的未遂。[1] 通过尽量降低乃至消解客观层面的犯行要求,即只要不是处于思想阶段而是存在使其犯罪意图外在化的任何行为便被认为足以满足,未遂犯认定的重心越来越多地放在行为人的主观意思之上。在很大程度上,未遂犯中的犯行要求甚至成了空架子,完全为犯意方面的要求所吸收。由此可见,在着手问题上,尽管英美刑法采取的方式不同于大陆法国家,但二者其实具有殊途同归的效果:最终都心甘情愿地投向主观未遂论的怀抱。

第三节　刑法中危害结果与不法的成立根据

一、主观未遂论与预防主义刑法的关联

无论是在德日还是在英美,着手理论的发展都表现出从客观论转向主观论的倾向,后者已经在20世纪以来的学说与判例中取得了压倒性的胜利,而这种地位在短期内看不出有松动的迹象。相对于客观论,主观论与预防主义刑法之间存在更为密切的内在关联:从预防的角度来看,刑法在行为人表现出法敌对意思或人身危险而不是等到危害将要出现的那一刻介入,无疑会起到更好的预防效果;反之,客观论则容易因其与刑罚目的的思考相脱离,或者狭隘地理解法益保护与刑罚的相关性而受到批评。[2]

主观论在未遂犯领域的胜利,向我们呈现的是一幅令人震撼的图景:与19世纪相比,当代刑法体系中未遂犯的处罚范围经历了急剧的扩张。相对于客观论,主观论无疑更容易为未遂犯处罚范围的扩张提供正当性根据。按照主观论的逻辑,"如果没有理由一直等到危害结果发生的那一刻,那么也没有理由等到危害结果'即将'发生的那一刻。在其有机会接近成功实施犯罪之前抓住潜在的犯罪人会更好。"[3]主观论的出现乃至胜出,自始至终与刑事政策上扩张未遂犯处罚范围的需求联系在一起。就此而言,未遂犯中的着手问题堪称观察刑法的政治生态及语境流变的

---

[1] 参见[英]H. L. A.哈特:《英国国会上议院论不能犯未遂》,载[英]H. L. A.哈特:《法理学与哲学论文集》,支振锋译,法律出版社2005年版,第389、397页。

[2] 参见黄荣坚:《基础刑法学(下)》(第三版),中国人民大学出版社2008年版,第307—308页。

[3] George Fletcher, Basic Concepts of Criminal law, New York: Oxford University Press, 1998, p.172.

绝好的切入口。

进入 20 世纪尤其是中叶以后,在古典政治自由主义的理想日渐褪色,而安全成为主导各国政策走向的首要问题的背景下,现代刑法体系在目的设定上经历了重大的转变:个体权利的保障虽不至于变得无足轻重,但它正日益地让位于刑法的社会防卫与法益保护的功能。这就必然要求刑法提前进行介入与干预,以便将危险扼杀在萌芽状态。未遂犯无疑正是施加严密控制的绝好的工具。因而,与 19 世纪人们总是担忧未遂犯处罚范围的不受限制不同,20 世纪刑法始终面临不断扩张未遂犯处罚范围的呼声与要求。

着手理论的变化,只有结合这种语境才能得到真正的理解。无论是从客观论向主观论的转折,还是客观论内部的分化与变动,比如从形式客观说转向实质客观说,都是这种呼声与要求驱动之下的产物。这或许可以部分地解答学者的疑惑:"实质的客观说论者本来就违法性的本质采取法益侵害说,其结论应是限制或缩小处罚范围的,然而它却批判形式的客观说使着手过于推迟,使自己对着手的认定稍有提前;形式的客观说论者本来就违法性的本质采取规范违反说,其结论应是扩大处罚范围的,然而它在认定着手方面却使着手过于推迟,从而缩小了处罚范围。"实质客观说的出现,本身就很难说是单纯的理论精致化的结果,而更代表着回应扩张未遂犯处罚范围呼声的努力,旨在为之提供新的合乎教义学逻辑的合理根据。一旦认识到这点,便不难理解为什么在着手问题上实质客观说对形式客观说的取代,最终导致的结果不是限缩而是扩张未遂犯的处罚范围。

二、危害结果与刑事不法的可罚性起点

如果说从客观论向主观论的转变本身,是呼应扩张未遂犯处罚范围的需要的结果,那么,随之而来的问题是,这样的转变对于刑事不法的成立标准产生何种影响? 毕竟,着手不仅是作为区分预备与未遂的界点而存在,更重要的是,它还作为不法的成立根据而承担着构建不法起点的任务。很显然,这一问题已经超越未遂犯领域而涉及一个更具一般意义的刑法命题,即危害结果之于不法的成立所具有的意义,故有必要认真予以探讨。

对于实行结果责任的前现代刑法而言,危害结果无疑是成立不法的全部根据。启蒙以来的近代刑法由于采纳责任主义原则与危害性原则,罪过与危害由此成为影响刑事不法的两个变量。这导致两个重要的变化:一是危害结果不再是不法的全部根据(基于消极的责任主义),但它构成不法的必要条件(基于危害性原则);二是如果具备主观上的可责性,则在没有发生实际的危害结果之前,也可以例外地追究刑事责任。未遂犯便是典型的例子。值得注意的是,在古典客观主义的理论中,无论是罪过还是危害,其对刑事不法的成立而言均只具有消极面向的意义,即无罪过或无危害均不成立刑事不法,但有罪过或有危害并不必然成立不法。正是基于此,责任主义与危害性原则被公认为是法治国保障个体自由的有力工具。在未遂犯问题上,彼时占据主流的客观论借助对危害概念所做的新的解释,即认为所谓的危害结果,不仅包括实际的权利侵害也包括导致权利侵害的客观危险,而且努力在满足危害性原则与责任主义的同时,为未遂犯的处罚找到教义学上的正当根据。肇始于1810年《法国刑法典》第2条的着手公式便是这种努力的产物。不管这一着手公式是否易于适用,它确实代表着一种将未遂行为与实体性犯罪的构成要件联系在一起的努力。这是一种赋予未遂行为以实质内容的方法,并因此得以避免将弹性的规范适用于任何为法官所不喜欢的行为的危险。[1] 这样的努力无疑是成功的。通过将导致结果的危险包含于危害的概念之中,客观论确实在不法的成立与危害结果之间建立起勾联。这样一来,就既满足了危害性原则的要求,又为处罚未遂提供了理论根据。

在古典政治自由主义的语境中,受密尔所主张的危害性原则[2]的影响,危害结果始终是刑事责任的成立根据,也即不法的可罚起点一直是与危害结果紧紧地捆绑在一起的。然而,20世纪扩张未遂犯处罚范围的呼声很快打破了这种平衡。不可否认,客观论者在维持不法的成立与危害结果之间的关联性,也试图在对这种呼声做出回应。着手判断标准上实质客观说的兴起,以及将其中所谓的危险解释为实现构成要件的危险而

---

[1] See George Fletcher, Basic Concepts of Criminal law, New York: Oxford University Press, 1998, p.172.
[2] 在密尔看来,权力能够违背个人意志而正当地向文明共同体的任何成员行使的唯一目的,便是防止对他人造成损害。See John Stuart Mill, On Liberty, edited by David Bromwich and George Kateb, New Haven: Yale University Press, 2003, .p.80.

非对侵害法益的具体危险性，[1]代表的正是这方面的努力。应该说，实质客观说的适用，的确在一定程度上扩张了未遂犯的处罚范围。然而，客观论内部调整所产生的扩张效应，显然远远未能满足人们对未遂犯处罚范围扩张的呼声的要求。当主观论取代客观论成为着手问题乃至整个未遂犯的判断标准时，危害结果与不法的成立之间的关联性便被切断，它不再具有作为不法的成立根据的地位，充其量只是影响不法程度的因素。至少在故意犯的领域是如此；在处罚过失未遂的刑法体系中，则甚至连过失犯不法的成立都不再与危害结果有关。危害结果对于刑事不法成立的意义的下降，折射出危害性原则在20世纪所经历的蜕变：危害定义的规范维度之丧失与危害内涵的扩张与模糊化，直接导致危害性原则丧失原有的批判性功能，它不再服务于个体的自由保障，而是开始全面承担起法益保护的任务。[2]

危害结果对不法成立的意义的下降，直接促使着手的界点距离客观的危害结果越来越远，出现向导致结果的危险源头不断回溯的趋势。最终，不法的成立不只是回溯到人的行为，甚至需要回到作为人的行为人本身，人被作为危险源来对待。这样的转变建立在一种全新的犯罪学思想的基础之上。形塑官方思维和行动的各式控制理论，认为犯罪与越轨不是剥夺的问题，而是控制不充分的问题；社会控制、情境控制与自我控制，这些构成当代犯罪学与犯罪控制政策中的支配性的议题。新的犯罪学强烈主张严密控制与纪律执行，它与先前的要求较多的福利与援助的犯罪学思想有重大的背离。[3] 未遂犯理论的主观化表明，不法正日益从客观论转向主观论。由主观化的不法论可知，现代刑法只是维持古典客观主义的表象，其实质与内核已被更换。这层表象当然是有其作用的，正是这层古典客观主义的伪装，使现代刑法免遭正当性方面的质疑。

未遂犯领域主观论的兴起，也提醒人们有必要关注责任主义在当代

---

〔1〕 比如，大谷实认为，应当从发生构成要件结果的现实危险而不是从侵害法益的具体危险性中寻求未遂犯的处罚根据。在他看来，未遂犯都是具体危险犯的结论是不妥当的。的确，在杀人罪、盗窃罪等实害犯罪中，其未遂犯当然是具体危险犯，但是，未遂犯在对有人居住的建筑物等抽象危险犯中也被广泛规定，在这些场合，未遂犯是不能解释为具体危险犯的。因此，现实危险应看成是发生构成要件结果的问题。参见〔日〕大谷实：《刑法讲义总论》（新版第2版），黎宏译，中国人民大学出版社2008年版，第331—333页。

〔2〕 参见劳东燕：《危害性原则的当代命运》，载《中外法学》2008年第3期。

〔3〕 See David Garland, The Culture of Control: Crime and Social Order in Contemporary Society, Chicago: The University of Chicago Press, 2001, p. 15.

刑法中的命运。实行结果责任的时代,行为人的主观可责性对刑事责任的成立并无一般的意义。在近代刑法体系中,主观可责性的地位则有很大的提升。这主要表现为消极的责任主义要求,即动用刑罚的前提必须是行为人在主观上具有可谴责性。按照古典的客观主义理论,行为人的主观可责性与不法的成立无关。然而,在当代刑法中,尽管责任主义仍被公认为应当从消极的角度进行界定,主观可责性之于不法的意义却被肯定。就未遂犯而言,主观可责性要素甚至超越危害结果而成为刑事不法成立的首要根据。美国《模范刑法典》采纳"实质性步骤"标准本身就反映了未遂犯处罚根据的转换,引起危害结果的现实的危险不再被要求;相反,处罚未遂的正当根据在于行为人违法的故意以及基于该故意而表现出来的行为意愿。[1] 牛津大学的 Andrew Ashworth 教授对此也深表赞同,在他看来,理性的刑法体系就应当着重关注行为人基于自由意志的主观选择,导致危害结果出现的偶然因素只具有次要的地位。因而,危害概念本身对于刑事责任的重要性远不如主观可责性那样重要。[2] 可以说,主观未遂论对客观未遂论的取代,其实是表征主观可责性在角色与功能上的重大转变。一旦主观可责性成为不法的积极的成立根据,不仅不法变得日趋主观化,消极的责任主义也就失去坚实的基础而徒具躯壳。由此而言,责任主义在当代的命运可谓堪忧。

三、现代刑法发展两大特点的关联分析

未遂犯处罚范围的扩张无疑不是孤立的现象,而是与刑法在20世纪(尤其是中叶)以后所经历的重大调整有关。因而,危害结果对不法成立的意义的下降,不仅表现在未遂犯领域,也表现在其他问题上,具有相当普遍的意义。现代刑法充斥着大量实质的未完成型犯罪,即形式上为既遂,但实质上是按"未完成模式"被界定的犯罪,包括各类危险犯、持有犯,以及实质的预备犯与阴谋犯等。这与现代刑法中行为本位立法模式的日渐兴起有关,也意味着危害结果在刑法体系中的重要性存在整体性下降的趋势。现代刑法对于安全问题的关注与强调,使其在发展上呈现出两个鲜明的特点。

其一,刑法的政策化与功利化色彩日趋浓重。在风险构成当代社会

---

[1] See Paul Robinson, Criminal Law, New York: Aspen Publisher, 1997, p.628.

[2] See Andrew Ashworth, Criminal Attempts and the Role of Resulting Harm under the Code, and in the Common Law, in 19 Rutgers Law Journal (1988), pp.726-771.

的基本特征之后,作为秩序之利器的刑法便成为其对付风险的重要工具,刑法因而变得越来越具有政治性,并最终蜕变成一项规制性的管理事务。卡迪什在审视美国刑法20世纪后50年的发展历史时所观察到的现象,即"用刑法制裁道德过错的做法已经衰微,将刑法用作规制性工具的做法则大为增多",[1]也佐证了这一点。

其二,刑事处罚的范围急剧扩张。20世纪法律与刑法发展的路线中,"最具根本性的是国家、经济和社会中越来越多的领域日益理性化、官僚化和法治化。这一发展导致——采用当前刑事政策的流行语——法律扩张(Expansion des Rechts),规制日益稠密,最终形成规范潮(Normenflut)。刑法也在扩张,对内通过刑事司法(最终是刑罚执行)日益严厉,对外通过在国家、经济和社会中越来越新的领域实现刑法规制;立法只有在例外的情形下才是非犯罪化的(entkriminalisierend)立法,解释则是通过'填补漏洞'(lueckenschliessend)的判决和学说;在构成要件方面,可罚行为的范围膨胀,在法律后果方面,刑事后果不断被创设且同责任相剥离开来"。[2] 随着对风险控制的强调,各国普遍出现犯罪圈及相应的刑事责任范围持续扩张的现象。主要借助三种方式来实现:一是使成立犯罪的界点不断地提前(或者说通过朝引发危害或危害之危险的风险源头的因果链不断地后退),在纵向维度上放宽犯罪成立的条件;二是模糊犯罪和反道德行为之间的传统界限,设法从横向维度拓宽犯罪的成立范围;三是提升主观可责性及为其所表征的人身危险性的刑法意义,使之在刑事责任评估过程中的分量日益加重,而客观上的危害行为及其结果的重要性则被大大削弱。

现代刑法发展所表现出的两个特点之间,存在密切的相关性。一方面,正是刑法的日益政策化与功利化,构成刑事责任范围不断扩张的原动力;另一方面,刑事责任范围的急剧扩张,正是刑法日益政策化与功利化的必然结果。值得注意的是,刑事责任范围的扩张不是另起炉灶依赖一种全新的刑法理论,而是通过对古典自由主义以来的刑法理论进行隐蔽的改造而实现的。由此,行为层面从纵向维度上放宽犯罪成立的条件与从横向维度拓宽犯罪的成立范围,不仅被认为没有违反危害性原则,反

---

〔1〕 Sanford H. Kadish, Fifty Years of Criminal law: An Opinionated Review, in 87 California Law Review (1999), p.969.

〔2〕 〔德〕约阿希姆·福格尔:《纳粹主义对刑法的影响》,喻海松译,载陈兴良主编:《刑事法评论》(第26卷),北京大学出版社2010年版,第290—291页。

而正是贯彻危害性原则的结果;行为人层面对人身危险性的刑法意义的提升,也不被认为是对责任主义的背离,而恰恰是遵循责任主义逻辑的产物。这意味着尽管危害性原则与责任主义仍然具有作为刑事责任基本原则的地位,但无论是其内容还是功能,都已经与古典自由主义的语境之下大不相同。最终,古典时期以守护个体权利为使命的危害性原则与责任主义,一举蜕变为服务于风险控制与法益保护的强大工具,从而导致其不仅无力抵制刑事责任范围的大举的近乎肆意的扩张,反过来加剧与助长了刑法的政策化与功利化的趋势。

第四节 对未遂犯中着手理论的反思与总结

实行的着手不只是作为未遂犯成立的要件,更重要的是它作为刑事不法的可罚起点而存在。承认与正视这一点,将有助于在一些重要的理论问题上厘清立场。

一、着手与危害结果之间的关系

首先,就着手与危害结果的关系而言,二者之间并非天然就存在内在的关联。

着手涉及刑事不法的可罚起点或者说刑事责任的最低要求问题,它本身是体现主体价值判断的规范构建的产物。评价主体当然可能决定将刑事责任的最低要求建立在行为与危害结果之间的客观关联性之上;与此同时,其也可能认为行为与危害结果之间的客观关联性不应当影响作为可罚起点的刑事不法的成立。此种决定如果是由立法者做出,那么,它完全是一个立法决策的问题;如果是由司法者做出,则在符合罪刑法定的前提之下,它是一个自由裁量的问题。评价主体究竟如何决定,不仅取决于刑罚目的的设定与考量,也受既有的刑法体系或刑事政策对危害结果所持的态度的影响。

国内有学者在批判主观说时曾经指出,主观说有违实行的着手时点判断问题本身的客观性,因为实行的着手的标准问题原本就属于,判断行为人实施的客观行为在什么情况下进入实行阶段,或者说犯罪的客观层面上的实行行为何时开始的问题。从这一点来看,主观说片面强调主观犯意对实行的着手的决定意义,忽视客观行为对实行的着手的认定作用,也就当然无法解决本身属于客观性的判断的着手时点问题。[1] 主观说是否值得支持当然需要斟酌与论证。不过,这样的批评,应该说并没有触及问题的核心。其误区在于只将着手视为未遂的客观成立要件,而忘记着手本质上涉及的是故意犯刑事不法的可罚起点的问题。

二、结果在不法成立与程度中的不同角色

其次,结果之于不法的成立有无意义与结果对于刑事责任的程度是否产生影响,是两个独立的问题,不应将二者混为一谈。对前者适用主观论,并不意味着逻辑上必须对后者也适用主观论;[2] 反之,对后者适用客观论,也不能从逻辑上推断出应当对前者也适用客观论的结论。

包括未遂在内的未完成型责任(inchoate liability)之所以是刑法中最令人感兴趣也最具争议的领域之一,就是因为它一起带来两个重要的困难问题:责任的最低要求与导致危害结果的意义。[3] 所谓责任的最低要求,涉及的是结果是否应当作为刑事不法或刑事责任的成立根据问题,而所谓导致危害结果的意义,则指的是结果是否影响行为人的刑事责任程度与处罚的问题。这实际上是两个不同的问题。

从本章之前的论述可知,对于前一问题,大陆法国家与英美法国家在19世纪做出的是肯定的回答(客观论),而进入20世纪以后则基本倾向于采纳否定的立场(主观论)。就后一问题而言,则自近代未遂犯理论形成以来,普遍的做法始终是持客观主义的立场,即肯定结果应当对行为人刑事责任的程度及相应的处罚产生影响。唯一的例外可能是《美国模范刑法典》的规定。根据该法典第5.05条规定,未遂(同时还包括共谋与教

---

[1] 参见钱叶六:《犯罪实行行为着手研究》,中国人民公安大学出版社2009年版,第112页。

[2] 比如,美国的罗宾逊教授便主张,危害结果与恶(evil)在决定是否应该施加刑事责任时并不相关,但在随后对于刑事责任程度的确定中高度相关。也即,一个人可能对责任的最低要求采取主观主义的观点,而对定级问题采取客观主义观点。See Paul Robinson, The Role of Harm and Evil in Criminal Law: A Study in Legislative Deception, in 5 Journal of Contemporary Legal Issues (1994), p.322.

[3] See Paul Robinson, Criminal Law, New York: Aspen Publishers, 1997, p.611.

唆)一般被认为与相应的既遂犯罪在等级与程度上相同。[1] 然而,这一规定实际上为美国各州刑法所广泛拒绝。[2] 在罗宾逊(Robinson)教授看来,这一现象部分可由强烈的直觉所解释,即造成危害结果是重要的,至少在评价行为人的可谴责程度时是如此。[3] 而一部违反直觉的刑法不仅会在公众心目中丧失可信性,也根本不可能起到预期的威慑或预防的效果。刑事司法体系的有效运作,取决于执法人员、犯罪人与公众之间的合作与默许,这种合作与默许之所以存在,是因为人们相信刑法是公平的。

学者曾经指出,来自公众的道义谴责不仅使其他形式的惩罚的威胁变得可信而有效,而且提供了其他惩罚所不可能获得的一种威慑(provides a kind of deterrence that other punishment cannot achieve)。不过,道义谴责作为惩罚形式的特殊之处,在于它的有效取决于被谴责对象的合作,即后者也必须相信谴责的修辞,并接受对其的惩罚的正当性。将制裁限于公众认为可谴责的对象,因而是刑事司法体系有效运作的必要条件(但不是充分条件)。对于轻微犯罪的严厉惩罚不起效果,恰恰是因为它偏离大众关于人们应该如何被对待的观念。此外,最优化的威慑只能通过维持更严重的犯罪的成本比较之不严重犯罪的成本低才能获得,非常严厉的制裁反而可能使犯罪处于威慑不足的状态。[4] 举例来说,如果对杀人未遂的处罚与杀人既遂一样严厉,犯罪人就可能会索性杀死被害人。由此可见,在结果应当影响刑事责任程度的问题上,主观论的立场具有强大的社会心理基础。也正是基于此,尽管各国刑法理论对于结果之于不法的成立有无意义这一问题的回答可能存在分歧,但对于结果应否影响刑事责任程度的问题,人们几乎没有争议。

---

[1] Model Penal Code, § 5.05 (1) & (2). 该条规定:"(1)定级。除本条另有规定之外,犯罪未遂、犯罪教唆与犯罪共谋的等级与程度,与所未遂、教唆或共谋实施的犯罪的等级和程度相同。实施(死刑犯罪或)一级重罪的未遂、教唆或共谋成立二级重罪。(2)减轻刑罚。如果被指控构成犯罪未遂、犯罪教唆或犯罪共谋的特定行为本来就不可能导致结果出现或者达到既遂,并且无论是行为还是行为人,都未构成对公众的危险以致使根据本条定级的做法变得正当,那么,法院就应当根据本法第6.12条的规定,行使职权裁量并按较低等级或程度的犯罪施加刑罚,或者在极端的情形中,可以撤销控方的起诉。(3)多重定罪……"

[2] 美国有3/4的司法区拒绝将未遂责任视为与既遂责任相同。See Paul Robinson, The Role of Harm and Evil in Criminal Law: A Study in Legislative Deception, in 5 Journal of Contemporary Legal Issues (1994), p.320.

[3] See Robinson, Criminal Law, New York: Aspen Publishers, 1997, P617.

[4] See Louis Michael Seidman, Solders, Martyrs, and Criminals: Utilitarian Theory and the Problems of Crime Control, 94 Yale Law Journal (1984), pp.325, 331, 337, 347.

三、实行的着手与实行行为并不等同

再次,鉴于未遂犯中实行的着手解决的是不法的可罚起点问题,而因果关系中的实行行为解决的是结果是否可以归责于该行为的问题,二者之间存在本质的不同,所以,不应当将实行的着手与实行行为等同起来。

大陆刑法理论通常认为着手代表着实行行为的起点,即实行的着手等于实行行为。国内学者对此一般也持赞成的态度,将二者当作相同的概念来理解。[1] 由此,除影响未遂犯的成立之外,实行的着手——既然它等同于实行行为——还被赋予限定因果关系起点行为与区分正犯与共犯(即帮助犯、教唆犯)的功能。然而,未遂犯中实行的着手旨在解决故意犯不法的可罚起点问题,或者说是故意犯刑事责任成立的最低标准问题。就其与危害结果的关系而言,二者之间并非必然存在内在关联。这取决于既有的刑法体系或刑事政策对危害结果所采取的态度。从各国刑法实践来看,尽管过失犯基本上都是结果犯,但故意犯中,刑事不法的可罚起点并非理所当然地需要与结果捆绑在一起。行为无价值论能够在大陆刑法理论中稳据半壁江山,乃至其与结果无价值论之间的分歧,本身就表明对结果之于刑事不法的意义并不存在统一的回答;抽象危险犯与持有犯在现代刑法中的司空见惯,更是反过来佐证了结果并非刑事不法成立的必要条件的事实。

与未遂犯中实行的着手不同,因果关系中所讨论的实行行为,并不涉及刑事不法的成立条件,而处理的是结果是否可归责于相应行为的问题。很显然,如果某一行为本身并不具有引起结果发生的性质,或者说并不蕴含导致结果出现的实质的危险,则根本就无须讨论是否应当将结果归责于该行为的问题。因而,因果关系中所谓的实行行为,必须也只能从与结

---

[1] 比如,张明楷教授指出,"着手后的行为才是实行行为,故着手与实行行为在某种意义上可谓一个问题的两个方面,理解了实行行为,也就理解了着手,反之亦然"。参见张明楷:《刑法的基本立场》,中国法制出版社 2002 年版,第 208 页。陈兴良教授也认为,"着手本身不是一个独立的犯罪阶段,而只是实行行为的起点。在这个意义上说,着手的判断是以犯罪的实行行为为内容的。对于犯罪的实行行为的理解,在很大程度上制约着对着手的判断"。参见陈兴良:《教义刑法学》(第三版),中国人民大学出版社 2017 年版,第 626 页;钱叶六:《犯罪实行行为着手研究》,中国人民公安大学出版社 2009 年版,第 88 页。值得注意的是,张明楷教授在最新版的教科书中,对先前所持的观点有所改变,他认为"实行的着手时期,应当是产生结果发生的危险的时期。所以,实行的着手是划定未遂犯的处罚时期的时间性概念。于是,实行的着手极可能前置于实行行为,也可能后置于实行行为"。参见张明楷:《刑法学(上)》(第六版),法律出版社 2021 年版,第 439 页。

果的联系的角度去界定:正是在其与结果之间的内在关联之中,实行行为找到其存在的意义;舍此关联性,则行为就会完全失去作为实行行为的资格。此外,共同犯罪中正犯的认定解决了谁是整个犯罪的核心角色的问题。尽管实施构成要件行为的人(或者说实施导致构成要件结果出现的行为的人)一般会被视为属于共同犯罪中的核心角色,因而属于正犯,但正犯显然并不仅限于实行犯,后者只是正犯的主要类型之一。这意味着认定行为人是否属于共同犯罪中的核心角色,并不必然要求其行为与构成要件结果存在客观的关联性,而要看其在整个共同犯罪中是否起到支配性的作用。实施构成要件行为只是支配性的表现形式之一,而不是唯一的表现形式。不然,就难以解释间接正犯问题,也难以将组织犯认定为正犯。

如果在着手问题上采主观论的立场,则实行的着手绝不等同于实行行为,因为前者主要根据行为人的主观构想来判断,而后者则依据其与结果之间的客观关联性来认定。比如,A 欲毒杀 B,但错将白糖当砒霜放入 B 所喝的饮料之中,结果 B 在喝下饮料之后由于其他原因突然心肌梗塞而死亡。该案中,A 错将白糖当砒霜放入 B 所喝的饮料中的行为,根据主观论的立场,会被认为成立实行的着手。然而,这一行为难以被认定是导致 B 死亡的实行行为,因为该行为并不具有导致或诱发 B 因心肌梗塞而死亡的客观危险性,因而不能认为是实行行为,当然也不需要进一步探讨 B 的死亡结果是否应当归责于 A 的行为的问题。

退一步说,即使在着手的问题上采取客观说,也并不意味着可以将实行的着手等同于实行行为。"作为既遂犯的构成要件要素的构成要件该当行为(实行行为)与能够认定的未遂犯的实行着手行为(未遂犯的实行行为)之间,并非必然就是同一的。原因在于对于未遂犯的处罚,从法益保护的观点来看,其意图是处罚时期的早期化,目的是有利于保护法益,实行的着手被提前到能够造成既遂犯的构成要件结果的行为以前的行为上去。换言之,未遂犯的实行着手,是以未遂处罚的必要性为根据,由法益保护的观点而决定的,因此,未遂犯的实行着手绝不是根据既遂犯的成立要件推导出来的。"[1]当客观论者从接近发生既遂结果的方向上去认定着手的时点,也即着手本身乃是从与结果的客观关联性的角

---

[1] 〔日〕山口厚:《从新判例看刑法》(第 3 版),付立庆等译,中国人民大学出版社 2019 年版,第 83 页。

度进行界定,则其与实行行为之间就此点而言当然表现出一定的同质性。然而,这一共同点并不足以支撑"实行的着手=实行行为"的等式。

就形式客观说而言,当它声称实行的着手就是实施符合构成要件的行为时,鉴于实行行为指的是该当构成要件的行为,似乎可以由此得出实行的着手等于实行行为的结论。问题在于形式客观说根本就没有赋予实行的着手以任何实体内容。它只是说着手就是实施符合构成要件的行为,但并没有告诉我们什么是符合构成要件的行为。何况,在有些案件中,适用形式客观说可能使着手的时点与实行行为成立的起点不尽一致。比如,妻子预谋毒死丈夫,将毒药放在丈夫喝的饮料之中,丈夫可能在第二天也可能在几天之后才喝饮料。按形式客观说的观点,由于妻子投毒的自然行为已告结束,故成立实行的着手。但该投毒行为本身难以被认定为是故意杀人罪中的实行行为,实行行为的起点应当是丈夫开始喝饮料的那一刻。

至于实质客观说,由于没有形式判断的限定,它容易将一些不符合构成要件行为但被认为有发生侵害法益的具体危险或迫切危险的行为,也认定为实行的着手。这必然导致着手时点与实行行为起点之间的不一致。比如,实质客观说中的行为危险说一般认为,行为人基于杀人的意图而寄送毒药给被害人时,就已经着手实施犯罪,因为该行为本身具有致人死亡的危险。但是,从因果关系的角度来看,单是寄送行为无论如何都不应当被当作是杀人罪实行行为的开始。此外,就实质客观说中的结果危险说而言,如果认为实行的着手等同于实行行为,那么实行行为本身应当具有造成结果的现实的、紧迫的危险。如此一来,抽象危险犯的概念便没有存在的余地。同时,考虑到作为构成要件结果的危险与实行行为本身所具有的危险属于相同性质与类型的危险,对具体危险犯也便无法进行合理的界定:如果实行行为本身所蕴含的危险就是结果的危险,作为构成要件结果的危险还有独立构建与判断的必要吗?

正是由于未遂犯中的着手、因果关系中的实行行为与共同犯罪中的正犯行为涉及的是完全不同的问题,所以,晚近以来开始有学者建议对实行行为进行"瘦身",只保留其限定因果关系起点行为的功能。[1] 笔者认为,这样的见解是明智的,区分这三者有助于厘清其中存在的混乱,使得对于相关领域各自所面临问题的探讨更具针对性。由此将得出一个不

---

[1] 参见金光旭:《日本刑法中的实行行为》,载《中外法学》2008年第2期。

等式:实行的着手≠实行行为≠正犯行为。

有必要指出的是,在将中止犯视为未遂犯的亚类型(未遂分为障碍未遂与中止未遂)的法域,包括德国、日本与我国台湾地区在内,将会得出"着手=不法=未遂"的结论,即在处罚未遂的犯罪中,只要肯定着手,便能得出成立未遂的结论。一旦行为人着手之后达到既遂,则未遂将为既遂行为所吸收,而不再做独立的评价,但这并不影响前述公式的成立。就我国刑法而言,由于中止犯是独立于未遂犯的犯罪形态类型,故着手≠未遂,因为着手之后既可能成立未遂,也可能成立中止。在既遂的情况下,则与德日刑法理论一样,对未遂将不做独立的评价。基于此,便只能得出这样的公式:着手=不法(未遂或中止)。[1]

四、废除形式预备犯的立法规定

最后,有必要在立法论上考虑废除形式预备犯的规定。由此造成的处罚漏洞可通过两种途径来解决:一是分则中设置独立的实质预备犯的构成要件;二是对于特定犯罪(如杀人、抢劫、绑架、强奸等严重的暴力犯罪与危害公共安全方面的犯罪)中具有可罚性的预备行为,通过将着手的时点适当前移而作为未遂犯来处理。

在刑法保留对形式预备犯的处罚的情况下,除如何区分不可罚的预备与可罚的未遂的难题之外,刑法理论上还需要进一步解决如下两个问题:一是可罚的预备与不可罚的预备之间的区分;二是可罚的预备与可罚的未遂之间的区分。根据传统大陆法理论,着手作为刑事不法的可罚起点,在一般情况下承担着区分不可罚的预备与可罚的未遂的功能;在处罚预备犯的场合,预备代表着刑事不法的可罚起点,着手则成为不法程度升高——从预备犯到未遂犯——的标志。如前所述,既然预备与着手之间的区分是一个无解的难题,则实有必要让着手只承担构建刑事不法之可罚起点的任务,而最好不要再兼差做其他工作,更不应让预备行为越俎代庖,在例外情形中取代着手而成为刑事不法的可罚起点。如此一来,便只需关注如何区分不可罚的预备与可罚的未遂的问题,而无须再费心讨论有关可罚的预备与不可罚的预备,以及可罚的预备与可罚的未遂之间的区分等问题。

本章认为,传统的做法不仅无助于解决预备与未遂之间的区分,还人

---

[1] 感谢周光权教授提醒笔者注意我国刑法在中止犯规定上的特殊性。

为地、不必要地使刑法理论变得过于复杂。与其在教义学层面对可罚的预备与不可罚的预备,以及可罚的预备与可罚的未遂进行徒劳的界分,不如干脆放弃这样的努力,转换思路而选择在立法论上废除形式预备犯的处罚规定,不管它是以在总则中设置一般规定的形式出现,还是以在分则相关法条之下进行特别标注的方式进行。就我国刑法而言,没有必要在总则中保留处罚预备犯的一般规定。无论如何,刑法对预备犯的处罚蕴含着重大的风险,它不仅在根本上有沦为处罚思想之虞,也容易使国家刑罚权的边界处于不确定的状态之中。一则预备的起点难以认定,以致阴谋本身都可能被当作预备犯进行处罚。这并非杞人忧天,共谋的共同正犯概念的出现便是明证。二则现行的限缩预备犯处罚范围的方式根本就无法奏效。三则试图在可罚的预备与可罚的未遂之间进行区分,完全是一厢情愿,因为任何旨在区分二者的理论,都不可能具有可操作性,而有玩概念游戏之嫌。况且,如果只是影响可罚性程度,则交给法官自由裁量是更为合理的选择,刑法理论实无必要费心构建可罚的预备与可罚的未遂之间的区别。

因此,"根本解决之道是,废除刑法上全部形式预备犯的处罚规定,对于全部的预备行为,如果已经到达对于利益侵害失控的阶段,直接论以着手(或形式上既遂化的犯罪)。如果预备行为没有达到对于利益侵害失控的阶段,就是无罪"。[1] 相应地,废除形式预备犯所可能带来的处罚上的漏洞,可考虑通过两种途径来解决。

其一,对于行为本身已经制造失控危险(尤其是涉及侵害范围不确定的公共危险时)的情形,分则中设置独立的实质预备犯的构成要件,以达到周全保护法益的目的。对于现代各国的刑法而言,实质预备犯是相当常见的立法现象。我国刑法中也规定了为数不少的实质预备犯。[2] 当然,实质预备犯的运用并非全无问题,但如何对此类构成要件的运用进行限定,涉及的是另一个问题。其二,在预备行为具有处罚必要性,而又缺乏或不宜运用实质预备犯构成要件的场合。例如,在杀人、抢劫、绑架、强奸等严重的暴力犯罪与危害公共安全等严重犯罪中,可以考虑将着手的

---

〔1〕 黄荣坚:《基础刑法学(下)》(第三版),中国人民大学出版社2008年版,第311页。

〔2〕 有学者对我国刑法中的实质预备犯做了较为系统的归纳与整理,参见梁根林:《预备犯普遍处罚原则的困境与突围——〈刑法〉第22条的解读与重构》,载《中国法学》2011年第2期,第174—176页。

时点适当前移而作为未遂犯来处理。张明楷教授曾指出,"只能将实质上值得处罚的犯罪预备作为犯罪处罚。其一,只有从刑事政策的角度来看,需要尽早预防某些犯罪时,才有必要处罚犯罪预备。换言之,只有当某种预备行为的发展,必然或者极有可能造成重大法益或大量法益的侵害时,才有必要处罚犯罪预备。其二,只有当行为人的犯罪故意确定,确实将实行某一特定犯罪,并实施了相应的预备行为时,才有必要作为犯罪预备处罚。恐怖主义组织实施的犯罪预备行为,都具备上述特征,应当予以处罚"。[1]

不难发现,这两种预备犯的情形其实均可纳入未遂犯的范围。着手本身并非某个固定的时点,它的认定不仅取决于与构成要件行为的密接程度和与构成要件结果实现之间的距离,也受所牵涉的法益的重要性与广泛性,以及处罚必要性等因素的影响。就前述两种情形而言,将之认定为未遂在刑法教义学上并无障碍,同时,它也符合刑事政策上对严重犯罪从严打击的价值取向,是宽严相济的刑事政策的必然要求。

第五节 主观未遂论兴盛的社会背景与危险

看来在当代刑法体系中,着手理论乃至整个未遂犯理论从客观论向主观论的转变,代表的是一种共同的发展趋向。这是就事实层面而言得出的一个总结性的论断,不代表任何应然意义上的价值评价。换言之,本书只是说存在这样一种现象,而并没有说此种现象的存在是合理的或者可欲的。

国内学者在论及德国的未遂犯理论时,认为主观未遂论在德国的支配地位,归根结底是由于纳粹的刑法思想在"二战"后没有得到彻底的清算。[2] 这样的观点失于片面。主观未遂论的兴盛,有其复杂的社会与政治原因,尤其是与风险社会的来临有关。它是20世纪以来刑法大举扩张的结果,呼应于功能主义刑法的需求,而绝不是纳粹刑法独特的产物。正如罗克辛所言,在很长时期内,德国刑法学界很少对不能犯未遂(或者至少是不危险的或出于无知的未遂)的可罚性质疑,是与20世纪不法的日

---

[1] 参见张明楷:《刑法学(上)》(第六版),法律出版社2021年版,第434页。
[2] 参见陈璇:《客观的未遂犯处罚根据论之提倡》,载《法学研究》2011年第2期,第44页。

益主观化的趋势相关,而不法的主观化趋势绝不限于目的行为论。[1] 将主观未遂论的兴起仅仅归咎于纳粹,是将问题简单化了,容易掩盖事实的本质。并且,它也无法解释为什么从未经历纳粹统治的英美(尤其是美国),其未遂犯理论在当代也会出现类似的主观化趋势。

无论我们赞成与否,"扩张是当今刑事政策居于支配性的趋势"。[2] 因纳粹主义的历史经验而无视或根本摒弃所有的扩张,是不客观的,也是过分的。何况,理论自身也实在不应承担如此苛刻的指责,正如杀人犯拿菜刀杀人,人们不能由此指责菜刀商将刀具做得太过锋利一样。在法治不正常的时期,刑法理论难以抗拒政治的干扰,甚至成为独裁的帮凶,根源恐怕不在理论本身,而在更为基本的宪制秩序。在纳粹上台之前,德国实务界支持主观未遂论已达半个世纪之久。如果主观未遂论的出现与纳粹的刑法思想密切相关,便难以理解为什么帝国时期德国实务界便采取主观未遂论。总不能说,早在19世纪后期德国司法界就已中纳粹刑法思想之毒,且此种毒素遗留至今吧。

断言着手理论乃至整个未遂犯理论在当代主要法域出现从客观论向主观论转变的共同趋势,并不意味着在应然层面不加批判地接受主观未遂论,更不意味着主观未遂论在绝对意义上比客观未遂论要更为优越。在法律世界中,没有一个解释可以主张它是终局并且——可以适用于任何时间的——"绝对正确"的解释,解释始终都与当下法秩序的整体以及作为其基础的价值标准密切相关。[3] 刑法理论也是一样,没有理论是终局性的,是绝对正确的,是能够超越时空的。在未遂犯中,究竟是采取客观未遂论还是主观未遂论,是一个法律目的上的价值判断问题,是政策考量的结果,而不是法律上的必然。

从我国刑事法治的具体情况来看,采取主观论立场无疑蕴含着巨大的危险:未遂犯理论的主观化,终究会因过于强调社会防卫而严重威胁个体的自由保障。就此而言,批判主观论而倡导客观论在价值取向上是一种更为稳妥的选择。晚近以来,国内越来越多有影响力的刑法学者加

---

[1] Vgl. Claus Roxin, Strafrecht AT, Band Ⅱ, 2003, §29, Rn.23.

[2] Vgl. Silva Sanchez, Die Expansion des Strafrechts, 2003. 转引自〔德〕约阿希姆·福格尔:《纳粹主义对刑法的影响》,喻海松译,载陈兴良主编:《刑事法评论》(第26卷),北京大学出版社2010年版,第295页。

[3] 参见〔德〕卡尔·拉伦茨:《法学方法论》(全本·第六版),黄家镇译,商务印书馆2020年版,第396页。

入客观未遂论的阵营,代表的正是重新彰显古典客观主义立场的努力。只是在一个风险无所不在、安全极度堪忧的时代,刑法日益地以社会防卫为自身首要使命的情况似乎又是不可避免的。为了迎合这样的使命,包括危害性原则、责任主义等在内的法治国的传统自由工具几乎经历了蜕变而处于分崩离析的状态。借助这些支离破碎的工具,我们是否可能回归古典,坚守刑法是被告人大宪章的理念的旗帜?

在理想与现实存在剧烈冲突的时代,作为刑法学者,我们需要认真思索这样的问题:"崇尚自由的刑法的概念是否仅仅是一个与历史联系在一起的,或许仅限于欧洲历史上一个特定的时代的理想图景(Idealbild),或者它可能具有更广泛的效力?哪些经济上的、文化上的和政治上的先决条件必须被满足,以使这个概念能被认真地考虑到,以及或多或少被实现?"[1]回归古典当然是一种选择。问题在于单纯地回归古典真的能够一举解决在日益官僚化和理性化的时代里个体自由如何可能的难题吗?

对此,笔者并不乐观。也因此会时常陷入内心的撕扯之中:一方面,清楚地意识到刑法受大势所趋而离自由主义的刑法越来越远,古典客观主义理论对现实的解释力也江河日下;如果想要提高理论对于现实的解释力,就只能选择放弃古典客观主义而改换门庭。另一方面,分明又看到,古典客观主义背后的价值,在今天仍然弥足珍贵。或许是为了避免这种撕扯,笔者一度喜欢诠释性的写作,愿意去揭示什么正在发生、如何发生以及为什么发生,而较少表达自己的价值偏好。然而,终究发现,诠释性的写作只是将价值选择的时刻不断地往后推延,并且也正因为这个时刻被不断推延,做出选择变得尤为艰难。

无论如何,必须警惕未遂犯理论的主观化所蕴含的内在危险。在未遂犯问题上,我国绝不应当采取极端的主观论。当然,彻底的客观未遂论在法政策上也并不明智。相对而言,以行为时为一般人所认识和为行为人所特别认知的事实作为判断基础,从一般人的立场出发对危险加以判断的新客观说(即具体危险说),是一个较好的选择。按照本章的分析与归类,新客观说其实并不客观,其所构建的规范意义上的"危险",完全脱离了传统客观说所确立的危险概念的意义轨道,带有相当的主观化色彩。

---

[1] 〔德〕Lothar Kuhlen:《刑事政策的原则》,陈毅坚译,载谢望原、肖中华、吴大华主编:《中国刑事政策报告》(第三辑),中国法制出版社 2008 年版,第 709 页。

此外,仅就未遂犯问题而言,或许不应夸大主观论阵营与客观论阵营之间的对立,二者对于绝大多数未遂案件的判断都趋于一致,而只有少数情形才会得出不同的结论。真正值得关注的,应当是不法论所经历的变化。20世纪以来,不法的日益主观化是一个不容忽视的事实,它深刻地改变了犯罪论体系。然而,迄今为止,不法的主观化对刑法学发展的影响,并没有得到系统地揭示、梳理与清算。这无疑是一个缺陷,也是今后的刑法学研究中需要着力关注的课题。

第六节 本章小结

(1)未遂犯中实行的着手旨在解决故意犯不法的可罚起点的问题。鉴于预备犯原则上不可罚,实行的着手不仅是作为区分预备与未遂的临界点存在,它还作为不法的成立根据而承担着构建不法的任务。在着手的判断上并不存在统一的标准,而必须结合个案进行俱全的判断。着手理论是体现主体价值判断的规范构建的产物。从宏观层面来看,刑罚目的或机能的设定为着手的判断奠定基本的判断框架;就微观层面而言,包括受威胁法益的重大程度、与构成要件行为的密接程度、与构成要件结果实现之间的距离、行为人的主观意图与计划以及刑事政策上预防必要性的考虑等重要变量,均将影响个案中着手时点的认定。

(2)梳理近代以来大陆法国家未遂犯理论的发展史,早期基本上是客观论占据主导地位,进入20世纪则先后出现向主观论转变的趋势。日本主流刑法理论虽自称持的是客观论的立场,但并未将客观论贯彻到底,反而更接近主观论的立场。在英美国家,传统普通法与现代制定法对于未遂犯中的犯行要求做了不同的界定,由此折射出未遂犯理论在20世纪中后期所经历的重大转变。传统普通法上发展出的关于犯行要求的诸多标准,基本上是将既遂(或者说结果的出现)作为原点,重点审查构成既遂还需要做什么,而行为距离危害结果的发生有多接近;现代的制定法则做出重要修改,不仅放松对未遂犯中犯意与犯行的要求,只要求实施构成该罪的实质性步骤的行为即可,而且严格限制不能犯作为抗辩事由的适用范围。在着手问题上,尽管英美刑法采取的方式不同于大陆法国家,但二者具有殊途同归的效果,最终都投向主观未遂论的怀抱。

(3)在未遂犯问题上,相对于客观论,主观论与预防主义刑法之间存在更为密切的内在关联;从客观论向主观论的转变,是呼应扩张未遂犯处罚范围的需要的结果。这一转变折射出刑事不法成立根据所经历的重大变化:危害结果之于不法成立的意义有所弱化,而主观可责性因素已超越危害结果成为刑事不法成立的首要根据。这与结果在刑法体系中重要性的下降有紧密的联系。现代刑法对于安全问题的关注与强调,使其在发展上呈现两个鲜明的特点:一是刑法的政策化与功利化色彩日趋浓重;二是刑事处罚的范围急剧扩张。

(4)对各国未遂犯中着手理论的发展进行反思与总结,可得出四个论断:①就实行的着手与危害结果的关系而言,二者之间并非必然存在内在关联;它取决于刑罚目的的考量,更源于既有的刑法体系或刑事政策对危害结果所采取的态度。②结果之于不法的成立有无意义,与结果对于刑事责任的程度应否产生影响是两个独立的问题,不应将二者混为一谈。③着手解决的问题与因果关系或正犯中所涉及的实行行为概念存在本质的不同,有必要区分实行的着手与实行行为。④有必要在立法论上废除形式预备犯的规定,由此造成的处罚漏洞通过设置实质预备犯或将着手的时点适当前移来解决。

(5)着手理论乃至整个未遂犯理论从客观论向主观论的转变,不能归结于纳粹思想在战后未得到彻底的清算,而应理解为与风险社会的来临有关,是呼应功能主义刑法的产物。然而这代表的是实然层面的认识判断,并不意味着在应然层面不加批判地接受主观未遂论。必须警惕未遂犯理论的主观化对个体自由所蕴含的内在危险。在未遂犯问题上,我国不应采取极端的主观论,而彻底的客观论在法政策上也并不明智。相对而言,以行为时为一般人所认识和为行为人所特别认知的事实作为判断基础,从一般人的立场出发对危险加以判断的新客观说(即具体危险说),是较为稳妥的选择。

第十六章　罪责论的意义裂变与规范重构

在预防主义刑法的框架内,为应对风险规制的需求,整个犯罪论体系经历了结构性的变化,罪责理论自然也不能幸免。相对而言,与构成要件及违法性层面相关理论所经历的隐蔽重构相比,罪责层面发生的变动更为明显,因此也更易于为人所注意。从早期的心理责任论到之后的规范责任论,乃至晚近以来的功能责任论,罪责理论完成了从存在论向规范论的转变。古典时代以实在的心理因素(包括认知因素与意志因素)为基础的、主观的、个体的罪责论,在风险社会的背景之下,最终为规范导向的、客观的、社会的罪责论所取代。探究罪责论所经历的变化,有必要从期待可能性的问题谈起。可以说,期待可能性因素的地位与意义的变化,呈现的是整个罪责论在当代刑法体系中所经历的遭遇。

第一节　规范责任论与期待可能性理论之间

期待可能性一向被认为是规范责任论的中心要素。规范责任论在刑法中的地位迄今未受任何质疑,而期待可能性理论则已有成为明日黄花的趋势。它在作为发源地的德国完全遭到冷落,被认为已经变得无足轻重。在号称将其发扬光大的日本,也已然风光不再。尽管学界仍执着于它所具有的引致妥当结论的机能,但它的实践作用无疑有所降低。从20世纪中叶以来,适用期待可能性的司法判例日益减少,日本最高法院更是从未正面肯定过期待可能性理论。两相对照,不免令人困惑,为什么在被视为是规范责任论基础的期待可能性理论衰落之后,规范责任论本身却并未随之瓦解。直面这样的现实,合理的解释只能是规范责任论本身经历了某种变化,从而使自身与期待可能性理论的命运不再相关。

基于此,有必要重新审视规范责任论与期待可能性理论之间的关系。将规范责任论当作不变的参数而仅仅关注期待可能性本身,将使相关的研究陷入误区。无疑,如果规范责任论实际上已经不再以期待可能性理论为基础,那么,对后者展开刻舟求剑式的研究便没有多少意义。

一、期待可能性与规范责任论的关系

国内刑法学界对期待可能性理论的正式关注始自20世纪90年代中期。从彼时至今,几乎每年都有学者发表或出版以期待可能性为主题的研究成果,基本上是以论文的形式出现。[1] 这一期间的研究成果具有两个特点:

其一,介绍性质的居多,理论上做出新探索的则较为罕见。尤其是这些研究经常有一个固定的写作模式,首先是介绍德国1897年著名的"癖马案",其次是简述几位德国学者对期待可能性理论的形成所做的贡献,接下来则是谈我国刑法中的哪些规定体现了期待可能性的思想,最后的结论是期待可能性理论很重要应予引进等。即使是未遵循固定写作模式的研究,也难以摆脱程式化的嫌疑。由于太过注重技术性的细节,学者的研究大多拘泥于有限的几个问题,如期待可能性的判断标准、期待可能性在犯罪论体系中的地位以及期待可能性的错误等。

其二,过于夸大期待可能性理论的意义,在对期待可能性的适用上出现泛化的趋势。从现有研究来看,人们往往过高估计期待可能性的价值,将其视为解决刑法理论中诸多难题的良方。比如,有学者期望通过引入期待可能性而实现对传统犯罪论体系的改造,[2]也有人主张利用期待可能性理论来解决社会危害性概念所引发的问题。[3] 在实际的案件处理中,支持在包括盗窃罪、故意杀人罪等故意型犯罪中适用期待可能性理论的研究者更是不在少数。然而,正如周光权教授指出的,"要维护法治的精神,就应当对期待可能性理论谨慎适用。对极其个别的轻微犯罪、过失犯罪,确实不能期待被告人实施适法行为的,可以用期待可能性进行辩解。但是,对于绝大多数犯罪,尤其是情节严重、可能涉及被害人重大的人身和财产法益的犯罪,应当排斥期待可能性的适用可能。在刑法学理

---

[1] 以期待可能性为主题的专著较少,参见童德华:《刑法中的期待可能性论》(修订版),法律出版社2015年版;肖晚祥:《期待可能性理论研究》,上海人民出版社2012年版。

[2] 参见陈兴良:《期待可能性问题研究》,载《法律科学(西北政法学院学报)》2006年第3期。

[3] 参见汪力、邹兵:《论期待可能性理论及其合理引入》,载《西南大学学报(社会科学版)》2008年第1期;贾宇、舒洪水:《我国刑法中的期待可能性》,载刘远主编:《期待可能性》,北京大学出版社2009年版。

论体系改造过程中,期待可能性的价值绝对不能被夸大"。[1]

国内学界在期待可能性问题的研究上一直无法取得突破,甚至出现导向性的错误,原因自然不少。不过,当前的众多研究在对期待可能性与规范责任论的关系的认识上陷入误区,无疑是造成此种现象的重要原因之一。

期待可能性是随规范责任论而形成的概念,这一点当属没有疑问。然而,期待可能性本身并不等同于规范责任论,甚至也很难说是规范责任论的核心。规范的责任概念表明的只是有责的行为必须是值得谴责的;它完全是个形式性的概念,并没有回答可谴责性究竟取决于哪些内容前提的问题。[2] 换言之,规范责任论的实质在于,承认在心理性的事实之外,责任的评价需要引入规范的评价因素,即可谴责性或者说可非难性。[3] 正如西田典之所言,尽管以存在故意、过失为前提,但并非故意、过失本身而是对其的谴责可能性及其程度来奠定并决定责任。[4] 而规范评价的标准,显然不止期待可能性一种。人们既可能将期待可能性(或者称为"他行为可能性"[5])当作判断是否具有可谴责性的标准,也可能将反法律的态度或呼应规范的能力等因素视为判断标准。这意味着期待可能性与规范责任论是两个能够相互分离的概念,而只有当期待可能性被认为是判断罪责[6]的标准时,二者之间才能建立起联系。由此,便不难理解,为什么期待可能性理论在德国已经衰落,而规范责任论本身却仍然地位稳固。

值得注意的是,日本刑法理论中一般将以期待可能性作为标准的责任论称为规范责任论,而把将责任谴责与犯罪预防目的相结合的理论称

---

[1] 周光权:《刑法总论》(第四版),中国人民大学出版社 2021 年版,第 258 页。

[2] Roxin, Strafrecht Allgemeiner Teil, Band I, 4.Aufl., 2006, Rn.19, S.859.

[3] 德国刑法理论中,在威尔策尔的目的行为论之后,作为评价对象的心理性事实(故意或过失)被置于构成要件层面,责任层面因而只保留规范意义上的可谴责性标准。

[4] 参见〔日〕西田典之:《日本刑法总论》(第 2 版),王昭武、刘明祥译,法律出版社 2013 年版,第 179 页。

[5] 行为人在实施犯罪之际,本来可能选择其他的合法行为,这称为"他行为可能性"。从另一层面上讲,在本能够期待行为人不实施该犯罪行为而实施其他合法行为这一意义上,也可改称为期待可能性。参见〔日〕西田典之:《日本刑法总论》(第 2 版),王昭武、刘明祥译,法律出版社 2013 年版,第 176 页。

[6] "罪责"一词对应于德文中的 Schuld(英文中则称为 culpability)。笔者认为 Schuld 译为罪责更好,不过,考虑到中文语境中很多学者习惯于称为"责任",如责任主义、规范责任论等,若将这些约定俗成的术语改称为罪责主义、规范罪责论等,反而让人感觉别扭。因而,本章尊重既有的译法,在相同的意义上使用罪责与责任这两个概念。

为实质的责任论[1]或社会规范责任论[2],以区别于前者。这样界定规范责任论未尝不可,它使规范责任论成为具有特定实质内容的概念。不过应当承认,所谓的实质的责任论或可罚的责任论,本质上仍属于规范论的范畴。这也是为什么西田典之明确做出"采取规范责任论,就会采取实质的责任论"[3]断言的原因之所在。规范论的观点至少包含两个特色:一是作为判断的标准包含评价的要素;二是作为判断的标准是从特定的目的引申出来的。[4] 将谴责定位为预防犯罪的手段而在责任层面引入预防犯罪目的的实质的责任论或可罚的责任论,并没有从根本上推翻规范论本身,而只是改变了判断标准中的评价要素,采用的是期待可能性之外的其他规范标准。

当前国内有关期待可能性的研究,几乎建立在将期待可能性视为责任判断的唯一规范标准的前提之上,即完全将期待可能性与规范责任论画上等号。这样的错误无疑是致命的。首先,它使对规范责任论的探讨始终囿于期待可能性的视野。这不仅极大地妨碍了对责任论所经历的变化的关注,更使人们无法摆脱期待可能性的桎梏去推进对规范责任论本身的研究。可以说,这也是导致国内刑法学界在责任论的研究上始终固守成规的重要原因。其次,它使罪责成为一个内涵固定的概念,不仅与时空无涉,也与刑法的政治社会语境没有关联。这样的看法无疑是危险的。迄今为止,刑法理论体系中还没有哪个基础概念能够始终维持固定的连续意义。在变动的社会中,原则或概念本身的意义就在发生变化,以原则或概念作为演绎起点的研究方法,不可能真切地把握到现实。最后,它使研究者为不必要的研究花费了大量的学术时间与精力。不难发现,倘若罪责的判断不再以期待可能性为标准,期待可能性与规范责任论的联系便被切断,其与罪责问题也就不再相关。如此一来,讨论期待可能性的标准或其体系地位等研究,便很难说有什么现实的价值。期望通过引入期待可能性而实现对我国传统犯罪论体系的改造之类的主张,更是成为一厢情愿的设想。

---

[1] 参见[日]大谷实:《刑法总论》(新版第2版),黎宏译,中国人民大学出版社2008年版,第286页。

[2] 参见[日]曾根威彦:《刑法学基础》,黎宏译,法律出版社2005年版,第46页。

[3] [日]西田典之:《日本刑法总论》(第2版),王昭武、刘明祥译,法律出版社2013年版,第179页。

[4] 参见许玉秀:《当代刑法思潮》,中国民主法制出版社2005年版,第265页。

二、意思自由、行为选择与期待可能性

在强调客观责任或结果责任的刑法框架中,不可能有期待可能性的立足之地。客观责任或结果责任关注的只是外在的行为及行为所引发的客观危害结果,因而,只要存在行为及相应结果,便认定行为人值得惩罚,并不顾及行为人的内心意思。从罪责的发展历史来看,近代刑法在否定客观责任与结果责任的基础上,确立了"无责任即无刑罚"的责任主义原则。它本质上是一种主观责任,强调追究刑事责任必须以行为人主观上存在过错为前提,禁止仅仅根据客观的行为与结果来进行归罪。主观责任是对行为人就实施违法行为所作的意思决定的法律谴责。在如何理解作为责任内容之要素的性质的问题上,早先的责任主义奉行心理责任论。心理责任论把责任理解为是单纯的心理联系,责任因此成为故意与过失的上位概念。期待可能性理论,最初乃是为修正心理责任论的缺陷而提出。[1]

心理责任论将行为人意志与事实之间的心理联系视为责任的全部内容,易导致对缺乏可谴责性的行为人追究刑事责任的现象。在1897年德国的"癖马案"中,当时的帝国法院面临的便是这样的难题。该案判决之所以被认为具有里程碑意义,便在于它首次正式揭示心理责任论所存在的重大缺陷:仅仅具备心理意义上的过失,尚不足以对被告人进行主观非难;非难性的认定,需要进一步借助某种规范性的评价标准。期待可能性正是作为这样的规范标准而被适用。据此,倘若缺乏为合法行为的可期待性,即使行为人具有责任能力与故意或过失,也将因缺乏规范意义上的罪责而不构成犯罪。可以说,在促成从心理责任论向规范责任论的转变过程中,期待可能性发挥过非常重要的作用。自此以后,责任的本质越来越多地被认为是规范意义上的主观可谴责性,而不是单纯的心理事实。这种将期待可能性当作判断标准的规范责任论,无疑是以意思自由作为构建的前提。在其中,法规范作为针对行为人的意思决定规范而存在,而并非针对行为的评价规范。因而,责任的判断取决于行为人是否违反意思决定规范。只有在能够根据法的命令做出意思决定的人违反期待做出违法行为的决意时,才发生责任问题。

---

[1] 参见[日]大塚仁:《刑法概说(总论)》(第三版),冯军译,中国人民大学出版社2003年版,第405页。

在很长时期内,行为选择上的意思自由对责任的认定一直至关重要,它甚至一度构成拒绝将疏忽过失构建为刑事责任根据的重要依据。[1] 时至今日,仍有很多学者奉行这种以意思自由为前提的责任论。日本学者索性直接称为意思责任,认为责任是对实施该违法行为所作的意思决定的法律谴责。[2] 对意思自由之于责任的意义强调,也使英美刑法学者对(疏忽)过失[3]能否被合适地称为犯意(mens rea)的类型存在意见分歧。[4] 有学者指出,既然(疏忽)过失可以在没有确立任何有关被告人心理中曾存在的东西的情况下被证明,则将犯意概念限于故意与轻率看来是更为合适与便宜的。[5] Glanville Williams 也认为不应该将(疏忽)过失视为犯意的形式。[6] 无论是否同意(疏忽)过失是犯意的一种,英美刑法理论公认故意与轻率(recklessness)在过错性质上不同于(疏忽)过失。前两者均属主观性过错,要求行为人对不法行为造成的危害结果或相应的风险有实际的认知;后者则是一种在主观心理状态欠缺的情况下也能够存在的客观性过错。

那么,在什么样的情况下才存在行为选择的意思自由呢?很显然,存在选择自由的前提,只能是行为人已经认识或预见到其行为必然或可能会侵害或者威胁法益,并具有选择避免实施相应行为的现实可能性。如果行为人对相应的危害结果或危险根本没有预见,他的主观心理状态就是一片空白,自然无法说他存在意思上的选择自由。欠缺认识使行为人根本不可能做出适法行为的意思决定与选择,相应地,他当然也不具有可谴责性。

梳理这种责任论的分析路径可发现,它的基本的推理逻辑是:人是

---

〔1〕 在英国,正统理论至今仍以背离犯意准则为由批评疏忽过失型犯罪。See Andrew Ashworth, Principles of Criminal Law, Oxford: Clarendon Press, 1991, p.128.

〔2〕 参见〔日〕西田典之:《日本刑法总论》(第2版),王昭武、刘明祥译,法律出版社2013年版,第177页。

〔3〕 英美刑法中的 negligence 仅指疏忽过失,不包含有认识的过失形式。为与我国刑法中的过失相区别,此处以(疏忽)过失来表示 negligence 的含义。下文中,笔者将表明所谓的过失,实际上只有疏忽过失一种,轻信过失说到底也是一种无认识的过失。

〔4〕 当然,这并不意味着人们反对惩罚疏忽过失的犯罪。即使是认为疏忽过失不属于犯意形式的学者,通常并并不否认它是一种法律上的罪过(legal fault)。

〔5〕 See David Ormerod, Smith & Hogan Criminal Law, 11th edition, Oxford: Oxford University Press, 2005, p.131.

〔6〕 See Glanville Williams, Textbook of Criminal Law, 2ed edition, London: Stevens & Sons, 1983, p.90.

具有自由意志的存在,在他有意地导致刑法所禁止的危害结果或认识到该结果可能发生时,他就能基于自由的决意而不去选择相应的行为;倘若他一意孤行仍然执意选择实施行为,那么,他就具有可谴责性,应当受到惩罚。这种责任论具有两个明显的特点:(1)是罪责的建立乃以存在选择自由为基础。选择的要求被认为根源于自由主义的个体权利理论,它反映对个体作为理性选择主体的尊重。据此,任何个体将不承受刑事制裁,除非他能公平地被说是已经选择了犯罪。正是由于选择自由构成此种责任论的核心基础,它在英语文献中经常被称为选择原则(choice principle)。(2)是将刑事责任与对危害结果的认识直接联系起来。人们认为,这样的联系为道德与刑法的一般原则所要求。一个人不可能被适当地断言有道德义务,除非他相信存在引起该义务的情境。因而,如果某人没有意识到引起义务的事件已发生,则批评他没有履行道德义务一般说来是不公平的。[1] 基于认知因素在其归责体系中的重要性,此种责任论在英美刑法理论中又被称为主观原则或主观罪过(subjective fault)原则,有学者干脆直接以"认识原则"(belief principle)[2]为之命名。

归根结底,期待可能性理论的兴起,是这种以选择自由为基础的规范责任论的产物。它在为后者提供评价标准的同时,也依赖于后者而存在。一般认为,经由Frank、Goldschmidt与Freudenthal等德国学者的努力,并经由威尔策尔的目的行为论对之所做的进一步修正,责任概念完成了由心理责任论向规范责任论的转变。然而,规范的责任概念表明的只是有责的行为必须是值得谴责的;它完全是个形式性的概念,并没有回答可谴责性究竟取决于哪些内容前提的问题。[3] 而期待可能性,无疑为责任的判断提供了基本的规范标准,它为形式性的规范责任概念提供了实体的内容。借此,人们可以判断,行为人的行为是否具有规范上的可谴责性。期待可能性一般被理解为能够期待行为人选择实施合法行为而避免犯罪行为。

相应地,所谓的期待可能性理论,是指在无法期待行为人为适法行为

---

[1] See Andrew Ashworth, Belief, Intent and Criminal Liability, in Oxford Essays in Jurisprudence, edited by John Eekelaar & John Bell, Oxford: Clarendon Press, 1987, p.9.

[2] See Andrew Ashworth, Belief, Intent and Criminal Liability, in Oxford Essays in Jurisprudence, edited by John Eekelaar & John Bell, Oxford: Clarendon Press, 1987, p.7.

[3] See Roxin, Strafrecht Allgemeiner Teil, Band I, 4.Aufl., 2006, Rn.19, S.859.

之意思决定时,不可归责于行为人的见解。[1] 这种以期待可能性为实体内容的规范责任论,将责任的内容界定为违法意志的"他行为可能"(Andershandelnkönnen),即行为人没有实施合法行为而决意实施不法,虽然他本来能够实施合法行为,也能够决定守法。[2] 据此,进行主观责难的必要条件,便是存在选择合法行为的自由。故意引起危害结果或者对结果有所认识的行为人之所以值得谴责,就在于他明明能够选择不去实施犯罪行为,但竟然滥用其自由,选择罔顾他人法益而继续实施相关行为;反过来,倘若行为人没有选择合法行为的可能,根据期待可能性标准,自然难以得出其存在值得刑罚处罚的可谴责性的结论。

在这样的责任论体系中,期待可能性不仅是责任内容中的积极要素,往往也具有作为超法规责任阻却事由的功能。当德国帝国法院以无期待可能为由认定"癖马案"的被告人无须承担刑事责任时,其显然是在超法规责任阻却事由的意义上运用期待可能性理论的。实际上,只要承认期待可能性是判断责任是否存在的规范标准,便不可能否认其作为超法规责任阻却事由的地位;否则,便意味着对无法期待实施合法行为的行为人也要追究刑事责任。这样的结论显然与此种责任论的基本设定相冲突。

值得指出的是,一旦认为责任的本质在于行为人对选择自由的滥用,则在具体判断有无期待可能性的问题上必然需要采取行为人标准。选择自由的存在与否完全是个主观的、个别的问题,从其逻辑来看,只能取决于行为人本人的境遇与实际情况。采取一般人标准说或国家标准说,无异于承认,即使行为人实际缺乏意思自由而无法选择合法行为,也可能被认定有责。这从根本上背离了期待可能性理论赖以存在的前提,也有悖于其宗旨与精神。

综上,由于期待可能性处理的是作为期待主体的国家与作为被期待者的行为人个体之间的关系,它是主观责任论的产物。期待可能性乃是以行为选择上的意思自由为前提,有期待可能性指的便是可以期待行为人做出选择适法行为的意思决定。行为人在明明能够选择适法行为时,竟然做出相反的行为决意而实施犯罪行为,在违反国家对行为人的期

---

[1] 参见〔日〕川端博:《刑法总论二十五讲》,余振华译,中国政法大学出版社2003年版,第252页。

[2] See Roxin, Strafrecht Allgemeiner Teil, Band I, 4.Aufl., 2006, Rn.20, S.860.

待的同时,很难否认其主观上的可谴责性。

第二节 罪责的客观化与期待可能性的命运

由于期待可能性始终与主观责任论相关联,一旦主观责任论的要求有所放松,罪责本身出现客观化的趋势,期待可能性便成为无本之木无源之水,最终无法避免衰落的命运。本节将以过失犯为切入点,通过探究过失犯扩张的社会背景与刑法语境,来揭示期待可能性理论衰落的真正原因。当代刑法对风险控制与危害预防的强调,在促使过失犯扩张的同时,也使罪责的内容经历重大的变化。随着对行为人的控制能力的强调,以选择自由为基础的传统规范责任论被废弃;期待可能性被从责任论中剥离出来,其重要性也日益呈下降的趋势。

一、一般人标准、控制能力与过失犯的罪责

从规范逻辑的观点,故意犯与过失犯在不法与罪责内涵上存在明显的层级关系,因而,可依据对法益的侵害或威胁,以及对法规范的敌对程度来对其做比较。然而,从概念逻辑来看,故意与过失是两个彼此对立、相互排斥的概念。故意对导致结果发生的因果流程有积极的主观操纵,而过失则缺乏此种内在参与,而是违反注意义务的义务犯。[1] 长期以来故意犯一直被认为是刑法中的犯罪原型,而过失犯则作为例外来处理。相应地,就罪责的内涵而言,也主要围绕故意犯而确立,着重谴责行为人对意思自由的主观滥用。这就是为什么刑法主流理论一向认为,责任观念乃是以自由意志为前提的谴责或谴责可能性为其内容,而责任概念的基础则应当在道义责任论而非社会责任论中寻求。[2] 随着过失犯处罚范围的扩张,以选择自由为基础的罪责概念很快面临挑战。

统计数据表明,在现代社会中,业务性的过失致人伤亡的过失犯属于发生频率极高的犯罪。比如,在日本,它的发生率仅次于盗窃罪。[3] 而在德国,所有犯罪中有一半是过失犯罪。随着机械化程度的发展与由此

---

[1] 参见许玉秀:《当代刑法思潮》,中国民主法制出版社2005年版,第291—294页。
[2] 参见〔日〕大谷实:《刑法总论》,黎宏译,法律出版社2003年版,第233页。
[3] 参见〔日〕西田典之:《日本刑法总论》(第2版),王昭武、刘明祥译,法律出版社2013年版,第225页。

所造成的危险的升高,过失犯的实践意义得到急剧的提升。[1] 当过失犯的处罚变得日益常见而很难被认为只是一种例外时,刑事立法所采用的主观状态开始出现重大的分裂。这种分裂存在于那些关注行为人的有意识目标的主观状态与那些关注行为人在行为中所创造的风险的主观状态之间。故意注重的是行为人的内在心理,属于前一类主观状态的范畴,过失则完全以行为的外在风险为基础,应归入后者的行列。正因为过失与风险之间存在紧密的联系,在注意义务的角度之外,刑法理论经常也借助风险来定义过失。比如,将过失定义为,在行为人对风险缺乏认知而理性人处于其位置会有所认识的情况下冒不正当的风险,或者认为过失是制造不被容许的风险。实际上,以制造不被容许的风险来取代违反注意义务的概念,在德国已然成为过失犯理论上的主流观点。罗克辛认为,以制造不被容许的风险来取代传统上对过失行为的定义,可以更精确地描述过失行为。而在许玉秀教授看来,"制造不被容许的风险"不仅可解释各种认定过失的理由,也足以说明过失行为的不法本质。[2]

可以说,在当代的刑法体系中,过失正日益成为一种重要的罪过形式。尽管我国刑法将过失分为轻信过失与疏忽过失两种类型,刑法理论上也存在有认识过失与无认识过失的分类,但正如学者所言,在有认识过失的场合,行为人最终也是做出了并无结果发生可能性的判断,在并未预见到结果这一点上,其与无认识过失无法区别开来。[3] 由此可见,当行为人轻信危害结果可以避免时,实际上还是属于对结果的发生没有认识。因而,严格而言,过失只有疏忽过失一种形式,所谓的有认识的过失形式其实并不存在,至少是没有存在的实际意义。

与故意犯对法益侵害持追求或容认的态度不同,过失犯的处罚根据主要不在于对法规范的敌对意思。既然对破坏规范的效果没有认识,无法证实对规范的敌意,处罚过失犯的重点,根本上即不在于对规范的态度,而在于填补保护法益的漏洞。[4] 过失犯在处罚根据上的特殊性,表明它在本质上完全不同于应归入主观过错范畴的故意犯。对过失的行为

---

[1] See Roxin, Strafrecht Allgemeiner Teil, Band I, 4.Aufl., 2006, Rn.1, S.1062.

[2] 许玉秀:《主观与客观之间》,春风煦日论坛——刑事法丛书系列 1997 年版,第 17 页。

[3] 参见〔日〕西田典之:《日本刑法总论》(第 2 版),王昭武、刘明祥译,法律出版社 2013 年版,第 227 页。

[4] 参见许玉秀:《当代刑法思潮》,中国民主法制出版社 2005 年版,第 203 页。

人而言,责难的基础已经不在于行为人基于对意思自由的滥用而做出的不当行为选择,而在于他没有适当地运用自身的能力,去设法遵守一般人处于其位置本来能够遵守的注意义务标准。在此,关键问题不再是行为人在行为当时的具体外在或内在的状况,而是行为人与设想中的一般人之间的对比联系。德国刑法学界在 20 世纪后半期所进行的讨论清楚地表明,真正的责任非难所要求的判断上的"极端个人化"是不可能的。只要行为人本来可以不这样行为的前提是个假定,对他人罪责的任何评价,都包含了某种一般化的要素。一旦罪责评价需要与处于行为人位置的一般人联系起来,就必定要提出一个一般的而非个别的标准。[1] 这种一般化的标准,其影响已渗透到罪责领域的其他角落。比如,前田雅英认为,刑法中的非难要素以一般人的规范意识为基础,只要认识到一般人认为是猥亵物品,不管行为人如何认识这种物品,行为人主观上就存在故意。[2]

在过失的认定上,当人们开始承认可以适用一般人标准,承认客观性过错也可以满足刑法中的罪责要求时,实际上是使一直坚持的主观责任论带上了某种客观化的色彩。它意味着建立在选择自由的基础上的罪责原则已经悄然退场。这当然不是说规范责任论本身已经遭到否定。规范论的观点至少应该包含两个特色:一是作为判断的标准包含评价的要素;二是作为判断的标准是从特定的目的引申出来的。[3] 客观性过错的引入,并没有推翻规范责任论本身,后者仍然强调可谴责性的必要性,而只是改变了判断标准中的评价要素。所以,问题不在于规范责任论,而在于它的判断标准发生了变化。行为人是否具有选择自由已经变得不再重要,关键是他有没有按法规范所期待的那样运用其自身的能力。相应地,罪责的考察重心,也已经从行为人是不是在具有选择自由的情况下做出不当的行为决意,转移到行为人有没有像一般人那样发挥自身的认识能力与控制能力的问题上。

不难发现,只要认为对过失的惩罚具有道德上的正当性,则行为人实际上是因为可谴责地丧失其控制能力而受到惩罚。也就是说,此时法律谴责的是行为人的正常控制能力的丧失,而此种能力的丧失本身就被认

---

[1] 参见〔德〕冈特·施特拉腾韦特、〔德〕洛塔尔·库伦:《刑法总论 I——犯罪论》,杨萌译,法律出版社 2006 年版,第 204 页。

[2] 转引自张明楷:《外国刑法纲要》(第三版),法律出版社 2020 年版,第 182 页。

[3] 参见许玉秀:《当代刑法思潮》,中国民主法制出版社 2005 年版,第 265 页。

为具有可谴责性。当罪责的关注点从行为人的主观状态转移到其客观能力上，罪责的内涵也发生了相应的变化。它开始被理解为尽管具有呼应规范要求的能力却仍为不法的行为。[1] 先前的规范责任论认为，值得谴责的是行为人基于对意思自由的滥用而做出不当的选择，是在有"他行为可能性"时选择违法行为。尔今的规范责任论则更倾向于认为，责任非难的对象是行为人没有适当运用自身控制能力的事实。据此，只要行为人具有根据规范实施行为的能力，即使他在心理上没有认识到存在行为选择，也被认定为有责。这样一来，罪责概念就成为"经验——规范的混合性存在"，它的经验的一面存在于自我控制的基本能力与由此产生的呼应规范的可能，而规范的一面则是指由非决定论所推导得出的合法行为的可能性。[2] 在新的规范责任论中，心理性的要素本身已经不是关键，关键在于被惩罚的那些人在其实施行为时应当具有正常的物理上的与心理上的能力，来做法律所要求之事或不做法律禁止之事，并且具有公平的机会来行使这些能力。[3] 疏忽过失之所以可惩罚，就在于行为人没有行使他所拥有的控制能力，至于他并不存在主观心态的事实，已经完全与罪责的判断无关。

　　作为刑事责任的一项基本原则，责任主义原则无疑应当同时具备描述性功能与规范性功能。所谓的描述性功能，是指原则本身是对成立犯罪所需满足的条件的实然层面上的确认与分析。从描述性功能的角度来看，原则最好能适用于整个刑法；即使不能达到这样的程度，也至少要使其无法包含的例外尽量地少。否则，不仅原则本身会失去描述上的准确性，原则本身的地位也会随着例外的增多而面临被搁置甚至被废弃的命运。规范性功能则是指原则作为一种批判性工具而成为应然层面的规范判断标准。对于无法包含在原则之内的例外，原则将从应然的角度提出反对与批评，从而发挥作为强大的法律改革工具的功能。胡萨克指出，描述性功能与规范性功能之间的紧张与相互作用，或许是刑法理论中最有吸引力与最重要的一面。对此，刑法学者所面临的主要任务是，在使对相应原则的塑造符合正义要求的同时，不牺牲其作为对现行实体法的描述

---

[1] Vgl. Roxin, Strafrecht Allgemeiner Teil, Band I, 4.Aufl., 2006, S.868.

[2] See Roxin, Strafrecht Allgemeiner Teil, Band I, 4.Aufl., 2006, S. 872.

[3] See H. L. A. Hart, Negligence, Mens Rea and Criminal Responsibility, in Oxford Essays in Jurisprudence, edited by A. G. Guest, London: Oxford University Press, 1961, p. 45.

性理论的准确性。[1] 毋庸置疑,有关原则的理论必须同时服务于这两个功能,但这一点并不容易做到。所以,究竟是规范性功能优先,还是描述性功能优先,就会成为理论上争执的问题。

就责任主义原则而言,当客观性过错成为刑法中的罪过形式且日益普遍化时,相关理论同样面临规范性功能与描述性功能何者优先的抉择。尽管也有学者选择前者,坚持规范性功能优先的立场,对将(疏忽)过失视为刑法中的罪过的做法提出批评;[2]不过,刑法理论在总体上做出的是描述性功能优先的选择,不愿任例外冲击该原则而使其失去描述上的准确性。自然,选择描述性功能优先,并不意味着要抛弃罪责概念本身。更为常用的策略是,设法拓展或改变原则的意义,以便相反的例子不再构成真正的例外,这正是多数刑法理论家所选择的方案。

哈特在刑法方面的很多努力,便需要放在这一框架中加以理解。他一直试图重新解释犯意准则(只有存在犯意时才能要求行为人对其行为承担刑事责任),以便为支持与维护依赖于犯意的刑事责任准则提供全新的原理基础。[3] 为此,哈特对将行为的自愿性与对结果的预见表述为主观要素的观点提出了批评。他认为,此类论证在错误地理解心理或主观的要素在人类行为中所参与的方式的同时,还对为什么极为重视刑事惩罚的责任应当以主观要素的出现为条件,缺乏正确的认识。"(疏忽)过失地"一词,无论在法律还是非法律的语境内,指的必然是对所要求的行为不予作为,它并非单纯描述性的心理表达,与缺乏认识(inadvertence)并不相同。后者只是表明行为人的心理状态,而(疏忽)过失则不仅将谴责的要素加诸内,还存在相当特定的东西,即行为人没有遵守普通的理性人本来能够且将遵守的行为标准,即要求他采取防止危害的预防措施的标准。在哈特看来,坚持"对危害的预见"或"心理上存在危害的想法"作为责任的基础,是基于一种古老的认识形式,即对结果具有认知是自我控制能力的充要条件。然而,这与一般人对人的自我控制能力的看法不符。如果任何人要对所做事情负责,则没有理由要求为什么人们不应该为行

---

[1] See Douglas N. Husak, Philosophy of Criminal Law, Totowa: Rowman & Littlefield Publishers, 1987, pp.24-25.

[2] See Jerome Hall, General Principles of Criminal Law, second Edition, Indianapolis: Bobbs-Merrill Company, 1960, pp.133-145.

[3] See Richard A. Wasserstrom, H. L. A. Hart and the Doctrine of Mens Rea and Criminal Responsibility, in 35 University of Chicago Law Review (1967), p.92.

为之前未想到或未考虑到的情况及危险负责。[1]

从哈特的论证中不难看出,承认一般人的标准,不是说犯罪的成立不再要求具有主观要素,而是对主观要素的内容要求的理解发生了变化。这一点,同样可以从大陆法学者的相关论述中得到体现。在解释过失的主观不法时,许玉秀指出,过失的决定是一个对危险认识不清、忘记法益的决定;忘记不是"无",是一种对被忘记的客体而言有瑕疵的心理状态,而这是法益与法规范所不能容忍的人的态度。[2] 可以说,借助于对罪责内容的重新界定,责任主义在容许采取一般人标准,容许对客观性过错进行惩罚的同时,也(至少在表面上)维护了主观责任论的地位。

或许正是基于罪责内容所经历的这种变化,胡萨克对英美传统的刑事责任分析模式提出批评,认为不应对犯罪要素进行主观与客观的区分,而主张以"控制原则"来取代。所谓的控制原则,是只要某人对某事态应该控制且能够控制,却没有控制而令其发生,即应承担刑事责任。根据他的解释,"控制"的核心观念是,个人对他能够防止发生的事态(a state of affairs)缺乏控制。如果该事态是作为,则他必须本来能不实施该作为;如果该事态是结果,他必须本来能够防止结果;如果该事态是意图,则他必须本来能够不具有那种意图。[3] 尽管胡萨克所倡导的控制原则理论看来非常极端,它完全推翻了犯意(mens rea)与客观行为(actus reus)二分的传统分析模式;但究其实质,它可能只不过是将当前建立在控制能力基础上的罪责论的逻辑推向极致而已。

二、罪责的客观化与期待可能性理论的衰落

当刑法上罪责内容的重心从"他行为可能"转移到控制能力时,罪责的标准也就变成行为人作为理性人所具有的控制能力。由此,责任的判断被分解为两个问题:一是行为人有无采取任何正常能力的理性人在此种情况下将采取的措施;二是基于其心智与身体能力,行为人是否本来能

---

[1] See H. L. A. Hart, Negligence, Mens Rea and Criminal Responsibility, in Oxford Essays in Jurisprudence, edited by A. G. Guest, London: Oxford University Press, 1961.

[2] 参见许玉秀:《主观与客观之间》,春风煦日论坛——刑事法丛书系列1997年版,第44页。

[3] See Douglas N. Husak, Philosophy of Criminal Law, Totowa: Rowman & Littlefield Publishers, 1987, p. 98.

够采取这些预防措施。[1] 在此,关键的问题是需要确定行为人是否具有一般人所拥有的控制能力。如果回答是肯定的,则行为人将被认定已满足责任非难的条件,必须追究刑事责任。

需要注意的是,刑法中通常的责任能力与此处所谓的控制能力是两个既有联系又须区别使用的概念。是否具有一般人所拥有的控制能力的判断,乃以行为人具有责任能力为前提。因而,缺乏刑法上的责任能力,自然不存在所谓的可谴责的丧失控制能力的问题,相应地,罪责的问题也无从说起。不过,有责任能力不一定意味着行为人具备一般人所拥有的控制能力,即不能从行为人具有责任能力的前提中,理所当然地得出行为人本来能够采取预防措施的结论。这取决于在控制能力的判断上,究竟采取的是行为人标准还是一般人标准。如果采取行为人标准,则在确定责任能力的基础上还要进一步考虑行为人个人的心智与身体能力;倘若采取一般人标准,则责任能力的确定本身就将意味着行为人被推定具有一般人所拥有的控制能力。[2]

控制能力的判断一般只有在过失犯与不作为犯中才会成为问题。作为的故意犯中,行为与相应的危害结果由行为人有意造成,或者是在对结果有认知的情况下决定实施行为,因而不需要讨论控制能力。在具体判断是否存在控制能力时,各国通说与司法实践都倾向于采取一般人标准。这种标准有时也称为平均人标准或客观标准,它与行为人标准或主观标准相对。在此,主观说与客观说之间的对立涉及的是解决问题的判断标准问题,即究竟是以一般人的能力为标准,还是以行为人的能力为标准。可以说,当罪责的要求从行为人内心的选择自由落到行为人外在的控制能力时,主观罪责论已经开始出现客观化的趋势。

自此,行为人是否存在可谴责的主观心理已经不再重要,重要的是他是否存在客观的控制事态发生的能力。而在控制能力的判断上采取一般人标准,则促使罪责概念在客观化的方向上走得更远。按责任主义的要求,责任非难的基础应该是对行为人全部主观条件(包括知识水平、工作能力和身体状况等因素)进行的客观评价。一旦在构筑标准人模型时采取客观标准,即按从事特定活动所需的知识和经验作为衡量的标准,标准

---

[1] See H. L. A. Hart, Negligence, Mens Rea and Criminal Responsibility, in Oxford Essays in Jurisprudence, edited by A. G. Guest, London: Oxford University Press, 1961, p. 46.
[2] 感谢李立众副教授提醒笔者注意责任能力与本章所谓的控制能力之间的关系问题。

人的规范模型就变成了具体行为人的正常模型。这种模型实质即暂时撇开行为人的特定环境中实际实施的具体行为,分析行为人如果尽了自身最大的努力能够做到什么程度(撇开具体行为后存在于"想象中的"行为人)。按这种模式来认定行为人有无过失,显然并不完全符合罪过原则。[1]

罪责内容的客观化发展,对期待可能性理论产生了深远的影响,直接改变了它在当代刑法理论体系中的地位。既然选择自由已经不再是认定罪责的基础,相应地,期待可能性理论在罪责的判断中也就失去了用武之地。可期待性与不可期待性,已经仅仅是"有调节作用的原则",它指示法官考虑具体案件中所有的重要情况做出正确的判断。[2] 说到底,期待可能性涉及的主要是社会伦理的评价,而能力的判断基本上是个客观的事实问题。既然行为人实施行为时的具体情境已经不再是责任非难所关心的主要对象,支持期待可能性理论的学者纵有满腔热情,恐怕也难以在并非该理论能力所及的领域里让其大展拳脚。这正是德国刑法理论将期待可能性从责任内容中予以驱逐的主要原因。一旦期待可能性不再是责任的要素,将之视为超法规责任阻却事由的做法也便遭到激烈的批评。批评意见认为,这种做法是将社会伦理规范置于刑法之上,让期待可能性成为判断刑事责任是否成立的终极标准。这样做的结果,不仅会影响刑法的稳定性,导致法律适用上的不平等,也会减弱刑法的一般预防效果,使刑法的一般预防功能毁于一旦。[3]

期待可能性理论在日本的命运与在德国有较大不同,这经常让国内学者有"墙内开花墙外香"的印象。其实不然,期待可能性理论还能在日本刑法学体系中拥有较大影响,主要是因为主流理论在罪责概念上仍然固守建立在选择自由的传统责任论的缘故。比如,西田典之认为,有责性是指原本可以期待实施其他合法行为(他行可能性、期待可能性),行为人却实施了违法行为,因而对此所进行的法律谴责。[4] 大

---

[1] 参见[意]杜里奥·帕多瓦尼:《意大利刑法学原理(注评版)》,陈忠林译评,中国人民大学出版社2004年版,第200页。

[2] 参见[德]汉斯·海因里希·耶赛克、[德]托马斯·魏根特:《德国刑法教科书(上)》,徐久生译,中国法制出版社2017年版,第640页。

[3] 参见[意]杜里奥·帕多瓦尼:《意大利刑法学原理(注评版)》,陈忠林译评,中国人民大学出版社2004年版,第269页。

[4] 参见[日]西田典之:《日本刑法总论》(第2版),王昭武、刘明祥译,法律出版社2013年版,第176页。

谷实所持的见解也与此类似。在他看来,只有在能够按照法的命令做出意思决定的人,违反法规范对国民的期待,决意实施违法行为的场合,才能追究责任。[1] 不过,考虑到日本刑法理论同样承认无认识过失在刑法上的可谴责性,就此而言,学界的立场实际上与其意思责任论的基本前提相矛盾。这注定期待可能性理论不可能在罪责的判断问题上发挥与学界所赋予的地位相匹配的功能,它在实务界影响的日益式微也能说明这一点。

在强调控制能力的责任论体系里,期待可能性理论当然仍具有意义,但它将不再作为罪责判断的标准发挥功能,也丧失了作为独立的责任要素甚至超法规责任阻却事由的地位。它最重要的功能是在个案中的调整功能,即依据事实对注意义务与作为义务划定界限,在解释个别法条时发挥调整性原则的功能。在过失犯中,期待可能性的有无,将直接决定过失的有无与过失程度的大小。在不作为犯中,它也将影响作为义务的界限以及是否有作为可能的判断。这样一来,期待可能性就被整合入故意与过失的认定中,主要被置于构成要件层面或违法性层面来进行考虑。期待可能性的另一个功能是作为法定责任阻却事由或责任减轻事由的理论依据。比如,有关防卫过当、避难过当可以减轻或免除其刑罚的规定,便可以从期待可能性的角度提供合理的解释。

第三节 罪责的社会化与规范责任论的重构

如前所述,厘清期待可能性与规范责任论之间的关系,有助于确立这样的认识,即罪责问题未必需要与期待可能性捆绑在一起,二者并非休戚与共的关系。罪责概念并没有固定的连续意义,随着刑法任务观的调整,它经历了重要的意义裂变。罪责的客观化趋势当然并非罪责概念所经历的变化的全部,它只是冰山之一角;而这冰山之一角的改变,在罪责领域引发了深远的连锁效应。

一、罪责的社会化及其在刑法中的体现

古典的责任主义强调责任的本质是道义上的可谴责性。道义责任论是从伦理主义的立场出发,从反伦理的行为中寻求作为谴责对象的违法

---

[1] 参见[日]大谷实:《刑法总论》,黎宏译,法律出版社2003年版,第236页。

行为。因而,所谓的责任,就是从国家的立场出发,对行为人所进行的道义责难。[1] 道义责任论与主观责任论之间存在千丝万缕的关联。主观责任所关注的意思自由的滥用,恰恰是对行为人进行道义非难的基础。在此种意义上,主观责任论实可谓是实行道义责任论的必要前提。而罪责的客观化显然从根本上摧毁了道义责任论赖以生存的基础。既然行为人对意思自由的滥用已经不再是责任非难的条件,便很难宣称国家还具有道义非难的资格。实际上,当作为责任评价主体的国家只关心行为人有没有按法规范所期待的那样运用自身能力,而对行为人的内心意思弃之不顾时,与其说国家是基于道义上的优越性而在推行积极的道德主义,不如说其是实实在在地在关注实际的风险控制与危害预防。由此可见,罪责的客观化必然引起道义责任论的崩塌,使后者的生存疆域不断地被蚕食。而道义责任论的退守,无疑为罪责的社会化清除了基本的障碍。

众所周知,刑事实证学派所主张的社会责任论,否定自由意思,而以决定论为基础,认为责任是"对于由于反社会性格而具社会危险性的人,作为防卫社会的手段而应当科处刑罚的法律上的地位"。[2] 而当代刑法中罪责的社会化趋势,与社会责任论的主张既有相似之处,也有不同之处。

二者之间的相似之处在于:(1)均以向前看的责任概念为前提,在责任中加入了目的刑的观念,突出社会的要求与利益,强调从预防犯罪的角度来把握责任的本质。向前看的责任概念并不着眼于已然之行为,而更为关注对未然犯罪的预防。它通常呼吁刑法进行早期的干预,以便将危害的风险扼杀在摇篮里。因而,在此类刑法体系中,能够较好地贯彻预防目的的危险犯会成为一种重要的犯罪类型,并随预防需要的增长而日趋扩张。(2)否定道义责任,不承认从期待可能性的规范要素中能推导出具体的刑罚。道义上的非难需要以行为人存在对意思自由的滥用为前提,而罪责的社会化与社会责任论一样,对行为人在做出违法行为的决意时是否具有意思自由并不关注。(3)谴责的意义有所转变,其地位与作用也被淡化。道义责任论之下,行为人之受谴责乃是基于主观上的意思滥用,而罪责的社会化与社会责任论则并不着眼于行为人主观上的可谴责性。倘若认为行为人值得非难,那也是因为其未依法规范之要求而实施违法行为。此种非难具有宽泛抽象的特性,它不同于具体的可谴责性要

---

[1] 参见[日]曾根威彦:《刑法学基础》,黎宏译,法律出版社2005年版,第44—45页。

[2] [日]曾根威彦:《刑法学基础》,黎宏译,法律出版社2005年版,第45页。

求。因而,在刑法的实际运作中,可能倾向于要求取消基于缺乏可谴责性的抗辩事由。比如,根据责任主义的逻辑,合理的或者说不可避免的法律错误理应一概成为抗辩事由,不管这种错误是基于对官方声明的信赖,还是基于对律师及相关人员的法律建议的听取,或者是对制定法的私人性误读。但实际上,在为数不少的司法区,根据其刑法规定或主流的刑法理论(如美国《模范刑法典》第2.04条第3款b项的规定[1]),对律师建议的合理信赖与对制定法的合理的私人性误读并不免责。

两者的不同之处,主要体现在:(1)在犯罪学思想上截然相异。与社会责任论不同,当代刑法中的罪责的社会化,建立在控制理论的基础之上,而并不认同决定论的前提,即不认为犯罪作为一种不正常的越轨现象,是社会环境、生理因素与行为人的素质共同作用的结果;相反,当代犯罪学越来越将犯罪视为现代社会中一个正常的、常规的、普遍的面向,它由意图与目的都完全正常的个人所犯下。在刑罚设置中,此种思维方式倾向于强化报应与威慑的策略,因为它确认犯罪人是理性的行动者,会对反诱因有所反应,且能对犯罪行为完全负责。[2] (2)是否对行为人及其危险人格表示关注。社会责任论本质上是行为人刑法的产物,特别关注行为人的人身危险性。根据社会责任论,责任的大小完全取决于再次犯罪的危险性的大小,因而,它重视以危险性为基础的保安处分。而罪责的社会化仍属于行为刑法的范畴,只是与古典客观主义时代的行为刑法不同,当前的这种行为刑法强调危险管制,关心的是行为是否带来威胁,它表现出强烈的去人化的特征。在深入研究持有型犯罪之后,美国学者达博一针见血地指出,在此种危险管制的规制性框架中,犯罪人被剥夺了其人格而减缩为威胁,即危险的来源。作为与其人格无关紧要的非人化的威胁,他的"罪过"并不具有实质意义:"犯罪性的现代概念……看来正从

---

〔1〕 美国《模范刑法典》第2.04.3条规定,当存在下列情形时,对行为在法律上并不成立犯罪的确信,构成针对基于该行为的犯罪之指控的抗辩事由:(a)界定犯罪的制定法或其他法令并不为行为人所知,并且在实施被指控的行为之前尚未公布或者不能被合理地知悉;(b)行为人基于对相关法律的官方声明的合理信赖而实施行为,而该官方声明事后被认定为无效或者错误。所谓的官方声明包括(i)制定法或其他法令;(ii)司法性的判决、意见或裁判;(iii)行政命令或许可;或者(iv)对规定犯罪的法律负有解释、管理或实施职责的公职官员或公职机构所做出的官方解释。

〔2〕 See David Garland, The Culture of Control, Chicago: University of Chicago Press, 2001, pp.15-16.

个人罪过的基础转换为社会危险的基础。"[1]

那么,罪责的社会化趋势如何在当代刑法中体现出来呢?

首先,罪责的社会化趋势在过失犯的发展中表现最为明显。从过失犯的发展中,我们不难得出两个重要结论:一是过失犯的处罚范围已大大扩张,难以再被视为只是故意犯的例外;二是业务性过失犯成为过失犯中的重要类型,与普通过失相比,刑法对业务性过失的处罚通常更为严厉。随着处罚范围的扩张,无论在实践中还是理论上,过失犯的意义均得到急剧提升。当前的刑法理论一般认为,过失犯的不法本质是制造不被容许的风险。这意味着刑法理论已正式承认,与故意犯的处罚根据在于对法规范的敌对意思不同,过失犯的处罚根据难以从行为人对规范的心理态度方面寻找,而只能从外在的客观结果去界定。许玉秀教授因而断言,既然对破坏规范的效果没有认识,无法证实对规范的敌意,处罚过失犯的重点,根本上不在于对规范的态度,而在于填补保护法益的漏洞。[2]

过失犯的处罚根据表明,刑法对过失犯的处罚其实是醉翁之意不在酒:与其说意在就已然之行为对行为人进行道义上的谴责,不如说是基于预防与威慑的需要,警告行为人与一般公众注意按法规范所期待的那样履行注意义务。日本学者泷川幸辰在论及业务性过失的从重处罚根据时,曾经表达过类似的见解:刑罚从重处罚从事一定业务的人员的过失犯,其理由是为了警戒广大的从事该项业务的人员,即为了一般预防的目的,而绝不是由于注意程度而加重的。[3] 可以说,这也是为什么过失中的注意程度总是以(国家期待或设想中的)一般人为标准,而对过失犯的认定总是要引入行为人与(国家期待或设想中的)一般人之间的对比联系的原因之所在。

除此之外,刑法适用中客观标准取代早先的主观标准,也与预防的需要日益加强有关。判断标准上的客观化主要体现在两个方面:[4]一是在解决问题的判断标准上,采取一般人或平均人的能力标准而非行为人的能力标准,如有无过失与有无期待可能性的判断;二是根据一般人的经验

---

[1] Markus Dirk Dubber, Policing Possession: the War on Crime and the End of Criminal Law, in 91 Journal of Criminal Law and Criminology (2001), p.852.

[2] 参见许玉秀:《当代刑法思潮》,中国民主法制出版社2005年版,第203页。

[3] 参见[日]泷川幸辰:《犯罪论序说》,王泰译,法律出版社2005年版,第92页。

[4] 判断标准的客观化问题,涉及许玉秀教授所归纳的三类主观争议中的前两类,参见许玉秀:《主观与客观之间——主观理论与客观归责》,法律出版社2008年版,第5页。

法则而非行为人的个人认知进行判断,如对因果关系的判断、对中止犯的判断、对不能犯未遂和对牵连犯中牵连关系的判断等。以期待可能性的判断标准去论,其内在逻辑要求在判断时采用行为人能力标准,[1]采一般人标准将背离期待可能性本身的宗旨。正如西田典之所言,既然问题属于具体的谴责可能性,还是应该采取行为人标准说。[2] 在这个问题上,当通说采取一般人标准时,其实已潜在地考虑了预防的需要。

从此种意义上而言,日本刑法理论中以期待可能性为核心的规范责任论,与实质的责任论相比,其差别远比人们想象得要小。这是因为在其理论体系中,"作为规范责任论中的谴责契机的他行为可能性,不是指行为人的现实、具体的他行为可能性,而是指一般的、抽象的他行为可能性。不是指行为人在该具体情况下,现实地'实施了'其他行为,而是在该具体情况下,一般人能够实施其他行为的话,行为人也应当能够实施其他行为,即是指应当实施该行为的情形"。基于此,有学者这样评论道:"这种和现实的、具体的他行为可能性分离开来的谴责内容,过于抽象空泛,不足以成为追求行为人个人责任的基础。倒不如将追究行为人责任的基础在于(对过去行为的)谴责的提法变更为对未来犯罪的预防。"[3]

综上可见,在当代刑法体系中,罪责概念的意义裂变实际上包含两个层面的内容:一是罪责的客观化;二是罪责的社会化。罪责的客观化与社会化,标志着罪责领域正在经历一场全面而深刻的革命。由此可见,当代的责任主义只是维持了主观责任与道义责任的表象,它在实质上已然脱胎换骨,并且距离其表象越来越远。

二、罪责的社会化与规范责任论的重构

20世纪以来,随着严格责任犯罪的出现,对某一些或某些构成要件要素不要求具备犯意,人们逐渐注意到犯意要求的放松。对此,许多刑法学者表示了严正的关注。然而,对责任主义原则本身的放松,人们显然缺乏足够的警惕。罪责的客观化与社会化,使个体越来越容易被刑法之网所攫获。它意味着在缺乏主观的具体可谴责性的场合,行为人也可能遭

---

[1] 参见陈兴良:《期待可能性问题研究》,载《法律科学(西北政法学院学报)》2006年第3期,第78页。

[2] 参见[日]西田典之:《日本刑法总论》(第2版),王昭武、刘明祥译,法律出版社2013年版,第263页。

[3] 黎宏:《日本刑法精义》(第二版),法律出版社2008年版,第44页。

受刑法的惩罚。由此可见,罪责概念意义裂变的实质,就在于通过放松责任主义本身的要求而不断降低刑事可罚性的门槛。可以说,随着刑法任务观的重新调整,随着刑法体系对风险控制与危害预防的日益注重,责任的基础也在未加察觉中改变了,从而引起规范责任论的重构。大体而言,罪责的社会化对罪责论的影响表现在两个方面:

其一,是从有损一般预防的效果的角度,对先前规范责任论中的期待可能性标准提出批评。耶赛克与魏根特明确指出,将不可期待性作为超法规的免责事由,无论是从主观上还是从客观上加以理解,均会削弱刑法的一般预防效果,以至于导致法适用的不平等现象,因为所谓的不可期待性,并不是可适用的标准。[1] 而意大利刑法学者杜里奥·帕多瓦尼(Tullio Padovani)进一步认为,用以社会伦理为基础的期待可能性来衡量罪过的大小,同样存在失控的危险。因为既然可以用社会伦理为标准来决定行为人应受谴责的程度(并由此而决定刑罚的轻重),那为什么就不能用这种标准来决定应受谴责性本身的有无(并由此排除刑罚)呢?按这种理论的逻辑,完全可能发生这种情况,即用一些非正常的,特别具有社会伦理意义的伴随情节,来完全排除某个主体具体违法行为的期待可能性。这种做法实际上是把社会伦理置于刑法规范之上,让前者成为判断刑事责任是否成立的终极标准。这样做的结果不仅(社会伦理规范的伸缩性和相对性)会给刑法的稳定性带来灭顶之灾,刑法的一般预防功能也会毁于一旦(因为每个人都会认为法律同意他们按自己所属的集团的伦理观,而不是按法律的规定行动)。[2]

其二,是积极地重新构造规范责任论的基本内容。德国学者雅科布斯明确提出功能性的罪责概念(Funktionaler Schuldbegriff),主张责任非难的前提不是非难可能性,而是现实的或可能的预防需要。他认为,目的赋予罪责概念以内容,罪责的确定在于为确证秩序与法信赖之间的联系而惩罚公民的需要提供根据;罪责由一般预防所构建,并根据一般预防来衡量。[3] 罗克辛尽管没有与雅科布斯一样,采取从根本上颠覆罪责概念原有意义的方式,却同样表现出对既有责任理论的强烈不满。他采取的策

---

[1] 参见〔德〕汉斯·海因里希·耶赛克、〔德〕托马斯·魏根特:《德国刑法教科书》(上),徐久生译,中国法制出版社2017年版,第676页。
[2] 参见〔意〕杜里奥·帕多瓦尼:《意大利刑法学原理(注评版)》,陈忠林译评,中国人民大学出版社2004年版,第169页。
[3] Vgl. Jakobs, Schuld und Prävention, 1976, S.8-9.

略是在重新界定罪责概念的内涵的同时,将构成要件与违法性层面之后的传统罪责层面建构为负责性(Verantwortlichkeit),而罪责与预防必要性则作为负责性的前提条件。罗克辛并不赞成将罪责定义为建立在期待可能性基础上的"他行为可能",而主张将其理解为"尽管具有呼应规范要求的能力却仍为不法的行为"。[1] 在罗克辛看来,尽管规范的责任概念相比于心理的责任概念是一个进步,但它仍存在重大的缺陷,因为可谴责性概念所包含的评价种类是不完全的。负责性的评价不仅仅涉及人们是否对行为人能够提出(罪责)非难的问题,也涉及这样的判断,即从刑法的视角来看行为人是否必须对其行为负责。据此,他认为可谴责性只是负责性的必要但非充分的条件,必须加上预防的制裁必要性。[2]

日本刑法理论中实质责任论的兴起,代表的同样是学者对重塑规范责任论所做的努力。实质责任论立足于以社会责任论为基础的规范责任论,认为规范责任论是责任的出发点,但责任的内容是科处刑罚的实质意义,是对犯罪的一般预防和特殊预防乃至重返社会而言的科刑必要性。[3] 实质责任论在日本的兴起,有力地佐证了这样一个事实:即使是在将期待可能性视为罪责之核心要素的见解仍占据通说地位的日本刑法理论,也正因罪责的社会化趋势而日益走向分裂。随着实质责任论成为一种有力的学说,它对以期待可能性为判断标准的责任论所形成的冲击已然不容忽视。

无论人们是否愿意正视,期待可能性标准的瓦解看来已经成为不争的事实,而新的规范责任论正在生成之中。从晚近德日责任论的发展来看,新的规范责任论表现出鲜明的客观特性,它与先前的规范责任论的主观主义立场形成对立。"违法是客观的,责任是主观的",这句格言曾经长期支配人们的思维。威尔策尔的目的行为论部分地颠覆了前半句,迫使刑法理论对"违法是客观的"命题做出新的解释;[4] 尔今,"责任是主观的"断言也因规范责任论的重构而处于风雨飘摇之中。自此以后,在罪责问题上,主观论与客观论之间的争执只怕再也无法平息。主观论者会坚

[1] Vgl. Roxin, Strafrecht Allgemeiner Teil, Band I, 4.Aufl., 2006, S.868.
[2] Vgl. Roxin, Strafrecht Allgemeiner Teil, Band I, 4.Aufl., 2006, S.858.
[3] 参见〔日〕大谷实:《刑法总论》(新版第 2 版),黎宏译,中国人民大学出版社 2008 年版,第 286 页。
[4] 早期所谓的"违法是客观的",指的是违法性层面处理的是客观的不法要素。在威尔策尔倡导目的行为论之后,因故意被理解为主观的不法要素,"违法是客观的"遂被解释为违法的内容是违反以一般人为对象的法规范,其判断基准是客观的。

持认为,可谴责性取决于道德上有缺陷的选择,而客观论者则会主张,可谴责性取决于:(1)实际的事实,不管被告人是否对此具有认识;(2)理性人将预期或意识到的检验标准。[1]

罪责的功能化与实质化发展,本质上是以预防必要性作为可谴责性标准的实体内容。这不可避免地导致罪责概念的本体内涵被掏空,从而严重有违责任主义的基本宗旨。同时,倘若以预防必要性作为核心的需罚性因素,不仅成为不法成立与否的判断标准,也决定罪责的成立与否,则不法与罪责的区分必将丧失意义,罪责对于不法的制约机制更是荡然无存。就此而言,尽管对规范罪责论的重构势在必行,但如何进行重构才能既发挥其制约刑罚权的功能又满足预防方面的需求,刑法理论上对此无疑应当审慎斟酌。

三、罪责论的变化与刑法的预防性走向

至此为止,本章所论述的还只是规范责任论的判断标准所发生的变化。那么,新的判断标准究竟如何产生,又是从怎样的目的中引申出来的呢?这显然是值得进一步探讨的问题。有学者认为,期待可能性理论在整体上的衰落,是"二战"后德国与日本的政治经济上的稳定所导致。[2]在笔者看来,这样的解释不仅过于笼统,而且并未触及核心的原因。期待可能性理论的衰落,由罪责内容的要求的变化直接导致。因而,要探究它的衰落原因,必须具体考察引发罪责概念变化的刑法语境与社会背景。期待可能性理论在当代所遭遇的命运,折射的是刑法任务观的重新定位对刑法体系中具体制度与理论的重大影响。

与古典时期的刑法相比,当代刑法显然特别关注控制问题。纽约大学教授 David Garland 在论及晚期现代社会中犯罪学思想的转变时,曾深刻地指出,从 20 世纪 70 年代起,一种完全不同的犯罪学思想开始形成并影响政府的政策,如今,形塑官方思维和行动的理论是各式的控制理论。控制理论强烈主张严密控制与执行纪律,认为犯罪与越轨不是剥夺的问题,而是控制不充分的问题。社会控制、情境控制与自我控制等,这些成了当代犯罪学与犯罪控制政策中的支配性主题。控制理论假定个人将会

---

[1] See A. P. Simester & A. T. H Smith, Harm and Culpability, Oxford: Clarendon Press, 1996, p.8.

[2] 参见邱传忠:《期待可能性:宽恕根源的刑法解读》,载陈兴良主编:《刑事法评论》(第16卷),中国政法大学出版社2005年版,第445、453页。

被强烈吸引去做自利性的、反社会的犯罪行为,除非为强劲有力的有效控制所遏制。[1] 在控制理论的影响下,当前各国刑法体系不惜动用种种制度技术迫使刑法理论与刑法规范做出全面的重大调整,以便将危害的危险扼杀在萌芽阶段。作为风险控制机制中的组成部分,当代刑法不再为报应与谴责而惩罚,而主要是为控制风险而进行威慑。

当人们不约而同地从影响一般预防的效果的角度对期待可能性标准提出批评,[2]甚至提出功能性的罪责概念(Funktionaler Schuldbegriff),主张责任非难的前提不是非难可能性,而是现实的或可能的预防需要时,[3]呈现在眼前的分明是古典政治自由主义正渐行渐远的场景。倘若不是刑法本身的政治语境发生了重大变化,很难想象有学者敢于冒天下之大不韪而放弃罪责中的可谴责要求。对刑法上责任的具体要求进行分析后可知,刑法上的责任概念,在相当程度上反映了刑事政策的现实的或假定的要求。[4]

在政治自由主义的语境中,主流话语强调通过限制公权力的行使来保障个体权利,为国家动用刑罚提供正当性根据。责任主义原则的确立,便服务于这样的目的。它被视为个体的不可剥夺的道德与法律权利,是个体用来对抗国家刑罚权的重要武器。然而,风险社会的形成改变了古典自由主义生存的政治与社会生态。内在于工业社会与现代性本身的技术性风险与制度化风险,淡化了国家与个体之间的对立的一面,而促成社会连带主义思潮的兴起。刑法开始日益将危害预防与危险管理当作自身的重要任务。传统的控制方式与技术已经难以适应风险社会的形势。为迎合风险控制之需要,刑法领域被迫启动一场重新洗牌的运动;而由刑法任务观的重新定位引起的"洗牌",很快将其触角延伸至刑法体系的各个角落。罪责概念在内容要求上的重大变化,便是这次洗牌的产物。

这场洗牌运动所造成的影响显然是深远的,它直接导致个体权利的

---

[1] See David Garland, The Culture of Control, Chicago: University of Chicago Press, 2001, p.15.

[2] 参见[意]杜里奥·帕多瓦尼:《意大利刑法学原理(注评版)》,陈忠林译评,中国人民大学出版社2004年版,第269页;[德]汉斯·海因里希·耶赛克、[德]托马斯·魏根特:《德国刑法教科书(上)》,徐久生译,中国法制出版社2017年版,第575页。

[3] 这是德国学者雅格布斯提出的理论。他认为,目的赋予罪责概念以内容,罪责的确定在于为确证秩序与法信赖之间的联系而惩罚公民的需要提供根据;罪责由一般预防所构建,并根据一般预防来衡量。Vgl. Jakobs, Schuld und Prävention, 1976, S.8-9.

[4] 参见[德]冈特·施特拉腾韦特、[德]洛塔尔·库伦:《刑法总论I——犯罪论》,杨萌译,法律出版社2006年版,第204页。

工具化。自此，权利被认为需要服务于权利体系之外的目的，因而会随着社会与政治目标的改变而被重新界定。由于权利对于其他东西而言是工具性的，权利受保护的程度自然需要参考威慑的可能性与制止危害的可能性，它们将与权利的定义高度地相关。[1] 就责任主义原则而言，罪责概念内容的客观化与社会化表明，它所许诺的权利也开始遭受工具化的命运。危害预防的功利性考虑，不仅促使刑法对缺乏可谴责性的严格责任犯罪进行惩罚，而且直接决定是否具有可谴责性的判断。在严格责任犯罪中，个体的"无责任便无刑罚"的权利因社会性利益的考虑而被牺牲。在过失犯与不作为犯中，此种权利完全被重新界定。没有在主观上滥用选择自由，已经不足以保障行为人享有免受刑罚处罚的权利；而只有履行其作为理性主体的控制能力，才有资格享有相应的权利。这意味着尽管"无责任便无刑罚"的权利仍然存在，但较之于从前，个体享有权利的条件变得苛刻了。这便是罪责概念所经历的变化的实质。

综上，当代社会风险的日常化，导致刑法对危害预防的强调。为达到预防的目的，刑法加重了个体的注意义务负担，由此引起罪责概念的客观化与社会化。这个过程用公式来表示便是：危害预防(/风险控制)→注意义务加重→罪责的客观化与社会化。

第四节　本章小结

（1）期待可能性是随规范责任论而形成的概念，但期待可能性本身并不等同于规范责任论。规范的责任概念表明的是，有责的行为必须是值得谴责的，它完全是个形式性的概念，并未回答可谴责性取决于什么内容前提的问题。期待可能性理论的兴起，是以意思选择自由为基础的规范责任论的产物。这种以期待可能性为实体内容的规范责任论，将责任的内容界定为违法意志的"他行为可能"。一旦认为责任的本质在于对主观选择自由的滥用，则在判断有无期待可能性的问题上必然要求采取行为人标准。

（2）当代刑法对风险控制与危害预防的强调，在促使过失犯扩张的同时，也使罪责的内容经历重大的变化。随着对行为人的控制能力的强

---

[1] See Hamish Steward, Harms, Wrongs and Set-Backs in Feinberg's Moral Limits of the Criminal Law, in 5 Buffalo Criminal Law Review (2001), p.47.

调,以选择自由为基础的传统规范责任论被废弃;期待可能性被从责任论中剥离出来,其重要性也日益呈下降的趋势。由于期待可能性始终与主观责任论相关联,一旦主观责任论的要求有所放松,罪责本身出现客观化的趋势,期待可能性便无法避免衰落的命运。

(3)罪责论的变化与刑法的预防走向密切相关。罪责概念并没有固定的连续意义,随着刑法任务观的调整,它经历了重要的意义裂变。当代刑法中罪责的社会化趋势,与社会责任论的主张既有相似之处,也有不同之处。罪责的客观化与社会化意味着责任基础的改变,它引发了对规范责任论的重构。责任论的功能化与实质化发展,代表的是重塑规范责任论的努力。

第十七章 违法性认识问题的根源之探究

在罪责层面,除罪责的内涵与判断标准之外,还涉及违法性认识及违法性认识可能性的因素。在法定犯的时代,基于其与责任主义之间的内在紧张关系,与法律错误密切相关的违法性认识问题突显出来,故有必要做专门的考察与探讨。

在现代刑法框架中,事实错误与法律错误的分类具有支配性影响。支配这种分类的便是"不知事实免责,不知法不免责"(Ignorantia facti excusat; ignorantia juris non excusat)的格言。一般认为,这一格言意味着对不同性质的认识错误需要适用不同的处理原则:对事实没有认识或者产生错误认识,阻却刑事责任的成立;没有认识到行为的违法性或者对行为的违法性产生错误认识,[1]则并不影响犯罪的成立。可以说,长久以来,正是基于这句格言,人们理所当然地认为,事实错误与法律错误分别等同于可免责的错误与不可免责的错误,而现代有关事实错误与法律错误的这种分类则源于罗马法。

本章的主旨是要探究刑法中违法性认识问题产生的根源,即违法性认识问题是在怎样的语境中成为理论与实务必须直面处理的命题。通过对"不知法不免责"的格言进行知识考古学意义上的探究,本章将揭示事实错误与法律错误分类的现代界定与罗马法无关,而是绝对主义国家权力兴起后的产物。作为处理法律错误的基本准则,现代意义上的"不知法不免责"建立在知法的推定的基础之上,而知法的推定与近代以来国家权威的扩张与治理方式的理性化存在紧密联系。在刑法体系中,随着法定

---

[1] 严格而言,没有认识到行为的违法性属于不知法律(Ignorance),对行为的违法性产生错误认识方属于法律认识错误(Mistake of Law),二者并不能等同。前者是行为人对法律规定根本没有任何认识;后者则表明行为人对法律有认知,但其认知与法律规定不一致。不过,基于不知法律与法律认识错误本质上都是对法律规定欠缺合理、足够的知识,二者在刑法意义上其实并没有差别,因而,本书将在相同意义上使用这两个概念。

犯的日益增多,知法的推定很快因欠缺现实的经验基础而变得难以为继。知法的推定动摇后,"不知法不免责"的准则面临寻找新的正当根据的任务,但相应的努力并不成功。尤其是进入 20 世纪之后,法律日益地变得复杂。随着预防主义刑法观的正式生成,刑法开始全面走向法定犯的时代,无法再简单依赖"不知法不免责"的准则来解决人们对复杂法律的无知或认识错误。在这样一种全新的语境中,刑法中违法性认识的问题开始广受关注,相应理论由此而不得不经历重构的过程。

第一节 大陆法语境中的"不知法不免责"

一、罗马法中的事实错误与法律错误

在语源学的意义上,"不知法不免责"的格言来自罗马法。公元 533 年优士丁尼发布的《学说汇纂》中,就叙述了"不知事实无害,不知法律有害"(Facti vero ignorantiam non nocere, juris quidam ignorantiam cuique nocere)的规则。该规则被认为与"不知事实免责,不知法不免责"的格言相等同。[1] 不过,研究表明,虽然罗马人有着相同的格言,但它从来没有运用于当时的刑法,而是仅仅适用于民事领域,并且只针对共同体中合理地被期待知道民法的那些人;对因地位或状况而对法律没有认识的人,如不满 25 岁的人、妇女、士兵、农民与其他智力较低的人或者没有机会咨询法律代理人,则并不适用。[2] 据宾丁考证,罗马刑法总是将违法性认识,也即积极地无视或蔑视法律,视为故意或重大过失的必要条件。在这一点上,罗马法的立场与教会法相同。[3] 在教会法中,对法律的认识同样被认为是故意或罪恶意图的组成部分,除非行为人产生法律认识错误或不知法律本身具有可谴责性,是基于懒散或有意地不予注意而未能获取相关知识的结果,否则,对法律的认识错误与不知法律将使违法行为缺乏自愿性。

罗马法时代,人们之所以区分法律错误与事实错误,是因为"法律

---

[1] See Keedy, Ignorance and mistakes in the criminal law, in 22 Harvard Law Review (1908), p.77.

[2] See Paul K. Ryu and Helen Silving, Error Juris: A Comparative Study, in 24 University of Chicago Law Review (1957), pp.425-427.

[3] See Paul K. Ryu and Helen Silving, Error Juris: A Comparative Study, in 24 University of Chicago Law Review (1957), pp.425-427.

具有确定性且能够被认定,而事实的确立甚至对于最慎重者也是困难的"。[1]然而,这并不意味着事实错误就是可免责的错误,而法律错误等同于不可免责的错误。实际上,在罗马人看来,免责错误的成立取决于两个要素:一是认知客体存在的困难;二是认识过程中付出的努力。在认知客体上,罗马人显然认为法律能够且应该被确定,而事实则较难捉摸。由于事实具有更大的难以捉摸性,有关事实的错误应该更容易被宽恕,以致只有懒散性过失或重大过失才应该阻却免责,如"对事实的认识错误多,而对法律的认识错误少"(in facto magis, quam in jure errat)之类的表述,也暗示着罗马人从来没有根据法律错误与事实错误之间所划定的严格的分界线来进行思考。对罗马人而言,事实错误与法律错误之间的差别只是程度上的而不是种类上的。[2]这意味着在罗马法时代,法律错误与事实错误的区分尚不具有今天所指称的意义,彼时两种错误之间并无性质上的差别。那么,事实错误与法律错误的现代意义究竟源于何时呢?

二、事实错误与法律错误的现代分野

在刑法发展的历史上,有两次重大的转折不可不提及。第一次转折是教皇革命之后,受基督教救赎学说的影响,刑法理论在中世纪经历了一般报应(法律的报偿)取代具体报应(受害人的报偿)作为刑法正当性基础的过程;[3]第二次转折便是贝卡里亚——费尔巴哈时代,受启蒙时期国家目的学说与边沁的功利主义理论的影响,刑罚学经历了"由盲目报复的'本能行为'到有意识的目的行为的认识发展",[4]刑法逐渐偏离报应轨道而将重心转移至预防需要之上。据此,国家刑罚权的发动必须是有目的的,必须带来一定的利益,且这种利益必须超过刑罚所带来的恶。这意味着自此以后,刑罚的正当性论证必须——至少部分地——由其所带来的利益来证成,而无法再基于惩罚的痛苦本身。施加于具体犯罪人身

---

[1] Keedy, Ignorance and mistakes in the criminal law, in 22 Harvard Law Review (1908), p.78.
[2] See Paul K. Ryu and Helen Silving, Error Juris: A Comparative Study, in 24 University of Chicago Law Review (1957), pp.426-427.
[3] 参见〔美〕哈罗德·J.伯尔曼:《法律与革命》(第二卷),袁瑜琤、苗文龙译,法律出版社2018年版,第212页。
[4] 〔德〕格尔德·克莱因海尔、〔德〕扬·施罗德:《九百年来德意志及欧洲法学家》,许兰译,法律出版社2005年版,第256页。

上的刑罚,不再是对其所引起的恶的单纯报应或为被害人讨回公道,而是基于国家的秩序利益杀鸡儆猴,以警告他人不要实施犯罪。预防论正是在这样的历史背景之下走上现代舞台的。

在与霍布斯处于同一阵营的德国学者普芬道夫最早提出刑罚威慑思想之后,贝里利亚与费尔巴哈也先后成为坚定的威慑与一般预防论者。贝卡利亚强调应在刑罚的后果和犯罪的后果之间进行算计和权衡,并由此而将刑罚的正当依据界定为预防和威慑。[1] 费尔巴哈则主张,刑罚必须让每个人认识并且在所有情况下通过法律进行威慑,而刑罚的执行也并没有更多的目的,只是表明刑罚威吓的严厉性。[2] 与费尔巴哈身处同一年代的 Stübel 与 Grolman 所提出的特殊预防理论,[3]实际上也是国家目的学说与功利主义理论的产物,是利益权衡的结果。

事实错误与法律错误的现代分野,便是刑法史上这第二次转折的产物,与由惩罚性的报应走向惩罚性的预防的转型紧密相关。可以肯定的是,费尔巴哈的心理强制说为预防和威慑的可行性提供了理论依据。心理强制说认为,趋利避害的本能使人们会在惩罚的痛苦与犯罪的快乐之间进行权衡。很显然,首先,心理强制的实现以人是理性的存在为前提,只有理性主体才懂得精确盘算利益得失,并具有基于意志的选择自由。其次,心理强制的实现还需要依赖罪刑法定的推行,因为只有明文规定了犯罪与刑罚的刑法才能成为理性主体据以行动的准绳。然而,主体的理性存在仅仅为认知提供了可能,罪刑法定表征的也只是法在客观上的公示性;客观的法如果不为理性的主体所知晓,便不可能指导主体进行算计,所谓心理强制云云不过是枉然。

这意味着除理性的主体与公示的法之外,心理强制的实现还须具备第三个必要条件,即人们对法律必须具有明知,且必须熟知特定刑事制定法所施加的惩罚程度。从此种意义上而言,罪刑法定与心理强制之间无疑存在着致命的脱节,倘若不将其间断裂的环节连上,费尔巴哈的心理强

---

〔1〕 参见〔意〕切萨雷·贝卡里亚:《论犯罪与刑罚》,黄风译,北京大学出版社 2014 年版,第 178—179、188 页。

〔2〕 参见〔德〕格尔德·克莱因海尔、〔德〕扬·施罗德:《九百年来德意志及欧洲法学家》,许兰译,法律出版社 2005 年版,第 134 页。

〔3〕 由于 Stübel 最终成为费尔巴哈理论的信徒,而 Grolman 也在与费尔巴哈的论争中败下阵来,特殊预防的刑罚论在当时并未引起重视,只是到李斯特时代才被发扬光大。参见〔德〕格尔德·克莱因海尔、〔德〕扬·施罗德:《九百年来德意志及欧洲法学家》,许兰译,法律出版社 2005 年版,第 177—178 页。

制说便无法为刑法由报应向预防的转折提供足够的依据。费氏显然意识到了这点,所以先是通过引入故意的推定,之后又以"归责上的法律推定"予以替代,来满足遵守如此不现实的目标所涉及的困难。[1] 简言之,对罪刑法定与心理强制之间所存在的脱节,费氏运用知法的推定完成了其间的链接。

正是在这样的背景之下,"不知法不免责"的格言开始挣脱罗马法的轨道而获得了全新的意义。它不再与认知客体的难易程度或认识过程相关,而是进入具有英雄色彩的"现代"[2]后的知法推定的产物。诚如Perkins所言,每个人都终结性地被推定为知道法律的断言,只是不知法不免责的另一种形式的说法。[3] 宾丁据此得出结论,将民法中法律错误理论应用至刑法领域完全是先进的德国准则的产物,而该德国准则来源于包含知法推定在内的推定的故意观念。[4]

第二节 普通法语境中的"不知法不免责"

追溯普通法的历史,我们同样发现,"不知法不免责"的现代意义与知法的推定相关。尽管对法律错误与事实错误进行区分的做法在英国法中已经存在数百年,但这种区分同样也并不来自罗马法。

一、事实错误与法律错误的分化处理

早期诺曼时代的法律实行的是绝对的结果责任。犯罪与侵权行为之间没有根本区别,法律依靠私力报复色彩浓重的赔偿体系,强调损害补偿而非惩罚性的制裁。正如梅因所言,如果一种不法行为的标准是,遭受损害的个人而非国家被认为受到侵害,则可断言,在法律学的幼年时代,公

---

[1] 参见[德]格尔德·克莱因海尔、[德]扬·施罗德:《九百年来德意志及欧洲法学家》,许兰译,法律出版社2005年版,第429页。

[2] 此处所谓的"现代"是在现代性意义上使用的概念。诚如福柯所言,"现代"不应仅从时间的维度去理解,而更多的是指一种态度,一种与当代现实发生关联的模式,一种思考、感觉乃至行为举止的方式,它处处体现出某种归属关系,并将自身表现为一项任务。[法]米歇尔·福柯:《什么是启蒙》,李康译,载《国外社会学》1997年第4期,第4页。

[3] See Rollin M. Perkins, Ignorance and Mistake in Criminal Law, in 88 U. Pa. L. Rev. (1939), p.38.

[4] See Paul K. Ryu and Helen Silving, Error Juris: A Comparative Study, in 24 University of Chicago Law Review (1957), p.426.

民赖以保护使其不受暴力或欺诈侵害的,不是"刑法"而是"侵权法"。[1]在受到侵害时,被害人通常以民事诉讼的形式对不法行为人提起诉讼,以求得金钱方面的补偿。在一个偏重对被害人损害结果补偿的法律体系之内,认识错误不可能影响行为人的法律责任,对事实错误与法律错误进行区分自然没有多少意义。12世纪以后,惩罚系统地被用作某些危害行为的制裁,刑法与侵权法才开始相区别。[2] 到12世纪末,教会法对刑法的发展产生了强有力的影响,受基督教伦理观念的作用,体系性的犯意(mens rea)[3]要求在13世纪初正式形成。基督教伦理长期强调主观的可谴责性作为罪孽的必要要素。根据这种伦理观念,犯罪者的罪过不只是由他破坏法律的事实构成,更重要的是由他故意地选择作恶这样的事实构成。这样,便存在一种对行为的不道德性质的强调。[4]

13世纪中期,受当时这种伦理观念的深入影响,布莱克顿(Bracton)广泛借鉴了教会法与罗马法的内容,将其中的典型观念直接灌输到英国的普通法之中。这对后世普通法的发展产生了重大影响。布莱克顿认为,邪恶的动机与有意的行为对于重罪的刑事责任而言都是必要的。换言之,不仅行为人的行为必须是有意实施的,其行为时的动机或目的也必须是值得谴责的,即重罪的成立要求在行为之外具备主观的道德罪过或者重罪意图。基于此,一旦存在否定犯意的情节,比如意外致人伤害或死亡,行为人的刑事责任即被阻却。在布莱克顿时代之后,对道德可谴责性作为犯罪要素之一观念的日益坚持,导致诸如精神病、未成年、强制等一般抗辩事由的形成。[5] 由于事实认识错误极易导致意外,如果错误本身合理,自然无法就主观的道德罪过对行为人进行归责,也就很难说其行为是一种应予谴责的罪孽了。之后的几个世纪里,事实错误作为抗辩事由逐渐得到承认。在1638年的Levett案(Levitt's Case)中,普通法的判例正式确立了合理的事实错误不负刑事责任的规则。

---

〔1〕 参见〔英〕亨利·梅因:《古代法》,郭亮译,法律出版社2019年版,第238页。

〔2〕 See Martin R. Gardner, The Mens Rea Enigma: Observations on the Role of Motive in the Criminal Law Past and Present, 1993 Utah Law Review, p.645.

〔3〕 在普通法国家,犯意是个意义含混的概念。大致说来,它的歧义性表现在,它有时仅仅被用来描述为某一犯罪的定义所要求的主观心态,有时则被用来表达只具有道德可谴责性的人才能正当地被施以惩罚的原则。

〔4〕 参见〔美〕哈罗德·J.伯尔曼:《法律与革命》(第二卷),袁瑜琤、苗文龙译,法律出版社2018年版,第211—212页。

〔5〕 See Francis Bowes Sayre, Mens Rea, in 45 Harvard Law Review (1931), p.1004.

由于普通法中犯意原则的提出归功于布莱克顿,事实认识错误发展为抗辩事由因此被认为始自布氏,并在柯克著名的"犯意与行为必须同时存在才成立犯罪"(Actus non facti reum nisi mens sit rea)的表述中达到发展的高潮。[1] 与此同时,在法律认识错误否定行为之道德可谴责性的场合,通过认定行为人不具备特定的意图,行为人同样不构成相应的犯罪。而行为人对刑法内容本身(比如,某些行为是否为犯罪)的错误之所以通常不影响其罪责,是因为早期的刑法与当时的风俗结合紧密,没有阻却可谴责性的此类法律错误因此被留给更早的原则——即错误不成立抗辩事由——来处理。结果是,一直到布莱克斯通时代,法律错误都没有被承认为一般的抗辩事由。[2]

二、犯意概念的改造与错误论的发展

在普通法国家,事实错误与法律错误之间尽管在布莱克顿时代开始出现分化的趋势,但这种分化与它们在当代的意义界定关系不大。事实错误由于容易阻却犯意而经常导致免责,但它绝不等同于可免责的错误。法律错误也无法与不可免责的错误画上等号,一个真诚地相信其行为不为法律所禁止的人实施了违反禁令的行为,根本不具有为恶的动机,依照当时的犯意原则,其刑事责任自然不可能成立。据此,简单地断言现代的法律错误不免责是"早期诺曼法绝对责任的残余"无疑有违历史的事实。那么,犯意原则为什么最终没有在法律错误的处理中一以贯之,相反,却与法律错误不成立一般抗辩事由的规则同步发展呢?

随后的几个世纪里,在人们努力确定为具体犯罪所要求的特定主观心态的过程中,原初作为罪恶动机的犯意观念在意义上经历了革命性的变化。经由柯克等人的努力,到17世纪上半叶,逐渐由一个规范性概念变成描述性概念,基本上背离了13世纪时来自教会法学者的观念。它不再作为所有犯罪必备的单一的邪恶主观心态而被概念化,而是对某一犯罪所要求的特定主观心态的描述。比如,盗窃罪要求具备窃取的意图,纵火罪要求具备焚烧住所的意图,而夜盗罪则要求具备破门而入意欲实施重罪的意图。早先对犯意的规范性界定,按照每个具体犯罪所要求的特

---

[1] See Livingston Hall and Selig J. Seligman, Mistake of Law and Mens Rea, in 8 University of Chicago Law Review (1941), p.643.

[2] See Livingston Hall and Selig J. Seligman, Mistake of Law and Mens Rea, in 8 University of Chicago Law Review (1941), p.644.

定形式的意图而被改造。于是,在柯克之后,犯意问题变成行为人是否具备所指定的几种主观心态之一的问题,而不是他是否为其不道德动机而值得谴责的问题。[1] 正是基于此,Sayre 教授断然主张,必须抛弃古老的单一犯意(mens rea)观念,而以新的复数形式的犯意(mentes reae)的观念来替代。[2]

可以肯定的是,如果犯意概念保留最初的动机方面的可谴责性内涵,法律错误成立抗辩事由的可能性便无法被阻断,法律错误自然也就不可能被认为等同于不可免责的错误。相应地,法律错误与犯意没有关联的观点也不可能为布莱克斯通等人所认同。[3] 这意味着这一时期对犯意概念的改造,是事实错误与法律错误之意义迈向现代过程中的至关重要的一步,它不仅为法律错误不成立一般抗辩事由的规则的发展夷平了实质性障碍,也使知法推定的引入有了可乘之机。

大约在 1680 年,黑尔(Hale)即以每个具有判断力与正常心智的人必定知道法律,并被推定知道法律为由,断言对王国内的地方性法律或施加于行为人之上的刑罚欠缺认识并不免责。[4] 在《英国法释义》中,布莱克斯通陈述了相似的原则,只是把不知法律与认识错误的情形都包含在内。布莱克斯通明确指出,当意欲为合法行为的人实施了违法行为时,不知或错误构成另一种意志缺陷。在此,行为与意志相互分离,并不存在成立犯罪所必要的行为与意志的结合。然而,这必须是对事实的不知或错误,而不是法律方面的错误。就好像某人在自己的住宅内意图杀死小偷或闯入者,却错误地杀死了自己的家人,他并不构成犯罪;但如果某人认为他有权在任何地方杀死被教会逐出者或逃犯,他这样做时就成立故意的谋杀。因为每个具有判断力的人都不仅可能知道,而且必须并被推定知道法律,在刑事案件中有关法律的错误并不成立犯罪事由。[5]

在布莱克斯通这里,事实错误与法律错误之间的分类已经具有现代

---

[1] See Refer to Francis Bowes Sayre, Mens Rea, in 45 Harvard Law Review (1931), pp. 994-1005; also see Martin R. Gardner, The Mens Rea Enigma: Observations on the Role of Motive in the Criminal Law Past and Present, 1993 Utah Law Review, pp.667-672.

[2] See Francis Bowes Sayre, Mens Rea, in 45 Harvard Law Review (1931), p.1026.

[3] See Richard Singer, The Resurgence of Mens Rea: II-Honest but Unreasonable Mistake of Fact in Self Defense, in 28 Boston College Law Review (1987), p.461.

[4] See D. O'Connor, Mistake and Ignorance in Criminal Cases, in 39 Modern Law Review (1976), p.644.

[5] See William Blackstone, Commentaries on the Laws of England, vol.4, Philadelphia: J. L. Lippincott Company, 1859, p.27.

的意义。黑尔与布莱克斯通都倾向于认为,"不知法不免责"本身乃是从"对任何人必须知道的事物缺乏认知并不免责"这个更普遍的规则中推导得出。因而,布氏的立场实际上可简化为如下的论证:"因为对任何人必须知道的事物缺乏认知并不免责,而每个人都必须知道法律,所以对法律欠缺认知并不免责。"[1]无疑,在这个三段论中,结论的成立与否取决于"每个人都必须知道法律"的小前提是否成立。对此,正如美国学者 D. O'Connor 所言,布莱克斯通的意思或许能够从其将"必须"与"推定"放在一起使用的做法——"每个具有判断力的人不仅可能知道,而且必须并被推定知道"——中得知,因而,看来布氏只是意味着在法律上存在一种不利于被告人的知法的推定。[2]

第三节　知法的推定与治理方式的理性化

一、"不知法不免责"与知法的推定

至少从 18 世纪中后期始,无论在大陆法国家,还是在普通法国家,"不知法不免责"准则都与彼时知法的推定联系在一起。这种知法的推定,一方面,与刑事诉讼中随着对控方证明的日益强调而不得不缩小必须证明的内容范围,以保持平衡的需要相关:在欧洲大陆历史上,法律认知推定的兴起与职权主义程序中整个证明责任完全转移至控方紧密相关;同样地,在盎格鲁-美利坚法律中,排除合理怀疑的证明要求有助于知法推定的保留。另一方面,绝对国家权力的加强与主权观念的兴起也有利于知法推定的发展与持续,因为它赋予国家以法律创制的垄断权,并因此支持国家对于个人的主权。[3]

布莱克斯通、贝卡利亚与费尔巴哈所生活的时代正是绝对国家权力全面兴盛的时代,知法被认为是公民对民族国家所应承担的忠诚义务,是公民服从主权的体现。所谓的主体性与对个体权利的抽象论证等,都无不服务于国家权威的确立。连扫除文盲的战斗(或者说义务教育的系

---

[1] See D. O'Connor, Mistake and Ignorance in Criminal Cases, in 39 Modern Law Review (1976), pp.646-647.
[2] See D. O'Connor, Mistake and Ignorance in Criminal Cases, in 39 Modern Law Review (1976), p.648.
[3] See Paul K. Ryu and Helen Silving, Error Juris: A Comparative Study, in 24 University of Chicago Law Review (1957), p.431.

性发展)都和政府对公民的权威的扩张紧密相联,每个人必须识字,然后政府才能说,对法律的无知不足以构成借口。[1] 由是之故,宾丁将知法的推定归因于随绝对国家权力的兴起而来的对被告人人身日益无视的观点,[2]应该说是极有见地的。

刑事古典时期,借助于知法的推定,一方面,人们解决了"不知法不免责"的处理准则与彼时道义责任论之间的内在冲突,从而使二者在既有的理论体系中能够自洽地共存;另一方面,道义责任论所表现出来的国家主义立场,也再次佐证了"不知法不免责"与国家权威的扩张之间有着千丝万缕的联系。

与古代刑法中的客观责任、结果责任与团体责任(连坐、缘坐)相反,道义责任论以违法行为作为责任谴责的基础,强调主观责任与个人责任。它以责任判断的主体(国家)相对于判断的对象(个人)具有道义上的优越性的积极的道德主义思想为背景,认为行为人尽管能够按照自己的规范意识选择实施合法的行为,并且根据该选择进行活动,却根据自己的自由意思选择了违反道义的行为;所谓的责任,便是从国家的立场出发,对行为人所进行的道义谴责。[3] 知法推定的存在,使行为人的规范意识成为不加置疑的前提。知法的理性主体在有机会为合法行为时竟然选择违法行为,依道义责任论的立场看来,自然具有可谴责性。

道义责任论谴责的是行为人的知法犯法中表现出来的对国家法秩序的公然的漠视态度,因而,行为人的违法性认识乃是其中极为关键的一步。坚守古典立场的小野清一郎对此有着深刻的洞察:故意的本质特点不在于对犯罪事实的认识,而在于否定了通过对犯罪事实的认识而产生的抑制感情,即在于竟以违法的意识实施行为。过失通常被认为是由于不注意而没有认识犯罪事实,但是,更准确地说,过失是应该意识到行为的违法而没有意识。这样考虑,便可以明确道义性责任是以违法性意识为枢轴而回转的。[4] 尽管道义责任论肯定违法性认识乃是追究行为人责任的必要条件,由于违法性认识通过绝对的知法推定而得到解决;这样

---

[1] 参见[法]克洛德·列维·斯特劳斯:《忧郁的热带》,王志明译,中国人民大学出版社2009年版,第366页。

[2] See Paul K. Ryu and Helen Silving, Error Juris: A Comparative Study, in 24 University of Chicago Law Review (1957), p.426.

[3] 参见[日]曾根威彦:《刑法学基础》,黎宏译,法律出版社2005年版,第44页。

[4] 参见冯军:《论违法性认识》,载赵秉志主编:《刑法新探索》,群众出版社1993年版,第251页。

一来,"不知法不免责"的准则也就与所谓的责任主义并不相互排斥,而是完全能够和平共处。

二、知法的推定与法理型治理方式

当然,更准确地说,知法的推定是现代国家推行新的治理方式[1]的产物。传统国家在与城市争取自治的讨价还价的过程中,在军队组织方式的变革和军事工业化的过程中,在贸易的发展过程中,在为自身存在的合法性(正当性)的论证过程中,逐渐掌握了新的治理方式。[2] 福柯指出,在新的治理方式中,理性和权力开始以前所未有的程度统合在一起:权力必须借助理性的形式方得以顺利运行并彰显自身,理性还为权力的行使提供意识形态上的正当性;同时,理性化的实质就是权力进行策略性调整的结果,渗透并弥散于理性化过程之中且对生活世界产生实际作用力的,永远是也只能是潜伏在理性背后的权力。理性化的治理方式反映了统治日益转化为管理的现实,并暗示了对人类行为的可组织性和可控制性的迷信。这是一种"通过法律的治理"的法理型治理方式。新的治理方式应该被理解为一种重新安排权力的策略,其原则是使之产生更稳定、更有效、更持久、更具体的效果。它建立起一种新的权力结构,从而使权力分布得更加合理,既不过分地集中于若干有特权的点上,又不过分地分散成相互对立的机构,权力应该分布于能够在任何地方运作的性质相同的电路中,以连贯的方式,直至作用于社会的最小粒子。[3]

很显然,对于权力的合理分布而言,知法的推定是必要前提,也是响应理性化治理方式的诉求的结果。重要的不是每个人是否真的知道法律,而是有必要假定每个人都知道法律。只有这样,国家的权威才能通过法律的神经末梢而作用于每个个人,并使个人的自我治理成为可能。在新的治理方式下,所谓的治理,其实已经不是仅指政治结构或者对国家的管理,它毋宁是指可以用来指导个人或群体如何进行行为的方式:对儿童的治理、对灵魂的治理、对社区的治理、对家庭的治理、对病人的治理等。

---

〔1〕 有关这种新的治理方式的论述,详见劳东燕:《刑事视域中的"人"》,载陈兴良主编:《刑事法评论》(第10卷),中国政法大学出版社2002年版。
〔2〕 参见李猛:《论抽象社会》,载《社会学研究》1999年第1期,第2页。
〔3〕 福柯对于刑罚权力的分析显然同样适用于对权力所作的一般意义上的表述。参见〔法〕米歇尔·福柯:《规训与惩罚:监狱的诞生》(修订译本),刘北成、杨远婴译,生活·读书·新知三联书店2019年版,第85页。

它不仅包含了政治从属和经济从属的合法构成形式,而且包含了或多或少经过考虑和计算的行动模式,这种行动模式旨在对他人的行动的可能性施加影响。[1] 这意味着新的治理方式乃以个人的自我治理作为运作的基础。换言之,现代"通过法律的社会治理"的系统工程的实现,绝非国家的强制力单方面所能成就,而是从根本上依赖于个人根据法律对自身生活进行的自我管理与安排。

以上的分析表明,"不知法不免责"的现代意义(或者说事实错误与法律错误分类的现代界定)与罗马法无关,而是绝对国家权力兴起后的产物。确切地说,作为绝对的知法推定的另一种说法,它更像是民族国家做出的权力宣言。通过赋予"不知法不免责"格言以全新的意义,民族国家期待向它的每一个成员宣告主权,并由此传递政府的权威,实现"通过法律的社会控制"。

第四节 "不知法不免责"的诸理论根据评析

通过知法的推定,现代国家在"不知法不免责"与责任主义之间求得了平衡。然而,此间的平衡无疑是脆弱的,一旦知法的推定受到质疑,其间的平衡也就很难维持。那么,知法的推定是否具有理所当然的正当性呢?

一、知法的推定与法定犯兴起之关联

推定每个公民都知法与每个公民事实上都知法是两回事,推定知法并不意味着行为人事实上知法。只要实施相应的行为,即使行为人对禁止性规定没有认知也不被免责的事实表明,知法的推定是绝对的、不可推翻的。当知法的推定构成实体法上的规则时,它意味着知法的义务被施加于个人身上,国家则相应地成为权利主体一方。据此,个人必须承担不知法的全部风险。古典时期,由个人承担不知法的全部风险的做法之所以未遭根本的质疑,一则固然是国家权威扩张之故;二则也是因为彼时的犯罪基本上限于传统型犯罪。传统型犯罪在造成法益侵害的同时,通常具有极强的反伦理反道德色彩,因而,实质违法性的认识与法的禁止性认

---

[1] 参见〔法〕米歇尔·福柯:《自我技术》,选自汪民安编:《自我技术:福柯文选 III》,北京大学出版社2015年版,第129—130页。

识在内容上是大致重合的。一般而言,从行为人对构成要件的容认上就可以直接推定其具有违法性认识。在此,违法性认识并不具有成为独立要素的必要性,相应地,违法性认识问题也就缺乏进一步探讨的意义。

为了回避知法的推定与罪刑法定之间的矛盾,德国刑法理论中甚至还出现过这样的观点:个人不需要知道法律,因为法律根本不是对他而言的,而是针对法律实施的代理人。刑事立法的功能被说成是不在于给予个人关于禁令的事先告知以便避免违法行为,而是限制政府的某些部门恣意行使权威的权力。根据这种观点,罪刑法定原则指向对个人的保护,而不是对他的告知。由此,罪刑法定原则与知法的推定也就并不矛盾。[1]

19世纪中后期以后,绝对的知法推定开始面临挑战。这一时期,不仅法律体系日益复杂化,刑法也不断扩张调控的范围,其规制性色彩变得日益浓重。为对付日益扩张的社会经济病症,大量的新罪名被创设。比如,英国现在大约有8000个罪名,其中大多数罪名创制于最近150年之内。[2] 与传统犯罪不同的是,新创制的罪名大多具有规制性、管理性的特征,其所针对的行为几乎在道德上都是中性的。

随着道德上中性的行为不断地被评价为犯罪,以法定犯为主的附属刑法成为刑法中重要的组成部分。在这样的背景下,绝对的知法推定日益显得严酷,因为"人们不可能熟悉这个经常发生无法预见变化且很少以社会伦理为基础的领域"。[3] 国家当然可以选择科处更高的知法义务,要求公民付出更大的努力去了解法律,直至找出表明行为不合法的根据为止,"但这样过分的要求必定会使社会生活陷于瘫痪,此外也不符合法律所期望的效果"。[4] 无论如何,知法推定的成立,需要以人们对法律具有现实的认识可能性为基础。诚如Hankock法官在Marrero案的异议中所言,在大多数犯罪由本质恶的行为构成的早期,对"不知法不免责"格言的基本反对可能缺乏影响力;然而,在现代,随着立法将反之属于合法

---

〔1〕 See Paul K. Ryu and Helen Silving, Error Juris: A Comparative Study, in 24 University of Chicago Law Review (1957), p.431.

〔2〕 See Andrew Ashworth, Is the Criminal Law a Last Cause, in Law Quarterly Review 2000, 116(APR), p.226.

〔3〕 Roxin, Strafrecht Allgemeiner Teil: Grundlagen Aufbau der Verbrechenslehre, Band I, 3. Aufl., C. H. Beck Verlag, 1997, S.811.

〔4〕 Roxin, Strafrecht Allgemeiner Teil: Grundlagen Aufbau der Verbrechenslehre, Band I, 3. Aufl., C. H. Beck Verlag, 1997, S.810.

行为的行为犯罪化(禁止恶),每个人都被推定知道法律这一普通法的虚构,无论在事实上还是逻辑上都变得难以防卫。[1] 知法的推定一旦动摇,现代国家苦心经营的平衡很快就被打破了;相应地,"不知法不免责"的准则开始面临正当性的挑战。随后的一个多世纪里,人们耗费了大量的精力与智力,试图为"不知法不免责"寻找新的正当根据。

二、"不知法不免责"的五种理论根据

奥斯汀从证明的困难性入手论证了"不知不去不免责的第一个理论根据",认为如果对法律的无知被承认为免责的根据,则司法的运作将陷入困境之中,法院将陷入几乎不可能被解决的问题之中。[2] 熟谙司法逻辑的霍姆斯运用利益权衡技术,随之为"不知法不免责"找到了第二种理论根据,他指出,证明问题可以通过让违法者承担不知法律的证明责任而解决。不知法之所以不能免责,是基于公共政策的考虑,对个体的正义恰恰被天平另一端更大的利益(即公共利益)所超越,承认不知法成立抗辩事由将在立法者决定让人们知晓与服从的场合鼓励不知法。[3]

奥斯汀与霍姆斯的理论被认为构成支撑"不知法不免责"格言的两大支柱。除此之外,法的客观性要求与对法律的无知本身就具有可谴责性则构成另外两种具有较大影响力的理论根据。

第三,杰罗姆·霍尔(Jerome Hall)从法的客观性入手找到了第三种理论根据,认定法律认识错误不免责乃是法的客观性要求使然。在他看来,罪刑法定原则("规则之治")揭示了法秩序的一些必要要素:(1)法律的规则表达的是客观的意义;(2)特定的人(有权能的官员)依据规定程序宣布这些意义是什么;(3)只有这些解释才具有约束力,也即只有规则的这些意义才是法律。容许个人成功地以其对法有不同的意见或解释进行辩护,将会与法秩序的这些基本设定相冲突。因为断言法是特定官员依据规定分析所宣布的东西,与声称官员必须宣布法是被告人或其律师所认为的事物之间,根本不相容。法秩序意味着拒绝这样的对立。它以客观性反对主观性,以司法程序反对个人意见,以官方意见反对外行意

---

[1] See People v. Marrero, 507 N.E. 2d 1068 (1987).
[2] See Livingston Hall and Selig J. Seligman, Mistake of Law and Mens Rea, in 8 University of Chicago Law Review (1941), pp.646-647.
[3] See Oliver Wendell Holmes, The Common Law, Cambridge: The Belknap Press of Harvard Unirersity Press, 1963, p.41.

见,以对法是什么的权威性宣布反对非权威的宣布。[1]

德日刑法界主流观点对故意理论的批评,借用的同样是法的客观性依据,"故意理论把刑法规范的有效性交由规范的受众来处置,这与作为客观秩序的法的功能无法相协调;为避免受到刑罚的威胁,人们只须对构成要件没有认知。于是,被施以刑罚的,就不再是立法者以刑罚相威吓的行为,而是个人认为被禁止的行为"。[2]按照这种立场,法的客观性丧失的直接结果是,人们将日益依赖律师与相关人员的法律建议,从而赋予最不受尊重的法律执业者以事实上豁免预期不法者的巨大权力,[3]最终为犯罪人逃避刑事指控开辟了一条出路。

第四种理论根据从公民有知法、懂法的义务出发,主张"不知法不免责"的根据在于不知法律本身就具有可谴责性。"因为刑法代表着共同体的道德价值,如果一个人忽视它们而违背这些价值,他就能够而且应该被认定是应受谴责的,即使他表明他不可能认识到正在实施的法律。"[4]不难发现,这种理论根据乃是从知法的推定变形而来,它与知法的推定并无实质性的差异。

在上述四种理论根据之外,近年来,又有学者试图为不知法不免责的传统立场寻求新的正当根据,即第五种理论根据。以法律道德主义(legal moralism)与审慎的含混(prudence of obfuscation)作为理论前提,耶鲁大学的唐·卡罕(Dan Kahan)教授对"不知法不免责"准则展开了独辟蹊径的论证。

卡罕教授认为,不知法不免责准则所针对的不是或者不只是策略性的不予注意者,而是鲁莽的好盘根问底者,也即外行解释者,后者并不满足于依靠朴素的判断,而是坚持亲自审视法律,并就有关法律所宣称的内容获得自身认为合理的观点。[5] 在他看来,制定法外在边界的有意模糊

---

[1] See Jerome Hall, Ignorance and Mistake in Criminal Law, in 33 Indiana Law Journal (1957), p.19.

[2] Roxin, Strafrecht Allgemeiner Teil: Grundlagen Aufbau der Verbrechenslehre, Band I, 3. Aufl., C. H. Beck Verlag, 1997, S.796.

[3] See Paul Matthews, Ignorance of the law is no excuse? in 3 Legal Studies (1983), p.188.

[4] See A.T.H. Smith, Error and Mistake of Law in Anglo-American Criminal Law, in 14 Anglo-American Law Review (1985), p.20.

[5] See Dan M. Kahan, Ignorance of Law is an Excuse—but Only for the Virtuous, in 96 Michigan Law Review (1997), pp.136-137.

是解决法所固有的不周延性的重要工具,因为模糊的制定法术语将赋予法院一定的灵活性,使刑法能适应新的犯罪形式,从而消除人们钻法律漏洞的诱惑。换言之,通过使法律的外在边界合理地不确定,制定法的模糊性构成与钻法律漏洞行为进行斗争的工具。"不知法不免责"的准则便是贯彻审慎的含混的策略的结果。在知法的问题上采取严格责任将使任何钻法律漏洞的行为变得危险,因为它实际上宣称法律将惩罚任何利用这种含混的失当行为。疏忽的标准则会抵消制定法模糊性的益处,它将赋予任何能够宣称其合理地认为行为合法的个人以抗辩事由。通过增加投资于法律知识所获的回报,疏忽的标准将加剧钻法律漏洞的问题。据此,卡罕教授得出结论:"不知法不免责"的准则并不鼓励公民知法,而是力图劝阻个人获得法律知识(审慎的含混),以便个人去按道德标准行事(法律道德主义);严格责任不仅警告公民不要有意地不去了解法律,它还告诉公民,"如果他们对某类不道德行为可以逃避法律的作用存在疑惑,则避免惩罚的唯一确定的途径是做其**知道**是正确的事,而不是做其**认为**是合法的事",[1]也即法律期待在缺乏相应的法律知识(即不确定行为是否违法)时,个人应受道德性知识的指引。只要行为与道德规范相冲突,则不管其是否违法,行为人应当选择不予实施。未履行道德义务或者对道德义务不予注意者理应受到谴责,因为他没有足够地致力于刑法背后的道德价值,被认为具有恶的品性;"不知法不免责"准则便是因这种品性缺陷而谴责行为人。

三、诸理论根据正当性论证中的不足

不难发现,为"不知法不免责"提供正当性论证的理论根据都是实用主义与功利性的,它们将诸如遏制犯罪行为、促进有序的司法运作、维持规则之治的至上性等社会利益,置于无道德罪过即免受惩罚的个体权利之上。撇开其所预设的前提(社会利益高于个人权利)能否成立不论,这几种理论根据所提供的正当性论证其实大可斟酌。

其一,证明上的困难不仅出现在行为人不知法律或对法律产生认识错误时,也存在于事实错误的场合,存在于几乎所有涉及特定心理状态的抗辩事由之中。也就是说,证明问题并非法律错误所独有,只要涉及行为

---

[1] See Dan M. Kahan, Ignorance of Law is an Excuse—but Only for the Virtuous, in 96 Michigan Law Review (1997), pp. 139-141.

人的主观心理,都会遭遇证明上的困难。那么,证明问题为什么只针对法律错误提出,而不适用于事实错误与其他的抗辩事由,这种逻辑上的不一致显然需要提供特别的理由。退一步说,证明上的困难也并非不可克服,与其说它无法证明,不如说是基于功利主义的考虑,对绝对正义的追求必定被社会功利与资源分配的考虑所妥协。

其二,所谓的鼓励不知法也颇有可质疑之处。要求人们采取合理措施去了解法律当然是社会所欲的,但没有必要将"不知法不免责"的格言在逻辑上推到极端,强行施加事实上的严格责任来获得教育的目标,并给粗心者以巨大的压力。[1] 如果特定的个人采取所有可以想到的措施,以使行为符合他合理地认为是法律的东西,那么,他就已经尽了作为公民的注意义务;过分的苛求反而不利于鼓励人们了解法律。在知法的问题上采取严格责任,意味着将尽力去探寻法律但发生错误认识的人与根本不作努力去了解法律的人等同对待,这必然会打击人们探寻法律的积极性。只有允许合理的法律错误而惩罚因疏忽而不知法律者,才能为公民了解法律提供足够的激励。正如卡罕教授所言:"与严格责任标准相比,在获取法律信息的问题上采取疏忽的过错标准更易于鼓励公民知法;如果法律事实上承认合理的错误免责,则更多的人会得出在法律知识上进行投资是值得的结论。"[2]

此外,人们在认定不知法成立抗辩事由将鼓励不知法的同时,为什么不存在对等的设定,即因不知事实使被告人免责会鼓励他们回避对周围世界的知识,以防其对所实施的损害负有责任? 为什么反对者假定对法律充分的实际认知一成不变地构成定罪的要件,而在与事实相关的场合,法律往往认为轻率甚至疏忽即已足够?[3] 最后,值得指出的是,霍姆斯式的设定,即法律错误不能被承认为抗辩事由恰恰是因为"让人们知晓并服从"是法律的政策,与人不应该被用作实现目的的手段的基本民主原则也是相背离的。[4]

---

[1] See A.T.H. Smith, Error and Mistake of Law in Anglo-American Criminal Law, in 14 Anglo-American Law Review (1985), p.17.

[2] See Dan M. Kahan, Ignorance of Law is an Excuse—but Only for the Virtuous, in 96 Michigan Law Review (1997), p.134.

[3] See Paul Matthews, Ignorance of the law is no excuse? in 3 Legal Studies (1983), p.187.

[4] See Paul K. Ryu and Helen Silving, Error Juris: A Comparative Study, in 24 University of Chicago Law Review (1957), p.433.

其三,有关法的客观性要求的论证也并非无懈可击。论者并没有区分不法与归责,也没有区分正当性事由(justification)与免责性事由(excuse),而是将对与特定被告人的责任的主观价值判断混同于违法性的客观判断了。个人无须对不法行为负责,并不代表行为本身不受谴责,它只是意味着行为人不该为其所做之事受到谴责,也即不具有责任主义所要求的可谴责性,因为其他普通的守法公民处于行为人的位置也会错误地理解相关法律规定。承认法律错误成立抗辩事由并没有改变法律,法律规定的意义仍保持稳定。正如承认为躲避野兽攻击而破门而入的行为人成立紧急避险,并没有改变禁止损毁他人财物的法规范一样。至于日益依赖律师与相关人员的法律建议的说法,则更是奇怪的言论。如果行为人会尽力去发现法律是什么,那就不可能鼓励不知法了。

其四,如果行为人产生法律错误是由于他没有合理地履行注意义务,他的不知法本身自然具有可谴责性。然而,一个人没有弄清他的法律义务可能是完全冷漠的结果,也可能像在 Lambert 案中一样,是因为没有东西引发显示法律在该行为中可能存在利益的警告机制。[1] 在后一种情形下,便很难说行为人的不知法在道德上该受谴责。退一步说,即使认为他该受谴责,也只能是因为他对没有查明自身所处的法律状况存在过失。一旦行为人表明他已经尽了合理的努力去了解法律,他就不存在该受谴责的过失。在此种情况下,基于纯粹的功利主义考虑而对行为人进行惩罚,无疑有失公正。

其五,卡罕教授的论证诚然更为严密,他从法律道德主义的角度去诠释,为什么在法定犯中不知法可能成立抗辩事由,也颇具说服力。然而,将所谓的法律道德主义当作"不知法不免责"准则的论证前提,恐怕难以令人信服。在法律领域,要求人们的行为受道德知识而非法律知识的指引,首先与罪刑法定所预设的法律与道德相分离的前提相矛盾。通过将法律与道德相区别,罪刑法定意在对国家刑罚权的行使进行实质性的限制。这意味着犯罪不是违反道德而是违反法律,立法者应当尊重良心的自由,法律并非道德或者伦理的裁判者。其次,道德规范的多元性与相对性也将使法律道德主义欠缺实践的有效性。在一个价值日趋多元化的

---

[1] See A.T.H. Smith, Error and Mistake of Law in Anglo-American Criminal Law, in 14 Anglo-American Law Review (1985), p.20.

社会里，人们经常无法就行为的道德与否达成一致的认识，更毋论在法定犯的场合如何做出合理的道德性判断了。因而，以刑罚相威胁而强制要求人们遵循道德规范行事，不仅是对普通公民的苛求，也背离了法治社会"通过法律的社会治理"的基本逻辑。

综上，在知法的推定动摇之后，尽管人们试图为"不知法不免责"寻求新的正当根据，但这种努力无疑不太成功。20世纪以来各国刑法不得不构建诸多不知法而免责的例外，也反过来佐证了这一点。德国、法国、奥地利、西班牙、葡萄牙、韩国等大陆法系国家均通过总则性的立法修正，明文规定不知法或者法律错误不可避免时，行为人不承担责任。普通法国家的刑法大多未见此类概括性条文，而通常借助判例或立法规定特定的法律错误可以成立抗辩事由。比如，美国联邦最高法院在1957年的Lampert诉California案中指出，"不知法不免责"准则的适用受正当程序的限制，在缺乏行为为法律所禁止的公平告知的场合不适用该准则。此外，美国不少州的刑法典都有与《模范刑法典》第2.04.3条规定[1]相类似的条款。根据该条规定，法律尚未公布或不能被合理地知悉和对相关法律的官方声明（事后被认定无效或错误）的合理信赖，均可构成相关指控的抗辩事由。

为"不知法不免责"寻求新的正当根据的努力的失败表明，问题并不出在其正当根据上，而出在"不知法不免责"的准则本身。由个人承担不知法的全部风险这一做法的正当性显然存在质疑的余地，尤其是在刑法调控范围日益扩张、针对社会经济？的新型罪名不断被创设的今天。这意味着在当代的法律语境中，需要对不知法的不利后果由谁承担（或者说如何分配不知法的风险）的问题重新加以审视。可以说，也正是在这样的背景下，违法性认识问题得以提上20世纪的刑事法治议事日程。

---

[1] 美国《模范刑法典》第2.04.3条规定，当存在下列情形时，对行为在法律上并不成立犯罪的确信，构成针对基于该行为的犯罪之指控的抗辩事由：(a)界定犯罪的制定法或其他法令并不为行为人所知，并且在实施被指控的行为之前尚未公布或者不能被合理地知悉；(b)行为人基于对相关法律的官方声明的合理信赖而实施行为，而该官方声明事后被认定为无效或者错误。所谓的官方声明包括(i)制定法或其他法令；(ii)司法性的判决、意见或裁判；(iii)行政命令或许可；或者(iv)对规定犯罪的法律负有解释、管理或实施职责的公职官员或公职机构所做出的官方解释。

第五节 违法性认识问题凸现的原因探寻

一、知法推定受到挑战的法内原因

本章前四节的论述表明,事实错误与法律错误分类的现代界定与罗马法无关,而是近代绝对国家权力兴起后的产物。作为处理法律错误的刑事准则,现代意义上的"不知法不免责"建立在绝对的知法推定的基础之上;而知法的推定的发展与持续,则与18世纪前后国家权威的扩张与主权观念的兴起有莫大的关联。在国家垄断法律创制权的背景下,绝对的知法推定意味着对公民施加知法的注意义务,体现并支持国家对于个人的主权。然而,19世纪中后期以后,绝对的知法推定逐渐面临挑战。可以说,法律的复杂化、法定犯的增多以及刑法规制性的加强等,构成动摇绝对的知法推定的直接原因。

绝对的知法推定的动摇,也与对法的确定性的再认识有关。绝对的知法推定的成立,乃以对法的确定性的迷信为必要前提。十八九世纪影响深远的法典化运动便是这种迷信的产物。彼时,人们普遍认为法律可以做到完整、清晰、逻辑严密,法官的作用只是依照法典的有关规定进行判决,故而不允许法官解释法律。既然法律是确定的、可知的,自然就不可能存在合理的法律错误,"任何误解'确定、可知'的法律的个人,都只是没有足够努力地去获知,因而不知法具有道德上的可谴责性"。[1] 20世纪以后,人们逐渐达成共识:出自立法机构的刑事制定法只是半成品,借助于法官之手,这些半成品才得以成为成品。法的不明确乃是由法的一般分类的抽象性构建与语言本身的开放性所导致的必然结果。因而,一定程度的模糊性不仅不可避免,而且本身就具有积极的价值。诚如卡罕教授所言,制定法外在边界的有意的模糊是解决法所固有的不周延性的重要工具,因为模糊的制定法术语将赋予法院一定的灵活性,使刑法能适应新的犯罪形式,并消除人们钻法律漏洞的诱惑。[2]

既然刑事立法本身就是模糊的,且这种模糊性只有借助法官的解释

---

[1] Joshua Dressler, Understanding Criminal Law, 3rd Edition, New York: Matthew Bender& Company, 2001, p.166.

[2] See Dan M. Kahan, Ignorance of Law is an Excuse—but Only for the Virtuous, in 96 Michigan Law Review (1997), p.139.

才能确定;普通公民的不知法就可能与个人的努力是否足够无关。相应地,对法律的认识错误也就不一定应受谴责。因为完全可能存在这样的情况:行为人已经履行合理的注意义务,但仍然不知法或者对法作不同于法官解释的错误理解。只要承认刑法的适用离不开法官的解释活动,个人的不知法就是正常的。普通公民怎么可能像法官那样思考并得出与法官一致的结论?更何况,对相同立法条款的理解,即使在法官之间也经常不尽一致。法既是不确定的,自然也就无法想当然地推定每个人都知法,或者断定不知法的个人一律具有道德上的可谴责性。

二、知法推定受到挑战的法外因素

绝对的知法推定的动摇,还与诸多社会因素的作用相关。

其一,它是社会整体的政策转型的直接后果。在19世纪,社会基本的政策是优先考虑经济与工业的发展。至20世纪,随着工业化消极后果的加剧,对个人命运的关注逐渐增多,个人优于工业的发展遂成为主导的潮流。基于秩序需要而让不知法的行为人无条件承担刑事责任,显然有违个体正义的逻辑。

其二,它与当代社会的价值多元化密切相关。在价值相对单一、认同程度较高从而易于实现规范内在化的社会里,从行为人对构成要件的容认中推定其具有违法性认识的做法,不至于出严重差错。在价值多元的社会里,这样的推定则难以成立。价值上的多元在使道德评价多元化的同时,也影响到人们对规范的认同程度。规范内在化基础上的此种欠缺,直接切断了构成要件的容认与违法性认识之间的内在关联。

其三,它以法律世界中人的形象的变化为基础。古典时期刑事视域中所架构的人,是一种基于绝对的自由意志的存在物,是通过一定的行为表现其自由意思的、具有理性的抽象人。精神分析学、心理学、犯罪学等实证科学的研究成果与随后的存在主义思潮,侵蚀了理性主体的高大全形象。抽象人由此经历了具体化的过程,发生了从抽象的法律人格向具体的人的转变,从作为有理性的、有意思的、强而智的存在向弱而愚的存在的转变。[1] 对个人的弱势形象的定位,构成期待可能性理论的基础,也使国家不能在知法问题上向个人科以过高的注意义务。

---

[1] 参见[日]星野英一:《私法中的人——以民法财产法为中心》,王闯译,载梁慧星主编:《民商法论丛》(第8卷),法律出版社1997年版。

三、刑法中违法性认识问题的凸现

不难发现,当前对违法性认识问题之解决方式的重新探讨,便是源于绝对的知法推定的动摇。作为一项实体法规则,绝对的知法推定意味着在法律错误的处理上采取严格责任,它将不知法的全部风险都置于个人身上。在传统刑法的范畴内,此种风险分配方式能被认同,是基于彼时所涉犯罪往往具有鲜明的反道德性。对普通的社会成员而言,基于规范内在化的作用,不大可能对行为的此种特性缺乏感知,因而,从对构成要件的容认中可推定行为人对违法性具有认知。这就使"不知法不免责"准则的严酷性能在很大程度上得到缓解。随着法律的复杂化与法定犯的增多,作为风险控制工具的刑法日益地表现出规制与管理的特性。在个人的知法负担大大加重的情况下,如果仍允许为维护秩序而由个人承担不知法的全部风险,未免苛刻。

此外,传统的风险分配方式还可能引起违宪方面的质疑,因为它违背罪刑法定所预设的告知机能。根据这种机能,政府对所禁止的行为有给予适当警告的义务。其基本设定是法律没有明确禁止的即为允许,疑问情况下举证责任由政府方承担。一旦认为对违法性缺乏认知本身即是应予惩罚的过错,此种设定就被推翻了,变成法律没有明确许可的即为禁止。此种对行为违法性的实质性推定,显然直接跟无罪推定的传统与政治自由主义的基本设定背道而驰。[1]

在传统风险分配方式受到深刻质疑之后,绝对的知法推定便面临被颠覆的命运,如何适当地处理违法性认识的问题遂提上20世纪的法治日程。这意味着在当代的法律语境中,需要对不知法的不利后果由谁承担或者说如何配置不知法的风险的问题重新加以审视。如果说在核心刑法领域,国家可以通过推定来免除自身的有关告知的证明负担,那么,在无法借助推定的附属刑法之中,就不应让个人一律承担相应的不利后果。换言之,知法的推定充其量只能在核心刑法中予以适用,而不再具有绝对的有效性;相应地,不知法不免责准则的有效适用范围也便需要作进一步的研究。

就我国的情况而言,现行刑法并未就法律错误问题做出明文规定。学界受德国刑法理论的影响,大体上认可"不知法不免责"并无绝对的适

---

[1] See John Jeffries, Legality, Vagueness, and the Construction of Penal Statutes, in 71 Virginia Law Review (1985), p.209.

用效力,只是对违法性认识究竟阻却故意还是阻却责任存在争论。不过,学界的立场并未为实务界所理会,"不知法不免责"准则在实践中基本保持绝对的适用效力。这种现状显然令人担忧,因为它表明,绝对的知法推定在中国社会仍然根深蒂固,而个体正义远未受到应有的尊重。在此种背景下,"不知法不免责"准则所经历的重大转变,无疑能为我们提供反思的基础:在法律错误领域,无视个体正义的做法的正当性何在?如果现行做法缺乏正当性,又如何在一般正义与个体正义之间求取平衡?这意味着有关违法性认识问题的关键,并非学界所关注的违法性认识的欠缺究竟阻却的是罪责还是故意的问题,[1]而是在何种情况下不予追究行为人的刑事责任才是合理的(既符合责任主义的要求,又能兼顾风险规制的需要)的问题。树立这样的问题意识,相信对于当前有关违法性认识的探讨将大有益处。

第六节　本章小结

(1)刑法中事实错误与法律错误分类的现代意义与罗马法无关。在罗马法时代,人们区分法律错误与事实错误,是因为法律具有确定性且能够被认定,而事实的确立是较为困难的。因此,事实错误不等于可免责的错误,法律错误也不等同于不可免责的错误,二者之间的差别只是程度上的而不是种类上的。法律错误与事实错误的区分尚不具有今天所指称的意义。

(2)对"不知法不免责"准则的发展历史的考察表明,无论在大陆法的语境中,还是在普通法的语境中,现代的"不知法不免责"准则都建立在知法的推定的基础之上。对罪刑法定与心理强制之间所存在的脱节,费尔巴哈运用知法的推定完成其间的连接。在普通法国家,事实错误与法律错误之间在布莱克顿时代出现分化的趋势,但这种分化与它们在当代的意义界定关系不大;在布莱克斯通这里,借助于"每个人都必须知道法律"的前提,事实错误与法律错误之间的分类始而具有现代的意义。

(3)知法的推定、近代以来国家权威的扩张与治理方式的理性化存在紧密联系。治理方式的理性化以个体的自我治理为基础,这是一种"通过

---

[1] 在四要件的犯罪论体系中,无论是罪责还是故意,都只能放在主观要件中加以探讨。基于此,所谓的阻却罪责或是阻却故意的争论,其意义较为有限。

法律的社会治理";只有假定每个人都知道法律,国家的权威才能通过法律的神经末梢而作用于个人,并使个人的自我治理成为可能。借助于知法的推定,"不知法不免责"的准则与彼时道义责任论之间的内在冲突被消解,由此而使二者在古典刑法体系中得以融洽共存。

(4)在知法的推定动摇之后,为维护"不知法不免责"的传统立场,人们提出诸种新的理论根据,包括证明的困难性、公共政策的特殊考虑、法的客观性要求、对法律的无知本身即具可谴责性和法律道德主义的理由,相应的根据均无法使传统立场正当化。为"不知法不免责"寻求新的正当根据的失败,表明问题其实出在"不知法不免责"的准则本身。

(5)法律的复杂化、法定犯的增多以及刑法规制性的加强等,构成动摇绝对的知法推定的直接原因。知法推定的动摇,也与对法的确定性的再认识有关,与诸多社会因素的作用相关,包括社会整体的政策转型、价值的多元化与法律世界中人的形象的变化(从抽象人变为具体人)。这使在当代的法律语境中,需要对不知法的不利后果由谁承担或者说如何配置不知法的风险的问题重新加以审视。违法性认识问题由此成为刑法体系必须迫切加以解决的问题。

第十八章　责任主义与违法性认识问题

在当前的刑法理论中,人们对违法性认识在某些场合下阻却犯罪的成立并无异议,分歧只在于对去罪化根据的认知。与"不知法不免责"准则所代表的传统立场相比,当代刑法在法律错误领域的态度转变是令人瞩目的。实际上,违法性认识问题成为当前犯罪论研究中欲说还休的话题的事实本身,就颇耐人寻味。然而,既有的相关研究过多驻足于去罪化的理论根据,注重对理论根据的条分缕析,对转变本身则少有关注,尤其是缺乏整体的、宏观的研究视野。此种就事论事式的研究方法在对违法性认识问题的某些维度洞察入微的同时,也遮蔽了视线之外的内容,形成视域中的盲点。诸如法律错误处理上的态度转变在怎样的背景下发生,如何理解这一转变,违法性认识所引发的争端是仅涉及罪责或故意还是有着更为深刻的意义等问题,并未引起研究者的重视。

在对问题本身尚缺乏真正理解的情况下,径直谈论解决方案未免仓促。毕竟,理解问题乃是解决问题的必要前提。基于此,笔者试图超脱以往的争端而将理解问题当作第一要务。相应地,写作的旨趣也就不在于为争执的某一方提供驳倒另一方立场的论据,而是力图梳理有关违法性认识问题的知识,在揭示为喧嚣的争论所掩盖的内容的同时,使问题的实质得以呈现。

第一节　违法性认识问题的责任主义性质

一、"不知法不免责"准则与责任主义的冲突

在刑法的发展史上,可谴责性作为刑事责任必要条件的原则,与法律错误不免责的规则一直同步发展,二者之间的和谐共处即端赖于知法的

推定。知法推定的存在,使规范意识成为不加置疑的前提;知法的理性主体在有机会为合法行为时选择违法行为,依道义责任论的立场看来,自然具有可谴责性。知法的推定动摇后,责任主义与不知法不免责准则之间的冲突便随之而来。道义责任论谴责的是行为人在知法犯法中表现出来的对国家法秩序的漠视态度,因而,行为人的违法性认识乃是其中极为关键的一步。小野清一郎对此曾有深刻的洞察:故意的本质特点不在于对犯罪事实的认识,而在于否定了通过对犯罪事实的认识而产生的抑制感情,即在于竟以违法的意识实施行为。过失通常被认为是由于不注意而没有认识犯罪事实,但是,更确切地说,过失是应该意识到行为的违法而没有意识。这样考虑,便可以明确道义性责任是以违法性意识为枢轴而回转的。[1] 既然违法性认识是追究刑事责任的必要前提,在无法通过知法的推定认定具备违法性认识的情况下,又如何能对那些合理地不知法的行为人进行谴责?在此,一味地固守不知法不免责的立场,显然与责任主义相背离。

在知法的推定之外,为不知法不免责准则提供正当性论证的理论根据还有以下五种:(1)证明的困难性;[2](2)防止鼓励公民不知法的政策;[3](3)法的客观性要求;[4](4)不知法本身就应受谴责;[5](5)警告个人不要钻法律漏洞而是按道德标准行事。[6] 那么,引入不知法不免责准则的其他正当根据,是否就能解决其与责任主义的冲突呢?

就第一种根据而言,证明上的困难与不知法是否具有可谴责性无疑是两码事。主观构成要素或事实错误的证明同样困难,为什么没有以此为由进行客观归责或确立事实错误不免责的规则即是明证。第二种根据所预设的前提是,公共利益的需要可以超越责任主义原则。问题在于,以政策的名义擅自突破责任主义的范畴是否具有足够的正当性?如果责任

---

[1] 参见冯军:《论违法性认识》,载赵秉志主编:《刑法新探索》,群众出版社1993年版,第251页。

[2] See Livingston Hall and Selig J. Seligman, Mistake of Law and Mens Rea, in 8 University of Chicago Law Review (1941), pp.646-647.

[3] See Oliver Wendell Holmes, The Common Law, Cambridge: The Belknap Press of Harvard Universitg Press, 1963, p.41.

[4] See Jerome Hall, Ignorance and Mistake of Law in Criminal Law, in 33 Indiana Law Journal (1957), p.19.

[5] See Quoted in A.T.H. Smith, Error and Mistake of Law in Anglo-American Criminal Law, in 14 Anglo-American Law Review (1985), p.20.

[6] See Dan M. Kahan, Ignorance of Law is an Excuse—but Only for the Virtuous, in 96 Michigan Law Review (1997), pp.139-141.

主义代表的是个人的道德权利,国家就不能任意剥夺这种权利而使个人成为威慑的工具。此外,将尽力去发现法律但发生错误认识的人与根本不作努力去了解法律的人等同视之,也明显有违责任主义的初衷。在第二种根据中,论者同样回避了责任主义的问题,而将对与特定被告人的责任的主观价值判断混同于对违法性的客观判断。个人无须对不法行为负责并不代表行为本身不受谴责,而只意味着基于责任主义原则,行为人不该为其行为受到谴责。这不至于影响法的客观性,法律规定的客观内涵并没有因此而被改变。就第四种根据而言,当人们断言不知法本身就具有可谴责性时,实际上是将绝对的知法推定当作不言而喻的前提。一个人没有弄清相应的法律规定可能是基于冷漠与疏懒,也可能是由于所规制的行为具有特殊性,尽了合理的努力但仍发生认识错误。在后种情形中,很难说不知法本身具有可谴责性。

至于第五种根据,明显是将行为的非道德性认知等同于违法性认识本身。责任主义的本质在于对漠视法秩序的个人的谴责,而不是对漠视道德规范的个人的谴责。从法律的角度来看,所谓的守法公民,只是指一个人没有做法律所禁止的事情;而所谓的守法意识,也只是不做认为被法律所禁止的事情的意识而已。因而,责任主义中的可谴责性,不可能是基于行为人未履行道德义务或者对道德义务不予注意。这意味着对行为的非道德性的认知不能构成违法性认识的充分条件。在法治国家里,对权利的任何限制都必须有法律根据。任何为法所没有禁止的事项,个人都可以做。如果存在法律漏洞,则责任应该在国家而不在个人。基于相同的道理,只要行为人主观上积极地认为法律上没有禁止规定,就不算有违法的意识,至于他是不是有不道德的意识,那是另一个问题。[1]

以上分析表明,在绝对的知法推定动摇之后,其他正当根据并未能解决不知法不免责准则与责任主义之间的冲突问题。倘若承认责任主义的一般约束力,则不知法不免责的立场就必须进行修正。所以,问题并不出在不知法不免责的正当根据上,而是出在不知法不免责的准则本身。这意味着有必要从责任主义的角度,去重新审视违法性认识问题。

可谴责性要件与错误类抗辩事由其实是一个硬币的两面,它们构成有关责任主义的陈述的积极面与消极面。可谴责性要件是从积极的角度去界定责任主义的内涵,而错误类抗辩事由则是从消极的角度,即但凡没

---

[1] 参见黄荣坚:《刑法问题与利益思考》,中国人民大学出版社2009年版,第99页。

有满足可谴责性要求的都应阻却犯罪的成立,来支持与佐证责任主义的要求。照罗宾逊教授的说法,"前者(即可谴责性要件)关注什么将足以构建责任,后者(即错误类抗辩事由)则关注什么将足以阻却责任"。[1] 这意味着完全可以从错误理论的角度来讨论责任,也就是从对犯罪的什么样的要素不存在正确认识就会否定责任这样的消极面来解决问题。错误理论不是从责任理论推导出来的结论,它就是一种责任理论,即"从消极的立场来考察的责任理论"。[2]

在判断犯罪是否成立时,人们经常提到认识错误而不是可谴责性要件是由习惯使然。犯罪构成要件的分析中很少使用可谴责性概念,而是要求使用错误类抗辩事由或排除犯罪事由之类的术语。但实际上,犯意概念在逻辑上就包含了错误概念,错误的出现彰显的往往就是所要求的犯意的缺乏。基于此,罗宾逊教授才会认为,从技术上而言,《模范刑法典》第 2.04.1.a 条之类的条款[3]是不必要的。它们只是确认在他处已经表明的内容,即何人都不允许被指控犯罪,除非该罪的每个构成要素被排除合理怀疑地证明。如果被告人的不知法或错误使证明所要求的具有可谴责性的构成要素变得不可能,控方必将无法完成对该罪的证明。他得出这样的结论:错误类辩护条款与意外事件类条款都没有必要存在;犯罪的可谴责性要件单独就足以准确地决定成立抗辩事由的认识错误或意外事件。[4]

责任主义的宗旨,在于通过对国家刑罚权施加限制来为惩罚的正当化提供依据而保护个人的自治。而正是借助于包括错误类抗辩事由在内的排除犯罪事由体系,刑事领域内的个人自由才能得到切实的保障。这意味着对法律错误抗辩事由的承认或否定,不应该被认为是一个独立的问题,而是涉及一般刑事责任的综合性问题。[5] 如果人们只是孤立地加以考虑,而不是将之视为一般的刑事责任事务的组成部分,即"应该在何

---

[1] Paul H. Robinson and Jane A. Grall, Element Analysis in Defining Criminal Liability: The Model Penal Code and Beyond, in 35 Stanford Law Review (1983), p.727.

[2] [日]泷川幸辰:《犯罪论序说》,王泰译,法律出版社 2005 年版,第 107 页。

[3] 《模范刑法典》第 2.04.1 条规定,"存在下列情形时,对于事实或法律的不知或者错误成立抗辩事由:(a)不知或错误否定了确立某一犯罪的构成要素所必需的蓄意、明知、确信、轻率或疏忽;(b)法律规定由不知或者错误所确立的心理状态可作为抗辩事由"。

[4] See Paul H. Robinson and Jane A. Grall, Element Analysis in Defining Criminal Liability: The Model Penal Code and Beyond, in 35 Stanford Law Review (1983), pp.726,732.

[5] See Paul K. Ryu and Helen Silving, Error Juris: A Comparative Study, in 24 University of Chicago Law Review (1957), p.421.

种基础上让行为人承担刑事责任",[1]违法性认识问题的核心就没有被触及。由此可见,违法性认识问题其实就是责任主义在当代刑法语境中如何定位的问题。

二、两大法系在法律错误领域内的相关探索

在绝对的知法推定被推翻之后,为缓和先前的风险分配方式的严酷性,应该合理调整个人的注意义务负担。那么,按什么标准来分配不知法的风险,或者说个人注意义务的合理界线究竟应该划在什么地方?极端的立场自然不可取,不知法的风险不可能改由国家全部承担,这将纵容恶意的不知法者。更可欲的风险分配方式必然是,将不知法的风险在国家与个人之间进行重新配置。基于所有国民都具有绝对的知法义务这一权威主义的拟制已经受到深刻质疑,所谓的分配标准或者界线划分实际上转化为以下问题,即国家在何种情形下才允许将不知法的风险置于个人身上?[2]

从当前各国的理论与实践来看,有一点是公认的:国家在将不知法的风险分配给个人时,原则上应受责任主义的制约。换言之,在不知法的风险的分配上,国民受责任主义原则的保护。如果个人的不知法不具有责任主义所要求的可谴责性,则相应的风险一般就不应由个人来承担。大陆法国家对不可避免的法律错误可构成阻却责任事由的认可,普通法国家允许法律错误在例外情形下成立抗辩事由的做法,都不同程度地考虑了责任主义的要求。就如何处理法律错误而言,大陆法国家大多选择在刑法典中明文规定。

从立法方式来看,主要可分为三类:(1)明文规定不知法律或法律错误属于不可避免时,行为人不承担责任。德国、法国、奥地利、西班牙、葡萄牙、韩国和中国台湾地区都属于此类。如《德国刑法典》第 17 条规定,行为人行为时没有认识其违法性,如该错误认识不可避免,则对其行为不负责任;如该错误认识可以避免,则依第 49 条第 1 款减轻处罚。(2)明文规定不知法或法律错误在特定情况下属于从宽处罚的事由。主

---

[1] See Paul Matthews, Ignorance of the law is no excuse? in 3 Legal Studies (1983), pp. 175,192.

[2] 有限制地承认知法是公民对民族国家所承担的义务这一前提,并不影响所提问题的有效性。只不过问题可能会以如下形式出现,即个人在何种情况下有权利不承担不知法的风险。这两个问题显然并无本质区别。

要以日本与瑞士的刑法为代表。如《日本刑法典》第 38 条第 3 款规定,即使不知法律,也不能据此而认为没有犯罪故意,但根据情节可以减轻刑罚。(3)明文规定不知法律不免责。如《意大利刑法典》第 5 条规定,任何人都不得以不知道刑法作为自己的抗辩事由。

从刑法条文来看,意大利、日本在法律错误问题的处理上与德法等国的立场差异甚大:第一种立法方式下个人所承担的不知法的风险最少,而第三种则要求个人承担全部的不知法的风险。但差异是否真如刑法条文所显示的那样大呢？答案显然是否。

最典型的例子是意大利。为缓和《意大利刑法典》第 5 条的严厉性,意大利在司法实践发展出带有衡平法性质的"应有的善意信任"概念,法官可据此做出有利于行为人的认定。尔后,基于含有"不承认对刑法不可避免的认识错误有可原谅性"内容,第 5 条被意大利宪法法院(1988 年第 364 号判决)认定部分违宪,理由是该条的规定不符合宪法第 27 条第 1 款的罪过原则。在宪法法院做出上述判决之后,《意大利刑法典》第 5 条规定的实际内容就变为,除不可避免的情况之外,不知道刑法不构成抗辩事由。[1] 再拿日本来说。刑法理论界对违法性认识(或违法性认识的可能性)究竟是故意的要素还是责任的要素存在争议,但对不可避免的违法性认识错误(或者说不存在违法性认识可能性的违法性认识错误)作为免责事由则基本没有异议。相应地,判例也并不总是贯彻违法性认识错误不阻却故意的传统立场,实务中出现了不少因具有相当理由的违法性误信而否定犯罪成立的判例。[2]

正是基于责任主义的影响,大陆法国家出现承认不可避免的法律错误是免责事由的普遍趋势。作为开风气之先者的德国,甚至承认对律师意见的合理信赖可以构成不可避免的法律错误。可以说,在将责任主义贯彻到法律错误领域方面,大陆法国家已经迈出了坚实的一步。与此相对,普通法国家在迈出这一步时则显得有些瞻前顾后。如果说美国走出的是审慎的一步,那么,英国则连这一步都尚未真正迈出。

不知法不免责的传统在普通法国家一直根深蒂固,这一点人们可以从英国上议院的布里具(Bridge)爵士在 1982 年的 Grant 诉 Borg 案中所表达的观点得到佐证:"不知法律在犯罪中不成立抗辩事由的原则是如此

---

〔1〕 参见〔意〕杜里奥·帕多瓦尼:《意大利刑法学原理(注评版)》,陈忠林译评,中国人民大学出版社 2004 年版,第 229—230 页。

〔2〕 参见〔日〕野村稔:《刑法总论》,全理其、何力译,法律出版社 2001 年版,第 314 页;〔日〕大塚仁:《刑法概说(总论)》(第三版),冯军译,中国人民大学出版社 2003 年版,第 399 页。

地根本,以致把刑事制定法中的'明知'解释为不仅要求对与犯罪人的罪责具有实质关联的事实有认知,而且要求认识到相关的法律的做法将是革命性的,在我看来,也是完全不可接受的。"[1]不过,在法律错误阻却犯意或者导致构成某种法定抗辩事由的主观心态出现时,普通法传统上即允许被告人据此进行抗辩。理由主要是,如果被告人的不知或错误使证明所要求的具有可谴责性的构成要素(如蓄意、明知、轻率等)变得不可能,控方必将无法完成对该罪的证明。值得注意的是,这两种抗辩事由的具体适用规则并不相同:前者无论错误合理与否,均阻却犯意,除非是以疏忽为犯意的犯罪;后者则要求错误具有合理性。

基于共同的传统因素,英美在法律错误方面的规则表现出某些共同的特征,但最近几十年中两国的发展开始出现偏离。偏离肇始于美国《模范刑法典》的出台。《模范刑法典》当然并非离经叛道的法律革命的产物,而恰恰是主流传统孕育的新生儿。因而,在第2.02条第9款中,法典首先断然否定了违法性认识是犯罪的构成要件要素。不过,在尊重主流传统的同时,法典的起草者显然也为突破陈旧的窠臼付出了相当的努力。在认识错误的处理方面,突破之处主要表现为两个方面:

其一,开辟了对事实错误与法律错误不予区分的先例。法典第2.04条第1款明确规定,在两种情形下对事实或法律的不知或者错误成立抗辩事由:(a)不知或错误否定了确立某一犯罪的构成要素所必需的蓄意、明知、确信、轻率或疏忽;(b)是法律规定由不知或者错误所确立的心理状态可作为抗辩事由。该款的出台,也使普通法传统上所认可的两类抗辩事由(阻却犯意的法律错误和与某一法定抗辩事由相关的法律错误)被明文确定下来。

其二,创设了两类新的法律错误的抗辩事由。根据法典第2.04条第3款的规定,[2]法律尚未公布或不能被合理地知悉和对相关法律的官方

---

[1] A. T. H. Smith, Error and Mistake of Law in Anglo-American Criminal Law, in 14 Anglo-American Law Review (1985), p.3.

[2] 美国《模范刑法典》第2.04.3条规定,当存在下列情形时,对行为在法律上并不成立犯罪的确信,构成针对基于该行为的犯罪之指控的抗辩事由:(a)界定犯罪的制定法或其他法令并不为行为人所知,并且在实施被指控的行为之前尚未公布或者不能被合理地知悉;(b)行为人基于对相关法律的官方声明的合理信赖而实施行为,而该官方声明事后被认定为无效或者错误。所谓的官方声明包括:(i)制定法或其他法令;(ii)司法性的判决、意见或裁判;(iii)行政命令或许可;或者(iv)对规定犯罪的法律负有解释、管理或实施职责的公职官员或公职机构所做出的官方解释。

声明(事后被认定无效或错误)的合理信赖,均可构成相关指控的抗辩事由。显而易见,这两类抗辩事由代表了两种不同的去罪化观念。前者背后的观念是,国家已经在某种意义上误导了行为人,既然犯罪是针对国家的不法行为,允许国家否认其已经使遵守法律变得过度困难(如果不是不可能)将是不公正的;后者则反映出法律错误原则的谨慎发展,该原则基于被告人不能被公正地谴责而使其免责。[1]

《模范刑法典》所做的突破并未出现在英国。尽管面临理论的尖锐批评,英国司法界仍然顽固地坚持不知法不免责的立场。在 1974 年的 Breed 案中,英国上议院明确地拒绝以疏忽的责任形式(建立在因不合理的错误而追究责任的基础之上)来缓和严格责任规则的可能性。此外,在承认法律没有公布或者不可知成立抗辩事由的同时,英国法也并不接受任何以对官方建议的信赖为基础的错误成立抗辩事由,理由是允许这样的抗辩事由将使官员行使某种免除公民履行遵守法律之义务的悬置权或处置权。[2]

不难发现,将不可避免的法律错误或对官方声明的合理信赖构建为抗辩事由,都取决于行为人是否有机会知法并且为此付出足够的努力。这其实是在知法的问题上引入疏忽的标准,即就不知法或认识错误而言,如果行为人本来就有机会查明真相,但完全不去努力或者努力非常不充分,则其将不被免责。此外,普通法传统上存在的两类法律错误的抗辩事由之所以被认可,也是因为错误排除了成立犯罪所必需的代表可谴责性的犯意。从广义上讲,它们同样体现的是责任主义的制约。

第二节 违法性认识背后的责任主义困境

一、法律错误的处理与责任主义的妥协

在确定为什么某些法律错误应当成立抗辩事由时,责任主义发挥着举足轻重的作用。但与事实错误领域相比,责任主义在法律错误领域的效力范围缺乏明确的定位。无论是同一构成要件之内的事实错误还是不同构成要件之间的事实错误,事实错误领域的所有规则都受责任主义的

---

[1] See A. T. H. Smith, Error and Mistake of Law in Anglo-American Criminal Law, in 14 Anglo-American Law Review (1985), p. 9.
[2] See A. T. H. Smith, Error and Mistake of Law in Anglo-American Criminal Law, in 14 Anglo-American Law Review (1985), pp. 9, 14.

制约。相应地,事实错误的处理规则也较为明确:同一构成要件之内的事实错误因为并不影响犯意的认定而被认为没有重要意义;不同构成要件之间的事实错误不管合理与否,原则上都阻却犯罪故意,至于是成立过失犯罪还是意外事件,要看错误的发生是不是由于行为人未能履行合理的注意义务。可以想见,倘若将责任主义构建为判断法律错误是否成立抗辩事由的唯一标准,也即坚持责任主义原则的绝对效力,则违法性认识问题的处理就会简单得多,其规则也会相对明确。使问题复杂化的恰恰是,在分配不知法的风险时,责任主义原则并没有被贯彻到底,而各国对其的贯彻程度又不尽一致。

倘若把责任主义的逻辑贯彻到底,法律错误领域将会是怎样一幅景象呢?

首先,合理的或者说不可避免的法律错误应当一概成为抗辩事由,不管这种错误是基于对官方声明的信赖,还是基于对律师及相关人员的法律建议的听取,或者是对制定法的私人性误读。既然责任体现的是反规范的人格态度,进行非难评价的关键便在于确定是否存在这种人格态度。具体而言,是要看行为人是否本来有机会查明真相,但却完全不作努力或者努力非常不充分,也即认识错误的发生是否具有合理性或不可避免性。至于导致行为人产生错误认识的法律意见究竟是来源于国家机构、私人律师还是行为人本人,就变得并不重要。换言之,从责任主义的角度,如美国《模范刑法典》第2.04条第3款b项之类的规定就欠缺理论逻辑上的一致性。人们无法解释,为什么确保给出法律意见的机构或个人实际上被允许代表国家发言会关系重大,或者说为什么对官方声明的合理信赖更容易成为抗辩事由,而对律师建议的合理信赖与对制定法的合理的私人性误读就不该免责。

由此可见,倘若人们试图否定后两种情形成立抗辩事由的可能性,就必然要冒着减损责任主义效力的代价,去另找正当理由。在 Marrero 案中,纽约上诉法院便是以会产生基于个体选择的法律混乱从而有利于博弈和逃避合理施加的刑事责任为由,而拒绝使对制定法的合理的私人性误读免责。[1] 在另一个判例中,法院之所以否定代理律师的意见成立抗辩事由,也是因为它会"赋予最不受尊重的法律执业者事实上豁免未然犯

---

[1] See People v. Marrero, 69 N.Y. 2d 382, 507 N.E. 2d 1068 (N.Y. 1987). Marrero 是联邦监狱的一名警卫,被指控非法持有枪支。但 Marrero 提出抗辩,认为根据纽约州的法律,他有权携带武器。纽约州的枪支法规定"治安官员"有权持有枪支,而该州刑事诉讼法这样解释,"治安官员"包括"任何州立矫正机关或任何刑事矫正机构的矫正官员",被告人(转下页)

罪人的巨大权力",而这"将产生灾难性的结果,通过由无知的、有偏见的或者可收买的建议者所把守的大门,为具有犯罪倾向者开通了逃避刑事指控的一种途径"。[1]

其次,真诚但是可避免的法律错误应该像在事实错误中一样能够阻却犯罪故意,在不追究过失犯罪时则排除犯罪的成立。在此种情形下,行为人唯一的过错便是没有尽到合理的义务去了解法律,其在责任上属于过失,充其量只能按过失犯罪来处理。根据责任主义的逻辑,在这个问题上,便没有理由去适用与事实错误不同的规则。犯意的有无是一个客观判断问题,预防或威慑方面的因素与个人的应受谴责与否并无关联。诚如胡萨克所言,"不应该因为追究刑事责任能减少犯罪就认为有犯意存在,也不应该因为追究刑事责任不能减少犯罪就认为没有犯意存在。很难理解,要求公正地对待特定被告人的事务怎么能够取决于惩罚他人所带来的影响"。[2] 与此同理,自然也不应该因为有预防必要就让非难形式升级(将过失犯提升为故意犯),而没有预防必要就让非难形式降级(将故意犯降低为过失犯)。既然因不知法而违法的人与那些明知故犯者在应受谴责性方面并不相同,这种差别便理应反映在刑事责任上。因为"没有原理来解释为什么不知法可以影响惩罚的严重程度,却不允许影响刑事责任本身"。[3]

最后,阻却犯意的法律错误与导致构成某种法定抗辩事由的主观心态的法律错误,应当适用相同的规则。在责任主义的视野中,普通法对这两类抗辩事由适用不同规则同样显得难以理解,即前者无论错误合理与否均阻却犯意,除非是以疏忽为犯意的犯罪,后者则要求错误具有合理性。对此作区别对待,明显有违责任主义的要求。需要指出,与其他不具有可谴责性但不被承认为抗辩事由的法律错误不同,普通法的法院并没有试图提供区别对待的正当理由。正如理查德·卡德(Richard Card)所质疑的那样,"法院没有给出任何解释,为什么这一规则是这样的。特别

(接上页)认为"任何刑事矫正机构"区别于"任何州立的矫正机关",而意指任何联邦的监狱。一审法院认定,联邦矫正机构的官员确实是枪支法所指向的"治安官员";但判决被上诉法院以3:2的比例推翻。

[1] Paul Matthews, Ignorance of the law is no excuse? in 3 Legal Studies (1983), p.189.
[2] Douglas N. Husak, Philosophy of Criminal Law, Totowa: Rowman & Littlefield Publishers, 1987, p.57.
[3] Douglas N. Husak, Philosophy of Criminal Law, Totowa: Rowman & Littlefield Publishers, 1987, p.58.

是他们没有解释,与产生合理认识错误的人相比,为什么不合理地相信存在将使其免责的情境的人更值得承担刑事责任,而在错误阻却控方必须证明的意图、鲁莽、明知或类似的主观状态时,却没有做同样的区分"。[1]

二、责任主义的尴尬与预防主义的刑法

在法律错误的处理中,尽管大陆法国家与普通法国家在贯彻责任主义的力度方面存在差异,尽管普遍存在要求尊重责任主义的呼声,但各国都未能也并不愿意将责任主义贯彻到底。这一事实除了揭示责任主义在法律错误领域内没有绝对效力之外,也使我们面临新的疑问:为什么各国对责任主义的贯彻都有所妥协?这一现象是在怎样的背景与语境下发生?

卡迪什指出,现代刑法在坚守个人的可谴责性作为责任条件之要求的同时,又将一套兼具谴责与惩罚的体系制度化为社会控制的手段(实现体系的预防目的),二者之间存在着内在紧张。[2] 报应论将惩罚视为基于道德律的赎罪,这就要求犯罪人必须意志自由,且其在实施相应行为时有为合法行为之可能。只有犯罪人在能够选择合法行为时竟然选择违法行为的场合,人们才能在道义上谴责他。功利理论遵循的则是另一套逻辑。在功利主义者看来,惩罚是实现社会控制的手段,能促进社会利益的惩罚都是可欲的。因而,只要行为带来客观的损害或者有造成损害的危险,无论行为人本身有无非难可能性,都应该加以惩罚。可以说,报应理论与功利理论在责任问题上的分歧,恰恰佐证了学者的断言:我们的法律体系假装功利主义与报应主义能和谐相处,但这种"和谐"并没有提供一致的理论,而更似刺耳的颤音。[3]

有一种观点认为,刑法目的的功利性并不影响对个人追究刑事责任时的报应主义立场。即使威慑是惩罚体系的总体目标,也不能随之得出必须用威慑作为决定谁该受惩罚的基础的结论。因为前者涉及的是刑法体系本身的正当根据,后者则涉及如何使具体案件中刑事责任的分配显得正当化的问题。乔治·弗莱彻曾经做过一个类比:证明所得税在整体

---

[1] Richard Card, Criminal Law, 15th Edition, London: Butterworths, 2001, p.128.

[2] See Sanford H. Kadish, Fifty Years of Criminal law: An Opinioned Review, in 87 California Law Review (1999), p.953.

[3] See Christa Obold-Eshleman, Victim's Rights and the Danger of Domestication of the Restorative Justice Paradigm, in 18 Notre Dame Journal of Law (2004), p. 574.

上的正当性与证明向特定纳税者征收的正当性之间存在不同;体系作为整体的正当性根据是为政府增加收入,而特定纳税人的负担的施加则主要是纳税人的相对支付能力。[1]

这种观点将刑法体系整体上的正当性求证与具体案件中刑事责任分配的正当根据相区分,是值得肯定的。在刑法体系中,所谓的报应与惩罚有两个层面的含义:一是作为刑法的目的或刑罚的正当性根据;二是作为刑事责任分配的指导原则。尽管都涉及报应与预防,但刑法目的与刑事责任的分配属于不同的问题,不应将二者混为一谈。围绕责任主义所展开的探讨与刑法的目的关系不大,而主要涉及刑事责任的分配,即在对特定个人施加刑事责任时如何处理报应要求与预防需要。前述观点的实质在于,只承认报应是刑事责任的分配原则,而拒绝在其中考虑预防的需要。由于论者实际上以放逐预防为代价,而维护报应主义在刑事责任分配上的垄断地位;因而,在刑事责任的分配层面,报应与预防之间的矛盾其实并未真正被触及。即使肯定该观点具有应然意义上的合理性,显然也无法随之得出作为刑事责任分配原则的报应与预防可以和谐共处的结论。

与上述观点不同,在罗宾逊教授看来,刑事责任的分配中彻底放弃预防的考虑并不现实,必须同时兼顾报应的要求与预防的需要。既然在刑事责任的分配上,报应与预防经常导致相互矛盾的结果,但却并不存在面临冲突时该如何做出决定的指导原则,那么,问题的重心就应该放在寻找解决冲突的指导原则上。基于此,他构建了一套混合体系:(1)报应优先于综合的功利考虑,除非由此导致犯罪达到不可容忍的水平,而这一点是考虑功利能够避免的;(2)如果是这样,那就可以做功利主义导向的调整,但倘若因此而引发不可容忍的不公正惩罚,则不容许作这样的调整。[2] 罗宾逊的主张无疑受到"受原则制约的实用主义"(principled pragmatism)立场的影响,不过,他的混合体系所给予的指导只能达到理论上的自洽,而无法解决实践中的困难。犯罪是否达到不可容忍的水平,或者惩罚的不公正是否已经不可容忍,其实很难量化而通常只能见仁见智。这意味着尽管罗宾逊的混合体系触及了问题的本质,但它同样未能真正

---

[1] See George Fletcher, Rethinking Criminal Law, Boston: Little Brown and Company, 1978, p.419.

[2] See Paul H. Robinson, Hybrid Principles for the Distribution of Criminal Sanctions, in 82 Northwestern University Law Review (1987).

解决刑事责任分配上报应与预防之间的矛盾。

正是报应与预防的本质差异,决定了责任主义的命运。责任主义属于报应论体系中的基本范畴,是报应逻辑主导下的必然产物。在功利主义导向的预防论中,则不可能有责任主义的立足之地,刑罚的一般预防与特殊预防功能无法解释责任主义的基础。为了劝阻人们不实施犯罪,刑罚的一般预防要求对最轻微的犯罪也适用严峻的刑罚,如果犯罪人再次实施犯罪的可能性很大,特殊预防也可能会有同样的要求。此外,谁也不能说处罚主观上无罪过的行为就不能满足一般预防的需要,特殊预防本身更是包含将预防的范围扩大到有罪的行为之外的要求。[1] 由此可见,只有在报应主导的惩罚框架内,责任主义才可能保持绝对的有效性;在预防或威慑导向的刑法体系里,妥协成为无可规避的宿命。

责任主义在当代的尴尬处境,其实是刑法体系从报应向预防转型的必然伴生物。随着控制风险以安抚公众成为压倒性的政治需要,刑法逐渐蜕变成一项规制性的管理事务。作为风险控制机制中的组成部分,刑法不再为报应与谴责而惩罚,而主要是为控制风险而进行威慑。在威慑成为施加刑事制裁的首要理由时,传统刑事责任原则所构建的防线便很难再全面把守。突破原则的做法变得司空见惯,危险犯、持有犯、不作为犯、严格责任和法人刑事责任准则等的适用开始备受青睐,并在一种急于为日益扩张的社会与经济病症确定责任的规制性氛围中兴旺发展。在这样的氛围中,违法性认识的存在与否对于定罪而言变得无关紧要。因为只有在犯罪的成立上放弃对违法性认识的强调,否定法律的复杂化与法定犯的增加可成为抗辩的根据,才能达到规制的目的。

在风险不断扩散的后工业社会,为适应积极主义的治理模式,启蒙以来的责任主义刑法正被迫做出重大调整,并且日益以规制为己任而走上所谓的现代化之路。由报应向预防的整体转型,惩罚与谴责日渐割裂,刑法体系正是在这样的背景之下才出现的。迄今为止,刑法的这种发展趋势究竟是祸是福尚难下定论,然而,它对正统刑法理论的冲击无疑是巨大的。当前有关法律错误问题上的种种混乱,折射的便是风险时代责任主义所面临的真实处境,是功利导向的刑法规制与责任主义之间的冲突的集中反映。

---

[1] 参见[意]杜里奥·帕多瓦尼:《意大利刑法学原理(注评版)》,陈忠林译评,中国人民大学出版社2004年版,第165页。

第三节　刑法的风险规制与责任主义之间

除非报应的需要被彻底放逐，否则，在预防主导的刑法框架中，始终面临代表一般正义的规制性的罪刑规范与代表个体正义的责任主义之间的紧张。美国的 Lampert 案[1]揭示的便是现代刑法的这种紧张：一方面，人们认同紧迫的社会利益可以超越对作为定罪必要前提的可谴责意图进行证明的必要性的观念。因而，法院并不愿意放弃不知法不免责准则所代表的立场，并明确地拒绝将布莱克斯通所谓的"恶意"解读为宪法性的要求。另一方面，该案也反映出对在普通守法公民对违背刑事规范完全没有过错的情况下施加刑事制裁的直觉抵制。[2]也正是在这样的背景下，责任主义被赋予不同以往的重要意义。责任主义实际上反映了一种要求对刑罚的预防作用进行限制的需要，它代表的是一种与刑罚的预防功能相反但在现代的自由民主制度中却居于不可侵犯地位的基本价值，即对人的尊重。如果仅以威慑、隔离或矫正作为追求的目标，就无法为刑罚的适用确定客观的标准。[3]

如前所述，国家在将不知法的风险分配给个人时，无疑应受责任主义的制约。但这是否意味着必须将责任主义的逻辑贯彻到底呢？答案是否定的。尽管个体正义是一个根本性的价值，且通常具有决定性的影响力，但它并不具有绝对的分量。首先，从一般的道德直觉与实践判断出发，一定程度的不公正有时可以被正当化。正义只是诸多重要价值中的一个，它必须与秩序、安全等价值相协调。其次，它可能与其他个体的道德主张相冲突，比如守法公民要求从政府那里获得针对犯罪的合理保护的主张。几乎每个被告人都被无罪释放的法律体系缺乏应有的成效，它对那些依赖该体系而履行行为标准的公民是不公平的。由是之故，卡迪什才断言，有道德上和现实中的理由表明，为什么在个体的道德过错与刑

---

[1] Lampert v. California, 355 U.S. 225 (1957).洛杉矶市的法律规定，任何在加州犯过重罪或者在他处犯有任何在加州被认为属于重罪罪行的人，到该市停留5天以上而未予登记，构成独立的犯罪。Lampert 被指控违反该登记法，经陪审团审判裁定犯罪成立。Lampert 不服有罪判决，一直上诉到联邦最高法院。后者推翻了一审的有罪判决。

[2] See Susan L. Pilcher, Ignorance, Discretion and the Fairness of Notice: Confronting "Apparent Innocence" in the Criminal Law, in 33 American Criminal Law Review (1995), p.17.

[3] 参见[意]杜里奥·帕多瓦尼：《意大利刑法学原理(注评版)》，陈忠林译评，中国人民大学出版社2004年版，第165—166页。

事责任之间的完美对应并不构成绝对的价值。[1]

只要承认责任主义并不具有绝对的约束力,便必然会面临责任主义的适用边界应如何划定的问题。在法律错误领域,人们又如何通过对各类法律技术或制度的选择性运用,来尽力实现刑法规制与责任主义之间的微妙平衡呢?不难发现,尽管各国都以二者间的平衡作为追求的目标,但其所凭借的具体的制度技术则大相径庭。它们主要分为立法性技术与司法性技术两大类。大陆法国家多选择通过总则性的立法来确立一般的规则,普通法国家则更倾向于在个案层面上利用司法性的制度或技术来应对。

一、运用立法性技术来求取平衡

除日本、瑞士等国在立法上仍将法律错误界定为刑罚减轻或免除事由之外,通过立法来构建例外,从而对不知法不免责的绝对立场做出修正,已经成为当前各国处理法律错误问题的通行做法。由此,某些法律错误不再只是影响刑事责任大小的事由,而是被认为直接影响刑事责任的有无。从各国的立法实践来看,通常采用的立法方式有两种:一是在刑法典的总则中明确规定不可避免或合理的法律错误排除刑事责任;二是立法明文列举特定的法律错误可构成抗辩事由,如法律没有被公布或公布有瑕疵,法律具有模糊性或事后被发现无效的法律解释等。

德国、法国、西班牙、韩国等大陆法国家采用的是前一种立法模式。美国个别州(如新泽西州[2])也可归入此类。这类立法方式通常以情境的合理性为基础,是遵循责任主义要求的直接产物。因而,错误的可避免与否或合理与否至关重要。不可避免性或合理性的考察通常建立对法律忠诚的基础上,目的是确定被告人是否具有可谴责性。各国对不可避免或合理的具体标准的设定则可能会有所差异。一般而言,行为人实施行为时对社会危害性或其他损害价值的认识,构成错误具有可避免性或不合理的标志;相反,如果行为人主观上具有守法意识,且尽了守法公民应尽的注意义务去了解法律,其错误就会被认为不可避

---

[1] See Sanford H. Kadish, Excusing Crime, in 75 California Law Review (1987), p.270.

[2] 新泽西州的刑法规定,在行为人竭力尝试各种可获得的方法来确定与其行为相关的犯罪的内容与适用范围,并且诚实而善意地得出守法且谨慎的人也会得出其行为并不成立犯罪的结论时,行为人对其行为在法律上不属于犯罪的信赖构成抗辩事由;被告人必须以清晰而令人信服的证据证明抗辩事由。See New Jersey States Annotated § 2C:2-4(c) (3).

免或者是合理的。

与此相对,美国《模范刑法典》第 2.04.3 条与《芬兰刑法典》第 4 章第 2 条[1]等则应归入后一种立法模式。此种模式的重心并不放在责任主义所要求的被告人的可谴责性上。错误的合理与否、可避免与否尽管也是考虑因素,但通常不具有决定性影响。关键是要确定国家是否在某种程度上误导了被告人或存在一定的过错,比如立法并未公示或有权机构及官员对法律做了错误的说明等。基于国家的过错而让个人承担相应的不利后果,自然有失公正。因而,这种立法模式强调产生错误认识的来源必须与国家相关。相应地,确保给出法律意见的机构或个人实际上被允许代表国家发言也就至关重要。正是在这种逻辑的支配下,Marrero 案中被告人的认识错误尽管非常合理(甚至一审法官都认同 Marrero 对"治安官员"的解释),但在审判中,Marrero 甚至没有被给予就错误的合理基础提交证据的机会。因为根据一审法院与纽约上诉法院的观点,Marrero 的不知法——无论多么合理——都不构成免责事由。毫无疑问,此种立法模式更多地着眼于功利主义的需要,基于合理的法律认识错误而缺乏可谴责性的行为人仍然可能被定罪。

二、运用司法性技术来求取平衡

在法律错误领域,如何兼顾刑法规制的需要与责任主义的要求,实际上涉及一般正义与个体正义之间关系的处理。立法无疑更多地体现一般正义的需要,虽然它能够为个体正义的维护提供良好的宏观制度基础,但个体正义的具体实现无论如何需要委之于司法程序。正是通过对诸多司法技术的灵活运用或借助既有的司法制度,法官们为法律错误领域个体正义的维护撑起了大半壁江山。是故,即使是在不知法不免责准则占据统治地位的时代,或者在至今仍然固守该准则的英国,法律错误领域所呈现的也非哀鸿遍野的景象。

(一)利用区别的技术

对普通法体系而言,类比推理是奠定法的稳定性的基石,区别技术则不仅构成推动普通法自我演进的动力机制,也充当着为个案正义提供现

---

[1] 该条规定:如果犯罪人错误地认为其行为是合法的,而且如果该错误基于以下原因被认为是明显可恕的,则应被免除刑事责任:(1)法律的公布有瑕疵或有错误;(2)法律内容特别不明确;(3)官方的错误意见;或(4)与此类似的其他原因。

实救济的必要渠道。[1] 在判例制度的氛围下,普通法的法官们自然对区别技术的运用颇为擅长。通过将本案事实区别于既定先例的事实,从而回避对该先例规则的适用而从其他先例中寻找合理的规则,便是普通法法官常用的技艺。相比而言,大陆法同行对区别技术的运用稍显生硬。不过,司法推理的最重要特征就在于并没有规则告诉裁断者如何判定哪些事实是相似的,哪些事实是不同的。在大陆法国家,由于事实的认定同样掌握在法官手里,通过剪裁事实而选择或回避某一法律规则的适用,对其而言也并不陌生。

1. 操控事实与法律之间的区别

事实错误与法律错误的界分历来是笔糊涂账。不过,"事实"与"法律"之用语本身的模糊性绝非造成混乱的根本原因。比如,私法与外国法明明属于法律,为什么要将对其的认识错误与事实错误等同看待?为什么必须区分刑罚法规的错误与非刑罚法规的错误?在此,区分"法律"与"事实"本身根本不成问题,硬生生地将某些法律事项拉入"事实"的范畴,显然别有隐情。此间的隐情便是不知法不免责准则的严厉性及其强大的影响力。法律错误不阻却故意的观念在既有法律体系内是如此根深蒂固,以致有必要操控事实与法律之间的区别,在固守规则的同时为个案正义提供生存的空间。"事实"与"法律"之间的模糊性,无疑为这种操控提供了良好的契机。因而,在某些涉及法律错误的案件中,如果直接适用不知法不免责准则有违普通人的正义感,法官就可能会利用"法律"与"事实"之间的模糊性甚至有意地创造模糊性(比如将对私法或外国法的认识错误视为事实错误),以便在完成对个案救济的同时规避违法或曲解法律的指责。

这意味着事实错误与法律错误之间的混乱根本就是有意操控的结果。对于普通法国家的法院而言,操控事实与法律之间的区别,构成缓和传统规则的严厉性的重要工具,同时又不至于影响刑法本身的规制性要求。大陆法国家的法院同样乐于在合适的情况下操纵法律错误与事实错误之间的区别,强调对刑罚法规的错误与非刑罚法规的错误的区分便是明证。与人们预想的不同,法官通常并非在区分事实错误与法律错误之后,才认定是否阻却故意(即是否有必要进行惩罚);相反,他们会先进行

---

[1] 参见劳东燕:《自由的危机:德国"法治国"的内在机理与运作逻辑——兼论与普通法法治的差异》,载《北大法律评论》2005年第1辑,第558—561页。

惩罚必要性的考量,尔后再决定将应当否定故意责任的情形视为事实错误,将应当肯定故意责任之情形视为法律错误。由于不同法院或法官对惩罚必要性的判断往往有所不同,同一法院或法官基于其他因素的考虑,对同类案件中的具体个案的惩罚必要性也可能做出不同的判断,这就导致不同的法院或法官可能对相同案件做出不同的处理,甚至在同一法院对同一类案件也可能出现彼时视为法律错误而此时视为事实错误的现象。如此一来,认识错误领域的混乱也就可想而知。日本著名的狸·貉案与鼯鼠·摸马案[1]所引发的争议便是明证。另一个例子是普通法国家将包摄性错误归入法律错误而引发的问题:按事实审与法律审分开的传统,陪审团决定事实问题,所以包摄性错误由陪审团裁决,但决定同样事务(其行为并不属于相关条款的适用效力范围)的被告人犯的却是法律错误。

2. 区分一般意图犯罪与特殊意图犯罪

对一般意图犯罪与特定意图犯罪的区分为普通法体系所特有。一般意图的犯罪,是指任何只要具备一般意义上的可谴责的心理状态便满足犯意要件的犯罪。特定意图的犯罪则强调犯罪的成立要求证明特定的构成要素意义上的主观因素,比如谋杀罪应当具备"事前的恶意"(malice aforethought),盗窃罪要求具有长久地非法剥夺他人财产的意图,而夜盗罪则必须符合闯进他人住宅意图犯重罪的要件。普通法历史上出现这样的区分,主要是因为大多数普通法上的犯罪与早期制定法上的犯罪都未提及犯意,那些明白要求具备特定心理状态的犯罪由此被认为是"特定意图"的犯罪。[2] 根据普通法的规则,在一般意图犯罪中,只有合理的事实错误才能排除犯罪的成立,法律错误无论合理与否都不能阻却犯罪。在特定意图犯罪中,无论是事实错误还是法律错误,也不管错误合理还是不合理,只要阻却特定意图,即不能构成相应的犯罪。在要求特定意图的犯罪中,不知法或法律错误被承认为抗辩事由的做法,已经存续几个世纪之久。

与"事实"和"法律"用语的模糊性相比,一般意图犯罪和特定意图犯罪这对概念更加难以界定。首先,这对概念缺乏公认的定义,其次,在犯

---

[1] 参见[日]川端博:《刑法总论二十五讲》,余振华译,中国政法大学出版社2003年版,第112—113页。

[2] See Joshua Dressler, Understanding Criminal Law, 3rd Edition, New York: Lexis Law Publishing, 2001, p. 136.

意要件日趋具体化(《模范刑法典》将犯意分成蓄意、明知、轻率与疏忽四种)且多数刑事制定法都已对犯意要素做出明确规定的情况下,所谓的"一般"与"特定"也就更难区分。不过,也正是这对概念的难以界定性,为司法者策略性地规避不知法不免责的准则提供了绝佳的机会。通过将某一犯罪认定为特定意图的犯罪从而承认法律错误构成抗辩事由(或阻却犯意[1]),成为普通法法官缓和不知法不免责准则之严厉性的又一选择;反过来,司法者基于政策等因素的考虑,通过认定某罪属于一般意图的犯罪而非特定意图的犯罪,则将排除法律错误成立抗辩事由的可能性。比如,在一起误认为婚姻仪式有效而强行与对方发生性关系的案件中,被告人关于婚姻仪式的法律错误是否成立抗辩事由,实际上取决于强奸罪的构成究竟只需具备性交的一般意图即可,还是要求具有与没有表示同意的妇女进行性交的特定意图。如果是前者,那么被告人的法律错误就不能构成抗辩事由;如果是后者,则该错误将阻却强奸罪的成立。

(二)对犯意要件进行解释

在普通法国家,尽管在制定法中明确规定犯意要件的做法日益变得普遍。不过,在具体的犯罪定义中,立法机关经常会有意无意地不予提及犯意要素;即使明确规定具体的犯意要素,也往往对违法性认识是否包含于犯意之内不置可否。这就为法院的积极介入提供了机会。通过对注意义务进行明确的分配,法院因此能够在维持刑法的规制性与责任主义的平衡之间发挥重要的作用。英国上议院之所以明确拒绝施加以不合理的错误为基础的疏忽责任形式来缓和严格责任规则的可能性。一则当然是与英国的法律体系对严格责任所持的平和心态有关;二则也是由于只有在制定法没有明确规定必要的犯意条件时,法院才能继续在施加严格责任与控方须证明故意或轻率之间进行选择。[2]

为尽可能地减少对公共健康与安全的潜在的重大风险,法院有时便会对行为人施加严格责任,选择由风险创造者承担全部注意义务。在Dotterweich案中,弗兰克福特(Frankfurter)大法官就做了这样的解释:"在权衡相关的困难之后,国会宁愿将它(避免风险的责任)放在那些参与非

---

[1] 就此而言,对一般意图犯罪与特定意图犯罪进行区分,其实也可纳入以下对犯意要件的解释技术之中。

[2] See A.T.H. Smith, Error and Mistake of Law in Anglo-American Criminal Law, in 14 Anglo-American Law Review (1985), p.10.

法交易之前至少有机会得知存在为保护消费者所施加的条件的人,而不是把危险放在完全无助的无辜公众身上。"[1]这意味着只要被告人认识到正在处理的危险事项具有公共危险的性质,他就被认定应该意识到严格规制的可能性;相应地,确定行为是否属于制定法禁止之列的风险也便让其承担。因为对行为危险性质的认识,应该提醒他相关法律可能施加了高度的注意义务。如果被告人没有遵守或者没有意识到高标准注意义务的存在,就会被认为具有可谴责性。一旦某一犯罪被解释为严格责任类犯罪,也就从根本上杜绝了任何认识错误(包括事实错误)成立抗辩事由的可能性。

与此相对,法院也可能选择将违法性认识解释为故意的要素。根据《模范刑法典》第2.02.9条的规定,对行为的违法性认识不应被解读为犯罪成立要素,除非有明示的规定。不过,这一立场即使在美国并非绝对,刑事立法中某些犯罪的定义可能明示或暗示地要求具备违法性认识因素。在1985年的Liparota案中,联邦最高法院的多数意见就认为,控方必须证明被告人知道他是在未为制定法或规章所许可的情况下而实施行为,也即违法性认识是联邦制定法相关条款所涉犯罪的成立要素。[2] 在1991年的Cheek案中,[3]该法院更是明确指出,制定法中的有意性(willfulness)要件应该被解释为"自愿地、故意地违背某一明知的法律义务"。根据这一标准,被告人Cheek错误地相信所得税的违宪性并不成立抗辩事由,因为拒绝在此基础之上遵守法律的个人仍然意识到根据税法他有义务纳税。但是,诚实地认为薪资或其他种类的收入根据税法不需要纳税,则构成抗辩事由;因为在此种情况下,被告人不可能"明知"他有纳税的义务。

通过把立法机构在故意问题上的沉默或含糊解释为可能反映通常的预期,从而推定其意图将违法性认识整合为控方需要证明的要素,司法者

---

〔1〕 United State v. Dotterweich, 320 U.S. 277, 285 (1943).

〔2〕 See Liparota v. United States, 471 U. S. 419 (1985). 该案中,被告人Liparota从政府的暗探手中3次以低于票面价值的价格购买食品供应票,因而被指控违反《美国联邦法典》第7卷第2024.b.1条的规定,即任何人在未为制定法或规章许可的情况下,明知地使用、转让、获得、改变或者持有优待票券或许可卡构成刑事犯罪。一审的地区法院判决被告人有罪,联邦第七巡回上诉法院肯定一审判决,但联邦最高法院推翻了有罪判决。

〔3〕 See Cheek v. United States 498 U. S. 192 (1991). 该案中,Cheek被指控逃税。针对该指控,Cheek提出的辩护事由是他诚实地相信,他并没有就其作为美利坚航空公司的飞行员所赚取的薪金负有交税义务。他声称形成这样的认识是基于某一反税团体的讲座,后者说服他薪资不是联邦税法所针对的应税收入,任何形式的所得税都违反宪法。陪审团宣布有罪,但联邦最高法院最终推翻了有罪判决。

就可以避免与不知法不免责的准则发生直接冲突。[1] 这是由于只要将违法性认识解释为包含于犯意之中,即属于犯罪的构成要件要素,就根本不需要提起认识错误之类的抗辩事由来证明免责立场的正当性。相反,人们只需主张无法证明为所指控的犯罪成立所必需的犯意要件即可。由此,也便从形式上回避了构建规则之例外的问题,造成仿佛与法律错误问题没有任何关联的假象。在前述判例中,联邦最高法院便选择小心地绕开法律错误问题,径直从缺乏相应的故意入手,认定不具备成立犯罪所必需的犯意要件,从而推翻一审的有罪判决。

与普通法国家相比,大陆法国家一般不会留太多空间让法官来解释,在犯意的问题上也是如此。而基于其特殊的"构成要件—违法—责任"的犯罪论结构,也没有必须将违法性认识解释为某罪的构成要件要素的必要。不过,对大陆法的法官而言,仍然存在通过对犯意要件的解释来达到刑法规制与责任主义之间的平衡的余地。因为即使在将违法性认识解释为故意要素方面受到限制,法官还是可以选择将其解释为责任层面的要素。理论上,将违法性认识放在构成要件层面或是放在责任层面处理自然有重大差异,但无论其是故意要素还是责任要素,缺失的最终结果都是阻却犯罪的成立。就此而言,违法性认识是故意要素也好,是责任要素也好,其实影响不大。

(三)上升为宪法性问题

除区别技术与对犯意要件的解释之外,法院的另一个撒手锏是将违法性认识问题上升为宪法问题。通常来说,法院会以正当程序条款(罪刑法定)或一般的正义原则为依据。普通法国家称为"禁令陷阱"(entrapment by estoppel)的抗辩事由,即因法律不能被合理地知悉与对相关法律的官方声明(事后被认定无效或错误)的合理信赖而造成的法律错误,便多是据此而构建其正当性的。在此类司法推理中,法院往往倾向于将在正当程序(罪刑法定)意义上的"适当警告"等同于对违法性的主观认识。由此,违法性认识问题会被转换为国家是否进行告知的问题,从而得出不知法不免责准则本身应受正当程序条款或罪刑法定规制的结论。Lambert案即是如此。在该案中,法院指出,正当程序对不知法不免责准则的实行施加了某些限制,告知的要求即是其中之一,它为正当程序概念

---

[1] See Susan L. Pilcher, Ignorance, Discretion and the Fairness of Notice: Confronting "Apparent Innocence" in the Criminal Law, in 33 American Criminal Law Review (1995), p.4.

所固有；在施加刑罚之前或者在众多基于单纯的不作为而可能遭受刑罚或罚金的场合中，都要求存在告知。[1] 当然，此种正当程序的限制本身也受到严格的约束，也即只有 Lambert 案所涉及的三个客观特征全部具备时才能适用：行为属于消极的不作为；作为义务由单纯的状态而引发；社会危害性对守法公民而言并非显而易见。[2] 这种严格约束体现出人们对处理法律错误问题的复杂心态：绝对地适用不知法不免责准则太过严厉；但倘若去罪化的口子开得太大，又会使规范虚置而大大削弱刑法规制的效果。

（四）转换为证明问题

在立法或判例规定不可避免或合理的法律错误成立免责事由时，司法者还有一项技术来操控刑法规制与责任主义之间的平衡，那就是将惩罚必要性的实体性判断，转换为是否已经就错误的存在与错误的不可避免性或合理性完成证明的程序问题。错误是否存在以及是否不可避免或合理，本身便会涉及证明问题，而证明责任通常由被告人来承担。由于证明力问题本身是法官（或陪审团）自由心证的内容，被告人是否已经就错误的不可避免或合理性完成证明，最终依赖于法官（或陪审团）的自由裁量。这就为司法者的操控提供了现实的可能。对于那些身陷法律错误而仍具有惩罚必要性的被告人，司法者可能通过认定现有证据不能令人信服地认定被告人产生了法律错误，或者通过认定错误并非不可避免，而拒绝其有关不可避免的或合理的法律错误的抗辩。

（五）利用陪审团的否决权

普通法国家的陪审团享有法外开恩的特权，可以置既有法律于不顾而径直宣告被告人无罪。这种制度能够使社会在严格遵守法律的同时，避免对不具有可谴责性的被告人进行实际惩罚，成为普通法体系内特殊的救济渠道。在法定犯日益增多而不知法不免责仍是法律错误领域支配性的适用规则的普通法国家，陪审团的否决权无疑大有用武之地，尤其是针对那些明显无辜的中性行为。由陪审团基于其普通人的直觉，来判断被告人是否遵守了处于相同状况的守法公民被合理期待会遵守的注意义务标准，并决定让被告人承担刑事责任是否存在合理的可谴责基础，这

---

[1] See Lambert v. California, 355 U.S. 225, 78 S.Ct. 240, 2 L. Ed. 2d 228 (1957).
[2] See Susan L. Pilcher, Ignorance, Discretion and the Fairness of Notice: Confronting "Apparent Innocence" in the Criminal Law, in 33 American Criminal Law Review (1995), p. 5.

无疑在一定程度上有助于防止规制性的刑法太过脱离共同体的道德观念。事实上,这种救济机制也确实受到某些学者的推崇。苏珊·普尔雪(Susan Pilcher)就提出,在责任的实体性扩张可能大大加剧法律与共同体预期之间不协调的今天,法律适用中既有的自由裁量机制都已无法提供足够的保证,而只有陪审团这一使法律符合共同体良知的传统工具,才是真正有能力以当代的共同体预期对"明显无辜"行为的刑事责任问题施加压力的唯一制度。她认为,通过承认刑事制裁的正当适用具有高度的语境性质,赋予陪审团评价有关公平告知与明显无辜的事务的直接权力,将维持社会权力与刑事制裁的弹性。[1]

三、运用其他裁量机制求取平衡

前述立法性技术与司法性技术的运用,将直接影响产生法律错误的被告人的刑事责任的有无,使不具有可谴责性的被告人有可能获得在法律上被宣告无辜的结果。在立法或司法不能或者没有对此提供有效的处理机制(无法在法律上宣告被告人无责)时,法官的量刑裁量权则是减缓传统规则的严厉性的最主要的手段。通过对被宣告有罪的被告人减轻或者免除处罚,法官至少能对公众和自身的良心有所交代。

此外,具有以非法律手段来进行强制干预性质的行政性技术,也有助于在一定程度上缓和此间的冲突。就法律错误领域而言,可供选择的行政性技术有两种,即控方的起诉裁量与行政性的赦免。控方可以利用起诉方面的自由裁量权,而决定对陷于法律错误之中的被告人起诉或者不予起诉。对于那些明显不具有可谴责性或者可谴责性程度较低而罪行本身又轻微的被告人,控方可能通过提前终结刑事诉讼的方式而给予其救济。在法院做出有罪判决且穷尽司法救济之后,在有些国家,陷入法律错误的被告人可能还有另一项选择,那就是向地方行政首脑或者中央行政长官请求行政性赦免。

为确保法律实施与正义的一般观念相一致,人们通常或者通过政治程序去推动立法修正,或者利用法律适用中既有的诸种自由裁量机制,如控方的自由裁量权、量刑中的裁量权、陪审团的否决权以及行政性的赦免制度等。不过,随着刑法日益越出传统的犯罪行为的范围而深入规制性

---

[1] See Susan L. Pilcher, Ignorance, Discretion and the Fairness of Notice: Confronting "Apparent Innocence" in the Criminal Law, in 33 American Criminal Law Review (1995).

领域,对这些作为获取个案公正的裁量性机制的依赖可能需要重新予以审视。[1] 应该说,论述法律错误领域中为求取平衡而运用的各种法律技术或制度,为重新审视既有的裁量性机制提供了良好的契机。

就法律错误领域而言,借助法官或陪审团将实体判断转换为程序问题的技艺,或者依靠法官的量刑裁量、控方对起诉事务的自由裁量或行政性的赦免裁量,来缓解不知法不免责的严厉性,其合理性显然值得质疑。首先,由于不同裁量主体所持的不同观念,这四种裁量机制可能导致对相同案件的不同处理,从而导致法的不统一。其次,都存在自由裁量被滥用的潜在危险。最后,法官的量刑裁量与行政性的赦免裁量并未解决对无辜行为人定罪而导致的不公,也未能避免由此对法的可信性所带来的重大冲击;对陪审团的否决权的利用,同样存在严重的缺陷。正如罗宾逊教授所批评的那样,这样的系统会使被告人的责任依赖于陪审团违背法律指示的意愿,而非被告人的可谴责性;它也造成对相同案件处理上的差异。陪审团通常并不被告知具有否决权,他们想要实行否决权和他们不想实行的场合可能是无法预测的,或许取决于特定团体成员的人格而非案件的事实。[2] 尤其是这些任意性很强的裁量机制都意味着放弃对解决个案正义的有效机制的寻求,代表着对既有的不公的法律体系的屈服;对于未来,它们所许诺的是和眼下一样不公正的制度。

相对而言,对区别技术的运用和对犯意要件的解释,具有修正制度缺陷和推进制度完善的功能,尤其是在推行判例制度的国家。当然,个体法官可能基于政策的考虑而自由解释犯意或运用区别技术,因而,严格而言,这两种技术同样无法完全避免法官的恣意。不过,借助于判例制度的约束力,可以较好地规制法官的恣意,并在相当程度上解决相同案件不同处理的问题。由此可见,判例制度的背景下,区别技术与对犯意要件的解释倒是不失为解决法律错误领域内刑法规制与责任主义的矛盾的理想手段。至于立法对不知法不免责准则是否做出明确修正反而没有那么重要。

---

[1] See Susan L. Pilcher, Ignorance, Discretion and the Fairness of Notice: Confronting "Apparent Innocence" in the Criminal Law, in 33 American Criminal Law Review (1995), p.2.

[2] See Paul H. Robinson, Criminal Law, New York: Aspen & Business, 1997, pp. 552-553.

第四节　我国实务的违法性认识问题反思

当前各国在法律错误领域所呈现出来的共同的转变态势，无疑值得国内学界深思。这当然不是基于国外如何中国也应该如何的简单逻辑，而是因为我们无法回避这样的追问：法律错误领域处理规则的修正，究竟只是一个特定语境的问题，还是具有相当的普适意义？如果它只是与特定的语境有关，中国刑法界大可不予理会；然而，倘若问题具有普适性，则显然有必要检讨我国的做法。很显然，只要承认责任主义是刑事责任的基本原则，承认法律的复杂化、法定犯的增多以及刑法规制性的加强等同样是中国刑法发展的趋势，我们便不能无视法律错误领域内刑法的规制目的与责任主义之间的尖锐冲突，也难以否认对不知法不免责准则的修正所具有的普适意义。

一、实务界对法律错误问题的处理特点

现行刑法典并未就法律错误的处理做出明文规定。对相关案件的抽样研究表明，不知法不免责准则在实践中继续保持着绝对的适用效力。从抽取的8个案件来看，[1]实务界对法律错误的处理表现出三个鲜明的特点：

其一，被告人理所当然地被推定知法，因而，对其是否存在法律错误的问题一般不予置评。所调查的8个案件中，无论是判决书还是辩护意见，均未明确提及法律错误，也都没有探讨被告人对行为对象或行为性质的错误评价所可能具有的法律意义。此外，只有在"刘实故意泄露国家秘密、贪污、受贿案"的判决书对被告人是否明知相关信息是国家秘密进行了论证，其余7个案件的判决书均不顾被告人的抗辩，而将其对行为对象

---

[1]　对实务中的法律错误案件做定量的经验研究存在相当的困难。一则相关案件通常不以法律错误的面目出现，二则现有数据库要么收集的刑事案件数量有限，要么无法通过关键词的检索获得充足的样本。相关的8个案件包括：(1)蒋兆法等5人非法制造、买卖、运输枪支案；(2)唐旻昱等5人投机倒把、走私案；(3)杨正明盗伐国家珍稀树木案；(4)于萍故意泄露国家秘密案；(5)刘实故意泄露国家秘密、贪污、受贿案；(6)刘学莲非法种植毒品原植物案；(7)杨德望侮辱尸体案；(8)李振中、种存杰故意泄露国家秘密案。尽管样本较少，考虑到这些案件覆盖江苏、上海、云南、河南、湖北、河北等地，而且做出判决的法院既有基层人民法院与中级人民法院，也有省高级人民法院，这些案件大体能反映我国实务界对待法律错误的态度。

或行为性质的法律属性的明知当作不言而喻的前提。

其二,在法律错误阻却特定的犯罪构成要件要素时,承认成立抗辩事由;其他类型的法律错误,则不管有无合理性,均否定对犯罪的阻却。在杨正明盗伐国家珍稀树木案中,法院所判处的罪名是盗伐林木罪,而不是非法采伐国家重点保护植物罪。不难发现,正是被告人对砍伐对象属于国家一级保护树木欠缺明知,导致阻却成立后罪的结果。法院显然是从构成要件的角度得出这样的判决的。以主客观相一致的原则进行评价,杨正明的行为并不符合非法采伐国家重点保护植物罪的构成要件。即使被告人对砍伐对象的错误认识是基于自身的过失,也会因主客观不一致而无法构成该罪。换言之,未以重罪定处,与被告人所犯的法律错误无关,也与错误的合理或可避免与否无关。由于我国司法实践中基本上不承认单纯的法律错误具有否定刑事责任的效果。相应地,错误的合理或可避免与否也被认为与刑事责任的有无没有关联,所以根本不需要讨论。

其三,法律错误有时可能成为量刑的酌定减轻情节。尽管实务界不承认错误的合理与否可能对刑事责任的有无产生影响,但真诚的尤其是合理的法律错误,显然影响法官对刑事责任严重程度的具体判断。刘学莲非法种植毒品原植物案中,被告人真诚地认为罂粟并非法律禁止种植的毒品原植物的错误,是导致法官对其从轻判处(判处量刑幅度中的法定最低刑)的主要因素。蒋兆法等5人非法制造、买卖、运输枪支案也是同样,几名被告人关于钢珠枪并非枪支的错误认识是真诚的,且具有一定的合理性。因为被告人的部分行为发生在最高人民法院发布《关于办理非法制造、买卖、运输、私藏钢珠枪犯罪案件适用法律问题的通知》(1993年12月)之前,此外,制造钢珠枪还有公安局的审批手续。尽管法院的判决书在从轻处罚的事由中并未提及认识错误,但其对量刑的作用不容否认。

二、违法性认识问题在我国的解决前景

实务界对法律错误案件的处理方式表明,绝对的知法推定仍然支配着执法者的思维,不知法的风险照例完全由被告人来承担。人们承认责任主义的约束力,但法律错误领域却成为责任主义无法进入的堡垒。相应地,刑法规制与责任主义之间的冲突也并未引起应有的注意。事实上,刑法的规制目的总是得到优先的考虑,而个体正义的要求则往往被忽视。法官对个体正义缺乏敏感只是问题的一个侧面,关键在于相应的裁

量性机制与理论资源存在重大缺陷。法官的量刑裁量权成为救济陷入法律错误的被告人的最主要甚至是唯一的手段,而国内刑法学界在研究导向上的偏颇也剥夺了法官利用理论资源的可能性。

受德国刑法理论的影响,国内学界有关法律错误的研究,并不关注如何在刑法规制与责任主义之间求取平衡的问题,而主要围绕违法性认识在犯罪论体系中的位置展开。人们争论的是违法性认识究竟属于故意的要素,还是责任的要素。这样的研究无疑存在偏颇。违法性认识问题的关键不在于违法性认识的欠缺究竟阻却的是罪责还是故意,而是在何种情况下不予追究行为人的刑事责任才是合理的(既符合刑法规制的需要,又能兼顾责任主义的要求)。由于没有单独的责任评价层面,在我国目前的犯罪论体系中,违法性认识势必只能放在主观构成要件中予以探讨。这一点也可以从刑法对故意概念的界定上得到佐证。既然故意的成立,要求行为人对行为的社会危害性有认识("明知自己的行为会发生危害社会性的结果"),这就足以表明我国刑法是把违法性认识放在故意结构之中来处理的。只是因为与德日主流观点(认为违法性认识是责任的要素)不一致,便一再地纠缠于其位置问题,甚至要求重构传统的犯罪论体系,国内学界的研究不免给人削足适履的感觉,同时也回避了问题的关键。

违法性认识问题在中国现行刑法体系中的解决前景的确令人担忧,但不是因为传统犯罪论体系的平面性使违法性认识无法成为独立的责任要素,而恰恰是由于在这一领域缺乏能够维护个体正义的制度技术或裁量机制。就此而言,学界实有必要将关注的重心放在此类制度技术或裁量机制的构建或完善上,而不是对违法性认识在犯罪论体系中的位置问题坐而论道。由于缺乏发达的司法技术与判例制度的语境,对我国刑法而言,要解决违法性认识问题,最佳的方案可能是借鉴国外的立法经验,通过推动立法修正为问题的解决奠定良好的制度基础。至于立法方式,是选择大陆法模式还是选择美国《模范刑法典》的模式,就要看中国的立法者对待责任主义的态度了。当然,立法只是解决问题的第一步。即使立法有明文规定,具体个案中违法性认识问题的处理最终也需依赖司法的合理裁量。

第五节 本章小结

(1)在知法的推定被推翻之后,"不知法不免责"的准则随即面临与责任主义之间的冲突。两大法系的主要代表国家,为使对法律错误的处理合乎责任主义的要求而做了相应探索。大陆法国家大多通过刑事立法来处理法律错误问题,其立法体现了对责任主义要求的尊重;普通法国家的立法总体上趋于保守,主要依赖发达的司法技术来解决法律错误领域一般正义与个体正义之间的冲突。

(2)无论是大陆法国家还是普通法国家,在法律错误处理问题上对责任主义的贯彻均有不同程度的妥协,由此而使责任主义陷于尴尬的境地。责任主义原则难以在法律错误领域获得全面的贯彻,与预防主义刑法强调对风险的预防性控制有关。刑法任务观的转变影响了责任主义在法律错误领域的彻底贯彻。

(3)法律错误领域的主要问题是如何处理刑法的规制需要与责任主义要求之间的矛盾,它往往表现为一般正义与个体正义之间的冲突。因而,重要的是有相应的制度技术可供依靠,以使对不具有可谴责性的产生法律错误的被告人进行救济成为可能,而不是纠结于违法性认识因素的体系地位问题。除立法性技术之外,司法性技术与其他裁量机制都可能被用于在风险规制与责任主义之间求取必要的平衡。

(4)在大陆法国家,可凭借的司法技术的匮乏使立法对法律错误适用规则的明文规定成为必要;在普通法国家,由于能借助诸多的司法技术来缓和不知法不免责准则的严厉性,在立法上做大胆变革的必要性相应有所降低。动用立法技术来确立法律错误的适用规则是普遍的发展趋势,但它也并非解决违法性认识问题的必要前提。司法技术在其中大有可为之地,不过,这需要取决于相应的制度语境,包括判例制度、解释论传统、法官对个体正义的敏感以及对诸种司法技术的娴熟运用等。

(5)我国实务界对法律错误案件的处理方式表明,知法的推定仍然支配着司法者的思维,不知法的风险几乎完全分配给被告人来承担,法官的量刑裁量权成为救济陷入法律错误的被告人的最主要的手段。违法性认识问题在我国的解决前景令人担忧,乃是由于在这一领域缺乏能够维护个体正义的制度技术或裁量机制。基于此,我国实有必要将关注的重心放在此类制度技术或裁量机制的构建或完善上。

主要参考文献

一、中文文献

白建军:《法律实证研究方法》(第二版),北京大学出版社2014年版。

白建军:《关系犯罪学》(第三版),中国人民大学出版社2014年版。

蔡桂生:《敌人刑法的思与辨》,载《中外法学》2010年第4期。

蔡圣伟:《重新检视因果关系偏离之难题》,载《东吴法律学报》2008年第1期。

车浩:《假定因果关系、结果避免可能性与客观归责》,载《法学研究》2009年第5期。

陈辉:《德国法教义学的结构与演变》,载《环球法律评论》2017年第1期。

陈瑞华:《论法学研究方法》,北京大学出版社2009年版。

陈晓明:《风险社会的刑法应对》,载《法学研究》2009年第6期。

陈兴良、张军、胡云腾主编:《人民法院刑事指导案例裁判要旨通纂(上下卷)》,北京大学出版社2013年版。

陈兴良:《刑法哲学》(第六版),中国人民大学出版社2017年版。

陈兴良:《本体刑法学》,商务印书馆2001年版。

陈兴良:《规范刑法学》(第4版),中国人民大学出版社2017年版。

陈兴良:《教义刑法学》(第三版),中国人民大学出版社2017年版。

陈璇:《客观的未遂犯处罚根据论之提倡》,载《法学研究》2011年第2期。

陈璇:《论过失犯的注意义务违反与结果之间的规范联系》,载《中外法学》2012年第4期。

储槐植、汪永乐:《刑法因果关系研究》,载《中国法学》2001年第

2 期。

储槐植、杨书文：《复合罪过形式探析——刑法理论对现行刑法内含的新法律现象之解读》，载《法学研究》1999 年第 1 期。

储槐植、杨书文：《再论复合罪过形式——兼谈模糊认识论在刑法中的运用》，载《刑事法评论》（第 7 卷），中国政法大学出版社 2000 年版。

储槐植：《刑事一体化论要》，北京大学出版社 2007 年版。

高鸿钧、赵晓力主编：《新编西方法律思想史（现代、当代部分）》，清华大学出版社 2015 年版。

杜宇：《类型思维与刑法方法》，载北京大学法学院刑事法学科群编：《刑法体系与刑事政策：储槐植教授八十华诞贺岁集》，北京大学出版社 2013 年版。

冯军：《刑法中的自我答责》，载《中国法学》2006 年第 3 期。

冯军：《论违法性认识》，载赵秉志主编：《刑法新探索》，群众出版社 1993 年版。

冯亚东：《理性主义与刑法模式：犯罪概念研究》，中国政法大学出版社 2017 年版。

高鸿钧：《德沃金法律理论评析》，载《清华法学》2015 年第 2 期。

高铭暄、马克昌主编：《刑法学》（第九版），北京大学出版社、高等教育出版社 2019 年版。

高艳东：《着手理论的消解与可罚行为起点的重构》，载《现代法学》2007 年第 1 期。

顾祝轩：《制造"拉伦茨"神话：德国法学方法论史》，法律出版社 2011 年版。

韩强：《法律因果关系理论研究》，北京大学出版社 2008 年版。

何庆仁：《义务犯研究》，中国人民大学出版社 2010 年版。

黄茂荣：《法学方法与现代民法（第五版）》，法律出版社 2007 年版。

黄荣坚：《基础刑法学（上、下）》（第三版），中国人民大学出版社 2008 年版。

黄荣坚：《刑罚的极限》，台湾元照出版公司 1998 年版。

黄荣坚：《刑法问题与利益思考》，中国人民大学出版社 2009 年版。

黄维新：《因果理论与实务的困境及突破》，载《月旦法学杂志》2010 年第 6 期。

姜涛：《社会风险的刑法调控及其模式改造》，载《中国社会科学》

2019年第7期。

金光旭:《日本刑法中的实行行为》,载《中外法学》2008年第2期。

柯耀程:《变动中的刑法思想》,中国政法大学出版社2003年版。

劳东燕:《风险社会与变动中的刑法理论》,载《中外法学》2014年第1期。

劳东燕:《风险社会与功能主义的刑法立法观》,载《法学评论》2017年第6期。

劳东燕:《公共政策与风险社会的刑法》,载《中国社会科学》2007年第3期。

劳东燕:《功能主义的刑法解释》,中国人民大学出版社2020年版。

劳东燕:《结果无价值论与行为无价值论之争的中国展开》,载《清华法学》2015年第3期。

劳东燕:《刑法中的客观不法与主观不法——由故意的体系地位说起》,载《比较法研究》2014年第4期。

劳东燕:《刑事政策与功能主义的刑法体系》,载《中国法学》2020年第1期。

雷磊:《法教义学的基本立场》,载《中外法学》2015年第1期。

黎宏:《日本刑法精义》(第二版),法律出版社2008年版。

黎宏:《刑法学总论》(第二版),法律出版社2016年版。

黎宏:《刑法总论问题思考》(第二版),中国人民大学出版社2016年版。

黎宏:《刑法中的危险及其判断——从未遂犯和不能犯的区别出发》,载《法商研究》2004年第4期。

李海东:《刑事原理入门》,法律出版社1998年版。

李立丰:《美国刑法犯意研究》,中国政法大学出版社2009年版。

李汉林、渠敬东等:《组织和制度变迁的社会过程》,载《中国社会科学》2005年第1期。

梁根林:《刑事法网:扩张与限缩》,法律出版社2005年版。

梁根林:《预备犯普遍处罚原则的困境与突围——〈刑法〉第22条的解读与重构》,载《中国法学》2011年第2期。

林钰雄:《新刑法总则》,中国人民大学出版社2009年版。

林钰雄:《新刑法总则》(第3版),元照出版有限公司2011年版。

林钰雄:《刑法与刑诉之交错适用》,中国人民大学出版社2009年版。

刘艳红:《"风险刑法"理论不能动摇刑法谦抑主义》,载《法商研究》2011年第4期。

刘艳红:《客观归责理论:质疑与反思》,载《中外法学》2011年第6期。

卢建平:《风险社会的刑事政策与刑法》,载《法学论坛》2011年第4期。

马克昌主编:《近代西方刑法学说史》,中国人民公安大学出版社2016年版。

南连伟:《风险刑法理论的批判与反思》,《法学研究》2012年第4期。

泮伟江:《超越"错误法社会学"》,载《中外法学》2019年第1期。

泮伟江:《当代中国法治的分析与建构(修订版)》,中国法制出版社2017年版。

齐文远、周详:《社会危害性与刑事违法性关系新论》,载《中国法学》2003年第1期。

钱叶六:《犯罪实行行为着手研究》,中国人民公安大学出版社2009年版。

曲新久:《刑法学》,中国政法大学出版社2009年版。

舒洪水、张晶:《法益在现代刑法中的困境与发展——以德、日刑法的立法动态为视角》,载《政治与法律》2009年第7期。

舒洪水、张晶:《近现代法益概念的发展及其功能化解读》,载《中国刑事法杂志》2010年第9期。

苏力:《道路通向城市:转型中国的法治》,法律出版社2004年版。

苏力:《解释的难题:对几种法律文本解释方法的追问》,载梁治平编:《法律解释问题》,法律出版社1998年版。

苏力:《司法解释、政策和最高法院》,载陈兴良主编:《中国刑法司法解释检讨——以奸淫幼女司法解释为视角》,中国检察出版社2003年版。该文的修正版以《司法解释、政策和知识需求》为名。

王钰:《德国刑法教义学上的客观处罚条件》,法律出版社2016年版。

吴从周:《民事法学与法学方法概念法学、利益法学与价值法学:探索一部民法方法论的演变史》,中国法制出版社2011年版。

夏勇:《"风险社会"中的"风险"辨析:刑法学研究中"风险"误区之澄清》,载《中外法学》2012年第2期。

肖文明:《观察现代性》,载《社会学研究》2008年第5期。

熊琦:《从"戏言逼死人命"案看客观归责的"规范之维"》,载《刑事法判解》(第11卷),人民法院出版社2012年版。

熊琦:《论法益之"益"》,载赵秉志主编:《刑法论丛》第15卷,法律出版社2008年版。

许德风:《论法教义学与价值判断:以民法方法为重点》,载《中外法学》2008年第2期。

许恒达:《合法替代行为与过失犯的结果归责:假设容许风险实现理论的提出与应用》,载《台大法学论丛》2011年第6期。

许恒达:《刑罚理论的政治意涵》,载《月旦法学杂志》2006年第137期。

许玉秀:《当代刑法思潮》,中国民主法制出版社2005年版。

许玉秀:《客观归责与因果关系》,载许玉秀:《当代刑法思潮》,中国民主法制出版社2005年版。

许玉秀:《主观与客观之间——主观理论与客观归责》,法律出版社2008年版。

张明楷:《法益初论》(增订本),商务印书馆2021年版。

张明楷:《犯罪论原理》,武汉大学出版社1991年版。

张明楷:《外国刑法纲要》(第三版),法律出版社2020年版。

张明楷:《未遂犯论》,法律出版社1997年版。

张明楷:《刑法的基本立场》,中国法制出版社2002年版。

张绍谦:《刑法因果关系研究》,中国检察出版社2004年版。

郑军男:《不能未遂犯研究》,中国检察出版社2005年版。

周光权:《法治视野中的刑法客观主义》(第二版),法律出版社2013年版。

周光权:《积极刑法立法观在中国的确立》,载《法学研究》2016年第4期。

周光权:《刑法总论》(第四版),中国人民大学出版社2021年版。

周漾沂:《风险承担作为阻却不法事由——重构容许风险的实质理由》,载《中研院法学期刊》2014年第14期。

〔德〕汉斯·海因里希·耶赛克、〔德〕托马斯·魏根特:《德国刑法教科书》,徐久生译,中国法制出版社2017年版。

〔德〕古斯塔夫·拉德布鲁赫:《法哲学》,王朴译,法律出版社2013年版。

〔德〕茨威格特、〔德〕克茨:《比较法总论》,潘汉典等译,中国法制出版社 2017 年版。

〔德〕Lothar Kuhlen:《刑事政策的原则》,陈毅坚译,载谢望原、肖中华、吴大华主编:《中国刑事政策报告》(第三辑),中国法制出版社 2008 年版。

〔德〕迪特儿·格林:《宪法视野下的预防问题》,刘刚译,载刘刚编译:《风险规制:德国的理论与实践》,法律出版社 2012 年版。

〔德〕弗兰茨·冯·李斯特著:《李斯特德国刑法教科书》,〔德〕埃贝哈德·施密特修订,徐久生译,北京大学出版社 2021 年版。

〔德〕冈特·施特拉腾韦特、〔德〕洛特尔·库伦:《刑法总论 I——犯罪论》,杨萌译,法律出版社 2006 年版。

〔德〕格尔德·克莱因海尔、〔德〕扬·施罗德:《九百年来德意志及欧洲法学家》,许兰译,法律出版社 2005 年版。

〔德〕卡尔·拉伦茨:《法学方法论》,黄家镇译,商务印书馆 2020 年版。

〔德〕阿图尔·考夫曼:《法律哲学(第二版)》,刘幸义等译,法律出版社 2011 年版。

〔德〕克劳斯·罗克辛:《刑事政策与刑法体系(第二版)》,蔡桂生译,中国人民大学出版社 2011 年版。

〔德〕克劳斯·罗克辛:《德国刑法学总论》(第 2 卷),王世洲主译与校订,法律出版社 2013 年。

〔德〕莱纳·沃尔夫:《风险法的风险》,陈霄译,载刘刚编译:《风险规制:德国的理论与实践》,法律出版社 2012 年版。

〔德〕尼可拉斯·鲁曼:《社会中的法》,李君韬译,五南图书出版股份有限公司 2009 年版。

〔德〕罗尔夫·施蒂尔纳:《德国民法学及方法论——对中国法学的一剂良药?》,黎立译,载方小敏主编:《中德法学论坛》(第 12 辑),法律出版社 2015 年版。

〔德〕沃尔夫冈·弗里希:《客观之结果归责——结果归责理论的发展、基本路线与未决之问题》,蔡圣伟译,载陈兴良主编:《刑事法评论》(第 30 卷),北京大学出版社 2012 年版。

〔德〕沃斯·金德豪伊泽尔:《适应与自主之间的德国刑法教义学——用教义学来控制刑事政策的边界?》,蔡桂生译,载《国家检察官学院学报》2010 年第 5 期。

〔德〕沃斯·金德霍伊泽尔:《故意犯的客观和主观归责》,樊文译,载陈兴良主编:《刑事法评论》(第 23 卷),北京大学出版社 2008 年版。

〔德〕乌尔里希·贝克:《风险社会》,张文杰、何博闻译,译林出版社 2018 年版。

〔德〕乌尔里希·贝克:《世界风险社会》,吴英姿、孙淑敏译,南京大学出版社 2004 年版。

〔德〕许逎曼:《敌人刑法?——对刑事司法现实中令人无法忍受的侵蚀趋向及其在理论上的过分膨胀的批判》,杨萌译,载冯军主编:《比较刑法研究》,中国人民大学出版社 2007 年版。

〔德〕许逎曼:《德国不作为犯法理的现况》,陈志辉译,载许玉秀、陈志辉合编:《不移不惑献身法与正义—许逎曼教授刑事法论文选辑》,新学林出版股份有限公司 2006 年版。

〔德〕许逎曼:《过失犯在现代工业社会的捉襟见肘》,载许玉秀、陈志辉合编:《不移不惑献身法与正义——许逎曼教授刑事法论文选辑》,新学林出版股份有限公司 2006 年版。

〔德〕许逎曼:《刑法体系与刑事政策》,载许玉秀、陈志辉合编:《不移不惑献身法与正义——许逎曼教授刑事法论文选辑》,新学林出版股份有限公司 2006 年版。

〔德〕许逎曼:《作为学术的刑法释义学》,吕理翔译,载许玉秀、陈志辉合编:《不移不惑献身法与正义——许逎曼教授刑事法论文选辑》,新学林出版股份有限公司 2006 年版。

〔德〕乌尔斯·金德霍伊泽尔:《刑法总论教科书(第六版)》,蔡桂生译,北京大学出版社 2015 年版。

〔德〕英格博格·普珀:《法学思维小学堂——法律人的 6 堂思维训练课》,蔡圣伟译,北京大学出版社 2011 年版。

〔德〕尤里乌斯·冯·基尔希曼:《作为科学的法学的无价值性——在柏林法学会的演讲》,赵阳译,商务印书馆 2016 年版。

〔德〕约阿希姆·福格尔:《纳粹主义对刑法的影响》,喻海松译,载陈兴良主编:《刑事法评论》(第 26 卷),北京大学出版社 2010 年版。

〔德〕约翰内斯·韦塞尔斯:《德国刑法总论:犯罪行为及其构造》,李昌珂译,法律出版社 2008 年版。

〔法〕卡斯东·斯卡法尼等著:《法国刑法总论精义》,罗结珍译,中国政法大学出版社 1998 年版。

〔美〕C·赖特·米尔斯:《社会学的想象力》,李康译,北京师范大学出版社 2017 年版。

〔美〕马库斯·德克·达博:《积极的一般预防与法益理论——一个美国人眼里的德国刑法学的两个重要成就》,杨萌译,载陈兴良主编:《刑事法评论》(第 21 卷),北京大学出版社 2007 年版。

〔美〕奥斯汀·萨拉特编:《布莱克维尔法律与社会指南》,高鸿均等译,北京大学出版社 2011 年版。

〔美〕保罗·H.罗宾逊:《刑法的结构与功能》,何秉松、王桂萍译,中国民主法制出版社 2005 年版。

〔美〕本杰明·卡多佐:《司法过程的性质》,苏力译,商务印书馆 2017 年版。

〔美〕道格拉斯·胡萨克:《刑法哲学》,姜敏译,中国法制出版社 2015 年版。

〔美〕道格拉斯·凯尔纳、〔美〕斯蒂文·贝斯特:《后现代理论——批判性的质疑》,张志斌译,中央编译出版社 2011 年版。

〔美〕邓肯·肯尼迪:《法律与法律思想的三次全球化:1850-2000》,高鸿钧译,载《清华法治论衡》2009 年第 2 期。

〔美〕哈罗德·J.伯尔曼:《法律与革命(第二卷)》,袁瑜琤、苗文龙译,法律出版社 2018 年版。

〔美〕理查德·A.波斯纳:《法理学问题》,苏力译,中国政法大学出版社 2002 年版。

〔美〕罗纳德·德沃金:《认真对待权利》,信春鹰、吴玉章译,上海三联书店 2008 年版。

〔美〕罗纳德·德沃金:《原则问题》,张国清译,江苏人民出版社 2012 年版。

〔美〕诺内特、〔美〕塞尔兹尼克:《转变中的法律与社会:迈向回应型法》,张志铭译,中国政法大学出版社 1994 年版。

〔美〕庞德:《通过法律的社会控制》,沈宗灵译,楼邦彦校,商务印书馆 2011 年版。

〔美〕乔治·弗莱彻:《反思刑法》,邓子滨译,华夏出版社 2008 年版。

〔澳〕柯武刚、〔德〕史漫飞、〔美〕贝彼得:《制度经济学:财产、竞争、政策》,柏克、韩朝华译,商务印书馆 2018 年版。

〔日〕大塚仁:《刑法概说(总论)》(第三版),冯军译,中国人民大学出版社2003年版。

〔日〕川端博:《刑法总论二十五讲》,余振华译,中国政法大学出版社2003年版。

〔日〕大谷实:《刑法讲义总论》(新版第2版),黎宏译,中国人民大学出版社2008年版。

〔日〕关哲夫:《现代社会中法益论的课题》,王充译,载《刑法论丛》2007年第2期。

〔日〕泷川幸辰:《犯罪论序说》,王泰译,法律出版社2005年版。

〔日〕桥爪隆:《过失犯的构造》,王昭武译,载《苏州大学学报(法学版)》2016年第1期。

〔日〕山口厚:《从新判例看刑法》(第3版),付立庆等译,中国人民大学出版社2019年版。

〔日〕山口厚:《刑法总论》(第3版),付立庆译,中国人民大学出版社2018年版。

〔日〕松宫孝明:《刑法总论讲义(第4版补正版)》,钱叶六译,中国人民大学出版社2013年版。

〔日〕松原芳博:《刑法总论重要问题》,王昭武译,中国政法大学出版社2014年版。

〔日〕西田典之:《日本刑法总论》(第2版),王昭武、刘明祥译,法律出版社2013年版。

〔日〕西原春夫:《犯罪实行行为论》,戴波、江溯译,北京大学出版社2006年版。

〔日〕西原春夫主编:《日本刑事法的形成与特色:日本法学家论日本刑事法》,李海东等译,法律出版社1997年版。

〔日〕星野英一:《私法中的人》,王闯译,载梁慧星主编:《民商法论丛》第8卷,法律出版社1997年版。

〔日〕野村稔:《刑法总论》,全理其、何力译,法律出版社2001年版。

〔日〕曾根威彦:《刑法学基础》,黎宏译,法律出版社2005年版。

〔日〕庄子邦雄:《近代刑法思想史序说——费尔巴哈和刑法思想史的近代化》,李希同译,中国检察出版社2010年版。

〔意〕杜里奥·帕多瓦尼:《意大利刑法学原理(注评版)》,陈忠林译评,中国人民大学出版社2004年版。

〔意〕恩斯科·菲利:《犯罪社会学》,郭建安译,中国人民公安大学出版社 1990 年版。

〔美〕H. L. A.哈特、〔美〕托尼·奥诺尔:《法律中的因果关系(第二版)》,张绍谦、孙战国译,中国政法大学出版社 2005 年版。

〔英〕H. L. A.哈特:《法理学与哲学论文集》,支振锋译,法律出版社 2005 年版。

〔英〕安德鲁·冯·赫尔希:《法益概念与"损害原则"》,樊文译,载陈兴良主编:《刑事法评论》(第 24 卷),北京大学出版社 2009 年版。

〔英〕安东尼·吉登斯、〔英〕菲利普·萨顿:《社会学》(第 7 版),赵旭东等译,北京大学出版社 2021 年版。

〔英〕芭芭拉·亚当等编著:《风险社会及其超越:社会理论的关键问题》,赵延东等译,北京出版社 2005 年版。

〔英〕F. A. 冯·哈耶克:《个人主义与经济秩序》,邓正来译,生活·读书·新知三联书店 2003 年版。

〔英〕威廉·退宁:《全球化与法律理论》,钱向阳译,中国大百科全书出版社 2009 年版。

〔英〕韦恩·莫里森:《理论犯罪学:从现代到后现代》,刘仁文等译,法律出版社 2004 年版。

〔英〕韦恩·莫里森:《法理学:从古希腊到后现代》,李桂林等译,武汉大学出版社 2003 年版。

二、英文文献

A. P. Simester & A. T. H Smith, Harm and Culpability, Oxford: Clarendon Press, 1996.

A. P. Simester & G R Sullivan, Criminal law Theory and Doctrine, Portland: Hart Publishing, 2000.

A.T.H. Smith, Error and Mistake of Law in Anglo-American Criminal Law, in 14 Anglo-American Law Review (1985).

Andrew Ashworth, Belief, Intent and Criminal Liability, in Oxford Essays in Jurisprudence, edited by John Eekelaar & John Bell, Oxford: Clarendon Press, 1987.

Andrew Ashworth, Criminal Attempts and the Role of Resulting Harm under the Code, and in the Common Law, in 19 Rutgers Law Journal (1988).

Andrew Ashworth, Defining Criminal Offences Without Harm, in Peter Smith (edited), Criminal Law: Essays In Honour of J. C. Smith, London: Butterworth, 1987.

Andrew Ashworth, Is the Criminal Law a Last Cause, in Law Quarterly Review 2000, 116(APR).

Andrew Ashworth, Principles of Criminal Law, Oxford: Clarendon Press, 1991.

Barbara Adam, Ulrich Beck & Joost van Loon, The Risk Society and Beyond, London: Sage Publications Ltd, 2000.

Bernard E. Harcourt, the Collapse of the Harm Principle, in 90 Journal of Criminal Law and Criminology (1999).

Carl Ludwig von Bar, A History of Continental Criminal Law, translated by Thomas S. Bell, Boston: Little Brown and Company, 1916.

Cass R. Sunstein, After the Rights Revolution: Reconceiving the Regulatory State, Massachusetts, Cambridge: Harvard University Press, 1993.

Dan M. Kahan, Ignorance of Law is an Excuse—but Only for the Virtuous, in 96 Michigan Law Review (1997).

David Garland, The Culture of Control, Chicago: University of Chicago Press, 2001.

David Ormerod, Smith & Hogan Criminal Law, 11th edition, Oxford: Oxford University Press, 2005.

Douglas N. Husak, Philosophy of Criminal Law, Totowa: Rowman & Littlefield Publishers, 1987.

Francis B. Sayre, Criminal Responsibility for the Acts of Another, in 43 Harvard Law Review (1930).

D. O'Connor, Mistake and Ignorance in Criminal Cases, in 39 Modern Law Review (1976).

Francis Bowes Sayre, Mens Rea, in 45 Harvard Law Review (1931).

George Fletcher, Basic Concepts of Criminal law, New York: Oxford University Press, 1998.

Glanville Williams, Textbook of Criminal Law, 2ed edition, London: Stevens & Sons, 1983.

Guido Calabresi, Concerning Cause and the Law of Torts, in 43 The University of Chicago Law Review(1975).

H. L. A. Hart & Tony Honore, Causation in the Law, 2nd edition, Oxford: the Clarendon Press, 1985.

H. L. A. Hart, Negligence, Mens Rea and Criminal Responsibility, in Oxford Essays in Jurisprudence, edited by A. G. Guest, London: Oxford University Press, 1961.

Hamish Steward, Harms, Wrongs and Set-Backs in Feinberg's Moral Limits of the Criminal Law, in 5 Buffalo Criminal Law Review (2001).

Herbert Packer, The Limits of the Criminal Sanction, Stanford: Stanford University Press, 1968.

J. M. Balkin, Ideological Drift and the Struggle over Meaning, in 25 Connecticut Law Review 869 (1993).

Jerome Hall, General Principles of Criminal Law, second Edition, Indianapolis: Bobbs-Merrill Company, 1960.

Jerome Hall, Ignorance and Mistake in Criminal Law, in 33 Indiana Law Journal (1957).

Joel Feinberg, Harm to Other, Oxford: Oxford University Press, 1984.

John Jeffries, Legality, Vagueness, and the Construction of Penal Statutes, in 71 Virginia Law Review (1985).

John Stuart Mill, On Liberty, edited by David Bromwich and George Kateb, New Haven: Yale University Press, 2003.

Joshua Dressler, Understanding Criminal Law, 3rd edition, New York: Matthew Bender & Company, 2001.

Kelvin J. Heller & Markus D. Dubber ed., The Handbook of Comparative Criminal Law, Stanford: Stanford University Press, 2011.

Kenneth J. Arenson, Thabo Meli Revisited: The Pernicious Effects of Result-driven Decisions, in 77 The Journal of Criminal Law (2013).

Law Commission, the draft Criminal Code Bill.

Leon Green, Duties, Risks ,Causation Doctrines, in 41 Texas Law Review (1962).

Livingston Hall and Selig J. Seligman, Mistake of Law and Mens Rea, in 8 University of Chicago Law Review (1941).

Louis Michael Seidman, Solders, Martyrs, and Criminals: Utilitarian Theory and the Problems of Crime Control, in 94 Yale Law Journal (1984).

Marcelo Ferrante, Causation in Criminal Responsibility, in 11cNew Criminal Law Review (2008).

Markus D. Dubber & Tatjana Hoernle, Criminal Law: A Comparative Approach, New York: Oxford University Press, 2014.

Markus D. Dubber, Theories of Crime and Punishment in German Criminal Law, in 53 American Journal of Comparative Law (2005).

Markus D. Dubber, Policing Possession: the War on Crime and the End of Criminal Law, in 91 Journal of Criminal Law and Criminology (2001).

Markus D. Dubber, The Promise of German Criminal Law: A Science of Crime and Punishment, in 6 German Law Journal (2005).

Martin R. Gardner, The Mens Rea Enigma: Observations on the Role of Motive in the Criminal Law Past and Present, in Utah Law Review(1993).

Meir Dan-Cohen, Decision Rules and Conduct Rules: On Acoustic Separation in Criminal Law, in 97 Harvard Law Review (1984).

Niklas Luhmann, Risk: A Sociological Theory, New York: Aldine de Gruyter, 1993.

Christa Obold-Eshleman, Victim's Rights and the Danger of Domestication of the Restorative Justice Paradigm, in 18 Notre Dame Journal of Law (2004).

Paul H. Robinson and Jane A. Grall, Element Analysis in Defining Criminal Liability: The Model Penal and Beyond, in 35 Standford Law Review (1983).

Paul H. Robinson, A Theory of Justification: Societal Harm as a Prerequisite for Criminal Liability, in 23 UCLA Law Review (1975).

Paul H. Robinson, Criminal Law, New York: Aspen Law & Business, 1997.

Paul H. Robinson, Hybrid Principles for the Distribution of Criminal Sanctions, in 82 Northwestern University Law Review (1987).

Paul H. Robinson, The Role of Harm and Evil in Criminal Law: A Study in Legislative Deception, in 5 Journal of Contemporary Legal Issues (1994).

Paul K. Ryu and Helen Silving, Error Juris: A Comparative Study, in 24 University of Chicago Law Review (1957).

Paul Matthews, Ignorance of the law is no excuse? in 3 Legal Studies

(1983).

Randy E. Barnett, Bad Trip: Drug Prohibition and the Weakness of Public Policy, in 103 The Yale Law Journal (1994).

Richard A. Wasserstrom, H. L. A. Hart and the Doctrine of Mens Rea and Criminal Responsibility, in 35 University of Chicago Law Review (1967).

Richard Card, Card, Cross & Jones Criminal Law, 17th edition, Oxford: Oxford University Press, 2006.

Richard W. Wright, Causation in Tort Law, in 73 California Law Review (1985).

Robert Elias, The Law of Personhood: A Review of Markus Dirk Dubber's Victims in the War on Crime: The Use and Abuse of Victims' Rights, in 52 Buffalo Law Review (2004).

Robert L. Misner, The Attempt Laws: Unsuspected Threat to the Fourth Amendment, in 33 Stanford Law Review (1981).

Rollin M. Perkins, Criminal Attempt and Related Problems, in 2 UCLA Law Review (1954).

Sanford H. Kadish & Stephen J Schulhofer, Criminal Law and Its Processes, 7th edition, New York: Aspen Publishers, 2001.

Sanford H. Kadish, Fifty Years of Criminal law: An Opinionated Review, in 87 California Law Review (1999).

Stephen A. Radin, Corporate Criminal Liability for Employee-endangering Activities, in 18 Columbia Journal of Law and Social Problems (1983).

Susan L. Pilcher, Ignorance, Discretion and the Fairness of Notice: Confronting "Apparent Innocence" in the Criminal Law, in 33 American Criminal Law Review (1995).

Tatjana Hoernle, Offensive Behavior and German Penal Law, in 5 Buffalo Criminal Law Review (2001).

Thurman W. Arnold, Criminal Attempts---The Rise and Fall of an Abstraction, in 40 Yale L. J. 53 (1930).

三、德文文献

Beck, Risikogesellschaft: Auf dem Weg in eine andere Moderne, Suhrkamp Verlag, 2003.

Behrendt, Zur Synchronisation von strafrechtlicher Handlungs-, Unrechts- und Zurechnungslehre, GA1993.

Frister, Strafrecht Allgemeiner Teil, 2 Aufl., 2007.

Jescheck/Weigend, Lehrbuch des Strafrecht Allgemeiner Teil, 5. Aufl., 1996.

Jakobs, Strafrecht Allgemeiner Teil, 2. Auflage, Walter de Gruyter, 1993.

Karl Larenz, Methodenlehre der Rechtswissenschaft, 6. Aufl. 1991.

Kindhäuser, Strafrecht Allgemeiner Teil, 5. Aufl., 2011.

Koriath, Grundlagen strafrechtlicher Zurechnung, 1994.

Kühl, Strafrecht Allgemeiner Teil, 6. Aufl., 2008.

Küpper, Grenzen der normativierenden Strafrechtsdogmatik, 1990.

Larenz, Zum heutigen Stand der Lehre von der objective Zurechnung im Schadensersatzrecht, Honig-FS,1970.

Roxin, Strafrecht Allgemiener Teil, Band I, 4. Auflage, 2006.

Roxin, Gedanken zur Problematik der Zurechnung im Strafrecht, in Honig-FS, 1970.

Roxin, zum Schutzzweck der Norm bei fahrlässigen Delikten, Gallas-FS, 1973.

Schönke/Schröder, Strafgesetzbuch, Kommentar, 28. Aufl. 2010.

Schünemann, Über die Objektiver Zurechnung, GA 1999.

Stratenwerth, Das Strafrecht in der Krise der Industriegesellschaft, Verlag Helbing & Lichtenhahn Basel 1993.

Stratenwerth/Kuhlen, Strafrecht Allgemeiner Teil, 6. Aufl., 2011.

后记：十年回想

从博士毕业至今，已经十年有余。在这十年中，我过得既单纯又忙碌，也曾虚度了不少的光阴。虽然未能达到自己所期许的学术高度，但颇感欣慰的是，经历时光的磨砺，人到中年，自己并没有变成二十岁时所厌恶的那种虚伪投机、趋炎附势或者工于心计的人。为此，最需要感恩与庆幸的是，我是从一个学校转到另一个学校。学校的环境，让我可以尽可能多地保留本性，即使心思单纯，也不用担心被人算计。所以，我感恩在这十年之中，从来没有遇到真正在我内心投下黑暗的人与事；相反，在我遭遇挫折或者焦头烂额时，总是能够幸运地得到来自师长或朋友的善意提点与帮助。

这十年，无论是高校还是学术界，都深受社会浮躁风气的影响。但是，我身处的刑法学术共同体（这个共同体汇集了北大、清华、人大与法大等院校的一些师长、同门与同人），让我从来不至于认为，自己在学术上所做的努力就只是为了职称的晋升，或者不顾学术质量地多出论文、著作是值得鼓励的，到处托请走关系申报课题是不可避免的。为此，我感恩在这十年中，我所在的学术共同体，帮我抵抗与消解了社会浮躁风气所带来的大部分压力，让我不至于沦为只注重产量的学术机器，其间虽也有过犹豫与彷徨的时刻，但终究还是选择信服于自己内心的判断，将努力的重心放在自己研究能力的提高上。

这十年，我自己从青年走入中年，而我的学生一直都是处于同一年龄层次的年轻学子。我并非对教学充满兴趣的老师，也谈不上有什么教学的天赋，但每一次，当走上讲台看着他们单纯而真诚的眼睛，我都暗暗提醒自己，即使科研的压力巨大，在教学上也不能糊弄，应当投入必要的精力去准备并不时更新上课的内容，且不可吝惜花课外的时间与学生交流及沟通。为此，我感恩在这十年之中遇到的所有学生，是他们在不断地提醒我，自己不仅仅是一个学者，更是一位教师，需要承担传道解惑的责任,需要在学生面前维护作为教师应有的形象与尊严。

这十年,我从为人女到为人母,也深深地体会到为人父母的辛苦与不易。无论是我的父母,还是我的先生的父母,都一直不遗余力地支持我的工作,让我没有家事方面的后顾之忧。我庆幸,自己人到中年仍然父母双全;我庆幸,自己有一位通情达理的丈夫和一个乖巧可爱的女儿。为此,我感恩,在这十年之中,我的家人给予我的无私的支持,以及女儿的降生与成长所带给我的惊喜、充实与幸福。

这十年,我在大学时代、研究生时代所结交的好友一直陪伴在我的身边,与我一起经历岁月,体味人生。多少次,当我遇到烦恼时,我总是第一时间打电话骚扰她们,或者在相聚时将她们当作倾倒自己的牢骚或负面情绪的"垃圾桶"。与她们在一起,我从来都不觉得青春的流逝值得惋惜,而衰老是一件可怕的事情,因为在一起步入中年的这些岁月里,我们共同收获很多人生的智慧。为此,我感恩,在这十年之中,我的好友能够始终如一地包容我,接纳我,给予我前行的力量,让我以积极的心态对待自己的人生。

我知道,表达感恩的最好方式不是言语,也不是物质上的馈赠,而是自己踏踏实实地去做人与做事,不投机不取巧,不算计不计较,有担当,多站在别人的角度考虑问题,在周围有人遇到难处时尽己所能帮人一把,在他人遭遇不公时即便无法挺身而出,至少也能给予道义或精神上的支持。人到中年,我不再有北大法学院那位年轻的学妹刘媛媛那样的锐气与激情:我不是来适应社会的,我是来改变社会的。我能期望自己做的只是,通过点滴的努力让自己变得美好一些,光明一些。我相信,自己身上的丑恶与黑暗减少一分,这个社会的丑恶与黑暗也会减少一分。

劳东燕

2015 年 2 月 18 日　除夕

图书在版编目（CIP）数据

风险社会中的刑法 / 劳东燕著. —2 版. —北京：北京大学出版社，2023.12

ISBN 978-7-301-34393-7

Ⅰ. ①风… Ⅱ. ①劳… Ⅲ. ①刑法—研究—中国 Ⅳ. ①D924.04

中国国家版本馆 CIP 数据核字（2023）第 170190 号

书　　名	风险社会中的刑法（第二版）
	FENGXIAN SHEHUI ZHONG DE XINGFA （DI-ER BAN）
著作责任者	劳东燕　著
责任编辑	周　希　潘菁琪　方尔埼
标准书号	ISBN 978-7-301-34393-7
出版发行	北京大学出版社
地　　址	北京市海淀区成府路 205 号　100871
网　　址	http://www.pup.cn　http://www.yandayuanzhao.com
电子邮箱	编辑部 yandayuanzhao@pup.cn　总编室 zpup@pup.cn
新浪微博	@北京大学出版社　@北大出版社燕大元照法律图书
电　　话	邮购部 010-62752015　发行部 010-62750672
	编辑部 010-62117788
印　刷　者	三河市北燕印装有限公司
经　销　者	新华书店
	650 毫米×980 毫米　16 开本　35.5 印张　591 千字
	2015 年 10 月第 1 版
	2023 年 12 月第 2 版　2023 年 12 月第 1 次印刷
定　　价	138.00 元

未经许可，不得以任何方式复制或抄袭本书之部分或全部内容。
版权所有，侵权必究
举报电话：010-62752024　电子邮箱：fd@pup.cn
图书如有印装质量问题，请与出版部联系，电话：010-62756370